U0676826

　　本书为教育部社会科学司项目《晚清民国时期粤东北客家侨乡民间文献收集整理与研究》（项目批准号：18YJA770017）和广东省普通高校人文社会科学省市共建重点研究基地嘉应学院客家研究院招标课题《梅州侨乡民间文献整理与研究》（项目批准号：20KYKT15）的阶段性成果，是梅州市哲学社会科学规划课题《梅近代侨乡民间文献收集与整理》（立项号：mz－ybxm－2020012）的结项成果。

本丛书出版得到以下研究机构和项目经费资助：

嘉应学院客家研究院

梅州市客家研究院

广东省特色重点学科"客家学"建设经费

广东省客家文化研究基地—嘉应学院客家研究院

广东省非物质文化遗产研究基地—嘉应学院客家研究院

理论粤军 · 广东地方特色文化研究基地—客家文化研究基地

广东省普通高校人文社会科学省市共建重点研究基地—嘉应学院客家研究院

客家学研究丛书·第五辑编委会

顾　问：（以姓氏笔画为序）

丘小宏　刘志伟　何星亮　陈春声

周大鸣　房学嘉　麻国庆　谢重光

主　编： 肖文评

副主编： 罗迎新　宋德剑

编　委：（以姓氏笔画为序）

冷剑波　罗　鑫　周云水　钟晋兰　夏远鸣

客家学研究丛书
第五辑

《岭东日报·潮嘉新闻》
梅州史料选编

上册

肖文评　等　编著

暨南大学出版社
JINAN UNIVERSITY PRESS

中国·广州

图书在版编目（CIP）数据

《岭东日报·潮嘉新闻》梅州史料选编/肖文评等编著．—广州：暨南大学出版社，2021.10
（客家学研究丛书．第五辑）
ISBN 978 - 7 - 5668 - 3006 - 7

Ⅰ．①岭… Ⅱ．①肖… Ⅲ．①梅州—地方史—史料—1902 - 1911
Ⅳ．K296.53

中国版本图书馆 CIP 数据核字（2020）第 203299 号

《岭东日报·潮嘉新闻》梅州史料选编（上册）
《LINGDONG RIBAO·CHAOJIA XINWEN》MEIZHOU SHILIAO XUANBIAN
（SHANGCE）
编著者：肖文评　等

出 版 人：张晋升
策划编辑：杜小陆
责任编辑：黄志波　刘宇韬
责任校对：林　琼　黄晓佳　孙劭贤
责任印制：周一丹　郑玉婷

出版发行：暨南大学出版社（510630）
电　　话：总编室（8620）85221601
　　　　　营销部（8620）85225284　85228291　85228292　85226712
传　　真：（8620）85221583（办公室）　85223774（营销部）
网　　址：http://www.jnupress.com
排　　版：广州市天河星辰文化发展部照排中心
印　　刷：佛山市浩文彩色印刷有限公司
开　　本：787mm×960mm　1/16
印　　张：42.25
字　　数：750 千
版　　次：2021 年 10 月第 1 版
印　　次：2021 年 10 月第 1 次
定　　价：168.00 元（上下册）

（暨大版图书如有印装质量问题，请与出版社总编室联系调换）

总　序

客家文化以其语言、民俗、音乐、建筑等方面的独特性，尤其是客家人在海内外社会经济发展中的突出贡献，引起了历史学、人类学、民俗学和语言学等诸多学科领域内学者的关注。而随着西方人文学科理论和研究方法在20世纪初传入我国，客家历史与文化研究也逐渐进入科学规范的研究行列，并相继出现了一批具有开创性的研究成果。1933年，罗香林《客家研究导论》的出版，标志着客家研究进入了现代学术研究的范畴。20世纪80年代以来，著作、论文等研究成果的推陈出新，也在呼吁学界能够设立专门的学科并规范客家研究的科学范式。

作为国内较早成立的专门从事客家研究的机构，嘉应学院客家研究院用二十五载的岁月，换来了客家研究成果在数量上空前的增长，率先成为客家学研究的重要阵地，也引起了国内外学术界的高度关注。但若从质的维度来看，当前的客家研究还面临一系列有待思考及解决的问题：客家学研究的主题有哪些？哪些有意义，哪些纯粹是臆测？这些主题产生的背景是什么？它们是如何通过社会与历史的双重作用，而产生某些政治、经济乃至文化权力的诉求与争议的？当代客家研究如何紧密结合地方社会发展的需要，又如何与国内外其他学科对话与交流？诸如此类的疑惑，需要从理论探索、田野实践和学科交叉等层面努力，以理论对话和案例实证作为手段，真正实现跨区域和多学科的协同创新。

一、触前沿：客家学研究的理论探索

当前的客家学研究主要分布在人文社会科学的诸多学科范围之内，所以开展卓有成效的客家研究自然需要敢于接触不同学科领域的学术理论。比如，社会学科先后出现过福柯的权力理论、布尔迪厄的实践理论、吉登斯的结构化理论、鲍曼的风险社会理论、哈贝马斯的沟通行动理论、卢曼

的系统理论、科尔曼的理性选择理论和亚历山大的文化社会学理论。① 社会科学研究经常需要涉及的热点议题，在客家研究中同样不可回避，比如社会资本、新阶层、互联网、公共领域、情感与身体、时间与空间、社会转型和世界主义。② 再比如，社会学关于移民研究的推拉理论、人类学对族群研究的认同与边界理论以及社会转型与文化变迁的机制，都可以具体应用到客家研究上，并形成理论对话而提升客家研究的高度。在研究方法上，人文社会科学提倡的建模、机制与话语分析、文化与理论自觉等前沿手段，③ 都可以遵循"拿来主义"的原则为客家研究所用。

可以说，客家研究要上升为独具特色的独立学科，首先要解决的便是理论对话和科学研究的范式问题。客家学作为一门融会了众多社会人文学科的综合性学科，既不是客家史，也不是客家地区政治、经济、文化等内容的汇编或整合，而是一门以民族学基础理论为基础，又比民族学具有更多独特特征、丰富内容的学科。④ 不可否认的是，客家研究具有自身独特的学术传统，但要形成自身的理论构架和研究方法，若离开历史学、文献学、考古学、人类学、语言学、社会学、民俗学等诸多学科理论的支撑，显然就是痴人说梦。要在这方面取得成绩，则非要长期冷静、刻苦、踏实、认真潜心研究不可。如若神不守舍、心动意摇，就会跑调走板、贻笑大方。在不少人汲汲于功名、切切于利益、念念于职位的当今，专注于客家研究的我们似乎有些另类。不过，不管是学者应有的社会良知与独立人格，还是人文学科秉持的历史责任与独立思考的精神，都激励我们坚持实事求是的原则，在触碰前沿理论上不断探索，以积累学科发展所需的坚实理论。

要做到这一点，就得潜下心来大量阅读国内外学术名著，了解前沿理论的学术进路和迁移运用，使客家研究能够进入国际学术研究对话的行列。

---

① DEMEULENAERE P. Analytical sociology and social mechanisms. Cambridge：Cambridge University Press，2011.

② TURNER J H ed. Handbook of sociological theory. New York：Kluwer Academic Publishers，2001.

③ JACCARD J & JACOBY J. Theory construction and model-building skills. New York：Guilford Press，2010.

④ 吴泽：《建立客家学刍议》，载吴泽主编：《客家学研究》（第 2 辑），上海：上海人民出版社，1990 年。

二、接地气：客家研究的田野工作

学科发展需要理论的建设与支撑，更离不开学科研究对象的深入和扩展，而进入客家人生活的区域开展田野工作，借助从书斋到田野再回到书斋的螺旋式上升的研究路径，客家研究才能做到"既仰望星空又能接地气"，才能厚积薄发。

人类学推崇的田野工作要求研究者通过田野方法收集经验材料的主体，客观描述所发现的任何事情并分析发现结果。[①] 田野工作的目标要界定并收集到自己足以真正控制严格的经验材料，所以需要充分发挥参与观察、深度访谈和问卷调查的手段。从学科建设和学科发展的角度，客家族群的分布和文化多元特征，决定了客家研究对田野调查的依赖性。这就要求研究者深入客家乡村聚落，采用参与观察、个别访谈、开座谈会、问卷调查等方法调查客家民俗节庆、方言、歌谣等，收集有关客家地区民间历史与文化丰富性及多样性的资料。

而在客家文献资料采集方面，田野工作的精神同样适用。一方面，文献资料可以增加研究者对客家文化的理解，还可以对研究者的学术敏感和问题意识产生积极影响；另一方面，田野工作既增加了文献资料的来源，又能提供给研究者重要的历史感和文化体验，也使得文献的解读可以更加符合地方社会的历史与现实。譬如，到图书馆、档案馆等公藏机构及民间广泛收集对客家文化、客家音乐、客家方言等有所记载的正史、地方志、文集、族谱及已有的研究成果等。田野调查需要入村进户，因此从具有深厚文化传统的客家古村落入手，无疑可以取得事半功倍的效果。

在客家地区开展田野调查，需要点面结合才能形成质量上乘的多点民族志。20 世纪 90 年代，法国人类学家劳格文与广东嘉应大学（2000 年改名为嘉应学院）、韶关大学（2000 年改名为韶关学院）、福建省社会科学院、赣南师范学院、赣州市博物馆等单位合作，开展"客家传统社会"的系列研究。他在长达十多年的时间里，辗转于粤东、闽西、赣南、粤北等地，深入乡镇村落，从事客家文化的田野调查。到 2006 年，这些田野调查的成果汇集出版了总计 30 余册的"客家传统社会"丛书，不仅集中地描述客家地区传统民俗与经济，还具体地描述了传统宗族社会的形成、发展

① 托马斯·许兰德·埃里克森著，周云水、吴攀龙、陈靖云译：《什么是人类学》，北京：北京大学出版社，2013 年，第 65－67 页。

和具体运作及其社会影响。

2013 年以来，嘉应学院客家研究院选择了多个历史悠久、文化底蕴深厚的古村落，以研究项目的形式开展田野作业，要求研究人员采用参与观察、深度访谈、文献追踪等方法，对村落居民的源流、宗族、民间信仰、习俗等民间社会与文化的形成与变迁进行深入的分析和研究，形成对乡村聚落历史文化发展与变迁的总体认识。在对客家地区文化进行个案分析与研究的基础上，再进行跨区域、跨族群的文化比较研究，揭示客家文化的区域特征，进而梳理客家社会变迁和文化发展过程。

闽粤赣是客家聚居的核心区域，很多风俗习惯都能够找到相似的元素。就每年的元宵习俗而言，江西赣州宁都有添丁炮、石城有灯彩，而到了广东的兴宁和和平县，这一习俗则演变为"响丁"，花灯也成了寄托客家民众淳朴愿望的符号。所以，要弄清楚相似的客家习俗背后有何不同的行动逻辑，就必须用跨区域的视角来分析。这一源自田野的事例足以表明田野调查对客家学研究的重要性。

无论是主张客家学学科建设应包括客家历史学、客家方言学、客家家族文化、客家文艺、客家风俗礼仪文化、客家食疗文化、客家宗教文化、华侨文化等，[①] 还是认为客家学的学科体系要由客家学导论、客家民系学、客家历史学、客家方言学、客家文化人类学、客家民俗学、客家民间文学、客家学研究发展史等八个科目为基础来构建，[②] 客家研究都无法回避研究对象的固有特征——客家人的迁徙流动而导致的文化离散性，所以在田野调查时更强调追踪研究和村落回访[③]。只有夯实田野工作的存量，文献资料的采集才可能溢出其增量的效益。

三、求创新：客家研究的学科交叉

学问的创新本不是一件易事，需要独上高楼，不怕衣带渐宽，耐得孤独寂寞，一往无前地上下求索。客家研究更是如此，研究者需要甘居边缘、乐于淡泊、自守宁静的治学态度——默默地做自己感兴趣的学问，与两三同好商量旧学、切磋疑义、增益新知。

---

① 张应斌：《21 世纪的客家研究——关于客家学的理论建构》，《嘉应大学学报》1996 年第 4 期。

② 凌双匡：《建立客家学的构想》，《客家大观园》1994 年创刊号。

③ 科塔克著，周云水译：《文化人类学——欣赏文化差异》，北京：中国人民大学出版社，2012 年，第 457 - 459 页。

　　客家研究要创新，就需要综合历史学、人类学、语言学、音乐学、社会学等学科理论和方法，对客家民俗、客家方言、客家音乐等进行综合分析和研究，以学科交叉合作的研究方式，形成对客家族群全面的、客观的总体认识。

　　客家族群作为中华民族共同体的一个重要支系，在其形成和发展过程中融合多个山区民族的文化，形成独具特色的文化体系。建立客家学学科，科学地揭示客家族群的个性和特殊性，可以加深和丰富对中华民族的认识。用客家人独特的历史、民俗、方言、音乐等本土素材，形成客家学体系并进一步建构客家学学科，将有助于促进中国人文社会科学本土化的发展，从而为中国人文社会科学的发展和繁荣作出应有的贡献。客家人遍布海内外80多个国家和地区，客家华侨华人1 000余万，每年召开一次世界性的客属恳亲大会，在全世界华人中具有重要影响。粤东梅州是全国四大侨乡之一，历史遗存颇多，文化积淀深厚，华侨成为影响客家社会历史和文化发展的重要因素。建立客家学学科，将进一步拓宽华侨华人研究领域，有助于华侨华人与侨乡研究的深入发展。

　　在当前客家学研究成果积淀日益丰厚、客家研究日益受到社会各界重视的情况下，总结以往研究成果，形成客家学学科理论和方法，构建客家学学科体系，成为目前客家学界非常紧迫而又十分重要的任务。

　　嘉应学院客家研究院敢啃硬骨头，在总结以往研究成果的基础上，完成目前学科建设条件已初步具备的客家文化学、客家语言文字学、客家音乐学等的论证和编纂，初步建构客家学体系的分支学科。具体而言，客家文化学探讨客家文化的历史、现状和未来并揭示其发生、发展规律，分析客家族群的物质文化、制度文化和精神文化的产生、发展过程及其特征。客家语言文字学探讨客家方言的语音、词汇、语法、文字等的特征，展示客家语言文字的具体内容及其社会意义。客家音乐学探讨客家山歌、汉剧、舞蹈等的发生、发展及其特征，揭示客家音乐的具体内容和社会意义。

　　客家族群是汉民族的一个支系，研究时既要注意到汉文化、中华文化的普遍性，又要注意到客家文化的独特性，体现客家文化多元一体的属性。客家学研究的对象，决定客家学是一门融合历史学、民俗学、方言学、音乐学、社会学等众多社会人文学科的综合性学科。如何形成跨学科的客家学研究理论与方法，是客家研究必须突破的重要问题。唯有明确客家学研究的基本概念、理论和方法，通过广泛的田野调查和深入的个案研

究，广泛收集关于客家文化、客家方言、客家音乐等各种资料，从多角度进行学科交叉合作的分析和研究，才能实现创新和发展。

嘉应学院地处海内外最大的客家人聚居地，具有开展客家学研究得天独厚的地缘优势。1989 年，嘉应学院的前身嘉应大学率先在全国建立了专门性的校级客家研究机构——客家研究所。2006 年 4 月，以客家研究所为基础，组建了嘉应学院客家研究院、梅州市客家研究院。因研究成果突出、社会影响大，2006 年 11 月，客家研究院被广东省社会科学界联合会评为"广东省客家文化研究基地"；2007 年 6 月，被广东省教育厅评为"广东省普通高校人文社会科学省市共建重点研究基地"。之后其又被广东省委宣传部、广东省社会科学院评为"广东地方特色文化研究基地——客家文化研究基地"，被广东省文化厅评为"广东省非物质文化遗产研究基地"，被广东省教育厅评为"广东省粤台客家文化传承与发展协同创新中心"；还经国家民政部门批准，在国家一级学会"中国人类学民族学研究会"下成立了"客家学专业委员会"。

2009 年 8 月，在昆明召开的第 16 届国际人类学大会上，客家研究院成功组织"解读客家历史与文化：文化人类学的视野"专题研讨会，初步奠定了客家研究国际化的基础。2012 年 12 月，客家研究院召开了"客家文化多样性与客家学理论体系建构国际学术研究会"，基本确立了客家学学科建设的基本途径和主要方法。另外，1990 年以来，嘉应学院客家研究院坚持每年出版两期《客家研究辑刊》（现已出版 45 期），不仅刊载具有理论对话和新视角的论文，也为未经雕琢的田野报告提供发表和交流的平台。自 1994 年以来，客家研究院承担国家社会科学基金项目 2 项，广东省哲学社会科学规划项目等 20 余项，出版《客家源流探奥》① 等著作 50 余部，其中江理达等的著作《兴宁市总体发展战略规划研究》② 获广东省哲学社会科学优秀成果一等奖，肖文评的专著《白堠乡的故事——地域史脉络下的乡村建构》③ 获广东省哲学社会科学优秀成果二等奖，房学嘉的专著《粤东客家生态与民俗研究》④ 获广东省哲学社会科学优秀成果三等奖。

① 房学嘉：《客家源流探奥》，广州：广东高等教育出版社，1994 年。

② 江理达等主编：《兴宁市总体发展战略规划研究》，广州：广东教育出版社，2010 年。

③ 肖文评：《白堠乡的故事——地域史脉络下的乡村建构》，北京：生活·读书·新知三联书店，2011 年。

④ 房学嘉：《粤东客家生态与民俗研究》，广州：华南理工大学出版社，2009 年。

深厚的研究成果积淀，为客家学学科建设奠定了坚实的理论基础。经过几代人的不懈努力，嘉应学院的客家研究已经具备了在国际学术圈交流的能力，这离不开多学科理论对话的实践和田野调查经验的积累。

客家学研究丛书的出版，既是客家研究在前述立足田野与理论对话"俯仰之间"兼顾理论与实践的继续前行，也是嘉应学院客家学研究朝着国际化目标迈出的坚实步伐。"星星之火，可以燎原"，这套丛书包括学术研究专著、田调报告、教材、译著、资料整理等，体现了客家学学科建设的不同学术旨趣和理论关怀。古人云，"不积跬步，无以至千里；不积小流，无以成江海"，我们愿意从点滴做起。希望丛书的出版，能引起国内外客家学界对客家学学科体系建设的关注，促进客家学研究的科学化发展。

编 者

2014 年 8 月 30 日

说　明

　　梅州虽地处粤东山区，却是中国著名的文化之乡、华侨之乡、足球之乡。相关研究表明，梅州"三乡"形成和发展的重要时期是清末民初。但限于资料，学术界对于该时期梅州社会的具体变化了解得并不太清晰。

　　《岭东日报》由梅州人杨源、何士果、温廷敬等 1902 年 5 月创办于汕头，是粤东地区最早的报纸，至 1911 年 8 月停刊。由于创办人、主笔和撰稿者多为客家人士，故其所涉及的内容以客家地区居多，很有地方特色。

　　《岭东日报》每期 8 开 4 页，逢周六停刊。每日的版面，有"论说""上谕""时事要闻""潮嘉新闻""本省新闻""京都新闻""外国新闻""专件"等。其中篇幅较大的是"潮嘉新闻"，专门刊登潮州府［海阳（今潮安）、澄海、潮阳、揭阳、饶平、汕头、普宁、惠来、大埔、丰顺、南澳］和嘉应州［嘉应州本州（今梅县区、梅江区）、兴宁、平远、长乐（今五华）、镇平（今蕉岭）］等地的来稿，报道地方上的各类新闻。

　　《岭东日报》办报的宗旨是"主持公论，开通风气"，故该报不仅注重时事新闻，遇有重大事件，则以专题逐日连续刊登。因此对于当时粤东地方社会经济文化等新旧事物的发展变化，如开办新式学校、移风易俗等，多有连续性的报道。这些材料，对于研究清末粤东地区社会变迁，具有重要研究价值。

　　由于时间久远，目前尚无一家收藏机构收藏有完整的《岭东日报》。根据我们的调查，现存《岭东日报》原件主要收藏在汕头市档案馆、广东省立中山图书馆、中山大学历史系资料室和梅州市剑英图书馆。其中汕头市档案馆收藏最多，其次为中山大学历史系资料室，但都不齐全。尤其以 1907—1908 年缺漏最多，1911 年则一份也没有见到。

　　由于研究需要，我们从汕头市档案馆、广东省立中山图书馆、中山大学历史系资料室和梅州市剑英图书馆等公藏机构，影印了现存《岭东日报》的主要内容，并进行了初步的整理和研究。

　　经过多年的努力，我们从《岭东日报》"潮嘉新闻"中，选择与梅州有关或梅州人参与的新闻，或者虽不发生在梅州地区，但对梅州地方研究

有重要研究价值的新闻，共约 100 万字。其中与梅州华侨有关的已编成《〈岭东日报·潮嘉新闻〉梅州客家侨乡史料选编》，约 50 万字，于 2018 年 12 月，由《广东华侨史》编修工程资助，经广东人民出版社出版。其余 40 余万字，我们编成《〈岭东日报·潮嘉新闻〉梅州史料选编》。除"说明"和"后记"外，全文以传统纪年为单位，每年一章，分为八章。

在编校过程中，对每条史料，先录原文中的年月日，包括传统纪年和公元纪年，再列史料名称和具体内容。为方便阅读，将原文中繁体字改为简体字，并对所录原文进行了断句，添加标点。对残缺或难以辨认的字，以"□"表示。对明显为别字的，我们在别字旁，用【】标出正字。

本史料选编详细展示了 1902—1909 年间梅州地方社会的政治、经济、文教、民俗、宗教等方面的具体实态，是了解当时粤东地方社会变迁不可多得的第一手资料，对于认识和理解近代粤东客家地方社会的形成和发展，具有重要的参考价值。

由于水平有限，在抄录和编校过程中难免出现脱漏错误之处，尤其是对传统公文格式把握不准，标点错漏，在所难免。敬请专家学者指正，以便修改完善。

目 录
Contents

上　册

003

009

二、光绪二十九年

015

023

031

039

041

045

一、光绪二十八年

大清光绪廿八年壬寅六月十一日　公历一千九百零二年七月十五号

派兵查办

〇嘉应州秦直刺，以兴宁县属余匪披猖，奉拨广毅军兵力不敷，禀请迅即添派信勇一营，驰往会同剿办等情。业奉督宪批示云：此事昨据惠潮嘉道电禀，已移知潮州马镇，先派谏冰驰往查办。如果匪多事急，再饬吴副将派营会剿办，仰缉捕总局分别移知遵照。广毅军派扎嘉应办理善后，半年有余，地方迄未安靖，懈玩已极。管带参将石玉山督率无方，实难辞咎。并饬以后务须振刷精神，将防缉各事宜妥为办理。如再不知愧奋，定即撤参不贷云。

纷争局董

〇团防之设，原以卫乡里，非以为身图。嘉应西阳堡周绅某某，因争总办、会办，遂起龃龉，各讼于官。蒙秦直刺批示云：据禀已悉，清查内奸，原以杜绝外匪。石匠、铁匠是否安分，应责成业主出具保结，随时约束。烟馆歇店，匪易混迹，亦应令店户留心稽察。如有行迹可疑之人，严加盘诘，不准混行收留。各路各姓，有匪即饬捆交，无匪亦须令房族长各具切实甘结缴交。如有不法子弟徇隐不举，别经发觉，即唯该房族长是问。团练所以御外，应令各乡认真举办，联络守助。着即遵照指饬，分别实力办理，造册禀核，慎勿空言塞责。至局绅之设，本辅官力所不逮，凡在局之人，均处一体，原无总办、坐办、会办之分，乃近来立此名目。所设总办、坐办者，竟自高其位置，遇事擅专，致同列各怀意气办事，每不会商。本州早有所闻，实为局中大弊。况今时势孔艰，尤贵和舟共济，以维大局。嗣后应将各目革除，凡一切应办事宜，务须邀集各绅一体妥商办

理，勿得再存意见，致滋贻误，切切。

专责绅者

○兴宁点匪披猖者六七年，其绅耆之因禀匪、捕匪得报复之惨者，时有所闻，是以动色相戒，然事关大局，非可容隐也。兹将石参将、冯县主会衔示文，照登如左（下）：

为出示晓谕事，照得本统领、本县，现在督勇严缉各处漏网会匪，以靖地方。查得各乡被匪抢掳打单，并不来县呈报，甘心容隐，以致匪熖益张。各匪均系县属之人，各乡绅耆无不知其姓名住址者，自应责成实时具报引拿。合行出示晓谕，为此示谕。各乡绅耆人等知悉：以后遇有匪徒来乡抢掠打单，即由该乡绅者将各匪名姓、住址据实禀报，本统领、本县以便拨勇围拿；如匪已潜逃，则勒限各匪亲房捆送。倘敢推诿，即治以庇匪之罪，并勒令赔偿被抢掳各赃；如被抢之乡，该乡绅衿容隐不报，显有情弊，亦必究惩。各宜凛遵，切切。特示。

光绪二十八年五月廿二日

访函述略

○齐昌访函云：

匪徒抢掳打单，畏其报复而不敢发者，盖亦有之。发禀而被衙役需索恐吓事因中止者，亦有之。幸有力者得呈于官，不批，曰自不小心；则批，曰团防不密。或禀请统带拨勇协剿，则重索供应。因此，默尔而息者甚多。

○前月廿三日，冯县主、石参将会同驻州汤管带到石马墟，共有勇二百余名。该处久不见官仪，喜出望外。因派夫役百名，猝无以应，遂将局绅陈明经拟之以刃云。

○又闻半迳一带，真匪巢窟，兵勇经此过而不闻。其单家小户，则力为搜捕。冯县主到某处时，亲□□□私语道旁居民，谓兵来宜避云。

大清光绪廿八年壬寅六月十二日　公历一千九百零二年七月十六号

玉营续述

○嘉应关玉如游府，亲带玉字营勇百余名，到南口驻扎。月之初一日，亲与秦公子督勇搜捕。有叶畲村者，匪之窟穴也，搜获匪徒若干名，并佩刀一柄。查此刀，乃在芦坑为匪所戕之石勇所佩者。游府于初三日回署，与秦直刺面商要公。初四早复往南口，将要匪五名正法。中有二名，其一为陈大眼，本系会匪，游府收以为缉线者，乃搜叶畲时，故迁其途，使匪得脱，故惩办之；其一为余姓之匪，乃其祖交出者云。

〇关游戎复于初五日，由南口回署。闻马镇军于初七日可到州，故预备迎接。

猎户述谈

〇嘉应清凉山一带，本业茶为生，而沿山为田，亦复从事畎亩。今日西北一带，凡播种过迟者，禾苗不免槁死，而是处为甚。又闻有野猪为害，凡种植之地一经蹂躏，糜有孑遗，现拟醵金延请猎户，以除巨祸。据云：野猪肤革最厚，又辄向松树根摩察【擦】，遇有松香之处，愈摩愈厚，故刀剑不能入，即改以火器，非尖弹亦不能奏效。身躯重者二三百斤，两牙露出吻外，尖而甚巨，奔走如风，势极猛疾，故当者辄仆，其牙又能齿人骨如糜。故非猎户不敢撄其锋，即猎户亦必择要隘，伏而击之，无敢直当其冲者。

齐昌杂志

〇兴邑妇女改装，既登前报。似此变繁为简，变奢为俭，变丑为雅，乃善变者也。所有文物家人，无不翕然从风。间有乡僻之地，粗鄙老朽之妇，则顽固如故。向议考试时各廪保处填册，令诸童认明家中，既经改装，然后保他与考。如此，则士大夫之家，勉为表率，转移更易。唯有打银匠，竟敢造"改装不利，旱荒、盗贼交至"之谣以惑众。听去年在县递呈，既【即】遭痛斥。闻秦牧莅新时，赴州递呈，将加拘押，乃跳而遁。今在县诸绅复申前议，一律改装云。

〇端阳前后多雨少晴，阴云昼晦，飘风急雨，阵阵相续。但见水田漠漠，寒气凄凄。觇天时者谓：夏有伏阴，又恐冬有愆阳。为农家忧耳。

〇大龙田墟有铺四百余间，由县达江西通衢也。去年土匪惊扰后，会议分段造栅，以便防守，现已造成数所。端节前，因匪徒扬言劫抢当铺，行户以为度节之计，故急办街团，分为十甲，每甲分值一夜巡查，闻警则通力抵御。正张皇时，忽石勇黎明到墟围捕数家，共获十二人，随保释九人，其三人在押。闻一是真匪，一则其弟为匪，勒令交出，其一则为人丢桶请捕者云。

○近日松柴涨价，倍于寻常。询知其故，因宝山寨下各乡樵夫曾被匪掳去数人，至今未有回者。行路艰难，不敢远适城市。采樵妇女亦不敢深入山中云。

○兴宁省庄布销售之路多在江西一带，故布庄设在佛山，以便于发运也。现在江西省警报频闻，倘不克速就敉平，恐于县布之销路，不无阻碍。

大清光绪廿八年壬寅六月十三日　公历一千九百零二年七月十七号

乡团可恃

○兴邑黄陂连境长宁县属南□山僻之地，自黄陂受创后，会匪多逃聚于此。邑绅钟荣光之子某集乡中团丁五百人，生擒五六名，置猪笼中，沉之深潭，将容贼之屋概行搬空，以示惩警。人皆称快，贼闻胆寒散走。平远、大信地方毗连各境，果能合力搜捕，使匪遁逃无薮，则鼯鼠之技将穷矣。

补述钟锡琼死事

○又宝龙局董钟锡琼死事之惨，已登前报。兹访悉，与同局何驷同时被掳，置诸四望嶂炭垄窟中，恨钟尤深，多方胁制，至烧红炭丸，遍烙其体，炭熠稍和，则移烙何驷。追钟支解，何驷许赎回，乃肌肉内遍钉以针，恐复有性命之忧矣。钟性崛【倔】强不屈，论者咸悼其死而敬其烈。乃乡愚无识，反引以为覆车之鉴。人心如此，吾不敢言矣。

借局藏身

○又探得匪首刘兆兰，其家世原不恶，唯素行佻达，比之匪人。致入会党，以其曾读书，推为先生。去年八月之乱，匪皆听其指挥。攻城败后，知将累及宗族，飞函令族人办团，希图掩饰。身从间道脱逃，匿于石正，近复肆虐乡邻。自西步温匪屋被围受创后，附近曾、温、刘各姓父老，约来【束】子弟，改邪归正。刘兆兰自知势孤，欲于死中求活，涂饰耳目，现在黄泥坪设局，公然自为局长。或云前为匪所支解之钟锡琼系匪首罗宏山保带之人，被刘兆兰党掳得，召罗宏山议处，罗至而钟已礫死。罗怒其侮己，将加刃焉。刘兆兰知将不免，乃托归正，而设局挟众以藏身。兔营三窟，亦狡矣哉。

向父索债

○东厢堡某甲之子，自幼爱惜，每所索过当，然以爱之，故无不曲徇其意以予之。其子得之，随手辄尽。稍长，随其父商于长乐县。去年得咯血症，医养之费又复不赀。今春归里，父母见其体益惫，延医调治，卒无效，未免有难色。一日，其子嗔甚，忽大声叫请其父入算账，谓伊债未清，何能惜费。词甚峻厉，父默然。其母从旁呵之，曰：二十余年，偿债累累，虽棣首，算不清矣。事有不讳，殡葬之费及尔妻尔子他日养育之费，果从何出，能不稍留余资乎？且尔之债，要爷娘偿；则尔子女之费，将谁偿乎？其子闻言点首，少刻，目闭；少刻，气绝。不知者，以为转输索债世有之；其知者，以为此皆由为父母者平日溺爱之所致也。某妪于其子将死始训以义，方盖已晚矣。闻者惜之。

大清光绪廿八年壬寅六月十四日　公历一千九百零二年七月十八号

匪事述闻

○探得兴邑上月十六日，黄陂墟期下午五点钟候，忽然归市者仓皇奔走，通街闭店，各执器械以俟。俄而风平浪息，人见我笑，我见人笑，不知所为。久之，乃知毗连禾村新墟有沙灵山、何其秀二匪首，该乡团局知觉，传令鸣鼓以攻，围获何其秀一名。该匪有力如虎，凶恶异常，面斥局董何龙叔，谓看尔头不久断矣。众怒，取枪格毙。始有匪徒潜匿黄陂墟者，闻信惊遁，众亦随之。故黄陂是日有此虚惊。自后匪徒放声，将掠黄陂而下毒手。然上下两局联结甚固，不为震动，谅难逞志。

大清光绪廿八年壬寅六月十八日　公历一千九百零二年七月廿二号

梅州善举

○嘉应有公济堂者，施医所也。其事创于邓君玉田、钟君恕如，在西门内铁华书屋赁馆试办，所有一切经费出自劝募，年终则汇刻征信录奉送

同人，以便查核。实心办事，医者踵至，闻医生现聘二人，颇有应接不暇之势。自前年开办迄今，始终不懈，人皆称之。

〇东城根有荒馆一区，为前任吴俊三直刺拨为善堂。其后，医生保理欲在是处开设医馆一所，州人聚资建筑，迄久未成。近日为吕祖会董事等稍修葺之，以为医馆，拟以待外路人之来求医者；又于北城根种桑公地重新建筑，多设一馆，以待本地人之来求医者。其章程则参酌汕头同济善堂及省城乐育善堂等处而稍变通之，颇称美。备闻其医生拟聘六人，一俟馆宇告成，可即日开办云。

〇本年谷雨愆期，米价飞涨，其借平粜以济民食者，只义仓一所，识者虑其力薄不支。该会同人于春初由赣州汇回银一万元为平粜资本，自行择地开办，而义仓之力得以周转裕如，人心因之大定。故论今年平粜之功，该会首屈一指云。

匪事补述

〇兴宁甘村老鸦鬲曾某移居长坑当，去年罗冈发难时，被匪打单，受捐颇重。及匪攻城败归，曾某适遇该匪于路，呼众擒缚，送县正法。近来匪党与之为难，谓若能出其一子承继该匪后，庶可干休。曾某势孤，搬回故居，依众聚处，匪党扰之不已。从中说合，曾族公出银五十六元八毫，酒肴十二筵，为之言和了事。乃匪党又言，曾某不在此数内。曾族以为烟消火伏，且鉴于袁某入会，其父被掳，死尸犹要勒索；张某入会，其屋亦复被围，小人反复不可信。然集族众歃血，誓死相抗，出则结队而行，入则坐卧皆佩刀枪，常恐祸至之无日。其警备如此，有地方之责者，果何以纾其忧也。

大清光绪廿八年壬寅六月十九日　公历一千九百零二年七月廿三号

督勇清乡

〇马镇军于初八日到嘉应州，由南门大马头起岸，顺道先拜保安总局，次拜文武各衙门，随到校场武庙褛帷小驻。初十日启往兴宁，秦直刺关游府并偕往焉。是日驻师南口，俟晚一点钟，即拨关游府潜师到太平堡之三台山下，围拿匪首温凤山。讵知该匪先已远扬，巢穴一空。翌日再搜白叶，亦复如是。刻闻偕秦直刺深入迳心矣。

十一日，镇平县来文匪党窜聚该县之长潭。查长潭地方离城不及十里之遥，州中各店家接信，亦有述及此事者，则匪之窜路又须防堵矣。

又探得畲坑地方自关游戎搜捕后，现已安靖。初九日，马镇拨李哨官带玉字营勇五十名，到畲坑堵剿。

议建学堂

○自广雅改设大学堂以来，而省中小学堂亦有继起者。嘉应设学之事曾于戊戌年，槟榔屿领事谢君梦池慨然捐资五万金，为松口一堡小学堂，业经在州具禀在案，嗣因政变中止。去年黄君钧选游南洋，曾晤领事于槟城，时正大埔戴君独力捐办大埔学堂，义声洋溢。黄君即以吾州学堂为言，谢领事初谓人心难一，继即领之，且谓欲在松口建一所，在河南扶□堡蒿湖等处建一所云。似此一分为二，诚不如合二为一之，易措办也。

○近又传平远姚君德盛有在本县独力捐办学堂之说，姚君亦南洋巨商也。

大清光绪廿八年壬寅六月廿一日　公历一千九百零二年七月廿五号

飞来外委

○旧岁兴宁土匪之案，官绅保举，已见前报。兹闻有某邑坐府之子，身在郡城，亦在保举之列，以外委用。现已署某邑城守，扬扬赴任。古有飞来将军，此亦可谓飞来外委矣。

隐云：盗贼之所畏者，官法也，至官法不足畏，而盗贼已无戒心矣。盗贼之所窝者，赌场也，至赌场不可禁，而盗贼并无从而究诘矣。现在城乡市镇花会、赌场，靡处不有奸宄之往来，崔苻之出没，往往借此为藏身之地，文武官弁既收陋规而讳莫如深，乡民之受害者，又缄口结舌而不敢言，则地方之糜烂者，不知其何所底止也。西人论中国官场，于盗贼之事有三大弊，一曰晦，二曰海，三曰悔，未免过当，然其言不尽无因也，当味乎其言。

大清光绪廿八年壬寅六月廿四日　公历一千九百零二年七月廿八号

分别教案

〇郡中自丁观察莅任，将教务公所改为洋务局，竭力整顿，教案渐稀。又闻观察面谕教士，谓牵涉教堂教士者，始得称为教案。若教民与百姓寻常讼事，则均属吾民，当由地方官秉公审判，不得谓为教案，教士亦不得妄行干预。如此分别办理，民教自易相安，未始非地方之福也。

厘卡作弊

〇嘉应某甲在湖南省开设土药栈，在州设一转运之店，年来颇称顺意。三月间，由湖南省开设运土四十担，道经江右某卡报厘，按照新章，每挑须纳厘一十二两。司事人与卡员商量，由八折过厘，掣回票据则仍照十成实数，以便下卡验票放行。仍余二成，则彼此剖分，入充私囊，如法办理，毫无阻碍，既有日矣。四月，甲又运土十二担，其押解者系另一人，稔知其事，如法炮制，然尚短卡员银二元零不之给，意谓票已照给我手，虽不给无如我何。讵卡员密逗一信与石牌下验放之人。俟甲货到石牌，验者谓短瞒厘金，百般阻难，司事人执票与争，其票又为验员收起，以致转无执据。只得将土暂寄近处，星驰到州请前此司事人与之调停。间验员告以须向源头说话，现又驰向某卡矣。现经月余，尚未接如何结局消息，土亦不能放行来州，州栈司事极其焦盼。似此厘卡作弊，商与勾结，则反受其累，经商者其知之也。

梅州事汇

〇有客自嘉应来者，言马镇军既进扎兴宁之永和墟，秦直刺仍驻南口，考试之期拟改为七月初一日，未知定否。

〇又云十五日，州中无雨，而梅水忽然大涨，侵至南门城根，盖西北一带大雨连日云。至田禾有无伤损，俟探确续登。

〇又云省垣武备学堂，定期于七月初一日考选武备新生。州中赴考者三十余人，皆少年而有英气者。

大清光绪廿八年壬寅六月廿九日　公历一千九百零二年八月二号

告示照登

○马镇军、秦直刺会剿会匪，闻现已到兴宁。大张告示，兹将告示照录于左（下）：

为剀切晓谕事，照得该县上年会匪揭竿起事，虽经官军剿办歼绝渠魁，而在逃余孽四处潜匿，兹扰形踪，四散靡常。兹本镇奉大宪电谕，率勇前来，会同本州县，按乡搜捕剿办。查会匪以兴宁县为最多，去年聚众攻城，今岁打单掳抢，绅民受其荼毒，实为法所不容。唯念尔等皆系赤子，多半愚民，或被诱迫入伙，藉为保卫身家，论罪断难轻恕，察情殊有可原。第恐大兵临境，玉石不分，本镇州胞与为怀不忍，不教而诛，合先出示晓谕。为此，示谕合属军民人等知悉，尔等须知，结党拜会、聚众抢劫，有犯必诛，法难宽宥。自示之后，果系被诱迫胁者，准即邀同正大族邻赴案，递具悔结，从此洗心革面，断不究其既往。如系业经指控会匪，果能擒获有名匪首送案者，亦即免其治罪，量予奖赏。倘能连获著匪多名，定即录功千把，归营效力，决不食言。此乃本镇州格外矜全，网开一面。至尔等如仍执迷不悟，则是甘心为匪，该房族等若不作速设法捆送，定行一概株连。本镇州唯有按乡搜捕，概行则洗。彼时玉石俱焚，噬脐何及，勿谓言之不预也。毋违，特示。

大清光绪廿八年壬寅七月初一日　公历一千九百零二年八月四号

剿匪汇纪

○兴宁正在患盗之时，忽闻马镇军、秦牧伯统兵到县，不啻大旱望云霓而得雨也。然民情喜惧交集，喜则大兵云集，蝼蚁难逃，今而后莫予毒也；惧则兵至贼去，稔恶漏网，勒令绅耆交匪，急案不得将殃及池鱼也。果何以慰民，兵望耶。

○秦牧到日，即拨勇围差馆，擒获二总头。闻该差，去年曾与匪约开诚相迎者。查永和土匪寔由差淫虐激变，去年之事，又差与贼通气。是以

每派勇捕匪，即先漏师以致匪首远扬。欲使孽根净拔，必先清肘腋之奸。秦牧伯可谓得其要领者矣。

○又秦牧提出在监匪犯九十余名，亲自鞫讯，闻俱供认，只三名熬刑不招。秦牧诘冯令留此多匪何为，又将供认者全行正法。于十六日斩决八名，十七日斩决五名，十八日斩决十五名。意者囹圄空虚，然后出乡搜剿。

○芦坑杀勇事，县官咎乡绅耆不救不报，将其生监四人监押。其族人控告上宪，谓此乃匪首何南斗所为，其人去年在下坝墟擒获送州，由州解县正法，县官纵虎还山，致有今日之事。下坝墟局亦赴州，呈问谓何南斗曾经送州，缘何今还在该处，声言报仇。州尊严饬冯令缉回，冯令则责保绅某交匪，革令出局。治安局董事，遂换一班新党焉。

大清光绪廿八年壬寅七月初二日　公历一千九百零二年八月五号

推广种植

○种植之利出于自然，欲辟利源，莫先于此。日前嘉应议兴山利会，由绅士迭禀上宪核准开办，已志前报。刻惠潮嘉道丁观察承都宪，札饬属惠潮地方仿照嘉应，次第奉行，观察即转饬各县。昨澄海许大令已奉札照谕保安局绅，酌议仿行，可谓知所先务矣。

埔事纪闻

○大埔陈叙五大令任内有教案十余宗，据道路传誉所办均极平允，唯教民咸以未占上风，心怀不愿，怂恿教士。

各县旧欠粮赋，日前特饬差下乡追比，无如去岁水灾之后又收亩捐，民生已属困苦异常，加以此次催缴旧款，乡民被逼无奈，因而聚众相抗。现闻该县已请兵，前往弹压矣。

大清光绪廿八年壬寅七月初三日　公历一千九百零二年八月六号

窜匪述略

○匪首温凤山，本南口堡人，迁寓太平堡之三台山下，与本堡匪首蔡教化素有隙迹。因官兵追捕甚急，蔡、温均远避。某日相遇长田墟，温党甚盛，温即喝命抓蔡。至前拟之以刃，历数其罪，蔡匍伏乞命，温颔之收刀入鞘，命其党挖蔡只眼而去。近有归自长田者，亲见蔡抱目而哭。嘻！若要太平年，除非贼杀贼，斯之谓矣。

梅潦续闻

○前报纪，嘉应州于月之十五无雨而水耗未确。兹得友人来函云：前月十五、十六两日，斗墨翻空，大雨如注，河水陡涨数尺。西街浸至大觉寺前一带，东街浸至嘉应桥一带，所有洼下田禾悉被淹浸，闻系上山一带雨极多云。

乡团汇录

○兴邑罗岗去县八十里，有鞭长莫及之势，龙川小江匪徒聚集于此。近复猖獗，至于盗局绅之马，而莫敢谁何。该局乃抽店捐为经费者也。前月初八日，匪徒向各店勒索花红，势甚嚣张。各店家啧有烦言，谓局中已抽经费办团，乃畏匪如虎是何为者？该局迫于人言，乃鸣鼓以攻，获匪五名。欲送县，又恐中道拦抢。飞报县署，随饬钟仲麒率勇五十名赴该局获解。某夜匪党环局欲攻，钟不为动，卒不得逞，解县正法。内有犯匪一名，尤凶悍，临刑犹言多不逊，直立不跪，刽子怒剜其腹云。

○大龙田风俗质朴，蓼塘罗族父老尤能持正。去年，会匪未发时，思患预防，禀县自举族团齐集祖堂，设席申禁，子弟入会者，送官究治。其子弟听约束唯谨，是以弊绝风清。至腊杪，匪势复炽，龙田震惊，复纠合同社各姓为乡团，誓相保卫，恃以安堵。近日打单之事渐及龙田附近，地方乃集同社，再申前议，加列赏格。如有匪徒敢到同社屋舍打单掳抢，或勾引入会及掳掠他处人口，由乡中经过或率党来往，无论昼夜，鸣鼓环攻，捉获匪徒一名，及杀毙一名者，均赏花红若干元。若各乡族皆能约束子弟，团结同社，如此又何有匪势蔓延之虞哉。

○水陂朱贵秀者，绰号蕴山，前考武试，近为匪首，同宗朱才叔受其欺虐特甚。入春以来，凶焰大炽，以附近集福寺为窝巢，凡枫树塘八仙亭等处捆捉、拦过客，皆其所为。近乃假托乡团之名，公然操习枪炮，诚叵测矣。

试事汇录

○前月初十晚，嘉应州署到来襄校三人，而官既随同镇军到兴宁办匪

去矣。州试前定六月初二后改廿一后，复改廿七。论者谓揣现在情事，一时未能偃武，恐亦无暇修文。果复得牌示，展期七月初六云。盖镇军直刺，欲为一劳永逸之计，故未敢以试事为卸手也。

○兴宁于六月初五日开考县试，因道路多梗，人心惶惑，应试者裹足不前，远处廪生多不敢来，是以人数寥寥。上年二千余人者，今届仅千余人。此番应试，士心颇不自安，又值岁歉农忙，久候维艰。诸廪生禀县省并场期，以免士子仆仆道途。冯大令准如所请，牌示初五首场考四书义、五经义各一篇；初七二场考孝经论、性理论各一篇；十二日合考三四场，备卷二本，四书义、史论各一篇；五六场亦合考备卷二本，五经义、策问各一篇。现因马镇秦牧统兵到县办匪，殊形忙碌，未能毕场，亦未出榜。唯于十二日挑取首场佳卷，入内场复试，各场试题附览：

首场：四书义：游于圣人之门者难为言。五经义：咸与维新。

二场：孝经论、性理论："士有争友"论；"以义正万民"论。

三、四场：四书义、史论。

外场："是道也，何足以臧"义；"叔孙通定朝仪"论。

内场："未之思也，夫何远之有"义；"萧何收图籍"论。

大清光绪廿八年壬寅七月初四日　公历一千九百零二年八月七号

经费述闻

○自缉捕经费归商办后，武营顿失其利，伺隙而动，盖亦有之，然亦有不避嫌疑者。嘉应关玉如游戎于上月初旬在南口捕获要匪某名，据供伙党某在某赌场赌摊，游府即乘夜围捕获之。嘉应经费局司事亲到游击署说情取保，游戎托故辞弗见。司事在客厅坐守竟日，游戎怒出而见之，问何来？司事以实告，游戎骂之曰：君所取保既三人矣，此番要犯可复干预乎？司事以某馆失赃责游戎追究，游戎骂曰：朝廷只许尔开赌，讵许尔等窝贼乎？傥贼窝失赃，要官追究，则凡有治盗之责者，唯有闭门束手而已，君速出，勿复言。司事不逊，游府命健儿拿之，移送州署交房带候。经费分局随即报知省中总局，局董张永图随即禀知各大宪，以游击苛索掳掠，诬盗解州为词。闻□德中丞现已批示，仰善后总局备移惠潮嘉道丁观察查明禀复矣。

梅团偶述

○上月十一日午刻，石马下庄堡有陈姓会匪八人，深入嘉应界内李坑堡之杨梅坑，掳去土人洪甲淑一名，即在附近地方安顿午饭，又遣人赚洪家到来议赎。洪妻得此消息，即携带子媳三人去哀求，不料转为匪蜂拥而去。洪之弟媳值知其事，鸣锣号众。有布上村者，距杨梅坑约一二里，闻知其事，力疾各派子弟持械赴救，统计约八十余人，疾驰三十里，直抵石马匪巢，始将洪甲夫妻并子媳三人概行夺回，并拿获一匪。该匪左手被伤一刀，唯坚不承认，自云：我到石正作商途中次，误遭擒获。洪妻出而证之，云：此确是匪，当时击我两刀，方议送官究办。乃是日，马陈姓三人来车子排墟遍诉其冤，即邀石坑李姓两茂才从中保，于时，李坑之人议谕决。其日适保安局练勇到龙虎墟堵截，道经是处，而洪某竟不敢将匪交渠转解州署。亦足见匪之肇祸，盖亦有纵之者矣，善其后者当分别究办而已。

大清光绪廿八年壬寅七月初六日　公历一千九百零二年八月九号

013

闺媛两志

○大埔何寿慈妻萧氏，年十三适何，以孝谨能得舅姑欢。井臼织纴外，樵苏佃作，靡不从事。归何十年，族党咸称之。岁戊戌，寿慈府试，李百之太守奇其才，拔冠童军。未院试，殁于郡寓。耗至，氏一恸几绝，誓从死，家人守护不得闲。母来，伤女之青年丧偶也，相对悲泣，哽咽不能语。氏反百端宽譬，言弱弟方垂髫，愿母善抚之，无以儿为念，且舅姑在爱儿甚，儿何忍死？母闻则大慰，居数日别去。然烈妇之欲殉其夫，未尝须臾忘也。一日晨起，膝行而前，牵姑裾涕泣曰：新妇不幸罹此鞠凶，翼舅姑垂怜，早为立嗣，俾延夫祀。言讫，以首触地，泪雨不能止。先是家人窥烈妇殉夫志甚决，防之严，旋以其请立嗣，意不复求死，因稍懈。越宿，晚餐已，烈妇向夫几筵焚楮，作礼俛首。收泪毕，就与姑嫂妯娌挑灯絮语琐琐，谭家人事极欢。漏下二鼓，始徐步入房沐浴，饰妆服一切附身附棺之物，皆躬自料量，列置几榻，人无知者。顷之，搲药和酒服之。移时，但闻床上微有声息，家人呼之不应，撼门不能，开劈而入，则气已绝。见其目瞑口噤，面如生，以两手据床席，以两足抵床隅，其手与足尚固持未解也。呜呼，烈矣！其从兄何寿朋大令为纪其事，以征诗焉。

大清光绪廿八年壬寅七月初九日　公历一千九百零二年八月十二号

窜匪述略

〇前月二十日，翟星岩分州自松源解上会匪陈海龙一名。据松源团局缄称在松源桥市擒获，在分州处供称，住兴宁县城外，同类八十余人。此次因官军团捕日逼，是以来松避难，不意遽被擒获。至其所以来松，实有本地匪徒某某为之勾引云。

补记马镇军秦牧伯到兴剿匪事

〇镇军、牧伯偕驻平远，已志前报。兹探得马镇军、秦牧伯到兴邑，后饬治安总局传谕各乡团练、局董赴县谒见，条陈办匪事宜。比见，则但云："要剿匪，认真办团练保甲。"数言而已。似是老生常谈，数见不鲜，然果有匪即剿，以拔其本，认真办团练保甲，以善其后，地方自然安静。所谓为治不在多言，顾力行，何如耳？

秦牧伯遣其公子率勇捕匪，匹马单刀，星夜遄往，不避艰险，但牵一老犯为乡导。一日到石马，乘夜往油房凹左近搜捕赖某，人马无声，遥望前途一人来，喝勇拿之，将以询赖某居处，不意所拿者即赖某也。当赖某见拿时，遽喝云：尔知赖某否？兵士辟易秦公子武艺颇娴，亲为制伏。盖赖某悍贼，有人报知官将围捕，因自行探听消息，竟投罗网，人以为快。正法之后，传首其乡，以枭示焉。

何则良者，永和匪首也，逃窜各处，煽惑愚民，经县令悬赏以购，釜鱼残喘，游魂偷息。月之初旬，黄陂石某在下蓝龙凹被匪掳去，其局绅率勇搜捕，自二更至天明历数处未获。越翼日，何则良具一书与某局董，其略云："仆少读诗书，长守礼仪，不幸遭此惨祸，天竟何如？命竟何如？人皆知我是良士，不应当此大灾，是以所过地方皆怜而兼容，独尔黄陂胆敢统兵丁而截围。今次如此，再后仍敢，则旗鼓相当，未知鹿死谁手也。"夫因困迫而至，甘心为匪，所谓知诗书守礼仪者何在？天耶？命耶？直入谋之不贼耳，尚敢晓晓自雄哉！但其凶悍不若潘何辈，闻去年群匪攻城，彼独泣跪谏。秦牧知其事，且以其老无能为，将不久于人世也，特着人寓书招降，开一面之网，责以擒斩潘、何二渠首以自赎，不知该匪若何感激也。

县局因匪势日盛，石勇不足分布，添募土勇五十名，交钟廪二贞训练。管带其人，尚气侠烈，有文事而兼武备，去年曾带勇赴龙虎墟击灭乱匪。又武举刘碧山，因会禀匪，为匪所掳辱，发奋为雄，自带勇三十名专与匪相角逐，所往辄获。秦牧札饬二人，管带土勇以为乡导，二人感激，亦遂电扫云扬矣。秦牧可谓知人善任使者。

大清光绪廿八年壬寅七月初十日　公历一千九百零二年八月十三号

传闻异词

○梅友来函云：兴邑会匪赖某好身手也。秦直刺驻兴之日闻报，命其子率护勇七人亲诣擒拿，至则匪踞坐厅事，瞥见多人，知事已泄，亦无惧容，睨而笑曰："咄速归去，请多邀数人来较短长，似此区区，诚不足供老夫一顿拳也，避一步者便不算好汉。"公子闻言触着痒处，遂不发枪，命一人直前搏之，不敌；一人进，复不敌。公子愤甚，掷下手枪，一跃而进，略一交手，匪即倒地，盖中其要害矣。擒归行辕，次日即照例处决。闻公子于技击本属惯家，此次捕匪最为勇敢出色，所带不过十人，虽黑夜崎路，匹马当先，不稍退阻。其帐下健儿亦最感知遇，谓实能均劳逸共甘苦云。此与昨报微异，故两存之。

王事勤劳

○马镇军由州驻扎平远，既登前报。兹闻其由兴到州时，镇军偕直刺对人言，云兴宁县贿赂公行，刑赏失当，上下一气，真所谓君子道销之时，难怪会匪如此猖獗也。现严谕匪族父兄依限捆交，毋得隐匿干咎，俟花衣期满，即启师往大柘石正一带查办。现饬林子文城守先行，王事勤劳，可为镇军咏矣。论者谓若能于江广毗连之地，潮嘉分界之区，择要扼守并带线工指认，则匪党不能远扬，可聚而歼之。

狡窟纪闻

○潘亚辛乃盗魁潘元长之胞弟，凶狡不亚乃兄，闻其巢穴在大柘炭窟中，有侦探者往见。初入临门，盛陈兵卫，白刃如霜，洋枪若林；经历数门，然后至其居处，妻奴盛饰，张设鲜华，俨有南面王无以易之意。闻所劫掠皆积聚其中，其党羽分踞四望嶂，非出其不意入穴探子，无由破狡兔之窟也。

兴邑团事

○迩来举办乡郡团，殷富子弟多习武备，即教读馆中，亦陈枪持械弦诵，余闲肄习校试，以备不时之需。当乡团操练时，胶庠俊秀，不惮执殳前驱。唐人诗云：能为百夫长，胜作一书生。今日见之矣。

齐昌农话

○向时年岁偶有荒歉，米价虽或腾贵，至新谷既升，不难开颜一饱。目下早稻登场，而米市仍守价不移，贫民不无失望。唯是雨水时降，多种番薯，其旱水者，七月已可落实，或者不无小补云。

大清光绪廿八年壬寅七月十一日　公历一千九百零二年八月十四号

捕匪汇纪

○前月廿三日，嘉应城守林子文守戎自太平堡解下二匪，一陈一蔡，即前报所纪。蔡教化也，擒获而眼果盲矣。闻在墟尚拿获形迹可疑之人，一姓卢，一姓古，均经其族父兄联名具结保释。

○次日又擒获匪首李懋山一名。先一晚陈匪在土室内，忽恳面见守戎，禀商机密；既见则求一饱；次则诘指拿要匪有无花红；又次则问能否赏带营兵藉以自卫。守戎一一允其所请。陈匪云，石坑堡龙头村，距此仅三十五里，内有李富之者，匪名懋山，今若疾趋，掩之可得也。守戎闻言大喜，翌日回州禀知关玉如游戎，即由游戎拣派得力练勇三十名，由陈引带，再行围捕。懋山者，性极诡黠，专以小惠邀结乡里，故虽尽人知其为匪，无举发者。去年八月之警到处敛米助匪，毫无掩饰，事败后仍复晏然。所居高楼，内穴地为窖，以藏机密，且为避捕地。练勇之抵懋居也，斩门直入，放枪二响，妇女扰攘奔避。旋在房内拿出二匪，又自屋檐下拿获蜷伏一匪，拽出察之，即懋山也，并搜获信札簿据甚多。其时东方将白，勇惧匪党纠众来夺，即疾解下州。懋在游府署内直认不讳，且谓乃为一弱女弥月宴客所累，故是日在家罹此法网云。细查其信札，乃别处匪徒纠懋起事，懋则复以默察天时人事，未可遽然动手，且俟八月间再定夺。又谓来缄，现集有人万余。此事究竟确否，观此则知匪党不少，其蠢然思动，亦实情也。余二匪皆懋堂兄弟，一系会内红棍，一供未详。

○刘兆兰者，黄陂泥坪匪首也。闻马镇、秦牧示之，云一切匪徒有能擒献著名匪首者，则宽其罪，仍酌为保奖。刘闻言遂给匪首沙灵山及何匪某，云某家有喜事，治馔相邀。比至，乃计擒以献。及县令石统领率兵至石正，道经其乡，竟率士勇数十人执殳前驱，居然为降王之长。然以贼攻贼，情势倍悉，因以收指臂之力，未始非策之善者矣。

○当沙灵山被擒时，解至黄陂局对众宣言曰：余得学徒九人，引为心腹之友，今日擒予者，竟有其七人焉。人心难测如此，意益恨刘兆兰也！众闻言皆讪笑，谓尔等拜盟结党，指天而誓，生死不相负，今乃乘急难落井下石，明神何在？其不福汝乎？观此可见小人之交，甘如醴而易坏也。谓他人昆亦莫我闻，悔之晚矣！

○上月初旬，板子冈石茂才汝砺奉谕办团，该处匪类欲破其局，频与为难。石自揣力不能敌，拟迁帑城内以避其锋。匪乘其隙，笑至其家，掳其一妾一女及其姒娣四人去。随报石统领派勇搜捕，卒无所得。当匪之将掳其家人也，有永和何某与之居间调停，已经答应赎银若干，尚未过交，而难遂作。石茂才探其知情，禀石统领，拿得其人。其人经商，年已七十矣。秦牧悯其老，欲宥之。石统领不可，竟置之法。人以为是，乃老三点应得此报云。

大清光绪廿八年壬寅七月十二日　公历一千九百零二年八月十五号

户书需索

○某邑户书，权牟长吏，往往父死子继，以世其业，流传已久，积弊愈深。大率乡民完粮，或岁输正供一元，而户书之加羡余者，则自二三元，以至于五六元不等，逢闰递加，而无闰亦不减其加收名目。则有曰：任礼者，谓新官到任，户书必送，陋规也。有曰：厂费者，谓每岁开厂，户丁必供费用也。至完粮给单，则只书正供若干，其余加收之项另登一册，谓之细数。乡民完粮而不完细数，则瞒禀官长诬以抗粮，有时而诬以匿税。长官利其陋规，既若慈母之养骄子，言无不从，唯户书所欲为，而乡民已无所措其手足。故谚语有云：门官贫，门鬼死。若户门书，纳多米。所以道其实也。现在各属加筹粮捐，而某邑之民既加粮捐，又必复加细数，无怪为官者之乐于劝捐也。盖捐于公者多，而入于私者，亦随之俱长也。然而民已困矣，官亦何所利焉。身为父母者，其念之。

捕匪述异

○昨报纪关玉如游戎拨勇擒拿匪首李懋山。兹闻当陈匪报信时，林子文城守即晚饬勇造饭，草履帕刀一一具备，但未明宣向何方。忽一勇自卧榻跃丈余，只目圆睁，口吐白沫，语呶哓不可辨，数健儿禁制之不能住。少顷，语略清简，其言曰："吾乃某元帅也。"守戎本潮人，习知潮营，恒有神勇附体，传语如师巫者。爰罄折请示神，大声呼曰："此行无益，匪必不得。"守戎疑信参半，请示何向？盖欲窥探是否真知去处也，继而所言吻合，守戎是夜遂不果行，而于明日请游戎示，始得之。据懋山自供，亦谓是晚在公塘墟至天明始归家，为小女弥月宴客，遂罹法网。其事颇异，姑为之闻，疑载疑耳。

州试改期

○嘉应州试事改期七月初六，既登前报。兹闻州牧在平远大柘、八尺等处搜匪，其事未竣。现又展期为十六云。

认真搜捕

○会匪扰害地方，本为人所同恶，无如禀告，则如罔闻，知拿送又或纵虎出兕，至于报复寻仇，又置之不理。由是人民不知官法，只知贼威，但见贼能杀人，不信官能杀贼。虽敢怒无敢言者，迨马镇军、秦牧伯到兴宁县雷厉风行，人知官之可仗，各乡族累累捆送。不数日间，正法者已五十余名。

正在办匪得手之初，马镇、秦牧忽然引兵而退。细为探测，盖以匪之巢窟在大柘石正一带，不直捣其巢，虽披其枝叶不足以净尽根株。廿八日，冯令偕石统领率县局各勇，名为剿办黄陂冈背，而实径达石正会师，闻平远县令及长宁县令亦会焉。盖马镇、秦牧所预为密布者，网张三面，狡兔其能脱乎？

大清光绪廿八年壬寅七月十三日　公历一千九百零二年八月十六号

捕匪余论

○友人来函云，嘉属三点会匪伏戎已久，党羽亦日多。其幸能苟免无事者，则人自为魁，号令错出。甚者积不相能，互相仇杀为快。十五日，本报所载潘进良供称，匪目资格，至山字而止。今闻李懋山对人云，山字辈至有七十二人之多。匪势滋蔓，真有如蚁聚蚊团者矣。脱有枭黠者流，极力联合，公举一人，以相统摄，其为患何堪设想。地方官吏见无大股匪徒可办，即疑前此捉人勒赎，立堂打单，不过绿林豪客之为，却非揭竿斩木之辈，以为良有司缉捕从严，即可扑灭此种类。然试思今日文衙之马捕快，武衙之绿营兵士，能胜此任乎？观于前此，兴宁某委员统率乡勇，诣黄陂搜捕，稔知匪迹，即不敢前进，亦可概见。且事至支解局绅，截杀官差（本年州差赍文至兴宁者，失去二人。后在百叶匪巢，起出文书，且不止一二套）。西北一带，路断行人，居人寝食不安，尚复成何世界乎？必俟釜甑堕地，始失声可惜，抑何所见之晚也。刻马镇军到州，闻系据督抚宪转电查办，恐未能久任其事。现州中绅士，拟联名禀求道宪转电督抚宪，假予从前方军门剿匪事权，责成实行清乡办法，几草薙禽狝，离离原草，来春不至发生。但未知宪能鉴此下情否也。

○又兴友来函云，群匪见官威如烈火，知法无幸免，纷纷逃窜。有谓窜至江西安息墟，劫广帮土行者。有谓窜至南雄、仁化，沿途拜会诱胁而去者。有谓窜至下坝墟及武平一带，复谋揭竿者。总之，目下兵威已振，势如破竹。跳梁小丑，断不敢撄其锋。但恐兵去则匪还，急肆以疲，终为不了之案耳。古语云：得一贤令尹，愈于胜兵三千；得一贤太守，愈于胜兵一万。今州牧已得其人，若兴宁、平远复得能吏，则不烦多费兵饷，而善后之事措办裕如矣。是在有用之人责者。

大清光绪廿八年壬寅七月十五日　公历一千九百零二年八月十八号

打单详述

○兴邑匪徒打单之事迭纪前报，而其书词则不可得而知也。兹得一纸，其悖慢有令人发指者，照录，以供众览焉。其词曰：总统江广福大元帅陈何潘，为颁发札谕汝等知悉事。现本帅统带雄兵百万，上将千员，意欲扫平地方，必先剪除妖党之辈。然本帅以仁慈为主，若有归乡顺从，先以洋边奉来赎罪者，可保汝无虞。黄运先父子素有害洪之心，兼犯洪家之例，应当罚边二百一十大元，期限后三天作速交于永和墟面兑。如有迟延，待本帅起军，汝等男妇屋宇墙垣一概扫为尘粉平地。本帅令行如水，

特此先谕，汝等速速交来，勿容他日。切切。特示毋违。

闻会匪将所掳捉之人，以膏药封其两目，日徙一地，迨银送回则又故纤其途，送至将近其家之处，乃揭去目上膏药。是以询诸赎回之人皆不知贼巢处所，且其人如醉如痴，失其故性，或以为贼以迷药毒之，故如此。

当日之被匪打单掳劫者，无敢告发，盖知虽告发而无益也。迨马镇军、秦牧伯招告出示，于是告者纷纷，马镇军一一批揭，遍悬墙壁，某人当严拿，某案当查缉，字挟风霜。秦牧伯则谓不如准其告而隐批，其匪乃不至于闻风远飏。如二公者，奇正相生，会办自必得手矣。

大清光绪廿八年壬寅七月十七日　公历一千九百零二年八月二十号

匪事补述

〇马镇军、秦牧伯未到兴时，匪迹大横。如黄渡水甘村一带，罗宏山匪首盘踞其地，常乘肩与往来其间。适江西买易者行至潭坑，则皆露刃结队而进。其邻近金坑苏屋，同居二三十人，贼欺其弱，声言抢割其稻。贼党数十持火器，压而临之。苏家齐力抵御，各执长枪护妇女之割禾者。匪不能逞，各敛众而罢。其毗连乡村所居人少者，则并处一室，共为防御，短刀洋铳，坐卧不离，常虞贼乘间而至，猝不及防也。天高地厚之中，乃局蹐如此。又五月下旬，冯令到永和墟办匪，谕饬罗某、张某、何某入局办团，集百姓团丁五十名，日为训练。官回县后，匪徒竟敢率党十数人，入局喧闹，谓尔辈在此何为。答云：奉官谕团练。匪云：我地方上不容你等称干比弋，你军械还是你自收藏，抑要我代为收藏乎？团丁即各敛械而散。罗绅之父闻信，即着族丁数十人接回以避其凶，官知之亦无如何。其悍如此。

大清光绪廿八年壬寅七月十八日　公历一千九百零二年八月廿一号

有无庇匪

〇兴宁芦坑杀勇事，迭纪前报。当马镇军、秦牧伯办乡时，其郡中生员刘鸣鸾昨递奉抚宪鸣冤，旋蒙批示。略谓该生员等干会匪惨杀营勇，既赴救报县，又复擅埋勇尸，难保无庇匪情事，仰按察司饬兴宁县详晰查询，究明有无庇匪，分别办理，勿稍枉纵。一面会营严缉会匪何裕古等，务获究报，以靖地方。粘抄保领并发。

防务奖功

○岁前兴宁等处匪徒滋事，长乐与之毗连，防务吃紧，当经知县姚明府督饬团绅弁勇认真防堵，地方以安。兹姚明府以各团绅弁勇在事出力，不无微劳，列折禀恳大宪恩给外奖功牌各情，已奉督宪准予恩给外奖。唯折开请奖各绅弁与例章是否相符，批仰广东缉捕会同善后局核议，详复察夺。至分局练绅何文藻等，未据开具清折，未便给发空白功牌，致涉冒滥，并饬姚令知照云。

乡团述略

○石马马下堡团董何子渊去年曾率勇与匪战于洋门，今年复兴团练以保其乡。五月杪，泥陂漏匪陈当班支会贵凤辈，到其附近鸦鹊塘何屋打单不遂，声言统众以焚其屋。子渊闻之，即率百余壮丁追至油房凹，果有匪徒卅余人将再至鸦鹊塘焚劫，穷追至围畬地境始回。马镇军驻县时，复缚送著匪四名正法。

又黄陂新墟何云翔在新墟局办团，身亲擒杀悍匪何其秀，余匪皆畏其威，各行远遁。是以马镇黄陂，虽匪徒往来之地，而马下新墟恃以安堵，皆二何之力也。

大清光绪廿八年壬寅七月十九日　公历一千九百零二年八月廿二号

捕匪续纪

○嘉属匪徒以大柘为老巢，如何裕古辈据某当店为公馆，公然集众练操，旁若无人。有某秀才者，亦在其中教读，猫鼠同穴，其为人可知矣。闻马镇拿得其人，行将正法云。

○自石正搜捕后，首匪率悍党数十人，窜至渡田河一带，假托长路江湖，沿门索食，遇单家零户则肆为劫掠。闻近日多半逃至江西董乡地方。其过南雄者，则多在此北山兰河、百顺一带。诚恐越境乃免，兵去复还，终为不了之局。非移知各处合力搜剿，使根株悉拔，不为功也。

○石参戎仍在石正，马镇军仍在大柘，闻将移营到兴宁黄陂，已预备公馆以候棻戟之遥临。

○前曾说传官军在朱村拿获何裕古、潘亚辛，探之均属子虚。六月晦日，冯大令在石正派勇搜捕山林，着黄陂局勇数十人及降匪刘兆兰统带数十人，引路至离石正卅里之芒径地方，山高石峻，四面壁立，树木业杂，中有岩穴，僧徒结庵而居。何裕古、温观福辈聚著匪数十，妇女三人密藏其中，仅开一路，可容一人一骑，窥见士勇行至山半开炮二声，山鸣谷应，匪等从庵背而逸。案兵趋至，不见一人。但拾得遗落伪元帅旗、令字旗及凭底马刀、衣服、团扇包袱多件。既捣其巢，不能聚而歼殄，大为恨事。传说云石统领欲令先一时往，冯大令则谓不必太早，致误事机；又谓刘兆兰故意放炮报通消息，莫恐其详细之故。

○当赴芒径搜山时，刘碧山所带之勇独落在后，及见黄陂勇拾得服物颇多，竟向之争夺，致在石正墟开枪炮相攻击，各伤三人，幸未陨命。冯大令为之调停以平争爱，遣刘碧山带勇回县，专任黄陂局勇为缉捕。乡导怯于公战，勇于私斗，中国兵士积弊非一朝一夕之故矣。

○嘉应州试期现又改为八月初二日，以秦直刺尚在平镇清乡未了也。

大清光绪廿八年壬寅七月二十日　公历一千九百零二年八月廿三号

拿解要犯

○大埔陈叙五大令前奉道宪密谕，拿办教堂先生江春华。今已于本月初八日在埔地拿获，现由陈叙五大令于十四日解至郡垣，闻丁观察拟亲自坐堂，审讯其所定罪名如何，俟续探登载。

○闻江某在埔，把持地方，不太守分，埔人切齿。今仗丁观察明威拿获惩办，从此怨声可息，民教亦得相安，实为地方莫大之幸福也。

埔试前茅

○大埔前于六月初二日开考，二十五日终复，业已揭晓。今将前列十名录登，以供众览：萧致中、涂保莹、张光祖、杨光焯、钟尚荣、张杞云、何文南、张达寅、张炳云、杨用璋。

捕匪近事

○初四日，兴宁冯大令由石正回黄陂，各处绅耆多有捆送匪徒者。初五日，刘兆兰着其乡勇送匪四名，皆是五六十岁老弱之人。内有一唱歌乞食流民，官审其无辜，不肯加刑。识者知刘兆兰欲假送匪之名，冀宽免其罪云。

初六日，新墟局勇三十余人往江西寨峰大田地方捉匪，匪徒四五十人拒捕开仗，历二时之久。生擒九人，斩首一，割耳一，获妇人二，解到黄陂。初闻捕得何裕古，通街燃爆竹以相庆，及官审鞠，始知是潘亚裕，名相同而误传耳。然其中亦有要匪如陈佛山等四名，讯实绅黜，就地正法以示警。现在仍遣局勇赴江西地境缉捕，去六七日仍未回云。当该匪正法过堂时，一匪云："县官老爷好将局绅功做得大大，吾辈再世然后报仇"；一匪则向石勇言："尔是刽子手否，幸先利尔刃，快些结果，勿使辛苦为幸。"是真憨不畏死者矣。

渐得疫气

○县中频年遭灾，水火、荒旱、盗贼，诸艰历试，民不聊生。乃闻近日神光山下起疫，某家八口俱殁，延及城中后街府馆前东街，渐传染于河唇街、豆腐街。其症起时不过头痛，不及医治，须臾殒命，闻已有数十人。各街迎神作福，史巫纷若。天之厄邑人者，不一而足，亦酷矣哉。

大清光绪廿八年壬寅七月廿二日　公历一千九百零二年八月廿五号

设法浚河

○梅溪河道是由汕直上，至郡及嘉应五属，以至福建之武平、上杭，江西之长宁、安远，十余州县之要路也。近年淤泥壅塞，屡议疏浚，丁观察尤注焉。兹澄邑侯许明府于十九日来汕，与各殷商会议开通之法，急欲设立公司，广招众股份，以便开办。至欲将此泥沙运载来汕填筑海旁地面，工款甚巨，必俟股份凑足，方敢举行云。

郢书燕说

○嘉应州城某日大雨后迅雷一声，西街人群喧闹，曰某姓屋后一老树，近百年古物，今日竟遭此雷斫一半，鲜血如注。或言树老成精，或言六怪遭击，言者凿凿。雨后，群趋视之，其被击之树，偃卧墙根。验之，则树身朽蠹弥甚，殆所谓老树空心者，树心既空，树皮顿缩，蠹口微带赤

色，宿雨从口下注，衬以赤肤，遂若变色。然究与血相距甚远，观者皆哑然失笑而返。然则古今郢书燕说之说怪者，所此类也。

商船浩劫

〇兴宁生意，以省庄布为大宗。六月廿九日，暴风大作，往省布船在惠州地面沉溺多号，闻失去布匹价值十余万金。登时呼人打捞，尚救出多少。其赏给花红，已费万余金。亦可谓兴商大劫矣。

羁押父老

〇冯大令初到黄陂办乡，似有振作气象。谕令各乡父老来见，乃到即羁押，或交门间，或交兵房，或交差役。议者谓有匪乡族，勒令其绅耆交匪，彼亦无辞，但不责他缉捕。恐善良又徒多其扰而无损于匪，而复贻无穷之患焉。

何分疆界

〇大平上河岭与龙川接壤，近有兴宁某号发烟土至岩下背岭，道经其地，被龙川匪徒抢去数担。某号禀县，波及上河岭居民。夫地处兴宁，匪匿龙川，在彼则逍遥事外，在此则池鱼殃及，咸为不平。龙川匪徒屡为兴宁害，去年攻城，所歼多半龙川人。非兼剿龙川毗连匪乡，则兴境终难敉平。

大清光绪廿八年壬寅七月廿三日　公历一千九百零二年八月廿六号

拿获双花

〇梅友来函云，昨有游府绿营兵一名，由大柘回来。据云月之某日，游戎于大柘之某坑僻拿获会匪两名，双手反缚，交某兵押往行营。其匪有一名姚老虎者，以手带玉镯缚索稳固，给兵目以玉镯相赠，且谓之曰：他日如就典刑则相赠，否则须以数金向赎，不得遽没我物也。兵目瞰其利，轻松绳索夺其镯，复押之而行。经过某地，该匪以绳索既松，从背后潜解，兔脱而逃入一破屋中。兵目奔捉不得，拼命搜索，杳无所见。访问居人，乃知该地即该匪住乡。道路熟悉，一经脱簧，不知飞向何方也。不得已，回报游戎。游戎当即督率练勇多名，截住往来去路，该乡大小数十家，一一搜索，无所获。回告镇戎，悬赏购缉，通线者三十元，捆捉者二百元。该匪逸去后，匿于山僻，饥饿三昼夜，潜出向某家乞食粥。叩其所从来，直道不讳，且言系被人诬谤，实无罪戾云云。某家诱入，款以茶点，密遣一妇诣行营告知。游戎率带练勇，又复擒获。查该匪于会中既封至双花名目，略一转升，即可得山字云云。

州试定期

○前报纪，州中试期再改为八月初二，此时未确。闻秦直刺既于十七日回署，准于十八日入考棚试士。而各乡士子，因黄潘两学博出示。坚留，均齐听候赴考云。

早稻登场

○兴友来函云，县中风土，早稻登场，向在小暑后数日。大暑前后莳插晚造之禾，至立秋而毕。今年春雨愆期，迟早陆续。目今新苗油油，既耘既籽。而月下风前，尚传打稻之声。但近时所获之谷，较为精实云。

025

大清光绪廿八年壬寅七月廿四日　公历一千九百零二年八月廿七号

差役勾匪

○上月马镇军到兴邑时，在城中南街拿一张某（县署差役也），去年派守南门通贼，欲开城相迎者。匪首张谷留正法时，供辞凿凿，置之不问。以后营狡兔之窟于南街，凡县官欲有所为，必先得速告诸匪，是以往无所得。秦牧伯廉得其情，擒得亲自鞠讯。问他会匪攻城时，系尔守南门否？直认曰然。秦牧伯即命收拘，盖一语已可定狱也。乃犹拘留未正法，或谓有劣绅暗保，或谓衙役通贼，与县官相碍。窃谓秦牧伯正直无私，必能破除情面，尽法惩治，以去役蠹。其中或别有其故，外人所不得而知者焉。

羁犯窝赃

○老于囚狱者，常以其余资出为典押，其为重利盘剥，固不待言。而接赃窝盗坐地分肥，闻之更有令人发指者。嘉应东关外某姓染房，迩来失布极多，多方访察，终莫得其端绪。日前贸贸然来一人，到店询问布值，

染工甚详言次之下，一若颇喜贱值可以得上货者。怪而诘之，则云某囚犯狱中有布数十匹出售，不敢遽与谐价，今蒙宝号告以实在行情，则买布真可得三倍利息矣。言讫，匆匆而去。店东即饬人到监买布，将标记货物一一验之不谬。诘其从谁典来，则系前此失布时蓄疑未发，托词骗出之染工也。贼证已确，盗者不敢强辩，现经其父兄认赔矣。闻该囚犯限满之物，即在州衙头门发卖，失主往往再次寻获失物。然以物从典得，不能给还，价值其身已先属羁犯，或虽明知其窝接赃物而事无显证，亦难再加之罪，是以隐容弗究。而窃盗者流，以其处万无一失，趋之若鹜。所以前者某某之鼎彝、图画、玻璃、磁【瓷】器，虽经认确而赎银，偶一逾限即为他人所得。诘之，且嚣嚣然曰："吾安能长此楞腹以待子。"而失主亦竟无法以处之。信所以谓大盗不操蝥弧者也，安得良有司为之痛惩乎？

大清光绪廿八年壬寅七月廿五日　公历一千九百零二年八月廿八号

窜匪狡狯

○闻某日有人诣马镇戎行营，报离大柘数里，有一坑僻，聚集会匪多人，潜往擒拿，可一网而获。镇戎即命部下健儿衔枚趋赴，山径崎岖，极其险峻。复行数里，羊肠曲屈，仅通一人。将至洞口离一里许，忽闻炮声，顿集队伍，不敢迫进。约半句钟，又复炮响一声，如是数四。众兵掩袭，匪既逃逸，洞于内空空如也。唯余旧饭一甑，他零星食物而已。洞口偃卧洋枪数支，各装子药引口，缚以香火，长短不齐，火及引门，则炮声顿发，盖借以阻抑。官兵疑有埋伏，不敢长驱直进，彼得从容逃遁也，匪亦狡狯矣哉。

详述秦牧伯在兴宁办匪事

○供仇不供党，贼之惯技也。乃去年兴邑罗岗局绅所送一匪，名细曾祗者，自承窃撮小手，久羁县狱。近日黄陂送到石矮古、石铁失古二匪，据供称云：细曾祗他手下，徒党数百人，何得免于诛？秦牧伯遂提出正法。将到法场，细曾祗忽告押差，曰：且让石矮古先行，吾虽死不与匪同处。某日提匪数名行刑，某匪言：刑何不公，余与范某同杀石勇，范何独生？盖范虽为罗岗局绅缚送而贿差，轻刑不肯承招，暂羁于牢以为徐图脱身之计。县主因某匪言提出复讯，仍坚不肯招。某匪指斥云：尔非与余同杀石勇者乎？范乃云：尔亦如此言，言则何辞。遂同赴法场。观者谓罪恶贯盈，必难漏网若此。

○当范某定罪时，目冯大令而言曰：吾邑祸患，由去年之宽纵酿成，吾辈亦由陷此而死。去年剿办，若认真整治，则风波顿息，吾辈不敢从匪，或可得保首领，以没今死矣。然宽纵之罪，当谁受其戮乎？人之将死，其言也善，观者谓该匪言颇中肯。冯大令闻言，为之俯首不语云。

○冯大令办匪，多失之宽闲。有弋获，常蒙省释，邑人遂多议之。当石家绅耆送到石矮古、石铁失古二著匪时，秦牧伯在堂临审二匪，讫笑谓所属曰："此二人尚可释放否？不妨得他数百银子，宥便生命。"秦牧伯盖以嬉笑为怒骂也。

大清光绪廿八年壬寅七月廿七日　公历一千九百零二年八月三十号

要犯续纪

○前纪大埔陈叙五大令拿解教堂先生江春华到郡。先由丁观察发府承审，嗣以其供词狡展，复由丁观察亲自讯问，供证确凿，判以永远监禁罪名，业于本月十八日押回原籍监羁。则前报所云研讯不供者，尚系传闻失实也。

○丁观察自将教务局改为洋务局，竭力整顿，不遗余力。前庵埠英法两教争案已由观察秉公判结，毫无偏袒。此外如澄海王湘帆恃教枭吞，亦由观察派人缉获，发交澄海县归案审办，汕商无不翕颂。而江春华一名大为大埔之蠹，初观察谕县拿办，陈叙五大令尚迟迟不敢动手，及观察严行申饬，竟亦拿获。从此冒教恃教者，受此惩创，群相告诫，真心奉教之人不致为所牵累，而民教可永远相安，教士声名亦有光荣。无论为民为教，均同沾被幸福矣。

大清光绪廿八年壬寅七月廿九日　公历一千九百零二年九月一号

梅州农话

○嘉应十年前农田播种，专用细秧，又名旱秧。其法于四月中旬后布

谷，田野无拣肥硗，无资灌溉，恃旱季收割以后分插田陇，上阡下陌，弥望皆然。唯当经烈日熏炙之余，盖芰槁枯如茅艾，必待水数日，转青以后始觉葱秀可爱，以故收获成数较早季为减。近数年来专种一种名学老禾者，与早季同一布种，根株硕大，未实而肥。俟六月应插秋秧时，将该禾拔起，剪其根，分其干，以禾一茎抵细秧一束，布插湿亩间，滋生发达，颖实垂垂，与早季比较，过无不及。农家者流，贪其得谷多数，下隰高原，一律改种，此种细秧，殊寥寥矣。查植此种，约有数便。与早季同一播种，可省人工牛力也，秧种少得谷多也，禾身挺健不忌水浸也。由是而观吾州之农学进步矣。

补记秦牧伯办匪

○秦牧伯到兴宁县，即飞拿泥陂局绅陈某，既古稀禁之狱中，责他交匪，其子若孙上书请代，不许。又着秦公子到龙塘拿获吴某，年六十余矣，将加以大辟，经叶塘局绅再三恳请缓刑，始准羁留，责他交出其族要匪，乃可开释。论者谓责绅耆未免太严，然亦可为纵匪者警矣。

○秦牧伯刑讯匪徒，观者若堵。某日秦公子侍侧，引一老犯以为眼线，乃指一异服之人蓝某谓是匪党窥探者，重责四百，置诸牢狱，央人保结，始得省释。论者谓虽非匪党而好为异服，亦必少年轻薄不安分之人。所谓服之不衷，身之灾也，可以警俗矣。

大清光绪廿八年壬寅八月初一日　公历一千九百零二年九月二号

武备复试

○省城武备学堂招复学生，惠州归善县十四名，博罗四名，河源一名；潮州揭阳一名，澄海一名；嘉应州七名，兴宁一名，既登前报。顷闻于上月廿八日复试矣。

被盗新闻

○州城席馆，因店租綦重，多于家内开灶招揽各乡堡酒席，聚家人妇子措办，以省店租、司务工资。食用者，价廉席厚，与甫店比较，往往过无不及。以故定席者日益众，谋此业者亦日益多。西街某姓操此业既历有年，资用既饶，生意遂旺。近于某日领定某丧家成服酒席若干筵，刀声霍霍，砧声隆隆，彻一昼夜，无少休息。主人翁以安排一日，困顿既极，至五更倒头便睡。珍馐错杂，为炊黑夜饭者所瞰，潜从瓦面引绳缒下，席卷佳肴异品而去，诸值钱器具，一无所动。嘻！若斯盗者，可谓以墙杋而兼饕餮者也，被盗之事亦甚奇矣。

大清光绪廿八年壬寅八月初二日　公历一千九百零二年九月三号

认真查办

○马镇军奉大宪电谕到嘉清乡，迭详前报。现据惠潮嘉道丁观察以马镇军到嘉办匪，不避艰险，旦夕焦劳，及办理大致情形禀呈大宪。兹奉督宪批示云：嘉应兴宁一带匪患虽平，根株未绝，来禀所议，逐乡清办，使匪徒无从窜匿，诚为正本清源办法。但事虽藉资营勇，其经营调度，仍赖地方文员用一番细密工夫，逐渐清查，广收实效。管带广毅军营勇石玉山日久无功，昨已檄饬撤差，由吴副将祥达派员接带该营，行知在案。该道应即移会马镇吴副将，随时会商地方官方，督率营勇认真查办，切勿卤莽骚扰，贻误地方。一面仍踩缉逸匪，务获惩办，仰广东缉捕局一体移行遵办，仍候抚部院批示云。

大清光绪廿八年壬寅八月初四日　公历一千九百零二年九月五号

兴邑余闻

○今年五六月，闻凶焰愈煽，不可间迩，较诸去年危险十倍。盖剿之则无大股之匪，纵之则皆伏莽之寇。据兴友言，马镇军、秦牧伯、关游戎等勇若迟十日来，则势将燎原，不易扑灭。盖匪既有密约也。冯大令于军到日，对某绅士言：何为纷纷到此多人，若添二哨兵与我，何不可办之贼？绅士不敢答，递目笑之。

清办余匪

○兴宁黄陂保龙地方李某兄弟为钟锡琼所告发，谓其与匪同谋，戕害县官，传拘未获。其兄弟乃自赴案，同到黄陂入饭肆饱食一顿，食毕，其

兄着其弟回家，遂独诣文昌祠冯大令公馆自首。门者问客何为，则云：但加缧绁送官，何必多问。拘之官，用刑讯，唯供拜会是实，从未结党掳掠杀人。人咸异其举动。然知其事者，则以为执钟锡琼，系其下手，度不能逃，故自投案以冀网开一面。闻亦正法矣。

○黄陂剑门练贵德去年攻城时，亲执刀驱迫其附近乡愚从乱，败后胁从者多死，练匪独负多金而归。知者谓其焚掠教堂时所得，而死者之家人每日向他吵闹，欲得而甘心，练乃脱身远遁。今春回家，复向各村打单。有陈某者，被勒尤甚。冯大令到黄陂办匪，陈某到局将禀诉于官，乃局绅托为调停，多方阻止，抑似为练贵德左祖者。然练贵德为匪首，国人属耳目焉。是可宽，孰不可宽哉！

大清光绪廿八年壬寅八月初五日　公历一千九百零二年九月六号

梅州试事

○上月十七日秦直刺由大柘回署，十八日考试嘉应州头场，廿三日共试二三场。

头场试以经义，首题："守望相助"义；次题："惠迪吉从逆凶唯影响"义。

二场试以史论，首题："宋英宗增置宗室学官"论；次题："王猛为苻坚之管仲"论。

三场以孝经论一篇，题为："故母取其爱，而君取其敬，兼之者父也"论。

秦直刺以州试三场合较后，始行揭晓。以试二三场之前一日，将头场所取前列百五十名，仿学宪挂水牌之例，悬示头门，以备试二三场时，点入内场面复。前列二十名照开如下：

刘荣椿、巫国泰、叶蔚崧、黄翔高、邓弼恩、潘鸿淦、李天琛、潘宗岳、侯天瑞、王应麟、张光邦、钟用济、李炬森、温利亨、刘思永、萧凰鸾、周日庠、罗璜、黄文粲、李森。

是日面、复极其严密，秦公子罗巡一日，门阍、房办一切人等均不能舞弊传递云。

嘉应文风夙称极盛，除广府以外，足为粤省首屈一指。前数任学宪按临，投考文童，卷不下四千名。去年改革八股，士人之改入他途，弃儒之贾者，几及其半。而此次所取州试，文童卷仍得二千六百有奇，比较前科，尚有盈无绌云。

官箴尚在

○兴宁去年办匪不戮一人，是以匪无忌惮，散者复聚，致烦大兵云集。闻秦牧伯由县回州时再三叮咛，谓冯大令曰，县令为民父母，当念父母二字。今使一县良民不得安乐，何以为民父母，即我将来亦如何以禀报上司消【销】案云云。

惩办从严

○冯大令此次再到黄陂，非复向日宽大规模，凡有匪族绅耆传见，羁留获匪后，始得释放。各族父老被拘者，其子弟统带男丁，日往各处搜捕。就地正法者，已有廿余名，计外匪七人，余皆本地匪徒。

○冯大令在黄陂获匪刑讯时，以四案为询，一杀钟锡琼案，一抢劫李毛九屋案，一纠众到东营拦抢彭匪案，一芦坑杀石勇案。其有未列此案及坚不承招者，若经族众捆送之人，即行正法捆送。马镇军在大柘时，谕饬冯大令，谓今日办法，只问其匪不匪，不当问其会不会。曾姓族长送出曾猾子一名，鸡鸣狗盗之雄也，自恃无死法，毫无所惧。冯大令以其盗名久著，盗案亦多，特置之法，人皆称快。

大清光绪廿八年壬寅八月初七日　公历一千九百零二年九月八号

纵虎还山

○圆头陈者，绿林之豪也。十年前嘉应之东路数堡迭被其患，迨吴俊三直刺莅任后，始擒获之，禁诸囹圄。迨沈直刺继任，知其为剧盗也，提出责之，曰："今日有小盗则笞汝一百，明日有大盗则笞汝一千，如无盗将赏汝以捕快。"陈大恐，吐实，哀求曰："东路之盗尚可独当一面，其余非所辖也。"沈直刺信之，遂赦其罪而用以为东路缉线，果有效。其后寝肆。迩来且不止窝赃，而公然将赃物市诸头门。近日为某绅密禀诸道辕，丁观察欲弋而获之也，乃密札某委员赴州提陈到郡。委员至，秦直刺遂缚陈，备文申详，交委员押解之。乃舟行至雁洋堡某滩，夜已及半，舟中人皆酣睡。陈乃暗自离舟凫水而逃，比及天明，铁索空存，而圆头远窜矣。

委员惧,乃沂流还州城,行至西阳见河流有死尸一具,命役捞之。遂谓此尸为圆头陈之尸,而以陈赴水自尽禀报道辕。观察闻报大怒,谓为纵虎还山,必欲彻底究办云。

釜底游魂

○黄陂各族因父老被拘之故,日率其子弟兵入山搜匪。一日到某山岳中,为匪所值知,匪竟相率逸去。细为探询,知是何则良数辈,则匪首游魂釜底,其踪迹尚在,人耳目闻也。

余匪远窜

○乌池吴族因马镇军、秦牧伯谕饬交匪,一绅在押,乃谋遣十余人往江西缉匪,到流嘴地方。逃匪聚集在此,依然胁诱拜盟,打单劫掠,以众寡不敌而返。今闻遁在安远地境,赣南道已派勇到定南一带防堵。若得通力合剿,则江境不至为逋逃之薮,兴匪亦庶可根株净尽乎。

大清光绪廿八年壬寅八月初八日　公历一千九百零二年九月九号

梅函述要

○近日纷纷传说秦直刺于州试完案后,仍复下乡办匪,四县考试暂行停止,未知确否。

○南口墟有陈姓、潘姓三人,素恃入三点会,横行乡曲,邻里遭其荼毒者,常欲得而甘心。近日三匪潜至州境,路经南关,相观所贴告示,为邻族跟踪得之,不敢动手,乃密告练勇营,该营率勇捕之,捉将官里去。现经秦直刺鞫问,拘禁在囚矣。

匪首远扬

○匪首刘兆兰欲革面以希免罪,冯大令初亦优容之,比获著匪曾十袛,慷慨直供,曰:余一身之罪毋庸置喙矣。他人供仇不供党,余则供党可乎。因观缕指数时,在押有练猴子坚不肯承,被他供引正法,而尤□□咬着刘兆兰,询以杀钟锡琼事,则云系刘兆兰主使,喝令至持其首悬黄陂局门已。所为他匪亦多牵引刘兆兰者,冯大令传之来,不敢复见,今已飘然远扬矣。

法网难逃

〇上月十七日，大龙田鸳鸯围侧路上横陈一尸，美服丝履，抉去两睛，鲜血淋漓。此路由县往江西通衢，行人不息，且时值亢旱，车水农人彻夜往来田畔，绝无闻见，人咸怪之。附近乡民报县相验，填格掩埋，搜其囊，中有妇人耳环，疑为因奸被杀，移尸置此。或言其人乃龙田桂兴棺材铺黄某，会匪党也。前广毅军围捕未获，拘其兄着令交出者，今则为人戕杀所言。

情殷借寇

〇署嘉应州游击关玉如游戎，自募成玉营后，遇事勤劳，剿捕得力，州人感之，迭纪前报。上月督宪牌示将关游戎调省，州人闻之愕然失色，佥谓马镇军将回郡，所恃与秦直刺共镇抚之者，唯游戎耳。今调之去，将联名借寇以顾大局云。闻州中各团局于上月某日禀诸大宪矣，未知大宪能俯如所请否也。

〇闻游戎调省系以在某赌场捕匪事，为经费总局张永图所禀，大宪准拨委员与惠潮嘉道查复，乃张永图据饷以争，辞不承办此经费，大宪始准将游戎调省云。

〇又闻嘉应州经费局司事邹衡甫系潮州镇标下把总，游戎以其屡次保匪，疑有别情，解送州署，遂加以匪名，未免太过，大宪以此调之。诸说纷纷，莫衷一是。然苟以经费之故而自弃干城，一旦死灰复燃，虽掷十年之饷，亦无所用之。嗟夫缉捕未知，果能责以缉捕否也。

大清光绪廿八年壬寅八月初九日　公历一千九百零二年九月十号

死事宜恤

〇钟锡琼之父在马镇军前，禀诉其子惨杀系刘兆兰所为，马镇军恻然悯之，着他开列其孙名字，闻将来为之情恤，以慰死事之魂云。

军镇黄陂

〇马镇军统兵到县，先声夺人，咸怀疑虑。上月二十日由大柘移营到黄陂，军令严肃，公平交易，市肆无扰，则为之转忧而喜。

毋任窜匿

〇长乐县与兴宁犬牙相错。此次马镇军驻兴清乡，须防分窜之路。现长乐县陈大令以捐廉募勇，亲往交界防堵兜拿，各情详禀大宪，蒙督宪批示。仰缉捕总局转饬遵照，会弁勇于交界地方严密梭缉，遇贼即拿，毋任窜匿。一面认真办理保甲，严查内贼，以杜勾串为要云云。

大清光绪廿八年壬寅八月初十日　公历一千九百零二年九月十一号

终非福地

〇冯大令在黄陂严饬各族交匪，其有匪在逃，一时未能弋获者，始则拘其父老，继则封其房屋。今已封彭告化屋一座，林官保屋一产，甘姓、陈姓屋四座。但衙役弄弊多端。如石恩古去年开信和烟馆，窝聚群匪，攻城败退后捉获，为元帅邓伦山供称，尚有银五百元寄存黄陂信和。搜其枕箱，又得其催信和速发火药一信，罪恶昭然，乃尚逍遥在家。闻出银一二百元，即可保全性命。石家除捆送矮古、铁失古外，仍有恶匪匿而不交，兵退后终非福地，其中必有弊端。各族交匪者，啧有烦言矣。

大清光绪廿八年壬寅八月十一日　公历一千九百零二年九月十二号

阅报定章

〇嘉应所抽船牙，岁约数十金，向归保安总局公用。前由某茂才具呈，提此银作为阅报之经费，前任李直刺批准。现既将新报办到，择日开阅，拟定章程数条照登如左（下）：

一、阅报之益，尽人皆知，陶督宪通饬各属举行，意良美也，远而省垣潮属，近而兴宁、松口，或拨款或捐题，皆已次第举行，本州城即仿照举办。

一、本公所系以本地之公款办公益之事，应名曰"阅报公所"。

一、本公所现设于大成殿侧之西庑。

一、本公所择现在最好之日报、旬报十数种外，如有新出之书及新出之报，亦置一份以备公阅。

一、凡士农工商均可来阅，以期开通知藏，唯不得在本公所闲谈嬉笑及议论人之长短。

一、本公所除设茶外，一切概不应酬。

一、本公所设总理五人，除买报买书各事外，每日必有一二人到所巡阅一次。

一、设司理一人掌收书报之事，每月酌给薪金三元，伙食在内。

一、司理常川驻所，每月朔望及至圣先师诞日、万寿、岁科考试日期停阅外，司理人均宜在所照料，不得离开。

一、每日上午九点钟开阅，下午五点钟停阅。

一、各报寄到若干悬牌壁上，并盖本所图章，积至十日分订成本，既不散失，复便检查。

一、本公所书报概不准借取出门，以杜散失之弊。虽缙绅、先生，亦不得徇情，至乱本所定章。

一、司理人如将书报各项私借于人，轻则议罚，重则辞退。若阅者私行窃取，查知追回外，以后永不许再到本所。

一、年终将一切支用各款列一清单，悬贴本所以备公众查阅，并表明办事人实心为开风气之意。

一、上所定章程有未尽事宜，可随时增改，期臻美善。

清办罗岗

○县官在黄陂日，罗岗局绅送来四匪，刑讯不承。冯大令云：承亦杀，不承亦杀尔；罗岗捉千个杀千个，送千个杀千个。及马镇军到黄陂时，冯大令即之罗岗，将所送匪带去就地正法。嗣又获八匪，亦已正法，著匪袁巍麻头歼其中焉。

○罗岗袁云标，该处首匪，凡拜会聚众，皆其所为。马镇军到县日，意图反正免罪，投入局中当勇，各局绅送他赴县递禀投诚。冯大令极为嘉奖，再三勉谕以宜读书，明大义。闻者咸以为迂。比到罗岗，一时急索不得，免脱而逃矣。

大清光绪廿八年壬寅八月十二日　公历一千九百零二年九月十三号

禀请留任

○嘉应州黄裕隆泰等禀请将关游击在田留任，蒙丁观察批示云，据禀

关游府缉捕勇往，治军严肃，所到之处，不受供应。实为现时将弁不可多得。本道披阅现禀，并证以平日所闻，足见文武各员但能为地方尽一分心力，间间自有公论。已据情电院，候奉回谕，移行知照。

大清光绪廿八年壬寅八月十四日　公历一千九百零二年九月十五号

股票须知

〇查昭信股票一案，潮嘉二属为数颇巨。照户部奏定章程，限二十年还清。本年二月十三日，藩宪丁业经札属饬遵，第州县以须垫给。自庚子后并未奉行，亦未出示晓谕。两年以来，嘉应借户俱未领息，以为此款无着矣。本馆近得京信，谓捐例停止以后，唯商借昭信股票可以抵捐实官，转售捐号，时价约值五成余六成之间，限明年正月截止。由此观之，朝廷于此等股票并未失信于民，唯上下壅塞，不能使各借户周知，俾民晓然，于昭信之昭为可恨耳。州县既不出示晓谕，民亦无由向衙门领本息。而抵捐实官，截止之期又甚迫，辗转付托，均极艰难，借户不知将长报此空纸以终古矣。本馆探得情形如此，愿为有股票诸君告之，不若及时转售之为愈也。

大清光绪廿八年壬寅八月十五日　公历一千九百零二年九月十六号

梅州试事

〇州试于上月廿九通合三场揭晓，前列二十名照开如下：

江中鉴、李翘、刘荣椿、温知新、江伯棠、古以稽、熊殿元、朱锡麒、李冲、陈钟琦、管赐和、钟用宏、李天琛、李有成、杨嘉植、刘秉中、张文焕、张光邦、谢冠曹、张观洞。

月之初二日，州试三复。首题："英俄富强"论；次题："泰西工商相济"论。

初六日三复揭晓，前列二十名开列如下：

管赐和、温知新、刘荣椿、江中鉴、李翘、江伯棠、朱锡麒、李冲、陈钟琦、古以稽、李有成、李天琛、钟用宏、杨嘉植、刘秉中、张文焕、张光邦、谢冠曹、张观洞、熊殿元。

搜缉颇严

○七月廿一日，有线工探得何亚裕首匪匿在铁山嶂脚下，马镇台星夜点兵去围，惜乎空走一遭，不获一人而返。廿二日在茅坪地方获有匪四名，刑审不招，皆认为贼捉去挑担，非乐从者也。据说能知贼匪处所，马镇台着其引路，拨兵数十名随行搜拿，未知能得真匪否。

○此次黄陂各局联络，见匪即捕，匪知势力孤穷，携带干粮窜伏深山，或在狐穴兔窟，或在窑坑炭窟，日与野兽为群。近各局团丁入山搜缉，见芦苇蒙茸，树木丛密，藤萝纠结，怪石峻峥，苦无踪迹，杳不可得，未免智穷于黠鼠矣。然使能于山僻要隘截其去路，断其馈饷，再分兵入山搜捕，又于山顶高处觇其动静，彼匪不过有三日之粮尔，食尽就擒，料其飞不能，跳梁穴不能，掩身鼯鼠之技立穷矣。

大清光绪廿八年壬寅八月十七日　公历一千九百零二年九月十八号

传闻异词

○前报纪丁观察密札委员至嘉应拿捕快圆头陈，至某处凫水而逃，委员以圆头投水自尽归报。兹得友人自嘉应来者，询之云圆头逃脱，泅水而死是实，且只有役四名押解，并无委员云。夫虎未还山而毙于水，亦祛一患矣。

昨非今是

○前任嘉应州丰顺司某巡检舆情未协，为松口各堡绅士所控，前道宪联札关寿三直刺查复，以人地未宜调署十二都司，旋复回任。今夏俸满晋省，又谋蝉联之。既得矣，不日将在省辕禀辞赴任。乡人有忧色，或者昨非今是，未可卜也。

非无死道

○冯大令在黄陂搜匪，勒令匪族刻期捆送，如迟即将该族绅耆押抵。练姓有著匪数名，缉捕未得，其族父老不知所为，权将练猴子一名交案。冯大令鞫讯，知其情罪未真，令带候三日，无人指禀即准伊族取保。越二

日，曾姓送匪曾十娣一名，口供亲着练猴子把旗攻城，并打单抢掳情事。或谓曾十娣与他有隙，故牵引中伤之。闻是夜二人在押，犹争辩不休。越日亦正法。闻者谓平日确不安分云。

不免挟嫌

○此次马、秦二宪到兴邑时，先行榜示招告，但不许挟嫌混禀。近闻各乡挟嫌混禀者殊多，或因他事而互诬抵赖，或惧人禀而先行诬禀，或因被禀而雇人诬禀，或因一案而牵引无辜，或因所犯一次而挂连数次，怒甲移乙，清浊混淆，上下其手。诚恐官兵去后激成械斗之案，唯望列宪明镜高悬，烛照不疲，自能开释无辜，轻重诸罚有伦矣。

搜获著匪

○某日拘到叶姓绅耆，责令交匪，看管不密，被他逸去。拨勇到他住房围拿，不见该绅，乃搜获著匪叶跳皮一名，正法。论者谓，射鹿得麕，由其恶贯既盈，故网虽疏而不漏。

大清光绪廿八年壬寅八月十八日　公历一千九百零二年九月十九号

藩宪札抄

○昭信股票可抵捐实官，既纪前报。兹由省友处抄出丁藩宪行嘉应州札，一具照登公览。为饬遵事案，查昭信股票一案，前奉户部奏定章程，内开借款，限二十年还清，周年以五厘行息，遇闰不增，每百两每年应给息银五两，每年付息还本，均以二月初一日起至月底付讫。又本省详定章程，内开绅民借款，一律以洋银交纳，每库平洋银两百两，补纹水十两，作为纹银一百两。将来付还本息，亦以洋银加一核算，各等因业经通行遵照，并将光绪廿五、六、七等年应还第一、二、三期息银，行县垫给付司，请领归款，各在案。兹查光绪二十八年二月系应付第四年息银之期，应自二十七年正月初一日起扣，至十二月底止为一年。所有各属劝集绅民借款，应由该州出示晓谕，各借户执持股票赴州呈验，由该州将息银垫支，按户给发清楚，并将该户股票截回息银方角一块，以杜弊混。此项息银，该州务须当堂亲自验明给发，毋许书役人等需索分文，仍按户造具息银清册并具印堂，各领连截存息角方块，一并缴司请领归款，合就札饬札到该州。即便遵照办理，并将给息日期申报察核。此项息银该员垫给后，务将截存息角缴司验明给领归款。如无息角缴司，不准给领。以后递年二月届应还息之期，均一律照办垫付，毋庸再候文行云云。

惑于风水

○潮嘉旧俗，喜谈风水，往往以尺寸之地，争讼不休。虽缙绅、先生，或不能免。故讼案有十，而风水居其六七，此亦潮嘉之弊俗也。

留任禀稿

○关游戎剿办会匪，不辞劳瘁，现值得手之际，遽闻有调省之说，州人士联合通州铺店盖戳禀请道镇宪挽留，合州各堡亦联名递禀。兹从镇军行营抄出原禀一通，照登以供众览：

为办匪得力，民情爱戴，联叩恩准转请留办，以资得力而顺舆情事。原兴宁罗岗会匪，自去年八月滋事，经官军团勇会剿肃清后，漏网余党逃窜毗连平镇之福建武平、江西长宁等处。本春以来陆续潜回，伺官军甫撤，潘富山、何彪山、温炳山等复为匪首，踞四望嶂为巢穴，四出滋扰，渐入州境，日甚一日，交界处所，一连数十乡居民不能安枕，行旅不敢往来。维时喜勇已撤，石勇未来，州属尤为空虚，民心惶惶，实赖现署游击关认真整顿，极力筹办，并与州牧秦、合州绅耆会商筹款，添募潮勇、土勇共二百名，日夜训练，即合率保安局练勇移会石统领协力会剿。五月间即亲率兵勇由南口直上，一路搜捕。在南口、瑶上、白叶、荷田、畲坑各处，迭获要匪多名，并在白叶搜获该匪前抢石勇军械及拜会各簿。据及大人督勇亲莅，关游戎复亲自率勇随同到平远、大柘、龙虎、石正及白渡各处办匪，复迭获要匪李森山，伪军师李安之等多名。地方藉以稍靖，唯匪首潘富山等望风先逃，在江西长宁县之芽坪地方，尚未弋获。关游击现复亲率兵勇前往，移会长宁县协力围搜，冀可日夕就获。正在得力间，忽闻关游击有调省之信，州民纷纷传说，仓皇失措似有失所依倚之势，素稔大人关怀，□□□□□□□□俯念关游击现在办匪正在得力，匪首指日可获，若遽□□手，恐缓事机。伏乞恩赐，据情转为恳请上宪，俯准暂留关游击留州办匪，俾得擒获匪首，一律肃清地方，以顺舆情，实为德便。谨禀。

七月廿七日

匪分三等

○兴宁县主办匪，现分三等。首要记三圈，勒交正法；次要记两圈，

交出镇禁；又次记一圈，枷号准保，区处厘然。

○闻黄陂首要稔恶众著者，如刘兆兰、练贵德，皆逍遥自在。石恩古虽其族老羁禁待交，而县官尚未紧逼，犹冀幸免云。

责令养兵

○黄陂既决匪三十余名，渐将就绪，其余未获要匪，勒令各匪族父老书限状，限一月捆送。逾限未获，则漏匪一名，责令养兵六名，必获而后已。如此拨逼，当惩前警后，升天入地以求之矣。

大清光绪廿八年壬寅八月十九日　公历一千九百零二年九月二十号

北闱捷报

○即接河南省来电，顺天乡试，广东全省遣才共五百零二名，潮州二十五名：

蔡翰华、余培基、赵国华、范凤祥、方松粢、许炳南、陈焕章、方兆祥、刘福文、陈启祥、许伯熙、陈维芳、杨国瑞、蔡锡庚、陈景南、余锡元、赵宗谟、郑毓章、林卓、郑祖伦、魏荣第、张标云、张云龙、杨沃煌、甄启元。

嘉应四名：曾毓瀛、陈毓荃、梁葵通、廖道传。

罗岗交匪

○七月廿二日，兴宁县官由黄陂过罗岗，饬各族交匪。现袁族捆送二名，系死有余辜者。此外，刘姓一名，周姓一名，杨姓一名，何姓一名，黄姓一名。杨姓者名壬秀，甘村人，去年攻城时负大旗为先锋，自龙虎墟败回，在家仍复勾结凶党，专在十二肩岭劫掠客商。黄姓者名山老虎，面貌狰狞，凶悍异常，常专邀外匪抢人勒赎为得计。马镇军拨兵到其家缉拿，锁其左右手送罗岗县令行辕，该匪犹肆出恶言，途次凡遇妇人辄嬉笑戏弄。正法之日，人心大快。

○袁姓著匪绰号巍麻头，冯大令密谕某茂才拿送该匪，自辩慨许投诚，敢求免罪。冯大令诘之云：你阳为归正，犹复窝留何则良二天，是仍党匪。遂语塞。其家求某教士保带，冯大令不准。俟教士出门后，即行正法。

拿获奸僧

○廿六日天未明，兴邑罗岗局绅率勇潜赴龙母嶂龙西庵，拿获和尚黄崇达一名，送县官审讯，自供曾受伪封白扇名号。该和尚本年四五月间，专藏匪徒，出入劫掠，称要为其首目陈亭山修佛超度，其时居民恐惧异常。六月，曾到龙川新田自行摆台数次，邀人入会。新田匪首刁安古与之争权，谓你未封山名，何得摆台，将其台及盟会物件废坏。县官闻知此事，痛加刑讯，不日将就地正法，并严谕焚毁此庵，以绝异日匪徒再为藏身之所。

○前年永和匪起时，泥陂有和尚某以红巾裹头，手搴大旗随匪众攻劫某当店，登经当主人认识。事定，拿获送县斩决。人多谓斩秃首不利市，将拟以焚如之刑。荼毗圆寂，亦得其所矣。

合力搜捕

○嘉应关游戎于月之初二日由乡回署，初四日又复上泥陂墟查办会匪。马镇军闻，现亦由黄陂移节泥陂，以期合力搜捕，毋致漏网云。

041

大清光绪廿八年壬寅八月廿一日　公历一千九百零二年九月廿二号

军门晋省

○马镇军到兴宁办匪月余，不避艰险，迄既就平，即于中秋唱凯返辕。昨闻军门复拟本日晋省贺督抚院新任，并以兴邑清乡善后情形面禀请示。则日晡时，军麾当可抵汕矣。

好雨知时

○潮嘉各处不雨既经月余，田禾将槁。汕中十九晚十二点钟时分，大雨如注，约有两点钟之久而雨始息。想各处亦均沾其泽也。

逋逃有薮

○现罗岗一带匪徒，多逃匿龙川地境。查悉龙川五合司属新田村之鲤鱼山，藏匪最多，如岩下街、细凹子墟、梨布村、黄贝岭墟、袁田村、田心村等处，俱为逋逃之薮，到处结党啸聚，势犹日盛。春夏间，凡来罗浮

司罗岗掳人者，俱移匿新田，离罗岗三十里。往来劫掠，俱恃是处为巢穴。该处离龙川县城甚远，鞭长不及，罗岗各族长到该处缉匪者，主客强弱势力不敌，空手而返，徒唤奈何。而在事文武官又或限于畛域，不能越境追捕，兵去贼来，死灰复燃，焰更炽，祸愈烈，非饬惠州府移兵龙川会剿，净拔根株，则地方恐终无康乐之日，各族长徒受勒交之累矣。除暴安良，是所望于有地方之责者。

罗岗土霸

〇罗岗袁斑面六者，地痞也。横行里党，吓诈乡愚，择肥而食，莫敢谁何。近有二子入会为匪，不啻虎而附翼。冯大令谕饬其侄某绅交出，某绅辞以侄儿焉能交出叔父。冯大令云：早已打听清楚，非尔父子断不能交，侄不能交叔；尔父兄也，兄亦不能交弟乎？不得已，赚他入官。冯大令判：以尔入匪是真，虽未在场劫掠，然系罗岗土霸也，将正其罪，既带下。县人皆额手称庆。

大清光绪廿八年壬寅八月廿二日　公历一千九百零二年九月廿三号

补记马镇军在兴办匪事

〇七月廿九日县宪率勇到岗背，马镇军亦移营往焉，留潮兵数十名扎罗岗，以待各族缉匪者。县官令岗背局绅钟仲麒交匪四十余名，钟绅诉称所开有二十余名无其人者。马镇军谕钟绅带勇，本另眼相待，如所请开除，因谓之曰："我不负你，你亦不要负我便好，你自言几个要匪当正法者交出便是。"钟绅答禀，唯六人罪无可逭者。一二日间捕送四人，县官问还要审否？众皆曰：厥罪既著，当死不必审。遂斩决，其余二人勒限交送。

八月初二马镇军、石参戎、冯大令陆续回县，马镇军、石参戎因城内死鼠叠见，疠疫流行，不利居住，遂假馆西河背潮州会馆及观音堂为行辕。传言潮州有要，公不日将返潮。潮人心喜惧各半，其知者以为各乡送匪者累累，数已逾百，县狱已满，必须审决一场再行出乡搜捕。连日县署刑讯至夜半始息，随审随决，定裁后解回各处，就地正法，以示警云。

布庄近耗

〇县中布庄，前六月底在惠州以下遭风，失布颇多，设法打捞，除寻获外，尚失去三百余卷。各号派染工五名到惠，重加晒染矣。讵七月底在河源柳城江上又遭风，破船失去四百余卷，何兴商多厄如此？询访上半年生意虽佳，然恐得不偿失矣。

悔之无及

○现秦直刺派其公子率勇到石马办匪，雷厉风行，各族绅耆多被羁押。追捕之，使纷纷四处。论者谓石马会匪最为先声，永和为首匪故土，罗岗为发难之地，此三处必须严办。兵未至时希冀幸免，比至则措手不及，悔之晚矣。

大清光绪廿八年壬寅八月廿三日　公历一千九百零二年九月廿四号

记兴宁捕匪事

○陈其山者，石马悍匪也。武举刘碧山奉委到石马办匪，乃其山逸去无踪，即勒其族绅交出。探知龙田下街李壬姐为石马墟脚，与该匪至契，必能知其去向，爰着个中人到李处密访。李语言闲微露端倪，遂执李严责，以不获其山则将以尔抵罪，李惧乃吐实。黄夜兴师，三更后到水陂廖屋，叩门而入，反扁其键，逐次搜捕，竟得之。廖家以素掠其财物，为言职者谓窝匪之屋，不至如阿房一炬，幸矣。乃不敢言。

○上官田刘茂才送匪二名，讯知为黄陂曾八牛父子，冯大令在黄陂剿办时责令曾族父老捆送，乃八牛父子逃匿在铁山嶂顶仙人湖庵内，三人同伴，日夜分头瞭望。捕者恐其有觉而逃，乃邀健者三人假作买猪屠户失路者，半晡至寺，言不能回，身借宿焉。该匪始有虞心，捕者故示以诚信，渐得亲近。匪置数铳于坐右，皆装子药预防不测。捕者饮茶，暗将余沥倾入其中，同宿至夜半，乃始动手。曾匪父子被擒，其一人逸去。观此知匪徒必多藏匿山谷间，宜出其不意，只须数健者力耳。

○鸳塘罗琼珍者，绰号灿头，胆大妄为，无恶不作。向时在龙田墟犯禁开花会，被蔡大令拿获监禁，厥后开释，故态复萌。去年罗岗黄陂会匪下城，惮龙田团局不敢遽过，而卒至肆然无忌者，全是此人为倡导，众所周知。今年复赁馆在城内为匪间谍，凡县署有谋，先得以报，故往无所获。冯大令知之，屡欲擒拿，竟不可得。比马镇军到县，有告以盍去诸者，彼乃大言曰："我今方始扬扬作绅士。"冯大令在黄陂知彼不戒，可以

掩而取也，密谕其族绅某率局勇擒获之。其人曾入教门，乃嘱其同宗教民罗琼章出首，告其族绅某挟恨掳捉，其狡险如此。

大清光绪廿八年壬寅八月廿四日　公历一千九百零二年九月廿五号

匪不可纵

○友人来函云：近日谣传匪首李懋山尚有出柙生路，不胜骇怪。李懋山五月十七八间，在白沙冈会老乡，山字匪徒甚多。懋山为最老，其手下山字最多，石马第一悍匪陈顺舞、陈金舞系其爪牙。前往州属李坑打降捉人，全系懋山为之，继示懋山发令一声，诸匪不敢越龙头村一步也。五月间陈其山本有缩首之意，李懋山闻知即寄两个山名到石马，当时无人领受。乃寄小水陈屋，强使之受，此二人乃陈姓房分最弱者，似此毒手即不教而诛，尚罪不容于死。然懋山最奸猾，善弥缝，在本乡无赫赫之威，在邻境无不震其名，手下匪徒二千余人，闻在州尊前供认为串家大伯，一生不曾害人云云。又探得龙头村绅士云，州尊若无大追究之意，则伊合乡绅士取具保结。近时为此说着尤夥，未审虚实。果尔则纵虎还山，后患伊胡底耶。且石马五月间李懋山所封之二山追捉甚紧，不杀不休，倘懋山不死，官府今日杀一山，李则明日封二山，根株不拔，盗何能除。窃谓石马上年有何寿山，今年有陈其山，俱为一乡匪首。何寿山去年走死丰顺，陈其山今秋就地正法，似有太平之机，若此山不死，必为地方忧。想秦镜高悬，温犀朗烛者，终不为此养奸酿祸之举也。

大清光绪廿八年壬寅八月廿五日　公历一千九百零二年九月廿六号

事关商务

○岭东客地出产，以竹木为大宗，而总汇于蔡家围。各客以被盗特甚，因在郡禀设巡河局，继于许家某号起出被盗赃件，因此纠讼不休。嗣经惠府尊欲恤上艰，撤局该归行商轮管，而许某又欲兴值理之列，杉商不服，讼诸道辕。蒙丁观察批示云：前据益昌号等呈控钟绅私局抽收，请提余款充学堂经费，当经批府饬县传商妥议禀办。昨据该府申称蔡家围竹木行因屡被窃货，禀设巡河局，所选提讯供商艰宜恤，许期远请将余款提办学堂，殊非正理，裁撤巡河局所巡船，交回行商自抽轮管，出示晓谕札县知照在案。据呈府恤商艰，示归行家按月轮办，本可照遵，唯许期远等各店同为值理，各客不能允从等语，事关潮嘉等属商务。现当整顿伊始，应即提道核讯以除积弊，而垂久远。仰潮州府饬县速传各行商人解道，以凭提讯核办，毋稍迟延。粘单保领并发。

龙泉妖僧

○大埔有龙泉寺者，尚坑之名刹也，地居山僻，为潮嘉来往间道所必经。妖僧罗居立在寺主持十余年，素工拳勇，又善交结左近豪强为护符，所以煽惑淫邪，毫无顾忌。最可恶者，作别室以藏妇女，旅人投宿者曾目睹其事，而妖僧绝不畏人。曩时受害者控之官府，而差役或受贿不拘，即欲拘之而羊肠径曲，从寺门窥望山顶来人有异，则匿诸窟室，或逃死左右邻近，终不可弋而获也。自住持以来，诱惑百端，不知纪极，奸状昭彰，令人发指。使得良有司锄而去之，庶免金刚怒目菩萨愁眉也夫。

窜匪消息

○客有自江西来者，询知兴宁匪徒，多逃窜至信丰县属之古陂安息地方。某日傍晚，三四十人成群甫逃到该处，黄粱未熟，复相引而去，知追捕者之将踵至也。其消息灵通如此，到处结党拜盟，有敢指目为三点会者，辄报以劫掠，必悔谢以酒食金钱而后已。嘉属商帮苦之，力不能制，乃以情动之，谓尔辈在家既扰乡邻，出外又扰及商旅，将使无谋生之地而后安乎？各醵多少钱文与尔辈，盍速行乎。乃得钱后迁徙相距二三十里之墟场，而故态依然，无如之何。追捕者又往往众寡不敌，被创而回。非得大宪移文江西合力捕剿，为一网打尽之计，终为无策也。

北境设团

○兴宁北境罗浮司离县百一十里，与平远、龙川等县毗连，上与江西长宁县接境，往江西赣州属者道经于此，国朝沿前明旧制，设巡检一员驻焉。本年三月以来，龙川小江匪徒多出没是处，掳人劫掠，时有所闻。马镇军到邑后，匪徒畏威，多由此而逃窜龙川及江西等处。七月中旬，复有匪来该司属祠田南山嶂，抢剥樵采妇女首饰。该处绅耆以地当冲要，恐兵去而匪复来，设团局以护桑梓。公举刘、赖、巫姓八人为之，长养勇十六名，常川梭巡使。官绅协力，几察非常，以固吾圉，则北门之锁钥有

赖矣。

大清光绪廿八年壬寅八月廿六日　公历一千九百零二年九月廿七号

梅水官场

○新任杜游戎于十一日抵州，十三日戌刻履新接篆。卸任关游戎于十二日由乡回署，州人以其办匪得力，功德在民，攀舆挽留，吁请俟各乡旗锣牌匾办齐，稍尽区区颂德之忱后，在行首涂。关游戎俯顺舆情，既定于月之廿外，始行就道矣。

首匪正法

○前报纪李懋山有出枷消息。兹访得马镇军于十二日由乡回州，十三早将首犯李懋山、熊木生绑赴校场枭首示众。其熊犯系泥陂墟人，因到畬坑卖马，值关游戎在畬，自己牵马直诣行营求售，关游戎见其举动说话，多点匪中暗码手段，因拿获之。二犯正法，人心大快。

试事汇录

○秦直刺于八月初二日补考，州属首题："辞达而已义"；次题："疑事毋质义"。

○初八日四复，州属题："仁不可为众也"义。补考初复题："元初州县多世袭"论；二复题："宰相须用读书人"论。孝经题："立身行道，扬名于后世，以显父母"论。

是日开考，镇平首题四书义："所恶于智者为其凿也"义；次题："爱而知其恶，憎而知其善"。

十三日开考，兴宁、平远四书义题，兴宁："德者本也，财者末也"。平远："长国家而务财用者，必自小人矣"。通场次题："贞固足以干事"义。

十四日末复，州属题：后五代论。

十二日末复揭晓前列廿名：温知新、李翘、陈钟琦、管赐和、刘荣椿、江中鉴、李天琛、李有成、李冲、古以稽、朱锡麒、张观洞、黄以昭、黄焕熙、杨嘉植、黄桂芳、陈崇礼、张光邦、熊殿元、邹清衔。

大清光绪廿八年壬寅八月廿八日　公历一千九百零二年九月廿九号

匪事余谈

〇匪首刁安古，龙川五合司属新田村神背人也。去岁六月在彼地倡首拜会，得为元帅陈亭山宠封为千总，号曰"安山"。八月间，邀其同县为先锋，袁田村、袁亚茂共率匪数百来攻县城为前锋，迨由龙虎墟败回，安然无恙。本年二月以来，复在其地方摆台招徒聚党，气甚汹汹，劫掠财物以供醉饱，强掳妇女以恣淫欲，出则结党横行，鹰瞵虎视，入则珍罗宝玩，笑歌自乐，俨然南面王不易者。常令其党入毗连之罗岗、罗浮司等处掳人勒赎，以其近处之鲤鱼山顶刁屋为巢穴。其掳人也，窥伺多方，线索灵通，藏于林巡，于路遇有值百金家产之人，即跃起纽住，枪械从指，若不肯行则刀乱下，将至其巢则以膏药封所掳人之目，恐其认识也。拘锁关禁，使其党守伺议价候赎，而自己又出门寻掳矣。如罗岗袁某、黄某、曾某，罗浮司杨某、谢某、黄某皆系被其掳禁者，此外不可屡指计。凡被掳者，多匿不敢报。六月至今，经报兴宁县官者，多斥该匪首。六月间冯大令移知龙川县官，至今毫无动静。该匪首得以逍遥事外，以为地非嘉属，无兵来剿，益得意自鸣，故兴宁匪徒多匿其处。探闻七月底尚在石黄墟捉二人，匿于鲤鱼山，至今议价未定而未赎出。吁，亦横矣。

大清光绪廿八年壬寅八月廿九日　公历一千九百零二年九月三十号

州试述闻

〇州县考试，其得意者极口赞扬，失意者交声丑诋，为士林例所必有之事。秦直刺考试嘉应，破除情面，一禀至公，不特幕友无所擅权，即门阎亦无容弄弊。闻其阅卷时，以前列百五十名亲自披览，预嘱幕友不用浓圈密点，浮泛好批，其有黜落者几名，即嘱荐入几名以备挑选，不轻假手于人。后因三复揭晓所列数图翻跌绝少，谣议沸腾，有谓其碔砆乱玉者，有谓其明珠暗投者，然于舞弊一事则合口同声，保其必无云。

捕匪补述

〇武举刘碧山及镇台麾下一哨官到石马办匪，初到时雷厉风行，匪首陈其山、悍匪陈金粦一日内即由房族交出，以后陆续捉送者，有陈顺粦、何大丙，唯张姓未曾送有要匪。初五日都府到，即决犯五名，俱姓陈者。现时拘留族长写限状者尚多，各族长发人四处搜捉，上至福建江西，下及老隆、龙川、西洋、丙村、汕头，有不灭不休之势，且匪首已除，匪徒胆衰矣。唯刘碧山似有骄色云。

〇近日漏匪渐渐复回，匪首刘兆兰、练贵德、石恩古辈又洋洋入市如故矣。职者隐忧此地终无平静之日，而黄陂绅士则谓此后鼠辈尚敢跳梁，无论何人定必拿送。故初九夜，黄陂过罗岗之龙凹地方，开设路头茶店者竟被杀三人，闻已捉获二匪送县矣。

大清光绪廿八年壬寅八月三十日 公历一千九百零二年十月一号

自投罗网

〇嘉应某乡某甲昼伏夜动，行同黠鼠，虽非大盗，然乡里既不胜其扰，如是者有年矣。甲于某夜向人家盗窃赃物，经东关外某地为巡逻广毅军所捕，见其赃物中有窃自总兵者，即将此人锁拿进城，闻者称快。问其族中父老，亦以此人数行无赖，本拟捆送以警将来，唯现既自投罗网，决不许人保释云。

笑谢尘寰

〇嘉应有操阉鸡术者某甲，老而多疾。一日背负钱囊，手提刀具，沿门卖术。经过东厢堡黄留约地方，有黄氏妇素耳其能出鸡使阉之，乃妇忙急中误将雌鸡携出，甲以其阴阳倒置，误雌为雄，骤见之余，仰天大笑不止。无奈老人气短，旋而吐沫，旋而木强，比及救视，形神既离，若如之人，真可谓一笑谢尘寰者矣。

大清光绪廿八年壬寅九月初一日　公历一千九百零二年十月二号

木商批示

○蔡家围杉商谢焕标等前赴道辕呈控许期远，蒙观察批云：查粘抄县判许期远截留杉木四百二十枝，饬差点交。据呈原差只点交杉二百零五枝，余仍不交。是否许期远欺吞，仰潮州府饬县勒差查起给领具报。粘抄保领并发。

○杉行荣昌号等亦控某绅私抽存款，蒙观察批云：前据木商范炳章等具呈，当经批饬传商解讯在案，据呈前情，仰潮州府饬县传集各行商人解道，以凭彻讯核办。粘抄、保领并发。

大清光绪廿八年壬寅九月初二日　公历一千九百零二年十月三号

试事新闻

○嘉应试事，首场为四书义，闻试卷题目不写义字者均被黜落；而论场，文字顶格写者亦被黜不少。又闻于某场题目宋仁宗写作宋英宗，士论以此不洽。有联语云：题目出差，怪得名儒窃笑；义字不写，竟将佳卷丢开。盖纪其实也。然其关防，则甚为严密云。

○闻大榜前月某日已发，案首为管赐和，第二为温知新。

朋比为奸

○嘉应捕快圆头陈解至雁洋凫水而逝，迭纪前报。闻圆头之由州署赴逮也，乘轿下船，观者如堵。其爪牙有曰李仁、管鸿者送之，登舟握手呜咽，船中解差二人、营兵一人，李、管为赠茶金各数十元，嘱其善待圆头，且为脱其手械。是以舟次石门，陈得以辞舟而去云。

真无忌惮

○兴邑石茂才汝砺妾妇四人被匪掠去，大索不得，日前有匪徒送信与他，约以送银到武仙岩背蕉坑某屋，则可将人交还。石茂才得信，即率数

十人到处围捕，阒其无人。究其居停，则云：前数日尚在此，今不知移往何处去。遂将附近数里内房屋遍为搜觅，亦无所得。乃拿其居停王某送县。闻此时系当大兵压境，尚敢徜徉容与，可谓无惧惮矣。

大清光绪廿八年壬寅九月初三日　公历一千九百零二年十月四号

人恒爱之

○嘉应州游击关玉如游戎勤于追捕，迭纪前报。顷得梅友来函云：游戎之清乡也，号令严明，秋毫不扰，兵士有掠物者，必令送还原主且重罚之。独惜厥功未竟，因事调省，州人□□□□彩燃爆竹以致敬，盖有遗爱云。

大清光绪廿八年壬寅九月初五日　公历一千九百零二年十月六号

锦江人语

○嘉应东南四十里有丙村市，昨有友从是处来述，称现下四乡荒象既成，人多菜色，近市之家尤有苦夜盗。闻系自潮勇到兴宁办案，该邑散匪即分投西阳、丙村、松口各墟市，日或沿门乞食，乘间以偷鸡犬，窃牛羊；又或假作小贩入村打探门径，为夜行劫计。松口、西阳二堡本与丙村相连，一水而上下游停泊船只甚夥，俱满载搭客，疑有非常，唯天时苦旱，河道搁浅，真正商船沿途下碇固不自少，然混迹其中者亦多。各墟局勇，并不过问。而驻松口丰顺司，固统辖松口、丙村等处十二堡者也。数月间失物事主既赴司署，存案者亦实繁有徒云。

○又云捕快圆头陈即陈福，确在雁洋堡之万水角河面溺毙，尸身人人认识，尚非假冒。但其徒李甲者，乃金盘堡之某村人，平日最不安分。今因陈之死万水角也，遂迁怒于雁洋村，肆恶尤剧。有知其踪迹者，谓各处患盗不尽兴匪，而李辖下亦居其半也。安得贤有司剪而除之哉。

留兵镇抚

○兴宁办匪自马镇军去后，留兵二哨以资镇抚，张哨官驻扎泥陂，李哨官驻扎石马。

大清光绪廿八年壬寅九月初六日　公历一千九百零二年十月七号

窜匪详述

〇六月时马镇军至兴办乡，匪徒闻知纷纷逃避，北则由杜田河筼明岭而入江西，东则窜入福建，西则由大坪窜入龙川，南则由言岭关窜入潮属。闻逃匿于汕头、香港者不少，窜入于江西长宁、安远及龙川者尤众，皆假作客商或负包袱，或担箱笼，或负担竿。如月之初十日，陈常斑支则假作乞子，穿破衣，自污其面，由石马墟而过。现首要如何裕古、潘亚辛、陈常斑支、袁王长寿、何则良等，未经捕获。其党设谣言，谓某在某处劫屋受伤毙矣，某在某处被乡围捕戮矣，以缓我师之追捕。又闻何裕古等六月间由某处经过，以所劫广毅军号衣并毛瑟枪随身穿带，假冒官兵，路人问之，则曰到江西属地搜匪者。若得各属拦卡合捕，则匪不足平也。惜山僻太多，惮于搜捕云尔。

大清光绪廿八年壬寅九月初七日　公历一千九百零二年十月八号

又获一山

〇嘉属有点匪李立山者，人最狡狯，手下羽翼众多，镇平县曾悬赏八百元购之而不得者。日昨不知何故，潜往水口墟，买柴数担，令送至船，向乞柴资，呵之曰：好，到后舱来，尔知老子伎俩，杀人不眨眼者乎？樵夫噤不敢言，哭声而去。比将解缆，该地局勇探悉其踪迹，邀同数十健儿潜往拿捕。至船，匪见其声势汹涌，跃入河，一手挥短枪向众烧击，诸健儿怒甚，亦一跃入河，随波上下，缚之而登。现闻其将该匪解往镇平县领赏，未知其将来如何重惩之耳。

州试正案榜

〇州试正案榜于二十日揭晓，其前列二十名照登：

管赐苏，温知新，陈钟琦，李翘，刘荣椿，江中鉴，李天琛，李有成，李冲，杨嘉植，张观洞，黄以昭，古以稽，朱锡麒，陈崇礼，张光

邦，谢纶恩，朱树谷，黄恩湛，熊殿元。

四县二复榜于廿四揭晓，其前列十名照登：

兴宁：饶衍万，赖绍清，赖腾宵，邓祚先，李任重，彭毓璜，李延瑞，李忠弼，萧赞勋，陈岳峰。

长乐：黄习畴，李诵芳，陈倬云，缪渭封，廖炳飚，魏镛，江荫棻，李哲光，古际辰，卢自芳。

平远：张翀汉，刘凌瀛，王朝用，易晋，吴璿，谢廷文，易绍周，陈楷模，姚宇阮，黎尚耕。

镇平：林颖超，何焕文，陈载苣，黄甲，曾广英，赖广仁，刘鸿飞，曾公洞，邱瑞甲，钟世安。

大清光绪廿八年壬寅九月初八日　公历一千九百零二年十月九号

咄咄怪事

○嘉应州属某县某大令，政以贿成，事无大小，两造贿到始为听审。其定案也，则又每案必罚，而其法甚巧，如得赃千元必显以二三百元为罚款，作公项开销。县地极瘠苦，而某大令在任不及三年，而入贪囊者，闻已不下两万元。多为其书院山长某所过交，乃山长私开山票亦为罚至八百元，山长甚恨之。既与该县某教堂教士连结誓讦去之，故近日上控之案尤多云。

梅水闲谈

○嘉属某京官致其家信，云京师连军退后，其残破处至今修复者仅十之五六，市面招牌多书华洋合璧字。凡洋人车过，无论王公大臣皆须停车，俟其车过始敢开行。家人得信后不之信，亦可见吾民之自尊矣。

大清光绪廿八年壬寅九月初九日　公历一千九百零二年十月十号

又归故巢

○平远石正乡有山高峙，视若伏尸，道险而峻，上有山庵，为点匪据为巢穴。现在兵勇已退，匪回故巢。闻又抢劫，纷纷择肥而噬，施其故技矣。咦！

大清光绪廿八年壬寅九月初十日　公历一千九百零二年十月十一号

马上拐孩

○嘉应城东张家围，某日忽失去幼孩两名，四处搜寻不获，或告以曾见一人携之东走。该父兄急往追觅，至饶公桥果见一人，逐三马而行，马背负三小孩，其一系李姓子，其二即己子也。当即将此人拿获，捆送州府。据供本人姓李名阿才，年二十四岁，松树坪人，受同乡曹姓二人之命到州数次，计曾拐去小孩一十六名，拐到之孩拟将马背负至松树坪，下船往潮卖售云云。秦直刺现已密派练勇差役缉拿两曹，未知能成擒否也。

大清光绪廿八年壬寅九月十二日　公历一千九百零二年十月十三号

拐孩续纪

○前报嘉应拐孩之李阿才，闻二马都是骗来的，其一孩则是小马夫也，拐人之术亦出奇矣。

大清光绪廿八年壬寅九月十三日　公历一千九百零二年十月十四号

推广猪捐

○有周姓名维桢者，或曰薙发匠也。近欲推广猪捐于嘉应州属，呈禀省城善后总局，蒙批。据嘉应州商人周维桢禀请承办嘉应州、兴宁县两属猪捐，每年认缴七兑饷银二千元。殊不核实，着即加认饷数，另禀核办云云。

惠书志谢

○新译《万国地理问答》一书，曾登之闽报，云是编系长乐施君景崧

所译，于六洲方名、都会、险要、户口、物产言之最详，诚讲求地学者所不可不备之书也。刻施君由闽邮寄一份，浏览数周，不及万言而全球毕具，可谓简而赅矣。

大清光绪廿八年壬寅九月十六日　公历一千九百零二年十月十七号

试榜照登

○嘉应州试四县前月既结案，兹将其前列十名各列于下：

镇平县：陈载茝，林颖超，赖广仁，徐健鹏，刘鸿飞，何焕文，李道谦，曾广英，钟焕粲，张云鹏。

平远县：张翀汉，刘凌瀛，王朝用，吴璿，姚宇阮，易晋，谢廷文，易绍清，陈楷模，张绍清。

长乐县：廖炳飚，黄习畴，陈倬云，卢自芳，李诵芳，缪渭封，魏镛，江荫棻，李哲光，古际辰。

兴宁县：赖绍清，饶衍万，邓祚先，赖腾宵，彭毓璜，李任重，李延瑞，萧赞动，李忠弼，陈殿策。

大清光绪廿八年壬寅九月廿一日　公历一千九百零二年十月廿二号

旌节行期

○马镇军定廿二日赴汕搭轮船，由申江回籍。嘉应绅商在郡奉送匾伞，闻兴宁绅商早晚亦赶来郡送匾伞云。

逃匪复聚

○近接下坝墟友人信云：前时漏网潘富山等逃在罗塘，即构该处及邻界数十里之人，约有二三百之多。在溪头墟等处打抢及拦劫上下盐米，甚为猖獗，声称先到下坝复仇。近被武平勇赶散大半，下坝紧要隘口防御甚坚云。

大清光绪廿八年壬寅九月廿二日　公历一千九百零二年十月廿三号

意外神奇

○术士家谈休咎，见于《史记》《汉书》者不一而足，如黥布、周亚夫，传载相士所言确有应验。蒯通相面相背之语，不过寓言耳，从未有相面而知腹者。梅城近来一福建相士风鉴最精，言人祸福，每多奇验。一时喧传，造其门者日以数百，笔难殚述。所最足异者，有一中年妇踵门求相，术士一见即语之曰：看尔之面晦气遮盖，尔必前月子死腹中，一座惊骇。盖此妇实孕数月而小产者。噫嘻！术士果操何术，如是神奇耶，是殆世俗所传樟柳神青龙爷也耶？俱不可得而知也。

连毙三命

○兴宁黄陂罗岗交界之大山凹曰龙凹，有茶亭一所，卖茶者，黄陂曾某，世居焉。八月初九夜，有匪突入茶亭，杀二人，伤一人。天明后罗岗局黄陂局俱派丁前往查验，查得死者二人系卖茶者，其伤者一人，系卖粄者，耳侧一刀伤肩膊，一刀伤深寸许，长三寸许，口犹能言。局丁亲问，受伤者称昨夜二更突来一匪，面赤身长，袒体跣足，布裹头额，先将亭门睡着伙伴砍死，推落涧田下，但闻呼曰冤惨。余老火伴老六闻声出视，匪即当头一棒，脑浆迸出即死，伏于天池下。余惊欲遁，被匪赶砍二刀，负伤而逃，藏于亭侧山茅中。匪复执油纸条火寻觅不见，得以不死。匪即入亭店，将柜内糕饼并单被携去，床席下洋银数元幸在。局丁复问曰："匪仅一人乎？"答曰："余目见仅一人，究不知多少也。"局丁等即赴近山查缉，该山名马子嶂，查至近山顶处有一小屋，系看山林所居者，其侧一枚所失单被，并糕饼在焉。其饼仅啖去数枚，不见匪踪。黄陂局勇乃四处侦探，探知该匪逃在平远石正，追踪拿获。审是曾桂秀，黄陂迳口人，与死者同族同里，供认自己一人杀三人。村人有谓其未入会者，有疑为疯狂者，有疑其挟恨报复者，莫衷一是。其族乃勒该匪和银三百元了事，一时舆论沸腾。

大清光绪廿八年壬寅九月廿三日　公历一千九百零二年十月廿四号

办匪纪闻

○径心墟乃嘉应兴宁交界之处，近又有匪徒滋扰。闻兴宁冯大令月之初旬往彼处办匪，已缉获多名正法。邻界匪徒稍知畏惧，黄塘堡四局又受大令责成严缉，或不致再为蠢动云。

斩魃得雨

○民以食为天，当此奇旱成灾，有父母斯民之责者，苟不欲斯民之饥而死，未有不目击心伤，为民请命，哀吁昊天，以冀彼苍悔祸，大沛甘霖焉。兴宁冯大令因旱已太甚，禁屠三日，祷于城隍，寂然不应。爰为斩魃之法，其法封锁南门，制一纸人，为旱魃状，令差役自城隍庙内牵出，置诸县署大堂阶下。大令衣冠坐堂，数以频年为虐之罪，拍案喝斩，令预局绅某具保，求宽限三日，不雨则斩。大令佯诺，乃锁置南门城上，至十二适三日之期，向晚雷电交作，入夜雨师税驾，人遂以为大令斩魃之功矣。虽然雨有及有不及，其有未及与既及，而未沾足者依然，有田皆石，何草不黄，仍日切云霓之望云。

勒赎又闻

○兴宁罗浮司距县百一十里，与龙川之新田、江西之长宁交界，匪徒出没无常。四五月间，龙川匪徒尝入其地掳人，辄移匿新田等处，坐地勒赎以为生涯。如黄五古、杨有文、谢戊科，皆被掳匿于新田大岭等处，勒赎二三百金不等。被掳之辈，多半单户，赎回后不敢报案，是以官军始终未尝足迹其地。自七八月来，蒙各宪办后，人以为盗息民安矣。不料八月十九日，罗浮司黄沙溪巫三槐之孙某至附近练油村收账，忽遇会匪十六人，惨被掳捆，移匿于龙川新田大岭刁屋。巫族蒋族登呼数十人追赶不及，至今勒价未释。吁，兵未去而匪来，地方官不能越境剿贼，竟坐视龙匪以邻为壑，而无如之何耶。

逃匪接眷

○潘亚新、何裕古，兴宁匪首中之最凶悍者。马镇军到大柘石正时，闻风远扬。兹闻其遁时，各寄其妻于罗浮司上畲村，而自窜匿于江广交界之某处。八月间复游息于龙川县属地，盖该处党羽甚盛也。月之下旬，使其党人上畲迎接其妻，以慰破镜之怀。上畲村人有窥见之者，谓同行四妇人，其二为潘、何之妻，其二为某匪首之妻，由上畲而入龙川境云。按上畲与江西长宁县属之秦风单竹楼毗连，距罗浮司三十里，距罗岗四五十里，秦风之为树贩者，多由上畲至溪尾而出罗岗。该处山深路僻，最易藏奸，四五月间著匪石矮古率数十人到该处驻扎月余，勒令居民派送银米，供给日用，人皆畏威，奉命唯谨。迨十三都司拿获解县正法，然后人得安居。然辽远荒僻，恐仍不免为妖狐狡兔之窟云。

贩茶遇盗

○江广交界之区，地名老虎栋。九月初旬，有兴宁某甲由江西长宁县属鹅子湖贩茶而归，路经该处，突遇兴宁逃匪十余人，皆负包袱，拦途截抢。甲望见，不敢行。适有客商数人亦道经其处，匪即拦住，劫去边数百元，行李一空。某甲益惧，仓皇避匿，潜绕山径而回。甲回家言之鉴鉴，可见此匪不克净尽根株，则居民者行者均难获一夕之安焉。

057

大清光绪廿八年壬寅九月廿六日　公历一千九百零二年十月廿七号

团防偶述

○兴宁罗浮司巡检王少尉文勃，武艺娴习。六月间曾拿匪数名解县正法，因养巡丁，经费不敷，遂按店派捐。近日该处绅士倡设团局，将该店捐改为局用，并将司衙巡丁撤回局中驻扎。王少尉遂与该局龃龉，谓汝局不拿匪而多抽经费，是何为者？该局谓奉县令谕办团，应抽费以养团丁。乃王少尉出示谕各店户须减数供局，其示有云：该局皆徒饷之辈，无一善办事之人，名保良以害良，借攻匪以庇匪等语。而该局又谓王少尉每次拿匪堂供，株累多人，实为不公云云。至今相持不决。吁！设官设局皆为地方起见，必官绅和衷商办，乃能有济。当此多事之秋，唯恐办理不及，乃官绅相抗，何以能缉匪也。

霜讯谣传

○有友人自平远来，云大柘、石正等处近日逃匪潜回，时虞抢劫，闻

杜游戎欲往搜缉，务使根株净尽，不留伏莽之意。果能如是，则彼都人士受赐不少矣。

大清光绪廿八年壬寅九月廿七日　公历一千九百零二年十月廿八号

会匪伎俩

○前月罗浮司巫某被匪掳禁一事，已登前报。兹探得该匪系龙川大岭邹某，借争地坟名目纠党寻掳，希图勒赎。是日侦知巫某于练油村收账，即行掳去，藏禁于大岭某屋。巫族追救不及，即投诉知罗浮司局董，局董即责巫族，该族长为之调停，数日将巫某送还，以花炮酒席为谢。巫某实出银二十元始得释放，犹以为不幸中之幸云。

○匪徒劫掠，常设词以欺人，或名为报仇，或诬为因奸，或托为争地坟。即其会党中之有家资者，亦自相鱼肉，不日犯会中之例，即日负大哥之债。如太平黄某入会，其家被劫一空，罗岗黄某入会，被掳勒赎三百余金。匪中亦有强弱之分，无不以掳掠为宗旨。然美其名为"义气会"，大是可笑。所谓"多行不义必自毙"者矣，而人多受其愚，何哉？

大清光绪廿八年壬寅九月廿八日　公历一千九百零二年十月廿九号

逃匪未获

○罗岗著匪黄金龙、黄青牛、黄上辉、袁海秀、刘枯古、曾又生等凶悍异常，专以掳人劫掠为得计。马镇军来邑时，皆已远扬，冯大令严饬各匪族而交，经该族具状，限交在案，至今尚未缉获。各族有不愿交勒、推诿掩饰者，有存骑墙之见而观望官意之缓急者。唯袁族遍悬赏格，拿获袁海秀者谢花红银百元，报信引拿者谢花红银二十元，由罗岗局交兑。族中不幸有为匪子弟，至为父老忧，正宜挟官威以锄凶而扶善良，何乃养虎而自贻患哉。

大清光绪廿八年壬寅十月初一日　公历一千九百零二年十月卅一号

古瀛纸贵

〇郡中所售之纸皆运自汀州，近来纸价骤增，如汀纸、玉扣纸、重贡纸以及一切草纸，较往时几贵三分之一。据个中人云：今几亢旱，竹半槁，以致如斯然。余闻日本有三桠树，一名结香叶，似桃李而互生，枝叶分三叉，故以三桠名此树。植三年，即可刈取，当于冬日以利镰刈其全株，留七根，次年复发。以后每岁采伐其大树枝束，以绳置镬中蒸之，剥其皮，日中晒干，输之市场，极合造上等纸料之用。内地将种植者，何不试购其树，栽而种之，仿而造之，以补竹料之所不逮。不然，料日少而贵，日广则洋纸必益畅销，此等利权又为他人所掠夺矣。

大清光绪廿八年壬寅十月初二日　公历一千九百零二年十一月一号

兴邑善后

〇兴宁一邑，地瘠人稠，乙亥至今四载，于兹水火盗贼迭为灾害，较诸各属，元气尤伤。近因天久无雨，米珠薪桂，人心惶惶，加以各项捐输，民穷财尽，流亡挺走，所在皆然。至有流民求县官给文凭出外就食者，而昏吏尚需索纸笔费六毫。闻前月有邑绅数人禀见道宪，缕述地方困迫情形，并恳转禀缓办亩捐三成一项，面蒙允诺。又廿四日，蒙丁观察批示云：该四绅来辕谒见，缕述地方困苦情形，据请转请两院宪查核矣，着即知照。

匪耗述闻

〇接镇平新铺友人来函云，近日罗塘有匪首曾学富拜会，聚众数千，揭竿起旗，欲行举事，彼处居民多有迁避者。未知确否。

大清光绪廿八年壬寅十月初四日　公历一千九百零二年十一月三号

雁讯遥闻

○昨报纪罗塘匪耗。兹探闻彼处，虽有逃匪潜聚，而经各乡勇赶散，无甚紧要。且闻嘉应秦直刺禀请督抚宪移咨江西抚宪，札饬与广东邻境各县会办合剿，无相推诿，庶几寇盗肃清云。

札饬销差

○光兴公司举办膏引，凡设立分厂均禀请大吏委员前往驻厂弹压。兹闻该公司以縻费过多，渐形竭缺，而外人亦颇有违言。因具禀大吏，请先将嘉应等九厂委员札饬销差，俟办有端绪，然后再行禀请札委云。

大清光绪廿八年壬寅十月初五日　公历一千九百零二年十一月四号

粮捐缓办

○嘉属绅士因旱荒米贵，禀请道宪转请大宪缓办粮捐，蒙道宪批示，据情转请，已登前报。而惠潮两属亦旱灾成象，道宪一律详情。兹蒙藩宪回电，许将宪潮嘉所属本年三成丁米捐输一律缓至来年起征，其已经缴收粮银准留抵明年粮捐本款。海阳县宪于某日业已出示晓谕矣，其示云：为晓谕事，现奉□潮州府正堂惠□札开奉□藩宪回电，内开潮州道台，潮州府惠守嘉应州秦牧览□本年旱造歉收，晚造苦旱，灾象已见，民困不堪，所有三成丁米捐输一律缓至来年起征，其已收之银准留抵明年粮捐本款，望飞饬所属遵办，勿使稍有弊混，以纾民力而卫正供。除详通饬外，特先电致，等因奉此，除申报请道宪暨嘉应州知照外，合就札饬札县即便遵办，勿使稍有弊混纾民力而卫正供，毋违等因到县。奉此合就出示晓谕为此示谕，阖属绅民业户人等知悉，尔等须知所属本地丁粮米谷石三成，捐输现奉□□上宪体念民瘼，准暂缓至来年起征。兹十月初一日停收，以后投完纳丁粮米谷准免加三成捐输银两，其有前完纳粮捐准留抵明年粮捐本款。嗣后尔等应纳地丁米各项，务宜踊跃完纳，新旧赶速，毋得仍前观望。至经此次出示之后，如有书差人等敢行私收三成加捐银两，许即指名禀控以杜弊混，其各知之。禀【凛】遵。特示。查省城南海县亦出示，谓此粮捐经藩台具详，两院通饬阖省一律缓办。

大清光绪廿八年壬寅十月初六日　公历一千九百零二年十一月五号

杉案续闻

○郡杉商许茂才等与某绅各行互控等案，迭纪前报。兹闻蔡家围木商黄普恩复赴道辕，呈控许茂才复占勒抽、诈契搪抵等因，蒙丁观察批示云：前据许炳煌具控当批饬，核讯在案，据呈许期远等复占抽逵，许炳煌将他处废契搪抵，余指为他人业所缴，保无张冠李戴等语。是否情真，仰潮州府饬县催集原被告各行人等讯明，务于十日内断结具报。粘抄保领并发。

大清光绪廿八年壬寅十月初八日　公历一千九百零二年十一月七号

硝事纪闻

○友人来函云：嘉应某堡有某家者，薙发匠也，目不识丁，素作侠邪游。往年以谄暧事为某中丞倅所爱，时适有潮嘉洋硝饷务归中丞倅承办，设分厂于嘉辖某堡。某甲以爱故，为司事，自此诩诩，然以职商难闯阁矣。去岁和约就绪，洋硝并制禁条，中丞倅遂于本年三月辞办截止，某甲亦撤其门口悬挂虎头牌。今年春，兴邑有私销路，甲垂涎之，密为通，利获三倍。久之著，于是有某某三字号竞起而争其利。某甲以其一手可以掩尽天下目也，欲揽之，密贿某讯，每月奉规银六元，提倡国饷大题，专为掩缉计。前月初九，某号到桶硝三十余担，甲以其族孤捉之，某缩颈，不敢与较云。

喜雨续志

○兴宁地境雨师久不税驾，人心惶惶，不知所措。九月廿八日傍晚时候，油然云作，电掣金蛇；比夜半，淅沥有声；破晓，大雨如注，历数时之久。农家者流，喜出望外，以为此雨若早降半月，则禾稼之保全者良

多，犹可转歉为丰，今虽迟，然犹可种小冬，亦不无补云。

○又闻嘉应月之初一，得雨甚足；初三日，又雨。微云密布，天气酿寒。晚稻无收之田，现俱扶犁种麦矣，米价亦稍平云。

有备无患

○龙川岩下街河为东江，上游可通舟楫，商业颇盛。近有匪徒出没，商人集议，必雇勇以防不测，申请县令，派勇二十名驻防，按店派捐以为供给之费。乃前月下旬某夜，突有匪八十余名，先将该墟街口烟馆二间放火焚烧，随破街栅，势甚汹汹，以图饱掠，街邻仓皇呼救。幸有巡勇二十名，守住栅口，连环放枪，贼知不敌而退。火乃扑熄，焦头烂额，不知凡几。盖该处本多匪之地，兴宁逃匪又因以为数，是以其势益横，若非先事预防，则殆矣。毗连黄贝岭有鉴于此，亦遂雇勇驻防也。

来函照登

○为恨处偏隅难伸冤气事。窃自设官分职以来，史册所记载，耳目所见闻，贪者有之，酷者有之，残者忍者亦有之。然贪者未必酷，酷者未必贪，即酷即贪未必残而且忍也。今何不幸，而有贪酷残忍之方邑宰乎？自庚子春莅镇平，至今不满三载，所有词讼，无讯不杖，无杖不押，无押不罚，稍不如意，即加以罪名，多方恐吓，百计逼勒，势必至荡产倾家而后快。如钟蔚光、张阿杞、罗济川、钟洪栢、涂象垣、汤以成、杨同利、刘焕荣、郑辛庚二，黄作揖、汤士文、陈用梅、张辛喜二、张芳腾、陈戊生四、古添七、王茂秀二、王官秀六、林桂郎、谢才生、黄梅根、汤玉珍、曾庚郎、邱捷兴等，或千余两，或数百两，或数十两，俱有案可查也。其颠倒是非，出入人罪者，擢发难数。日令账房黄焕齐、值堂诸桓裳、门房王慎齐，到书启胡廷梓盘踞处，招邀弄弊。其子方守道出宅门、离衙署、交嫖客、宿娼房，串通劣绅，鱼肉乡民。房差科勇又复如虎如狼，百般索诈。凡传呈审案八元六外仍要私茶，少则十元廿元，多则三十五十不等。门阍按月提款六十，听彼任意苛求。亲兵见票，必添二三。从他极力需索，甚至设卡船私抽木排、木炭厘金并受米税，勒铺捐，名为团防修城整槛之资，实为广厦田园子孙之计。即缉捕经费既承饷者，每月仍索浮规百四元。岁科两考，文武案元卖金三千两。凡有前列，不凭文字之劣优，只争孔方之多寡。贪赃枉法，百弊丛生，吸尽脂膏，万民含怨。统计所得赃款，显者二万有余，暗者不计其数。此陶督宪批县禀，所以又名为充公，实则徒饱私囊，办理乖谬总总支离之句，德抚宪批县禀，所以有藉案苛罚，从差滋扰，驱民投教，物朽蠹生之语也。若是贪官，即富饶之地尚难供其剥削，况发逆迭遭水旱，迭遇民贫土脊之镇平乎？故十二乡之百姓，思自固而崇奉西教，恐加罪而避处南洋者甚多。予等生长于斯，遭兹苛政，吾行也欤哉！祖宗邱墓所关，情难万割，吾留也欤哉！性命身家所系，居难一朝，固天下不敢怨，人不敢忧，所自恨者！地处偏隅，见闻莫及从使，哭声载道，冤气熏天。不然海阳有贪官扣留追款，兴宁有污吏见撤参，宪听非不聪也，国法非不明也！同是广东属县，胡吾邑之宪听不聪、国法不明乎？噫，小民何辜，偏生于山陬僻壤之间，一任虎而冠者剥肤敲骨，不留生机之一线耶！以上所陈，无语不实，如有虚诬，皇天共鉴。光绪二十八年重阳前一日，镇平阖邑绅耆士庶泣白。

此镇安局来函

大清光绪廿八年壬寅十月初九日　公历一千九百零二年十一月八号

笋商争利

○潮属山产以竹木为大宗，竹之利以笋篾为巨款，而笋之买卖以留隍为总汇。闻向系郡某号独自承办专利，价由轩轾，各行商不服。遂会议不与该号贸易，各自赴埠，探买而择便，争利之事起焉。兹有海邑笋商潘林荣与其伙伴到埠买办，为李姓挟嫌诬抢，捉伴送县。已蒙县主讯判，旋复赴道辕呈控，蒙观察批示，云：李永秋等到埠买笋，或克扣银水，或勒使次钱，卖客不服，因尔同行生理假冒差勇到渡抢银并捉尔伴。杨光昭赴县诬其抢笋，既经该县讯明，何以尚将光昭带候？词称摆布垄断，有无此弊，仰潮州府饬县查禀集讯，分别究实具报。粘保领并发。

硝事续闻

○嘉应某堡硝事，既前报。昨日又接友人来函云：某家于十四夜起，运硝数十笼，每笼约一百斤。适为某茂才所闻，协约获之。十八夜又复运到硝二十五桶，某茂才又复协约获之。闻均先后赴州报明在案云。

梅东近况

○友人来函，云嘉属丙村一带乡村，近来夜盗尤甚，居民不获一夕安枕。初以为小患也，未之报官；后有报官者，官亦以为小患也，莫之理。

且各乡早冬两季，苦旱又甚于别处。昨虽得雨而禾苗杂粮早稻枯槁，不可复兴。各乡绅耆递禀州宪，请报灾荒。秦直刺批词，谓似难于一隅遇旱，即将偏灾上禀大宪云。

瞽亦为匪

〇兴宁崔捕厅黎哨官在大龙田办匪，有可异者。在谢和塘捕一吴姓匪，乃瞽者。其人前往韶关贸易，因犯奸淫被人抉去眼睛。回里后为恶不悛，聚徒党教习神打，时引数十人到乡僻人家强乞钱米，稍不顺意即散泼图赖人，每以其瞽而不之校【较】。去年八月，匪过龙田，咸见其裹红巾骑马指挥，到附近各乡村打单。其七肩岭一带拜台子，皆推为盟主，闻者莫不诧异。比发兵捕获解县时，有言其现犹拐一幼童藏匿在刁屋坝者，登发兵到该处搜出，并拿其窝家。噫，瞽者犹能拐带飞藏在廿里外，非党羽之多，神通广大，何以至此？虽圣人曰：矜不成人而按律定罪，实不容于死者矣。

拨款赈饥

〇兴宁民俗，最重墓祭。其经费或因祖宗遗业，或子孙酿金积产，其期则春秋不定，尤以八九两月为多。本年春旱成灾，上年有租谷五六十石者，仅收三五石，或全无收。加以晚稻旱灾，嗷嗷待哺，朝不谋夕。各族多将蒸尝所有移为赈饥之用，是以祭扫之典，较上年不及三之一焉。鬼犹求食，不亦馁而从，可知衣食足而后礼仪兴。虽老生常谈，实不易，至论也。

大清光绪廿八年壬寅十月十二日　公历一千九百零二年十一月十一号

硝事又续

〇某茂才与某甲硝事，既纪前报。兹又接友人来函云：某茂才于十八、二十二两日赴州首明。某甲亦于十八日赴州请示，二十二始行报明，两次被提硝若干觔【斤】，而以纠党截抢控某茂才。夫事既发而始行请示，既请示而始行报明，其中不无情弊。且司署咫尺之地，局丁巡逻之所，所谓纠党截抢，不待办矣。然闻秦牧伯既于二十四日准行出示，饬派差勇查拘逮捕，一出击者二人云。

布庄近状

〇兴宁商务以布庄为大宗，业职男女，日成布数丈，得工实数毫，数口之家藉以糊口。近年来粒珠薪桂，而民治憔悴，未太甚者，全恃乎此。本年各布庄于省河迭遭风灾，亏损已多，复因广西匪乱未平，销路阻滞。是以上年以八九月为旺月者，今反停缸辞工，不唯各布庄仰屋而叹，抱布易粟者又绝一条生路矣。

办匪纪闻

〇兴宁崔捕厅九月十八日解匪犯四名到大龙田，就地正法外匪两名。其二乃袁愿游、罗粲头，为龙田著匪，而尤以罗粲头为最。平日无恶不作，拐带案经告发者，已有十七起之多，他可知已。赁居城内北街，贼匪恃为内探。冯令访知，密伺久之，而后拿获，迭次刑讯，坚不吐实。通邑之人惴惴，恐其复出柙而攫噬也。随获袁愿游，供称去年八月非罗粲头导引，则匪不敢过大龙田。提出对质，袁愿游复改前供，盖怵其威也。冯令谓其为间谍内应，情节较陈廷山尤重，虽展狡不供，但即其强占邱某妇为妾一案已足以定其罪。而罗粲头犹自恃不承，则无死法也。十八晨起，素朋比之差，密以勾决簿上有名告，仍大言曰：州县官何能办我，恐督抚亦无法办我也！其妄恣如此。比提出上捆，始错愕失色。在途其妻暗递以药饼，复截衣襟以蒙其面。正法后，人同称快。乃其子某不思罪恶贯盈，难逃王法，反恨其族绅某陷害，声言报仇。冯令闻之，以为假报复之名以钳制绅耆，是匪徒惯技，此风不可长。适有呈其子某拐带人口及抢劫长源李毛九屋有名者，欲捕得并置之法。若罗粲头父子，可谓世济其恶者乎？

大清光绪廿八年壬寅十月十三日　公历一千九百零二年十一月十二号

梅函杂述

〇圆头陈经水淹毙之事，言人人殊。嘉应秦直刺委捕厅白春霆二尹相验，经饬仵作验毕喝报，而地保远居松口不能久待，即就近觅人料理。有询之者，答云：尸身已腐变，即额下巴肉亦不全，无从识辨云云。至解差有无提讯，俟探确续登。

〇近日乡民某携一物求售，其质如山薯，其状则男女二人背立作拱，

手向天势，面目肢体，无微不具。据云得自故棺中，需价六元。前数日有人自西阳来者，亦云墟上亦见此物，但非二人骈立及无首耳，见者啧啧称怪弗绝。余终疑是人力雕琢而成。有医者曰，此何首乌也，掘出后将刀划成人形，埋还地中一二年后，其形即如生成者。然斯说颇近。

大清光绪廿八年壬寅十月十九日　公历一千九百零二年十一月十八号

又一瞽匪

○前报纪兴宁瞽匪一则，兹闻郡中有柯某者，亦与兴宁吴姓瞽匪相类。柯前未瞽时，明目张胆，靡恶不为，自称为戎贝，头为狗沙首。一日向梨园子弟需索甚奢，为彼党所妒，意谓抉其眼睛可绝后患。讵柯某自瞽后，作恶更剧，其党甚众，时而出汕，时而来郡，常到殷实行店图赖，务饱所欲，方肯归去。又屡向富户吓诈，或一元二元不等。柯之丑类，则以偷窃为事，论其罪实，不容于死。地方有司其勿以其瞽而宽之也。

大清光绪廿八年壬寅十二月初一日　公历一千九百零二年十二月三十号

拿获要犯

○廿五日，嘉应州城守林子文千总带勇在郡竹排门街某店，拿获兴宁要犯罗生元一名。此罗犯系经兴宁县出头等花红银二百十元者，刻仍由林城守押解州归案究办。闻蒯镇台加派练勇六名，为之协解。

大清光绪廿八年壬寅十二月初五日　公历一千九百零三年一月三号

拿匪续述

○前报林子文守戎在郡拿获兴宁罗匪一名，闻该匪最善拳勇，营勇等在路既遇之，以人寡不敢下手，随至郡城始行围拿。拿获后，用绳束缚之，匪身作动力，绳为之断，免脱而去。幸勇先四处布置，仍行拿获。刻已押解兴邑惩办云。

基票开办

○近闻有人集一公司，名曰安富荣堂。在省善后局禀请开办全潮基票，已允准矣。闻其投彩之式与山票相同，拟在郡设一总局，其各县则俱发总带分取云。

大清光绪廿八年壬寅十二月初八日　公历一千九百零三年一月六号

州中多雨

○上月廿九日嘉应访函云，州中近来晴少雨多，人心亦定。
○案：汕中上月亦晴少雨多，百余里间，大致相同如此。

兴邑疫症

○兴邑疫症，起自城内后街，逐渐传染，不及施治而殂者，殆数百人。今则城内稍为安静，沿及城外西门河背各街及附郭乡村，鸣锣击鼓，迎神逐疫，安龙集福。闻一街坊有费至数百金者，然于洁净、预防、施药、急救诸法概不留心。近来天气恒少寒，霜不杀草，桃李再华，尤为常事，桔柚亦吐华结实，人皆以为罕所见闻。医家云，冬不藏精，春必发瘟，杞人之忧，其未艾乎。

剿匪续纪

○探闻江西王统领在安远板石市捕获会匪多名，该处多兴宁贸易之人，亦有无辜被拿者，幸准保释。唯曾大保即奇山搜出有拜会书，即行正法。袁汉芳、练赞寿二名，王统领甚恶其人，不准保，发赣县讯办。其马进福、马英福、张水生则发交板石司驱逐回籍，余匪多窜入南雄北山地方，乃盗薮也。闻王统领甚有智谋，亦极棘手。柯护抚委其督办赣南边防，现回省请示，限二十日仍回赣，诚恐江境捕剿严急，逃匪仍返旧穴，死灰又将复炽。今查得言旋兴境者已实繁，有徒石马鲤鱼塘又出抢劫之案矣。王大令以罗浮司毗连江西，调信字营移驻防堵，又谕饬钟绅仲麒带治安局勇出乡巡缉，或者可弭患于未萌乎。

大清光绪廿八年壬寅十二月初九日　公历一千九百零三年一月七号

杂粮颇熟

〇兴邑人民俗勤耕种，几无尺土余隙，奈今年早季全荒，至晚造收成，则低田熟而高壤仍歉，半菽之饱亦将不继。乃思为弥缝之计，家种小冬较常年殆多数倍。唯去年久旱，小冬失收，人争购麦种、雪豆、胡豆，然种价颇昂，计各种银一毫仅得五六合之谱，留有宿种者，颇获其利。冯大令念切民依，特出示严禁牛马践踏伤害，幸天时雨足，麦已芃芃，雪豆、胡豆亦已放花，其早者且登盘矣。三农之望齐属于此，或者天不绝人生路，若得大熟，可添二三个月食料，其补益非小云。

女工多旷

〇兴邑城居者，其贫家妇女专靠针刈纺织以为食。今则省庄布号因广西匪乱，销路中梗而久停工，即机声未断而工价甚贱。若鞋袜衣裳诸工，则因饥荒少售，鲜有发作。虽有巧妇亦无能为力，薪桂粒珠，居大不易。闻有日不一饱者，天寒翠袖薄，日暮倚修竹，其憔悴凄凉有不堪言状者矣。

大清光绪廿八年壬寅十二月十四日　公历一千九百零三年一月十二号

韩山书院章程

〇丁观察热心教育，将旧时韩山书院产业并章程极力整顿，以与同文学堂相辅而行，历纪前报。兹访得其手订章程并所撰一序，逐日续登报章，以公众览。其序曰：

韩山书院为惠潮嘉三州人士育才之地，山在郡城东门外湘桥之东，距城仅里许。书院适居韩山之半，韩公祠及陆公祠，均附麓焉。院门前临清池，气象轩朗；院宇随山势为转曲，颇极涵蕴幽窈之致。入院摄层阶而上，江山之胜揖于几席，三洲人士读书其中，实足存养天机、蓄蕴伟抱。惜院宇摧残，生徒星散。余初莅其地，辄以是邦绝胜处，乃任其荒废寥落，不独守土者之过，抑亦邦贤士大夫与有责焉。余因竭力鸠资，庀材修葺，并将书院积弊摧陷而扩清之，刊定章程，优加膏伙，俾塞畯之士来院肄业者，既获安居，又可稍自赡给，以求学界之进步。则余于此举，或者为潮之人士教育之一助乎？工既竣，爰将兴修始末以及院产入款并章程若干条勒石，以垂久远。其余力所不能及，暨事所未备者，尚有望于后之贤者焉。光绪二十有八年，岁在壬寅，嘉平月岭东备兵使者。

丁谨志（未完）

学堂额款

○汕头岭东同文学堂常款无多，近来多借商家资助之力。丁观察以学堂书院本是一事，兹特将整顿韩山书院产业所腾出之款，每年拨助同文学堂二千四百元，由学堂董理赴道署分两季支领。其韩山院生程度高者，即准作为学堂学生送入学堂肄业。如院生有自愿入学堂学习外国语言文字者，亦即准占学堂学生之额，以示鼓励。从此书院、学堂合而为一，取才既易，经费亦敷，岭东人文蔚然兴起矣。

大清光绪廿八年壬寅十二月十五日　公历一千九百零三年一月十三号

续韩山书院章程

○一、韩山书院各产暨一切收支款目，已由道署立案详院，奉督抚宪批准，嗣后不由府署经管，从前一切开支均经核实，毋丝毫冒滥。所有此番加增之款，统拨归书院暨兴办学堂之用，嗣后无论何项，不得在此内开支。

一、韩山一切经费，已逐加清厘，每年地租、房租及道署发款均由值年董理经管，山长束脩等项暨生童、膏伙、监院、夫马，一律由董理绅士致送，不由书吏经手，以杜从前书吏克扣之弊。

一、书院房屋并韩公等祠均已一律修好，刻下地方诸务待举，院房已为不急之务。此次本道勉力兴修，嗣后一切房屋，切须加昔【惜】爱护。倘再有损毁之处，窃恐力难为继，所有院内房屋除有住人外，余房均须封锁，钥匙交值年经管，有事开用，无事扃闭，不得任人作践毁坏。各祠房亦一律均归值年照管，住院生童亦宜一体爱护，以存养各人之公德。

一、公家之物，人多不加爱惜，此次院中新置器具一一存卷，责成管理之人轮流收管，加意珍惜，毋令残缺。

一、院生住房须认明院房所编第一号第二号字样，按名次先后居住，

毋得自行拣择僭越。其有在城院生不住院者，须禀明董理将房腾出，以给远来者。

一、住院生并禁止室内饮酒喧闹，以及一切游戏无益之事。

一、住院生同住院内，须知合群之义，互相敬爱，互相研究，不得无礼相加及相欺谩，致启争竞之风。

一、界书院韩祠之间有斋婆供奉都庆祠一所，怪诞不经，且以士子弦诵之地，使梵修妇女杂厕其间，尤属不合，已发款五十元勒令斋婆他徙。中进祠字改为崇节堂，后进高悬三楹颇洁净轩厂，即为韩山藏书之地。其余一切房屋，亦由韩山值年经管，归入院产之内。

一、院产南畔州等处田租，近年盖房造墓侵占日多，此次已彻底查清，仿照金山，勒碑于院，嗣后不得再行侵占，无论何项急需，亦不得变动院产。

一、各处产业，此次清厘，勒石以垂永久，所有田亩四至以及店铺坐落，一一详载石阴，为后来稽考之地，并另绘图附卷，存案待查。

一、现在各项浮费已载，所余款项，每岁生童膏伙较从前已加一倍，所有南畔洲等产所加之租，每岁提二千四百元，另拨助岭东同文学堂支用，递年由学堂董理赴道署分两季支领。科举改章，学堂亦将并有进身之路，嗣后如学堂准有出身，韩山院生择其程度高者，即准作为学堂学生送入学堂肄习，俾书院与学堂合而为一。院生如有自愿入学堂学习外国语言文字者，亦即准占学堂学生之额，以示鼓励。

（此稿未完）

大清光绪廿八年壬寅十二月十六日 公历一千九百零三年一月十四号

再续韩山书院章程

○ 一、韩山掌教，必延请中西学普遍之人，出身仍必须进士、举人、拔贡、副贡、优贡或师范学堂领有卒业文凭者，以示限制。掌教束脩，仍照从前章程致送。但山长必须长年住院，不得蹈近时寄卷评阅恶习，致院生无所讲受。

一、书院向无书籍，近来科举改章，此后学务必中西兼习，唯新译东西书籍，寒士无力购买，应筹款陆续购置，庋藏院内以供披览。此次所购新书二百零六种，地图二十一种，皆存崇节堂后轩。

一、管理书籍之人，即责成帮同料理院事之院生二人经管，凡遇谋生取去某书，必令具条存记簿上，俟送还时注销。

一、院生所取阅之书籍，以二日为率，不得日久搁置，以防他生观览。

一、院中书籍只许在院取阅，不得携出以及私借于人，致有遗失之患。

一、此次所购新译书籍不下百余种，颇足供院生普通学术之用，务宜慎重爱护，如有遗失以及污损，责令赔补。

一、院内所储书籍，每月月底董理必亲手检查一次。

一、向章每年每月四课，现拟改每月三课，一道课，二府县与分司轮流，三为山长专课。又向章生童经第一课取入正副课者，即领长年膏伙，现拟自明年起，均改为随课升降，俾可及时陶淑人才。

一、院生向多冒名顶替之弊，每课所取往往名非其人，且止凭课卷，亦属一日短长。此后住院各生，应各备折记，每月将所阅某书某卷记其所得所疑，至月终汇呈山长批阅，与课卷参合为升降之准，且借此山长亦可与院生接洽。

一、值年董理一人，每年夫马一百两。院生一人帮同料理院事，每年夫马六十元。每一年更换一次，果能胜任，仍可续留。设不胜任，不必俟期，即行另选董理，仍由道于郡城孝廉堂中延请品望素孚者一人、院生一人，于廪贡生监中择其人品老成者，由道选派。

一、每年山长修金二十两，膳食一百两，贽敬一百十二两，供给桥资一百二十两，聘金四两，来回程仪二十人，两年节礼五十四两，开馆席仪七两，内司工食五十六两，共七百二十一两，每年分两季统送。山长到馆，先送一半，下半年七月再送一半，以省烦冗。

一、正课生员前二十名，每名膏伙六元；三十名，每名五元；四十名、五十名，每名四元。外课三十名，每名二元。童生正课前二十名，膏伙五元；三十名，每名四元；四十名、五十名，每名三元。外课三十名，每名二元。均奖赏在外。

一、每年甄别定期十月二十日，先廿日晓示，俾远道应考者不至有后期之叹。

一、住院生如逢课期已领卷而不作文交卷者，即除名额。

（此稿仍未完）

梅函述略

〇顷闻著名匪首潘富山、何飘山，近日于板石墟为江西兵勇所拿获，

现解至赣州府矣。

○又吴统领既驻扎罗塘。

大清光绪廿八年壬寅十二月十七日 公历一千九百零三年一月十五号

三续韩山书院章程

○一、致祭韩、陆二公祠，每岁支银三十两，届期由董理率院生行礼。

一、每月支卷费银四十两，房书笔墨纸张银四十两。

一、支监院每年桥金并开馆仪席银六十元。

一、院内门斗、长班、水夫、更夫四项月支，每年开支银一百两。

一、院吏、胥斗俱归监院绅董约束，如有舞弊误公，滋事情玩，不守规矩者，由监院绅董革换，毋得瞻徇。

收数：

一、每年道署发银一千两，分两季由董理请领。

一、每年收海阳县解开元寺租银二百九十六两。

一、韩山监院解开元寺租银二百二十一两五钱二分。

一、收韩山鱼塘租银七两二钱。

一、收澄海县蜈蚣洲租银八十六两四钱。

一、收澄海南畔洲租银二千五百两。

一、收丰顺留隍等处充公田十一亩零每年租银四两另一分三厘（十二月缴）。

一、收丰顺留隍虎头山田园四十三亩，每年租银十四两五钱五分七厘一毫（十二月缴）。

一、收海阳属万记号等八店铺租每年二百二十一两五钱二分（分上下两季，由监院收缴）。

一、收饶平属金厝岭等处园地，每年租银二十七两五钱七分（十一月缴）。

以上四款为府书，年久淹没，已五六年分文未收，刻下札各县清查妥办。

（已完）

大清光绪廿八年壬寅十二月十八日　公历一千九百零三年一月十六号

官场小纪

○署理兴宁县捕厅徐少尉本日由省抵汕，寓公广泰来。闻十八日拟买舟达兴，择吉廿三日辰刻交接捕务。

仍旧归来

○元兴办房萧大纶倒闭。汕商巨款，时其甲乙二子相率而逃，汕商特发急电追寻，杳无消息，近因债项既由公亲调楚，而甲乙二子遂于昨午由避债台搭永生轮回汕。有人见之，谓甲之肌肤比从前更加膨胀云。

大清光绪廿八年壬寅十二月十九日　公历一千九百零三年一月十七号

殃及池鱼

○蔡家围有洲园一带，内有官租，有民业，许姓居十之九。上年许姓某甲与木行互控，某甲则谓木排残毁，问果木商则谓借此勒抽。两造情词各执，经刘前县断结，令木行竖石钉四十支于许姓园墈，每枝年赔补银三元，共一百二十元，具遵在案。近复翻控，木商声称许姓占官荒一千余亩，徐大令督同书役弓丈，一律清丈复勘。闻共丈出三百余亩，与木商所控大相悬殊，疑和尚洋之田、凤栖洲之园亦包在内，书役窥其意旨，勒案外张姓等缴契备核，以凭按亩丈明云。似此可谓殃及矣。

大清光绪廿八年壬寅十二月廿二日　公历一千九百零三年一月二十号

兴函杂述

○王大令克鼎莅兴宁任已一月有余，闻自放告开期以来，并未批示一期呈词，殆以邑人好讼，故置之不论不理，以为弭讼之新猷欤。闻其门阍

因在新宁任内，为其绅士告讦，尚留省垣，是以县署现无门阍。岂刑名一席，亦未至欤。

○今冬恒与少寒，大有冬行春令之象。数日来阴雨凄凄，杂下小雪，始觉一寒，至此邑中从前疫症遂以蠲除。然因雨多之故，腴田小冬反伤于湿，不如硗脊山排之畅茂矣。

○双溪匪徒刘起凤于冯大令任内拿获，待以不死监禁狱中。迨王大令莅任后，赴潮谒道宪归，提出处决，或以为奉道宪命，或以为经人告发。而其家人尚未之知也，送寒衣至县，已作无头之鬼矣。

委查报效

○省委张翰芬大令于昨日到汕，系奉大宪札赴兴宁清理积案，并守催潮嘉秋审册，闻到汕日，又传问汕商于报效事是否情愿，且初十日所派刊单究竟如何，并令缴阅。而汕商有将原单呈缴者，亦有不呈缴而谓此单派到店时，实不情愿，当时扯碎，今实无存者。然则大宪又派委员密查报效事矣！张大令得此刊单，拟本日即赴兴宁。

大清光绪廿八年壬寅十二月廿三日　公历一千九百零三年一月廿一号

巡河结案

○前天讯蔡家围许、钟二姓互控一案，汪二尹断令两造自抽自办。钟某以经费不敷，力求加增，故复谕令，每百元上客抽一毫五分，下客亦照其数，均各遵断完案云。

匪事两纪

○本月初，间有自江西贸易回兴宁者，云匪首潘亚辛在江西某墟场被某营弁率勇围捕擒获，何裕古亦同聚一处，乃兔脱而逃，唯获其妻。据贸易者言，是夜归途，适与同店歇宿，盖目击其事云。兴宁土匪煽动，潘、何为首，闻何尤悍，蹂躏邻封州县，且扰及江境，今潘已获，弱一个矣。

○现因江西抚宪委王观察统兵驻赣剿办，兴宁逃匪纷纷还乡，罗岗地方，已有掠夺周姓人口之事云。

善堂宣讲

○兴邑近来城乡市镇各设善堂，延善为说辞之讲生，宣讲圣谕及因果报应故事，冀以感化愚顽，稍戢强暴。泥陂黄峒刘姓，前永和土匪骚动时群起应之，今则剪除旧污，偕入善门，咸以为善堂之力也。其最著者莫如石马之公善堂，在堂多实心办事之人，里党相孚过于其旧设，团局是以分张旗鼓。去秋贼窜石马，图与公塘墟、龙虎墟匪党会合，堂中人率乡勇截击获胜，匪遂散窜，众皆义之。其他善事，每随力量所及而为。论者谓各善堂若兼购各报纸供大众阅看，或令讲生兼为讲说，使不识字之人，亦习于听闻，则风气之开当更速，不亦善之尤善者乎？

大清光绪廿八年壬寅十二月廿四日　公历一千九百零三年一月廿二号

钱法之弊

○潮嘉各属用制钱外，兼用铜皮钱，原以因民俗，便民用也。兴宁自光绪壬午以来，钱法大变。始犹每百掺以新钱一二十枚，谓之次钱，继则掺以府庄钱矣，及后则纯用府庄钱。市上不见有制钱，并不见向时之铜皮钱，屡次禀县申禁，不久复然，徒为奸商屯积挽杂之利。今则小洋银一枚可换一百八十文，入水能浮，触手成灰，百仅及寸，几不可贯，散之而不甚爱惜。故使费多得之而所值无几，故货物贵出境而不能流通，故交易滞日录历举。行用滥恶钱者，多遭劫运。兴宁水、旱、火灾，盗贼频年，荐至民不聊生，未必不由于此。现在各省多铸当十当五铜元，辅以小银元，借资周转，以救圜法之弊，盖以铜元造作精致便用，难伪也。广东省垣铸行有年矣，何不饬发各属一律行使，举兴宁远制府庄粗钱一扫而空，则商民之受益不少。

改装定局

○兴宁改革妇女银钏首饰，男子无不乐从。其妇女无识者，每被银匠煽惑，以至操守不定。邑绅远赴道辕递禀，蒙丁观察批许勒石，永远严禁。冯大令奉札，因办匪事冗，未暇立石。王大令莅新伊始，谣言四起，谓新令已经出示，着复旧妆。一时流播，妇女跃跃欲试，盖银匠乘新旧交替时，将以肆其奸谋也。诸绅闻之，急将丁观察批准永远严禁之文，勒石竖之四城门及各墟场，谣言始息。夫改革一邑陋俗尚不易，旦夕奏功，即此可以觇国政矣。

二、光绪二十九年

大清光绪廿九年癸卯二月初一日　公历一千九百零三年二月廿七号

是真浩劫

〇去年小立堡有一小溪，筑石梁，近已告竣。嘉俗开桥之礼，先以神像，继以衣冠之士，以落成之。无如开桥之时，有廖明经者抱白衣太士先渡，而某茂才、某武生二人随其后至。半渡时，桥忽中断，文武二生俱被压毙。闻复有一监生亦为桥所压，受伤甚重，一息仅存云。

一产三男

〇新正十二日，嘉应城西红杏坊黄云汀之妇一产三男，州人啧啧称为人瑞。

改装十二便

〇嘉应自唐宋以来，妇女装束素安俭朴，所梳之髻俗名自家髻。乃近数十年渐染陋俗，改梳脱髻，全球所无有。闻为某妓所创始者。自是以后，服饰逐渐奢华，遂有扁簪、松蕾簪、银针、银链、金钗、金凤、翠围、珠花、牙牌、大钏等首饰，大钏重至二十余两。嫁者备装已难，多索重聘；娶者需款甚巨。每叹失时，故家无三百金者不敢言娶。近年水旱频仍，百物腾贵，尤宜黜华崇俭以救歉荒，又兼土匪迭起，抢掠时闻，妇女因首饰而遭伤辱，时有所闻。壬寅春，梅州人士议仿兴宁改装，联叩李州尊出示，一时妇女骇然，有谓我非官家者，有谓丑难寓目者。噫，少见多怪，是犹麒麟目为不祥，荆玉指为顽石也。有志之士因作改装十二便说，刊布全梅。其文浅而入理，兹节其十二便，大旨如下：

一、州装嫁娶首饰，争多斗靡，富者犹可，贫者难堪。改梳省装，即书所谓龙盘髻，可省数十金之费，此其便在嫁娶者一也。

一、州装每人必买两脱髻、两扁簪、两松蕊簪，一闲居用，一作客用，又须银针二三条；改梳省装，仅一簪便可，其余首饰俱可裁省，此其便在节俭者二也。

一、近年土匪抢掠首饰，不一而足，改梳省妆，银器必少，此其便在远害者三也。

一、州装早夜两次迭梳，不胜其劳，省装一梳可经数日，永享其逸，此便在省工者四也。

一、州妆夜起不敢见人，必待更张，省妆虽中夜以兴，依然仪容端雅，此其便在起居者五也。

一、州妆一到汕头，必至聚众骇观，甚至有将该髻入香港博物院作古玩者。然犹有谓若要改妆，待至出境时改之，亦未为迟。殊不知州俗，妇女年未四十者，额上必剪发垂下如翼，然骤然改之，无论不解梳也，即请人代梳而剪翼不能遮长，终难掩拙。夫省装，即苏州装也。前三十年省会梳苏装者尚少，今则全然仿效矣。舍己从人，惟善是择。谚云：苏州头，扬州脚。又云：扬州女子，苏州打扮。则苏装之大方，孰有加于此者乎？又况十八行省，类多苏装也。然妇人目所不见或不信之，则请观文武衙带来之官眷，并请观远近省带归之客眷，其装束为何如者。此其便在官商者六也。

一、州装作客必喜太鬓，必请人梳，必须本日，必费多时，殊形不便者。省装则先期可待，缓急咸宜，此其便在宴饮者七也。

一、州装每至夏令，多嫌鬓热，或用红绳绊起，或用银针挑高。省装则领如蝤蛴，无虞障蔽，此其便在卫生者八也。

一、州装遇毛绉者，虽多方布置，终觉首如飞蓬。省装则发光可鉴，彼此何分，此其便在装饰者九也。

一、州装鬓长垂背，每喜油多，常服受污犹小也，罗绮何堪旧服蒙垢犹轻也，新衣当惜。省装则例不用鬓，浊秽难侵，此其便在洁服者十也。

一、州装毛多松散，尘垢易藏，洗头宜密。省装发常光滑，织埃可拂，洗头必稀，此其便在寡沐者十一也。

一、州妆首饰在省垣潮郡，只有一二店，又必定造方盒，购买较难。省装首饰随处皆有，购买甚易，任意携归，无不适用，此其便在置奁者十二也。

大清光绪廿九年癸卯二月初二日　公历一千九百零三年二月廿八号

因受斗伤

〇嘉属南口陈、潘二姓，素称强族，各不相下。近因构隙，互相斗殴，二姓各伤三人，均于廿一日到州署传呈抬验。

不戒于火

〇梅西红杏坊林姓住房，用洋油灯，因火管爆裂，尚不之觉，遂至延烧。幸邻右奔救，方得扑灭。迨火熄时，而住房二间已兆焚如矣。

大清光绪廿九年癸卯二月初五日　公历一千九百零三年三月三号

严禁私钱

〇圜法之弊，潮嘉尤甚，制钱而外，杂以铜皮钱，皆外国文也。而铜皮钱中，又有所谓次钱者，其薄如纸，其轻如灰，入水能浮，触手可坏，盖圜法之弊极矣。揭邑侯徐大令于正月廿七日，特为出示，严禁私铸及挟带外国钱文杂用。今将其原文照登于下：

为严禁私铸及挟带外国钱文掺用事案，奉宪行各州县属地方，如有奸民开炉私铸小钱及挟带外国钱文进口掺用情事，饬令随时认真访查，立拿究办，不得视为具文，稍存疏纵等因。久经遵照，查禁在案。诚恐日久玩生，合再出示严禁。为此示谕合属军民人等知悉，尔等务宜各安本分，毋得违禁私铸小钱，及沿街摆设木柜、簸箕售卖，掺私行使，并带挟外国钱文掺用。自示之后，倘敢故违，一经查出，或被告发，立即严拿，按例究办，决不宽贷，各宜禀【凛】遵毋违。特示。

大清光绪廿九年癸卯二月初七日　公历一千九百零三年三月五号

教习已定

○郡垣中学堂总教习温慕柳太史于日前抵郡，与惠府尊面商学堂一切条规。其分教习现已聘定郭君经、陈君崧、黄君际清三人，陈君号梦石，长于算法。

分署失盗

○嘉应州分州署移驻松源堡已有日矣，地虽险要，而入山颇深，花落庭闲，湫隘特甚。闻署中于某夜失盗，被窃去衣服若干，至第二夜天气严寒，大太开声骂曰：今夜无裘，使侬一寒至此，这贼儿有良心么？某司马抚慰之，大太骂仍不止。适贼于是夜又重来矣，乃在署后高叫曰：太不要紧，太不要紧，这领裘还不识是破烂的么？某在某处仅押去铜钱千余文，算不值钱了！嘻！匪迹之横肆如此。

大清光绪廿九年癸卯二月初八日　公历一千九百零三年三月六号

送丁观察奉讳回里序

○前任道宪丁观察为地方兴利除弊，三州人士比之为韩公。月前奉讳还梓，地方之送伞牌者络绎于道，已迭纪本报。近复得蓬岛散人送丁观察奉讳还梓序一纸，兹特录之，以见州人去思之切焉。其文曰：

古之所谓大臣，必能兴大利，除大弊，略其小者近者，务其大者远者，故能上不负国，下不负民。夫商鞅、桑弘羊，其迹何曾不为国，然以富国始，以误国终。至若假聚敛之谋，为中饱之计，微特无益于国，且为商桑之罪人。去年奉旨豁免厘金，浩荡皇仁，薄海咸深欢忭。潮州本无厘之地，竟有勒抽报效之人，赖公争之极力。读公上院宪三禀，明以名义，争以去就，洋洋数千言，忧民忧国之忧，溢于言表。然后叹名臣经济，原不在补苴苟且之谋，而以固民心、培国脉为远大计也。彼都人士，咸翘首以观厥成，何竟噩耗遥来，而公以奉讳去乎？且夫秦汉以来，廉远堂高，下情不能上达君

主，擅专制之威，则君与臣绝；官场分专制之威，则官与民绝。两相隔离，虽欲为百姓兴利除弊，势必有所不能。况自封建易为郡县，而客官之制起焉。虑土著之有所私也，则限以若干里之外；恐久于其任者，植根固而不可夺也，则限以若干年一任，故官场视衙斋为传舍。所谓兴利除弊者，往往以苟安旦夕，留待后人为心。乃公自奉简命而来，求通民情，虚怀若谷，许绅士条陈利弊，于地方上之宜兴宜革，无不了然于中。因而出以热心，持以能力。虽其时商业日蔽，河道不通，饥疫流行，盗匪日炽，公乃惩戒贝，兴学校、保商、察吏、平粜、浚河，展亩捐之期，设邮孤之局。仗公理，以调停民教；开崇节，以养赡孀嫠。种种善政，罄竹难书……还属公之偏端耳。若争停报效一事，直声震于当道，数十年来未有之丰裁。虽将来之事未可知，而恩泽及人，固当家户而户祝也。夫韩公治潮仅八月，公之官绩行踪，仿佛如是。初八日虔吊太夫人于道辕，览西园之一草一木，令人兴去后棠阴之感。夺情视事，公固不为服阕重来，此邦所愿。然以公之盛德大业，设施当不止此。他日开藩陈臬，兼任封圻，愿公即治三州之心，移以治天下臬夔周召。今有其人，是则生之所祷望云尔。

大清光绪廿九年癸卯二月十一日　公历一千九百零三年三月九号

解盗至州

○嘉属石寮乡捕获劫庵贼四名，已纪前报。闻该乡即派乡兵十人，各持枪械解送州署，经秦牧伯当堂讯问，各匪直供不讳。秦牧伯已饬文武营到石寮，围捕窝贼之家矣。

大清光绪廿九年癸卯二月十二日　公历一千九百零三年三月十号

梅城商务

○嘉应近城商务，日形颓败。以房捐册考之，自去冬至今，共倒闭大小字号七十五间。盖因去岁歉收，而兴、平二县又遭兵事，商务因而减色。今年大象，谅可整顿也。

大清光绪廿九年癸卯二月十四日　公历一千九百零三年三月十二号

又复掳去

〇兴邑东十里某姓去年被会匪降单勒索，为掳去少妇三口，至今无归。闻今春正月十三晚，是乡庆赏元宵，颇形闹热。突有凶徒二三十人持械入室，又掳去壮男二口，闻失主不敢控官云。事之确否，候探续报。

大清光绪廿九年癸卯二月十六日　公历一千九百零三年三月十四号

兴宁奖案

〇天津来信云，光绪二十七年八月间，广东兴宁会匪陈廷山纠众议事，焚毁教堂，攻扑县城，经抚臣等饬营驰往会剿，并经兴宁县督同绅士竭力坚拒，追斩伪军师陈良山、伪先锋邓轮山；又经嘉应州平远县会营堵击，擒斩匪首陈廷山。各营将匪党歼灭，地面肃清，曾将办理情形具奏，并请将在事出力员弁，分别请奖，于光绪二十八年四月十七日奉旨交部议奏。兹悉吏部详查所有文职九员，所请奖叙核与定章相符，应请照准。文员中，花翎三品顶戴、道员用候补知府李庆荣，请以道员归候补班前补用；绅士中，嘉应局绅广西试用直隶州黄遵谟，请以免补本班，以知府仍留原省补用；文职九员，俱已照准，衔名未详。闻此折定于二月初二日入奏。

大清光绪廿九年癸卯二月十八日　公历一千九百零三年三月十六号

捕匪函述

〇新正廿八日，兴邑刘宝琨带练兵数十名到大乍周村，与江西官军搜捕余匪，仅获二名而还。匪众鸣锣尾追，刘军以排枪轰之，匪方退缩。然官军已失去二名矣。

〇近闻何、温诸匪首遁还允和，群聚山僻村舍，刘军夜往捕之，匪破

081

后门而逸，出门时连放洋枪。刘军退却，既而尾追，则群匪将洋银抛弃路中，官军贪其小利而不知失此机会，为可惜也。

○近闻桃子凹旅客又多有被劫者，以匪首三山还乡故也。

大清光绪廿九年癸卯二月十九日　公历一千九百零三年三月十七号

学堂开学

○岭东同文学堂既于昨日开学，学生济济。而澄邑侯董大令、学堂监督邱蛰仙、工部及汕中绅商，亲率学生行释奠礼。是日下午，总教习何士果大令、分教习杨守愚、温丹铭两上舍及蒙学教习陈琇生茂才在堂演说，大致系明学界与自由界宗旨，颇为和平。

○又闻试期伊迩试毕后，始来堂肄业者，尚不乏人。然是日开学，即将满六十名之额矣。凡有志之士，宜及早挂号也。

赣货颇稀

○近来嘉应通江西孔道劫掠时闻，官兵亦不免滋扰，行旅视为畏途。州中米粉、草线、鸡鸭之来自赣者，市价因之大涨，盖到州货客稀少故也。

州人好讼

○秦州牧于新正廿六放告，取呈至一百六十余张，好讼之风于此可见。然其案件幸无大者，故户婚出土之案，盖不止十之九云。

学堂开学

○务本中西学堂于二月初一日开学，学生共四十余人，见教习行三揖礼，门内外观者如堵。马教习升座演说，听者欢然。

大清光绪廿九年癸卯二月二十日　公历一千九百零三年三月十八号

捐票助学

○前同文学堂教习温慕柳太史于去冬回家后，募得嘉应李仪坡茂才昭信股票五百两，温炯初司马昭信股票三百两，梁上瀛封翁昭信股票七百两，合共一千五百两，捐入汕头岭东同文学堂，以为经费。此项现俱托郡城怡和庄代寄京师，交饶外部简香转售。似此热心教育，捐助日多，则文明进步可计日待矣。

劫盗横行

○平远一属素称安谧，近数年间则伏戎于莽矣，各官兵略为剿缉，始稍敛迹，既而贼稔知官兵之无用也，而猖獗弥甚。顷得州友来函云，本月十一日，赣州广嘉盛、乾元等号到各处办有川土一十八担，约值银一万五千元，付交嘉应州城同益号代售；另各号又付有紫花布并洋蚨五百枚及票信等件，路经平远八尺墟，是晚宿于客店。约二更时许，突来贼数十人，阖门直入，抢掠各货。客慌趋救货，被伤数名，既而力尽无奈，各货概被抢去，妙手而归，备述惨状。似此盗贼横行，实为贸易家之大患，若不严加惩办，则闽粤两省各货物与江西往来者，其前途不堪设想矣。

大清光绪廿九年癸卯二月廿一日　公历一千九百零三年三月十九号

学堂考课

○岭东同文学堂经于十八日开学，十九日考课分班，兹将课题列下："汉宣帝综核名实信赏必罚"论；问中国教育自秦汉后向不主干涉政策，试阐明其故；问今日学堂教育德育、智育、体育三者，以何为要。

学先立志说

○又是日由总办总分教习公同校阅，各加批评，分定甲乙班次，于廿日揭晓。计分四班，其头班五名，均由去年二班生所升云。兹将头班五名依次列之：刘松龄、何天翰、杨日新、赖冰曾、王少韫。

大清光绪廿九年癸卯二月廿三日　公历一千九百零三年三月廿一号

官场电音

○顷接港电云，新任兴宁县郭大令传昌廿二日搭海坛轮船来汕，准三

月初九日履新。大令号子野，福建人。

大吏求才

○丰顺丁主政惠康，中丞禹生之公子也，久居京华，肄业南学，蒙管学大臣张尚书保荐经济特科，因客岁十月奉讳回家，不得应征。而川督岑云帅闻之，飞电来潮，意欲延至幕府主政。经于前数天乘轮赴申，未卜应云帅之聘否也。

纪窜匪事

○江西友人来函云，去年广东兴宁一带匪乱窜入江西安远等处，聚党拜会，到处皆是。柯护院特委统领常备军王道督办边防，驻扎赣州。先赣州一带并无精兵，续备后军防练废弛，毫无足恃。自王道到后，民心稍安。王道勇于办匪，在罗塘各处皆亲自督兵缉捕。虽山路崎岖，风雪载途，亦不稍退。前后获匪甚多，曾奇山、陈见山、廖仁山、吴玉山其中之最著者。虽所获之匪间有冤，抑亦随由该处绅士保放。营中随员有吕巡检春瑄者，系广西人，深知匪情，颇得其力。广东惠州匪乱，毗连江西地方，王道亲驻江广亭（为江西广东交界处），防守甚严，常服洋装操衣，率兵丁各处巡查，胆大手辣，人皆谓其神出鬼没，虽惯以残杀同种为能事，然亦时露文明思想。安远之匪闻亦系出于广东、香港各处，匪首陈某亦近世新党中之豪杰，王甚欲解散其党羽，招之入幕，尝谓其将弁幕友曰：吾之办匪，以吾之野蛮对彼之野蛮耳！若有帝王思想、豪杰思想者，吾亦敬之，吾何尝好杀云云。尝对赣南道府云：吾辈做官，有愧于匪，匪尚有团体爱力，近日官场唯相倾轧而已。

为长者寿

○岭东同文学堂监督邱蛰仙水部，其老大人潜斋封翁，本年为八秩晋一寿辰，各赠寿言以为跻堂之祝。而羊城书院监院嘉应梁孝廉居实祝一联云：生子奇如加将军，觉祖国河山，胸罗北意（谓水部内渡揽辔中原也）；祝公寿同程处士，数故乡人物，踪抗南齐（程处士为嘉应进化之祖，寿至九十余，其二子俱百余岁，程乡义化都人，生于南齐，故居属镇邑）。此联传诵一时。

大清光绪廿九年癸卯二月廿五日　公历一千九百零三年三月廿三号

纪中学堂

○郡中前议以金山书院改建中学堂，近已兴工改建，所有肄业士子多迁住韩山，而生徒众多，为数十年来所仅见。本年教习为温慕柳太史，于正月间来郡商办学务，旋假回里，闻不日即来堂开学云。

辩论招工

○前有德官代哥摩岛招工一事，已纪本报。闻近日董仲容明府与德领事往返争论，不惮唇舌，所订合同有损害工人之处，无不力与磋磨，其盹然爱民之心，可谓无微不至。又闻梁南轩直刺，亦竭诚赞助。

○案：中国今日国势衰颓，吾民之在外者，国家已无保护之权。故应招而往者，西人辄以奴隶牛马相待。虽以南洋各岛之近，吾华工人时以苛待之，故不得生存，况僻在远洲乎！此次招工一事，董明府、梁直刺再三与领事订商，必可大为补救。不禁为潮民额手庆之。

劫匪续述

○前报纪平远八尺抢劫一事，兹得访函，述之甚详。据云十一日夜，有州客挑南土者若干人投店歇宿，该店距八尺墟仅可一里，为江广往来大道。至三更时，忽闻有叩门求歇者，口操兴宁音，店主因歇客挤拥，不肯开门，该贼即称伊等系广毅军，往江西办案者，今奉调到惠州，路由此地经过，我辈跋涉数天，脚力困惫，如宝店既不能容，不敢相强，愿求一瓢饮以解烦渴，则感德无既。主人闻言，以为过往官兵，不敢怠慢，不疑其为绿林豪客，遂开门揖而入之。各匪皆穿广毅军号衣，入门后即各拨双刀，先将店主当头一劈，店主喊声救命，各歇客拼命奔逃，任该匪席卷而去。明日该匪行至河头乡，该乡闻系劫贼而伪官兵者，纠集数十人操戈而遂，奈匪等器械精良，铳毙乡人一名，众人惊骇，奔散不敢追赶。唯遣一精细之人远远跟踪，至晚望见群匪入一山寮觅食，既认得住址矣，跟踪者飞奔回乡报知。众人登即赶去，该匪无一人在焉，仅住山寮者男妇共四人而已，匪等仍放下南土两担，乡人既不得贼，然喜得贼赃，遂欣然而返。迨明日匪等复回山寮，知所放之物被人夺去，即将住山寮之男妇四人杀

085

毙。迨十四日有匪二名仍穿号衣往中坑墟买物，市人啧啧私议，谓八尺抢劫者闻系穿广毅军号衣者也，今此二人亦穿号衣，莫非即此辈乎。该贼闻之，觉有惊惶之状，市人即捉而搜之，果有双刀六口并洋枪等件，及有三点会匪名单，匪首潘亚新之名亦在其内，登即将该匪捆送平远县羁押。闻平远辛大令数日不提问不刑讯云。

因伤毙命

○大埔大麻市有武生郭甲者，小有才能，颇积资财，然平日鱼肉乡民，远近数十里咸切齿焉。其族人郭乙于数年前因建筑新屋，郭甲索诈之，未遂所欲，时思仇报。乃于去年十二月藉坟山细故，主唆其堂侄郭戊刀伤郭乙左股，旬日毙命，业经署大埔县陈莘庄明府验明伤毙之由。闻已出差严拘郭甲惩办，未审能弋获否也。

大清光绪廿九年癸卯二月廿六日　公历一千九百零三年三月廿四号

咨送学生

○岭东同文学堂创办四年，迭著成效，经前督宪陶公奏准咨部立案，本届院试学堂监督邱仙根工部、总教习何士果大令会商，将学生名册、课卷咨送院署考试，以符京师大学堂奏颁章程。昨廿五日朱古薇学使抵汕，监督邱君阳谒于行辕。学使询学堂规则及一切课程甚悉，极力称许，谓绅办学堂有此宏大模规云。

○同文学堂送考各生，潮府一属共二十一名，内唯海、澄两县最多，普宁、丰顺无送考者。又闻送考各生须结明无匪丧各项情弊，始为之具文申送云。

严拿盗匪

○嘉应松源堡夜盗颇炽，闻其匪徒系何钟九兄弟勾引外处戎贝，盘踞其中，时行盗窃，乡人不堪其扰。局绅何耀光等联名控禀上宪，迭经调拨广毅军缉拿，而联名递票之武举王锦鸾，乃到嘉应州署递呈不认。乡人大骇，谓武举未知是何思想也。当递不认时，州宪秦诘之，云此案经控数年，若汝名系背签，何至今始不认。王武举汗流浃背，惶愧无地，云闻现经营兵缉拿，颇为严急，未知能弋获匪徒否也。

大清光绪廿九年癸卯二月廿七日　公历一千九百零三年三月廿五号

甄别何迟

○嘉应培风、东山两书院甄别之期，定于三月初五日，秦州牧已先期出示矣。

复归法纲

○嘉应长沙墟会匪李光昭，去岁累向人打单勒索，且凶暴异常，睚眦之怨，动辄挺刃寻仇。族人患之，因共执获送州拘押。经于二月初八日开恩释放，无如怙恶不悛，故态复萌，为邻亲密禀。秦牧伯即饬练勇捕之，经于十八日解送到州，又复入牢狱。

宜春帖子

○客有自茶阳来者，述双髻山人春联数则，颇为新雅，特补志以供众览：

人具感智断机能为知为行，应恃灵魂默运；
境分去来今世界即心即象，全凭慧眼参观。
旧岁若在川之感逝波，念从前种种作为，脑筋所容都成既往；
新年仿辟地之举祝典，愿后此重重志业，精神自励无负将来。

○案：上联为山人所居人镜庐门联，下联则其内楣所用，措语皆非旧时桃符宜春帖子所有。此固楹联界革命之先声。又客述中宪第门联云：中学伦理发明天则，宪法历史主张人权。此亦非寻常登高能赋之大夫所能为也。

大清光绪廿九年癸卯二月廿八日　公历一千九百零三年三月廿六号

监督晋郡

○同文学堂监督邱仙根水部前谒朱学使于汕之行辕，言欲咨送学生科试，已蒙允许。邱监督即调齐册卷，于廿五日晋郡备文咨送云。

少年者鉴

〇大埔崧社有耆儒某者，平日身体萎靡，素有梦遗下消之病，人皆决其年命不永。迨弱冠丧偶后，誓不再续，破除情欲，涤荡感觉，今已九十，尚壮健如英年，出入步履，尤极自如。新民子谓，早婚之弊，情欲之累，贻害甚巨，实为卓见。昔西儒斯宾塞少时从其师习罗甸语，该师有女貌美，意欲娶之，嗣为同学生所聘，斯宾塞自是幡然改志，覃思理学，静观深察，以自娱乐，终身不复再近妇人，卒为哲学大家。观此二事，今日中国人种之弱，学术之无进步，大半消磨于床笫间者为多。少年中国之少年，尚其奉为前事之师也。双髻山人述。

西岩纪胜

〇大埔有西岩山者，层峦叠嶂，绵亘数百里，山顶有白玉棋，相传为仙人幽会之处，又有七星岩、龙潭、佛顶诸奇迹。山腹开有面积约阔四五里，中有池，广一里有余，水极清漪。旧寺久废，前有好事者多人募捐再筑，现已竣工。每逢清明前后，则饶平、大埔两邑人士之往游者连衽接袂，其名胜不在阴那之下云。又寺堂石柱上挂有长联一对，是双髻山人所撰，附录以供众览：

名胜匹阴那，惜东坡未来，致令晦迹千年，岩壑林泉哀古月；

登临最高处，望仙人不见，剩有残棋一局，河山风景感神州。

〇案：山人于辛丑春游西岩，当时联军入京，和局未定，下联云云，盖有感而发也。

大清光绪廿九年癸卯二月廿九日　公历一千九百零三年三月廿七号

申送学生

〇岭东同文学堂学生照章送考，迭纪前报。兹访得监督邱申文一件，照登于下：为照章申送事案，奉管学大臣张奏颁各省学堂通行章程，内开第四章学生出身第六节：凡各省府宪州县所有学堂肄业之文童，遇岁科试，应准其径送院试，等因奉此。窃查汕头创设岭东同文学堂已经四载，于光绪二十八年五月间蒙前两广总督部堂陶、前广东巡抚部院德会衔奏咨立案，各文童肄业有年，颇著成效。今值院试之期，志切观光，未便听其向隔，理合照章造具各文童姓名、籍贯、三代、年貌清册并点名册，经古正场试卷连同文学堂课卷汇齐，备文申送，为此申乞宪台察核，俯赐收考照验施行云。

学宪牌示

○同文学堂入考各文童知悉，昨在汕头行署，据董事申送入考各文童共二十一名，其经古及正场案前册，均未有认派保盖戳，于例不合，兹将经古及正场案前册发出外号房，尔入考各文童刻即自觅认派保盖戳，即日缴进，毋致自误。

财命两空

○嘉应某堡张姓妇与邻人李姓妇相友善，李妇素作巫婆，工于煽诱。张妇尤敬信之，每有珍味，必呼李妇分甘。张妇之家舅业货殖，资本偶缺，因谓子妇曰："尔有私置，尔借我典银以助资本。"妇坚不认，舅亦无如之何。李妇知之，因说之曰："尔田权交我替为管业，方免而翁窥伺也。"张妇称善，因将契付李袭藏之。每季所收之谷亦交收贮，已有年矣。张偶患狂疾，经二年不愈，李妇因而生心，请人描一按契作张妇借银若干。无何张疾愈，登门索还契。李曰："尔曩日借我银，将此契作抵，尔忘之耶？是非难事，银兑契还耳。"张闻言气塞，无计可施，因投周溪桥下而死。张姓族人哗然，着人收妇尸棺敛，因抬往李妇家，李姓族人群阻之，托人转阛【圜】，议尚未决，妇棺尚在大道旁云。

大清光绪廿九年癸卯二月三十日　公历一千九百零三年三月廿八号

学堂照会

○前报纪汕头岭东同文学堂照会汪监督，咨送学堂学生刘、饶、何三君。兹访得学堂监督邱仙根工部照会一件，照登于下：为照会事，照得本学堂学生刘维焘、饶景华、何天炯等在学二年，有志远赴日本东京学校游学，各自备资前来，请给照会，投赴贵监督大臣衙门到日，请代为料理护送入学肄业。刘、饶二生愿入日本成城学校，何生愿入清华学校等由，准此合备照会，为此照会贵监督大臣，请烦查照，分别保送云云。

○闻刘、饶、何三君日前已领得文凭，由汕至沪，由沪再至日本，候送入学校云。

大清光绪廿九年癸卯三月初二日　公历一千九百零三年三月三十号

会匪又炽

〇嘉应平远县八尺墟，离州百余里，近日因匪党潜回，纷纷聚集，欲谋揭竿之举，各处拜会日见日多。庸弱之乡，不堪其扰，强悍之乡，每多从贼。近处居民，实有朝不安食、夜不安寝之势。上月初，匪胆敢杀毙易姓四命，县令相验后毫无动静。又沿途一带，抢劫货物甚多。州中人士，不无惶恐云。

大清光绪廿九年癸卯三月初三日　公历一千九百零三年三月卅一号

试题汇登

〇朱学使考试潮属九县生员四书经义题及复试生童经古题，汇登以供众览：

四书经义题："中也养不中，才也养不才，故人乐有贤父兄"也。"隰有长楚，猗傩其枝，夭之沃沃，乐子之无知"。

复试生员经古、算学题：拟重修潮州府志序例。人在山坡不知地平，取斜坡前后两处相距一百五十丈测之，求山之高及人足离地平若干。

文童经古、算学题：唐赵德编昌黎文录书后。今有其积加阔与二和一较等长幂减幂，亦与二和一较等，试以元代求四事。

经古题名

〇朱大宗师于上月二十九日发潮属生员经古榜，三十日发潮属文童经古榜生员，策论正取二十名，备取三十名；算学正取一名，备取三名。共四十八名文童。策论、算学正、次取共七十一名，今将全榜题名照县份录登，内缺饶平生员经古四名，容补登：

生员题名：杨柳、杨敬师、杨振绪、王国镇、萧曹、周锡昌、谢旭升。

〇海阳：郑定南、萧留香、刘家驹、萧汉墀、陈钟毓、朱向荣、陈鸿畴、刘丙吉、林挺芝、林国华、林映晖、林钟英。

○潮阳：孙遇良、周士、周文。

○揭阳：吴之英、黄龙华、谢龙焕。

○澄海：杨毓麟、曾炳忠、萧傅霖、饶荣宗、范元、杨纪青。

○大埔：吴汉章、赖清源、方琼鉴、方华堂。

○惠来：吴国祥、方经文、林家春、许濬元。

○普宁：吴祖理、罗对墀。

○丰顺：赖日章、洪树勋、林鸿宾。

○潮府学文童提名：黄嵩年、陈修鲁、杨梅、陈佩经、李应霖、蔡燮尧、陈□、谢建中、陈新猷、林鼎铭、杨金声、吴鸿飞、陈先甲、黄益智、杨宗时、李建芬、陈崇梅。

○海阳：陈枚、周颂、周锡名、刘家群、郑□南。

○潮阳：林丙青、谢彦征、郭玉龙、吴邦昌、谢煜南、孙国佐、林钟。

○揭阳：翁渭、李廷珍、蔡邦桢、李树海、蔡继韩、丁梦松。

○澄海：张缵承、许宝琳、文田、陈云龙、曾龙升、陈成章、陈熙源、林培、张颂南。

○饶平：刘步瀛、温廷旭、戴卓勋、童焯、黄得畴、邱铭光、萧廷基、吴昌寅、何超南、徐和声、林用康、涂葆莹、刘家驹、涂宝琳、何藻翔。

○大埔：吴麟翔、奚泮林、方锡圭、方谦光、吴金汤。

○惠来：黄景崧。

○普宁：赖炳华、王作霖、李天麟、吴炳光、刘传珍。

○丰顺：陈元琛。

○南澳

○案：昨报文童经古庄尔仪一名，乃林鼎铭之误，特补正。

学堂课题

○同文学堂每逢初一、十五为全学生考课之期，兹将二月初一日课题录登：

周礼职内，职岁一掌赋入，一掌赋出，即今西人之预算、决算说；管仲不死子纠，魏征不殉建成论；问近人谓变法必自易服色，或又谓骤改服色于生计界，恐有影响，试权两说之利害得失，而详论之。

大清光绪廿九年癸卯三月初四日　公历一千九百零三年四月一号

榜示沈略

○初二日朱学宪发生员榜，初四复试。计府学廿名，海阳十九名，潮阳十四名，揭阳十二名，澄海十七名，饶平十二名，大埔十三名，惠来十名，普宁九名，丰顺八名。其姓氏候探实续登。

大清光绪廿九年癸卯三月初五日　公历一千九百零三年四月二号

取息奇闻

○崧里有某甲者，廿年前曾向其邻某乙借钱五千。并写屋一间为质，言明每年供纳息钱一千二百文，迁延二十五年始行向赎，共备母利钱三十五千，乃某乙坚不肯收，谓须于三十千正息之外，再纳弦空息二十千。争论不休，乃延请房族为之处断。

○案：弦空息三字闻所未闻，亦讲生计学者不可不知也。

大清光绪廿九年癸卯三月初六日　公历一千九百零三年四月三号

挑复题名

○大埔提复文童四十名：

张琼、杨培萱、杨光焯、蔡鉴光、萧尔嘉、饶德麟、邱铭光、张梦丹、温廷旭、陈祥芝、房其修、曾锡谦、房绍瀛、蓝尚廉、何超南、戴卓勋、邹祖成、吴昌寅、杨锡球、何文南、张达寅、涂葆莹、张兆龙、萧致中、张杞云、徐光泰、黄槐荣、黄映奎、张锡剑、林显周、林用康、刘家驹、徐和声、郭逢朝、杨拱辰、陈奎光、张之俊、童述曾、郭心宜、邹树翰。

○丰顺提复文童二十名：

罗对文、李秉康、李天麟、陈逢时、张之纪、李杜、王百桐、吴桂芳、朱锡纶、王雄、李国昌、王家麒、李宾王、李景嵩、陈采藻、李唐、陈清源、吴炳元、朱炳钧、彭传珍。

无端需索

〇嘉应有某生者，旧时在汕购有行店五间，曾经投税。届时库房需索，每百两须税银十二两余，已属格外勒讨，有信为据。因索诈不遂，复串同差役摆布出票，反加匿税之名。某生于月前自行呈明，而县房又需索盖戳银二十元，又伪说门阍茶敬二十元，不如数与之，将呈璧回。如此无端需索，亦可谓黑暗世界矣。

大清光绪廿九年癸卯三月初七日　公历一千九百零三年四月四号

督宪牌批

〇罗献修禀批：兴宁县余匪窜匿闽赣边界，前饬吴镇祥达会商江西王道芝祥筹办边防，旋以惠州匪警，吴镇调回惠郡，兴宁一带仍留广毅军驻防搜捕在案。据称兴宁匪患日深，兵力单薄，仰广东缉捕局移知吴镇祥达转饬广毅军营官，察看地方情形，妥筹防捕，并与江西营勇联络兜截，以靖匪氛，所请邻省征兵，事多窒碍，未便照办云。

贼盗充斥

〇嘉应城厢内外，自春来盗贼横行，失窃之案层见迭出，而无一破获者，其故由于州署胥役为之包窝，以致猖獗如斯。噫，连年荒歉，民不聊生，今又遭此穿客之害，比户不能获一夕安，呼吁无门，官斯土者，其将何以为情也。

〇案：州地除亭子径、相公亭、葵岭寺三处，无有通贼之路，衙役不与朋比，外贼从何乘隙而来。入夜若能选派壮丁，分三路巡缉，则盗之源自绝矣。

案匪释放

〇案匪李海狗迭干例禁，羁押多年，经前任州官禀奉大宪批示永远监禁。乃本月初间，匪忽保释归家，州人士无不骇愕。有谓该匪花去五百元

贿遇阍胥，因得放出。如果谣传不虚，但须有孔方兄为泰山，不怕作匪犯法矣。

明火夜劫

○上月廿九日，嘉应州上市颜家是夜被盗，明火夜劫。闻所劫之家亦不甚富，仅失去财物百余元云。至如何被劫，情形探确续登。

大清光绪廿九年癸卯三月初九日　公历一千九百零三年四月六号

复题汇登

○朱学使于初六日复试海潮揭八县，挑复文童题目，今抄得汇登。尚有澄海、饶平两县复题，俟续登。闻复试时限四刻钟，作一百五十字，并默写正场经义前三行。

海阳：谨权量。

大埔：慎法度。

丰顺：修废官。

潮阳：王赫斯怒。

揭阳：爰整其旅。

惠来：以遏徂莒。

普宁：以笃周祜。

南澳：以对于天下。

潮属学宫题名录：

海阳新进廿四名：郭绪简、黄益智、胡焕然、陈昌明、黄嵩华、张家兰、陈藩翰、许昌容、蔡希仲、陆□、张其纲、苏张荣、陈高魁、谢诒书、庄景文、林雄藩、杨金声、张之旋、刘名、陈学经、王子期、魏唐佐、徐祖培、谢建中。

拨府七名：钟宝善、郭烓、李应霖、庄岳、陈昌龄、黄树藩、谢骥。

潮阳新进廿三名：刘廷献、许汝成、周一士、萧汉杰、郑龙光、庄陶、陈枚、郑潜辉、马宗然、陈宾、周颂、陈作宾、黄应时、吴鸣琴、黄应科、陈文澜、韩潮、周锡名、林馨、郭文、张锡麟、庄步云、郑其贞。

揭阳新进十九名：郭兆南、张伟略、曾宋碧、吴占先、郑邦杰、蔡名新、杨锦芳、谢延年、吴沛林、姚文藻、蔡容经、曾树英、林毓芳、林雨青、林染青、郭玉龙、周原、唐国光、陈有光。

大埔新进十五名：黄映奎、杨培萱、涂宝莹、邱铭光、萧尔嘉、曾锡谦、何文南、杨光焯、杨拱辰、刘家驹、房绍瀛、徐和声、萧致中、林显周、戴卓勋。

拨府十一名：张兆龙、温廷旭、何超南、徐光泰、张达寅、陈祥芝、郭心宜、张琼、林用康、张杞云、张锡钊。

惠来新进十二名：吴家瑜、林廷璜、陈泗、方汝松、方兆禧、陈家骏、方龙汉、黄金汤、郑安、朱绍经、唐经、詹旌臣。

拨府一名：方谦光。

丰顺县新进十一名：李秉唐、陈清源、罗对文、吴桂芳、王家骥、陈采藩、朱锡纶、李杜、张之纪、王百桐、李景嵩。

拨府二名：李唐、朱秉钧。

普宁县新进十一名：赖立雄、陈荣、吴杰、黄景崧、李钧衡、郑玉庚、郑霖、方朝瑞、谢元、张士杰、陈枢。

拨府一名：方廷珏。

澄海新进廿三名：吴锡彝、林作钟、余国辉、陈锡鸿、张友颜、陈宗舜、陈叔伦、林贤宗、王霸、余春回、余凛和、王佐时、李鼎□、王绪、辛广泉、黄龙銮、蔡步云、王维新、陈毓英、黄其煜、丁梦松、朱乃樾、黄钟岳。

纪同文学堂送考始末

〇同文学堂送考一事，已登前报，今本报主人特到学堂探悉缘由，备述于右（下）：

〇案：同文学堂创办四年，去年五月与时敏敢忠同案汇奏照章送考，本无不合。此次学堂送考时，教习、监督、总理、董事诸人格外慎实，将送考各生分为正、附两班。其肄业多年者，入之正班；其本年初来学者，入之附班。而正班名次下复签明某名，在堂肄业一年或二年、三年，并中文、东文在何级，均一一详志；附班签明系初年初级，此有册籍可稽也，嗣以学生中有一二服制未满，恳求送考者，监董告以一生大节，万不可踰，不得已，令各文童具一保状，结明无匿丧犯规等事，始为申送；其不肯具结者，自行投考，此有牌示可核也。此外又有若干去年在堂肄业生，今岁未曾来学，闻学堂送考，亦欲附名者，监董等该生等旧岁已不终业而散，今岁又不再来，已非学堂中人，故不允送。唯林梓坚之侄，今年虽不在本学堂，取送厦门东亚书院肄业，故为代送。其本年初□□□□□□□□

□□□□□□□□□□□□□□□□□□□学五日便赴试，此学堂送考之实在情形也。当时有一旧学生某，旧岁下半年已未来学，今岁开学时亦未前来，后知学堂有送考事，始再三托林梓坚向监董说项，言本年仍欲到堂肄业，务为送考，而某已上郡，逮林梓坚函寄某之卷来，则册籍已备定列名，不下无可通融位置。学使于二月二十五日到汕学堂送考，申文卷册即于是早由监督在汕亲投，某某卷于二十四晚三更始到，册籍已办不及。闻某以此挟恨在郡，见监督极愤愤，而不知当怨自己之迟误，不得迁怒于学堂也。至学堂肄业学生束脩，向例皆三十元，并无赞仪。随封脩金，一概归学堂账房汇收，各教习另由学堂具请，均无交涉。至蔡古愚之子，明系本年学堂肄业生，已在学堂住居旬日，应课一次，此皆不待办而知者。如谓本年初来附学之人。送考便不合理，试问何以解于海阳小学堂所送二十五名，甫经揭晓，尚未开学者乎？又此次省中、教忠学堂所送考各童，亦尽多学仅旬日，应课一次之人，草创伊始，本难齐一，其视同文学堂所送，又何如乎？以此诮学堂，学堂未必任受也，若谓学堂董事，借送考作弊，则此次求学堂送考者不下七八十名之多，今弃其多数不取，而独食一蔡古愚之子，董事尤不知是之□也。中国议论久无公是非无稽之言，亦未必足玷学堂，但报馆实有主持公道之责，特详纪始末以公众览。

改妆不成

○嘉属妇女，大鈚高髻，积习久沿，前经州绅在前任李牧伯请示严禁通饬，一律改妆，业已进行。现任秦牧伯履新时，州绅复续禀在案。乃银匠商人，恐妨碍伊等生业，行贿阻止，以致匿谕不发，闻秦牧伯毫不觉察。本年开期后，州人士再申前请，始批饬各乡局绅一体董劝，以崇俭朴云云。噫，欲为地方革除一区区陋俗，而阻力横生，尚非易易，然则中国今日侈谈变法，诚难望其日起有功矣。

大清光绪廿九年癸卯三月十一日　公历一千九百零三年四月八号

学堂题名

○朱古薇学使所取学堂各生另行登示，以供众览：

省城大学堂取进一名：何超南（大埔）。

岭东同文学堂取进四名：刘家驹（大埔）、林贤宗（澄海）、郭兆南

（揭阳）、林绍琦（饶平）。

姑息养奸

〇州署监内所拘禁会匪不下数十名，其情真罪当死有余辜者，亦十余名。闻秦牧伯仁慈为怀，一于用宽，又有擅权丁胥出外招摇，以致拘禁之匪纷纷取保释放。州人士深以为虑，恐蹈兴邑卖放何、王匪首之故辙。谚云：姑息养奸，慎毋贻他日噬脐之悔也。

大清光绪廿九年癸卯三月十二日　公历一千九百零三年四月九号

通匪被究

〇杜游府于二月廿八日将营兵黄普、古应元二人送过文衙，移请讯办。询其情由，皆为去冬与白渡堡会匪结党，局绅禀请搜匪，而营兵古应元、黄普均与会匪交好，受其贿嘱，先行飞信通知，及至游府率兵往搜，匪尽逃去。现经游府拾获其通匪信据，故将该营兵移送讯办云。

释放要犯

〇白渡堡乡民谢杞香家，被镇平县匪徒徐今福六纠串外匪伙劫，事主报官签差，派勇拿获徐今福六一名。该匪于提讯时倒诬供事主为窝，州主不察，竟将事主屈押三月。该乡绅等闻之不平，联名结保，州主提质，当堂严诘徐今福六胆敢反诬，致我误押事主，实属罪不容诛，且该匪犯案累累，论其罪案，死有余辜，候即严办云云。州人闻之，皆以为快。不料忽于二月初，竟将徐今福六释放，人皆骇异云。

大清光绪廿九年癸卯三月十三日　公历一千九百零三年四月十号

行辕补纪

〇前日朱古薇学使牌示，于初九日簪花访悉。是日同文学堂邱监督诣行辕往谒，并投呈嘉属各学生送考卷册，谈次学使询现届所取名下士几何，监督历数以对。学使极称学堂学生学业，谓各生造诣虽有浅深，而思

097

想均极开通，与寻常学子迥然不同，并问各班课程书，监督约举以对。闻学使即着人往随考书坊购取。是日簪挂后，学使往镇道府各衙及监督寓所，回步并送监督以所著《庚子秋词》二卷，《春蛰吟》一卷。学使于庚子拳团事起，九卿会议时曾抗言拳团万不可恃，立朝风骨，早卓卓有声，宜其宏奖风流，足为多士矜式也。

大清光绪廿九年癸卯三月十四日　公历一千九百零三年四月十一号

死得不明

〇嘉应龙牙李某，素以竹箴为生涯。一日带银数十元趁墟，经宿不还，其妻往探，查无踪迹。一日访至山闲，见一尸植立土中，仅剩上半截，谛视，乃其夫，已为人杀毙，伤痕宛然。但此处离人家甚远，不知凶手为谁，只得赴州叫冤。廿九日，州主已赴龙牙亲验矣。

匪勒报效

〇兴宁县三点会匪何裕古等，已由江西逃回，在兴、平各处广行煽诱，二月间乃有假广毅军而肆行劫之事，已足异也。近又仍肆其打单手段，每函致乡间富家，勒其报效若干，谓如不报效，定必掳人放火。计自二月至今，不甘报效而为所掳抢者，已不下十数起。不意报效风潮所播，乃至盗贼亦假之而行，此则尤异闻已。

大清光绪廿九年癸卯三月十七日　公历一千九百零三年四月十四号

皆大欢喜

〇大埔离城六十里，有盘湖庵，境极清幽，堂供诸佛，香火甚盛，远近善男女顶礼结缘，求其快乐幸福者，袂相联，趾相接，众僧亦以此为生活。近有住持僧某将圆寂时，戒其徒曰：必坐我于轿中而火化之，以面团灰投诸河。其徒建幡设坛，延其师之师为方丈者，如法结果，届期往观者数百人。有手一柴者，囊斗米者，黄金七宝种种举施，咸合掌曰，某师父升天。

○案：潮俗妇女，每于至切至要之事，多方吝啬，至建寺观奉僧尼，则竭其手胼足胝所入，曾不少惜，抑何迷惑入人脑筋之深也。

大清光绪廿九年癸卯三月二十日　公历一千九百零三年四月十七号

中学试事

○十八日惠府尊考选中学堂学生，兹将试题登览：

生员经义题：君子不以言举人，不以人废言。

童生经义题：修己以敬。

生童策题：问水旱灾荒平时若何预备，临事若何补救，试详筹之策。

○又各县报考名数：海阳一百三十二名，潮阳二十九名，揭阳三十七名，澄海四十九名，饶平十八名，大埔一百四十五名，普宁十七名，丰顺八十名，南澳三名，是日不到者亦不乏人云。

公禀照登

○中学报考占多数者，唯海阳、大埔为最，而大埔名额仅定六名，未免向隅。现由大埔各廪保禀请府宪更章，未卜能否邀准。兹将禀稿照抄登览：

为学堂名额定数未公，乞恩改正，以免向隅，以均乐育事。窃兴学为养才之计，不宜因县域为区分，然限额亦绝弊之方要，当循旧例为进退。生等籍隶大埔，僻居乡陋，伏闻老公祖遵奉明谕，改金山书院为中学堂，为国育才，甚盛举也。然检读章程所定名额，以海、潮、揭、澄为大县，额定十名，饶、大、惠、普、丰为小县，额定六名，此则恐出于绅董一二人之私见，未必为老公祖之盛心。夫以县分言之，则大埔与澄、饶同为中县，不当遽升澄海而降饶、大。以考生论之，则大埔与海阳不相上下，尤不宜减于澄海而等普、丰。考学使科岁取额及金山书院章程，大埔皆在中县之列，并无小县之称。金山旧定额百名，以若干名按大、小、中县分取，而以若干名就各县合取，其定例最为平允。今办学堂宜仿此意，于七十名之内，以三十一名按县分定额，海潮揭为大县各五名，澄、饶、大为中县各四名，惠、普、丰为小县各三名；其余三十九名，则凭文艺为去取，不以县域为区分，如此则斟酌尽善，既无滥竽之讥，亦免遗珠之憾。闻大埔现报名者已至一二百数，而各县寥寥有不及二十人者，一则额溢于

人，一则人浮于额，若不急为改正，恐违国家育才之意，负公祖兴学之心。生等忝气胶庠，谊关桑梓，上体朝廷明诏，下为地方起见，敬抒末议，藉附刍荛云云。

专欲难成

○商人萧振宗在大埔县禀承办该县酒甑捐，招集股本，设立公司，试办三年，每年认饷四百八十两，请自行设甑逼酒。县属城乡墟市所卖气酒统由该公司发售，不准私自开甑；各黄酒店铺亦须到公司领牌，方准开设。各色杂酒均归该公司采办，他人不得私卖。业将头季饷银及章程，呈由该县转详大宪。唯大宪以该商认饷既少，而垄断殊甚，必滋事端，似难照准，所缴头季饷银一百二十两，由县领还，一面另招妥商，照章办理云云。

纪团勇事

○兴邑武举刘宝昆，常自率团勇遍行搜捕，勇虽不过百名，而先后获匪已数十。现驻扎州城，州人士皆爱之。该三点会匪因刘之捕之也，买嘱多名捏控刘宝昆得贼十款，以同邑武举陈英出首。本月某日陈英以事到州，适与宝昆遇，宝昆即扭英同进州署，禀请提质，未知如何审判，而州之人咸以英为会匪武举云。

匪徒正法

○闻秦牧伯于十二日斩决匪徒八名，内二名是八尺地抢川土者，二名是雁洋堡劫庵者，其余四名均兴邑会匪云。牧伯前此仁慈为怀，今以猛济宽，庶下流社会之民，稍知革其旧染乎。

鬻子滋闹

○曾相林，兴宁县人，家本赤贫，年届四十，尚未有室。前岁访得同邑有陈张氏为新寡文君，亦因贫，故愿携同前夫所生之子某甲（年约二八者）再醮曾相林，即凭媒说合，娶氏为妻，视氏子如己出。奈娶妻后，家无担石，相林遂偕妻子往省觅食，赁小北门内青龙里小屋与妻子同居，只身往佛镇挑泥度日，遗张氏母子在家，无以糊口，沿街丐食。其子甲不甘食贫，商准其母将伊鬻与人为子，俾免饥寒。张氏遂觅得曾相林素识之罗日兴、曾金、曾彭等为媒，将该子某甲卖与某柴贩为子，得身价银一十元。交易立券后，张氏将甲之身价银八元交托曾金等寄与相林，讵曾金等竟私行花用。月之初旬，相林回省，张氏告知前情。相林爱子情切，更忿曾金干没，故指曾金等拐卖其子，滋闹不休，旋经由巡警局勇将曾金等一并拿获回局。月之十二日，奉局宪传集曾相林、陈张氏一干人等到局环质，讯悉前情，确非诱拐，且甲系张氏前夫之子，由张氏愿卖，实与曾相林无涉，判饬将银交回，相林息讼结案。

大清光绪廿九年癸卯三月廿一日　公历一千九百零三年四月十八号

学宪莅梅

○朱学使经于十六日到州，午时十点钟进城，即日行香放告：十七日开考本州生童经古；十八日考四县生童经古；十九日考五属生员。余未见牌示，大约廿五六可完场也。

小人之交

○得访友函云，某坐府之子某甲，以冒兴宁功得代理大埔县城守，已纪旧岁六月报矣，未几撤去，易某乙到任，未数日复撤去。有知其事者，谓某之冒功，实由某丙为之备录。某丙者固熟于钻营门径，在郡为武弁胥吏之走狗，专恃此为活。某甲之事，实经饶平营游击查出，某乙牌札俱属伪造，故未数日而撤去。闻丙与乙实为儿女姻亲，而其坐府亦与乙为密友，平素相倚为奸，及此事发后，丙与乙几将用武。噫，小人之交，变态如此，可畏哉。

大清光绪廿九年癸卯三月廿三日　公历一千九百零三年四月二十号

花会贻害

○昨有客自大埔来述，邑中花会盛开，而湖寮等处尤甚，竟一乡而设二三厂，远近男女，咸辍业倾囊，以营其利。有因此而迷于鬼神者，诟于家室者，典其衣物流为盗窃者，种种扰累，不堪设想。所谓花会官者，则出其借来物以贿附近之劣绅，结衙门之差役，故彼等目击其害，若无睹焉。噫，赌馆摊场已足剥人之膏，吸人之髓矣，又益之以花会，奈何不贫

且盗也？况赌摊之害，犹中于男子，若花会则无男女，无少长，皆沉溺其中焉。果如客所述，地方官宜严加究办，为生民造福也。

大清光绪廿九年癸卯三月廿四日　公历一千九百零三年四月廿一号

请领学费

○同文学堂去岁蒙丁观察拨南畔洲租项二千二百元，为递年经费，分两季向道署支领。前日由学堂总理具公件请领，现闻秦观察以学堂需款孔急，极力维持，即发出一半交学堂领支，并备有札文一道，容他日续登。

中学挑榜

○廿一日惠府尊发中学堂学生招复榜，准于廿六日复试，兹将各县名数开列：

海阳县生童三十名：张家兰、林焕章、张之旌、陈宪章、杨金声、程鹄、翁俊、李炳涛、蔡希仲、谢骥、李焕新、李开荣、陈鸣谦、黄祖香、林颖、黄兆熊、沈越南、苏道达、陈继尧、陈钟铭、林鼎铭、卢国桢、庄鼐、谢伯由、王恩锡、杨一梅、徐光国、张景华、林荀鹤、廖万石。

潮阳县生童廿六名：郑诵清、周壬、郑定南、郭文、周锡名、郭廷楫、郑藻翔、林焕然、张英、郑元烈、郑树楠、姚绪尧、郭纶、黄道、林枝桂、林祖江、陈秉奎、郑茂椿、林辉宗、陈济川、马葵、郭景汾、陈至道、陈明约、郑赞献、黄略。

揭阳县生童廿三名：郑邦杰、林毓芬、郑秉枢、陈松龄、王化明、林士、江家驹、陈彝年、李顾庸、李梦龄、谢超元、林坚、卢麟书、刘凤翔、池钧熬、林匡时、郑祥光、陈柏顾、邱日新、李岳、罗南康、陈绍虞、林岱。

澄海县生童廿七名：朱乃魁、朱乃相、李世钟、杜国玮、谢廷芳、周之槐、杜兰、李向高、许时新、蔡赞文、辛祖兰、许焕新、张采兰、王安潮、林秉节、周之枚、陈骏镰、许明新、陈毓英、谢鹏程、王桂芬、蔡钟灵、林焕梅、蔡钟英、黄廷杰、林世珍、沈梯云。

惠来县生童三名：吴宝瑜、林春荣、方国华。

饶平县生童十一名：许宝琳、许汝珪、张登云、廖鹤翔、詹天策、刘学修、张陈王、许汝为、吴槐森、余廷熙、詹冲天。

大埔县生童三十二名：杨纪清、戴卓勋、罗诒先、徐凤翔、陈振德、张达宾、田陈义、曾传经、何起南、廖锡勋、杨钟杰、黄龙文、池文澜、杨用璋、杨国宾、邱鸿博、管梦新、杨其昌、蓝葆真、饶镕、饶海平、杨宝钧、饶燮和、温培璋、陈新、刘启愚、吴敏修、萧日新、李湘、谢庆云、何寿田、范乃成。

普宁县生童十二名：杨俊、黄虞、杨杰、陈端冕、张翰、方瑞麟、杨士英、方友兰、陈席珍、方之松、张鸣凤、张品天。

丰顺县生童十七名：罗对文、李国光、王家骐、何焕昌、洪捷元、陈宝书、李国昌、朱道传、吴鸿裁、罗致通、张之筹、李庆飏、洪先声、李佑汤、陈安策、陈绍馨。

南澳生童一名：黄驹名。

欲海生波

○闻郡有纸商某者，闽之汀永人，性纯笃，不喜华靡，布衣蔬食，淡如也。日携洋蚨数百，沿岸追舟直至蔡家围，日将暮，怅然而返。闲行察院街，因开银包以购药丸，为烂崽所窥，伺绕出店，即与攀谈并预饬二妓于九曲巷口，含笑承欢，俨如旧好。某亦讶其为错认潘郎者，相将入馆留餐留宿，款洽逾当。某不如所请，纳银袖里，匆匆言归。老鸨计无所施，遂生一转柔为刚之念，责之以酒席银若干，赏面银若干，杂费银若干，彼此争嚷，至以拳足相酬。某因众寡不敌，受无穷苦恼，袖里洋蚨亦不知何时飞去，狼狈归来，如醉如梦。其同业者询其巅末，始知为人所骗诱，将鸣诸官云。

大清光绪廿九年癸卯三月廿五日　公历一千九百零三年四月廿二号

酒捐滋事

○前报纪萧振宗在大埔县禀请承办酒甏捐，经详大宪批驳不准。兹闻悉萧振宗乃该县兵科书吏，于禀批未出以前，即在县之三河坝设局，禁人私自采卖。有某船户自长乐办来烧酒六担，已报局遵抽，并请由该局销售，而局弗之受。及至县，亦复如是。船户不得已，乃售于某店。而该局复贿通差役，将该店司事拘禁，勒索银六十元，始行释放。其余各酒店受其吓诈者，不下五六家，民咸怨愤。近日商家知局事被省宪驳斥，乃纷纷向该局索其赔偿。事为三河司所闻，出而调停，不知如何了结，访确续登。

大清光绪廿九年癸卯三月廿六日　公历一千九百零三年四月廿三号

筹款助学

○昨纪岭东同文学堂请领春夏两季学费，已由秦观察批领。兹将秦观察批示抄登：查南畔洲所加租银，现尚未获缴到。该学堂需款孔急，已在花红存余项下借支给发。仰即领回支应可也。

门包加厚

○新任大埔县查明府门阁某甲，于属员门敬，格外多索。即县中绅士趋谒明府者，均索茶敬四元，始允代传。而某绅士怏怏而回，谓似此需索无已，他日之因公晋谒者，皆裹足不前矣。又闻有某司官因索门包不照旧章，为之滋闹，几至用武云。

大清光绪廿九年癸卯三月廿八日　公历一千九百零三年四月廿五号

纪中教习

○郡中学堂总教习聘请温太史慕柳，分教习聘请陈君崧、郭君经、黄君际清，已纪前报。而洋教习至今尚乏其人。闻惠府尊立意不欲聘请洋人，将俟本国人有通晓外国言语文字者，延而致之，故现在堂中课程尚缺一门云。

○又学堂章程，原议教习、学生均不得有嗜欲习气。故请中学分教习时，有人尝荐大埔某上舍，学问颇优，而府尊谓其有洋烟癖，于例不合，另聘请某明经。兹闻某明经于学问未知何如，而吸洋烟则胜于某上舍云。

大清光绪廿九年癸卯五月初三日　公历一千九百零三年五月廿九号

同文课题

○同文学堂五月初一大课题，兹抄出登览：

"五伦之义主平等，三纲之义主差别"说。

"管仲相齐先寄军令，俾斯麦相德首变兵制"论。

"秦穆公用孟明，楚成王诛子玉"论。

战国之世七雄争长，孟子告梁襄王曰定于一，而又以不嗜杀人为定一之宗旨。今五洲各国生存竞争，一战国之世也。近儒理想亦谓他日必有组织大同之治者，然必据如何主义，始可为建设统一之机关，试言其概。

今有龙文款式英金元大、中、小三等，共值一千二百银元，小金元之数倍于中金元，中金元之数倍于大金元。每一中金元之值与二小金元等，一大金元之值与四小金元等。求三等金元各数及三等金元各价。

苏尹士海峡长八十八英里，其中有用人工开凿，有因湖水及沼泽，有天然之低地。用人工开凿之英里数四倍于湖水及沼泽，尚余十英里，九倍于天然之低地则不足六英里。求其天然之低地英里数。

大清光绪廿九年癸卯五月初四日　公历一千九百零三年五月三十号

学生爱国

〇岭东同文学堂学生，因法兵将入桂境，特于前月廿九日由大北公司电军机王大臣，请电桂抚速行阻止，以杜干涉。亦颇有爱国诚云。

请给垫款

〇前署兴宁县孙大令祖华赴宪辕，禀称：任内值北方拳匪滋事，警信频传。县属会匪，闻风欲动，兼以民教积惯日深，声言报复。募勇巡缉保护，共支过薪粮银一千五百九十两零。除局绅黄湘源等缴到花红银二百五十三两零，尽数充支，及发过军火银两未奉核准，不敢请销外，尚支过薪粮银一千三百三十七两零，均系挪借发给。初以此不过暂垫，于前尚望弥补，于后不意挂误被议。请俯念因公赔累，饬局照数开销给领归还，以清夙累等情。大宪批：行善后局宪查案核议，分别饬遵云。

余匪尚聚

〇闻兴邑余匪，近多聚于江广交接之两广亭，结党连【联】盟，日散夜聚，近村抢掠，时有所闻。是处乡民，日望两省官军之会剿如望岁焉。

噫，毫毛不拔，将寻斧柯。为民上者，亦当早为之所也。

赌国泛滥

〇嘉应一州近来赌风甚盛，城内外共有摊馆四十余间。昔开设在偏僻小巷者，今亦肆然无忌，相望于通衢中矣。其次则铺票人趋若鹜，虽妇人、孺子，亦争倾囊博彩。自开设以来，异常热闹，计每月有廿余卷之多。闻票厂司事者云，每月厂中除经费使用外，可得净利润千五百元，合计年中可得万五千元。噫，州中连年荒歉，民已支绌不堪，复加以二种无穷之浪费，为害何可胜言也。

寿言补志

〇镇平邱潜斋先生寿辰，人多以诗祝者，以联祝者，汇登前报。昨又得友人寄来诗联，兹附录于左（下）：

王二尹恩翔诗曰：迁家亦傍庐山住，斗宿南瞻瑞气临；梅福心常忠爱抱，茅君身早道缘深。生儿可入英雄传，此老能为梁父吟；我愧圯桥曾进履，海天遥拜祝壬林。

谢广文锡朋联云：生子是英雄，曾首倡民权，联岛上五百人义士；如公真厚福，信群推国老，庆山中廿一纪寿星。

王茂才佩荃联云：德化旧乡民，石窟共亲程处士；寿添新世纪，海邦争拜鲁灵光。

王茂才燮勋联云：看儿辈造文明世界；祝先生如南极老人。

大清光绪廿九年癸卯五月初七日　公历一千九百零三年六月二号

严办花会

〇前纪丰顺县花会为害一节，现得郡友函云：该县花会，恃有营讯及差役包庇，明目张胆，无所瞻顾。前经廪生吴伯龄等联名控之道署，闻又有绅士多人在道署密递条陈。秦观察素嫉花会如仇，得知大怒，特札某委员前往密查。闻该委员销差面禀时，颇欲为丰顺县朱大令回护，奈观察于一切曲折已先洞悉，该委员无从隐讳，不得不约略上陈。闻观察立意将该案撤【彻】底严办，以警匪徒，以端风俗云云。至观察如何办法，俟访悉再登。

○案：花会贻害极巨，历来地方官皆不甚措意，以致江河日下，无从挽回。得观察严惩一番，不止丰顺一县之福，亦全潮之福也。

禀请开矿

○大埔县属之大麻甲，相距四十里有桑公坑，山川明媚，五金之矿累累。相传明嘉靖间，有采之而致巨富者。现有嘉应温君拟招股开采，经禀请县主查勘山界，以便详禀上宪，给示开办。并闻该山矿苗极旺，无田园庐墓之碍，离银溪不过三四里，转运亦极便云。

记鼠疫事

○闻长乐县北街自上月中旬鼠疫为灾，男妇病疫者，三日内四十余口。附近人家、馆店有迁避者，有求所以补救者，人心皇皇。不知此风近日稍息否也。

大清光绪廿九年癸卯五月初九日　公历一千九百零三年六月四号

茶阳纸贵

○埔邑所售之纸，皆由下洋贩往，名目繁多，有两割三割、大包中包之别。闻目下各纸行售价，飞腾异常。幸今春清明前后，大雨倾盆，笋芽多茁，将来新槽出后，价或可减云。

○又闻该邑中所贩烧纸，全供赛神建醮之用。年中销售最多，而价尤有涨无落，亦可谓作为无益者也。

大清光绪廿九年癸卯五月初十日　公历一千九百零三年六月五号

梅城气候

○州中自入夏以来，寒燠不时，或清晨挟纩，而当午解衣，加以雨多晴少，人甚苦恼。其田夫野老，则莫不皱眉蹙额。曰肥料之资，不意付之流水，而且阴凝阳伏，即种植之物亦难望其滋长。幸近日方晴，或可有转机云。

大清光绪廿九年癸卯五月十一日 公历一千九百零三年六月六号

严办花会再志

〇昨报严办花会一则，闻秦观察经委员查明禀复后，即行批示。略云：丰顺县纵衙署差役包庇花会，收受陋规，本应撤参，姑从宽，记大过一次。其各营汛差役，即饬潮州府彻底提讯，严行惩办云。

观风示期

〇大埔县查大令示期，于本月初三日考试，邑属观风。想邑人士必争抒伟论，以副大令之至意也。

市町琐谈

〇茶阳种植，类多以豆饼、烟末为壅田肥料。故每年市贩豆饼一宗，销售不下数千担。闻因去年饼价陡落，各店存货无几，刻下每担价值已增涨一元有奇。

〇又县属各乡农人种禾以外，多植烟叶。而大靖一乡向以此为进款一大宗。近月阴雨连绵，各户所种烟叶，每多萎敝，恐不免为之减色云。

遇人不淑

〇闻嘉应有张姓妇者，家赤贫。良人业负贩小生意，妇能作苦，且勤于针织，凡盐米琐事，多赖妇经营之。家尚有一王父，年已九十，妇亦奉养备至。无如遇人不淑，累受凌虐。妇不胜其愤，于某日竟投水而死。同室人皆诉其夫之不情，而此妇之可悯也，多为惋惜云。

大清光绪廿九年癸卯五月十三日 公历一千九百零三年六月八号

报效五万

〇近日本埠会馆筹款局遍发报效刊章，其略云：本局于本年四月间，恳请董大令、陈委员转禀上宪，准照前定五万两认缴存案。另就申烟营汉镇以及各港入口饼油豆，出口糖货，照旧抽派。酌定本年五月初一日起开客，大饼每百片八角，小饼每百担二元；豆子每百石二元四式；油大篓每件一角九分二，中篓九分六，小篓四分八；散舱油每担八分，罐装以散仓申算；粉糖每百包二两四钱，赤糖一两六钱。一律照行，合并声明云云。

严拿花会

○昨纪秦观察严办丰邑花会，近闻观察又访知郡垣各处，亦有差役、烂崽等私开花会子厂之弊，即谕海邑侯严行缉拿。有某甲者，在甲第巷私受花会，为徐大令所闻，日昨带差勇数十名驰往围捕。至则诸党已先远扬，仅拿获烂崽一。知若何惩办，探确续登。

揭帖照抄

○长乐之水口地方有巡检司一员，现司主为徐君。月之某日，该乡人寄来刊板揭帖一张。题曰：讨徐吴会檄文。本馆援有闻必录之例，照抄如下。其文曰：

有巡检徐吴会者，贪婪成性，残忍为心。昔委水口之时，曾惹陈琳之笔，方其莅任，不守官箴，徒营利己之私，阴触上司之怒（前任水口酷虐无辜，上司因访闻而撤委），擅受民词，权既倾于阳虎（如刘张争赎田之事），擅拘绅士，威更甚于督邮（即摆司禁勒例贡陈占聘之事）。继复委于水口，遂报怨于乡绅，加之身居垄断，唯利是求，交结匪徒儿，充门上职。本都司房科何容有四（刘得名、刘幹山、薛如山、古鼎名），位非邑宰，班头竟设六人（刘勤、刘旺、薛俊、刘畅、刘鸿、刘珍俱总头，其余差役无数），刘单眼坐轿入乡，恶如狼虎（即刘勤假充房额，坐轿入浮塘茂坑者）。徐贼子抽签勒宰，毒似蝎蛇（即吴会子闻水口坝黄火生牛死，抽勒签诈）。犹复招人具状，从匪陷良（陈其道，本案匪，因县未批复摆司禁勒），堂未札而亲勘地，词未入而先捉人（刘张争田来控，司官何得不奉札，而擅宿民房），一墟侧目，通属伤心。呜呼，朝廷之巨典，难干国家之例书，有准一词两案，岂立法之宜然（陈其道以匪白控陈贵贤、黄天龙，遂分两票勒索）？私造班房，唯斯时之独创（陈刘氏捏陈步持借奸掳抢，即私禁陈国模），兹我水口河以上，所属有四河，以下所管有三，虽是愚蒙，犹是圣朝赤子，虽无贤智，无非皇天黎民，无辜受害，孰肯甘心无罪遭刑？谁能忍辱是用？气冲牛斗，笔讨贪污，爰为文而代伸冤屈，因吁请而急惩衰官。况当县主清廉，州尊明

察府道，则除残去暴，督抚则罚罪救民，律例犹存，岂其忘却。九重虽远，一心可通。尚能除此贪残，共睹太平景象，则鸡犬皆安于村市，石壕无恐于晨昏。若其狼心不改，虎视仍耽，日作害人之孽，必贻自受之殃，请看历任所横行，尽作他邦之馁鬼，云云。

但其末署水口通属公启，并未署名，恐其事多属子虚。如何之处，候探确续报。

僻处堪怜

○嘉应州城北鸦髻峰背有高畲村，距州三十余里，地极偏僻。有黄姓独处一室，丁口微弱。前月某夜，突来匪徒十余人，手持枪械，破门而入，将衣物银钱搜刮一空，事主不敢声，任其捆载而去，计失赃四五百元。或令控诸官，黄摇首曰无益，控官不能缉贼追赃，徒费吾财，恐触贼怒，又益吾祸，听之而已。

○又闻高畲附近地方名鸡麻坑，山深林密，不逞之徒又有潜聚拜会者。果尔，则又为州之隐忧也。

格斗毙命

○有长乐某甲者，拳棒其技能，赌博其性命。月前行经埔邑三河地方，瞥见街上赌馆林立，不禁心痒，仓卒奔赴。讵利令智昏，偶践踏地痞某乙之足，乙厉声诟骂，即欲奉以老拳。甲恃其勇可贾，略展拳技，乙不能敌，立纠徒党，将甲围殴。一时声势汹涌，拳脚交加，甲竟为所毙。嗣甲亲属闻耗，驰至该处，投请绅约向论。某乙惧祸躲匿，幸李总戎善为排解，事始得寝。闻乙已破费三四百元，人谓其卖武颇不便宜。

姑虐养媳

○谢甲，大埔人，贾于蓬洲所城，因而家焉。童养陈乙女为媳，甲妻悍甚。女年十二三，不堪其姑之虐，屡次逃出，皆被捕回。月之初十日，复因被毒打，逃于其邻陈某店后，藏身僻处。谢甲挨户寻至，女见之，遂越井边墙隙过黄某店中。谢甲即向捉之而去。恶其屡逃，拟载出汕头卖之。陈乙残疾在家，故一切不闻。其族中人于谢甲捉回时，路见女手足伤痕，且知其出卖之谋，恐其坠混飘茵，遂向阻止，且悯女之被虐，议将集资于陈乙，向谢甲赎回云。

大清光绪廿九年癸卯五月十六日 公历一千九百零三年六月十一号

同文课题

○同文学堂五月十五日大课题，兹抄出登览：

主权说；

"春秋托始鲁隐公通鉴，托始魏文侯"论；

"杨朱学说以利己为主义，加藤弘之学说以爱己为主义，其相异之点及得失"论；

读德儒伊耶陵权利竞争论书后；

问春秋时代，秦以穆公之贤，仅霸西戎，不能与晋楚争衡，至战国时代自孝公用商鞅变法后，累世称雄，卒并六国，其故安在？

示禁图赖

○梅州妇女食贫茹淡，能任勤劳，诚为妇女之特色。唯轻生之习，牢不可破。尝有因小愤而撒泼图赖，遂至服毒轻生者，无岁无之。岂知一经报官验明，则咎由自取，例无偿命。请官吏下乡勘验，从者如云。勘验后泾渭虽分，而被告之家已破，原告又将得反坐之罪而被系矣，何愚如之。近日秦牧伯俯顺舆情，出示严禁。兹将告示照登于下：

为出示严禁事，现据下半图福金局董叶顺、钟汝骏、李廷岐、谢绍馨、郭树荣、杨荣华、叶鸿标、叶鸣谦、叶育天、叶在青等禀称，窃职等下半图，住居山僻，顽梗屡多，或因睚眦小愤，或因犯分惧究，遂使妇女散泼图赖，以为先发制人，积习相沿。酿成巨祸者，有之。种种受害，难以枚举。此等恶习，昔年屡经吴前宪严禁，无如日久弊生，仍蹈故辙，势得联名叩恩，出示严禁等情到州。据此，除批揭示外，合行出示严禁。为此，示谕该堡诸色人等知悉。尔等须知妇女犯法，罪坐夫男，自示之后，务各禀【凛】遵禁令，不得因争辄使妇女散泼图赖，致干法纪。倘敢故违，一经告发，定即拘案，从严究惩，决不宽贷。其各禀【凛】遵毋违。特示。

会匪消息

○兴宁友人来函云，本县罗岗墟近龙川一带，会匪蠢动，又复劫屋掳

人。探闻系龙川上七约新田村刁安古为匪首，其巢穴则筑墙自固。时出上坪、两广亭、严下墟及罗冈之边境，四处劫掠。近时且声言到罗岗以复旧仇，是以罗岗地方甚为张皇。然罗岗因旧岁李某抗局见辱，至今拘讼不休，亦未遑谋所以抵御者。闻点匪踪迹，时在罗岗侦探，似欲萌其故态者。地方官宜有以塞其涓涓也。

司灯听者

○洋油一物，最易着火，然非水所能克。偶值失慎，不知者误以水沃之，其油浮水面，水到处火即随往，每由沟渠延烧比邻，用之者不可不慎也。嘉应下市某店楼上于月之初四夜，因小童汲取洋油，满棚旁溢。旋不戒于火，一时皆着，几照焚如。幸主人机警，急将卧床棉被三张覆之，乃灭。

大清光绪廿九年癸卯五月十八日　公历一千九百零三年六月十三号

控县纵犯

○兴宁县绅士陈其壎等，昨赴臬辕呈控王前县主受贿，卖放要犯，请饬拘回办究等情。吴廉访将呈批示云，查吴玉书一犯，据控系拿获会匪，又即发冢案内，悬赏购缉之，吴龙只无论确实与否，均应彻究。该前县王革令何得任意保释，控关行贿，卖放案犯？既据指出赃数及贿托人名，急应查究。仰嘉应州速饬兴宁郭署令，按照所控，确切查明，据实禀复。并勒令原保武生吴湘霖等速将吴玉书等交案，提集严究，分别禀办，毋稍徇护延纵，切切。粘抄保领同发。

抗捐被捕

○前纪嘉应僧抗房捐一则。兹闻州中各处寺僧，以上谕有免杂捐之说，故联名禀于州宪求免。秦牧伯以未奉明文，各寺僧竟欲蛮抗，殊属蔑法。近已饬差将抗捐出呈首名大觉寺僧某，捉将官里去矣。

得赃纵贼

○闻嘉应州城东薛姓于初三夜失盗后，即报缉捕局。局中立派嘉字营石哨勇四处搜访拦截。黎明，众勇二十余人巡行至庭子迳，瞥见贼七八人在僻地分赃，遽前将贼围住。贼即将赃物并所带洋枪、利刀、角钻、硝磺一并缴出，哀求释放。众勇不计擒贼之可以得功，唯知起赃之可以得利，一概纵去，群贼皆呼万岁。赃解到州，众勇遣人请薛姓，云赃在此，你可将银来赎，薛姓允之。迨赎回，视衣物已不齐备，所存者只粗恶之物，珍重者均归乌有，失主唯大息痛恨而已。

村塾谐叹

○西国教育家循循善诱，如慈母之抚其婴孩，故人人乐于就傅。中国不然，夏楚宣威守扑，作教刑之旧训。以余所闻，某邑某村殆尤甚焉。其教法以背诵多书为宗旨，学徒背书不熟，即以竹板敲其头，往往慑于雄威，连下文之半生半熟者，亦化为乌有，即愈怒，布蚶壳于地，俾徒跪其上，复以木凳加于首，名曰担椅枷凳。上复加水一盂，跪不正而致水旁溢者，挞无赦。虽酷吏之待囚徒，不是过也。高墙上，榜列许多学规，尤足令人喷饭。某日，甲乙二友造庐访焉，甲见学规而笑之。乙曰：子毋笑，某先生规章亦特别也，惜塾中童子不解，作诗耳。甲请其说。乙曰：王郁庄太守前办三江学务总提调时，至某学堂，出一特别章程挂于高墙，谕曰：学生见总提调，必叩头打拱，口称大人，否则扣除。日者一童趋而过庭，总提调唤曰：学生来。童子见总提调，不叩头，不打拱，口称老师？总提调大怒，曰：我大人也，汝安敢称我老师。童子曰：老师叫我学生，我非称老师？而何总提调怒形于色，但无言可对，良久方言曰：汝真学生耶，我诗翁也，汝能作诗，即我学生；不能，今日即开除汝出院。童子对曰：能，请老师命题。总提调即以高墙所挂之特别章程为题。童子沉吟半晌，含笑持笔而书曰：我原不识大人面，但见大人丈八长，不是大人长丈八，如何放屁在高墙。甲鼓掌大笑。

大清光绪廿九年癸卯五月二十日　公历一千九百零三年六月十五号

又遭盗窃

○嘉应州水南邓姓于初三夜被盗。数十人一拥入室，幸主人知觉号呼，贼方退去，仅失去皮箱一只而已。

藉端滋闹

○有友来函云，埔邑南山村张某，以赌起家，平日恃其房族之强，吓

诈乡邻，窝盗诱奸，无所不至。近以家道温饱，慕世俗之为太翁者。今岁令其子某买名应试，其子某固目不识丁，阴请枪顶替，欲为一枝香之事。竟得水牌招复，为认派保所觉，因阻枪手，不令复试。张某大加怨恨，而认保萧君系百侯巨族，张某不敢较。派保某君族微人少，张某视为奇货，于前月纠其族中无赖，至某君家滋闹，至今尚未息事云。

大清光绪廿九年癸卯五月廿一日　公历一千九百零三年六月十六号

土匪又炽

○江西门岭来函云，长宁属之留车地方，距兴宁罗浮司四十里，近聚匪千余人，举旗拜会，四出劫掠，掳人勒赎，行旅皆裹足。两广亭亦聚匪二千余人，与留车匪互为声援，势甚猖獗。广毅军遣勇往捕，被杀者十有三名。噫，涓涓不塞，将成江河，为民上者，尚其思患预防之也。

大清光绪廿九年癸卯五月廿二日　公历一千九百零三年六月十七号

劫庵见获

○嘉应大沙正母宫，素居斋妇。十一夜有劫贼十余人，扛石撞门。幸斋妇觉悟，急将鼓乱击。邻右锅厂闻警，集厂工持械往捕，群贼散走，仅追获二名。闻一名为本地人，一为兴宁人。现交保安局，送州拘押矣。

散勇为匪

○闻前劫嘉应钟姓家之贼，有人云，细认行踪，多半为广毅军散勇，而州之练勇亦厕其中。夫养勇所以卫民，今反以害民。彼散勇固无足责，若练勇，则谁为统领，亦漫无所觉察耶。

骗收寺捐

○州中有徐某者，家小康而无赖。一日因囊金告罄，伪作房捐委员，往城北雨花庵收庵捐。寺僧见其衣服华美，俨然官场中人，以为真，立予银十毫。迨徐某已去，僧方疑其伪骗，急遣爨下僧尾伺之。见徐某入于徐澜记烟膏店，燨下僧亦随之入，遽谓徐曰：尔虽是房捐委员，吾素不识尔，可同我到局将银入数？徐某叱之，燨下僧不服，遂至争闹。保安局闻之，遣勇捕徐到局，拟送州署责罚，以示警焉。

阻挠兴学

○闻某邑某乡某姓者，邑之巨族也。有志士某君，以目下兴学为当务之急，倡议于族中广立蒙学，其经费拟酌收学生束脩外，则以祖尝中祭租及虚靡各款节费津贴。乃游谈聚议，阻挠者多，附和者寡，几于舌敝唇焦，迄无成就。其阻挠者，大半为节祖尝故，恐不厌口腹之欲；不然，则以自己无子弟，不能均沾利益。间有子弟者，亦诋近日立学之无功效，反未如照旧从师，费省而读书多，种种借口，难以笔尽。某君大愤，谓此等顽固昏骏之脑筋，不击以大棒，断不能融化云。噫，近有志兴学者，苦于无款之可筹；有可筹之款者，又中于私欲，而不知以是为急。家族如此，一国可知，观此益信。

大清光绪廿九年癸卯五月廿三日　公历一千九百零三年六月十八号

游戎回署

○嘉应游击杜游戎，日前因公晋省。昨已乘轮由省港来汕，即日搭汕揭小轮，由揭回梅矣。

巨蛇遭捕

○蛇有水、草、木、土各种，其大小、善恶不同，而冬藏夏出之性则无异。闻镇平近新墟赤岭，里人近日于山上捕得二蛇，大者重三十八斤，小者亦十五斤，人诧为罕见，实无足异也。

大清光绪廿九年癸卯五月廿四日　公历一千九百零三年六月十九号

切示改妆

○嘉应秦牧伯谕饬局绅劝导妇改妆，已纪前月廿五日报。近又刊示张

贴晓谕，并严禁痞棍借端抢掠。谓：尔等须知，妇女以庄静为德，不以修饰为容。若习染陋俗，踵事增华，不独为诲盗之媒，亦且非崇俭之道。自示之后，务宜力戒妇女改易省装，以从俭朴。所有脱髻装饰，如珠花、牙牌、大钏等件，一概不准戴用，并不准造卖。至于未即改装妇女，经过道路，如有不法之徒，敢借示禁为名，乘机抢掠；以及已经改装妇女为奸狡银匠，使人从旁讥笑，冀图阻挠渔利，一经访闻，或因此生事被控，定即拘案究惩，决不宽贷云云。

大清光绪廿九年癸卯五月廿五日　公历一千九百零三年六月二十号

考选学生

○昨报大埔县查大令定期本月初八日招考学生充学堂肄业，兹闻悉改期十二日。届期赴县应考者三百余名，经大令命题考试。凡二十岁至二十六岁者，试以设为庠序学校而教之义一篇；至元二十八年设立小学，选老成教之；其他好事之家，出钱粟以赡学者，立为书院论一篇。凡十九岁以内者，亦试以一义一论，义题为：可与共学；论题为：曾子曰三省身。

金矿出现

○大埔县属之大靖乡有连云寺，为一方名刹。国初张太史作舟，曾读书其中。寺之毗连，有一古矿，明嘉靖间曾招人开采，以不得其法，遂致中止。近闻该乡人已觅有矿沙数块，寄往香港，请矿师化验，定其成色高下，然后集股开采。可见五金矿产，所在多有，特人自委弃于地耳。将来此矿举办，又为埔邑辟一大利源也。

女尼惑人

○大埔邑城有尼庵曰上斋堂者，素为藏垢纳污之地。闻月前自松口来一女尼，行李辉煌，投该庵住宿，自谓持斋念佛，矢志靡他，有愿从之游者，凡吉凶祸福，可烛照而趋避之。一时，远近妇女欲求其圆满善果者，户为之穿，趾为之错，不问须菩提于意云何也。嗣经某生虑其妖术惑众，扰累地方，遂联名禀请县主出示严禁，并不准其逗留。如某生者，亦可谓能发大愿力，觉悟众生者矣。

大清光绪廿九年癸卯五月廿七日　公历一千九百零三年六月廿二号

不准补发

○昨报卸署兴宁县孙令祖华具禀大宪，以前在兴宁县任内募勇巡防垫薪粮银两，恳请饬局照数开销，俾得领还归款等情，经大宪批行善后局宪。复称，略谓：查孙令前在兴宁县任内，请将缉匪花红项下提出三成为雇勇保护教堂之用，虽据禀奉批准，唯续据局绅钟仲麟禀控该令并无雇勇，经札冯令如衡查复，奉抚宪批示，既查明添勇无多，已由泥陂局缴银二百五十余两，足资津贴。局绅钟仲麟等请将此项花红留为缉匪之用，应即照办，准免再提，并不准孙令另行报效等因。所请补发勇粮，应毋庸置议云。

匪耗又闻

○昨报距兴宁县属数十里之留车及两广亭，均有聚匪之事。顷又闻两广亭啸聚日众，匪党已有三千余人。于本月十三日复招人拜会，大张筵宴。时有六七乡民从旁窃看者，匪觉之，恐其泄露，皆遭毒害。往来行人，视其地为畏途，动色相戒。目下广毅军将拔营进剿，谅此乌合之众，当无难迅奏肤功也。

获盗解案

○梅州水南堡叶姓，本月十一夜捕获窃盗二人。而松源宝坑，则于初九夜获二盗。均于十二日送州署究惩。

大清光绪廿九年癸卯五月廿八日　公历一千九百零三年六月廿三号

拟除陋规

○闻近日嘉应州人士，遍悬红贴于五城门，谓白捕厅华素无德政，又新创入呈须银七毫之陋规。旧章凡诉呈销案，仅一元三百六者；而白捕厅，则要三元四五元不等。票役到事主家讹索礼钱，与上衙差役无异，州

117

人病之。现合州绅耆士庶立通闻字，拟设法革除陋规，以复旧章。未知居民上者，果能俯顺舆情否耳。

〇又闻白捕厅现已任满，秦牧伯委张二尹炳先署理，已于二十日接篆视事。

茶阳民况

〇闻埔邑自端阳前大雨浃旬，近河居民多受洪水之患。端节后，则雨不多降，地气异常酷热，田禾均有萎槁之势。因此影响，各市镇米商颇有昂其价以居奇者。嗟，彼小民何以堪之。

梅州农话

〇有客自嘉应来者，述言州中农田于月之初七八正逢酷暑，禾势将槁；乃初九日大雨，禾势勃兴。有细心考察之农人，夜以竹枝插禾根，使与禾穗齐。晨起视之，则穗高三四寸。数日间阴雨不止，复陡高七八寸，茂硕异常。今一望蓬蓬，现已颖矣。人皆谓早稻可卜大熟云。

大清光绪廿九年癸卯闰五月初一日　公历一千九百零三年六月廿五号

整顿差役

〇埔邑地瘠民贫，而以事涉讼者，不问理之曲直，但恃孔方兄为转移。所有房书差役，亦视乡民鱼肉。每一案件，差礼、房礼及各项需索必费数十金，甚者或百数十金，而事尚未了，人多困之。近闻查大令抵任后，凡差役玩惰者，从重枷责；其勤慎者，则格外给赏。民气为之一伸云。

讼笔维新

〇镇平徐姓有叔讼侄者，二人皆诸生也。其侄诉词有：生志切维新，乃在家族之近，不能化野蛮，性感顽固党，实属有愧文明之化，云云。不意状式中，竟有此种之新名词，可谓风气独开矣。

佳图难得

〇中国各处初开学堂，多需地图。然以向来图学不讲，内地皆未经测量，故难得佳本。近来某书局虽多仿制各图，然精者实少。如中国暗射地图，竟误以浙江之海盐划入江苏。潮州韩江本系三河合流，图竟漏载嘉应小河，诸多错误。所出广东图，广告中云系测量新制，实则摹仿旧图，其中山脉、水道、乡村位置之错，不可胜数。中外方舆全图亦然。闻士林中人言，多谓其价贵图劣，殊非开风气之旨云。

大清光绪廿九年癸卯闰五月初二日　公历一千九百零三年六月廿六日

同文课题

○同文学堂五月初一日课题，今抄出登览：

"立宪国以名誉为元气"说；

"汉文帝夜拜宋昌为卫将军镇抚南北军"论；

"王安石行新法平"议；

汉代州郡曹掾多用本郡人，及隋氏革选，始尽用他郡人，试衡其得失（法律含有制限保护两意释义）；

《中庸》言地，一曰广厚，一曰持载。证以西人之说，广即球周，厚即球径，持载即球之摄力，试求地球之广厚与持载之理，并为发明。

算学题：今有火轮船局，每日发工银一千元，工人必满一千名，但云西工每名五元，华工每名三元，杂工三名一元，三等工人时有增减，求三等工人最多几何，最少几何；

中国岁入常款，鸦片税如内地关税三分之二，厘金如海关税二十二分之十，而倍于鸦片税及内地关税之总数，尚多一百万两，各省杂收如厘金十分之一，地丁如厘金四分之一，六款岁入合计四千万两，求各款岁入几何。

大清光绪廿九年癸卯闰五月初五日　公历一千九百零三年六月廿九号

梅州米市

○州中米价，近年来时有如珠之叹，而百货亦因之腾贵。自端阳后，雨水沾足，田禾勃兴，米价渐落。每银一元可买上米斗一升有余云。

119

纳银赎罪

〇嘉应骗收寺捐之徐某为局所拘，已登前报。近徐某托人转圜，愿输银赎罪，委员允之。因纳洋银六十元以充公款，即行保释云。

大清光绪廿九年癸卯闰五月初七日　公历一千九百零三年七月一号

争产被责

〇嘉应州人房廖氏者，年届花甲，向随夫设薙发店于羊城都土地巷。嗣乃夫及子媳年前相继病亡，只遗一身，仍操旧业。旋抱育小孙并孙童媳一双，幼夫妇均现年数龄。闻日昨氏陡患病而逝，一生悭吝，颇有积蓄，亲友经理殡殓，又存余资。适有房阿全者，称系氏夫族侄，到探望，与之经理家务。讵附近薙匠廖其松亦称系氏族弟，谓全冒认，致相互滋闹不休。随即具词控全蓄谋夺产情弊，扭由巡警四局，转送总局。局宪传集一干人等，堂讯之下，以廖供词闪烁，洞烛其非，饬将廖其松掌责暂押外，立将被告房全交保释出，听候彻讯核办。

大清光绪廿九年癸卯闰五月初八日　公历一千九百零三年七月二号

途遇盗劫

〇嘉应松市有布商某甲者，于前月下旬自峰市收账归行。途经福广交界之狗尾岭地方，忽被匪徒八九人出而拦抢。时日已西下，大声喊救，唯有山谷相应，任他劫夺而去。幸人未受伤，计劫去五百余金。经鸣诸官，不知有为之缉捕否也？

大清光绪廿九年癸卯闰五月初九日　公历一千九百零三年七月三号

枷责舆夫

〇大埔县查大令日前因吴、邹坟山一案，前往查勘。所有夫马用费，均由两造供给。并拟顺道查勘邹、谢二家因坟之案。乃轿夫中有所谓洗阿三者，到处大肆需索，必饱其欲而后止。大令大发雷霆，若辈置若罔闻，反将大轿颠簸，大令身中所佩时表，全为破坏。闻回署后，即将该轿夫重责一千板，枷示通衢。观者莫不称快云。

纪平远令

○闻平远县辛元燡明府，于前月十八日因病出缺，已报州移请委员代署云。

偶像不如

○访函云：埔邑近月以来，盗贼滋多，结队成群，四出窃掠，乡民有寝不安席之患。推原其故，皆花会赌场为之。自三月迄今，花会子厂日增一日。始则百侯、南山、湖寮、高圳有之，继而弓州、黄坑等乡踵起，而大开局面，其害不可问。然绅勿言，官勿禁也。再数月，将无处不花会，无处不盗贼，诚可驾各县而上之矣。又闻各县如此等匪类悯不畏死者，奉祀一衣冠土偶，日以些小纸锭与之，即有神兵神将出力保护。尝语人曰："吾恃此偶像，官吏亦无奈吾何。然则彼视近日官吏，真偶像之不若。"无怪今日出示曰购盗，明日票差曰缉匪，而为盗为匪者，仍掉臂游行，毫无畏缩也。

畲市谷价

○嘉应畲市一带，早稻甚熟。目下新谷初入市，每石价银二两之则。此后谷石云屯，当可跌至二元。闻诸畲人，所云如此。

大清光绪廿九年癸卯闰五月初十日　公历一千九百零三年七月四号

劫匪见获

○嘉应水南坝里宫，素处斋妇。前月十八夜，突有匪徒廿余人往行劫，斋妇觉而号呼，四邻闻警，纠集壮丁三四十名，持械往捕。匪即溃散，仅获二名。细询，皆是本土人，平素引贼窝匪，乡里无不切齿者。诘旦捆交保安局送官，人皆快之。唯州主仁慈为怀，仅予薄责，枷号只半月云。

施之太酷

○嘉应龙牙乡，近有一李姓妇，怒其媳有丑行，束缚之，淋以洋油，

即行纵火焚毙。此又中国滥狱酷行中所无者。顷，其媳之外氏已鸣官讼冤，不知其何判结也。

威风扫地

○埔邑百侯乡有某甲者，性横暴，常掉臂赌场中。见赌胜者必强分其资，稍不如意，即加以恶言，甚至拔刀相向，众人莫敢撄其锋。一日，有某乙获彩颇巨，甲向之苛索，乙不允，径去，甲拔刀遂之，乙惧疾驰，动力太猛，蹶而踣，甲已追至，意必为所伤。不料甲固纯用恐吓手段者，掷刀谓乙：蠢奴，乃公生平威风被汝扫尽矣。当不给彩时，若以石投吾，吾亦可转舵者。闻者大哗。

大清光绪廿九年癸卯闰五月十二日　公历一千九百零三年七月六号

志士远游

○中国自来人士，非曰闭户潜修，即曰杜门著述，而于游历一事，初未加意。近风气日开，读书之士已深悉其益。盖各处之风俗人情以及山川形势，非亲历其境，终莫得其真相也。本馆同人沈君友士，与其宗人开榜，近拟先至旅顺、北京各处游历，然后独游东洋，考察一切外相内容。已于本日首途，乘轮北上矣。

○又沈君此行，同志皆赋诗赠别。兹将杨君子端两首录下：

连朝话别海天楼，议论风生孰与俦。
忧客情怀同北海，吐辞雄迈压南州。
提倡岭峤开风气，跋涉波涛赋壮游。
记取槐黄时节近，江南花月漫勾留。
航海东来意气横，亚欧人士竞欢迎。
搜罗秘录探新理，输入支那警众醒。
破浪乘风宗悫志，忧时感事稼轩情。
他年得遂澄清愿，海寓无波息竞争。

又潮州现年往厦门东亚同文书院肄业者，凡十余人。近因鹭江大疫，相率内渡。而张君岫云志趣远大，不喜株守，已招同志普宁许君占五航海，作东京之游。讲求实学同人于两君将行，饯之酒家楼；酒酣，群避席而致辞曰：一愿两君康强学成归国；二愿两君刻刻存爱国之思想；三愿两君毋入速成学校，自阻修途；四愿两君考察师范，函知内地志士，时加改良；五愿两君讲求工学、农学、商学，以三业救吾潮贫弱之病。与会者皆鼓掌称善云。

线拿小窃

〇嘉应丙市五月十三神诞，请梨园演唱。前后十日，观者如云，匪徒皆混迹其中，淫盗之媒，有识窃叹，但相沿已久，莫以为非。十四日，有局丁以松树坪多形迹可疑之人报局者，局董饬嘉字营勇飞拿，果获匪棍六名，中年妇二人，余皆逃窜。十五日，解州庭鞫，认供二名，一为细杨子，一为长乐何均，日在市中剪绺者，登即枷打发落。其二妇则惧与匪有私者，命交差眷看守，余四名狡展不供，仍压羁所候讯云。

是谓人妖

〇梅州城东之阳东岩，向为女尼乐国。迩年住一斋妇曰大传妹者，自称曰包公，谓包公附其身也。又自谓人有疾病灾厄，能以术立解，兼可以命理决人休咎。人叩之，亦间有验者。自是城厢内外，迎请无虚日，群以仙姑目之。其解人厄而作法也，则手一杯水，以剑画符，其中口喃喃不可辨。始犹妇女辈信从之，未几缙绅先生们亦有延其驱邪者，而仙姑之名益噪。然此仙姑，又有其特别之处。凡妇女曾与同宿者，辄窃窃私语，谓其不为雌，伏而为雄。飞闻者细参之，则谓于妇女前有男者相，于男子前则又显女者相。虽千手千眼，莫能辨。故行其术者数年，于兹无发其覆而屏之境外者。近有人言，其有五似：耳其声似男，目其貌似女，口弥陀顶菩萨，行藏鬼蜮似僧；披发仗剑，幻态百出似道；能牢笼绅民，无财不敛，且自称包公，则又似官。男也，女也，僧也，道也，官也。记者无以名之，名之曰人妖而已。

大清光绪廿九年癸卯闰五月十四日　公历一千九百零三年七月八号

蛇毒致命

〇丰顺大田之蒙学馆，以粉牌习字。某日，童子六七人洗粉牌于溪边。忽见巨蛇昂头破浪而来，皆惊走。独一十四岁勇蛮童，急觅木棍，欲击之。棍未落，而蛇已咬其足。各童闻呼痛声，趋前问讯，见受伤甚重，

骇遽中，犹记忆俗语牙黄口水可以治毒。急令一再涂之，毒由手传入口腹。顷刻间，颈劲舌吐，目努而僵矣。有报其母者，母叫号奔视，大恸，欲与蛇拼命，金止之，曰：毋然也，行将为汝儿泄恨。遂邀多人至该处，蛇已失所。再遍觅之，则蜿蜒于傍岸数石下，尾为石所压，犹作噬人之势，向人直奔，乃举棍横殴之，适中要害而毙。闻此蛇，黑质而有纹，围约四寸许，长约丈余。以为过山龙，近人谓印度之水蛇，栖息于淡水者，无毒；栖息于咸水者，皆有毒。今此蛇居淡水，而亦有毒矣。可见物产以地异，蛇亦种类之一也。

大清光绪廿九年癸卯闰五月十五日　公历一千九百零三年七月九号

准开花会

〇昨报，埔邑花会，有加无已。兹探□□□□□□营。某讯官日受陋规若干，准其开设，故向时人□□□□者。今则驻扎于市镇乡村，大张旗鼓。昨纪各县匪徒，自谓恃一衣冠土偶，殆即此类亦未可知。然秦观察前于丰顺县庇纵花会，曾饬将各营讯官差役，彻底严办。其余讯官有何巨胆，吓之不畏。岂以地较僻远，即为观察之势力所不能及欤。

女孩志异

〇嘉应下市楼下塘张姓某妇于前月生一女，手足俱十二指，骇为怪物，立弃诸校场路旁。经二十日一昼夜之狂风骤雨，女孩依然无恙，且呱呱之声闻于远近。妇闻之不忍，令人送至育婴堂，为之养育云。

大清光绪廿九年癸卯闰五月十六日　公历一千九百零三年七月十号

宪批命案

〇丰顺县新池乡胡昭哲等于月前先后赴道府署，呈控叶阿汪借案诈勒等事。经蒙批示，兹将批词照登于下：

道宪秦批查阅粘抄验单，已死叶阿班仅有左后肋砖石一伤。而尸亲控开下手凶犯竟至十余名之多，供词又复互异，其中显有借命择噬情弊。究竟叶阿班是否被殴后推落河身死，抑由自行失足溺毙，正凶究系何人，未据该县禀报，虚实无从悬揣。仰潮州府即饬丰顺县限文到三日内先行查案禀复。一面确查本案实情，如果叶阿班确由胡仗等纠殴致死，即行严拘到案，传同尸亲见证质讯详办。倘系虚诬，亦即照例反坐。至该县此次下乡相验，而丁书勇役索费至一千二百余元。瘠地贫民，何堪受此剥削？该县果毫无觉察耶，抑系明知故纵耶，为民父母自问能无疚心？该府并饬提案严追，按例从重惩办，毋稍徇庇延纵，致干重咎，切切。粘抄保领同发。府宪惠批：叶汪呈报命案，是真是伪，即经该县诣验，必能确知伤痕部位，或死者本溺于水，而尸亲借命居奇，择肥而噬，亦凿然共见，难于掩饰。唯本案未据禀报，乃一验之费如粘抄所开，则已多至一千二百余元，民脂民膏何堪此蠹役狼差任意需索？为之太息痛恨。仰丰顺县先行据实禀复，一面赶速持平办结，并提丁役书差严讯勒索赃数，尽法惩治，毋稍徇庇。粘抄保状并发。

捕匪函述

○闻近日兴宁罗岗墟与江西两广亭等处，会匪日渐猖獗。本月初八日官兵与乡勇合击之，捉获匪徒三十余名，又枪毙匪十余名。然皆不甚著名者，仅有一温姓匪首颇为要犯。今其余匪，多逃聚于江广交界之细凹子地方。闻龙川县亦将派兵往捕云。

学堂考课

○嘉应务本中西学堂，届暑假期考课，其中学已冠策问题：今俄人背约不交还东三省，而且以满洲为俄国之印度，今中国时势孱弱，窃恐无此大魄力阻止，而朝野人士多有主联英日以拒之，其说果能行乎？诸生力学有年，试明其得失。

未冠史论题："孔子删顶六经以救万世"论。

通场题：西学说。

附录榜前列学生姓名如下：

中学超等十名：张德度、吴骏声、张养准、黄秉钧、张思璜、黄树椿、刘秉桢、张肇唐、刘棠华、陈僮。

西学超等十名：吴骏声、吴颂声、张养准、张思璜、吴凤声、陈绍涧、黄树椿、钟万禄、吴尚志、张肇唐。

招复学生

○大埔县前月考选小学堂学生，已于本月初一日揭榜。定期十六日，

再行复试，取列招复生一百二十名。闻榜上诸君有借助于枪团中者，有得力于飞将军者，有几与老大帝国齐年而不合格者。将来复试，想大令必太放眼光，认真淘汰也呵。

利心太急

○埔邑销售花猪，向由嘉应水客贩往发卖。自正月间，邑绅某等欲向各客每元抽出二分，作为歌舞神功之用。因各客不允，亦即罢论。嗣复将此款禀县，拨归团练局费，乃某绅急于牟利，不候批准，遽向各客抽收。闻各客已于该县联名控绅私抽矣。

解释械斗

○兴邑泥陂墟曾、张两大姓，因出神拘衅，彼此纠集子弟千余人，排列枪械，击鼓扬旗，如临大敌。时五月初三日也，值刘哨官碧山节假回家，闻之即带随勇十名驰往，调处两姓，始得释然无事。

梅江闰节

○梅州旧俗，于端阳佳节龙舟竞渡，颇有可观。而其称为特色者，则在以高头船作彩船迎神，其中楼阁连遍，俱剪纸为之。夜间则燃灯数百，箫管并举，以之遨游上下。又每一神则彩一船，通计州城约有十余只。自大榕阁至梅溪宫前，水程约一里余。当灯火齐燃，满江俱红，真可谓放一大光明者。闻闰端阳节，正值宿雨初晴，清风习习。州人士复彩船如前，而士女之观竞渡者，衣香扇影，夹岸如云，较前月更形热闹。询其所以，则皆曰早稻登场，可称丰稔。一日之乐，百日之泽云。噫，为此语，其知道乎，故记之。

大清光绪廿九年癸卯闰五月十七日　公历一千九百零三年七月十一号

藩宪牌示

○嘉属平远县辛令元爆因病出缺，已纪前报。现藩宪丁方伯牌示，平远县知县辛元爆病故，遗缺以候补知县龙绍仪署理。

请赌兴学

○大埔郭茂才镇章等日前赴道辕禀请，就其大麻一甲自立蒙小学堂，拟将团练局所抽练费数百元及文庙香灯费千余元提出，并合殷商捐款，以充常年经费。当蒙秦观察批示，照录于下：批该生等议，自在藉设立蒙小学堂，系为牖启童蒙，开通风气起见。果能认真兴办，洵足以培植人才而辅官力之未逮。据呈请抽赌规以充学堂经费，查番摊规费，业经奉文，以商人包抽承饷。该生等拟照向抽练费办法，每百文另抽一文。究竟有无窒碍，其余各项赌博系何名目，是否不干例禁，可以抽费以资学堂之用。仰潮州府即饬大埔县迅速查明，妥议禀复核夺。词抄发。

捕匪补述

○昨报兴宁官军与乡勇击匪于两广亭，枪毙匪十余名。兹闻得，初一日实毙匪百余名，而勇为所伤者亦二三十名。某哨官捕匪最勇，亦为匪所伤。然两广亭不见匪迹，而江广之道通矣。从此搜捕得力，庶可绝其根株乎。

胡不助学

○大埔邹、吴两姓因神宫祖坟兴讼。日前曾经查大令勘讯，劝令两造各捐出数百元为学堂经费，以息讼事。两造坚执不允，大令无如之何，只得将两造交保再行讯结云。

赌风甚恶

○嘉应下市某姓，大家也，有祖屋一所，男妇不下百余人。近来若男若女聚赌其中，俨然成一独立之小赌国。有族长偶为戒饬，反以恶言相加，以为赢输在我，荣辱在我，非尔所可干预。如此者党类甚多，虽族长亦无如之何。噫，赌国风潮，涨至如此。在上者皆曰奉旨，故唯彼族中岂无有自治之权力者，胡可听其涌此恶浪也？

大清光绪廿九年癸卯闰五月十九日　公历一千九百零三年七月十三号

课题汇纪

○同文学堂闰五月十五日大课题，兹抄出登览："法律道德之界"说；"汉光武不以功臣任职，宋太祖不以宿将典兵"论；

"汉乡亭之职有三老啬夫游徼，与西人地方自治之职务有无异同"辨；

问法皇拿破仑为欧洲第一雄主，卒困荒岛，其失败何在，试衡论之。

算学题：假如有兵一营，步队马队炮队共五千一百八十只云，若六倍炮队，兵较马队多四十，若七倍炮队，兵较步队多一百，求步队、马队、炮队各几何。

今有官司，差夫一千八百六十四人筑堤，只云初日差六十四人，次日转多七人，每人日支米三升，共支米四百零三石九斗二升。问筑堤日数，试以代数求之。

○澄邑景韩书院补五月廿三日师课题：成吉思汗、亚力山大合论。

问近人论地球大势，每以战国之秦比俄，顾秦在战国卒能并吞列强，混一海内，俄虽雄长欧亚二洲，而德、法、英、日、美并峙而立，莫能相下，果能遂大彼得之遗志欤？试考过去现在未来之环球形势而较论之。

获匪正法

○昨接兴邑十三来函云，余匪逃聚龙川之岩下、上约，十二早与兵开仗，获匪多名，送龙川县正法，有匪首何楚湾亦在其内，人心大快。

一字辞馆

○梅州西街某号店内，延请陈某为蒙师。一日课读孟文至"山溪之险"，"溪"读作"奚"。适主人过访耳闻之，大骇，谓当读为鞋。陈笑曰，君为商只知市价，焉知字音奚若乎？主人不服，谓我自幼读书，蒙师多训作鞋，州人读音亦大抵如是。岂州人皆非，而先生独是乎。愤争不已，以致各投邻亲咸来排解。陈遂辞馆，但谓必找清束脩方肯罢手。夫溪本读奚，以正音则读奚，以土者则读鞋。彼商人乌足以知之，陈某以此辞职，亦可谓一字师矣。

大清光绪廿九年癸卯闰五月二十日　公历一千九百零三年七月十四号

严拿主谋

○日前长乐县属温、邹两姓械斗，以致伤人毙命。有温绂德等至省赴臬辕，控告被邹姓人等焚毁祖祠、祖牌及掳捉几人，请饬究办等情。吴廉访将呈批示云，案据县禀勘得，尔温姓祖祠及祠后地脉并无被焚及凿毁痕迹，所称邹姓毁灭祖牌，查讯亦无证据，乃因茅厕细故，两造辄互斗酿命，均属强横藐法。昨奉院宪批示，业经行州转饬遵办，据呈前情，仰嘉应州即饬长乐县确查，温姓如尚有被掳未放之人，赶紧吊放。一面遵照前檄会营勒差，迅速严缉主谋纠斗及下手毙命各犯，务获讯取确供，分别详办，并传出温子佑四到案，讯明实在。致毙若干命，查传各尸亲指引，起尸验报，仍将讯验情形，照例通详，均毋玩延。粘抄、保领同发。

水不可玩

○埔邑近多大雨，河水涨满，倍于寻常，舟楫往来极形危险。本月初四，复下雨如注，邑属之湖乡，溪流湍急。该乡有杨梅田渡者，通长教、莒村各乡为往来大道。值闰端阳后，行人接踵至此者，皆争登渡。船顷刻增至四五十人，船小载重，波与船齐，舟人见势危险，力劝分渡。众人皆急不及待，遂冒险前进，渡至彼岸，仅离丈许，为巨浪所卷，全舟覆没，男女数十人滚滚满江，如鸟戏水。幸多人遇救，得庆生还，唯一妇人改嫁河伯云。

结婚奇谈

○大埔之莒村有陈姓某妇者，年四十余，失所天，遗一子一媳及一孙女。居无何，子复殁。家本清贫，至此益难支撑，乃命媳改适，因托媒焉。适有黄姓某甲早失母，又壮年丧其偶，举一子欲再娶，以抚养之。媒因为撮合，后见其子年貌与陈家孙女正天生佳偶，复谋作之合。二家均慨然允许，意谓因缘凑巧，母子同配一门，亦希罕也。未几，甲父亦有求凰思想，媒闻之更欢欣鼓舞，谓如此不必他求，竟化二家而一之可矣。走见某妇道其意，妇亦愿之。于是择吉欢近，姑媳母子同入青庐中，以此成礼，三代同堂。闻者成为新婚佳话云。

大清光绪廿九年癸卯闰五月廿一日　公历一千九百零三年七月十五号

书差敛迹

○大埔查大令莅任以来，力除差役骚扰之弊，业登前报。兹得友人函述，有书吏萧某者，奸猾多诈，曾以祖庇恶棍某甲，为讼家所指控。近又代某家贿摆案情，大令询得大怒，即欲将萧书责革，以示惩警。满衙书吏哀为求饶，仅乃得免。然自是满衙书差，无不股栗夺气，大为敛迹云。

童子作贼

○嘉应下市大墓仞张某，自市夜归，途中遇贼八人，有一童子约十三四岁，某急避之，贼亦散去。某细思，童子何以便能作贼？归以语人，或曰童子何知，有教之成贼者耳。子不闻叶姓被劫之事乎？叶姓外围门甚固，挖不能开，因使小贼由狗窦入而开之，续而群贼将花架石条撞破宅门，然后一拥而进。

大清光绪廿九年癸卯闰五月廿二日　公历一千九百零三年七月十六号

匪警余闻

○两广亭土匪之事，迭纪昨报。兹又接访函云，该匪势甚猖獗，议欲侵犯齐昌。都司闻警，来文报州，杜游戎立即点练勇百余名，拟于初九日亲率劲旅南上。旋闻已经搜捕平靖，游戎乃免此一行云。

罪人斯得

○平邑姚观察，母骸为人盗匿。经禀报查拿，杳无踪迹，已纪前报。近出重赏购之，始知为族人某甲以需索不遂，挟此报复者也。甲惧罪，已逃往韶州。观察禀县移文到韶，会文武营往捕罪人，斯得。现已解回平邑，如何办法，探确再登。

螟嗣宜慎

○梅州城西黄泥墩许某，买一某邑人之子为嗣。髫龄聪慧，许甚钟爱之。一日在门首游行，忽失所在，遍访无踪，许懊恨不已。或曰此子聪颖，非他人所能拐诱者，定为本生父也，俗谓之"放白鸽"。盖某邑人性多狡诈，拐匪手段，往往如是。未知其言幸中否也。

大清光绪廿九年癸卯闰五月廿三日　公历一千九百零三年七月十七号

暑假展期

○汕头同文学堂暑假本在三伏之期，兹因本科本省乡试各教习均应赴试，而学堂占地多得空气，且林木阴翳。故入夏以来，都忘酷暑。学堂监督邱工部拟展至七月始放暑假，兼与教习下场日期相副，而学生课程不至间断云。

私斗何勇

○嘉应畲市有罗、郭二姓，比屋而居，无赖子弟每因妇女出入，互相调戏，遂成仇隙。月之某日，二姓在务本堂店门外各纠壮丁四十余人，刀枪并举，格斗数刻，驯至两败俱伤，交绥而退。受创者各自抬归，十伤七八。噫！公战怯而私斗勇，乡愚无知大抵如是，良足浩叹。

大清光绪廿九年癸卯闰五月廿四日　公历一千九百零三年七月十八号

札拿花会

○大埔县查大令日前札饬三河司率众差勇，密往各处缉拿花会，闻附近三河之乘风亭子厂有。该处差役中人先递消息，匪徒遂乘间逃散。随到湖寮太平市，该匪张古松亦闻风先扬。驰至高峻亦然，高峻一厂为罗甘雨开设，其厂则黄某田居也。各差勇极力搜查，黄某且率其父子多人持械鸣枪，公然拒捕。乃折回湖市刘家店内驻扎，勒交各匪，闻仅以孔方相抵。现三河司主尚未禀复大令。至百侯高坡一带，亦未搜捕云。又闻各厂有欲复开者，因拒捕一节，恐干严办，故现尚敛迹。然差来则散，差去则聚，终不能保其不复炽也。

阋墙恶剧

○埔邑三河甲范族有甲乙兄弟者，袭父资财，不事家人生产，且赋性残暴。日游手于赌馆烟林中，所遗产业挥霍殆尽。本月初，伊亲堂兄某丙促其搬空拨定之房屋，至相角口，甲乙即施其强暴手段，各以利刃挥丙，适中头颅，深入数寸许，血流遍体，昏仆不省。甲乙兄弟睹此情形，黉夜潜逃，不知去向。刻其族众已禀报县主，并公立合约，派人四处巡缉，冀拿送案严办云。

挟邪宜戒

○嘉应某乡某甲少年佻达，偶因事抵州，住南门祖祠。有看祠妇某氏，某医生某乙之妻也，赋性淫荡，遂与甲结露水缘。乙觉之，佯为不知，而心则衔之甚。妇与甲绸缪款洽，亦忘却有眈眈者之藏刀于笑里也。

一日午饭后，妇为之烹茶涤碗，甲饮次，忽作呕昏迷，经二日始醒。祠内叔侄过问，群疑中毒，以银器置碗验之，色果变黑。群疑乙乘间投毒其中，遂哄然将看祠夫妇逐出。吁，聊遂片时之欲，几掷千金之躯。寄语少年人，直当视温柔乡为胭脂虎可耳。

良朋诗柬

○嘉应涉趣园居士登戍子贤书，然淡于荣利，日以诗画自娱，复时多感慨之作。刻贻诗柬一函，谨登报答之焉。书《沪上诸公张园拒俄演说文后》二首：

> 风卷妖氛黑蔽天，朔方蛟毒早垂涎。
> 生灵忍作辽东豕，痛饮争投座上钱。
> 万国从来守公法，诸君咸力主民权。
> 一番热力成新史，英日无劳指臂联。

> 胜地当年重发祥，森林遍野郁苍苍。
> 谁将孤注呼卢雉，愿效长驱黜虎狼。
> 现象不堪成兔窟，利权先责返牛庄。
> 无端新约难平允。寄语朝廷在自强。

《登镇海楼》四首：

> 走舶飞轮海禁开，年年商战局喧豗。
> 平蛮遥望马援柱，使粤曾传陆贾才。
> 地握虎门资险要，山从庚岭郁崔嵬。
> 仙人犹有骑羊迹，独立苍茫吊古来。

> 海气蒸云接断虹，登楼几见木棉红。
> 中华自昔称文物，南从越来有霸风。
> 千里封疆归锁钥，百川形胜控西东。
> 题诗恰值艰难日，长啸一声天地空。

> 楼阁嵯峨瞰海滨，登临还算自由身。
> 江河日下愁无地，世界维新赖有人。
> 大泽鱼盐饶重利，弭天波浪吊逋臣。
> 可怜画舫排灯市，夜夜琵琶杂笑謦。

怀古登高寓意深，尉佗城阙快登临。

时艰易厄才人笔，位小难言报国心。

岭峤云霞分曙晚，海幢钟鼓判升沉。

中原握手谁知己，莽莽寥天倚剑吟。

大清光绪廿九年癸卯闰五月廿六日　公历一千九百零三年七月二十号

捕匪续闻

○又接嘉应友人函，述捕匪事，与昨报所纪详略微异。复录于下，其函云：

本月十日内，迭闻两广亭匪势猖獗，聚至三千余人，何标山、潘富山皆在焉。广毅军扎在附近，与匪相持不下。某夜为匪暗袭，失勇数名，军械亦多失去。其后江西来勇一营，并乡勇数百，与广军合剿，攻破匪巢。斩匪首温桂山，生擒军师何则良，夺械数十，俱解齐昌奏捷。余匪仅退二三里，仍与广军对垒。近邮使自两广亭回州者，则云自官军得利，温匪授首后，是处已无贼踪。间有零星余匪，俱窜入深山藏匿，谅亦不能为患矣。又云此次起事，系温匪之众，至何裕古、潘阿半等匪首，仍在平远大柘近处，现未发动云。

委员代理

○平远县缺，昨经藩宪牌委龙大令绍仪署理，现未赴任。前此秦牧伯已委省委张司马翰芬代理，于闰月初四日接篆视事。

学长灵魂

○汕头岭东同文学堂学生刘茂才节膺，嘉应之兴宁人也。去年春，以英年就学，精敏寡俦。不数月即通东文，能译书报。今年举为学长，稽查各学生功课，颇有条理，同学得所切磋，监督、教习俱敬爱之。闻西抚借法助剿，时颇动公愤，维时监督、总教习均外出，乃联同志数人，电达政府，请为阻止。未知其事如何，然其志可嘉矣。入夏来，偶沾微恙，投以药旋愈，仍力学不辍。友人劝之告假归里，不听，病复发，日甚一日、逾月已来，医药无效，遂于廿二日逝世。学中人同声一哭，爰于廿三日公致祭之。温教习为之作祭文，语多沉痛。邱监督为之作挽联一章，联云：热血定难消，算此

生未了军国民志愿；灵魂原不死，祝来世再为新学界英雄。

○又同学生林君伯骥、杨君梦德、黄君干甫公挽一联云：人间世亦何凭，身正无瑕，行高无玷，志强无馁，学大无歧，如公一病竟云亡，未免拊心天意忍；死别离真可恸，室虚有影，户闭有声，案尘有书，榻悬有席，使我千呼终不见，空教挥泪海云寒。可以知茂才梗概矣。

大清光绪廿九年癸卯闰五月廿七日　公历一千九百零三年七月廿一号

教习游台

○同文学堂暑假本应展期，唯近日学生多欲假归者，故东教习熊泽纯氏亦于昨日假归游台，即乘日本大义丸往厦，由厦渡台矣。

纪嘉字营勇

○梅州嘉字营勇，左右哨共百人。右哨某弁带五十名，近因赏罚不均，陆续辞退者计有二十余名。某哨弁并不报销，仍浮收兵饷以归私囊，所存之勇按月口粮又被克扣，士心愤怨。本月初九纷纷到游府递禀，诉克扣浮领之事，且不愿属某哨弁麾下。游戎立即传两哨兵齐到州辕应点，用好言安慰。某哨弁急募乞丐二十余人，冒缺赴点。州人观者咸目为丐兵，然虚额扣饷已成中国营防之通弊，故官弁恬不为怪。近闻营务处当道诸公，以东西警报日急，决议尽【近】半月内，将两广营制一律改良，以收实效，则应革者革，应兴者兴，庶几壁垒一新，旌旗变色乎。

米价又昂

○嘉应之商于赣者，前月因梅米价昂，民食维艰，慨然集股寄银一万元，交州中广济善堂买米平粜，经来汕采足千石付载。而州中米价大跌，善堂绅士恐太亏折，因飞函嘱汕米减价卖去五百石，余米抵潮，又嘱令卖去三百石，到州者仅二百石。初，州商闻善堂买米太多，相戒不敢采汕米，故各行空虚。谁知善堂米少，欲行采办，已无及矣。故至本月望后三四日间，米价奇昂，一元仅买九升八合，民怨沸腾，咸谓善堂绅士实大负赣帮善士拯荒之苦心也。

大清光绪廿九年癸卯闰五月廿八日　公历一千九百零三年七月廿二号

纪流民

○兴宁自两年来，旱灾交迫，散而之四方者几千人，流落于汕头、海、潮、揭等处者居其大半。然多不能谋生，业无所得食，则吹一箫或拍一板行歌，作乞人。日走市町村落中，以图一饱。近闻其邑早稻将登，颇现丰象，始纷纷作还乡计。由揭阳还兴一路牵男带女，不下一二千人，较之离乡时，俨有转忧为喜之气象云。

猪产异闻

○嘉应城东芹菜洋叶某家，有母猪一头，近日产小猪十二只。内有一猪宛然人形，头面手足皆具，唯眇一目而已。乡人观者如云，啧啧称异。家人以为不详，弃诸厕中云。

135

大清光绪廿九年癸卯闰五月廿九日　公历一千九百零三年七月廿三号

峰市劫案

○闽广交界之峰市，距大埔二十余里，近数月抢劫之案层出不穷。某日，荣和店被匪劫去数千金。又有自桃园埔赴该市之挑夫亦被劫，计失去千数元。又有上杭范姓者商于该市，获巨资，离市数里独构新居，月之十三日，突有贼三十余人劫其室。室仅妇女三人，男子皆外出，贼将妇女缚住，肆行搜括。适邻近猎者七八人过其门，闻嘈杂声，疑之欲入视，贼遽自内发枪出，猎者知为劫贼，亦发枪击之，并号邻众互救。相持片刻，贼有受重伤者，遂蜂拥散去。猎者入范室，释妇缚。仍有一贼在室东奔西撞，迷不能出。猎者擒获，交范捆送峰市分县。该贼恨独遭擒，即将群贼名字尽行供出。闻供称有十六名，为嘉应桃源堡某姓。该姓同居者恐被波及，尽室他往。刻下上杭、嘉应各地方官已合力缉捕，不知能否破获也。

○又闻该拿获之贼送峰市分县时，某二尹索银二百元，方肯领受。再三求减，始以百七十元交脱云，亦奇闻也。

大清光绪廿九年癸卯六月初一日　公历一千九百零三年七月廿四号

纪梅州平粜

○嘉应广济善堂，因平粜太少，州人啧有烦言，已纪前报。近来善堂转向义仓，借陈谷二千石平粜，以惠穷黎。但办理不善者，男女混杂，拥挤殊甚，小手混入其中，致有失去首饰者，有失去米挥与谷袋者，且出入艰难，粜谷者须穷一日之力，人咸苦之。噫，救荒无善策，岂虚言哉。

○又闻义仓司事者云，某仓所屯之谷，额七百五十石，至量出时仅五百石。不知何以耗蚀，若是，岂旧谷积久，其鼠耗必多，理固然乎。

罚已重矣

○埔邑石庄某者，因霸据某甲之店，至讼于县署。查大令即派差传讯，庄又与差角口，争持不下。各差遂以殴差毁票禀复，庄某惧，登即潜逃。各差乃将伊父交案责押，旋亦释放，而庄某不知也。走至郡，即具呈上控，迨移文到县，大令以其刁横已极，立签拘到堂。初试以三千小板一千藤，后继复加责掌颊二百大板一百二十，责后令坐风炉枷中候讯。闻者莫不代为之叫苦云。

河必控告

○松口沈某之妻李氏，年方廿岁，因前月十四日入山采薪，回至凹头地方，突遇骤雨，霹雳一声，道旁巨木立断，妇猝不及避，被压殒命。外氏父某明经，以女死不明，呈控州署，伊翁沈某亦将实情呈诉，闻州牧批斥不准。

盗案批查

○罗衣堡侯某于前月初四夜被贼挖门入室，搜括一空。侯方觉悟大呼，逐贼至长沙墟，贼忽不见，无踪可寻。因赴州呈禀。州宪立批饬差查缉究办。

大清光绪廿九年癸卯六月初二日　公历一千九百零三年七月廿五号

续纪骗收庵捐时

○前报纪嘉应徐某骗收庵捐，以致受重罚，闻州中士林咸抱不平。有深悉其事者，谓徐屡次到庵讹索，寺僧厌恶，故诬以重罪，实借公事以报私仇也。当事觉时，委员着局差以铁链加徐颈，拖曳到局，摆公案，排刑具，审讯迫吓徐某，而徐某绝不认假委员之事。迨重罚六十元，则各委员分肥，又假公以济私，州宪闻之，太为不悦，谓徐是读书人，何得锁以铁链，污辱斯文，莫此为甚。而州人士亦谓房捐委员擅作威福，且轻罪重罚，实太为已甚云。

新婚异闻

○前报新婚奇谈，乃三代姻娅，既奇矣。兹复有更奇者，嘉应城西有某甲者，幼失怙，家清贫，其母氏不能守，亦再醮去。甲稍长，颇能自立，及强年，薄有所积，思构造家族，然以生长无卓锥地，不敢向大家女奏求凰曲。闻某处一老大妇改适者，数四矣，而价极相宜，乃托媒执柯说之，妇欣然。甲遂涓吉成礼，迨妇入门，恍若履天台之山，武陵之洞，流水残云，皆奔来眼底，历历如旧相识，心窃异之。细询甲家世，甲具道其祖若父名。妇愕然。始悉甲父即为其第一次之丈夫也。甲大骇，自悔孟浪，然得此意外奇逢以为幸事，乃母事之，而另览他偶云。

○又一某生者，亦城西人也，为其子娶叶氏女为媳。生日前抱鼓盆，痛谋续弦，托媒说合。及娶妇归，乃叶媳之生母也。礼成后，将从前为亲母岳母阿母之称呼，是父是子是媳同声改换，羞涩一堂，真奇闻也。

大清光绪廿九年癸卯六月初四日　公历一千九百零三年七月廿七号

纪梅州练勇

○嘉应自数年来，因属县土匪迭起，州宪特谕保安局绅劝各铺户捐题勇饷，以为团练保甲之需。故地方亦得藉以安堵。闻近时练勇不守营规，

而其最肆者为宋甲、江乙云。

风水之惑

〇潮嘉之人多惑于风水，其相沿旧俗，有令人喷饭者。嘉应城内，近日林氏祠道，因修整工竣，合族姓以落成之，延请巫觋以诅以咒，锣鼓喧闻，闹热非常，名曰"安龙□"。旧时龙脉使之得安也，而城内尤而效之者，甚至每屋皆然。其耗费也亦称是，而名曰"顿龙"，谓我之龙脉不为安龙者夺去也。数日之间，金鼓齐鸣，观者如堵，其迷信风水于此可见。

刘学长小传

〇同文学堂学长刘茂才节膺，修文地下，已纪前报。兹得学堂监督邱工部作一小传，复登之。传云：刘君松龄，字冬友，号节膺，兴宁人。少读书，即志为有用之学，内行惇笃。然在邑中有侠义，称其学务为进取，尤务实行。丁酉戊戌间，即兴邑士之同志者，创立书社、报社，购买新书、新报，以开风气。政变后，方严报禁，内地瑟缩。君乃身任购报，一以输入文明为主。庚子春，岭东同文学堂已开，君方与同志将往日本游学。抵汕，谓此学堂将来为岭东文明之中心点，即入学堂为学生。不数月，北直拳民起，粤省各会党亦乘之而动。君即归邑倡办团练，以守卫地方。时学生中归而办团练者，推嘉应之松口堡，及君所办为最有条理，亦著成效。时邑中风气渐开，渐有兴革事宜，如妇女改装诸事，君皆为之倡和，议定新政，复行学堂，益谋扩充。辛丑冬，君复广招邑士。壬寅春，同来堂缺于资者，设法助之。癸卯春，复遣其同学犹子维煮与邑士二人游学日本，入成城学校。时君以亲老，又学堂方公举为学长，不得行。然其于科学已各有门径，能自译书以饷学者矣。夏得热疾小愈，以医误投药，遂不起，年三十三。哀哉，君生三女无子，以兄之子为嗣。

计无所施

〇埔邑大麻甲某乡某甲，素权子母，颇有余积。有银溪同姓某乙，曾向甲揭借银元，年纳租息无异。日前甲复向乙讨此款，乙因急逼无以应命，遂妙想天开，谓甲与伊妻有私，辗转相难。复邀集各乡族长联名禀于官，希图吓索。查大令以事主并未出首，事属枝离，批斥不准。

令人喷饭

〇某邑某处，有一书塾，生徒十余人，而塾师酷嗜花会，逐日无非将逢春占魁等字仔细推敲。其痴情所结，或嘱学生落童，以求真字；或嘱学生送批出外，以博孤注；或早起必问学生有何梦否，有则以告先生，自能解之。落批时抑或少钱，则向学生借之，谓明日获彩，则十而百，百而千，准此完账。如明日不完，则尔虽背诵不全，吾亦收夏楚之威以偿汝也。种种荒谬令人喷饭。试观此等师范，则中国教育之前途，未知其可贺也，抑可吊也。噫！

大清光绪廿九年癸卯六月初五日　公历一千九百零三年七月廿八号

兴宁著匪就擒

〇接兴宁访友来函云，该处著匪朱丁中，匿于迳心村地方，经郭邑侯传昌选派差勇驰往围捕，业已成擒，四乡称快。近闻著匪潘亚辛等，出没于龙川县上坪乡及赣省边界等处，时有掳抢，行旅不通，且有勾串惠州土匪之谣。如不早图，恐贻后患。郭邑侯复禀恳上峰，咨请江西抚院檄饬长宁县，一体兜拿，以期歼厥小丑。

筹款新法

〇埔邑侯查大令因举办学堂，筹款维艰，乃立一宗旨：凡地方各案件，视其大小轻重酌量罚款，以充经费。日来共计此款，已可得千余元。自此法一行，涉讼之家，皆有戒心。闻近日每期中，所进呈词已渐减少。果于此，将以实心可以兴学，可以息讼，亦一得也。

嘉应彭孝廉炜瑛涉趣园诗钞序

〇诗有唐音，此世所谓难能者也。同年彭少颖孝廉诗，乃有之，可贵已。虽然世界进化公理，每变愈上，今不如古，则必其不变而退化者也，诗界亦然。昔岁已丑，与黄公度京卿同出都，小住沪澶，相与倡为诗界之变革，不十年而其说乃大行。中国少年之治诗者，群然起而鼓其风潮，其变未知所届。庚子，复晤公度梅州。世界之变，方听之天演而无可如何，唯诗界则尚思以人治胜天行。斜阳老屋，倡予和尔，其相慰也。于时始闻少颖能诗，且力追唐人，惜不得一见。今年乃承远寄其涉趣园诗于潮，乞为之序。取而卒读，渊渊乎，飒飒乎，则信乎其有唐音已。诗固不能以唐限，世界之变已极，有文字以来，所未有其影响之，

及于诗界者甚大。匪唯唐，即上而汉魏六朝，下而宋元明，守而不变，皆在退化之列。少颖也已为今诗人，其诗且与世变俱进，而未有已涉趣园与人境庐吟声相闻。他日过梅，固当有以证吾言者已。癸卯闰月，丘逢甲序。

仓海君次韵答彭少颖同年

〇《龙川七绝》二首：

> 隔断中原岭势雄，越台凭眺夕阳红。
> 青山何处寻秦戍，黄屋当年比沛公。
> 诗吊赵佗聊自遣，事怜刘照然相同。
> 君看滚滚龙川水，犹会驿河日夜东。

> 相马人犹守旧经，屠牛谁信发新硎。
> 大槐入梦无王国，老柏供谐有鬼延。
> 刍狗岂能仁万物，著龟空与卜三灵。
> 且欣域外奇观在，一卷坤舆遍八溟。

大清光绪廿九年癸卯六月初七日　公历一千九百零三年七月三十号

梅江大有

〇州中自春夏以来，雨水匀和，田禾蓬勃，有高至四五尺者。迄今早稻登场，闻诸老人云，每石谷田多收至加二者。如此丰收，实数年来所未见。迟禾虽不见佳，然亦有七八成之谱。市中米价，谅可期平稳矣。

大清光绪廿九年癸卯六月初八日　公历一千九百零三年七月卅一号

查封窝馆

〇嘉应畲市□园教堂于本月某夜被盗，失去多赃，邓教士赴州呈报，指明临近刘某、李某为窝。目下州牧立遣委员将二人窝馆查封，一面饬差缉追云。

解　嘲

〇日本留学生业经剪发者，十人而九。嘉应某君，发已种种矣。近日暑假还里，道过汕，汕友有以剪发事议之者。有通人代为解嘲，云俞恪士之子在东京游学，近以剪辫为其父所呵责。子复书辩之，中有泰伯断发文身，孔子称其至德；杨子一毛不拔，孟子以为无君云云。乃翁无辞可答。大同之世，盖无可无不可，不得以形迹拘彼，其人之发则辫也，心则剪而去之也。乃如之人习以为常而不加责，而顾争毫末而为是断断也，盖亦浅矣。汕友强作解人而去。

罚田助学

〇埔邑黄沙陈、余二姓，因争田兴讼。堂讯时，陈姓将印契缴验。查大令谓陈姓红印不符，罚令陈姓将田充公，拨归学堂之用。陈姓因此复请某绅缓颊，将田由学堂契转卖与陈姓，劝令陈姓缴出学堂经费银二百元。一转移间，公私交受其益云。未知其结果如何也。

大清光绪廿九年癸卯六月初九日　公历一千九百零三年八月一号

请赌兴学再纪

〇前纪大埔大麻甲郭茂才镇章等赴道辕，禀请照练局旧章，抽收赌规，及合并文庙香灯费，以兴学堂。蒙批仰府饬县查明，禀复茂才，旋又赴县进禀。月初查邑侯来郡谒见新道宪，郭茂才复邀同刘茂才禀见大令于行辕，力恳提倡批准开办。闻大令答以如此办法，当从缓斟酌矣。本邑小学成就，再行发论亦不为迟。茂才等颇不谓然云。

匪首就擒

〇江广交界一带会匪迭次搜捕，已录昨报。兹悉有兴宁何姓某甲者，曾录佾生，红颜白发，年已七十二矣，在匪中极矍铄。匪之头目有五，号为五虎征西，盖欲由东江而直窜江西也。而何姓某甲为五虎之冠，经兴宁县悬红千元购缉。日前被附近上坪墟王姓村武生督率乡团生擒匪数十名，就地毙匪十余名。而某甲遂被获，随即解送龙川县宪讯办云。

大清光绪廿九年癸卯六月十一日　公历一千九百零三年八月三号

禀免镇邑房捐批词

○镇平县方大令廷珪具禀大宪，略谓县绅举人李向荣等以县属自甲乙兵燹后，连年叠【迭】遭水旱，地方元气未复，民困未苏。本年三月大雨连朝，复遭洪水冲决，基堤壅踢，田庐、熟麦、新秧多被漂没，民情困苦，市面淡薄，生意萧条，铺捐无力，全年收捐不过二百八十两，余数亦甚微，无裨饷项。联恳转请准免抽捐，俾纾民困而恤商情等由。经大宪批示，略谓房捐一款，本应体察地方情形，分别办理。其在繁盛之区屋租昂贵，业户获利颇丰，二十取一，原不为虐，若贫瘠之地实在捐缴为难，亦宜酌加体恤。据禀该县每年认缴铺捐二百八十两，仅解一年。现在借灾求免等情，是否属实，仰广东房捐总局详查核议，分别饬遵云。

大清光绪廿九年癸卯六月十二日　公历一千九百零三年八月四号

咎系自取

○郡恶溪乡某杉商，因月前行中杉木为上埔某甲盗窃，嗣经破赃，由某绅议罚演戏一台。日昨构起舞台，大开演唱，男女观者云集。正在喧哗热闹之际，有戏班内某乙挑午饭一担，拥挤而至，仓猝间撞倒挑卖火生之某丙，致火生尽倾入水中，丙遂抢前扯乙，争执不已。台上诸子弟望见，竟飞身而下，群将丙殴打。乡众不平，咸助丙殴乙。混斗良久，诸子弟辈负伤而逃，恳诸某绅。某绅以乙既撞倒丙卖货，不宜与丙相扯，且班内诸子弟，亦不应助乙殴丙，致为众殴伤，咎系自取。故念受伤稍重，令乡众备资多少，赔偿戏班药价以了事云。

大清光绪廿九年癸卯六月十三日　公历一千九百零三年八月五号

札捕花会续纪

○埔邑查大令札三河司搜捕花会，已纪前报。兹闻禀复后，复札新任闻捕厅，会同黎家坪汛罗把总严拿张古松、罗甘雨、罗晋周、刘开益等，并将从前窝匪拒捕之黄某等一并缉拿。虽若早以闻风远扬，然再经此一番严办，破去巨资，或不敢如前之大张旗鼓矣。

窝奸被罚

○州协防某有侄媳，淫荡无行，于某月为长乐船夫带在某街某店楼上藏匿。协防闻之，立即带勇四名往捕，将奸夫妇二人缉获，拟鸣官究治。船夫伏罪哀求，愿罚孔方若干，乃允了事云。

大清光绪廿九年癸卯六月十四日　公历一千九百零三年八月六号

复试学生

○埔邑学堂前经查大令取录，招复学生一百二十名，复试后榜列六十名，分作二班，再行复试。其名额若干，现尚未定。闻初复为所裁去者，多系秀才云。

○又前定章程，拟取二十名，给以膏伙充学堂肄业。兹闻有多添名额裁去膏伙之说，如此似更善也。

绝讼妙术

○兴邑土风好讼，传呈者亦最多，富而无理者尤好传呈，以冀肤愬之易听。乃自郭大令到任以后，而传呈者寥寥无几。推原其故，盖每传呈，必需无量数之金，故好讼者闻之而裹足云。诚绝讼之妙术也。

卖票之弊

○票差发行，必归值日，所以均劳逸，专责成也。乃自票可得钱，而

争竞起矣。嘉应州属近年以来，票役多由孔方而得。当夫票将发时，有一种狡监蠹探知两造均殷实乡愚，立即携银到门房开说，求某案之票请归承行纳买票礼若干。门丁利其重价，即欣然予之。值日之差，唯侧目而视而已。迨票已到手，蠹役则意气扬扬，统率散役数十人乘轿下乡，如狼恣意吞噬，必饱其溪壑而后已。乡愚无知，任其吓诈讹索，倾资以奉。较诸买票资本，已获利三倍。故乡愚一经讼累，家业荡然。迩年来，盗贼如麻，由于荒旱者十之七八，而由于官讼者亦十之二三云。噫，为贤父母者，尚其毅然力祛此弊也乎。

纪齐昌商务

○兴邑西门一街，为商务最盛之区。乃近年来频遭水火盗贼之劫，加以薪桂米珠，缴费亦日见重。今年歇业者，竟至四五家之多云。

世界炎凉

○州中自入伏以来，六七日间，火伞高涨，异常酷热，大有挥汗如雨之势。

○潮汕初七八等日，热度达于极点，人无不苦之者，幸一二日炎氛稍却，已觉另有一番清凉世界云。

大清光绪廿九年癸卯六月十五日　公历一千九百零三年八月七号

鳞族志异

○嘉应州南口潘姓门首塘，昨月底忽塘中扬波鼓浪，似有鲸惊蛟动之势。一连三日，自十一打钟至两点始止，满屋骇异。议令蓄塘主人入水冥搜，塘主惧不敢泅，谓该塘蓄水二三十年，虽遇旱并未涸辙，不知其中有何鳞族怪异；只得用渔艇操罟以待。至第四日午牌，果波浪依然，极力举网，乃得一鱼，长仅尺余，重不满三斤。筐出墟市，置诸水缸，跃而倒竖，头垂下而尾掉上。是日墟期，观者如堵，共讶不知何物。其头似鲩，其鳞似鳍，其尾似鲤，其腹似鳗，捻之则坚厚。及后主人欲烹而食，剖之则无肠而似蟹。主人不敢餍，姑烹熟以饲犬，犬亦无恙也。闻见者咸以为奇云。

局绅可羡

○兴邑局绅某君，族中之佼佼者也。自入局办事以来，凡其族人有事，无论大小，动曰：吾必投吾某叔知之。上年其族人某乙到某捐局报捐监生一名，数年执照尚未颁到。乙曰：必兑还银两，不然吾必投吾某叔知之。及后执照既到，乙又不肯兑交照，言谓：上年我在尔处报捐，尔何得无照与我，又安得再加照费？吾必投吾叔知之。有人笑之曰：绅士诚可羡哉！族中有一绅士，无论买物报捐，均可不必用孔方兄矣。

大清光绪廿九年癸卯六月十六日　公历一千九百零三年八月八号

风水竞争

○埔邑坟山之案，层见叠出。推其故，皆由惑于□囊经之说。遂致倾家荡产，亦所弗惜。近闻高陂吴、曾两姓，因坟屋互争，涉讼公庭，已蒙查大令批勘。近日房书差役人等已先诣高陂，俟查大令由郡回署，即顺便诣该处亲勘云。然两家讼费已不资矣。

茶阳农况

○埔邑现当收获之候，黄云匝野，打稻之声，通宵达旦。闻胼手胝足者，颇有丰收之乐。故自早稻登场，米价已较前略减矣。

瞽说惑人

○嘉应三坑□有吴姓某甲，瞽者也，独居一室，亦假神附身，以煽惑人。凡人有抱恙者，辄延其保护，有所谓打红花、发小鬼种种新名词。其至人家作法，但以铜筶两只扬之空中，如及地不正，则曰是有异方邪神作祟，必以若干纸宝礼物发遣之。迩年来，非常热闹，是亦地方之蠹也。然不特愚夫愚妇深信其术，即士大夫家亦多为其所愚弄者，真可怪已。

大清光绪廿九年癸卯六月十八日　公历一千九百零三年八月十号

郡中商务述闻

○去年赤纸行商亲往汀州等处采办赤纸，获利颇丰。现年纸不畅销，纸价大跌。凡客货之入行者，均屯积如山云。

○潮州业茶者，每年于清明前后亲赴武夷等处采办岩茶。而今岁种茶，价值陡贵。据个中人云，去年厦门回禄茶行俱遭一炬，闽商争先购买，故其价遂涨也。

染坊喜雨

○郡中乡村种靛，为出产一大宗。靛有二种：一名马蓝，其叶大，今称大青；一名槐蓝，其叶小，今称小青。春夏之间，雨泽愆期，每靛一担，价值九元有奇，染坊亏累难堪。前数天好雨忽来，每担遂跌至五元左右。两日大雨如注，靛叶蓬蓬，将来收成，价定有跌无涨，故该行中人咸喜上天之雨金云。

风气将开

○西人讲求卫生，而居处其一也。盖人之呼吸，含有炭氧气，此气盛于极点，便能伤人。故睡房夜间应闭窗户者，不可住人过多，恐无生气透入，必致酿成疾病。潮人信堪舆之谬说，所居之宅，率多湫隘，无以迎氧气。故郡中虽经刘前县示劝民间盖建层楼，无有听者。近日某殷户依仿洋式筑楼三层，而附近行商不闻争阻，且皆歆慕之。亦可见风气之渐开矣。

大清光绪廿九年癸卯六月十九日　公历一千九百零三年八月十一号

文明象戏

○世界游戏之事，皆足以助学问之进步，验社会之习惯。如好掷升官图者，必熟悉于升迁降调；好掷状元筹者，必热心于科甲利禄，是其证也。苟能因其道而用之于游戏之中，而隐寓文明之理想，输以通常之知识，则于民俗之进化，将必有被其影响者。昔某君有见于此，将中国关河扼塞绘之为图，略仿升官图之例，凡掷得某骰者，得据某地；再掷得某骰者，由某路进兵，谓之山河割据图。若数数为之，则中国形势自能烂熟胸中矣。近又有某君创为文明象戏，谓旧日象戏，只失去主将便定胜负，不合公理。今拟失去主将后，可于局中另择一子立为主将，务必全军覆没，胜负始决，且主将当身临前敌，而深居简出，亦属不合，故一切皆略为变置。某君谓事虽游戏，而此局一出，亦足稍明世界之公理，而鼓励国民之壮气云。

茶阳水患

○埔邑常春夏间，恒多水患，往往在地不雨，而河流陡涨，平地水深数尺。故城内外人家市店，常有匝月在楼居住者。凡小资本家，多受其窘云。

大清光绪廿九年癸卯六月二十日　公历一千九百零三年八月十二号

埔邑学堂述闻

○埔邑学堂开议已久，然经费难筹，目下仍未能开办，教习尚未聘定有人，查大令拟请关老师兼办。邑中议者以为，教习一席有教育之责，关系繁重，必深通教育义务，方能胜任而愉快云。又闻堂内拟设稽查五人，内外账房二人，护勇二人。邑中均不谓然。

严禁牛屠

○泰西耕田多用机器，牛非其所专用，故不禁屠牛。而中国则全资牛力，此屠牛所以悬为严禁，亦所以重农也。兹复得嘉应秦直刺示文，与昨所登杜游戎示文，言各有当。兹复照登于下，其示云：为出示严禁事，现据保安总局禀称，乡民以耕种为本，朝廷粮课为先，粮从农出，农赖牛力，牛有助农助国之功。虽州城近来盗风稍息，唯盗耕牛来局投知者，仍层见叠出。查其缘由，实因丙村、悦来二墟牛屠甚伙，公然私宰耕牛，凡夜盗窃牛，夜半偷去，即卖该牛屠，至天明已经私宰，遂至无牛可认，无赃可起云云。等因到州，据此除批示外，合就出示严禁。为此示谕该堡屠牛人等知悉，尔等须知，私宰已干法纪，若买窃盗之牛宰杀，尤有从重科罪致条。自示之后，务宜凛遵示禁，别图生业，毋得仍前私宰。倘敢故违，一经访闻，或被告发，定即严拿到案，从重惩办。本州言出法随，决不稍为宽贷，其各禀【凛】遵毋违。特示。

岭东大有

○岭南之稻，一岁二熟。月初早稻登场，颇称丰稔。若惠州若嘉应，且有每亩之收赢其一二者。若潮州各属，大象均佳，因月初酷热过甚，农人恐有暴风，往往有颖未精置，即速为刈获者，以故收成减色。然匀计之，亦可得七八成云。

147

不修边幅者鉴

〇埔邑某乡某甲，与同族某妇通，两情颇洽。然某妇性淫而荡，人名之曰"水蛙"。甲惑之，其妻因此下堂求去。去年甲继娶一室，大适意。自此琴瑟渐谐，而与某妇交欢亦渐疏，妇恨之，每遇于途，辄作灌夫谩骂，甲辄避之。至某日甲偕族人祭祀，戴顶穿靴，衣冠甚美。又遇妇于途，被妇辱骂特甚，甲羞愤大加，反目曰：世多桑中之私，未见有如汝之悍然不顾者，请从此抽刀断水矣。妇婉然曰：问谁置阿睹于床头以相求者，今日得花样田鸡，味之不尽，好忘吾的水蛙矣？抽刀断水水更流，君知之乎。行人大哄。

大清光绪廿九年癸卯六月廿一日　公历一千九百零三年八月十三号

驻罗浮司之某哨官

〇兴宁县北之罗浮司地方，与龙川、长宁、平远，为匪徒出入之所。自旧岁上宪拨某哨官带勇若干，驻扎司城之文昌祠，实为查缉匪徒，保卫地方起见，是乃北门锁钥也。唯近日颇闻丑声，人言为之啧啧云。盍取岑制军白话示文而一读之？

梅州喜雨

〇嘉应自早稻登场以后，两旬不雨，酷热异常，不独晚稻难以插莳，即人亦太困热力中矣。顷闻州中有历年向惭愧祖师讨生活者，本拟于十六日下阴那山迎祖师到北岗祷雨，不意于十五日大沛甘霖，群呼喜雨。而迎祖师之议遂罢。此一雨也，不独可以美田畴，即安排彩仗建设坛场，亦不知为州人士省几多耗费也。人以为上天雨金云。

抢割田禾

〇嘉应河田堡余姓，丁口繁盛，大半系奉某国教，与黄姓共村而居。日前本与黄姓有隙，屡次寻仇，黄不与较。月之初八夜，余姓未知因何缘故，突然星夜至黄姓村所，将黄姓田禾率众抢割，捆载而去。合村咸为不平，黄姓即于十二日赴州署呈控矣。未知如何原因，如何结果，容后探确续登。

大清光绪廿九年癸卯六月廿二日　公历一千九百零三年八月十四号

涉趣园来稿

○《园居述怀》四首：

俯仰无端且自由，园林闲趣足清幽。
百年事业谁青史，千古英雄恐白头。
风景落花人悄立，河山夕照水东流。
扁门日日添诗兴，蕉叶过蔷新荫稠。

何时濯足向扶桑，磨蚁光阴仔细量。
才不机云愧词赋，地非邹鲁也门墙。
救时谁觅三年艾，舞剑难驯百炼钢。
国耻未湔吾辈辱，忍教迂腐事文章。

回首仙山隔软尘，观棋曾作烂柯人。
功名自笑原头鹿，花萼长衔笔下春。
在眼何尝惊富贵，论交久既渺雷陈。
碧纱窗畔低徊玩，次第香开茉莉新。

为爱看山负手行，高人原不在时名。
两添药蕊饶生趣，风卷涛头吼怒声。
诗有千秋关历史，身留一剑待承平。
丈夫三十封侯未，愿向沧溟脍巨鲸。

二女轻生

○嘉俗妇女不惜身命，往往因事轻生，可叹亦复可怜。兹闻城西有蓝姓两少妇，家本小康，各有姑在堂，丈夫在市，俱为人司事，举家和睦，两少妇亦无失德。适因是夜在厨炒豆不熟，闲谈及之，被姑詈骂。晚餐后，各闭门寝息，尚不知其轻生也。迨天明，各人始知其媳房门锁闭，四处找寻，杳无踪迹，共相惊讶。询问同屋妯娌，据说该妇日前有愿为河伯妇之话，其姑着到外氏跟问，俱说未曾归宁。回至中途，见黄泥墩大塘有

149

妇人鞋屐两双，始骇然。专人下塘搜捞，果有女尸两口，犹绳带束缚甚紧。外氏知女轻生自取，与人无尤，只得听男家殓埋云。

大清光绪廿九年癸卯六月廿三日　公历一千九百零三年八月十五日

志雷雨

〇郡十三、十四两日，北风卷地，酷热熏天。十四夜风雨大作，雷电交飞，拔木破屋无数。鏖战两日夜，西山水浸山，遍野而至，田园尽被淹没。郡西各都多种芋田，经前届大水，既多糜烂，此次又连浸两日夜，萎枯殆尽。闻诸农者言，咸谓每乡各减收银千数百元，统计共失芋田之利，盖一二万元云。

〇兴宁函云，昨十四夜三更时候，天忽阴云密布，俄而风雨齐飞。至十五日午间陡雨倾盆，满城涨水数寸，因沟渠不能急流，复加以晚五句钟仍然滂沱雨降，至七下钟稍止，故城内街衢，水均深五六寸。幸更深雨止，可免决堤之忧。

〇又是日，郡河上下各船户俱停泊不行，惊雷数起，闻于溪口乡震毙一人，西关外吉利乡震死耕牛两头。又闻府署镇海楼亦被雷击破，直贯三层楼而上，楼栏旧日刻有木猴，相传谓有怪异，适是日之雷，缘木而起，将猴身分裂为二。诸愚民咸谓，是猴年久成妖，被雷击毙。争先快睹者络绎不绝。惠府尊亦亲自登楼验视，又移入内署，与众一观，以广闻见。越日，海邑侯徐大令亦登楼一阅，咸以为奇云。

〇按西人皆以雷为地气发达，凡人身配五金能引电之物，遇雷电震起，则多被焚杀。故雷震时，不可立诸林木茂盛之处，而佩避雷针即可免遭此厄。且屋室船艇均可设机拘引，使无暴起而有破木毁屋之虞。中国不明此理，咸以雷为有神专袭击恶人恶物。士大夫亦传而播之，可发一笑。

米市渐平

〇兴宁函云，近来乡间雨足，米市日渐平顺。日昨，上庄米每元可籴一斗八升余，人心因之大定。

大清光绪廿九年癸卯六月廿五日　公历一千九百零三年八月十七号

梅州占候

〇迩来州中旱热异常，寒暑针涨至百度，早秧多枯死者。幸初十、十一连日得小雨，炎威稍杀。齐昌水口墟鼠疫盛行，乡人多奔避者，至十五日时雨屡降，灾祲或可稍弭乎。

贫家遇劫

〇嘉应州白渡堡南华坝某甲，家临小河，人丁单弱，邻家亦颇寂寥。甲妻某氏，一足跛，子媳皆幼，甲素业农，服物首饰器具极形败陋，家畜只牛猪而已。忽前月二十五夜，贼匪十余人将门外石臼挖起，冲破门扉，一拥而入，各裹头巾，操洋枪铁尺利刃。甲夫妇酣睡惊起，被贼用绳缚紧拿住，呼救反加凶殴，子媳亦剽剽危惧，避匿床下，被贼牵去耕牛两头，而一切败陋服物亦一扫而空。至天明，子媳往邻人处叫苦，邻人来将甲夫妇释缚，而各负重伤。甲乃遣幼子到白渡怀仁局报明，并着地约踏看实在情形，回述局绅。局绅宋维松一面与众酌议，另给四元帮甲调医各伤，乃于初四日赴州呈报，秦牧伯即派差勇为之严缉云。

宾兴余谈

〇嘉应宾兴近二三十年中，循行故例。前吴州牧骏三振作一番气象，请名厨在大堂侧备席，肴馔甚盛，另选梨园上角装为嫦娥，观者盍称飘然若仙女降也，一时赴宴者争先折桂，俨步蟾宫矣。此后每逢科举，又依然故事，杯酒果碟，外装嫦娥者，系乞丐子。凡宴者、观者俱不敢向前，窃恐为之染秽也。本月二十日，秦牧伯奉行斯典，多士济济，颇极一时之盛。可见科举之事，尚人人热肠也。

害人适自害

〇嘉应州十甲尾邹姓，前岁与邻林姓因争古路构讼，年旦口角，邹使四十余岁寡妇彭氏服毒装伤报验，致林姓缠讼不休。后经和事老人排解，始得处息。兹本月某日，两姓妇女田间话旧，讥诮频加，又复口角，那邹姓某甲仍欲施其故智。某日晨起，迫伊妻某氏饮毒，到林姓坐赖。

乃甫到林门首，某氏转念，如欲一死，须身穿好衣服方肯甘心，即奔返伊家觅穿衣服。讵某氏返至己房，饮毒已发，倒地而僵。讣报外氏，被外氏探确饮药图赖情形，将邹重罚，勉强息事。噫，害人适自害，其事有如此者！

大清光绪廿九年癸卯六月廿六日　公历一千九百零三年八月十八号

冒占公地

○天印山者，埔邑之名山也。小靖河出其东，漳溪河流其西，汀州河环其背，当三水会合之处，如列印然，故名天印山。此山旧有宜春亭，为嘉靖李邑侯所创建，邑人饶副使相曾为之序，详旧邑志中。下有中江祠，系饶姓祖祠，乃代远年堙，亭榭崩坍，宜春亭仅存旧址而已。而武生饶某觑为吉地，遽行侵占，经众绅控诸陈前宪，饬令复旧，以息众怒。乃饶某怙恶不悛，竟将公地复行占据，作为伊姓火厂，邑中哗然。

记窝匪事两则

○嘉应西北跌马寨，距州二十里，为往来孔道。旁有伙店三四间，日则闭门窝匪聚赌，夜则坐地分赃。乡里有受盗窃之害者，往诉诸宜安局。局绅立即悬红告谕，略谓尔等各伙店太不安分，日则聚赌窝匪，夜则纵匪行窃分赃，而暑天之往来行人，欲求勺饮而不可得，念尔等初犯，姑恕尔罪。此后如仍蹈故辙，定禀官拿究云云。

○石扇堡巴璋地方多林木，有大水坑伍某者，昔在菩萨凹烧炭为业，而所雇工人皆外境匪徒，昼则烧炭，夜则行窃，邻近数村各遭其害，伍则坐地分赃。为人在州呈控者共十余起，乃承差延宕，不缉不拿，原告亦无如何。近因诬控其邻某乙，而各乡大动公愤，将联名呈控，并公结其窝匪分赃诸案云。

记梅州天时

○州中自入伏以来，炎热不堪，州人多患热病。而州署羁所群囚，亦倒毙三四十名。幸于十五日大雨时行，远近欢洽，即天气亦觉凉快矣。

大清光绪廿九年癸卯六月廿八日　公历一千九百零三年八月二十号

学堂教习免录科

〇刻得惠潮嘉道诸观察照会岭东同文学堂总理邱工部公文一道，照登如下：为照会事，光绪二十九年六月初九日准布政司丁移开，光绪二十九年闰五月初七日奉署理两广总督部堂岑牌开，光绪二十九年五月十七日准广东督学部院朱咨开，光绪二十九年五月初二日准贵署部堂开，为咨商事，恭查钦定章程，内有学堂生监免其录科一条，当经咨行，照遵在案。兹准广东大学堂总教习丁函开，各教习之应举者，学堂亦不乏人，虽无免录科，明文而讲授，襄勤未便，向隅独抱，应否一体，毋庸录科之处，希即咨商学使见禀，俾得照办等因，到本署部堂准此相应咨商。为此合咨查照，希将大学堂各教习应否一体免其录科，见复以凭，咨复办理施行等因，到本部院准。此恭查钦定章程，内有学堂生监免其录科一条，今大学堂例得应举之教习，似可比照学堂生监，一律免其录科，以昭平允理合，咨复酌夺等因，到德前署部堂移交本署部堂准此。除照会广东大学堂总教习查照外，合就檄行备牌，仰司即便转行，遵照毋违等因。奉此合就备移过道，希为转行，所属遵照施行等由，到道准此，除札各属遵照外，相应照会。为此，照会贵学堂总理查照，须至照会者。

记某邑某大令

〇潮属某邑书差借案居奇，逼勒吓诈，乃其惯技。历任官虽有斥革，旋变名冒充，莫可究诘。现任某大令受花会规费，为邑绅控诸府道宪，经记大过一次。继因某命案，又索验费千二百余员【元】。本案上控，复为府道宪痛加严谴。某大令颇形焦急，乃归咎于房差及大小轿班。某差知咎，经已逃匿。某房则诿之门丁，互相牵涉，大令甚难处置云。

疫诬为殴

〇兴宁恶俗，往往因出嫁之女暴病身亡，而外家必多方吓诈，不是诬殴报官，即是率众阻殓，以为诈财妙计。虽迭经有司严禁，然此风尚未剔除也。前闰五月杪，闻邑西厢之新陂墟有李忠华者，因伊一女去冬嫁于张国良为孙媳，年届九龄，患疫身死。李信其族人唆使图诈，因勒索张金二

十元，张不从。李即捏伊女被殴毙命以报县，张闻知亦即取结赴诉。当蒙郭子冶大令批示云：李忠华原控情节支离，本县心固疑其诬罔。兹阅诉呈：你孙媳年仅九岁，而李忠华伪云十二，你孙媳死由于疫，而李忠华捏称被殴，此等刁徒非照例究诬，不足以示惩警。李忠华先已交差候提案讯，究该职员克速邀同张林芳等投案一质，以免借口云云。

索诈知惩

○埔邑兰片甲某乡某甲，富家子也，饶有资财，因构造房屋，与同族某乙积不相能。某乙素无赖，见构造新居，遂借端诈索，而甲涓滴不与。乙恨之特甚，恃其族众势强，复邀某丙出名控之官。因此两家纠讼不休，乙狡诈性成，叠【迭】传不到，差役乃诱以甘言，使乙当堂递呈。查大令阅呈后，即命交差押候。乙复施其野蛮手段，在廷中哓哓置辩。大令大发雷霆，当堂重责五百板，旁观为之股栗云。

烂仔之横

○埔邑烂仔之横，日甚一日。闻数日前，吴姓有一无赖某少年，持百结鹑衣向永有当强质数百文，某当坚持不与。吴某即率无数恶少手执利刃，登门吵闹，复于厕所将秽物一盆向堂中心一掷，若以为不如是则不足伸其野蛮之威者。该当积不能平，闻已禀县严拿究办。未悉差役等能认真拿获讯究，以警【儆】效尤否也。

大清光绪廿九年癸卯六月廿九日　公历一千九百零三年八月廿一号

局绅开花会厂

○嘉应石坑堡之公塘墟，有甲乙两茂才为团练局绅董，平日事无大小，理无曲直，悉凭孔方兄为之断，乡曲为之不平。迩来大开利源，在墟私开三十六字花会，日甚一日，斯风颇畅。夫设局所以卫民也，而为之局董者，乃百端朘削，适以厉民。奚事设局置董为乎茂才，茂才庶日芟其芜秽焉可？

○案：花会之害，本报言之凿凿。然潮属虽盛，而嘉应无有也。今作俑者乃在局绅，邦人诸友莫肯念乱，谓之何哉？谓之何哉？有地方者之责者，于涓涓之始，而谋所以塞之，则幸甚。

且用除法

○丰顺县黄金埠地方有一某氏妇，貌美而性淫，颇知名。适一日在某店中作剧，有问妇半生乐事者。妇曰：人生行乐耳，妾自十七岁始有外交，至今二十九岁，所与合欢者卜昼卜夜，略无倦容，不知老之将至，此第一快事也。问阅几人，妇曰，阅人多矣。爰屈指算之，屈伸数遍而忘其确数，忽中止曰：实算不出。店伙强诘之，妇答曰：如不获已，且用除法，除某乡某姓，除某姓某人共若干外，余均供吾半生行乐者，实不知其确数也。听者大笑。夫一妇外交，计十余年耳，乃积数之多，不能用乘，只能用除，这等算法实足补几何所未备者。噫！士之耽兮，犹可说也。女之耽兮，不可说也。斯之谓欤。

纪练勇

○自来设兵所以咨捍卫，养勇所以靖闾阎。故查奸宄、巡街市，兵之责也。若荷戟而嬉奚事，兵勇为乎？嘉应练勇素无纪律，平日游行市肆，每遇樵妇到城，任情谑笑，夜则城隅呕哑，响彻云霄，营规不肃，莫此为甚。昔李游戎携亲丁夜出微行，遇兵丁歌唱淫词，立即扭住，责其违令，当夜杖责，城厢内外为之肃然。今练兵放肆若此，安得如李公者一为重惩之乎。

大清光绪廿九年癸卯六月三十日　公历一千九百零三年八月廿二号

同文学堂门前荒坦挂查示

○钦加同知衔赏戴花翎署理澄海县事、龙门县正堂、加十级纪录十次董，为出示挂查事，案奉宪饬：凡丈溢之田与新积之坦，遇有士民报承，必先示谕一月，名曰挂查。如一月限满，无人指告，方准给照承领等因，遵照在案。兹奉准岭东同文学堂总理邱咨称，前以本学堂门前有官荒坦一片，可为扩充学堂之基址，曾援案咨请札饬澄令丈勘明晰，照给管业，以便填筑，等因在案。今查该荒坦西至福音教堂为界，东至洋商会馆前面为界，计阔四十丈，北由学堂南至深海，计长三百九十丈，详细绘图载明四至丈尺，今再备文连粘图咨请查核转饬实行，实为公便，计粘图一纸等由到道，准此合就札饬札县，即便遵照前项札行新章，刻日挂查，如果该坦

地无人领照在前，及别项纠葛，即速前往勘明，妥酌办理具报，毋违特札，计粘图一纸等因。奉此合行出示挂查，为此示谕阖属军民诸色人等知悉，所有同文学堂报承门前荒坦，尔等如有领照在前，以及别有纠葛者，准限一月内赴案呈明，以凭分别核办。如逾一月期限，事后不得饰辞妄渎，及或所执契照并不在现承四至以内，倘敢映射诬指，希图扰阻，并干严究，均不稍贷，其各禀【凛】遵毋违。特示。光绪二十九年六月初六日示。

○查此案经于本月初六日出示挂查，现计瞬将兼旬，恐此示远近或未及尽睹，局再出示登报，俾众周知，其各遵照毋违。六月廿四日又论。

查封赌馆

○嘉应畲坑墟向□团练公局一所，曰镇安局，其经费由各行店及各赌馆筹派，历年无异。有刘姓者，为近墟强族也，所开赌馆，刘姓居其大半。前刘某为局董时，筹款均无异议，后刘某与舆情未协，畲坑柴、黄两堡绅耆暨各行东人公同禀请前牧伯，另举杨绅镇澜为局董。而刘姓各赌馆遂抗缴经费，而悬欠颇多。杨绅乃复来州具禀牧伯。得禀后乃饬差按名查封拘究。而刘姓各馆又摆出族绅传呈，谓查封必然滋事，以恫吓秦牧伯，牧伯大怒，即加移营协广毅军前往弹压，限差切速查封拘案，以警刁顽。未知果否查封，候探确续报。

蒿湖农话

○嘉应扶贵堡，离城约十余里，中有一湖，土名蒿湖，灌田数百亩。虽天气亢旱之时，各处水涸而湖水盈盈，盖其中有暗泉也。去岁大旱，各处田禾因之失收，而湖旁之田独称大稔，计每亩之入可得八九成。今岁早稻登场，全梅之农同歌大有，而是处因春多淫雨，禾虫肆虐，反致失收。据老农云，是亦数十年来所仅见者。

生令尹欺死令尹

○镇平邱育堂先生，讳赞，嘉庆间以名孝廉出宰直隶，历任曲周内邱西宁等县署，蔚州深州，卓有政声，身后祀名宦。其子上东亦以知县分发湖北，历任繁剧。今裔孙虽无出而仕宦者，然尚世守儒素。先生坟在县之东山邱陇，百年不几残坏。去年其裔孙某修复之，事已隔岁矣。有某大姓之墓在先生坟之上，相去八十余弓，今年大姓之无赖某向先生裔孙讹索不遂，乃鼓其族众，谓所修坟于其祖风水有碍，连名控官。恐不得当，大敛资为上下营干。计其姓已大，又多出入衙门者，故在县甚有气焰。县令某乃勒令先生裔孙将坟减低缩小，不遵则板责，又不遵则梏而押之班房，谓：再不遵则本县可饬差将你祖坟迁开；我亦是孝廉知县，你祖虽知县，已死，无奈我何。先生裔孙某临受刑责，大呼曰：我无势无财，致令受屈如此。县令怒谓：谁叫你无势无财，你若有势有财，本县亦事事可从你，今则请你且受屈也。县人士之持公论者咸哗然，谓生令尹欺死令尹也。秀才某甲善谐，独笑曰：是非生令尹欺死令尹，乃死令尹不如活花边。其友某乙曰：花边何得谓之活。某甲曰：若不是活，如何能使之勒人、板责人、梏押人？某乙曰：花边又硬又冷，究竟是死的。某甲曰：就是死的，亦可谓之死花边能使生令尹。

大清光绪廿九年癸卯七月初三日　公历一千九百零三年八月廿五号

风水兴讼

〇埔邑同仁甲沈某，累世式微，举家仅三四口，世以耕种为业。日前弟暴病卒，将自己契买山内扦一穴，以安窀穸，不计其穴之吉否也。适毗连有邬姓祖坟一穴，相距七八号，窥沈穴大吉，顿起狡谋，谓与祖坟相伤，勒令起迁。沈以卵石不敌，只得低声下气俯从，公亲婉劝，得银二十元为迁葬之费。讵料邬得陇望蜀，复欲令沈契买之山归邬管业。沈坚执不允，邬遂率众将沈手种松杉杂木，不分大小，悉行砍伐。因此两造遂涉讼公庭云。

记峰市办捐

〇闽广交界之峰市，距埔邑约二十里，向以纸木二项为大宗。木料则专运往潮城销售，其纸料则潮州、东江两处销路颇广。迩因百货加抽，峰市分县某二尹遂传各纸行到署，再三开导，劝令每行各出银二百元为领牙帖之费。各行等以年不顺成，乃将生理困惫情形恳求减免。某二尹裹如充耳，闻已详禀上杭某大令矣。日前上杭某大令亲到峰劝办，随从差役人等不下百余人，每日夫马供给，极其烦费。议者谓近日各州县官遇盗贼之案，则漫无觉察，置若罔闻。遇抽捐之事，则格外苛派，全无以体恤商艰。无怪民于区区者，靳而弗予也。

齐昌风雨

○兴宁来函云，近日大雨淋漓，满城涨水盈尺。月之十六七等日，西河南下一带，河堤决口两处，一望汪洋，居人大恐，所幸被淹不远，伤稼不多。至十八晚初更后，大风忽起，势几拔木，俄而暴雨如倾盆，约历一点钟止，多疑为怪风。而老于斯者，谓是日为彭婆飓之期云。

大清光绪廿九年癸卯七月初四日 公历一千九百零三年八月廿六号

童牛志异

○丰邑留隍大方桥有农人谢姓者，畜耕牛数头。日前牛生一犊，目红色，遍体皆白，四蹄若象牙，体壮性驯，略抚摩之，则颓然倒地。远近来观咸相诧异，而或以为吉，或以为凶。亦可见土人之少见多怪矣。

新妇轻生

○埔邑大麻乡某甲以经商起家，月前娶一少妇，风度嫣然，意颇自得，床笫之间亦欣合无间。然家有老母，新妇常不得其欢心。因此后……媳遽尔反唇，新妇郁郁，计无所出，遂乘间临河，自寻短见。适道旁有一过客，见此情形，即凫水救起。禀报某甲，某甲喜出望外，向过客再三诚谢。谓非遇贵人，则贱内几为河伯之妇云。

梅州风雨

○嘉应州前月十八夜二更时分，风雨大作。时适上市十甲街某姓某甲为其母修灯，是晚完斋延僧，上台念咒，普度幽魂。而台高受风，为之翻倒，僧人坠地，几不自保云。

大清光绪廿九年癸卯七月初五日 公历一千九百零三年八月廿七号

禁堪舆之惑人

○梅州旧俗喜谈风水，凡词讼中而坟山之案，十居八九。秦直刺乃悬示严禁。其示曰：为出示严禁事，照得民间坟茔、屋地、官山、税业均有例章，不容混行争控。是以侵占有按例治罪之条，诬告有加等反坐之法，煌煌功令，何等严明。至风水之说，稽古未闻。自汉代郭璞创有《葬经》，陈抟撰书于后晋，帝始闻牛耳。陶侃偶得牛眠，此皆得之自然，未尝逆理而求也。迨及后人衍扬其说，又变为阴阳两宅邪说，愈多信者，益酷诪张为幻，鬼蜮丛生。本州莅任以来，无时不以涌除恶俗为念。今查核旧牍，批阅新词，每多误听堪舆，惑于风水，见人葬坟造屋，辄生争占之心。因而藉端阻挠者有之，因而挟嫌故害者有之。或争占不遂，继而毁拆。毁拆不已，继而兴讼者亦有之。甚至架以挖骸，或称伤丁口。忿皆起于一朝，讼辄延于数载，势成骑虎，欲罢不能。讼则终凶噬脐何及？推原其故，皆由有一种外来江西游民，专以堪舆自称地师者，为之厉阶。此等浇风，诚为绅民之大害，抑亦别属所罕闻，急应严行申禁，以警愚顽。合行出示严禁，为此示谕州属绅商士庶人等一体知悉。尔等须知吉地须凭心地，福穴自有福人，非必逆理而求即能巧致富贵。况官山定有界限，税业契址为凭，不能于界址之外，不许别人筑造，混启争端；尤不得妄生觊觎，藉端讹索。其堪舆一流术，尤无据妄言祸福，藉以谋生。果能造筑求福，彼为地师者，自当立致富贵，何致以技求食，贪些须谢金，即将吉壤献与他人耶？此皆尔等未尝熟思之故也。自此次示谕之后，务宜猛醒前非，痛除积习。如有再因葬坟造屋希图案，诈混争饰词诬告者，一经讯实，即照例严惩。至堪舆之徒，藉称地师，妄以风水吉凶惑人，以致两造藉端诬控生事者，重则照诈教诱人犯法治罪，轻亦递籍严加管束。本州为丕整颓风起见，言出法随，决不稍事姑容也。各宜其禀【凛】遵毋违。特示。

得不偿失

○丰顺东留何姓，巨族也。族之中有营兵某甲，勾结胥役，大开花会，获利不赀。因邻乡胡、叶二姓角口，叶姓有溺毙者，甲遂视为奇货，唆叶赴营报案，己为之证，恫喝骗诱，饱其贪囊。及花会案发，伙党就擒，甲遂以其所得贿脱。凡此前所入，归于乌有，又恐祸之速身也，抱头鼠窜。闻者快之。

田家喜雨

○嘉应田禾于上月插莳后，天气亢旸，待泽甚殷。数日前，甘霖迭沛，高低田亩秧苗，为之滋长。"好雨知时节"之诗，窃为农人歌矣。

游戎裁勇

〇梅州嘉字营勇，上月某日，杜游戎将左右两棚各裁汰十名，计共二十名。凡哨内有得赃纵盗者，有歌唱淫词者，有疲玩游惰者，暨为裁去云。

大清光绪廿九年癸卯七月初六日　公历一千九百零三年八月廿八号

学署失盗

〇大埔学官陈广文，于上月某晚，忽被梁上君子抢入署内。广文本烟霞癖，盗不得发，及更深瘾定，始入梦乡。片时间已失去枕箱一件，内有洋蚨数十枚，且失重要公文数道。现已报县饬差缉拿，未悉能将原物合浦珠还否也。

大清光绪廿九年癸卯七月初七日　公历一千九百零三年八月廿九号

学堂难开

〇学堂之设，所以培植人才，为今日第一义务。丰邑留隍自己亥年间奉谕团练，抽炭竹两项，岁入约八百元有奇。行不一年，项归官收，局撤勇散。兹因该处绅士禀请将此款拨归留属学堂经费，竟为县主批斥至二千余字之多，词意若可解若不可解，其议遂寝。夫抽地方之利，办地方之事，本无不合，何县主之痛加驳诘也？学堂难开，于斯可见。

枪毙巨蟒

〇梅友来函，云有友自饶塘来者，据说龙牙乡某甲前月出行，遇一巨蟒，身长数丈，蜿蜒其间，头有王字，口张舌吐，嗡呷作声，令人惊怖，遂以鸟枪击之，应手而毙。后闻其毗连上杭之峰市墟，亦于是日毙尸蟒一只，大亦相同。甲即将蟒尸归而售其肉于市，获利甚厚。适甲犯病延医治之，所获蟒金，依数而尽。适此乡又遭命案，乡人咸咎于此甲。闻甲所毙者乃山神，欲建醮禳之，以被除不祥。其愚不可及也如此。

野蛮手段

〇嘉应水南堡钟姓某乙，昔向伊族某甲贷银若干，议定两季纳谷作利息。兹因早稻登场，甲往向讨，未知因何失欢，乙忽恨之，每怀刃以捕甲。上月某日，闻甲在堡内某店剃头，值散发将浴时，乙窥觉，遂奔前掣住甲发，把刀横刺入腌，骨碎油出，血流不止，命在须臾。店主大骇，即飞报甲家，赴辕鸣冤请验。未知若何讯结，访确再登。

大清光绪廿九年癸卯七月初九日　公历一千九百零三年八月卅一号

盗贼公行

〇闻得丰顺县迩来盗贼充斥，居民同受其害。闻多系外籍人，而窝藏于建树【桥】乡。凡所窃赃件，即公然于该乡之石碑街摆卖。该乡离县治十里，向系某姓聚族而居，其丁口约二三千人，而虎而冠者，遂不啻嵎之可负。虽差役地保，均不敢过问，安得良有司一痛惩之。

了无烦恼

〇大埔三河甲阴那坑乡有某生者，素以训蒙为业。然赋性拘谨，不苟言笑。见有佻达少年，辄面斥其非，一无所隐。适其族有一少妇某氏，颇饶姿色，与比邻某甲有私。乃邂逅间，被某生撞见，即以正言相戒责，二人羞愤无地，计无所出。某甲乃暗嘱某氏诣某生学堂，出某【其】不意，将某生八千烦恼丝径行剪断，即以调奸相诬陷。族众闻知，咸为某生代抱不平，责令某氏与某甲各出洋蚨数十枚谢罪，事乃得息。如某生者，真所谓无妄之灾矣。

大清光绪廿九年癸卯七月初十日　公历一千九百零三年九月一号

劫不敢告

〇梅北十里之洋门约禾仓坑陈姓者，同居之族仅三家，盖山僻小家也。因平昔尝结怨于窝匪之恶少，诸恶少恨之。忽于上月某晚，突来暴客

十余彪，视其面孔，则红抹黑不可识辨，家财被劫，荡然无存。彼乡绅耆欲为禀官，乃失主恐因讼破产，坚执不肯，遂不果行。夫民之于匪也，不敢结怨，怨则被劫；民之于官也，不敢诉冤，诉则破财。嗟彼小民，进退维谷，其何以堪？唯愿地方官尽早为之所，勿使匪有得逞之势，民有不诉之冤，则庶几矣。

大清光绪廿九年癸卯七月十一日　公历一千九百零三年九月二号

恩友为仇

○嘉应扶贵堡有某甲者，曾入三点，自称为山大王。上年因建造房屋，毁灭公筑之茶亭，乡邻罚之。经其族中某茂才办楚，乃甲以恩为仇。日前以某茂才修门首之路以饰雅观，乃纠率子侄十余人蹂躏之。茂才控诸官，蒙秦牧伯批示拘究。而甲不之惧，更纷呶不休，时使其子侄到茂才家为难，茂才无如之何。唯闻此事现未审讯，想良有司必为一痛惩之也。

新学拳法

○埔邑有某乡某甲者，素营工，忽慕经商之利，乃托业屠门。一日有某乙者，向甲市猪肉若干斤，不给价银，嘱甲记账，容后奉赵，甲以其素相识也，姑允之。届期某甲向乙收账，而某乙曰：将单来。引甲至某拳馆，乙即摩拳怒目云：君力能胜我，则该数奉清，不然则否。甲愕然，未及答话，而老拳已到胸矣。甲受殴抱伤特甚，愤恨而归，誓欲请吕尚之力与之决死生。嗣经和事老为之调处，将该款如数追偿，甲始允了事。而乙复衔之。甲经宿归家，挨过乙门，为乙所见，乃跃然而出，大逞凶威，持刀相向，曰：与其猪肉吃亏乎，宁尔肉吃亏乎？甲狂奔，乙狂追之，幸旁人解救，始获免。其凶暴有如此者，为询其由来。先是乙本以赌故，家业荡然，近今兼习拳法，未满一月，即欲以强暴手段横行其乡曲，偶逢不适意事，技为之痒，故先于甲试之云。甲真不幸矣。

大清光绪廿九年癸卯七月十二日　公历一千九百零三年九月三号

学费有着

○近来丰顺县朱大令锐意兴学，现闻谕吴海帆孝廉为总办，丁小岑茂才为汤坑总办，詹青亭广文为留隍总办，其帮办则谕曹史轩明经等数人，即于上月杪开局会商学堂事宜。丰顺地瘠民贫，筹款本属不易，大令前赏罚彭星衢与彭时宜互控一案，又罚建桥张东山一案，又罚汤坑铜盘乡冯姓械斗一案，系某绅经手，皆声明罚充学堂经费者，计共有四千余元。此外又有团练一款，若猪若竹若炭等项岁抽不下二千余元，又奉道宪拨戏厘一千元，统计常款约三千元有奇。闻各绅欲禀请大令一切归并，以充学堂之用。如蒙批准，我为丰顺一县之青年贺矣。

买票新法

○自省中闱姓白鸽各票弛禁以后，买票者遂兴高采烈，争掷金钱。然此乃商办之票，非官办之票也。近闻埔邑各差于每期取呈侵群，向内署关说某案，愿出洋银数元，某案愿出票若干，争相购买，以到手为快，不计其价值之几何。是又为生利中行一新法矣。

○本馆案：此是官场故事，非新法也。特茶阳地瘠，今日买票风潮始行及之见之者，遂讶为新耳。官斯土者，勿沿为故事也，则幸甚。

产蛇志异

○嘉应四都堡某乡某姓妾，怀孕十月之久，于上月间忽然腹痛，辗转两日未见分娩，精神疲乏。一日卧睡于几，忽然胎坠，俯而视之，则蛇也。长二尺许，冉冉而出户外。妾大骇，急唤稳婆尾而追之，不知所之矣。乡人咄咄称怪。爰记此，以质诸医学家。

大清光绪廿九年癸卯七月十四日　公历一千九百零三年九月五号

富翁开经

○近世持斋念佛，种福结缘，皆出于愚夫愚妇之所为，有识者固不之

信也。兴邑有富翁刁某者，年近古稀，始信佛说。去年以来，专心事佛，改吃长斋。上月某日，在城内北街某书屋内邀集诸友，陈设素馔，以为广结佛缘。是日翁与各友诵释氏经，行九叩礼，对天祷祝，合众和音，名曰开经。观者如堵，多笑翁愚云。

大清光绪廿九年癸卯七月十七日　公历一千九百零三年九月八号

照会录登

〇钦命广东分巡惠潮嘉兵备道兼管水利驿务、加十级记录十次褚，为照会事。光绪二十年六月二十七日，准钦命管理游学生总监督候补五品京堂汪咨开，光绪二十九年闰五月二十五日接准咨称，二十九年闰五月初十日准岭东同文学堂总理邱咨开，前因本学堂学生何天炯、刘维寓、饶景华，有志自备资斧，前赴日本游学，业已备文咨请发给护照，去后在案。旋据该生到日禀称，何天炯业经总监督送入清华学校；唯刘维寓、饶景华拟进成城学校，必须有地方官咨文，方能照准送入等情，前来据此合再备文咨请，另给移送文件，移请总监督汪准将刘、饶二生送入成城肄业等因，到道准此相应备文咨会。为此合咨贵监督，请烦查照等因准此。查本年二月十三日，奉准外务部文开，查各省前赴日本游学生应由总监督分送各学校肄业，士官学校系讲求武备之所，必须人品端正，根底清白，方可送入。嗣后凡自备资斧学生，未经各督抚学政咨送者，概不入士官学校。即与日本参谋部订明办理等因，兹准前因，业将饶景华、刘维寓送入成城学校，唯将来成城学校卒业，应入日本联队转入士官学校，必须有各省督抚学政咨文，方能保送，应请贵道详情督抚部堂院给予咨文，以符部章。为此咨复贵道查照办理等由，到道准此相应照会。为此照会贵学堂总理查照，须至照会者，右照会岭东同文学堂总理邱。

光绪二十九年七月初九日

花会又炽

〇埔邑湖乡各处花会，自查大令前月札饬三河司查办后，各厂帖然歇息者有日矣。乃近来诸赌匪故态复作，于湖乡等处，复肆行开设，无所顾忌。或谓之曰：迩来严禁花会示文，层见叠山，一经拿获，罪所不赦，尔等岂不惧乎？彼答曰：今日之世，一孔方之世界也，纵有官差来，不过使孔方兄出而周旋耳焉，有不了之事耶。胆玩如此，膺斯土者，其亦有所觉察乎？

墙茨之言

〇埔城地形狭隘，无平原旷野，城垣环山，山巅则为南门，树林阴郁，人迹罕到。凡有桑中之喜者，皆在践约焉。日前有某甲与一妇私约于此，适为一恶少窥见，率其党人迹之，大肆搜掠。而一对野鸳鸯，遂为惊散矣。

神权世界

〇嘉应玉水乡有仙师宫一所，相传宋元间创造。是宫迄今，年湮日久，祷神者远近不乏其人。闻说仙师为上杭县人，黄姓，不详其名，得道于宋元祐年间。今岁夏季五月间，乡人于夜半见有神光绕寺，光烛非常，连夜如是，恍惚元宵烟景。识者曰，此乃神光显迹，不辨其为何兆云。

奸淫显报

〇州属大觉寺，前现任州协防某素行不端，见色而渔。前年有江西某携眷到州，其妻略有姿首，寓于罗妇之馆。某窥见，淫心顿萌，遂贿罗妇而私通焉。后情好益密，百计图谋，以重金纳为偏房。居无何，某又艳他妇而奸之。妇见吴有厌弃之心，亦私通汉子。吴觉，贩于罗妇。罗妇平日惯用狡串伎俩，屡获重利。适丙市五月廿六圣诞演唱梨园，罗妇挈其妇借名赴会，实则以妇为皮肉生涯，满墟耳其名，莫不争先求欢。其未知前情者，皆曰此现任协防吴某之妾也。吴大怒，带勇丁数名买舟前往拿获，现禀官而未伸理。嗟嗟夺人妇，人亦夺其妇，理固宜然。离人妻，人亦离其妻，报原不爽。吴某何不自谅也。

大清光绪廿九年癸卯七月十八日　公历一千九百零三年九月九号

鼠雀之争

〇埔邑黄兰乡有张甲之子，以耕牛牧于荒野。该处素为连姓某占作埠地，于是连乙责张甲之子不得牧于此处，遽行斥逐，互相口角。连乙逞凶向殴，甲子以石还击，乙竟为所伤，迁怒于牛，将甲牛牵去，因而肇讼。

后经查明府当堂申责，饬连乙将牛交回原主，谅可遵办息事也。

窃贼被逃

○永定兴、埔邑接壤之金丰乡一带，其日用食物向来皆由埔邑贩买，以通有无。月之十八日，有金丰江某者来埔贩买油豆，是晚歇于埔之大能排楼坝黄某客寓。次早适有一同寓者失物，黄某疑江于是晚深夜出店，形迹可异，扣留责赔。适江某于前夜博，负橐一空，无可以偿，带回店中，令人看守。偶有不慎，乘间脱逃，远扬而去。现在尚无着落，容探悉再登。

狼役讹索

○差役买票，最为民间大害，其倾覆民家、荡拆民产者不知凡几。嘉应西洋堡清凉山内陈金昌一案，其始事甚微。因土窑之争，遂至互讼，陈姓居处小僻，家口寒微，常为夏姓欺凌。而差役古升、罗兴、郑胜到门房买得此票，势如狼虎，夏姓复贿差助焰，统率十余人持票乘轿到陈家勒索，多□声称拿锁，索去开票□饭食礼、轿价礼、上山礼、禀复礼、房差礼，计共索去银二百余元，稍不如意即横禀诬陷，必至快心而后已。闻陈姓因此一案，赤贫如洗，欲求了此案而不能矣。买票之害，一至如此，真可叹也。

为富不仁

○嘉应城内有蓝祝者，富不知足。突行西门背城墙下，占筑公地，造有房屋数间，将城墙拓去五丈余，毁去石砖三千余块。复每日勾结少年，窝藏妇女，从中渔利，以饱私囊。闻每日中收娼妇税银，每名三毫。近日为城厢绅耆联名具禀，现奉州宪批先行查封，兹立即将蓝祝签拘到案，严行惩办。此足为为富不仁者戒。

兴事汇志

○兴宁罗岗墟袁、刘皆大姓，局绅袁君自土匪乱后，奉宪团练，每墟向本墟各店铺捐银三毫。邑邻在墟所开之店，念本小利微，连合约五十余号，禀请宪准另设一局，以保商贾，在地各店与局绅袁姓，于六月十八设席议事，六堡会同，凡我在议之人，往来交易，断不与五十余号买卖，倘敢犯禁，照议重罚。闻五十余号即传议闭铺，到邑呈控，未批。后事未知如何，容探悉再登。

○邑西厢高田村有张大眼者，每晚自邑回家约六里，行至途中见老竹林左近满地放光，亮如萤火，阔约数尺，连看三晚不变。张大眼率其子掘出，选得每个有放光者，即装袋内，二人扛至途中，人问尔父子所扛何物，光亮如灯，张不应。抬回家中，将物装在瓮内封固。族人以其得宝，取出一看，乃是一个老竹头，暗中放光，其光由筋空内放出，得者珍为至宝，则无用之物耳。

○邑城内新街大和生洋货庄，李、彭合伙所办，各货均是洋物，邑中销流不广，开张三载，入不敷出。有友人某以为奇货可居，入息必厚，遂即邀伙另开一店，在和生对门，欲与争利。至本年六月间，两店均闭歇。闻大和生亏本二千元，新开之店仅一年亏本千元。立心害人反致自害，殊可哂已。

大清光绪廿九年癸卯七月十九日　公历一千九百零三年九月十号

横流劫盗

○长乐上山地方有横流渡墟，是处为通潮揭往海陆之孔道，时有暴客啸聚于兹。闻今夏季六月间，又抢掠客商张某一千余元。似此萑苻不靖，为之奈何。闻既劳问驻于斯地之十二都司及塘湖汛，未知此官此弁能为民捍患御灾否也。

挟妇毙命

○吧璋乡曾、张二姓无赖子弟，因互相勾诱妇女，滋事挟嫌。一日在门前墟，曾窥张独行，纠数人持械伏，伺乘张不备，棍矛齐下，应手倒毙。去月晦日，张姓奔州署叫冤。初一日州牧立委捕厅往验，一面签拘曾姓水凶手，限差务期弋获，立予惩办云。

传闻异词

○前月二十六报谓州署羁所群囚，因入伏炎热，倒毙三四十名。兹接友人来函，云此系传闻之讹。秦牧伯当酷暑时，加意调护人犯，赐清凉解暑散与甘露茶等项消热除病，遇有症稍重者，再三拨医诊视，用药调治，故羁内仅毙二名云。

挽联汇志

○同文学堂学长刘节膺茂才于六月作古，人人多以联挽之，兹择其尤

者汇志，以供众览：

黄其藩挽：

谈心忆旧交时听君论似陈同甫

留名在新学堂界惜公命促曹长

萧鳌文挽：

抱满腔热血含毕世冤恨虚掷卅年如伤志莫酬罔极恩

惭肝胆共励遽风鹤遥传埋地骨难灰九死应思填夙憾

育我者亲知我者子念□才几日驰书期寡过爱国最真

修口血未干竟人天顷隔抚棺肠寸裂三生谁与证前因

刘信璋挽：

卅余年抱此热提诚倡同志鼓吹新教即今学界风得潮子一人增涨力

两百里惊传噩耗时局方艰形神遽谢未了个人义务知君万死不灰心

陈善珍挽：

廿纪思潮首倡西学怨昊天大忍尚未竟国民事业诏赴泉囊间游纵

何日遂来凄其填恨韩江泣归舟返影断送百年身只有精魂长不灭

频年世局熟障东流痛宁水无灵数当今文界英豪半沦黄土叹后死

仔肩谁奇哀我伤心葭末指青山埋骨重温一掬泪无多知己哭平生

罗师扬挽：

天也何心大乱方生竟忍将黄种灵魂夺我循梅领袖

公其勿虑知交未死总要令青年热血涌他欧美风潮

刘云蔚挽：

立志在自强不惮千里从师久欲吾乡新学界

热诚唯爱国大息一朝别我更谁同顾济时艰

刁棍灼挽：

痛我国民又弱一个

辟兹学界既定千秋

罗祥华挽：

轮棼社新学先潮思想贯六洲文明吸三世最灵脑质遽虐大行后此国民谁与友

放华夏少年异彩热血喷南斗使泪洒东球痛念黄胞将耗物竞他生才略合匡时

钟仲麒挽：

生不足羡死不足哀郁此血诚魂当为厉助杀敌

来也何因去也何果奄然物化我为同胞代吁冤

钟仲麒又挽：

忆数年肝胆相交嘉君才学慕君志气服君毅力君何去乎令我梦魂犹缱绻

痛半壁云山忽暗为国民哭代为桑梓哭念私情哭无益也奈余心绪总凄凉

大清光绪廿九年癸卯七月二十日 公历一千九百零三年九月十一号

记埔邑大水

〇埔邑教场坝一带，粮田有租千余石。然地势卑洼，一有大水，则成泽国。故早季无人耕种，必俟六月后始行耕种，以收晚稻之利而已。不意月之初十日，雨多水涨，是处汪洋，所有田禾无不被其淹害者，将来秋收恐减色矣。农家者流，咸有忧色云。

儒释一家

〇嘉应长滩堡长生寺有一少年僧某甲，善结纳，认本地某上舍为义父，亲若所生。一日僧到上舍家，呼上舍妻为母，上舍子为弟，又呼上舍女为姊，福缘广种，儒释一家，真奇闻也。谓他人父亦莫我愿，诚不必为上舍咏矣。然微闻丑声，不可道云。

大清光绪廿九年癸卯七月廿一日 公历一千九百零三年九月十二号

游学美洲

〇潮嘉青年志士游学日本者，不下数十人，既迭纪本报。顷海邑陈君步璜，字玉珩，现由上海圣约翰书院卒业，经中美官场给以游学护照，前往纽育府入专门学堂。近已归蓬洲省亲，而乃翁即为之授室完婚。七日后复出汕，慨然有远行之志，昨已搭某轮赴美矣。闻陈君在上海圣约翰书院肄业五年，专习英文兼习法国及拉丁文字，而于中学亦能通。年仅十八岁，少年中国，其在斯乎？

齐昌近事函述

〇访函云，迩来各处土匪远窜内地，安静如常，由邑上至江西之路，

169

货物往来均通行无阻。而龙川县属之上坪墟，乃通江西大路。上日土匪滋扰，近亦安堵。龙川县官带勇亲往拿匪，凡兴宁人在其地经商者，未免为匪之声名所累，太半搬回家。

〇邑中生意，以布扇两行为大宗。省庄布号三十余家，寓居佛山，将布销出广西。此次西匪未靖，邑中布号，生意日微。各乡织布之人，因布少价低，多有停杼而往南洋者。

〇扇庄销路，以湖南、汉口、福建、江西赣州各处为大门。今年扇庄比之往年，其势稍旺。唯本省扇庄，至今尚不见起色，皆西事为之阻力也。

〇邑中早稻收成略佳，近日雨水调匀，米市日顺，计每元可买米一斗九升余，人心稍定。

〇邑侯郭大令怠于公事，多信邑中各劣绅之言，故常有未明之案。

大清光绪廿九年癸卯七月廿三日　公历一千九百零三年九月十四号

岭海文风

〇广东文风，素以省会为优，而岭东次之。近已变八股而为经义策论，而文风之优劣亦为之稍变。近日朱古薇文宗已将试事情形奏闻，或可以生岭东人士之感情焉。原折照登如下：

礼部右侍郎、广东学政臣朱祖谋跪奏，为接办广东九属试事完竣情形，恭折仰祈圣鉴事，窃臣于上年十月间奏报到任日期，并出棚按试南韶连三属谨奏。奉朱批：知道了，钦此。嗣于本年正月下旬考毕回省，随即□理广州府属科考，以次按临潮州、惠州、肇庆三府，嘉应、罗定两州，至闰五月杪一律□争文风。以广州属之南海、番禺、香山、顺德、新会为最优，潮州之揭阳、惠来，惠州之归善、博罗，肇庆之高要及嘉应州次之，其余亦不乏清俊可造之才。查广东自闹姓赌盛行后，弊窦滋起，枪替尤多。臣严密关防以及提复，均日坐堂皇，责成教官廪保务杜枪替之弊，一经拿获，教官则撤任记过；廪保则分别黜降惩办。数次，其风渐为敛戢。近日学术纷岐【歧】，后生少年往往误于趋向，臣发落之日，召诸生之俊异者，勖以范围，名教通达时事，勉为有体有用之才，勿蹈邪说诐行之习，以辅朝廷兴学育才之至意，现在清厘案牍。俟七月初即当举办录科等事，所有九属试事一律完竣，缘由专折具陈。伏乞皇太后、皇上圣鉴谨奏。奉朱批：知道了，钦此。

窃匪续纪

○前十四日报拿获窃匪一则，纪称扭获乙、丙两人，又船户李记招一人。兹探闻李记招系载洋人来汕，并无窝贼，经某洋人在鮀浦司署取保矣。一窃匪为钟良，已自认供，系大埔人；其一为陈丙，闻系在镇邦街弋获者，系兴宁人云。

大清光绪廿九年癸卯七月廿四日　公历一千九百零三年九月十五号

琴堂笑话

○嘉应某邑大令到任未久，一日审某家劫骸案，上坐堂皇，观者如堵。其值堂某乙，登徒子也，见旁观有一土娟，颇饶姿色，心悦之。始以秋波送情，继则举手相招。有顷，娟会意，亦举手相招以答焉。满堂大哄，而某邑令方判案未结，见此情形，疑此案判得未公，人心不服，故观者哗然也。大有惭色，于是退堂。邑中远近，传为笑柄云。

勇何为者

○嘉应营哨各勇，日以腐败，于捉贼事漠不关心，徒以有用精神消耗于娟寮妓馆之场，良可恨也。月之十二夜，鱼更三跃，某营勇与哨勇私自出城，在百花洲某妓船中竞争色界，挺刀相向，闻龟鸨司事格伤一人，营勇哨勇各伤一人。十三早各赴州署抬验。秦直刺及杜游戎闻悉大怒，饬令先行各自调治，俟创愈后再行严惩。复一面责成看城兵役，限二更后封锁，如敢仍前私开城锁，查实定行斥革不贷。州人咸谓筹款以养勇，役以卫民，乃是兵是勇，日则酣嬉无事，夜则角雄于青楼画舫之中，稍有不合意辄流血以贻，官弁忧果胡为乎？此中国兵勇之腐败，所以不可问也。

大清光绪廿九年癸卯七月廿六日　公历一千九百零三年九月十七号

杨太淑人寿序

○昨廿四日，澄邑侯董仲明府之老太太八秩开二寿辰，跻堂而祝者，

衣冠颇盛。访得寿序一篇，系邱工部所作。爰登报以公览焉。序曰：

以文寿人，非古也。若夫孝子慈孙竭力养志，借称觞上寿之日，多方致文人楮墨，以博其亲一日之欢，其亲亦高操懿行，卓然有可传之实。而为之执笔者，复不徒以称美为能事，更进以远大之途。则所谓寿文者，正合于天保秘宫之遗意，有道君子所不废焉。如澄海董侯仲容司马母杨太淑人，固所谓高操懿行，卓然有可传之实者也，而董侯又所谓孝子之竭力养志者也。今年秋七月二十四日，为太淑人八旬开二寿辰，僚友士民等咸称觞致祝。以逢甲曾序太淑人诗集，深知其梗概，属为寿文，以达悃忱。逢甲赏读太淑人六十时谢、陈诸公所构序文，及秀水陶勤肃公所构之七十寿序，其于太淑人之才德家世，已备详之矣。然则逢甲将举何词以寿太淑人哉？盖人之境遇造就有限者也，而志愿想望则无穷者也。环地球无论男女称为豪杰者皆然，而于中国女子为尤甚。何则中国女子囿于积久相传之成习，不出闺门，无非无议为盛德，虽有豪杰之才与志，俱无所用极其造就，不过相夫教子已耳。极其境遇，不过夫荣子贵已耳。以太淑人之长名门，得谐嘉耦，有子成人，承欢养志，而履险知夷处，贵弥约其余事，复溢为吟咏绘画，此固我中国所称为福慧双修，才德并迈者也。以寻常女子处之，当必有自鸣得意者，而太淑人顾歉然不自足。读其诗所云，冀长衾之覆九州岛，祝天之心消浩劫，其愿望为何如耶，可以觇其志矣。夫既蓄此愿望，必有所以达此愿望之处。能达太淑人之愿望者谁欤？则我董侯是也。侯承太淑人之教，而又任亲民之职，凡所为治事兴学以开民智、培民德、养民力者，当必有以效长被之遍覆，消浩劫于将来，由一邑以推九州，尽人事以向天心。吾愿侯之有以善体亲志也，岂特斑衣献祝已哉。是为序。

大清光绪廿九年癸卯七月廿七日　公历一千九百零三年九月十八号

报效实除

○嘉应籍绅张榕轩京卿煜南，南洋巨商也，前曾捐广东武备学堂巨款八万两，得蒙优奖。迩因西省事急，筹款孔殷，复报效账款银一万两。闻粤中大吏，特附片具奏请赏给头品顶戴。夫有报效即有赏给，以此报效，谁曰非宜。独惜吾汕商年年报效五万两，连一成余之监生之从九，一个都没有，诚令人向隅而叹矣。

○据奏报，岑云帅现请翎枝一万来粤。窃谓汕中亦不乏好义急公之士，若拨翎千枝来汕，则十万两之报效可咄嗟立致。如第空有报效之名，而并无报效之赏，一曰免厘，至再至三亦曰免厘，是以术愚人，而复以厘事伸其压制之手段也，呜呼可？

筹款能员

○嘉应州之北有某县，土瘠民贫，得是缺者咸以为苦，独某大令任此三年，宦囊竟有数万金之积，可云善于筹款。惜上宪不知小县有此能员，若知而用之，以广东之大，何致患饷需之绌，赔款之无着哉。有过其县埠者，闻其舆人之诵曰：石窟石窟，来了江西怪物，无案不得赃，无款不干没。三年括尽地皮，若再不去，将见地骨。呜呼哀哉，安得纸钱速送去此怪物？

仙姑妙语

○嘉应松口一堡有五宫，宫神所称某公王者，各有辖地。此外某庙某寺所住，或僧或非僧，皆男子也。而斋婆所居，则有庵四十余所，专以诱惑妇女为事。一堡有庵之多如此，可谓盛矣。此外妇女之为仙姑者，则不尽住庵。有墟背某仙姑，自称为玉皇大帝之母附身，每谓尔等下界百姓若能专奉我天太后，我将命我子阿玉赐尔福禄。此种称谓，真匪夷所思。然愚夫愚妇，尊奉之者亦不少云。

大清光绪廿九年癸卯七月廿八日　公历一千九百零三年九月十九号

议赔兵轮

○寰泰兵轮在惠来地界被印度皇后商轮触沉一事，迭纪前报。兹访得日前省宪特饬陈统领来汕至触沉处查看后，谒见澄邑侯董明府面商各情，旋即回省禀复。省中大宪据情咨南洋大臣及照会黄总领事议赔。现闻得皇后商轮之和兴公司愿将皇后轮变价抵偿，唯所有一切军装，应由省宪谕饬所属自行捞起。闻其赔价大约洋银一百万元左右云云。俟得确耗，再行续报。

○又闻将成此议，复派陈统领从上海雇募惯能入水捞工五十名带同来汕，然后封雇民船，加用杉排竹排依法起捞。

禁不了花会

○茶阳友人来函云：大埔花会为相沿数十年弊俗，现迭经秦褚两观察严示禁绝，而会徒竟置若罔闻，可叹可慨。昔何秋槎太史探源曾有乐府一首，纪此事特详，今从友人处录出登览：

花会厂三十六人名姓榜，一钱十倍羡奇丽，三日更番穷意想。妖由人兴鬼物聚，祈祷纷陈点鬼簿。神佛劳劳梦兆微，妇质簪兮男典衣。樗蒲枭雉不到处，寸纸举国狂魂飞。坐令田产同花殒，那见沧江袖月归。我闻此风自潮始，作俑中州罪当死。流毒真成附骨疽，但愿贤宰严驱除。驱除之法果何在，胥役饱囊约求贿，杀一警【儆】百汝莫悔。

大清光绪廿九年癸卯八月初一日　公历一千九百零三年九月廿一号

深通洋学

○州之属邑有某书院山长，自秀才而贡生，皆雇枪手而得之。其为山长也，以嫖赌为普通学，其专门学则为知县说事过钱也。奉书院改学堂谕旨后，其书院门亦大标曰：某学堂，且怂恿知县详禀上宪，以为学堂已设。而又恐真开学堂，邑人士不愿奉其为教习也。再三求知县悬牌头门，曰某山长深通洋学。县幕某素方板，不知其故，质于知县曰：某山长，吾与之来往者数矣，嫖经赌史吾知其最熟，其通洋学吾未之闻，东家何知之深也？知县笑曰：若不是通洋学，则其说案情所送入署洋银，何以并无一块铜元。幕某笑而出，告于县绅某。于是，县之人乃咸晓然于某山长之所通洋学固如此。钱铺某伙闻之，大笑曰：若是，则某山长所通之洋学，固雇吾为枪手也。其送入署之洋银，皆请吾为之看过，彼固七青八黄尚不之识也，若通此洋学便可当教习，吾将不当钱铺伙记而当学堂教习矣。县之人，咸传以为笑柄。

弓洲夜劫

○埔邑弓洲村刘族有某妇者，其夫商于外洋，颇有积蓄，自筑一室，偕其媳居焉。乃戎贝窥其家中无伟丈夫也，于十三夜，率其徒众四五人破扉而入，先将其媳之房门锁住，使不得出，然后执某妇缚之，大肆搜掠。计劫去银五百余元，又田园契纸一箱，亦被攫之而去。近日已至县报案，不知埔邑侯可能缉拿否也。

大清光绪廿九年癸卯八月初二日　公历一千九百零三年九月廿二号

还要黑钱

○前报纪峰市坐贾捐一节。兹闻各过载行东特请埔邑某绅至上杭，与县官商议筹捐之法。闻已议定每年峰市十八间，共纳捐款二百四十两。而此款所出，各行拟每年由市中上下货抽之，庶于生理之大小有分别，不至有畸轻畸重之弊。又闻某绅此行，用去黑银不少。现每行已先分行派出若干元，以填此杂项。其余捐款，则俟抽成后再行付解云。

大清光绪廿九年癸卯八月初三日　公历一千九百零三年九月廿三号

畜马须知

○嘉应地方，并无平原旷野，故畜牧不盛。即如牧马，亦无场地可以养之。故习骑者偶为驰骋，非伤人即伤稼，亦地限之也。兹得秦直刺示文录如下：

为出示严禁事，现据保安局绅禀称切州俗上年人喜习武，故畜马者多。近年武试停止，而畜马者仍不少。推原其由，非只贪价值之微，兼以图驰骋之适。竟有无知之徒，于通衢孔道，行人往来之所，胆敢不施缰勒，纵辔奔驰。妇孺老弱，踽踽在途，惊骇倾跌，时而有之；间或半遂相值，趋避不及，践踏毙伤，恐亦难免。又可恶者，畜马之人乏于豢饲，并无司牧之僮，不假一绳之繁，早夜任其游行原野陇亩间，藉名曰食青草，实则食人禾稼，损人菜蔬。往往甫望收成之际，被马吃食过半。驱去复来，农夫怨恨咒骂，终无奈何。公局因人投诉为之排解者，非只一次。势得吁恳分别出示，严禁乘马者，不准于通衢孔道、行人往来之所纵辔奔驰；畜马者不准于原野陇亩间听其游行，食人禾稼菜蔬。倘敢顽抗不遵，许其指名禀究，追其马匹充公，以示惩警等情。当批街市村镇驰马伤人、故放畜产损食人物，均属有干法纪，据禀前情，应如请出示严禁可也。在禀除揭示外，合行示禁，为此示谕各该处畜马人等知悉。

尔等须知定章，无故于街市镇店驰马伤人者，喊凡斗伤一等致死者，罪照满流。如于乡村无人旷野地内驰骤因而伤人致死者，杖一百以上，所犯并追埋葬银一十两，其马匹给与被伤之人，其人身死，马则入官；若故放畜产损食官私物者笞三十，计所食之脏重于本罪者，仍从重论，仍追赔所损物给还官主等语。律例森严，不容干犯，倘经此次示谕之后，乘马者均不得于通衢孔道行人往来之所纵辔奔驰；畜马者亦不准故放于陇亩之间，听其游行损食他人之物。如敢故违，一经被人指控拘按讯实定，即按照律例分别究追，并将其马匹充公。本州言出法随，决不宽贷，各宜禀【凛】遵毋违。特示。

七月初六日

剧场斗

○埔邑某族有某甲者，与同族某乙因争奸事成仇，痛恨殊甚。每欲得乙而甘心焉，而苦于无由。适前月某日为商人演戏酬神，而乙亦往观焉。不意甲借端起衅，率众行凶，大相争斗。一时在场中观戏者，无不哄然远避。适此时正演打擂台，声色俱壮，而台下复群然相角。善谑者嗤为尚武精神云。

过于孝廉

○嘉应州差役，近颇恣肆。闻前月有差役某甲在公堂夸言云，今之值日差，其权势直可与孝廉相匹敌，非复如前之畏人矣。州人闻言，怒发指冠。其深知者谓某甲尚是谦词，实其权势过于孝廉云。

大清光绪廿九年癸卯八月初四日 公历一千九百零三年九月廿四号

纪城隍诞

○梅州俗信鬼神，不亚于潮。上月二十日为城隍诞期，来庙祝寿者前后数日，辐辏成市，不独城厢为然也。即远而松丙，上而畬市，其妇女之提筐絜盒、肩挑米谷、群伴而来者，奔赴络绎，不绝于途。神堂罗列牲醴珍品，极其丰洁，香烟绕屋，瀜□如云。纸炉灰烬卖于淘土，闻可得锡纸钱十千余。庙门乞丐百余，每丐一日约可得千钱之多。呜乎【呼】，盛矣。又其间庙祝乘机煽惑，远而不能回者，则留宿庙内，串通仙姑，藉名丢钟求寿、写黄疏以保平安，即速报大岁爷处，每日磕头者，又不止千余人。若遇十殿转轮生辰，无知妇女席地睡卧以祈贵子，种种谬妄，不值一哂。特未知凡入堂中者，见尔来了之额，其惊焉否也。

大清光绪廿九年癸卯八月初五日　公历一千九百零三年九月廿五号

不信州志

○嘉应丙村下寨子刘某，独处一屋，丁口微弱，介居李族大姓。因向有成规，每年供纳地租数十钱与李。适李族有拥厚资归家者，忽以万安围地基旧契，影占图夺，讼累五载，官经三任，有讯无结，刘徒唤奈何。该堡绅衿为之不平，付州志于刘，使之缴案，以征下寨子之有万安围之伪。一日，秦牧伯庭讯察验，登斥之曰：州志何足为凭。遂掷还刘某。刘云，志已无凭，愿求一有凭路票，举家迁去，把下寨子屋让与李居也。闻者凄然。

大清光绪廿九年癸卯八月初六日　公历一千九百零三年九月廿六号

匪徒猖獗

○有署嘉埔丰居民来函云，埔邑银溪，近藏著名恶贼赖某、李某、杨某等，统以满名。往岁盘踞郡城，盗劫无数。本夏间，因盗某行物，见李贼株累被刑，潜窜银溪，日夜盗抢，毗连如嘉属之黄沙、雁洋、小都，丰属之沙田、潭口等处，皆被害难堪。有向赎者，辄称某太史之物到手尚不能赎，况若辈乎。就地居民，则敢怒而不敢言。近复肆行盟会，流毒日深。若官府不速行缉捕，赖某等不仅为鼠窃狗盗之流，嘉、埔、丰之附近地方，恐难安枕矣。

江湖长老

○嘉应松口堡李、廖两姓因地基案，秦直刺庭讯未结，乃亲自诣勘。前月某日，直刺所乘舟将次松口，而随行差勇船尚未至也。时值黄昏，船夫欲近岸，乃渔船一带横系半河，舟不得前。直刺着船夫呼令回避，曰：有官船在此。殊渔人酗酒，醉卧船头，亦高声大叫，曰：地非城市，有谁

官长，只是尔等怪物老官耳，尔快驶去，勿犯我江湖长老也。直刺闻之，大怒，谓该地仅距城数十里便如此野蛮，奚以官为？少顷，差勇船至，即饬差勇传该堡局绅协局勇拘拿。不料时已初更，勇丁亦散，州差勇乃自行往拿，而渔船中人，已鸿飞冥冥矣。闻直刺后面谕局查明禀究，俟回署后再行签差缉捕云。

大清光绪廿九年癸卯九月廿一日　公历一千九百零三年十一月九号

学堂影响

○埔邑戴忻然观察，南洋巨商也。前拟以十万金为邑中开办学堂经费，其友力赞成之。即驰书邑中缙绅先生言其事，并登诸报牍，播扬海内。于是邑人士以及举国官绅闻之，莫不交口称誉，以为戴君此举甚盛德也。不意迟迟至今未将该款交出，公举妥人与办此事，邑人士又窃窃疑之。闻秋闱末场岑帅发问题五道时，邑中诸生皆以戴君此举条对。想云帅见之，必论行举办，并为之请奖，以励其余。有谓戴君以兹事重大，欲饬其子芷汀大令回邑筹办者。想邑中士商闻之，当又欣然色喜，拭目以观学堂之成也。

大清光绪廿九年癸卯九月廿二日　公历一千九百零三年十一月十号

营兵释匪

○驻嘉应潮镇左营兵黄五、黄德二人，奉公到畬江，值有著名会匪邱某在墟天字街某番摊馆赌彩，为线引某密报。黄二人协同局丁，乘其不备，将邱擒扭交本墟镇安局。绅董着令巡丁看守一夜，天明解送落船，交黄二人督押。讵二人利令智昏，私得邱白镪二十余枚，船抵水车即私行释放。驶船主人力劝不听，只得驶至近岸，任令逸去。时船未到州，风声已播。畬局绅董当以得赃放匪情形，着丁飞禀州牧。游戎即传黄二人到署，殊黄德先惧罪逃避，唯黄五一人奉传至游戎处。过堂后，送过州署。经秦直刺研鞫，黄五隐讳实情，诿咎黄德。直刺现未将五严惩，着交羁所看候，俟提到黄德时再行核办云。

大清光绪廿九年癸卯九月廿三日　公历一千九百零三年十一月十一号

营蠹之殃民

〇国家设兵所以卫民，而今日之兵实足以殃民。据传闻嘉应镇标营兵目王某者，自去年镇宪游戎州牧会剿会匪时，已于大坪李坑、石坑、龙虎墟遍处，藉端骚扰，几至暗无天日。有石坑民妇王吴氏，以指官串诈，欺单掳掠，控王于州。经秦直刺批准，移营传该兵丁王某解案，并签差吊放王吴氏子等情。王某巧于营脱，怙恶不悛。日前又庇纵伊族恶少，在近处大岭岌拦途抢古宝扬银信二十元。经伊父禀控在案，而王某恃己为营兵，毫无所忌。现虽众口互詈，群情交攻，而于其兵额口粮固无恙也，将来尚不知若何为害云。

济川之厄

〇峰市距大埔数十里，该处河流极其险恶，波涛万顷，一落千丈，凡往来舟楫偶尔不慎，即有倾覆之忧。谚云：纸船铁舵工，询不诬也。月之初十日，有数十人自河头城搭渡船，由拐之石渡过者，适是日河流盛涨，人极拥挤，将近彼岸，偶支持不住，全船覆没。闻该船共有三四十人，均遭灭顶，仅一渡夫凫水得庆生还云。

公子与赌徒

〇埔邑饶平营守府之公子某，于十三晚走向各赌场索取公费，各赌徒一毛不拔。公子无之何，哓哓良久，遂各由□□□□□□。旁观者极力解劝，始糊涂寝事，否则不堪设想矣。□□□□□为廷旨所认许，官吏所奖励其大张强权，无□□□□□子亦不能得其丝毫利益，殊大可怜。

大清光绪廿九年癸卯九月廿四日　公历一千九百零三年十一月十二号

新设卡船

〇嘉应迩来夜盗猖獗，虽有练勇及嘉字营亲军往来巡缉，而盗贼若无

睹焉。现杜游戎因与秦直刺协商，添设卡船于南门外，以便沿河巡逻，已派高某为管带。不知自后匪徒稍有敛迹否。

坟山结案

〇埔邑沈、邬二姓，因坟山兴讼一案，日前查大令堂讯时，邬姓将别处买山之红契呈缴，藉为影占，沈亦将萧姓卖契呈缴，两造争执不下。查大令再三开导，劝令沈姓将柩迁往他山安葬，令邬姓出洋蚨二十元作为迁费；并谓沈姓契券事发，投税照例充公，白契不能管业，当堂涂销，将山场断归邬姓坐受，不问其两姓之坟相距若干弓也。沈以家世式微，与邬卵石不敌，只得将就了事而已。

蛇蝎一窝

〇昨纪埔邑某守府之公子，因索规费与各赌徒争闹一节。兹闻悉某公子极其放荡，尤惯作狭斜游。日出衙署，必洋炮双刀不离身，俨然一将门佳公子气象。而与烂崽饶以邦等积不相能，一见面即各出刀械以角胜，甚且呼群引友，蛮斗不休。后某城守恐酿大事，思以杯酒解释之。乃为东道主人，筵邀饶以邦与某公子等，令结为义兄弟，并收二人为义子。从前积衅，一旦冰消。迨饶以邦被县主拿办后，某公子日托城守向查大令关说，求其释放。人以此谓之蛇蝎一窝云。

大清光绪廿九年癸卯九月廿五日　公历一千九百零三年十一月十三号

茶阳农话

〇日前大风雨，埔邑河流骤涨至七八尺，附城一带不论高原、下湿之田禾，均被狂风扫偃。据老农家言，凡山僻处播种较迟者，受此寒风，恐无秀实之望。本年秋成，又将减色矣。

遁入空门

〇嘉应饶塘堡沈某，前岁娶一妻周氏，少年夫妇，两无嫌猜。忽于四月间托事归宁，一去不返。越三日，沈往促之归，则并未归宁也。大骇异，遍处找寻，并悬赏购之，莫得其踪迹。迨五月，有族人途经峰市斋庵者，乃于其门首撞见。究问如何来此，周氏默无一语。旋诘庵尼，亦隐约无条理。即责成该尼看守，回报沈，沈往带。尼且勒索饭食银二十六元，沈如数兑之，将周携回。越五日，又潜逃不知去向。沈复寻至庵，周竟杳然。沈忧心如焚，四处遍访，阅三四月之久，犹无耗。乃于日前赴州署呈报，奉秦直刺批，略谓：据所云云，该妻周氏定为该庵尼教唆避匿，着即往该处自行暗访购寻可也。未几，果在斋庵附近访回。人终不解其遁迹空门之故，然如该尼者，亦法所不容者矣。

神权争利之态

〇嘉应西门宫香火极盛，宫中事无大小，皆庙祝邱某一人主之，已历三十余年之久。即各神诞及一切耗费巨款之事，虽董理倡办者，邱亦必与其列。近有周某者，欲夺其权，时以整理宫庙，夸大其功，且生平极善募捐，前年为整宫已得存款若干。日前又向善男信女中醵金八百余，为宫中赏宝盖挂帐帘等消纳，届期筵请衣冠者、随喜者，毕集宫中，大闹大嚼。而邱某竟不获一染指，愤焰暴发，揪住周某试以老拳，周亦奋臂酬之，两人仆地，良久始释。邱即诉于各绅商，请为伸理，刻下仍未办楚云。

大清光绪廿九年癸卯九月廿六日　公历一千九百零三年十一月十四号

巨商报效近闻

〇嘉应巨商张煜南氏，前以商部初立，库款支绌，与谢荣光氏各报效银一万两。经政府请旨，从优奖赏，尝纪之于报。兹闻张煜南氏于初旬召见后，有暂行留京，会议商部一切办法之信。并闻将来拟派往南洋一带，劝商设立公司等事云。

大清光绪廿九年癸卯九月廿九日　公历一千九百零三年十一月十七号

捕匪余闻

〇埔邑高陂、桂坑匪事，两纪前报。兹又闻悉匪徒为附近李姓之无赖，当拜会时，为高陂司及莆田汛主差勇侦知，即向各家索取规费，各家坚不肯与。遂密禀查大令，迨大令亲诣高陂，勒令李姓各商家将匪送案惩

办，否则将各店查封。各店惧祸及身，爰请同族某绅出，为达下情，店始获免。闻已所费不赀矣。

茶阳山利

○埔邑山多田寡，故农人耕田外，多有以种山获利者。即平沙永青二甲，闻每年所出柴炭不下十余万元。各乡居人，咸藉此为仰事俯畜之资。如能讲求种植之法，各处推行之，则山林中亦一无穷利薮也。

"三点"余谈

○近有客于兴宁者，回州述该处三点之事，颇详且有可解颐者。客谓"三点"虽已败溃，然仍有窜伏山莽中以图抢掠者。有某氏妇风流秀倩，初为三点会匪掳去。迨官兵剿捕时，妇因乘间脱归。故匪党中之暗语、暗号，悉能谙熟。日前妇由母家挑桶具，行经山僻处，忽遇数匪突出，大言曰：有亚非古架山花二（亚非古谓美少妇，架山花二谓担粪桶也）者，可速拉之回山，聊供吾辈今夜河亮（谓戏谑也），不亦美哉。妇闻言即应曰：河亮都河亮，可先唤某赛佬来（赛佬谓师父也），以铁土二高升（谓以鞋底挞之）汝等，然后河亮如何。匪大惊，始知为同类中嫂辈也。不敢唐突，乃送出谷口，致谢数语而逸。一座闻言为之捧腹云。

大清光绪廿九年癸卯九月三十日　公历一千九百零三年十一月十八号

处决要犯

○是月二十一日，嘉应秦直刺奉到上宪文行，即诣副总署，请派营兵练勇由监提出会匪陈金生、陈路生、彭屎八、彭贵荣、曾胜古、曾海古、蔡章久共七名，在仪门外捆绑，会同游戏营哨押赴校场斩决。闻陈金生系平远抢土缉获者；彭屎八、彭贵荣系畬江在船脱逃落水，戕毙一勇，闰五月间缉获；蔡章久系迳心东安局缉解；陈路生、曾胜古、曾海古与陈定兴、何木姐、何曾氏同在江西古坑冈。刘右哨带勇缉获陈定兴，经刘释放；何木姐系匪首何标山之弟，何曾氏系何标山之妻，以及何曾氏供出后缉获之李天赐，现仍在监候。

梅州说蛟

○相传松口之牛角塘畔，旧有一洞，深广莫测。近日纷纷传说该洞中有蛇大如桶，两眼如灯球，闪闪有光，隐见鳞甲。每当夜深之际，潜出塘中，昂首向月，不甚畏人。或以巨石击之，即喷青气一缕，鼓浪而没。无知者谓为蛟龙修炼于此，迨修成后必当裂其洞以去，恐该处有泽国之虞云。其愚不可及也如此。

大清光绪廿九年癸卯十月初一日　公历一千九百零三年十一月十九号

捕盗之无获

〇嘉应是月二十四，□塘萧姓特到保安局飞报，谓五鼓时因登厕，窥见四五贼群用硝磺烧横屋扉而入，登叫邻人各持械围住，一面请派练勇进搜。局绅即派勇驶卡船往捕，比入屋内搜之，杳无踪迹，那贼竟作孙行者遁去矣。

大清光绪廿九年癸卯十月初二日　公历一千九百零三年十一月二十号

创立群学社

〇嘉应松源堡王岳生上舍，志士也。近于其乡创设群学社，以讲学为宗旨，以合群为目的，其意以为今日时危势迫，欲救国必先合群，欲合群必先讲学，讲学者即合群之机关也。又云各国宪法之立、民权之伸，皆由地方自治。而合群讲学，实为地方自治之根源，深愿各乡志士仁人共肩斯任，互为联络，方不至势力孤危云云。呜呼，如上舍者，可谓关心时事矣。

市场构衅

〇埔邑百侯甲为清都巨镇，人烟稠密，铺户大小有二三百家，附近邻乡贸易，咸集于此。前月十六日枫朗乡黄某者往该处购物，与同伙二三人集于市尘间，高谈阔步，忽碍及摆卖杂物之杨某，杨本处人也，理责之。黄不逊，且自恃其实力过人，虽有数十人，莫与敌也，遂大放厥辞，势将用武。一时聚观者，咸不平之。适杨姓有某丙，平日亦为教师者，睹此情形，不禁技痒，即与黄某大斗。黄以众寡不敌，抱头鼠窜而归。以受此痛殴为莫大奇辱，谋所以洒之，请出伊族某绅为护符，召集各拳馆无赖子

弟，大兴问罪之师，扬旗击鼓，持械入市。杨姓各店家惧被抢掠，咸仓皇闭店罢市一天，无敢延敌者。黄愤焰不消，复以大言恫吓，谓必流血一二，示其威武而后已。闻杨族已禀县，会文武营弹压矣。

葬送地瓜

〇嘉应今年大有，不特禾稻丰收，即薯芋亦硕大异常。昨有某乡某妇锄地，获一地瓜大如瓮，权之得十四斤。有奇观者，咸以少所见怪之。有自命为博物之张华者，见之讶曰：此乃地瓜之王，主滋蕃其种类者也，切勿剖而食之，致干不利，宜速以香楮送还。妇迷信之，大恐，即率其子舁瘗故处，且焚香叩首而致辞，曰：大王大王，小妇人偶出无心，误犯尊驾，罪应万死，伏乞赦宥云云。噫，乡人之愚，一至如此，可笑也，也可叹也。

大清光绪廿九年癸卯十月初三日　公历一千九百零三年十一月廿一号

署中人亦受盗劫

〇埔邑城外育善街，与赌馆相连，往往匪徒盗伙混集其中。前月廿一晚，有县署内二人往永和兴店取衣物者，归至桥背街，忽有匪徒七八人跟随其后，施其强抢手段，并身上所穿之袍，及时表一只亦为剥去。二人大声喊救，街上之团练勇丁，酣睡无应者。闻已禀官饬差严拿，未识能戈获破案否也。夫离城咫尺之地，且为公门中人，盗匪竟如此强横，诚不堪设想矣。

仙姑发财

〇嘉应松口某乡有仙姑曰李焕姊者，日操鬼神语，诓取愚夫妇财物，一家数口以此丰衣足食，虽大家不啻也。迩来为鬼若神之名大噪，遂摆起仙姑架子，定一例规，如官场之夫马费，凡有请往他处闹神捣鬼者，须先奉鞋金二元，粮米一斗，若自到其神鬼室者减半。至诡索冥中所需，为无形无影之鬼神销费者，尤觉不赀，有多至百数十金者，唯视其人之丰啬而已。日前且有大埔某乡妇女三人，特地往请买一舟相与俱去。时见者多谓该三妇人行装甚似富家一流，即其携来衣物，亦悉绸悉缎。仙姑此行，又当满载而归矣。俗于不如意事，有神差鬼使之谚语，此等愚妇人乃甘于神差鬼使乎，安得人其人而一正之。

大清光绪廿九年癸卯十月初五日　公历一千九百零三年十一月廿三号

谕办保甲

○埔邑查大令日前奉到岑云帅公文，谕饬各县举办保甲。查大令即谕饬各乡绅耆赶紧筹办，并将发来门牌册式及户口表册式说帖同日给阅，限谕到后一月内将筹办情形据实禀报。未识各乡绅能否认真筹办也。

示禁地宄

○潮嘉之人惑于风水，有谓为吉地者，辄不惜重价购之，而斗讼往往因是而起。近闻嘉应甚有平灭孤弱之坟以渔利者。此风颇炽，经州人士禀请州牧示禁。当奉秦直刺批云，挖卖古冢，害及髑髅，残暴情形逾于强盗。州属惑于风水，富贵之家往往恃财恃势，希冀图谋吉穴，地宄贪得重价，因而盗挖盗卖，罔知法纪。此等积习，深堪痛恨，非予严办一二，不足以泽枯骨而挽浇风。据禀尚属实情，准饬差查缉示禁可也。现已出示严禁矣。

决犯余闻

○上月廿一日，嘉应秦牧伯决七犯。中有一犯，兴宁人，姓彭行八，平日为拳师，极不安分，即去岁来州时在舟殴勇落水致死者。斩决后，红旗手报同仇之恨，屠其胸腹、抉其心肝，示众泄愤。又口蔡告化者，州之太平墟人，其目去岁为其同党温官福挖瞽，此回斩决，其心肝亦经人取出，闻其胆大如鸡子云。

不守清规

○嘉应菖蒲寺淫秃与某妇通，宿某妇家者六天，始经同屋人知觉。妇即将僧藏诸夹室，极力抵赖，旋为人搜出。秃磕头如捣蒜，愿罚金四百元赎罪。妇族不肯，挖其一目，刖其两足，卧絷山上。为一樵妇所见，秃恳代唤一舆归寺，又因求医维艰，辗转十余处，最后不知其究竟。至其所私妇，则因事发觉后，羞愤不欲生，遂跳井而死。

大清光绪廿九年癸卯十月初六日　公历一千九百零三年十一月廿四号

州署中之生意

〇嘉应州门阍经孙委员接理外，其签稿则派伊婿接办。伊婿某不谙公事，每接一案，但问人曰：此有银子入手否？众以其骏而易欺也，于是管账及值堂钱粮之某某□各揽生意，但有十八元入息，便将来呈抽出，先送幕友，即日批发。故近日秦牧伯悬牌禁革传呈，名虽去而实则存也。至十八元之分数仍照旧，缴官十二元，缴幕友二元，余四元前归门口为茶仪，现则归经手矣。闻某某等皆官旧人，中一某极宠任，所有堂判皆某代拟，其润笔价少则十元，多则一二百元不等，趋其门者如市云。

大清光绪廿九年癸卯十月初七日　公历一千九百零三年十一月廿五号

和尚斋妇之冲突

〇嘉应松口上流八里许有天后庙一所，香烟久寂，庙亦颓废。近有某氏妇乃醵金修葺之，又于楼上加奉一木偶，雕饰精致，名曰金衣观音，择日开光。一时招集斋姨姊妹甚夥，预聘一黄沙乡寺僧某甲为之点睛。该僧索要十元，妇以大昂，议未决。旋有他僧某乙道经其处，斋妇因以点睛事告之，乙僧谓：能与我钱三百，可为若点之。斋妇大喜，与之订定。至期，法鼓金铙，诵经念咒，极形忙碌。正兴高采烈之际，甲僧忽率其徒子孙辈数人汹汹登楼，将乙僧痛殴不已，继将金衣木偶攫之而去。庙中哗然，有为之捧腹者。而斋妇则愤懑之极，大骂死秃不绝口，即以欺凌逼索之状呈控司署。甲僧亦诉之，且欲诣州署自投。现司署已出珠票催审，不知其如何斗法也。

大清光绪廿九年癸卯十月初八日　公历一千九百零三年十一月廿六号

茶阳商业之近状

〇埔邑今年各行生意，极形冷淡，其原因皆由于花会及各种赌业盛行。邑内男妇老少无不沉溺其中，地方官不为禁止，而衙役营汛遂公然得规包庇，肆无忌惮。唯典押生意，则日不暇给。将来至年终时，恐各号关闭者，在所不免矣。

嘉应神权

〇嘉应有所谓五显大帝者，州人祀之极盛。每值诞辰，醵金召戏，岁费数千金。日前举行祝典，诸色人等，备极热闹。其中尤以开设赌场者，为最高兴。闻其敛财之法，每一筵举二人为经理，六人为首事，首事例捐一元，经理例捐三元，设席百余筵即可得千余金。而总理应捐若干，及另行募捐者尚不在内。如此花费后，又有某甲者插足庙中，朝夕媚之，必诚必敬，暇即召诸妇女诵经，已则翎顶长衣居其前，梵诵之声与鱼山争亮。妇女见其拜跪时，冠飘孔翠，随风上下，啧啧叹羡，谓我辈之鬐发反不及其好看。而某甲瞑目合掌，若为不见不闻也者。昨因神前旧幄为香穿一孔，又设席三十筵，踵前此首事经理捐金之例，另又具疏劝捐，虽一毫五仙亦搜敛无遗。询其旧幄需费若干，或曰统计经工一切，确须五六元云。

赌不可救

〇埔邑张某，有妇年三十许，生子二人，因中赌博毒，所有家业博得如洗，复将妇之衣服首饰亦倾箱倒箧，纳诸四门之中。夫妇间，时相反目。日前无物可博，乃迫令其妻改适。妇计无所出，转向亲友处张挪数十元，请出女媒，交伊夫作为身价，已则赁屋而居，亦不改适。而某得此身价，即飞至博场酣战。不逾时，又妙手空空，垂头丧气。现唯有二子，尚可供其一博之资云。吁，赌博之害，甚于此者多矣，不忍言亦不可胜述。近日承办赌捐者，方且推波助澜，唯恐人之性命财产不尽倾于其手。此等国蠹何足责，有盘龙癖者尚其鉴之哉。

187

大清光绪廿九年癸卯十月初九日　公历一千九百零三年十一月廿七号

办团练之无益

〇埔邑团练，数年前已经筹款举办，然恍惚若缉捕经费之设，其名甚美，实则不知所为。近年以来，又仅恃各店家捐款，以资挹注。苟能实事求是，亦未始不可，藉以稍靖地方也。乃充当练丁者，皆无赖子弟，窝娼聚赌，无所不为。日则角逐于四门之中，夜则于三更时到各街鸣锣击鼓巡行一次。以此捕盗，徒虚销公费而已，如之何其可也。

航业之减色

〇埔邑百货，向由汕潮雇船运往发兑。数年前因米价翔贵，每货一担，船价涨至半元，所有内地航业，均利市三倍。而风潮所及，即水手之资，每月亦骤增一半。迨因百货滞销，每担货价减至二角，而水手米食薪金仍照旧给发。故迩来操内河航业者，均亏折不少云。

大清光绪廿九年癸卯十月十二日　公历一千九百零三年十一月三十号

批办长乐之斗案

〇昨有长乐县民温纶汪等，赴臬辕呈控被邻村掳去人口及杀毙多命，请饬拘凶究办等情。程廉访将呈批示云：事因修造房屋起衅，胆敢纠众械斗致毙人命，两造均属不法。前据该民具控，业经吴前升司批饬查起缉究在案。据呈前情，究竟两造当日实共被掳及致毙者几人，是何姓名，自应彻底根究，岂能含混了事。仰嘉应州即饬长乐县再行确切查访，并传温子佑四等暨各尸亲到案质讯明确，分别吊放，起验具报。一面会同营员督率勇役认真严缉，及勒令犯属捆送，限一月内务将本案两造主谋纠斗毙命滋事各凶匪悉获，传集尸亲见证讯供照例详办。案关多命，勿再延宕干咎，切切。粘抄保领并发。

嘉商控案之批词

〇闽广交界之峰市等处有著匪温开元等肆行抢劫，为地方害，潮嘉人之商于该处者亦多受扰累。日前嘉商张天源号曾受上杭县查匪之托，迨获匪后即饬差勇以传张质讯为辞，将张店货抢掠一空，甚于盗劫，经店东张汉杨上控。旋奉汀漳道李观察据禀批示云，著匪温开元等据永定县禀，系该职商等以该匪等常在峰市等处行劫，禀请密拿。迨提案研讯，坚不承认行劫，且查无据报，温开元行劫之案据供实系该职商挟嫌捏禀，是以移请上杭县属传尔父子质讯，不但抗不遵传，辄敢赴府上控等情到道，即经批府跟交押发，集讯在案。兹据呈称，尔系该县托查，并非首告，核与县禀迥不相符，因不能不彻底清查，以成信谳。至地方官携眷越境看戏，偕同幕友闲游，及县丞会同营汛借传为名，率带兵差家丁任意抢夺洋银各节，所呈果实，殊属不成事体，尤须查明虚实，分别办理，以惩诬告而肃官方。仰汀州府迅速确查，据实具禀。一面将此案人卷提府秉公讯明实在情形，详请核夺，毋得瞻循偏祖，讳饰玩延，并严饬差役不得扰累商民是为至要。粘抄并发。

大清光绪廿九年癸卯十月十三日　公历一千九百零三年十二月一号

拟立学堂

○埔邑近有志士联合多人，拟在城内张家祠开设同志学堂，凡负笈来游者，视其家资丰厚，酌捐学费，以为脩脯之用。堂内设中西教习各一人，算学教习一人，董其事者为张君竹史、邹君敏初、涂君宝琛。其章程如何，尚未探悉。然将来学会萌芽，文明输进，都人士咸翘首以观厥成矣。

谋财害命之铁匠

○嘉应丙村刘某，向在市中赁一小店，以薙发为生活。上月三十日得有会银三十元，为对门之铁匠店曹某所窥涎之，欲如取如携，不得间，遂起不良之心。殆刘往外小饮，偕行至炭子坪，正值黑暗无人，曹即拔短刀砍之。刘初以为戏，连声呼曰：毋恶作剧也。曹以黑暗不辨知未砍中，乃近前挽其衣力刺之，始贯革直入。刘遂倒地气绝，曹即飞奔刘店，攫取会银。讵店门局锁甚固，方撞击之际，适有街众数人前来，见其形迹可疑，喝问何为者。曹惶恐无状，欲遁不得，乃回头呼己店之门而入。数人者以其店邻也，故不之究竟，去道出炭子坪，忽睹一人仰卧于地，腹中露一□握，惊而烛之，则刘某也。共疑为曹某所害，急唤地约往视毕，然后报知街邻，共至曹某店中

诘其杀人之事。曹坚不承认，惟神色惨变。街众乃令数人看守其店，禁曹勿得他出。翌日即着地约赴州呈禀。昨初三日州宪亲诣丙市勘验，立命拘曹某，至一讯而服。现已带州押候审办矣。闻曹为大埔人，父子二人同在店，某最少者也。又闻某之父兄俱被押去，未知是否。

夜盗充斥

○埔邑近来夜盗之风日甚一日，本月初二晚神泉街丰成号被盗，烧门入店，店中伙伴均在黑甜乡，昏昏不觉，所有布匹杂货均被搬运一空，闻所失货计值三四百元。现已侦骑四出，未识能人赃俱获否也。

大清光绪廿九年癸卯十月十四日　公历一千九百零三年十二月二号

一牛之累

○埔邑塘腹里汪某，因误买陈姓耕牛一事。陈姓因失牛，时召集乡人四处追寻，花费不少。追原物取回，遂托人向汪索取赔款，否则禀官严办。汪自忖家世寒素，爰请邻友某向陈求情，以洋蚨二十枚填其欲壑。适陈之同族某于数日前亦被盗失去赃物，见汪可欺，依样葫芦，向汪索取银数十元。汪视此端一开，不可究诘，吝而不与。陈遂请出维新绅士联名禀汪为窝盗，以为索赔地步，犹未堂讯，汪已花费百余元。旋陈复以事无确证，向汪姓收回二十元将就了事。已由公亲具禀息案，而某绅谓汪陈二家私相和息，局绅体面大有关碍，又联名禀汪为窝，经县主再三批斥不准。复托人向官关说，始将汪某签拘到案，重责三百板，交羁所。

左道之为害

○前纪张景山在嘉应以左道惑人事，言之甚详。兹又闻其以术败遭逐后，仍匿于附近之家，以图再举。初张在官坪乡煽动，为众所痛恶，乃迁于岗背之李氏屋。既数阅月，凡往彼处祈病戒烟者，至夜尽驱诸门外，令其露卧达旦。为欲勾留妇女，恐为若辈窥破也，日则效秃奴跪于符箓之下，鸣钟击鼓高唱，经腔扬扬焉。专向妇女丛中，左顾右盼。而病者戒烟者，虽惨剧呼号，张不过问，仅令人持冷茶一盅，使饮之，美其名曰服法水。近来露卧之人致多，相继毙命，即有苟延残喘者，亦必形容憔悴，面目黄肿。于是众始深知其术之妄，乃于月前群起逐之。张大受困挫，急袖符幅而出，重贿李某潜匿其家，诳言此辈之死，以先师已回龙虎山，是以不能为力，今若不变宗旨，速请先师重来，大布功德，曷以显吾神通手段，一洗挫辱之冤云云。李信之，遂于日前招集妇女辈听张闭户开演，往观者皆不得其门而入，但闻铙鼓之声不绝于耳而已。现张每出门，必挽数人相随以自卫，盖深恐又遭殴辱故也。闻张自本春到松口以来，售其妖术，所得不下千金，且每日酒池肉林中，种种奸淫恶状，无不出现，乃此次既遭斥逐，仍无忌惮。不知公正诸绅闻之，将何以弭其害也。

大清光绪廿九年癸卯十月十五日　公历一千九百零三年十二月三号

禁革传呈之牌示

○嘉应传呈之弊，名虽革去，实则未除，昨报已纪之。兹将秦牧伯牌示补录于下：为牌示禁革事，照得民间词讼，除命盗即重情案件例准随时喊控外，其余一切杂案，均应于告期呈递。乃州属民情好讼，每因细故，架以大题传呈，抢先以争原告，迭经前州暨本州示禁在案。无如日久弊生，仍间有刁健之徒，遇事诪张，捏叙重情，随时传控，希冀邀准，实属故违功令，急应再行申禁，为此牌示告状人等知悉。嗣后除命盗及情节重要事件准其随时喊控外，其余寻常词讼，俱应据事直陈，按照卯期亲身赴辕呈递，听候当堂收阅，分别准驳核办，不得捏叙传控，亦不得混行喊控，致干查究。切切，毋违，特示。

治窝法

○嘉应松口坝下有徐氏房屋一所，地颇幽僻。前岁以窝奸积秽，并□□人命事，经前州宪将该屋钉封在案。该屋主近竟私行揭去，赁与某甲，借名制造火炮厂，实则又复窝藏淫秽。始尚稍稍歇迹，遂则聚集多辈，公然纵肆，不复知有犯禁矣。邻近恶之，且鉴于前辙，恐致牵累，乃私告吏役禀请秦牧伯签拘。日前果有差役数人持牒而往，甲等闻之，急避无踪，差等立将该屋主加以锁绀，拟带州惩究。屋主哀恳再三，托人贿以五十金，始得释放。而该屋仍旧钉封，闻者快之。

风气之蛮悍

○埔邑清都一带地方，距县治甚远，类多大家巨室聚族而居。而枫朗

191

黄沙各处，风气尤为强悍。近闻各处多设拳馆，招集无赖子弟竞习拳棍，偶遇小事，动辄鸣枪持械，会众滋事。前日百侯墟地方杨族与黄姓因雀口之嫌，遂尔称戈。北【若】干绅士等又从中把持，不为约束。将来祸患有不可胜言者，有地方之责者正宜未雨绸缪，下谕禁止，勿致酿成械斗，滋蔓难图也。

赛神之特色

○世界之赛会以赛工艺、学务为特色，潮嘉之赛会则以赛神为特色，而埔邑之同仁甲尤为特色中之特色也。乡之人崇奉保生大帝，人无遐迩，罔不灵之。故当三秋佳日，必请名优演剧报赛，动费数千金。而总理之汇款，人家之耗销，尚不计其数。然每年发簿募捐，凡有血气者皆乐输恐后。而三总理之额，各姓且竞争为之，惟恐不得。想其酒池肉林，中鼓喧天，人影扑地，金钿珠翠，目不给赏，诚乡人恬嬉之一大胜会，为埔邑最也。但以数千有用之金，供数日口腹之餍、耳目之悦。神而有知，当愿顾如此之耗费？倘移此热心为学堂起点，必有可观，且为地方之公益，有绅士之义务者，盍转移之？

○又闻邑中永青甲、保安甲、同仁甲三处，于此两月中各又举行三年大平清醮，计所费不下十余万元。邑中明达之士，多有倡议禀请上宪，提此款以兴蒙学、开工艺厂者，如能化无用为有用，亦埔人之福也。

大清光绪廿九年癸卯十月十六日　公历一千九百零三年十二月四号

乡民盗患

○埔邑迩来盗贼充斥，颇骇人听闻。即崧里一乡，亦几于无夜不受窃者。前月初二夜且连窃三处，初三夜又连窃二处，初五、初九等夜亦然。失物无算，乡之人徒唤奈何而已。夫以一蕞尔乡里，盗贼猖獗如此，其他可知。是皆由赌博不禁，花会长开，贻之害也。然此等事官已视为固然，民亦盍求自治自卫之法欤？

佃人之蛮横

○嘉应松口丹竹窝廖某父子，素见恶于其乡邻。曾佃耕族人某翁之田，历年已久。近以穷困难堪，忽逞其野蛮手段，将田据为己有，欲行典卖。而某翁固良懦者，抱屈不能伸，乃持契送与科举会中。廖父子即往司事之某上舍家，大肆咆哮，声称索回该契，为司事者所痛斥。愤甚即遍贴揭帖，肆骂庠序中人，以为报复计。诸茂才见之大怒，立欲捕该父子送官惩治。该父子始知理屈，乃哀求某翁代为缓颊，愿罚酒席二十张以谢罪。诸茂才谓此尚小事，惟嗣后租谷须每季清纳挑送至会内，否则决不宽恕，该父子唯命是从。讵昨值收稻之期，该父子又抗挠不已。诸茂才以此等野蛮断非官法莫奈，遂执其子扭送司署，笞责二百板，而租谷仍令如数缴清。闻者莫不鼓掌大谑云。

大清光绪廿九年癸卯十月二十日　公历一千九百零三年十二月八号

愚　孝

〇埔邑崧里乡何族，世家也。有某甲者，其母年逾古稀，忽患心气痛，迁延旬月，百药罔效。甲一夜焚香祷天，愿减己寿以延母寿，并割下臂肉少许，和以三年之艾，煎汤以进。片刻痛为之减，自此日渐平复，得享天年。乡之人异之，谓为真诚之所感，虽刮股疗亲，世不许可。而如此之愚，亦有足多云。

堪舆之妖妄

〇近有一人至松口者，衣裳楚楚，戴墨晶眼镜，自言峰市刘姓，精阴阳之术，能决人吉凶，如不验，即破其招牌云云。有某甲者，平素最惑风水，闻是言，不惜重金，延其择一牛眠地，乃引刘先相祖祠。刘乃于袖中出一小罗经，如杯大，测视山向，口喃喃作咒语。咒已，谓甲曰：汝家某日曾见凶事，且迩来多所不利。甲闻，惊叹不已。盖数日前，曾接其弟在外之讣音，己则与邻人争做风水，构讼耗费不赀，以致思郁成疾，弥留数月，近才获愈故也。遂信以为神，留之在家，奉事过于父母。甲每邀与登山眺望，刘必推诿不往，且性极苛刻，稍不如意辄加唾骂。甚者，常黑夜促甲出市购物，往返十余里之遥。以故甲不能堪，每相龃龉，几至用武。刘遂被逐去，寓于鸦片肆中，资斧断绝，不复如前之豪气矣。乡有某乙，耳其名，欲延至家，鉴于某甲而止。及见刘遭此困状，以为苛刻之性，或可少戢，始延归家中。偕与相其祖坟，刘出小罗经复如前状，骇曰：此坟内之骸罐必有异物盘踞，不迅速发掘者，宗绪且不

保。乙如言，立雇工人掘之，果见骸罐满贮清水，中有小蛇数头。乙惊愕良久，乃求计修复。刘谓倘与我百金，为若修复，不出二年，汝家大贵立至也。乙自忖一子早已物故，仅遗二幼孙而已，又属乡愚，且年逾六旬，行将就木，大贵何由骤致，遂不允。刘请减半价，又不允，继减至十金。乙复思曰：此明明妖妄也，天下岂有操真造化之诀者肯如是轻贱乎？今若允之，非徒无益，恐反遭其害。即以婉言令去。刘乞曰：请暂留贵处数天，容吾大运至时，必有以重报君也。乙不得已诺之。日前，乙晨兴之际，忽见双户洞开，急视，刘已不知所之，及细检衣物，则失去无算。又睹祖先牌下微露黄纸一角，取而视之，乃符箓也。持以示人，莫明其故，但见符式诡异，或谓刘某以诡索不遂，欲借此妖术为祸于乙，以思报复耳。是说也，虽不足信，然小人用心凶险，往往如是，迷信风水者其鉴诸。

大清光绪廿九年癸卯十月廿一日　公历一千九百零三年十二月九号

赌博之变局

○某富室者，某邑之旧世家也。其祖先以商累资数十万，堂构宏伟，所遗蒸尝祖业颇巨。现虽家世中落，而其子孙食先人余泽，轮流值理，犹足以自给。男女老少，悉恃此一不事生业，日以赌博饮食为务。近闻其子孙某茂才与某甲竟大张旗鼓，设一局于府第内，欲借吸各妇女膏脂以自肥。而赌场一开，无男无女，无老无少，皆分道扬镳，尔纵我横，日夜鏖战，废寝忘餐，如醉如狂，岁不复知礼义廉耻为何物。某茂才与某甲且诩然自以为得计，益出其兵不厌诈，百战百胜之伪技，藉兵斋粮赔款割地，以操纵一室之权利。某乙涎其计，欲与之争而不得，乃密约某衙前差役烂崽等，乘其开场合战之时，入往抢夺。日昨适某茂才某甲方据战台，诸娘子军各树一帜，合围混战，正在相持不下，该差等蜂拥而入，诸娘子军弃甲曳兵而逃，其踉跄之丑态，真不可言状。某茂才与某甲大怒，赴县呈控，差亦往诉，谓系乃孙某乙所主使云。现经某大令一概批斥矣，噫！

言之丑也

○嘉应有某甲者素无业，恃妻堪为钱树，遂以此为生活。近因妻色衰，又改其局面为窝。旷夫荡妇，日夜出没其中，几成风气。月之初旬，竟有三坑某乙之妻若女，同至该店楼寻欢者，各交一异县人，乐而忘返。迄数日，始有声浪敲入乙之耳膜，愤焰大发，即鼓其丈夫气，邀集本族壮丁，于三更时□开店门，一拥台楼，擒其妻女及奸夫而出。适是夜城西演戏，一时观者皆舍彼趋此，剧场几为之空。乙婿尚不知演此一段故事也，亦在其中张望，及出现，始呆立瞪目，如哑人吃苦。即有和事老人出场转圜，未送官发落。而通衢四邻，则啧有烦言。谓王法之地，公然明目张胆，非禀官查封，不足以靖地方。又有谓此等奸窝，只宜借火神爷之力，以一炬治之方清净者。惟现尚未按法行之云。

大清光绪廿九年癸卯十月廿二日　公历一千九百零三年十二月十号

大学堂襄理之得人

○丰顺丁叔雅主事惠康，前奉云帅派赴东瀛调查学务，回国后主于督辕。前月学务处开办，委充参议员之职。兹闻张督办之意，欲令其兼理大学堂事务。因丁君与吴教习谊为师生，将来之种种改革易于协商。丁君夙有时名，今还为桑梓任事，斗山之仰，曷其有极。

人情之险诈

○埔邑大麻甲某茂才，曾典田业于同族某甲。日前备价向赎，甲将价照收后，订以来日取契。及期往取，则匿而不还，百端躲避，若为未收赎价也者。茂才无奈，闻已鸣官吊契饬交矣。

可怜一炬

○埔邑角莲塘某氏妇，于数月前举一子，珍爱如珠。然家徒四壁，井臼之事必躬自操作，虽婴孩在抱，不能不割爱也。一日，妇外出，遗小孩于家，不知因何失慎致兆焚，如房屋衣物化为灰烬，小孩亦陷火坑中。迨旁人奔集，已不可救。走报妇，妇以遭此惨睹，一痛几绝。现不知何以为生云，亦可怜矣。

大清光绪廿九年癸卯十月廿四日　公历一千九百零三年十二月十二号

批办兴宁小学堂

○兴宁县钟绅仲麒等，昨联名赴督辕禀请拨款，开办小学堂。经岑云帅批示，越禀本应不收，因事关善举，拟请仰司饬县查复。又加批云，据禀，该县开办小学堂，拟请将乐育堂公款及权济社改名继惠义仓，两款拨为常年经费，系地方公款移为育才之用，尚属可行。此外，如何签捐，应由官绅实力提倡办理，务底于成，仰广东布政司饬兴宁县先将请拨查明禀核，一面督绅签捐，俟有成数，赶紧改作小学堂，禀核章程，妥议开办，毋稍迟延。

开办铁路之消息

○嘉应张榕轩京卿承办潮汕铁路，已纪昨报。兹接京函云，经商部批准办理后，已咨行上峰饬属实力保护，不日即来汕开办矣。按汕头至潮州，河道淤浅，舟楫难行，秋冬间更甚。虽丁前道宪有浚河之举，而善政未竟，即奉讳去。故来往者，犹视为畏途。况嘉应一带，多赖外米接济，而由汕运往，动辄兼旬，且每有失事之虑。将来铁路成功，其便利商贾、裨益桑梓，诚非浅鲜也。

碗捐纪闻

○埔商某某等，日前禀请开抽高陂碗捐，年报效学堂经费银二千元，其借此报效以牟利，已纪昨报。兹闻该处碗商哗然不服，有议必不获已，亦请归自己抽助学费之说。果尔，于学堂有益，于商务无扰，是或可行也。

途多荆棘

○埔邑近来乡村居民，几无不患盗。昨且有板坑郑某者携银数十元，行距河腰二里许，即有戎贝二人突出拦之，拳棒交下，任其搜刮而去。幸人未受重伤，然行路者咸有戒心矣。

寺僧如是

○嘉应某甲，日前邀数人往游某堡之龙岩寺者，中途遇一少年僧与二少妇偕行。其一为挑具器者，一则明眸皓齿，艳若天仙，浑身衣饰非大家妇无其丽都也。众疑之，见其相率抵寺，亦尾之而入。即见住持僧殷勤款接毕，少僧忽偕妇入室，而令挑具妇伺于外。众大哗，谓寺中岂容有此，喝令缚之。二妇闻言，急窜匿邻近家。住持僧乃极力哀求，令少僧向众磕头，口念阿弥陀佛以谢罪众。自以异乡人，亦不为已甚。后窥二僧他出，乃私入内，细检二妇所携之具，有宁绸女衣服数袭，并白米、腊味、果饼等类，米中又藏有洋蚨数十枚。众益惊疑，思欲取之，为一年纪稍长者阻止，时二僧亦回。忽又有附近之桓桓趄趄者数辈，谈笑而来，众乃将此事告之。数辈遂闯入室内，将银物各分讫，复拉少僧痛殴一遭，勒令承认该妇何人，携彼何往，方准释放。少僧战栗而言曰：某向住某山某寺，二妇亦彼处附近人，其一以在家不容于姑，嘱某携彼往遑至其夫处云云。众未深信，欲寻二妇询之，物色四处，杳无影响。而某甲等数人，亦即言归。后事如何，则未之知云。

○州属所有寺观均不受清规。据所传闻，纪不胜纪，殊令人痛恨。然亦不独州属为然，凡寺观，莫不如是。夫以无限之财产，养此不耕不织之僧尼，而又坏世道、蠹人心，其祸且有不可测，非地方之福也。近日明达之士多倡毁神权，废寺观之说。倘改此为各处学堂、工艺之所，绰有余裕，而官绅乃不实行，其言曰：唯杂捐之是筹是何？为者或谓僧尼之淫奢，于官绅亦有利。然欤，否欤。

江湖载酒

○丰顺丁叔雅主事题《华字报》记者兰史先生《江湖载酒图》云：

　　词人作赋伤骑省，王子赛舟感鄂君。
　　忆得临波弄环佩，南天花雨落缤纷。
　　满地江湖归白发，中年丝竹湿青衫。
　　寻常亦有伤春感，不见题时纪阿男。
　　松陵韵事最风流，摇落江潭二十秋。
　　但得春衣换佳酿，年年吹笛木兰舟。
　　虚闻打桨同王令，容易成阴怆牧之。
　　一样芬芳与悱恻，贞元全盛不多时。

大清光绪廿九年癸卯十月廿六日　公历一千九百零三年十二月十四号

埔邑侯开抽碗捐

○埔商借报效学堂禀抽碗捐事，昨经查大令亲诣高陂，劝令各行商照章遵办，并给示与承办。某商等设局开抽。闻各碗行已先有合群抵抗之议，如众志成城，此等牟利之徒，恐无所施其伎俩也。

盗耕牛

○嘉应松口各乡贼匪充斥，被盗者以耕牛为最多。虽经弋获数匪解案惩办，而横行如故。数日前横山村有二妇夜起操作，忽见数匪牵牛二头过其门，二妇以冷语侵之，匪即大声喝，曰：毋恶作剧，须慎防汝家所有也。二妇闻而恐甚，乃报告族人。次晚为之戒严，且令六七健儿终夜巡守。至天明，竟有一妇之牛不知何时不翼飞去。寻访殆遍，乃知贼党有妙手空空儿之技，令人不可思议也。现已遣人追捕，尚无影响，想亦终归乌有矣。

大清光绪廿九年癸卯十月廿七日　公历一千九百零三年十二月十五号

认办之商务

○中国近来颇注意商务，故富商巨贾，多受殊赏。新设商部亦极力经营，将来局面正未可量。但闻招徕各项商人兴办商务，迄今应命者无几。惟嘉应张京卿煜南经某丞郎等力，劝认办一二种。张京卿已尤垫款办洋蜡及肥皂两项，先行在京觅地设厂试办云。

洋货之畅销

○埔邑杂货生意，近惟洋货极见畅销。针线、纽扣、轻巧细微之物，中国旧时所出者，皆弃置不用，无有过问者矣。然如日本所造洋钮一物，虽花样新鲜，层出不穷，类皆以洋铁制成，内用洋纸设色，偶一见水，颜色即变。而中国人习尚新奇，明知不甚经用，而物美价廉，咸乐购之。亦足见外人之于商业，能揣摩风气、好尚以求胜。而中国之工艺则守旧不变，无怪洋货入口之日有加多也。

迷信地师之一斑

○嘉应人之迷信风水，其一种特别之脑筋，足为诸郡邑之冠。尝见有家世昌盛或稍可自给者，咸目之曰：是某穴风水庇荫也；而其零替衰颓者，又目之曰：是无好风水所致也。尤甚者，每葬一穴地，倘其人偶沾小恙，则惶惶然，以该穴之冲犯咎之。设添一丁、进一钱，则欣欣然，以福地称颂之。舍是而外，无所可否。噫，即此而观，地以人传耶，人以地传耶，当不待智者而知矣。堪舆邱某者，自言兴国县人，常居松口，某乡愚夫妇，多神其术，咸以明师呼之。有某甲，数年前曾延邱为营一坟。邱决之曰：是穴也，可卜五年后添数丁，且利出洋获巨金。甲信之，遂往噶罗巴岛作小负贩。去后数月，妇果在家一举两男，而乃叔乃弟亦先后各产一子。甲之生意，亦颇称顺。不数载，获资逾万。乃于日前捆载而归，举家喜出望外。不忘地师言，急欲往访之。闻其尚在肆中作饥困状，即日遣人招与俱来，为更易衣服，而以洋蚨三百酬报之。且曰：某非先生之高明，无以有今日，此恩此德，敢忘之乎？遂留家中，虽供奉父母不啻也。现闻邱每日惟肃傲烟霞，出则袭服甚都，暇时手千里镜，借甲登山眺览。见者莫不啧啧称羡云。记者曰：某甲之境遇，果邱某所能逆料乎？抑真该穴之默佑也？如其然，为邱某者，又曷不竭其术，多择好风水以图富贵无穷，为子孙世世享，顾甘为人作马牛者，何哉？噫，争风水者，亦可废然返已。

大清光绪廿九年癸卯十月廿八日　公历一千九百零三年十二月十六号

嘉应控告书吏

○昨有嘉应州民钟鸿等赴臬辕，控告书吏串同局绅苛抽船费，请饬革究以恤商艰等情。程廉访将呈批示云：

查设立船中，原为便商起见。据呈该州代书黄萼华串同局绅黄奠谟诈馈私礼，托名邹永祥承充船中，巧立名目，格外苛抽，如果属实，殊为可恶。查阅粘抄州批，据保安局禀，以原充船中曾炜焜父子不洽舆情，欠缴经费，将其撤退，另招邹永祥接充，月缴阅报经费二十元，一切悉照旧章

抽收，业经由州批准并出示晓谕等语。据呈前情，是否实有扰累，仰嘉应州确切查明，督同公正绅士妥议办法具报，毋任滋讼。代书黄萼华，如有串同冒充情弊，并即严提革究，勿稍徇纵干咎。粘抄保领并发。

无理滋闹

○埔邑恭州乡何姓，巨族也。附近网山下有一祖坟，近以坟前荒坝泥沙，高积丈许，兴工修理之。有刘姓者向赁种该处园地，积久生奸，竟借契影占，恃强向阻。复有好事者从中播弄，统众寻仇，并采办军火，欲为大动干戈之举。惟何姓老成，恐酿大故，力约束子弟不许生事。未悉能言归于好否也。

大清光绪廿九年癸卯十月廿九日　公历一千九百零三年十二月十七号

商学一斑

○嘉应张榕轩京卿，近为商部所注意，日前准办潮汕铁路，曾接其邮传消息云：不日即来汕开办。潮嘉之人，以此属望甚殷。昨又有在京试办洋蜡肥皂之说，兹接京函云，商部奏请特旨派京卿赴南洋一带调查商务，并优抚华商，尚未奉旨。亦可见京卿商学之一斑矣。

迷信神权之糜费

○埔邑保安甲，近建太平清醮，以数日故耗费不下万余元。其筹款之法，总理二百名，每名捐银二十元，副理二百名，每名捐银十元，缘首四百名，每名捐五元，计三款可得八千元，其余发簿募捐者尚数千元。筹款之易如此。闻尤以赌博一宗最为热闹，共有六七十家，每家须缴缉捕经费银十三元。承办此举者，亦可得数百金利益。诚为会期场中，特开生面者矣。然此方之人，即谓之遭劫也可。

大清光绪廿九年癸卯十月三十日　公历一千九百零三年十二月十八号

植茶之利

○埔邑界万山中，宜茶宜果之地，各处多有。但不知讲求种植，故其利未兴。闻平沙甲棉峰地方，居民仅数十家，种禾以外兼植茶树，其种皆传自福建武夷，每年出产亦不下三四千元，色味俱佳。惟焙茶之法稍逊，遂无运售别处。苟能考究而改良之，其利亦未可量也。

妇女之赌风

〇埔邑妇人女子，惟沉溺于花会，此外尚无所癖。不谓近为赌博之善政所化，竟有辟四门而博者。闻城内无数妇女结党成群，组织一娘子军，开场酣战，胜负之数，多者百数十元，少亦数十元，俾昼作夜，无有已时，可谓于赌界中独新壁垒矣。然为绅士者，何可不早为之所也。

大清光绪廿九年癸卯十一月初一日　公历一千九百零三年十二月十九号

官场消息

〇署理丰顺县万大令云翱，前日抵汕，已纪昨报。兹闻悉大令昨日由汕晋郡，择吉本月初十日接篆视事。

大清光绪廿九年癸卯十一月初三日　公历一千九百零三年十二月廿一号

开抽碗捐续闻

〇埔邑高陂碗捐，日前查大令亲诣该处，召集各行商切实劝导。奈各行家坚不允抽，并将近日碗行生理困惫情形恳求豁免。后经再四嗟磨，始允本年由各行家报效二千元作为埔邑开办学堂经费，余则照旧贸易，不得加抽。昨查大令已由陂返署矣。

大清光绪廿九年癸卯十一月初四日　公历一千九百零三年十二月廿二号

碗捐续闻

〇昨日报所纪埔邑高陂碗捐事，传闻不确。兹据该商人云，刻下众情

不服，究竟如何，尚未有定局也。

樵采兴讼

〇埔邑山多田少，各处居民多以种山为业，故往往因樵采一事动起争端。近闻大麻甲竹洋乡何吴各姓，有往新村樵采者。该处附近廖姓山场，廖姓会众向阻，令其不得越雷池一步。何、吴二姓坚不答应，以致互相雀口，将所刈柴草，均付之咸阳一炬，现已互讼公庭矣。

大清光绪廿九年癸卯十一月初五日　公历一千九百零三年十二月廿三号

女界特色

〇迩来赌国善政，雷厉风行，虽穷乡僻壤，大人小子均以赌具随身，沿途聚赌。有拟议之者，辄以奉旨辞。甚至倾家荡产外，或有写父死过管之田业字据者，笔难罄述。日者某乡演傀儡戏，赌场中颇形热闹。时夜将半，忽有一少妇在场外大发问题，众意其亦着赌魔者，围观之见其对一男子申饬，乃知其索夫于此。谓其夫：数月不归，家业尽荡，尔若不改前非，吾年方二八，不忧无夫也。自后如听吾约束，勿复在此觅生活，吾虽胼手胝足，苦心志，劳筋骨，亦所愿云云。噫，如此妇人，亦远过寻常万万者欤。

大清光绪廿九年癸卯十一月初七日　公历一千九百零三年十二月廿五号

碗捐滋事

〇埔邑高陂开局抽收碗捐事，前月经查大令亲往勘办，磋商再三，迄无定局，返署后而窑户之变起。高陂碗窑，皆在乌岭、九子峰、黎原、漳溪、陈坑等处。闻此各处窑户，一闻抽捐二字，愤不可遏，即大开议会，议定各窑概行停工。至本月初二日，各拥健儿数十名，驱至陂市，欲得抽捐者而甘心焉。闻各商之与官为表里者，店中货物颇受其糜烂。通街遇此，如遇大盗，纷纷闭门罢市。司讯各官驰往弹压，亦战栗而不敢前。闻有一家受亏最甚，店中物无一存者。该处司讯各官及商家，闻已星夜赴县禀报矣，不知作何办理也。又闻尚有饶平属之窑户，不及与于是役，拟再举为难。噫，捐事之难如此。

野蛮者鉴

○嘉应某乡某甲霸产抗租，被科举会中人大加呵责，甲父子愤懑欲死。旋有某童子特挽甲往酒肆中，为之置酒鲜闷。正酣饮间，童进言曰：某老爹（以甲曾冒有军功八品衔，故云）以当日之孤威所假，何等自由，今竟甘俯首帖耳，婢膝奴颜于庠序中人？揆诸地球上自由平等之义务，老爹今日不已，显违公法乎？倘自由社会知之，名之曰：无血性也！必矣。可速请就近之牧师神甫辈，为老爹作一蟹行呈状，诉告自由社长，将此后如何霸业之不自由，如何抗租之不自由，如何被庠中人实力圈之轭制，如何款庠序中人满汉席之酬禧。彼时社长见之，岂不决太平洋之水为老爹洗冤涤耻，而伸自由平等之权哉？愿老爹熟思之。甲乍闻之下，以两耳重听为辞。某童以其真重听也，特大书数行而进之。甲又以老眼昏花为辞。某童于是知其不可与有为，遂戢指而晋之曰：唉，君耄矣，不足与谋矣！飘然而去。如某童者，真恶作剧哉。然足为野蛮警矣。

大清光绪廿九年癸卯十一月初八日　公历一千九百零三年十二月廿六号

纸商减色

○峰市一隅，为闽粤往来大道，所出之货以纸为大宗，名目繁多，大小共有三四十种，出产之地分大河、小河、连地、上杭，每年生意不下三四百万元。向由上山客运往潮城发售，亦有由潮帮雇人到各处坐庄购买者。由汀至峰，水程有三百余里，河流险恶，常有倾覆之虞。至峰起旱后，存各运载行，然后用人肩挑，过山至石上，运潮发兑。闻有由东江过山，往省出售。去年因天时亢旱，纸价异常昂贵，凡业此项生意者，均利市三倍。今年因各处加抽重之括剥，洋纸入口日多，此中【种】生意大为减色云。

记奸媒

○大埔某甲近娶一妇，不知其有麻疯也，入门后始知之，甲大恨悔，居不数日，逐之出外。妇年方二八，然衣裳褴褛，遂行乞焉。一日遇媒于路，询之，备悉其来历。媒遂心生一计，带妇回家，沐以香水，衣以新

衣，居然二八佳人矣。遂持四五元向甲买之，写字后即带往湖市择婿。适有一业鞋工某乙，鳏者也，日得蝇头百十文，积十数年始得数十金，存贮无缺。爱谋嗣续计，一见此妇，即向言价。先过定五十金，遂择日纳娶焉。于归日，乡之人皆以为物美价廉，踵门道贺，乙亦甚得意。及数日后，妇歌采苣不辍，始知其有伯牛之疾也。乙愤不欲生，为寻媒人，而媒人已渺如黄鹤。乃辗转画策，欲鸣官理论。此后不知如何结局云。

大清光绪廿九年癸卯十一月十一日 公历一千九百零三年十二月廿九号

漏匪之猖獗

○刻有友来函，云兴宁北厢自潭坑凹至十二肩岭以及罗浮司属凹头等处，近被漏匪曾大牛、刘金皆等构党劫抢，猖獗异常。前月凹头有刘光顶者，家本小丰，突于某夜遇匪数十人劫其房屋，登时知觉，与相持数小时久，乃遇族人引救，始获安全，然闻某某已受重伤。又十四日十二肩岭有旅客经其处，囊金颇巨，亦被匪掳去三人，闻其中有一罗浮司邹姓者。又狗菜坑地方杨西来之子被匪捉去，勒银二百元，始得释还。噫，匪党潜纵，抢劫屡见。有斯民之责者，尚有期勉以图治，勿为养痈贻患也可。

禀除蠹役之传单

○昨接嘉应函寄刊发传单，备言蠹役至害，题为同伸义愤，末署回澜社同人告白。爰将其文照登于左（下）：

为传知事，我州蠹役悍横极矣。每承行一案，始则重索开票银，继则重勒投到银，勒之不遂，不准具保投到。既已投到，多为扭捏搁审，图充私囊，致冗案累千。此为吾州蠹役之故习，非藉有回天之力，殊难以挽狂澜。奈迩来犹有甚焉。我州之好讼，无以过之；我州之瘠苦，亦无以过之；我州之听差勒索，更无以过之。何也？大都构讼之端，不外户婚、田土、坟山等事，司牧者以票传集讯，承票差以传票，难为苛索。故延日久，即变称何造抗传，蒙改拘票。拘票到手，狰狞情状，有不堪言喻。稍不遂欲，或禀添差，或并会营，即锁拿监禁，万般酷虐，实若坠入虎圈，任其饱噬而已。凡遭其荼毒者，此味当已尝之矣。予等目击时艰，除害安民，莫此为急。本社仰体督宪岑深嫉蠹役害民，至意爰集同志敛定微赀，采访蠹役恶迹，禀请除害。州人士受其害者，将其案由录明节略，注明承差姓名，由各处邮政局递寄丙市邮政局转交本社汇收。以一个月为度，期满之日，除联名禀明州宪察究外，即联禀督宪核夺，各宜作速递寄前来，以便汇集附禀。噫，蠹役之肆威已久，此举有济，不特本社之幸，亦一州之幸也，谨此传知。一录节略，只得注明承差某某如何勒索，如何酷虐，案中之是非曲直，不许拦入。

大清光绪廿九年癸卯十一月十二日　公历一千九百零三年十二月三十号

同文纪事

〇岭东同文学堂甲辰年各教习，均已于日前送关。其总教习，暨东文、算学教习俱仍旧。其蒙学教习二人，一聘潮阳庄君谦，一由头班学生兴宁何君天翰兼授。何君天翰为堂中翘楚，兴宁县创办小学，本拟聘何君，而总理邱仙根工部留其兼授堂中蒙学。又闻明年欲添聘一英文教习，系大埔杨君，前在上海约翰书院卒业者。堂中除旧学生留业外，现来报名者，已有六十余名。人文之众，足为岭东生色矣。

〇又闻分教习二人，一仍请温君丹铭，其一杨君鲁，本科中隽，明春北上，不能应聘，承其乏者，现正在拟议云。

教习之与学生

〇埔邑小学堂自开办以来，已数阅月，颇不满人望。闻内有中文教习某君，平日专以八股名家者，经史掌故之学，全无门径。日前因上堂开讲史学，致与学生张君互相辩论。某教习受此挫辱，遂请查大令将张君斥退，谓此等习气断不可长。闻张君已于日前自行告退矣。

碗业停办纪闻

〇埔邑高陂碗捐滋事一节，曾纪前报。兹闻潮汕各号做此项生意者，闻此消息亦飞函到陂，阻其停办二三月，俟捐项定议，再行交易，未知确否。

热心教育

〇蒙学为大中小学之基础，而潮嘉各属措意于此者极少。近闻潮阳林君邦杰为族中创办一蒙学堂，教育族中子弟，自捐银六百元以为之倡，拟

205

聘中教习二位，算学教习一位，定于明春开学云。按潮嘉各乡族富户不少，使皆热心好义如林君，则教育其可普及乎。

小民主国出现

○闽粤之交镇平县界有二区焉，一曰昭庆，一曰盘山，皆在万山丛叠中，别开异境为殖民地。昭庆四面石壁耸峙，猱猿攀跻亦惊其坠，惟有一石罅，状若门焉，可通出入。闻其中户口数万，为黄帝遗裔，痛明亡而逃入其中者，不薙发不改制，宽衣博带，居然太古衣冠。一区之中，公举统领，统领以下，大小各员亦由公举。有取士法，有通用钱币，则明制也。田足以耕，蚕足以衣。生斯长斯，饥食寒衣，无所求于外界，惟盐不足，间有持异药与外界相交易。见者非目之以道士，即呼之为山客。而彼亦以世界外之特别民自待。盘山者，四面漩涡，其山如盘，故名。离昭庆不远，其地小于昭庆，其险逾于昭庆，外人不得至其地，故内政莫得其详。而无斗无争，各治其治，几有共和国之气象焉。

东林遗墨

○镇平广福乡南坑村邱氏，聚族而居。其十世祖零陵知县某，与东林名士多交好者，亦多东林往还书札。有顾宪成所书"宣猷佐化"四大字，甚雄伟，邱氏尚宝藏之，以为东林尚在也。

大清光绪廿九年癸卯十一月十三日 公历一千九百零三年十二月卅一号

挟嫌搁货之举动

○埔邑百侯杨、黄二姓，日前市场构衅，大动干戈一节，曾纪前报。后杨姓以黄姓势据上游，为贩运货物必由之道，不欲决裂，窒碍商务，遂请出公亲备花红酒醴诣黄姓谢罪，并赔款若干元以息此事。闻黄姓有某绅者因少一分赔礼，以为绅士体面大不好看，遂坚不答应，并将杨姓由饶运过白米数十担及鸡鸭各货到百侯市场出售者，悉行拦起。现杨姓不得已又请出绅族诣县控追云。夫所谓绅士者，对于乡族有息争之义务。今之绅士，往往以意见之私，反为戎首。噫嘻，是亦不可已乎。

船户巨测

○埔邑所销货物，向由潮贩运，其来往账款亦由本地船户按期收缴。

闻日前有船户刘某，收带各号银信数百元，缴交郡城布行开账者，抵郡后竟肆鲸吞，分文不缴，与同行船户连某通同作弊，为各布行所疑，现将刘某之船扣留。各号闻此消息，亦向刘某追回原银，未识能珠还合浦否也。

大清光绪廿九年癸卯十一月十四日　公历一千九百零四年一月一号

同文学堂咨文

○汕头同文学堂监督邱近咨道宪云，为咨呈事，窃照敝学堂，向例于冬至节后订定明年教习。故于本月初十日，曾将聘定明年甲辰诸教习咨呈贵道宪并请转咨学务处。现敝总理同总教习何令寿朋等商议，意以敝学堂开办数年，虽颇有成效，而组织尚未完善，其病由于学堂中分客土二族，语音不通，各聘教习，以致课程不一，畛域难融；且本地教习学问虽长，然于近日专门科学、师范教育之方，实未深悉，故教科亦未完备。拟将所咨呈聘定之教习，除东文、算学外，悉行停罢，改延外省卒业留学生二三人，一律用官话分科教授。如此则已可以消客土之界限，亦可望学堂之进步。现总教习何令寿朋、分教习温生廷敬，业已自行告退。并致书上海，托聘卒业留学生之品行纯正、学问优长者，俟聘定后再将名字咨呈。兹将整顿学堂改聘教习情形，先行咨呈贵道宪，以凭察核，须至咨者。

学生宜勉

○友人来函云，潮州中学堂分教某君尝对人云，本年中学堂之学生，惟澄海最有进步，若大埔学生则多不上讲堂，殊少进益。按大埔学生之多不上讲堂，以堂中分教二人皆操潮州土话语音不通之故。然业已负学生之任，纵格于语音，不能上堂听讲，何不可借学堂为自修之地，大埔学生勉乎哉。

丰顺拳匪之害

○丰顺近来有外属会匪流入附城各乡，日则以教习拳棒为名，夜则率徒四出窃掠。而建桥一乡，尤为盗贼渊薮。烟馆窝之，地保庇之，坐地分肥，无所不至。近又潜通城厢地保吴某为其耳目，以致附城人家十九被窃，无可如何。上月初间，新坡乡捕得著名剧盗刘阿上一名，闻即三点会匪，在建桥教拳有日，传其术者不下百数十人。获后暂交地保吴某看管，

为吴所私放。以脚伤未能远扬，半日复获之送官。朱大令验有伤痕，意良不忍责，各绅耆以不应打贼太重等语再三恳求，始允渐为收押，并未加以刑惩云。

大清光绪廿九年癸卯十一月十五日　公历一千九百零四年一月二号

学务处核议大埔碗捐牌示

○埔商借学堂抽收碗捐事由，迭详前报。兹将两广学务处核议，碗商马雄文禀牌示录于左（下）：

为牌示事，光绪二十九年十一月初九日，奉督宪批发潮州土磁商监生马文雄等呈控大埔土棍张克明等，包抽出口土碗以充学费。该县酷勒瞒请等情一案奉批，仰两广学务处核明批示，具报禀抄保领并发等因，奉此查阅，粘抄县禀。职商张克明等禀请包抽高陂出口土碗，每担抽银二分，每年认缴银二千元以充学费。经该县传集各绅询据，声称高陂土碗旺销，若按二分抽收，当于生理无碍，商家各愿报效等语。现呈，则以该县酷勒瞒请为词，核与县禀互异。究竟该处土碗销路是否畅旺，每年出口若干，每担抽银二分，每年约可抽银若干；张克明等每年认缴银二千元，是否核实，抑是从中取巧，渔利于碗业，有无妨碍商情，果否允协，应饬潮州府就近查明，妥议禀复，再行核办。至粘抄府批及该生等呈内所称，戴绅春荣捐银十万元，创建学堂一节，查绅民捐助学堂巨款，例应详请奏奖，何以未据该县遵照详办，究竟有无其事，并即由府确查禀核除以申报。督宪察核并饬潮州府遵照外，合行牌示，为此牌仰该监生等即便知照。特示。

禀承潮桥盐厘

○嘉应谢观察荣光等，日前赴督辕具禀，加认盐饷，承办潮桥商运各节。现奉岑云帅批示谓，据禀请将潮桥盐务改归商办，每年愿于原定正饷、防饷、提饷十四万四千两之外，加认正饷银五万六千两，合成二十万两等语。现委谢令办理，该属已令加缴提款，该商认加之数，所多无几，且潮桥现办奏销十一个月为一届，兹请以十二个月为一届，计办十年即短一届，奏销殊多窒碍，该商能否再加正饷，如令承办是否确有把握？仰请查两广盐务局查核妥议，分别详办云。

火警奇闻

○嘉应东街四甲福神楼上，于本月初四夜，忽火焰冲天，众大惊怪。初以为更夫在彼守夜失火，不料拿出一僧，如醉如狂，不知为鲁智深之打山门，抑孙行者之离火云洞也。幸杜游戎金卫每夜亲自巡查，适到该处，着勇扑灭，各铺户免受池鱼之殃。

大清光绪廿九年癸卯十一月十七日　公历一千九百零四年一月四号

札查官田

○广东一省官田，不计其数，有名无实。现大宪将一律变卖，以充举办新政经费。或谓全省此项可得数千万，或谓可得三二千万，或谓可得数百元，皆是凿空之谈。故大宪已札潮州府，将官田坐址何处，亩数若干，租数若干，用款若干，列表呈报，以凭酌夺。不知该管书吏，有无讳匿否也。

抚藩道各宪批大埔碗商禀

○碗商马雄文等将勒抽碗捐情形，上控各大宪，经两广学务处核议，牌示已登昨报。兹奉张中丞批云，前据县禀县属出产以土碗为大宗，拟由商承办，每担抽银分岁缴银二千元支充学堂经费，业经李前部院批司，核明饬遵在案。州县兴办学堂，自不必就地筹捐之款，必须商情允协。据呈商人张克明等，勒收滋扰，果否属实。县绅戴姓是否捐银十万元缴充学费，仰布政司会同学务处即饬大埔县详查明确，据实禀复察夺。粘抄保领并发。又奉藩宪批云，该县学堂经费既有戴绅慨捐巨款，业已充足，粘抄府批似可不必另筹，自是正办。仰潮州府饬县确查妥议，饬遵禀复，粘抄保领并发。又奉道宪批示，张克明等，非碗商包承借剥及东洋夺利，水脚饷费日增，各情形是否属实，果否原办未善，仰潮州府确切查明核办，具报云云。

大清光绪廿九年癸卯十一月十八日　公历一千九百零四年一月五号

同文学堂之新风潮

○岭东同文学堂日前因聘请分教习，各绅董意见不合，小有龃龉，旋

经另定办法，议定明年聘请外省卒业留学生，一律用官音分科教授，业已咨呈道宪，既详前报。日昨忽因账房事又起风潮，访其原因，传闻异辞。现经该堂中学生先后至本馆，各登告白一则。其究竟如何，俟问确再行缕晰续报。

碗捐滋事续闻

○埔邑高陂各窑户因碗捐滋事一节，凡受其蹂躏之商家，已于初三日至县禀请究办。后各窑户亦请出高陂绅士数人，诣县递禀。谓抢掠货物一节，实无其事，不过因墟期人众，良歹不齐，致有乘机扰乱。并请查大令不必到陂弹压，能将出首承办之人撤退，各店损失之货愿出价赔偿云云。现经查大令将承商先行撤退，一面札饬巡司将滋闹被抢实情查勘，禀复核办。闻已出示晓谕各碗栈及店铺人等矣。

大清光绪廿九年癸卯十一月十九日　公历一千九百零四年一月六号

请旌寿妇

○嘉应州绅士中书科中书举人李景旸等，以州属有寿妇黄林氏，现年八十二岁，亲见七代同堂，将其生平慈和事迹胪列具禀州牧，转详大宪，据情奏请旌表，以彰其淑德云。

讯断坟山案

○埔邑邹、谢二姓因坟一案，涉讼经年。日前谢姓复赴省到督抚藩臬各衙门呈控，经大宪札潮州府派员会县复勘，秉公讯结。昨查大令传集两造人证，当堂讯问。其骸罐一节，谢姓坚不承认。并闻两姓坟界内，尚有别家之坟。查大令劝令谢坟迁开一丈八尺安厝，并令谢姓亲向邹姓求情赔礼。未悉两造能遵断结案否也。

大清光绪廿九年癸卯十一月二十日　公历一千九百零四年一月七号

纪嘉应务本中学堂

○务本中西学堂，前经岑督宪批准为嘉属民立务本中学堂，各节已详前报。兹友人来函，拟将甲辰年章程办法大加改良，以求合中学程度为宗旨。其课程一切悉仿钦定学堂章程，并遵照督宪批示，增设教育学一科，并增设附属小学堂一所，以教育童蒙。所有章程亦经议定，俟续登以供众览。

嘉应蠹役之凶横

〇月前桃源堡某姓家被贼匪抢掠一空。旋探悉匪中有传阿盈者，但不知其何许人，因赴州呈控后。有一班蠹役未奉印禁，即如狼似虎直奔松口枇杷埔乡之傅姓家，诬指傅阿盈即居是处，通令交出，带案究办。傅姓以族中并无阿盈之名，多方理论，蠹役等坚持其说，争辩良久，立将其族长名阿赞者加以绾锁，即诬为匪匪之人，拟捉将官里去。傅族咸抱不平，遂奋前争夺。蠹役等竟以刀伤傅赞臂，血流如注，众无如之何，乃议贿以十金，俾释其事。蠹役等不许，谓需赔补费用二百元，否则必将傅赞带州，且令汝族终无安枕之日云云。傅族自以姓小人单，势难理较，乃公集百二十元界之，蠹役等始纷纷散去。其时邻里皆震慑，莫敢谁何，后始有人大动公愤，遂遍贴同伸义愤之帖，俾为傅族昭雪云。但今尚无影响，不知如何究竟也。

抢掠奇闻

〇嘉应松口杯子仞，适当通衢之地，仅有梁姓数家傲居于此。昨十一晚，有一妇夜起，忽遇贼匪数辈汹涌而来，为首者即邻近之著匪，花名牢盈中也，闯入其室，将妇捆于一隅，以破絮塞其口，然后席卷所有而逸。至天明，众怪妇晏起，共往视之，及睹斯状，知遭匪所劫。乃诘其情由，始知牢盈中自盗邱姓家被获逃脱，后窜匿无踪，今又勾结党羽潜身回来，复行扰害乡里云。刻梁姓已报案追查，未审果能弋获否也。

命案续闻

〇埔邑大麻甲邱姓控丁姓殴毙人命一事，经查大令札三河司主亲往相验，略纪前报。兹悉其致毙之由，闻因邱姓某甲与丁姓某妇有暧昧情事，被丁姓亲属觉察，遂于某月演戏时，丁某召集族人欲得邱而甘心。适邱在现场即被扭住，饱以老拳，后经旁人解散，不虞其有性命之忧也。数日后，邱家住屋忽闻人声嘈杂，疑其妇女亦与丁姓有结不解之缘者。触起日前被殴之恨，仓皇寻出鸟枪一支，为报复计，邱氏兄弟二人争先放枪。轰然一声，山谷响应，人则昏昏然如在梦中，盖以药力过猛，竟将邱某左右

手全行飞去，因而殒命也。邱登即赴县以命案控丁，犹欲勒索多金为私和之计。丁以人口单寒不能出此巨款，又以三河司主报后三天始行相验。闻丁姓因此命案官司惧遭殃及，不论男妇老少均举家逃避，如遇寇乱。然亦且破费不赀矣。

大清光绪廿九年癸卯十一月廿一日　公历一千九百零四年一月八号

嘉应务本中学堂改正甲辰年章程

○第一章　名义

个人生于世界中皆以国为本，而国值争存竞立，优胜劣败之场，尤以爱国为急务，欧美教育尽行国粹主义，故本学堂仿之而命名务本。

第二章　宗旨

本学既奉督宪批准为嘉属民立中学堂，即当求合中学程度，鼓独立之精神，以激发爱祖国爱同胞之思想，养成一种特色国民，以副朝廷兴学育才至意为宗旨。

第三章　课程

本学课程悉仿钦定中学堂章程，将初年办法色色改良，并遵督宪批示，增设教育学一科，发明教育之精神制度方法，以备师范之用。兹将本年每星期课授时刻列左（下）：

修身三（并伦理学）、词章二、英文九、格物二、读经三、中外史学四、图画一、教育学二、算学六、中外地理三、博物二、体操三。

第四章　学律

人类文明野蛮之别，一视其有法律无法律以为差，孟德斯鸠曰：法律者，人生所不可须臾离者也。现在法律绵蕞未能完备，谨就学中最关紧要者，先订四则以便遵守：

一、崇节俭法律

本学既以务本自勉，即宜敦崇品学，毋囿俗情衣食住三者，自须持衣不耻恶，食无求饱，居无求安之主义，以勉成国民资格。现本学除住所概从洁净以助卫生外，其殽膳一律同式，衣服一律清洁。虽有富者，不得逾此法律，庶通行可久。

一、守划一法律

饮食起居自须日有常度，而每日功课亦宜划定时刻，不能或作或辍，任意自恣。故本学于一日之中，除每小时内以几分钟为小憩，及星期日休息以涵养精神外，则宜专心一志，潜心学业，以除始勤终惰之弊。

一、保名誉法律

世界上最野蛮最腐败者，无过于花烟饮博等事，于个人则费财力而坏脑筋，于团体尤败名誉而污社会，本学同志概宜切戒以绝萌芽。

一、求自治法律

国家者，国民之质点所合也，各尽天职则国强，各弃责任则国弱。方今邻敌交侵，国势岌岌，正我国民所宜痛，自刻励以图争存时也。犹复放弃义务，不能自奋而徒以诋讥朝政，专事吹求，此旁观笑骂派，本学决不延纳。

（未完）

拟立农工商学会

○今日农工商之不学，不足竞争于世界，识者言之详矣。故各省多自立学堂，分求各学。而潮嘉之人则尚安于愚且拙，未有讲求此道者。近有志士某君，拟合同志，劝各属设立农工商学会，以推求新法。就所有善堂会馆，易为讲艺所。购置各种图书、报纸、机器，以便朝考夕究。年中举博览会一次，萃各乡之物产器具，比较品评优者，共奖之，其经费则纠股集资，或劝善囊助，务合伟力以相与有成。闻某君之意，以遍设学堂必周必备，非一时所能举行，此第就愿力所能及者而为之。且善堂会馆，各处皆有，特时为演剧会乐，无裨实用。至于迎神赛最为无益之举者，尚且动费千百金。若易此为博览会，已极大观又有无穷利益，想更踊跃赞成云。

门丁之畏斋妇

○松口丰顺司署门丁某甲，柔脆无骨，爱钱如命。凡有来署呈禀者，若其人良懦则百端勒索之，而强悍者则曲意承迎，惟恐遭其恫喝也。有斋妇某氏，常与某寺僧有特别之交好。近该僧以蛊惑事为某绅所控，惶恐无措，乃以情告斋妇，恳其多缴孔方兄为之转圜。斋妇因极力移挪，仅得番佛十余尊，亲解送门丁，乞寝其事。门丁以该僧有十方之财产可靠，遂大张巨喙，必须百金方允其请。斋妇自忖无力措办，乞减半。门丁坚执不可，且促役益急。僧乃遁匿庵，哀求女菩萨舍身普救。日前斋妇即邀斋姨姊妹数辈至司署阃内，大肆雌威，咆哮如虎，声言速消某僧之案，不然誓以无边之法相报云云。门丁睹此凶状，即项缩如龟，不敢与较，挽号房某乙出以好言抚慰，允将此案作罢，始各悻悻而去。见者咸以该斋妇真有绝大方法云。

商为赌累

〇埔邑某甲者，工计然术，开张杂货，生意多历年所。然有刘盘龙癖，日驰逐于四门之中。又酷嗜花会，求神点字，寝食不遑。不数年，而店中货本均归于无何有之乡矣。日前因床头金尽，妙手空空，竟尔倒闭，闻欠人款项不下千余元云云。嗜赌者其知之。

大清光绪廿九年癸卯十一月廿二日　公历一千九百零四年一月九号

嘉应务本中学堂改正甲辰年章程（续昨）

〇第五章　经费

本学堂之设，乃吾州自谋教育之起点。现虽蒙两广总督部堂岑移文州宪，详查余款为补助金，而一时尚未提拨，无所凭借，无所希望，惟就堂中所必不可缺之经费，酌量筹集。凡学生修金单读西学而中学自课者，仍照壬寅年每名收取二十元（本年十一月止先收十元，明年正月二十止收十元）以为聘师置器之用。若兼读中学者，另行酌题。而在堂供膳，则每月约帮膳金三元（若仅午饭者另议），该银每月须先交书记员收清，以便预备其余。一切纸笔、书籍、课本以及零星小用，俱由各人自理。至全学器具，及各种书籍、图谱、仪器与购报各费，均由本学堂筹办。其有巨绅富商捐金乐助，本学必另图纪念。倘捐巨款必援例禀请上宪奖赏，以表好义。

第六章　校舍

现在校舍，亦蒙督宪移文州宪，觅一公地以建筑学堂。兹开办伊始，经费支绌，未能建造合适校舍。遵钦定章程，凡民立学堂，均得借用地方公所祠庙等处以省经费，兹仍暂赁东门吴氏祠以为讲堂，自修室至寄宿舍、饭厅、沐浴所，另赁吴家试馆、熊家祠等处。而体操场，亦必寻妥善地方，以为运动之所。每一校舍，必设监督员，以管理学生一切出入事务。而每寝室，必轮立一稽查员，以调察同学一切起居动作。

（未完）

田租兴讼

〇埔邑兰片甲邓姓与林姓因田租一事，互讼公庭。闻邓有田租百余石，在林姓乡中，多历年所。林恃其族大人众，早冬收租往往以大言恐喝，且年代久远，移坵换段亦所不免。邓姓愤不能平，遂控于县。现闻林姓拟谋于绅与邓姓协商，未识能否和平了局也。

大清光绪廿九年癸卯十一月廿四日　公历一千九百零四年一月十一号

官场消息

○署理饶平县徐大令□既于本月十二日乘轮抵汕，十四日晋郡，谒道府宪，闻择吉二十五日接篆视事。

误学昌黎

○嘉应萧茂才日炎，日前赴督院禀请准赐列门下事。即奉云帅批示谓，据陈前闱内于五问后，附呈筹海议十篇，闱后复呈寓兵于士一策，并时势因革论四篇，伏候辕门既周两月，援引昌黎上书宰相之意。仰冀准列门下，或饬赴粤西等因。本部堂于乡闱加发问题，意在考求各属利病，题末明告诸生不必守候批。即此，则上书言事，其言之可采，事之可行者，或存记以候调察，或札饬所司举行，非同试卷一一批示优劣，列榜以第其高下也。昌黎一代伟人，可以师事处甚多，独三上宰相书为世诟病，因其迫切呼号，仅为一时身家之计。今乃援为故事，无异乎吏之引例案，非所以善学古人。该生下笔千言，颇有怀抱，宜力求有用之学，勿事躁进为是。仰即知照。

请旌百有二龄之寿妇

○嘉应州属寿妇刘梁氏年百有二岁，治家勤俭可风闻。经梁孝廉居实罗列事实，具禀州牧转详大宪，呈请奏乞旌表云。

大清光绪廿九年癸卯十一月廿五日　公历一千九百零四年一月十二号

嘉应务本中学堂改正甲辰年章程

○再续廿二稿

第七章　出身

读钦定学堂章程，民立学堂卒业出身，与官立者一律办理。至中学堂卒业生送本省高等学堂考验，如格由高等学堂给予文凭，准其一体乡试。凡在学堂肄业之廪增附生，均咨明本省学政，免其岁试。其应行科考之各项生监，统于乡试之年内，本学堂分别咨送应试，概免录科，以免耽误学业。至学堂肄业之文童遇岁科试，应准其径送院试，其府州、县试一律免者等语。本学堂遵此章程，照例办理，以垂久远。

第八章　办法

本学各事原系公办，至堂中办理，划为五项。

一、总理。现学堂款项支绌，各董事愿效义务办理，概不受堂内薪金，以成美举，俟有余款再行酌议；

一、教员。现聘定精通英文教习一员，其余各科另聘教习数员以担任。教务须择素有热诚，勤于课授者为合格（再有款项增聘日文教习）；

一、管银。现仍公举（陈兴记振大兴）二宝号轮值管理；

一、司事。书记生一人，小使一人；

一、学期。每年定于正月二十五日开学，小暑节放暑假一月，至十二月初十日散学。

以上五款，实系不易法门。其余各项，概照壬寅年办法经理。至每年散学时，即将本年出入用度刊征信录一本，以供众览。如有未尽善处，由同人商酌，再行改订。

（已完）

批示银湖蒙学堂

〇海属银湖乡吴君得才等，本年于乡中私立一启蒙学堂，聘澄海吴淑如君为教习。开办以来，颇著成效。近将学堂章程及功课表册禀请海阳县立案送考，奉徐大令批云，据禀及课程册均悉，所订分班教授，按时立课，最合程度，日见该职等组织完善。嘉应之至，应准立案送考，以示鼓励。惟教育期于普及，女学亦在振兴，今观学生册，吴姓已居百分中之九十，余虽家族主义，则然似应广招以期公益。至现册已有女学生二名，斯为该乡女学起点。若能宏此愿力，另立一堂，俾益稍长者得以就学，尤达完全之目的。想该职等热心教育，必能践实行也，勉之，望之，册存。又闻吴君等拟明年改蒙学为私立小学堂，另建设一蒙学堂，以期教育普及云。

大清光绪廿九年癸卯十一月廿六日　公历一千九百零四年一月十三号

来函志怪

○嘉应来函云，日前镇平高苏乡有汤氏妇，浴数岁幼女于盘中。浴毕，女忽挺身飞往树杪，展转已化为猴。妇骇愕良久，乃呼其族人往视。旋见女猴长啸一声，复跃身他树，次第而过，须臾既至山巅，不复再见。即遣数人越岭寻访，竟属杳然。所闻如是，姑照录之。

大清光绪廿九年癸卯十一月廿七日　公历一千九百零四年一月十四号

嘉应中学堂附属小学章程

○嘉属民立务本中学堂，其甲辰年改良章程已详登昨报。兹将增设务本学堂附属小学简明章程录于下：

第一章　宗旨

本小学塾原为教育童蒙而设，其功课悉遵钦定蒙小学章程，略酌变通，准乎时宜，务使童蒙悉受普通教育，以获普通知识、道德、体魄为目的。苟能按此功程始终无间，一则可以培植初级科学，为中大学始基；二则亦可以养成国民资格，肩国家之义务，庶几无人不学，无学不成，则名实庶可以相副矣。

第二章　课程

今日蒙小学新法课程，断非昔日蒙小学之旧法课程可比。夫昔日蒙小学除读书、写字外，悉无学习，往往读书三四年甚至六七年，不解之无二字之义，遑问修身、算学等科。本小学塾，上体君兴学之谕，下念国民无学之苦。仅采当世名效素著各学校课程，拟办十则，分高等、寻常两科，编甲、乙、丙、丁四班，按定来复时间课授，以期裨益于无穷。

一、修身

（授以孝悌、忠信、礼义、廉耻、敬长、尊师、忠君、爱国者，并取近今蒙学报，修身书及曲礼与朱子、小学各仪节，绘图、贴说而示之。）

二、读本

（上午遵钦定章程，读孝经、四书、五经，下午读近出最佳小学普通书，然均令能明解。）

三、史学

（先授中国历代帝王世系，年数建元，次及历代帝王兴亡之大事，次及历代疆域及割据之情状，以便新生补习；然后授上古三代，及秦汉、晋六朝、唐五代、宋元明事实之大略。）

四、地理

（先指授地球行星图，次地球情形，次地球洲岛之方位及各洲国名；后详考中国地舆及万国地舆并参考万国史。）

五、理科

（先授人生日用之浅理，次物理浅说，次植物、动物、矿务学，又后热学、化学、力学、音学、光学、电学、卫生学。）

六、文学

（先授人生切用之实字、活字、半虚实字、虚字，皆绘图加注而示之，次教文法、辨字、缀字及造句、缀笔，又后教散文、书翰。）如暇添课国语（取正音撮要与正音问答等书，专教名物、应酬音话。）

七、算学

（先授数目之名，次加法、减法、乘除法，次普通算数，后代数。）

八、写字

（先教字母，指授先后、点画，后教摹今体楷书。）

九、体操

（先授动作及游戏，次呼吸法、整容法、普通器具体操，后兵式体操，初步及兵式操练。）

十、唱歌

（授当世文人所著童蒙颂圣、尊王、爱国、出军、旋军等歌，并一切韵言歌略。）

以上十科，皆蒙小学最要之学级，缺一不可。本学同仁于壬寅、癸卯两年曾仿此课程，在城内试办，始基学舍，功效颇著。今再加改良，订定课程，精益求精，成效必更可观。

（未完）

妇女之戒赌会

〇埔邑乡村妇女勤于耕种，而男子反多坐食者。近以各种赌政如天灾流行，连妇女之衣服首饰亦为夫若子盗作孤注，岌岌不自保。闻某乡某氏妇者，大家女也，日与赌夫产业相战争，不堪其苦。乃联结数十家妇女，立一戒赌会，彼此对于夫若子，皆有互相警戒，互相约束之权责。每月在观音阁开会一次，并拟集合群众，哀告于开赌者之家。以为自尔等以赌聚人，人皆不务正业，道德败于是，财产荡于是，我侪妇人所仰望而终身者，俱入赌乡，将何以聊生？且人孰无家，尔等不愿家亡人散，忍以赌局败亡人家乎？云云。虽不知能感动赌徒，以达其目的与否。若众妇女者，亦远过于地方之官之绅矣。

大清光绪廿九年癸卯十一月廿八日　公历一千九百零四年一月十五号

嘉应中学堂附属小学章程（续昨）

〇第三章　学制

粤省学堂无论官民，一学必有一定之制，庶几课授画一，规条不混。本小学塾，除堂上告假住校，另有规则。入学、卒业、赏状、品行、学课，别有书式外，再立定学制五则：一、凡学生无论住校走读，皆须（上午八时半，下午二时半）到堂以便全班上课，不得过时旷业（设有远力不能赴学及店家餐食不能划一者，则本学另有厨房可以在堂供膳）。二、堂上桌凳图画等项均是本塾自置，盖桌凳务必高低合式【适】，方无碍童蒙，卫生惟不得污秽毁坏。三、学生衣服，宜仿本学塾特别体制，悉穿一色衣服，以期慎重。四、特设书记员一人，管理堂中图书纸笔器具等项。五、设小使一人，打理堂中地方物件及出入买卖。

第四章　教员

昔日蒙小学课程缺乏，则学生虽多，而教员可以一人担任。今日蒙小学课程完备，则学生虽少，而教员亦宜数人担任。本小学塾有鉴于此，特聘明通蒙小学教授术而具热心教育之教员三四位，今编定课。授课修身、理科、文学，一教员担任。课授读本、写字、史学，一教员担任。课授地理、国语、唱歌，一教员担任。课授算学、体操，一教员担任。总期分班课授，使同堂悉受其益也。

第五章　经费

本小学之设，原藉各学生修金兴办，并非有他项经费补助。今议定每人全年学金十大元，先交后学（开学前先交五元，暑假前再交五元）。至学舍桌凳及各种公用书籍、图谱、仪器赏银（每三月一小积分，薄赏；年

终一大积分，厚赏），由本小学塾置备。若学生自己纸、笔、墨、读本、抄本以及应用等物，概是各人自理，亦由本塾代购，以便课授而昭划一。若一切贽仪、节仪及议关杂费，则概免除。凡有志就学者，限于本年内到东门内吴氏祠务本中学堂报名，以便预备。准于甲辰年正月二十五开学，十二月初十日放学。

（已完）

有威可畏

○埔邑长治甲谢姓有叔侄争产业者，侄先控于官。其叔探悉侄托人向内署关说也，即请出姓中老成具呈赴诉，并于近期亲递。查大令接阅之下，即大发雷霆，不及堂讯，将有名各老成及被告一律押候。闻者莫不为之股栗云。

大清光绪廿九年癸卯十一月廿九日 公历一千九百零四年一月十六号

大埔县改换之门签

○埔邑自奉岑督宪谕换门签，后改派朱君鼎甫以承其乏，邑人士咸谓从前积弊或可稍除。乃询之近日涉讼之家，所有茶仪、门包、堂礼、随封种种规费，较前为甚。或与之辩，则曰：我官也，非家人也，尔等无此巨金，何必兴讼，云云。故有花去百数十元而案尚高悬未得一堂讯者，民莫不塞气。亦使民无讼之一法钦，然与岑督改换之心，殊太相左矣。

大清光绪廿九年癸卯十二月初二日 公历一千九百零四年一月十八号

条陈筹款之批词

○丰顺县丁绅培珊，日前以条陈筹款五事赴呈督辕。随奉云帅批示谓：该陈筹款各节，或因利以为利，或就弊以为利，种种具见用心，非于世事，素有讲求，不能有此。惟钱币无权，无论中国、外国均归公家，不应竟付工匠之手，许以句办。但铜元应添机器，多出铜元于公私均有裨益，所陈不为无见，本部堂已饬局添购添铸矣。官银行为理财要政，必先实有资本，乃能聘请精于理财之人，出而任事。各州县发当生息之公款，息钱不一，人情不同。议创银行之初，仅靠提取重息之款以为资本，于银行既无实利，即字号亦不能信用，似无办法。房书陋规本干例禁，既已许其买充，即难禁其得贿，若贪充规之利，明由藩司给予牌照，则州县更难驾驭。此吏蠹民疲，此端一开，何堪设想。以上各节，多窒碍难行。至税契专饷等项，漏卮实为不少，果能妥议章程，实力整顿，于饷项。必大有裨。应如何办理，仰广东藩司会同善后局切实妥筹核议，禀复候夺云。

盗货勒索奇闻

〇埔邑向来货物抵埠后，即由船户点交挑夫，按货运送。偶有错交，均应原物送还，无据货勒索多金者。日前晋成号由峰市办杂货数十件，由大麻船户运埔发兑，经船户将货点交挑夫时，天色将晚，竟被漳溪小船户张某盗去色线一担。踪得后，张反以奇货居之，坚欲索洋数十元，不者货即为别家有，晋成号无如何。闻已禀县追究矣。

大清光绪廿九年癸卯十二月初三日　公历一千九百零四年一月十九号

差役之鱼肉商民

〇李懋记者，嘉应人，服贾于潮，居郡之东门街福禄栈内，以勤慎安分为各行家及同乡所重。闻日前因兄李懋森事，由州移海阳县差传，大受差役之虐，商人为之不平。先是其兄李懋森茂才为妇女事与陈姓构讼数年，以屡讯不结游于闽，仇者指其逃匿于此。海阳县差陈源奉票后，即伙同五六人至栈，查无其人，遂匿票不露，将弟李懋记扭住，蜂拥回馆，囚系黑暗中，行其酷勒之法。追次日，嘉应各商人公禀后，始经徐大令讯明省释。然在差馆一晚，已花去洋蚨数十枚云。

务本中学堂积分榜

〇嘉应务本中学堂现届年假，考试积分，经评定甲乙。兹将榜列第一班学生十名录于下：吴颂声、吴骏声、唐日升、吴凤声、陈绍渊、陈权昌、黄秉钧、刘棠华、黄树椿、吴尚志。

大清光绪廿九年癸卯十二月初五日 公历一千九百零四年一月廿一号

嘉应冬防述闻

○近届冬防吃紧，州宪及游戎特安插左哨于东山阁，右哨于大觉寺。其余振武军则散布下坝、大乍、泥陂等处侦逻，游戎及刘弁碧山亦于南口龙虎墟一带不时巡缉。附近为之防者，则北楼李瑞屏及城守。日间游骑四出，沿河尚有卡船来往其中，表面上之设施似甚周密。自此缉务整顿，闾阎或赖以驭安，未可知也。

会匪就擒

○嘉属会匪旋扑旋起，已非一日，为地方一大患。日前线拿罗增寿一名，曾悬赏二百元购之者，并供出伙党袁勤山，不数日亦于迳心墟得之。

塾师遭劫

○上月某夜州城北古田陈姓家塾被盗，五六人撞入，将衣物搜刮一空。入塾时，即以白刃拟塾师，曰：若作声者，当血是刃。师为之股栗，临去又厉声曰：尔只可作盗案报官，若报我为劫，吾辈断不容尔云。

盐场争运之风波

○埔邑所销潮盐，向由大船运到三河查验后，即由各运店改换小船，或以竹篓分载转运大小河发兑。日前三河有船户某甲与运店某乙，因争运盐包，互相雀口。乙店内有血气方刚者二三人，见船户如此强蛮，即欲试其拳技，经旁人从中解息。乃船户本一龙钟病夫，行不数步，忽昏绝于地，众灌药救之，已无能为力矣。旁观者谓：幸未交臂，否则纵不打人命官司，亦必破财无算。好斗者其戒哉。

大清光绪廿九年癸卯十二月初六日 公历一千九百零四年一月廿二号

埔邑碗捐停办

○高陂碗捐滋事，迭纪前报。日前查大令又请出杨孝廉及小学堂教习萧君亲诣该处，再三开导，其碗捐一节暂行停止。各商家受窖户毁抢者，亦调停了局，现已照常贸易云。

详禀枪替案情

○长乐县陈教谕日前赴州禀称，缘古省东于院试时，被朱国桢等讦控枪替，旋于院试后众论藉藉，指称古省东确实是将张省东姓名三代改易，雇枪冒进。经陈前令锦春调查县考册，票传有据。乃于科考生员时，古省东固无其人来学填册，且斯时余教谕不敢专任其责，送考科试，其中情弊固已显然。况科试时，古省东呈缴卑职传票一纸，承学宪面谕试由他考事，亦要查办。追录遗时，经卑职禀明古省东是迷经前任陈堂台，现任赵堂台票传，并非故意阻考，理合禀明，通详办理。

亦算能事

○嘉应杜游戎与保安局黄绅、房绅日前协营哨兵勇奔赴南口墟，弋获一小窃。查鼎古回常在州中行其剪绺手段者，经秦直刺研鞫不讳，着监押候办。人咸谓官绅如此奋勇，虽未缉获三点之元恶大憝，却搜得一小窃，亦算能事云。

大清光绪廿九年癸卯十二月初七日　公历一千九百零四年一月廿三号

务本中学堂近述

○嘉应务本中学堂赁吴氏祠为试办之所，业已经年。近闻吴姓有呈请迁移者。其呈词谓，体操喧闹，无异拳馆。若不知钦定章程体操一门，亦学问之万不可缺者。不知秦牧伯何以振此声聩也。

嘉应狼差之酷勒

○嘉应来函云，州署自卖票之弊开，各班总交易者趋之若鹜。最可恶者，莫如捕快班役李某，不特择肥而噬，且造案而弄。日前北门背陈钟氏被威迫投井，州人为之抱愤不平。氏五十余岁，本镇平塘驳岭陈某妾，随夫宦游多年，归家后与嫡不睦，陈以二千金遣钟赁居于此，携一幼女相依度日。李某窥钟坐拥厚资，遂捏诡名造案，告钟卖娼，弄得拘票一纸，持索百金。钟不许，硬将其女牵至差馆，要百金赎，多方酷勒不已。钟愤不

223

欲生，因而投井以了其苦剧，幸路人捞救获苏云。噫，俗以差之为害，每呼为差狗，其实比虎狼尤甚也。

大清光绪廿九年癸卯十二月初九日　公历一千九百零四年一月廿五号

铁路总办之消息

○初八日接香港电云：潮汕铁路总办张榕轩京卿，准于初八日由港来汕。

大清光绪廿九年癸卯十二月初十日　公历一千九百零四年一月廿六号

学堂风潮续纪

○汕头同文学堂冲突事，尝略纪前报。兹悉两造俱赴道互控。经道宪谕令澄海县董大令并保商局绅士查明禀复，闻昨天已由各绅董传请众行商至会馆，集议善后之法云。

县差吓勒之手段

○埔邑大麻甲邱姓控丁姓殴毙人命各情，尝纪前报。闻经查大令票差缉凶，各差初抵大麻时，即至某烟馆吞云吐雾。方入佳境，忽有一船户叶某者与丁有葭莩，亲见众差群集此地，即将邱姓因何致毙之故，手写口状，再三辩论。众差以其乡愚无知，易于恐吓，即以藏匿丁姓凶犯为词，当街锁拿，以为□索地步。街邻骇然，屏声息气，劝叶出洋蚨十余元以解之。而众差如贪狼如饿虎，非得重金饱其欲不肯放手，乃不由叶某分说，一推一挽，强行牵至船中。叶某见势不佳，复加出二十元，始行释放。真可谓暗无天日矣。

大清光绪廿九年癸卯十二月十三日　公历一千九百零四年一月廿九号

示谕赴比赛会

○万国赛会，于农工商实业极有关系。近商部以比国于西历一千九百零五年四月，在黎业斯地方举行万国各种赛会，请中国派员并愿中国商民前赴该会，同沾利益。现当振兴商务之际，急应设法谕令各绅商照章前赴该会游览，并陈列商品比赛，以开风气。因咨行省宪迅即出示，颁发所属，张贴晓谕。顷已颁行各府州县地方，一体知照矣。潮嘉绅商，不知怦怦欲动否也。

大清光绪廿九年癸卯十二月十四日　公历一千九百零四年一月三十号

学堂兴筑

○埔邑小学堂，已于前月廿日招工兴筑。闻先将基址新辟三间，以为积谷之所。目下款项共题有六七千元，从此鸠土庀材，想彼都人士咸翘首而乐观厥成矣。

结案之翻控

○埔邑古村钟姓某甲，因新建房屋与邻近曾乙涉讼公庭，经前任陈大令讯结，劝令钟姓停筑。乃钟姓以地方实无妨碍，遽尔停筑，心实不甘。日前复诣道府辕具呈翻控，经上宪札饬查大令，传集两造，秉公讯断。

获盗解案

○埔邑同仁甲罗娘应，惯盗也。邻近各乡受害者，不下数十家。日前以盗蓝姓耕牛数头，为事主踪悉，即将该盗捕获，送官究办，闻者称快。

松江近事杂述

○嘉应来函云，迩来松口各乡纷纷设立拳馆，各以重金延请教师授技。向来每届冬间多有此事，今岁尤见林立。大乡或六七馆，小者亦有二三，胥是赳赳桓桓之辈所倡者也。往往邻里间偶因细故，若辈辄欲演其技于舞台，其暴动处不可枚举。亦有甲乙馆自争胜负者，如纸山村之甲乙二教师，积不相能，跃跃欲试。一日遇诸途，即奋勇酣斗。良久，甲仆田中，满面泥污，乃负伤而返。其时道旁之人，皆作壁上观，睹此情状，大为绝倒。后甲之徒子徒孙辈闻悉，立欲操戈报复，甲急止之，幸未开衅。

○日前黄沙某姓以修葺祖祠竣工，是晚即邀集派下男妇老少，各手灯笼一具，高越山巅，名曰牵龙。于是合乡无知之辈咸恐其将龙牵之去也，亦各

执灯笼一具，踵某姓之后而往，名曰夺龙。一时漫山遍野，照耀如同白昼，喧哗杂沓，声闻数里。及下山时则争先恐后，一若恐其龙为捷足所牵去者，且大声疾呼曰：龙来我家，龙来我家。而各妇女则焚香跪接，致敬尽礼，谓倘不诚恪，龙必不至其家而投他处云云。是以匍匐于地者大有星罗棋布之状，如是者络绎三晚。有手灯笼之甲、乙二人奔驰太疾，自山半直滚而下，忽冲倒一妇仆地，彼此俱受重伤。次日妇之宗族遂率数人至甲、乙家，大兴问罪之师，几乎酿成巨斗。幸有和事老出而调停，且令甲乙等跛而见之，始纷纷散去。众咸归咎某姓修茸之期或有冲犯，其愚谬可笑如此。

○迩来南岸一带人家，所畜之犬多有无故自毙，甚有驰走于陇亩之间忽然倒地者。人知为疫症所染，尚无良方以治之也。有某甲向在外省，得一最便之法，颇称奏效。谓当犬初染疫时，必作蹒跚之状，或懒不思食。宜即以净茶油一杯，灌于该犬两耳之内，然后闭诸栅中，俟一夜后可获无恙云云。众皆如法试之，果如其言，现此种犬疫已为之少戢矣。

大清光绪廿九年癸卯十二月十六日　公历一千九百零四年二月一号

埔邑差役之权利

○前月报所志埔邑百侯杨姓由饶平贩运货物，悉为黄姓挟嫌拦起一节，闻杨姓诣县控告后，经查大令票差会营拘究，乃差勇已奉票半月，从中受贿，为之搁起。致迭进三呈，毫无举动。杨姓各商家以现值岁暮，货物不能流通，于商务大有影响，复请出绅士，将差卧票不行等情面禀查大令。大令始大发雷霆，比差勒限交到云。

又埔商晋成号，前由大麻某船户自峰市载色线一包，被挑夫张某甲串通漳溪小船户盗匿不交，复勒索多金一事，经禀官追究。闻差役江某等尚未奉票，乃不分皂白向大麻船户需索十余元，不与则禀官封船，并对人云：吾辈度肥年之款，须向此案取给数十元云。可谓横矣。

大清光绪廿九年癸卯十二月十七日　公历一千九百零四年二月二号

派员招承赌饷

○缉捕经费自改为官督商办后，全省商人纷纷赴局，加饷争承，如拍卖场中，络绎不绝，诚赌国一大奇观也。兹闻全省一律招新商承妥，官督局已定于十四日给谕，十六日起饷。惟潮州嘉应尚未有商人到局承领，现特派熊太守世池、邓大令延桢来潮招商开办云。

嘉属劫盗之横行

○嘉应来函云：近闻江西长宁之牛斗冈，忽外来劫匪二百余人，各手快枪，明火夜劫，一带乡村，被劫者约数十家。幸日散夜聚，嘉属旅人到筠门岭者，尚无道梗之虞。又函云：丙市锦洲金盘二堡迩来多受盗劫，大半为某邑漏匪。金盘堡之石坑温姓一室三家同时被劫，十一月廿九夜事也。呈报州主，蒙批准候勘明缉捕，迄今十余日，未见勘缉之影响。不料锦洲之东溪乡廖姓，于月之初七夜又被强盗明火夜劫，一妇受伤数月，身上首饰及家藏衣服物劫掠一空。同室廖福兴开门赴救，亦受贼伤，两命垂危。现行经丙市者，见土人议论纷纷，有谓宜速呈报，有谓官不究，报亦无益。与其报官再花钱，不如坐以待毙，云云。噫，亦惨矣。不知目下极力举办冬防者，其谓之何也。

大清光绪廿九年癸卯十二月十八日　公历一千九百零四年二月三号

秽乱宫墙

○嘉应州学副齐某广文，素失士望。闻有二少君尤淫荡无行，每在学宫某祠内聚诸无赖作种种恶劣事，至为世俗所不齿者，亦出现于其中。而某广文抱溺爱不明之病，虽人之多言，不遑恤也。闻州人士目击不堪，已遍贴长红，历叙其劣迹，行将大动公愤，鸣鼓攻之云。

茶阳纸价

○埔邑所销各纸，皆由下洋墟肩挑而来。六七月间所有两割三割之纸，每银一元可买二球，现已贵加一倍。业此行生意者，类皆随买随卖，不敢居奇以博厚利。据个中人云，此项价值，至年终时或可望少减。

烟船覆溺

○有罗江船户某甲，由宫前满载条丝数百箱，于日前抵大埔三河城，即□舟东门外，欲小作句留。不知此处为河流总汇之所，势极湍急，所有

下河盐船到此均要停泊，改换上河小船。罗江船户不谙水性，偶尔不慎，即致倾覆，全船烟丝各货，均输诸水国。幸遇一船飞奔往救，俾搭客得庆生还云。

大清光绪廿九年癸卯十二月十九日　公历一千九百零四年二月四号

驰马宜慎

〇嘉应一老妪于日前担清油行途中，垂首喘气，若不胜苦。猝遇一人驰马而来，路甚窄，行将相碰。马上者急扬鞭唤令退避，妪又重听不闻也。遂撞妪，蹰油亦倾泻满地，而马去如飞，妪惟对天叫号而已。

大清光绪廿九年癸卯十二月二十日　公历一千九百零四年二月五号

纪会党之蔓延

〇三点会匪向出没于嘉属之兴、长、平、镇间，由此蔓延至潮，尤以揭阳、丰顺、惠来各县属为盛。聚党拜会，打家劫舍之事时有所闻。以区区乌合之众，纵横数十里间，官不能平，绅不敢报，势将日盛一日，可知也。近闻揭属河婆之匪多备军火，欲大举与教堂为难。某教士大恐，已号召教民预筹抵御之策，并请地方官为之保护。官斯土者，当必有善法以期卫民而靖地方也。

拟创通俗画报

〇有某君以各处人民至今日尚若梦若醉，大概争私利不求公益，尚虚糜不务实业，非有警告不足以觉此愚顽，意欲在汕头开设通俗画报，以警醒人民为宗旨。凡官场社会美恶之状态，及士农工商各业之现象，务穷形尽致，绘之于图，并以白话演说之。俾阅者无论学问深浅，皆可触目警心。现在招股，俟资本充足再行拟章开办。如能有成，亦鼓舞国民之妙道也。不禁拭目望之。

梦中失盗

〇嘉应下市某杂货店日前被盗穿墙而入，窃去布百余匹，至天明不之觉，迨见后墙一大孔，始失声呼盗。店东细察，见墙砖已老朽，是夜司事多宿楼上，故穿墙之时皆昏昏入黑甜中，绝无一人惊觉云。

买高丽参者鉴

〇高丽参之功用甚大，而收效亦速，然必真者方为补益上品。近日市侩多以伪乱真，于却病、卫生非徒无益而又害之。闻日前有二人至嘉应松口各乡者，衣冠甚古，自言携有箕子国参，欲售之，价极相宜。众信以为真，争相索购。有守财奴某甲利其值，因以数百金罄其所有，欲居为奇货，遂持往药肆求售。主人审之，以为伪，彼此争辩良久。主人乃取其真者剖而验之，果大相径庭。甲愕然失色，急问故，主人曰：大凡作伪参者多以萝卜浸黄连水，用幼线紧束，持向日中曝晒，迨半月后其形式与真参无异，惟须识者方能辨认耳。甲大悔恨，急觅二人欲得而甘心，已如黄鹤飞去矣。纪此以告讲求方药者，不可不于此加之意云。

大清光绪廿九年癸卯十二月廿三日　公历一千九百零四年二月八号

经费局之特派员抵汕

〇昨报所志，省垣官督缉捕经费局以潮嘉两属未有商人承充赌饷，特派员招商开办。兹奉委之熊太守世池、邓大令廷桢、李少尹光诚，均于廿一早由港抵汕。想潮嘉人欲报捐摊官、宝官者，必欢迎恐后矣。

〇又陈太守宗万奉委潮嘉公干，亦于是早抵汕。

梅州之弊政

〇州署承差买票，州人苦之，然积弊难除，日久弥甚。近来案关松口之票，票价至二三十元，承差争购，得之者奉为至宝。乘轿下乡，讹索须百元之则，不满其欲不止。若添差协勇之票，则差勇之囊橐皆盈。有勇目某者，欺迫孤弱，殃及无辜。如妄拿传某，讹索去七八十元。松口一堡，人皆侧目。传审时，值堂规礼，旧规不过二三元之则，今则增至八元，若不如数敬送，则传审无期。乡曲愚民不敢与较，且望案之速结，以免拖累，只得任其娄索而已。噫，亦可慨已。

三、光绪三十年

大清光绪三十年甲辰正月初五日　公历一千九百零四年二月二十号

茶阳农话

○去年冬季因天时亢旱，各处所种黍麦多形萎毙。近日河流浅涸，往来船只均有搁浅。下坝新布二处米船，又不能源源接济，一时三河米价，每石已涨多一元左右矣。

埔邑各地所产萝卜，均为菜脯之用。除本地人家购买外，余则运往嘉应兴宁各埠发售，往年沽价每一百斤值银五元。今年天色晴明，各家之货上市者络绎不绝，现下沽价已减至四元矣。惜无人另出新法制为白糖，以供人用，与洋糖角胜耳。

更正前报

○前报纪三河因争运盐包致毙人命一节。兹查悉当日昏仆于地者，乃盐店钟某之父，年届古稀，非船户戴某也。前报误为船户，实传闻之误耳。合急更正，以释群疑。

梅州占候

○州中自阳月以后雨泽稀少，苦旱有二月之况，天气和暖，有似暮春景象。农家者流谓，麦秋恐无望云。

松市疑案

○去年梅州函云：前月下旬，松市薙发匠年六十余，素性谨厚，某夜往墟坪树下蹲踞遗失，久不见还。伙匠持火搜寻，见伊倒卧地中，刀贯其喉而毙，但不知杀人者为谁。现已报案，秦牧伯遣委员往验矣。

大清光绪三十年甲辰正月初八日　公历一千九百零四年二月廿三号

油价大涨

○埔邑所销黄油，以潮油为多，至白生油、茶油，间有①。

银牌曲

○大埔讷庵氏近作一银牌曲，哀艳异常，其词曰：

明灯煌煌高馆开，盘龙大笑入门来。

豪商巨贾佳公子，喧呼内宅进银牌。

银牌况是藏娇屋，韶颜稚齿竞相逐。

解君腰橐进君烟，为君一笑娱幽独。

一掷樗蒲三百万，明珠十斛充君选。

左挟佳人右挟资，痴郎才觉称心愿。

自从银牌馆一辟，秦楼处处无颜色。

访艳都须到此中，笼尽天涯狎游客。

迷香洞与迷龙阵，亲友劝言都不信。

昨日豪华今日贫，黄金填尽愁无尽。

银牌银牌休等闲，多少青年陷此间。

平生意气高霄汉，一朝沦落无容颜。

凰城地大春如沸，近见佳苻扰阛阓。

莫忧捕盗更无人，天语高悬缉捕费。

大清光绪三十年甲辰正月初九日　公历一千九百零四年二月廿四号

埔邑乐群学堂开办大略事宜

○大埔张六士诸君创设乐群学堂，既志前报。兹访得其开办大略事宜，登出以公众览。其事宜云：

---

① 此处整列看不清。

时局艰难，至今日达于极点矣。力图挽救，舍培才无他术。而培才之道必归于学堂，盖广购图书报章，精聘中西各学教习，扩新知以求实用，胥于是焉在。吾邑僻处山陬，风气未辟，虽文名夙著而于新学尚少深求，急宜多设乡学堂，以基进化。兹事体大，非合群力不能成，经费尚须广筹而事势不容刻缓。诸同人感念綦切，特先行竭力捐资倡办乐群学堂。开堂、集款同时并举，事关大局，谊切同胞，当不为大仁人君子之所遐弃。群相扶助，乐与有成，是所厚幸。凡青年志士，不分乡邑，均可来堂肄业，共鼓热诚，交研新理。务使学成有用，共济时艰，强种族而昌宗教，大著乐群之效而后已。举全国之民实倚赖焉，岂特桑梓光荣而已哉。开办大略事宜列后，伏乞垂鉴。

（未完）

戒烟新法

〇梅州来函云，鸦片之流毒中国，自京而省，自省而府而州县，以及各城市乡僻，几于无地不烟馆，无家不吃烟，其害莫甚于此者。嘉应近来有善戒鸦片者，姓刘名凰，初自八月到州至今，凡延请设坛起戒洋烟者，三日内瘾即消除。视其秘术，不过诵经降茶，令戒者一饮，数刻间口吐烟沫，瘾遂立解。现环城断瘾者，二百余人。刘系生长平远坝头，年七十余岁，自称得廖祖真传，凡到来求戒烟者，不计贫富，一体厚待，并不妄取人财。故戒者愈殷，效者愈速，较张景山之流，奚啻天渊之别乎。本馆案：戒烟有林文忠方，每奏奇效。此外有用酒者，有用丸者，有用饼者，有用米者断瘾，不知凡几。而必借诵经降茶以神其术，固本馆所不取也。苟州人士从而崇拜之，此亦一张景山矣。

大清光绪三十年甲辰正月初十日　公历一千九百零四年二月廿五号

猪厘酿祸

〇嘉应某局丁于去腊下旬向丙市某屠店抽收屠捐三毫，屠者曰：今日只宰猪二只，安有三毫。争论不已，几至挥拳。局丁不服，回局呼集数人往闹，且挥刃划屠之腹，立即肠出毙命。市人汹汹然，乱石如雨，几酿毁局之祸。近已报案，秦牧伯已亲往勘验矣。噫，设局不能保民，反以厉民，则何如不设之为愈也。

油市近情

○梅州生油土产有限，多仰给于江西。旧时油担自折田而来，直至西市发售。迩年来奸商垄断，欲思捷足先得。始则设收油之店于五里亭，继而石壁宫，今则自相公亭以下至五里亭收油之店，不下数十处。江西贩油者，遂高抬其价，且搀杂泥沙，而油商大受其病。是亦商情涣散，商会不立之咎也。

捕匪如是

○埔邑之渔梁坑，离三河城二十里许，有著名会匪罗晋周等。向据此为巢穴，远近乡里被其害者不胜枚举。日前饶平营守府某公子带同营勇数名亲身往捕，及抵该厂，即将罗晋周拿获。罗惧，遂托出旁人向某公子求情释放，并愿出洋蚨数十元，诡言现已妙手空空，请同到三河某店取之。即引至山僻小路，时值黄昏，罗乘其不备，飞身遁去。此处悬崖峭壁，一落千丈，某公子即跟踪追捕，偶尔失足，致头面竟遭跌破，血流遍体。众营勇惧遭谴责，只好将公子暂寄居他处，觅医调治。闻得受伤甚重，恐非数日内能复元云。

大清光绪三十年甲辰正月十二日　公历一千九百零四年二月廿七号

诬控命案之结果

○嘉应李朱氏者，以狡悍闻。年前仗外氏虐其姑，为夫所殴而投水死。尝报朱姓，不至，遂葬之。朱乃阴令人窃其尸而控诸官，诬为其姑殴毙。经秦牧伯往验，见妇左额微肿，试滴以酒，而酒不凝，谓妇自行擦伤，且伤非致命，拍案大骂朱姓诬告。回署后欲将朱姓报案二人，坐以诬控之罪。朱姓托人哀求外厢调处，方准予保释。人以案关人命，不予反坐，殊无以惩刁蛮。然仰反坐而被控之[①]。

---

① 此处整列看不清。

大清光绪三十年甲辰正月十四日　公历一千九百零四年二月廿九号

火警两志

〇又嘉应松①救已火势猛烈，不可扑灭，竟将全祠付之一炬。幸为时尚早，往救者奋勇异常，邻居并未殃及。然室中之火，众咸不解何自而起云。

大清光绪三十年甲辰正月十五日　公历一千九百零四年三月一号

猪厘酿祸续闻

〇昨报嘉应某局丁因勒抽屠捐酿祸一则。兹又得友人来函，云松口安良局绅某某于去腊廿七日特遣局丁六人往各屠店勒收捐费，较向章多索一倍，盖谓时届年关，生意颇旺也。各屠店不允，局丁等即如狼似虎，声势汹汹，谓吾辈奉命而来，岂容推诿。有泰昌店东廖某出与理论良久，局丁等各执刀械，蜂拥而至，至欲得廖某而甘心。廖某睹此凶状，遂躲匿楼上，绅仍喝局丁登楼拉之。时店伙某乙向前乞曰：请列位徐议，此事尚未为晚，奚必如是之恶剧乎？一局丁即划刃于其腹，仍欲登楼觅廖某，忽见乙倒地流血如涌，登即殒命，始大惊，纷纷逃去。街众大哗，立报司主先诣勘验，然后设席会议，签盖图章，舁该尸亲赴州署鸣冤。局绅闻之大为悔惧，乃捆不在内之局丁二人押往，以图狡脱。廿九日，秦牧伯堂讯毕，随将二局丁押候，仍札委丰顺司勘验。现街众颇愤，且恤某乙之死于无辜，各助十金与该尸亲，俾日间赴督辕呈控云。

绅士之与差勇

〇埔邑百侯杨姓，年前由饶平贩运货物，被黄姓挟嫌拦起，以事关商务，屡控于县，已纪前报。后经查大令饬差会营勇廿余人，驰往该处，追赃查办。探悉差勇抵该处一味需索差礼，杨姓冀事易了，亦照常供给。及

---

① 此处整列看不清。

抵黄姓界，黄绅则令数十人荷枪执械以示之威。差勇竟股栗不敢前，是夜隔河而宿。明日黄绅始给钱二千，挥之去。差勇逡巡退回，又欲向杨姓索金，杨姓置之不答。返署未知如何禀复云。

又闻拦货举动，皆黄姓绅士中某生二人主持，其事不肯和平了结。果尔，地方所赖于绅士，与绅士应尽之义务，殊大失其道矣。

大清光绪三十年甲辰正月十八日　公历一千九百零四年三月四号

赌饷定议之要电

〇招承潮嘉赌饷一事，电告纷驰，已录昨报。兹又探得省电如下：陈王商来认正饷二十三万，裁私规七万并入正饷，共三十万。文武二成，由商自理，在省已定议。如私规克裁，即正饷数短，速将私规七万代为裁足。商人请留太守一月，望速电复。

大清光绪三十年甲辰正月廿一日　公历一千九百零四年三月七号

纪同文学堂

〇汕头岭东同文学堂去年冲突，闻至今风潮尚未息。然目今来堂者，既四五十人矣。闻开学之期匪遥，伊迩知有教育之责者，必有以处此矣。

〇闻近日褚观察下有札谕，一札澄海县，一谕保商局及万年丰会馆，催促将去年冲突实情从速察核禀复，以息风潮，以兴学务云。

大清光绪三十年甲辰正月廿二日　公历一千九百零四年三月八号

东游述略

〇本馆同人沈君友士于去冬游学日本，已志前报。近接其来函，腊内已抵东京，现先入成城学校习普通学，该校以二年半卒业云。

纵虎归山

○嘉应会匪张某者，匪首徐林九之先锋也。当冯游戎往畲市搜获林九麾下五虎将时，张适漏网逃匿泥汲墟。后为人侦知，线引保安局捕获，送州监禁，堂讯直认不讳，人皆以为可杀。后在州署门收买盗赃，数月间积银至四百余元。使某店士倡通赂直堂某，遂得于去年腊月廿九日与大盗罗官林同时释放。州局闻之大不平，而州人亦哗然，谓二虎归山，又将大张爪牙，以肆搏噬矣。

大清光绪三十年甲辰正月廿三日 公历一千九百零四年三月九号

潮嘉承定赌饷之牌示

○商人在省认定赌饷，其大意已见昨报电文。兹将官督局十五日之牌示照录于下：

照得潮嘉两属缉捕经费，前据该商王永祥等每年认饷二十三万元，另加缴裁私规银三万元，禀请承办，即经札熊守前往查复核办在案。兹据该商禀认岁饷二十三万元，另由熊守裁撤私规七万，共成三十万元。既经熊守在潮裁定，该商应即照正饷三十万元按期呈缴，以符定章，合就牌示。为此，牌仰宏富公司商人陈永华、王永祥、方兴遵照，迅将应缴一月按饷及上期饷银刻日呈缴，并取具殷实店铺担保切结，一并缴局，以凭给发照示开办。熊守准留潮一月，办妥即行回省，毋违。特示。

闻得方商因无银应期缴呈，已禀请除名云。

拐卖人口述闻

○近来梅州城四门寻人赏格，举目皆是。或言失去少妇，或言失去幼女，亦有失去老妇者，不下十余贴，人罔不怪之。有知其故者，谓此风之炽，多由汕头薙发匠拐带至汕，分别鬻卖。以为顶上工夫，无逾此者。未悉然乎否也。

大清光绪三十年甲辰正月廿八日　公历一千九百零四年三月十四号

埔邑逃犯纪闻

○有自茶阳来者述，县署于去腊逃逸四犯，查大令异常着急，即提狱卒严刑重责，旋悬赏购缉，至今杳然。闻该犯一为同仁甲惯盗罗娘任，数年来附近乡里均不堪其害，此次逃逸如虎出柙，各处人民益有戒心。余同逸者，均属要犯云。

大清光绪三十年甲辰二月初一日　公历一千九百零四年三月十七号

阴那山大火奇闻

○阴那山，嘉属之名胜，五峰高耸，林木丛茂，登其上者，能眺数百里之遥，洵诸山之冠也。闻昨初八晚，突有流星火从空而降，直至峰头，始则蜿蜒灿烂，继竟大肆炎威，光腾霄汉。一昼夜间，遍山树木已靡有孑遗矣。而浓烟黑雾之迷罩峰前者，殆数日不绝云。

大清光绪三十年甲辰二月初二日　公历一千九百零四年三月十八号

德领事保护梅州学堂之示谕

○大德钦命驻扎汕头管理通商事务署领事官贝，为示谕事。现据嘉应州本国教士等禀称，溯查日本维新伊始，其执政热心爱国文人稽考各国，堪为良师者，尤注意于德国。变法以来，每年往德国游学者不下百人，并请德国良师到日教授德文、格致各种学问。迨文教既修，武备已张，制造已精，复搜罗德国近世新奇之书，翻译成本，潜心讲究。故能师德之长，补日之短，日本遂骎骎乎称雄东方矣。当今中国发奋自强，欲学各国语言文字，当以讲求何国文字为要乎。尝闻人言英国文字通行，必学英文，方能获益斯言，不为无理。盖上海、香港、新金山等处多用英文，而酬酢问

答，亦以英语为多。故经商巨贾能通英文，方能投合，获利较易。是英文通行已入华人脑质，所以开设中西学堂兼课英文。此亦一偏之见，殊不知英国语言文字，是商家语言文字也。惟中国素多聪明特达之才，各争胜于各国，明知学堂是造就人才之地，断非浅学所能呈功，故不得不改弦更张，别求上理，以为制胜之方。今欲效日本自强，诚不可视德文为缓图也。前者中国北洋大臣来咨，商聘德文教习，未得其人。素知中国之士熟习德文者不易，多觐德文书中奥旨无从入手，敝教士等心焉惜之。现拟在梅州城内开设乐育中学堂，以德国语言讲课西学，使嘉属文人学士得以就便学习。他日学问有成，或为官，或为师，充翻译，学制造，裨益良非浅鲜。禀请准该学堂归德国保护，使就学者有所信托，并请照会华官立案，保护学堂学生各等情前来。据查，该教士禀开各节，本署领事实深嘉悦，窃思设堂课学，培植人才，熏陶后进，厥功不浅。中国古来莫不重视学堂，而近日各省又纷纷仿照新法改良，是学堂诚为当务之急。至教士等禀内所称，通晓德国方言之益不为虚语。诚以德国学问见重环球，每年英法俄美日等国之人前往德国大学堂肄业者不下数千；又德国书籍，每年运往各国使人购阅值数百万两。惟中国人士鲜学德文，至今未能购阅，实为憾事。德国书籍备载各种学问，即如哲学、史学、政学、数学、格物学、医学、物理、化学、商务、矿物、农务，无不备载。其中此等书籍，至今甚少翻译华文。如有志讲读者，必须先学德国语言文字一二年方可。今嘉应州城，既设有德文学堂以便彼州人士学习，诚为绝好机会。故望官商士庶前往就学，无负设堂之美意也。除饬该教士等妥议章程，迅速开学，并具禀本国国家察核，暨照会中国省宪立案保护，俾知设堂讲课专为扩充学问，慎固邦交起见外，合行出示，为此示谕州属人等知悉。特示。

光绪三十年正月二十三日示

大清光绪三十年甲辰二月初三日　公历一千九百零四年三月十九号

茶阳学务处杂述

〇埔函云：邑中小学堂今年添聘饶俊士上舍为教习，其余照旧。私立乐群学堂，现各乡就学者，已有五六十人之多。涂君珊史等现在大埔、上杭、永定三邑交界之处，组织一学堂名曰强立，不日即当开办。百侯杨君育人等倡办蒙学堂，闻亦将成立。崧里何族亦于日前议设蒙学，业经何士果大令订定章程，现在筹款开办。并拟由祖尝内先行拨款，派人往日本学习速成师范，以任教习之职云。

西坑闹案再述

〇嘉应西坑煤矿滋闹一案，数年未结。日前闻有委员来州办理此事，已略志于报。兹悉经李姓赴督辕呈控，即委前署连州陈直刺宗万于，前月初十日到州。十二日提承差古、郑二役，各比三百。现添差协勇前往，围拿凶犯解案，彻底究办。不知能否清结，探闻续报。

谋财害命

〇近闻龙川、长乐交界之处名鸦顶有布商马姓者，去腊底讨债回，途经此地被盗谋害，尸亲闻知禀报两县勘验后，即签差缉。现龙县差缉获两名，闻是龙川人，已解回龙川讯办矣。

假公子之撞骗

〇州人某，日前买舟回梅。同舟一少年口操客音，衣裳楚楚，细询里居族姓，则曰：吾乃丰顺丁公子也，到梅一游耳。某深信其言，抵梅携手登岸，代为揄扬，遂馆于某店。店东睹其行状，亦毅然信之，馆诸卧房。数日间，宾客往来，车马盈门。迨后，忽移寓于城内某署。店东细检卧房诸物，枕箱内金簪、田契、实收化为乌有，急往寻找。田契实收尚在，而金簪已找换，仅讨还金戒指一只云。

大清光绪三十年甲辰二月初四日　公历一千九百零四年三月二十号

毁拆妖坛

〇距嘉应松口之南岸十里许有地曰老虎者，四山环绕，阒无人居。有妖觋房三，筑坛于此，以蛊惑乡愚。凡奸徒匪类，无不出现于其中。数日前，有邻近之陈姓家被盗，旋在该处获有赃据，诘责之。房三置办不休，反将陈姓痛殴仆地。于是族人大为不平，联合二十余人持械而往，立将该妖坛毁而平之，房三乃踉跄遁去。闻者称快。

大清光绪三十年甲辰二月初五日　公历一千九百零四年三月廿一号

学务处委员记过述闻

〇岭东同文学堂初经学务处札派虞大令前来查办，大令遽以邱比部曾自定总理薪水，每月六百元，详复学务处。遂据详督宪札饬惠潮嘉道察酌办理。现闻学务处备悉该学总共各项捐款仅得九千余两，报明有案。如果总办月支六百元，试问该学从何开办，显系大令查案不实，拟请将大令记过一次云。

严惩地宄

〇嘉应秦州牧批准示禁地宄，已登前报。近日水南堡黄姓祖坟被地宄陈某挖卖，黄闻之，将陈扭送州署。经秦牧伯堂讯，痛惩五百，枷号示众。又东厢谢亚梗绰号穿山甲，最著名之地宄也，现被人指控。因差疲玩，卧票不拘，州牧亦许事主缉解。州人士咸谓牧伯如此严惩，将来地宄之案或可少矣。

大清光绪三十年甲辰二月初六日　公历一千九百零四年三月廿二号

中西学堂之示谕

〇德国教会在嘉应创设乐育中西学堂，经驻汕贝领事官示谕保护，已录昨报。兹贝领事又函请秦州牧将该学堂再行示谕，俾人周知。秦牧伯业已出示晓谕，其文略云：现准德国贝领事官函称，兹将嘉应州本国教会所设学堂章程一本，送上贵州察阅。查该学堂与传教无涉，专为培植人才，课以中西各种学问，预备他日入国家大学堂肄业而设。敢请贵州将该学堂出示晓谕，使属内人等得以周知，并谕绅耆知照。便中仍祈移玉到堂，以示关切之意，本署领事尤为深感也。附送乐育中西学堂章程一本，等由过州。准此，查德国教会所设乐育中西学堂系为培植人才起见，且章程声明中学课程俟教习聘定后，遵照钦定章程办理，并准领事馆函称该学堂与传教无涉，自与中国民立学堂无异，应即出示晓谕。除谕局知照外，合行出示晓谕。为此示谕，阖属军民人等知悉。德国教会凌君高超等所设乐育中西学堂，定于二月初一日开学，尔等如有子弟欲就学者，即先期赴该学堂主理凌教士处报名，届时入堂肄业。闲杂人等，不许入堂滋扰。如各学生父兄欲观教法，亦宜静座听受，毋稍喧哗，云云。

禀请学堂与官课并行之批词

〇前纪潮阳县生童某某等具禀县署，请援照金韩山成例，学堂与官课并行，示期甄别，以广栽培等由。奉傅大令批，据禀已悉，候移交新任，核明办理，云云。

松江女学

〇嘉应松口，向无女子读书。近以海内女学大兴，各乡多有送其女童入塾者。而南北两岸之家，此风尤盛。本年各塾中之读书女子，可占十之二三云。

大清光绪三十年甲辰二月初七日　公历一千九百零四年三月廿三号

开办潮汕铁路章程述略

〇潮汕铁路闻经张榕轩京卿推出，与吴君理卿、谢君梦池、林君丽生及内地商人、洋籍商人合股联办，但以京卿总其成。已议定开办章程十七条。其一为公司命名之大意，二股本集合法，三股本之限制，四筹不足之款，五分息，六购地办法，七选举总理及用人行事则例，八沿途之保护，九工程之职事，十招募巡丁，十一巡丁之职守，十二办事规律。其余各条，大概亦建设时之防备与建设后之扩充各事宜云，容得其详细再行续录。

创设香港源盛银行章程

〇嘉应张榕轩京堂、谢梦池观察等，合汕头、厦门、省港、南洋、安南各殷实绅商，集股本一百二十万元，在香港创办源盛银行，已订章程，行将开办。兹得其章程，录于左边：

一、本公司名曰源盛汇兑附揭积聚货仓有限公司。

二、本公司总局设在香港域多利亚。

三、本公司股本一百廿万元，分作一万二千股，每股本银一百元，先

科银五十元，认股时，先交定银五元，发股票时，再交银四十五元。其余五十元由各股东自存，俟生意扩充再行集议。

四、本公司议派周息一分算，各股东先来银先计息，由交银之日起算，以昭画一。

五、本公司所派老本息及均分溢利等项，系凭息折到本公司领取。

六、本公司收齐股本后应如何发放安置，由总理公同议夺。

著匪毙命之原因

○松口某乡著匪牢盈中，于去腊暴尸峰市之狗尾岭谷内。当时众莫明其致死之由，未敢遽发。兹探悉，该匪曾邀党羽数辈，日伏该处，持刀劫抢过客。一日有茶商数人经此，牢匪见其囊橐充溢，以为荏弱者流，可双手得其银物也。遂率众持刃向前，讵茶商等勇悍异常，格斗良久，牢匪忽中梃倒地，党羽亦狼狈奔逃。嗣牢匪之母闻悉，急往看视，至则尸已腐烂，而臂俱为野兽攫噬云。

大劫斋庵

○松口溪南乡之油坑里，向有斋庵一所，地甚幽僻。该庵住有妇女六七辈，持斋礼佛，坐拥膏腴，蓄积颇富。近为匪党侦知，昨念七晚，突有十余贼持刀挟械，破扉直入，皆以浓墨涂面，将各斋妇驱闭一室，搜括无遗。现该庵已经报案追捕，所失银物等具，不下千金云。

大清光绪三十年甲辰二月初八日　公历一千九百零四年三月廿四号

创设香港源盛银行章程（续昨）

○七、本公司汇兑，先做汕头、安南、新架坡，省城等埠，或设分局，或由本局总理人承办，或托殷实大字号代理，到开办时，酌量举行。余别埠俟以上各埠开办后，乃再集议举行。

八、凡各埠或分局或代理，倘有代本公司收有积聚银两或汇单长款，必要按照时价计回利息归本公司，以昭平允。

九、本公司办理汇兑、附揭事宜，悉照香港各银号规例。至按揭货仓章程，另刊附览。

十、本公司积聚一款，备有格式，利息照时价酌夺。

十一、本公司凡各客积聚银两、按揭物业及出入仓货物，本公司无分时刻，可以随时将就，以资便捷。

十二、本公司拟备货仓以收仓租之利，或置地自行建造，或与人批租，到时总理人公同议夺，务要有益于公司方可举行。

十三、本公司所有进支数目，照银号事例，每年汇结两次，总结一次，造折呈各总理股东察阅。

十四、本公司管理出入银两，最宜慎重，必选身家殷实者，以克充其任。

十五、本公司每年溢利多少，存储至四十万元，然后集众公议，分派各股东，以沾利益。

十六、本公司所进之款，除支股本息，一切费用与总理总司各伴花红外，其余所溢之利，尽储入盈余积项。

十七、后遇有生意于本公司有裨益者，随时集众公议开办，为扩充利权起见。

（完）

严拿抗粮之怪事

○嘉应古塘坪陈某，因欠粮未完。粮差罗安，其邻也，一日奉票往催，适陈外出，因攘二鸡而去。迨陈归，闻之大怒，即亲到罗家，破其房，笼其鸡鸭以泄愤。罗因以抗粮禀官，且言其毁家之状。秦牧伯饬会文武营往拿。陈某伏匿藏不敢出，托人转圜花去差勇礼七八十元，免提将官里去云。

纪　雷

○前月二十日，松口洋坑村有某氏妇负耒田间，忽值迅雷轰裂，大雨倾盆，力疾驰归，旋空中霹雳一声，而妇已僵卧泥涂矣。同日，蓬辣坑又有某乙，亦中途被雷殛死，额际现有字形成数粒，甚似蝌蚪文云。又溪南某姓祖祠之门楼，突遭迅雷击崩一角。而邻近某明经家所竖之桅，亦为雷火焚断，余烟终日不绝。

大清光绪三十年甲辰二月初九日　公历一千九百零四年三月廿五号

松江风气之渐开

○嘉应松口，已有学堂阅报所之建设。近李上舍宗海谓当今风气大

开，其最足以发达人群之思想者，莫如新书、新报。爰邀同志数人联合股份，创设书局一所，在世德新街，专售各种新译书史，并代派各埠报章，俾附近之人易于购阅。刻已遣人特往上洋备办，大约二月间即行开张矣。

拦抢商货之结局

〇埔邑百侯杨族因黄姓挟嫌拦货一事，屡讼于官，案悬不结。闻近经邻乡绅士出为调处，黄姓业已认赔，还货银数百元，并礼物若干，以了此局云。

大清光绪三十年甲辰二月初十日　公历一千九百零四年三月廿六号

通饬购阅新报之札文

〇昨潮阳县署奉到督宪札文一道，其文云：为饬遵事，光绪廿九年十一月十九日，据督办两广学务处张道鸣岐申称，照得粤省各属学堂，迭饬克期举办一切教育之法，自应认真讲求，必使在官兴学，诸仁人知教育之要义，学务乃日有进步。查上海所出之《教育世界》，专译东西各邦教育书报，抉择甚严，于教授管理诸法，言之至为详切。前奉宪台转准，管学大臣咨行通饬购阅，未据各属禀报遵购。又《农学报》一种选录亦精，所译辑农学各法，皆可实施于田事。现拟创设实业学堂，正应振兴农务，亦应通饬购阅，以资考究。查《教育世界》每月二册，每年廿四册，价银五元二角；《农学报》每月三册，每年卅六册，价银五元，现由本处垫付，札饬驻沪采访委员包令就近径向报馆订购，按月饬由报馆汇寄到处，以凭分派。各属及官立中学堂缴价购阅。惟本处经费无多，所有垫购价银，应由各属随时解还归款，不得稍有延欠，以便源源代购。除札饬包令订购饬□，一俟寄到，即行分别派购，并通饬遵照外，理合申报，察核俯赐。札饬各属一体遵办等由，到本部堂。据此查《教育世界》《农学报》二种，凡设立学堂，应即购阅以资考究，合就札饬。为此，札仰该县即便遵照办理，毋违此札。

纪宣讲圣谕

〇各处善堂必宣讲圣谕，久已成为故例矣。奈诲者谆谆，听者藐藐，以人情之喜新而厌旧也。近褚观察以潮州风气未开，故聘某茂才为讲生，逢朔望日诣城隍庙宣讲圣谕数则，以启发愚蒙。惟目今国步艰难，朝廷锐行新政，苟于讲圣谕后，择最近上谕，或疆臣奏议，或外国要件，或地方利弊，明白演说，俾人人发愤自强，其获益良非浅显。然以观察之智珠在握，当必早为之计及也。

学堂之小阻力

○嘉应城东蒙学拟设在龙牙李氏祠，已纪前报。近悉已定于初二日开学，惟李族有以上下两堂租作学舍，恐儿童无知破坏，只准将左右两横屋租与开办。而横屋厅堂狭小殊甚，未知能否适于用也。

大清光绪三十年甲辰二月十二日　公历一千九百零四年三月廿八号

市町锁纪

○梅州自前月十七日以迄本月初，阴雨连绵，凝寒殊甚，人皆围炉。老于农者，咸有秧谷之虑。

大清光绪三十年甲辰二月十七日　公历一千九百零四年四月二号

嘉应拟建女学会

○西洋堡黎君辰若等，创设教育会、阅报所于堡内。近以黎君应务本学堂之聘，同志何君复馆于白土堡，其余在场演说诸君亦寥寥无几，几有解散之势。乃另立一学会，以黎君为会长，而演说阅报会即附属之，其序文已登昨日报端。黎君等谓男子有学会，而妇女无之，亦一缺点。议续立一女学会，以智妇女，众皆踊跃赞成。闻章程已定，俟抄得续报。

大清光绪三十年甲辰二月二十日　公历一千九百零四年四月五号

梅州喜晴

○州中自正月十七以来，连月阴雨，寒气迫人，人多苦之。近日始大

放晴霁，天气和暖，出作入息者，大有熙熙之乐。

大清光绪三十年甲辰二月廿二日　公历一千九百零四年四月七号

特别之优待云

○按温太史为中学堂总教习，已经开学。日前有学务处函饬褚观察，商请太史支持同文学堂之说。今观察又聘为师范学堂之总教习。太史能舍彼就此与否，未可知。而观察之属意，可谓厚矣。

梅州农话

○州属出产之麦，近日始纷纷收获，较之每年大约仅获数成。据农家者言，前因天气亢旱，自下种以来，未得甘霖沾润，若非近月既雨复晴，恐数成亦归于无何有之乡云。

屠人遇虎

○闻嘉应丙市有屠人某甲，数日前挑肉一肩，往各山庄售卖，中途适与猛虎相值，甲大窘，计无所出，乃将肉担弃之而走，虎亦不尾其后，惟向担中啖肉而已。甲疾驰数里许，始抵村落。村人见其神色仓皇，因问以故，甲具告之。村人遂邀集多人持械前往，至则虎已蹲踞崖巅，作眠牛喘月之状。众欲向前擒之，而山势巉严，莫可攀跻，乃为之丧气而返。闻者嗤此屠人以肉喂虎云。

大清光绪三十年甲辰二月廿六日　公历一千九百零四年四月十一号

纪释匪之为害

○兴宁匪首刘金鸡，为地方巨患，前年由族父老交出送官，置之牢狱，闻者莫不额手庆幸。去年县主王大令不知因何缘故从宽释放，至今春乃盘据长宁县细凹子江广交界地方，肆行掠劫，无所不至，而道路为之不通。语有之纵虎归山，养痈贻患，是之谓欤？然有除暴安良之责者，必求所以治之也。

大清光绪三十年甲辰二月廿九日　公历一千九百零四年四月十四号

乞丐拜盟

○松口之深凹山谷内，向有荒亭一所。乞丐者流，多窟穴其中，无虑百数十人。其党羽则分甲、乙、丙三派，乙党占多数，甲、丙二党因此屡遭凌虐。近以不堪其苦，乃于数日前投入乙党，议合一大乞丐群，相联一气，遂携牲酒等具至该亭，参见党魁，乃焚香奠酒，仰天跪誓语，多诡异不可□。誓毕，即围坐大饮大嚼，或呼师兄，或呼师弟，互相酬劝。时道旁观者，咸谓乞丐拜盟之事，虽属司空见惯，而三党合而为一，则素所未闻。于是归告乡人，恐其为地方之害，拟逐之出境云。

大清光绪三十年甲辰二月三十日　公历一千九百零四年四月十五号

247

兴宁局绅之腐败

○兴宁叶塘墟之安敦局，有局绅罗某者，闻入局已二三年，惟持一蚕蚀公款之主义，极力发挥，除吓诈乡愚外无事业，图饱私囊外无手段。一切地方利弊，不赞一辞也。其于族谊，则又厚遇之甚。族中有事，不论是非，挺然干涉，大有谚语所谓一掌遮天之概。乡里中之黑暗，非此人之力不及此云。呜呼！中国之弱点在地方不能自治，局绅者固揽地方自治之权，肩地方自治之责者也。腐败若此，奚出此局为哉。

骗婚述闻

○州属邱某一女眇一目，年二十余，无过问者。有黎某者以缝洋伞为业，年已经半百，儿女成行且抱孙矣。闻邱女妆奁甚厚，心利之，因遣媒与妻，以甘言诱其父，议聘为室。邱问黎操何业，则对曰：某街之杂货行，吾家生意也。邱急不暇择，亦信之，因订婚焉。久之，略得其虚实，女与母相抱大哭，愤不欲生。然邱执意甚坚，不能夺也。及于归后，黎妻竟百端凌折之，几不以人齿。女愤极无复生趣，每欲自尽不得。闻邻里为之哗然，莫不詈黎夫妇之狡诈，而咎邱之孟浪云。

大清光绪三十年甲辰三月初一日 公历一千九百零四年四月十六号

纪糖果税

○日前有商人李炳忠，以糖果两税等情赴督辕禀诉，奉岑制府批示。案据粤海关咨称糖果两项加抽税银，遵照新案和约内载明免税之货，完税一条业已会同出示晓谕在案。仰广东布政司饬潮州府饬属遵照，并将滋事各案饬速办结云。

澄邑侯请通禁丁酒陋俗

○澄绅蔡卓然禀请禁作丁酒之俗，经杜大令出示严禁，已录报中。昨杜大令复据情具禀道府宪，略谓查此等习气，恐不止澄海一县为然。该职所禀，拟请宪台通行各属出示晓谕。嗣后，凡有生子者，不得再于元宵宴酒社庙，以崇节俭。可否照准，理合据情禀请宪台察核，俯赐批示饬遵云。

兴宁矿地候查

○前者有兴宁县民妇袁巫，以属内矿地事具禀督辕。兹复赴禀善后总局，局宪批谓，此案前据该氏禀奉督宪批行，即经由局查明，该处煤矿未据商人禀准开办。札饬兴宁县将私挖煤穴封禁，并即勘明，如果煤苗畅旺，于田园庐墓无碍，应照矿务章程另禀本局核办在案。据禀前情，着其静候该县勘查禀复，再行核办饬遵云。

禀请劝办粤捐不准

○两粤赈捐开办日久，前经善后局宪派员四出劝募，所发出实收数已属不少。兹复有兴宁县生员欧阳琦具禀赴局，请领实收加派劝办，当奉局宪批令，毋容置议矣。

大清光绪三十年甲辰三月初三日　公历一千九百零四年四月十八号

松江兴筑学舍

〇嘉应松口自去岁拟设蒙学堂，以梅东书院为校舍。本年院中月课并各乡会课等，概行停止，所有一切款项，悉拨充为蒙学经费。刻已将该书院拆卸，【重】新建筑其基址，较前更觉宽广。堡内人士，莫不殷殷企盼，以期早日告成云。

大清光绪三十年甲辰三月初四日　公历一千九百零四年四月十九号

纪同文学堂副办

〇昨报同文学堂本年副办系陈玉坡、萧墀珊两太守。兹闻两委员，同时手谕者三人，其一为廖雨初孝廉。云涛云补记于此。

伪造契尾被拿

〇嘉应谢某因造伪印契尾为人所控，经上宪行文，命州牧密拿，现已为捕厅捕得。送州羁押后，经门阍范某为之关说，谓伪印契尾实伊子所为，非某之罪。州牧立传谢某过堂，谓汝归家，切宜将儿子交出，方可了事。谢遂得沾恩释放云。

州署卖票之积弊

〇近来州署以卖票为一大宗生意，而命案之票亦往往延搁不发。闻皆由值堂李某主持云。

大清光绪三十年甲辰三月初六日　公历一千九百零四年四月廿一号

委员十罪函件照登

〇同文学堂大风潮，已纪昨报。兹探得初三日，陈、刘两委员致函于

学堂总办云，敬再肃者走，屡奉制府认真查办秉公办理之电，而自问有瞻徇之罪十，谨为先生陈之。究首恶不究党恶，罪一；于官师绅商之嘱，不能无所迁就，罪二，潮人占副办三之二，罪三；章程本不限额数，往往潮少于嘉，拟均额数，罪四；姑容林樑任，罪五；萧载兴罪应重惩，查属虚诬从宽免究，罪六；土学生借故退学，无理取闹，仇视同学，敌抗长官，应究其主动者，应分别其首从，应治以干犯学规之罪，应治该父兄以纵容祖庇之罪，而概置未理，罪七；退学生应不准再入学堂，并不准别投他处学堂，而仍宽其格，罪八；邱工部应尸祝于学堂，而未能返高贤之驾，罪九；邱光汉有辞差之高义，客□生有自治之能力，而未能表彰之，罪十。以此十罪，对于上宪则为溺职，对于嘉属未免疚心。汕商一电，土学生一电，谓为偏执偏庇，诚不敢辞。特愧所偏者，在庇汕商与土学生耳。除函禀督宪学务处宪自行请罪外，特此奉达。辱兄不弃而警诫之，则幸甚。

潮人三不平电禀照登

〇于岭东同文学堂事，潮人又三不平，昨报已述其消息矣。兹访得潮人于初三晚，拟一长电，禀两院宪、藩宪、学务处及道宪。兹将道禀全文照抄如下：

岭东同文学堂，本汕中绅商借地筹款，惨淡经营。去冬因总理邱逢甲、值理林樑任互相冲突，现奉督宪派员查办，仰见维持学务，绅商等感激莫名。惟委员所寓客栈曰广泰来，系客人聚集之处，委员仓卒前来，情形多未熟悉，易被蒙蔽。即如萧载予为算账起衅客人，账房邱光汉并客籍学生将萧载予扭打，扯破衣衫，众目共睹。萧偕土学生奔诉委员，指望传集两造秉公审问。乃委员不问被殴情节，先于客栈以面试两次难之，仓皇之间，略俱答复。委员以为文字有限不及入学资格，手谕讪辱贴示学堂，此不平者一。学堂斋房仅容八十人，客生占十之八，土生向隅者多，明知培植人材不分畛域，然已为潮人苦心所创，自不能反落人后，此不平者二。总理丘逢甲、值理林樑任近来互相攻讦，自有公是公非，绅商等何敢迴护。然已就事论事，林值理如有应得之咎，邱总理是不能概予免议，此不平者三。以上各节聊撮大略，已非我宪台所及料，而委员之一意径行者，亦岂有薄待我潮人哉？只因先入为主，失于不觉。月朔开学，除丰、大两县客学生外，土生无一敢重到堂者，如此扰攘，伊于胡底？伏思督宪慎重学务，一秉大公，业经乞恩，另派廉明大员密查委员在汕办法，或由宪台就近查办。倘能消融土客，固绅商所大愿，否则强合，难免后患，不如分办以定人心。绅商等为保全大局起见，除电禀两院宪暨藩宪学务处宪外，理合再行联名电。

劫案汇述

○嘉应州西之在兹坪，距城五六里。上月中旬某夜，有吴姓大家，被贼七八人明火持械，扛石条将宅门撞破，一拥而入，劫去银物共三四百元之则。是夜也，贼皆持□响洋枪，人莫敢护，任其呼啸而去。

大清光绪三十年甲辰三月初七日　公历一千九百零四年四月廿二号

同文学堂要电

○汕中绅商以同文学堂事电禀省宪。初五日十一点接督抚宪电示云，万年丰会馆绅商等，同文学堂经费，以官拨之款及客籍所捐者为多，岂能专谓汕商筹集。应否准令分办，候饬县委复夺。督抚院支。

○又电委员及澄邑侯云，查该学堂土客意见正深，此时即强合，终必仍争，自不如饬令分办，转足维持永久。该守等即体察情形，妥为筹议，具复候核。督抚院支。

大清光绪三十年甲辰三月初八日　公历一千九百零四年四月廿三号

同文学堂要电续录

○同文学堂事，又经澄邑侯电禀省宪，得电复如下：

电悉此案，详情未据，该印委禀到，无从核示。悬揣情形，大约该学堂土客意见甚深，即使委员办理真能持平，而土人不满所欲，即谓袒客；客人不满所欲，又谓袒土。两满其欲，断无是事。故只能问委员所办之事是否协于理，不能以绅商之撼动为是非也。始电饬该印委筹议分办之法，盖以为不如此，决不能持平土客之争。可即会商委员，先将账目查清。定议分办之后，款必不足，应由县筹款，惟自□助，俾学堂可以不废，土客可以无争。该令身任地方，责无旁贷，其妥筹之。

纪嘉应学会

○嘉应黎君等所立学会，现署名入会者已有五十余人，每人捐银一元

为公费。前月晦日，在白宫市登坛演说，欢声雷动。是日并提议女学会事，会长会员，即以学会中同志妇女充当，各尽其义务。拟于下次演说期发明宗旨，宣布章程云。

函述匪害

〇友函云，嘉应城西瑶上堡，地邻兴邑土名油房㘰者，州县之咽喉也。辛壬间，兴邑土匪蠢动，州宪谕瑶上堡局绅邱象坤认真清乡团防。邱绅遵谕举办，乡里赖安。而匪竟恨之刺骨，日夜伺隙，冀获邱绅而甘心焉。未几，有邱绅之亲属邱清官者，自兴属之石马墟购米回堡，行经油房㘰山脚石公湾，惨遭著名三点会匪赖和古、赖戊秀、陈傅秀、何木生、叶阿其、刘聪郎等十余匪杀而匿之。经邱绅等暨尸妻叠禀州宪及各大宪，又为恶阍、蠹役、劣绅等所摆搁，蒙蔽三年。于兹含冤莫伸，而匪胆益张。去冬复有十余匪连夜入邱绅家，将行劫杀。四邻闻警赴救，幸而获免。经各局及邱绅分别禀报地方文武各官，仍置之不闻不问也。现邱绅为匪所扰，为官所抑，不敢在家居住。

〇松口一堡，向无劫案，自前月杪溪南之某庵被劫后未经捕获，近日匪党益横行无忌。乃于昨三十晚，勾结十余辈至长巷里之罗某家，扣门假冒亲友之远来寄宿者。罗某家仅数人，于黑暗中闻呼门声急，信以为真也，遂起纳之，则皆持刀执械之辈，蜂拥直进，举家惶骇，大号不已，匪党乃执而俱缚之，又以破絮塞其口，然后倾箱倒箧，搜刮靡遗，捆载而去。迨红日三竿，邻右咸怪罗某家内尚无炊火，因往视之，及门，已室如悬罄。又见男妇相与缚卧一床，气息奄奄，众乃向前询究，始悉其由。盖罗某向在市中作小贩，数日前携有洋蚨数百至家，为匪党侦知，遂遭此劫也。然以长巷离市仅数百武，而匪党尚猖獗如此，其他偏僻之乡，若不迅速防卫，恐更难安枕矣。

大清光绪三十年甲辰三月初十日　公历一千九百零四年四月廿五号

潮汕铁路之近述

〇潮汕铁路工程师詹君天佑，昨已抵汕。探悉詹君为南海县人，留学美洲卒业，京畿一带铁路皆詹君所勘定，当道以此甚重之。此次应潮汕铁路之聘，亦袁慰帅荐之来此云。

○铁路总办张榕轩京卿日前赴香港商办铁路要事，行将返汕，闻不日可到。

大清光绪三十年甲辰三月十一日　公历一千九百零四年四月廿六号

会匪之猖獗

○龙川县与兴宁接壤之细凹等地方，向为匪徒出没之所。该处有某甲者，平日与匪反对。匪恨之甚，欲得而甘心。某惧，暂避匿村舍中，匪跟踪围之。某无所为计，奋不顾身，开门格斗，伤一匪之耳。卒以众寡不敌，被匪所戕，且支解之。

○闻龙川县以匪势如此，现已移文兴宁县，约合兵共剿云。

骗贼之发觉

○嘉应下市某杂货店，日昨有客与交易者，手一空函，谓某号托取货若干，该价随后奉缴。司事开函阅之图章，宛然确是平时来往者。细审字迹不符，疑而诘之，果得其伪。客皇遽欲逃，立叱店伙缚送保安局。

大清光绪三十年甲辰三月十七日　公历一千九百零四年五月二号

纪考试师范

○十三日为褚观察考试师范之期，应考者二百余人。闻其章程，以四十岁以下，二十五岁以上为合格。是日考生，多有五十余岁而瞒报三十余岁者，幸观察不能远视，不至摈诸大门外。是日题目为："师以贤得民，儒以道得民"说，"宋元祐举士法，以行义纯，固可为师表，列第一科"论。

考生交卷甚早，五下钟观察已鸣驺返署矣。

大清光绪三十年甲辰三月十九日　公历一千九百零四年五月四号

褚观察之意见

○郡函云，褚观察开办潮州师范学堂，意欲聘温柳介太史为总教习，经太史力辞。近因学务处宪关聘太史为同文学堂总办，观察以太史拂其盛意，每见绅士及属僚，辄于太史有微词云。

劫案又闻

○嘉应官塘墟叶某，居蓝田之山僻处。初六夜，鱼更三跃，突来劫贼十余人，明火鸣枪，力攻大门不破，因窬垣入，将叶缚住。妻妾仓皇开后门逃去，任贼搜括。邻居闻警，有起而救援者，见贼凶焰，惧不敢发，贼遂饱扬而去。

○又城东上黄坑余某家，亦于是夜被劫，所失尚不甚巨。

人中枭獍

○兴宁某甲在武平县作小生意，有子某乙无赖，甲深恶之。日前乙向父索银不遂，深以为恨。是夜伺父熟睡，持刀砍其胸，立毙，因以棉被裹尸，欲焚诸野以灭迹。出店门时，适为邻店铁匠所见，号众捕之。乙持刀疾走归家。铁匠鸣诸官，县主立移文到兴邑。乙方抵家，饰词告母。而县差已至，遂就擒，押解武平县堂讯，乙直认不讳云。

大清光绪三十年甲辰三月廿一日　公历一千九百零四年五月六号

兴署纪闻

○兴宁县郭大令莅任以来，效法清净，凡事务为优容计。自下车至今，判决之案不过二三宗而已。刑清政简，可见一斑。

○邑中传呈规费，向者数元而已，今则数十元至百元不等。殆亦使民无讼之法乎。

○刑席例不出署。今邑侯之刑席某，闻辟有外馆，可以从事燕游，可谓不拘于法律者。

相约轻生之异闻

○中国妇女不智，动辄轻生，情殊可悯。闻兴宁东厢石子岭近有妇八人，相约投水死者，幸遇救，五妇获生。人莫解其同死之由，内有二妇且为一家妯娌云。

大清光绪三十年甲辰三月廿二日　公历一千九百零四年五月七号

学习防疫新法

○省垣中法韬美医院熟谙防疫之法，岑督宪曾饬巡警局招选子弟送入该院学习。兹闻兴宁县绅商以传染病发，亦拟捐款选派数人入该医院学习，以资补救云。

大清光绪三十年甲辰三月廿五日　公历一千九百零四年五月十号

捕蛇致命

○松口墟向来蛙、鳝二物价值颇昂，故无业之徒多往捉捕，几于昼夜不辍。数日前有小黄沙某甲亦携具往，忽睹恶蛇一头，驯伏草际，首大如杯，尾长数尺。甲以石击之，不动，乃持竹剪向前夹之。蛇忽转首绕甲臂数围，甲大窘，无所为计，乃俯首就蛇身，极力噬啮，讵反为所伤，登即满面红肿，口舌坚硬，欲号不得，遂倒于地。良久始有某乙过见之，立将该蛇殴毙，然后扶甲归家，未及门已僵卧于道旁矣。

大清光绪三十年甲辰三月廿六日　公历一千九百零四年五月十一号

埔邑盗贼之横行

○二月以来，抢劫之案层出不穷。缘自去年至今，报案者无一破获，

甚有衙门中勒索不遂，连呈亦不能进者。故近日盗贼肆无忌惮，而事主相戒不敢呈报，可谓暗无天日矣。适下坝于本月十二晚，又劫去妓女三名。龟鸨等即招集数十人，由小船追赶，而强盗亦数十人，公然鸣炮相拒。跟踪追至大麻莲塘，天色将明，若辈犹复掳人勒赎。后见追者人众，惧遭弋获，始将人放回。足见盗贼之横行无忌矣。

岭东气候

〇自三月既望，天气炎热，人皆袒裼。迨至廿日，霏霏阴雨，凉气袭人，又复挟□。忆昔某太守诗云：毕竟岭南天气好，日中常有四时天。良不诬矣。

大清光绪三十年甲辰三月廿七日　公历一千九百零四年五月十二号

切责典史

〇兴宁县郭大令近切责典史徐某有交通作弊，忍用欺蒙之说。究竟如何获罪，外人未得而知云。

无头公案

〇兴宁某氏妇归宁其母，中途踽踽，为恶少所阻，不得行，天明方至母家。比返，复遇群恶，少妇愤甚，投水，群少入水，求之不从，乃杀之，遗其手中物于道。妇家寻获，始知其死，而不知恶少之害之也。闻竟以此为无头公案云。

匪徒劫财之诡术

〇十四日，有闽汀茶客二人，道经嘉应至松口□墟背，小憩路隅。忽值数匪向其乞火吸烟，二客以为同是作客者，欣然与之，彼此酬答良久，客即如醉如痴，形同木偶。匪等乃抬至僻处，攫其囊橐而去。迨红日已西，客始如梦觉，视身畔一无所有，惊呼不已，逢人泣诉，谓所携银物等具约二百余金，不虞竟堕若辈术中，悉被攫去。现二客既寓某肆，暗行侦探云。

大清光绪三十年甲辰三月廿八日　公历一千九百零四年五月十三号

花会匪与官吏

〇潮州花会盛行，无处不中其毒，尤以大埔为最。去年已来，如三河、大麻、高陂、百侯、湖寮、石圳、石门岭、园亭等处，不下十余厂，官绅无拟议之者。迨倾荡家产，败坏风俗，至于不堪言状，始有一二正绅禀请查大令札属查拿。而奉行者则借此以饱私囊，糊涂复命，甚且与滥绅劣弁从而包庇之。花会匪以此辈可以黄白愚弄，益无顾忌。始设之深山中者，竟开场于乡村、于市镇矣。近日各处竞张旗鼓，受害者不可以数计。当此民穷财尽，盗贼肆起，又加之以花会，地方尚堪问哉？夫以向来承饷之小围姓，各大宪尚严行禁止，而于花会一端绝不加意，大约地方官吏已如泥塑木雕，即上宪亦无闻见欤？噫。

大学生受刑

〇邑之邓某甲者，与其族人某乙因争田业事讼于官。甲不知官威，且自恃为国子监学生，抗不遵断。大令大发雷霆，当堂重责手板一百。甲复晓晓争辩，必求其直。大令益怒，不分皂白，又责以大板三百，将两家所争之田充入学堂。闻者无不股栗云。

大清光绪三十年甲辰三月廿九日　公历一千九百零四年五月十四号

不为提倡而表彰之也

〇日本嘉纳治五郎有言，中国街道污秽，细菌群集，传染病由此而生。又井水弗洁，其上无盖，细菌入其中亦易受害。幸中国人惯食热物，尚可幸免。此深中兴宁之弊。即如街道言之，其稍偏者多积不洁之物，过者掩鼻；况当暑天烈日，发臭酿恶，更何以堪，此近日发生时疫之一大原因也。邑人尚不知讲求卫生，可为浩叹。

〇何君公博，同文学堂之翘楚也。学成，总办欲聘为蒙学教习。邑人士以所办兴民学堂，尚缺东文、体操教习，难得其人，函请何君充当。业

257

于日前自汕返邑,邑人士甚欢迎之。

一拳四十金

〇嘉应松口黎某者,昨购鸡于其邻卜乙。彼此议值,低昂不就。黎欲行,乙强挽之弗听。乙怒,挥以老拳,中伤而仆,越数日竟毙。乙闻之,始知一拳之利害,大惧,逃匿无踪。黎某家素贫,欲报官相验,费无所出,不得已从居间者调停,以四十金偿其命,事遂寝。盖卜乙之贫困,亦与黎某相埒也。然又偿四十金矣,一拳之价值乃如此。

大清光绪三十年甲辰四月初三日　公历一千九百零四年五月十七号

请禁妇人妆饰

〇日前有长乐县绅士李经培等,以县属妇女妆饰奢侈,向用花钿饰髻,或用龙头为镯,二物均非敷十金不办。前经由绅等禀请禁止,经县批准出示,嗣因银匠恐碍生理,贿通门阍弛禁等情,具禀督辕。旋奉云帅批示:查妇女妆饰奢侈,本非务本之道,在寒家效之,尤为害事,该绅等请禁,具有见识,应即照准。仰广东布政司饬长乐县出示严禁,并录稿查报云。

大清光绪三十年甲辰四月初六日　公历一千九百零四年五月二十号

龙川匪耗近述

〇有自江右来者云,龙川与兴宁接壤之细凹子等处,匪焰甚炽,且以邪术自神,谓刀弹不能伤。上月中旬,官兵往剿捕,相拒数点钟,未擒一匪,且被枪毙官兵六名云。

江广孔道之不靖

〇兴宁北厢之合水堡,离城卅里。中有白石岭,二里许无人家,抢劫频闻。此处实为江广孔道,故过客多戒心焉。有欲为之设茶亭,置巡警者,以筹款之难不果云。

〇闻诸父老,合水堡旧有乡局,出息约六七百元。三四十年前局董公正，堡有盗贼，由局送官，用费无几，而盗贼敛迹。今则动以数十百元计，盗贼且不敢送矣。官耶绅耶，不可得知已。

东游佳话

○兴宁刘君立群，年仅弱冠，有大志，家富于资，前在同文学堂肄业二年。于癸卯春，与同邑何君晓柳、饶君希野游日本，学武备。其时刘君适娶罗氏女，新婚才五日，遽尔远别，而刘君慨然就道，亦足见其向学之笃矣。抵东后，暂入清华学校肄业。迨杨钦使莅任，始保送振武学校。刘君既学普通各学，故班次颇优，今春来书，既列第四班矣。近刘君之父以刘君卒业之期尚远，新妇年少，可以就学。闻邻郡嘉应梁诗五孝廉为使署随员，大埔何士果大令为留学生监督，俱携眷东渡，即欲托挈刘君妻一同赴东就学，以为本邑女学倡。同志闻此言，无不乐赞其成。若刘君者，其父子夫妇间智识之开通，诚有令人钦佩不置者矣。

函述留隍市匪情

○丰顺留隍市来函云：初三日三更时候，忽到有匪船二只，湾泊九河口，约有匪七八十人。日间假扮常人，游行自在。入夜即各带军器，沿街打抢。若不严行查缉，此地商民恐不能安枕矣。不知地方官绅，有所闻知否也。

中场争讼

○埔邑某某二姓，因山涉讼公堂。日前查大令堂讯，两造各执一词。闻某姓所纳山税，每年仅四百文，而所占山岭不下数十里，且别姓之山亦混占在内。两造现已具结，请官履勘，不知能否断结。而彼此讼费，已不赀矣。

大清光绪三十年甲辰四月初七日　公历一千九百零四年五月廿一号

科举界之琐闻

○兴宁县试于前月廿七日开考，文峰书院送考者一百七十名。另坐之花厅，有贫生某冒名其中者，大受大令斥责。

差役之恶状

○差役需索，到处皆然，兴宁为尤甚。岑制军初抵粤，雷厉风行，客

秋闱场中另出问题，邑诸生多有极言其积弊者。差役得此消息，恶焰亦为之稍戢。近见官府不外如是，又如饿虎凶狼，四出噬人矣。

兴人案情两志

○兴宁、平远交界之透龙栋，为二邑樵牧往来地。月之初旬，有兴邑牧童戏邻邑未笄女，女怒归，告其家，纠众数十，各执器械，越境寻童。童既远扬，女家愤无所泄，遂迁怒于同行樵牧者，执数人去，中且有年近耄耋之老叟。概送平邑，加以劫牛之罪，现已交差看管云。

○兴宁南厢王某，家素封，酷嗜赌。父没后，贸易江西之会昌，亦以赌为业。有赌友某，土人也，医其邻妇某疾愈，索酬不遂，大肆责言。王某以友也助之，邻以此恨之甚。一日贼劫邻屋，执三人，其一土豪也，惧纵之，乃拘王某殴而送之官。现伊族往为昭雪，未知能否省释也。

大清光绪三十年甲辰四月初九日　公历一千九百零四年五月廿三号

剿办黄岗斗案

○饶邑黄岗斗祸，叠见前报。兹闻此风，日甚一日。昨初三日，由省派来信勇五百名，已奉命先到黄岗剿办，业于日昨在汕封船前往矣。

海潮揭澄县试再复榜

○大埔县试正场于廿八日发榜，初一日复试前列十名：邝逢甲、蓝培元、萧济川、张致尧、郑作舟、饶鼎章、饶廷□、彭元、张炳云、萧有尧。

大清光绪三十年甲辰四月初十日　公历一千九百零四年五月廿四号

嘉应劫案

○前月廿六夜，松口岗背曾某家，被匪廿余人劫掠一空，计所失银物不下二千金。缘其家男子皆外出，仅妇孺数人，故匪类得此饱掠而去。翌晨，曾某之妇即往丰顺司署报案。妇途值一匪，状貌衣袴甚似行劫时剥其衣饰者，瞥见该妇，欲趋而避。妇遂呼众擒之，果于身上搜出服具数件，众乃扭送司署。及堂讯，据称兴宁县人，尚未肯实吐。现司主已拟解赴州署究办矣。

劫杀骇闻

○嘉应南福村陈阿玉，年六十余，向在该村作小贩生理。前月十八夜八打钟时，陈方与一十余岁之幼孙在店用膳，忽有浓墨涂面之人撞门直入，将陈乱砍数刀，返身欲遁。陈孙瞥睹斯状，大号不已。涂面者怒，亦挥刀砍之，始仓皇跑去。时邻右并无知觉，良久有购物者至，见祖孙二人倒卧于地，满身血污，大惊走报。族人共诘陈某，而陈某已昏不知人，惟奄奄一息而已。及询其孙，孙但言被砍状而不识其人，至今莫可究诘。或谓陈某素健讼，受其屈者颇多，此举想是为报复而来。亦臆度之词也。

大清光绪三十年甲辰四月十一日　公历一千九百零四年五月廿五号

劫骸案未了

○埔邑高陂杨其昌母坟被劫，曾登前报。闻禀请县主饬差严缉，迄今数月，渺无踪迹。所控附近之王姓，亦坚不承认。前月杨姓乃请出本地绅士，从中调和，两造各执一说，不从公断。闻自事发至今，杨姓已破费数百金。迷信风水之害，竟至如此。

兴宁函述

○城中各街，每日必有媚神。各种俗例，耗费不赀。现有拟行停止，将此款作为修理街道者，亦破除迷信之见端也。邑中疫症，现南厢之罗坝、坪塘等处，亦多有之。

大清光绪三十年甲辰四月十二日　公历一千九百零四年五月廿六号

试题汇录

○大埔县试初复题：开通风气以报章为起点，然主笔不得，其人或虚

辞恫喝，或任意低昂转为风俗，人心之害，宜如何详定章程。"俾收实效而免流弊，策长幼顺，故上下治"论； "志伊尹之所志，学颜子之所学"论。

〇前报录大埔正场榜前列十名，第八名彭元乃彭年；十名萧有尧乃萧有年，合更正。

〇兴宁县试廿七日正场题："知者无不知也，当务之为急"义；"君子以常德行习教事"义。

初四日招复题："道之于礼乐而民和睦"论；"学颜子之所学"论。

松江议设保商局

〇嘉应松口安良局自去腊勒抽屠捐酿祸后，已成虚设，绅董等均自行退出。近日堡内盗贼充斥，抢劫频仍。四街绅商乃设筵集议，拟创保商局一所，公举饶孝廉关裳为总董，梁茂才桂芬、李明经维松为副董，所有章程务改良完善，以期有益于堡内商众等。昨已联名禀请州宪出示晓谕。想必能邀允准也。

虎狼当道

〇嘉应松口，通衢之地。名朱麻坑者，日前忽有猛虎三头，孔奔而过。现由该处赴市者，多绕道而避。每夜间，咆哮之声不绝。昨有数人持械往探其巢窟，闻在毛桃城山谷内云。

〇大埔百侯等乡近亦有虎狼，夜出噬民畜，闻被伤害者不计其数。

〇兴宁龙田墟三王树下等村人烟稠密，亦有虎患。

大清光绪三十年甲辰四月十三日 公历一千九百零四年五月廿七号

书船覆没

〇嘉应书坊翼经堂，日前购办书籍一船。由东江转运，忽为风浪所涌，全船失水，计值不下千余金云。

捕窝匪

〇嘉应松口，迩来劫案累累。自前月罗、黎二姓被劫后，旋探悉窝家为杨梅巷口之李香四并匪党李阿坤等，即先后赴州报案。昨初二日，秦牧伯饬票差十余人往捕，立将李香四捆锁带案惩办，随将其房屋概行钉封。惟李坤一匪先已逃窜无踪，差等乃勒其房族交出，房族无如之何，不得已以李坤之叔某乙解送。盖乙之为人，亦盗贼一流也。前报曾纪李坤在溪南乡撬门行窃，被某氏妇以刀断其臂，市中纷传匪已毙命，兹探悉并未尝死。盖当时该匪之亲属恐被株连，遂购空棺一具，抬瘗野间，扬言李坤已断臂而死。实则昼伏夜动，所有抢劫，悉与其中。刻已悬赏缉捕，未审果能弋获否也。

人情鬼蜮之现状

○埔邑三河甲某氏妇，假神以行其骗术。有问病者，辄喃喃作神鬼语，授以方药。间有与病合者，愚妇女罔不神之，求祷者踵接其门。有某乙者在该处开一药店，性狡而贪，欲求其生意特别畅旺，乃百计交通某妇。与之谋，凡授人方药，另立新奇名目，非乙店弗有也。乙店自此陡行热闹，获利无算，近居然建广厦、捐功名矣。某乙又恐其术毕露，乃广交三河绅衿，代为揄扬。故假参劣茸，亦为其专利。其发财之法，可谓工矣。不知该处愚民断送几许姓名也。

大清光绪三十年甲辰四月十四日　公历一千九百零四年五月廿八号

县试榜两纪

○大埔县试本月初一日初复，初六日揭榜前列十名：萧均、张致尧、邝逢甲、张炳云、彭年、陈大猷、张光祖、童焯、萧济川、徐冠才。

埔邑水患又闻

○埔邑为闽粤水陆交通之地，峰市、大靖、小靖各处河水，俱汇归于此。而距城里许之狮子口，河面狭窄，故一经大水，则街市房舍悉没水中。前月廿八九，天大雨，河流澎涨，城市房舍复遭沉没。有庄某者，开油米店于大街。一儿下楼弄水，忽溺其中，经一时久，不可复救。伊父母痛不欲生云。

女尼妖淫之可恶

○埔邑城内有上下斋堂二所，居数十老少女尼，诓骗人家财物外，惟

以匿奸行淫为事，有心人无不发指眦裂。前月揭阳县有废庵寺之举，风声所播，各女尼恐祸及，已罄其所有，纷纷星散。近探得无恙，复聚集此中，行其故态。二斋堂与衙署颇密，迹大概以差役为护身符，故种种大伤风化事出现其中，而官斯邑者若罔闻知也。近闻有绅士欲联名禀请县主勒令该尼还俗，查封寺产以充学费，是诚地方之幸哉。

大清光绪三十年甲辰四月十六日　公历一千九百零四年五月三十号

嘉应州试改期

○嘉应州试本定四月十八日开考，已纪前报。兹闻秦牧伯拟改期廿八日，惟尚未牌示，未识确否。

大清光绪三十年甲辰四月十八日　公历一千九百零四年六月一号

纪火灾

○埔邑柳树街庄姓某店，于初七夜失火，延烧邻店七八间。火发时，众伙伴俱由楼窗跃出。有三岁童在睡梦中，乃祖提之起。一童年十一岁，惊醒仓惶无措，跳走不及，竟被烧死。

大清光绪三十年甲辰四月十九日　公历一千九百零四年六月二号

大埔县试再复题

○"汉武帝诏举茂材，异等可为将相及使绝国"论；春秋左氏传叙列国战事，精要处可作兵书读，试条举而引伸之。

大清光绪三十年甲辰四月廿三日　公历一千九百零四年六月六号

花会之骚扰

〇大埔花会盛开，已纪昨报。闻目下此风益形猖獗，地方官绅绝无过问者。人谓花会匪之财可通神，其信然欤。

大清光绪三十年甲辰四月廿四日　公历一千九百零四年六月七号

嘉应州试之改期

〇嘉应州试秦牧伯已出示，改期本月廿八日开考。

埔邑二复榜

〇大埔县试二复榜前列十名：邝逢甲、张致尧、萧均、陈大猷、彭年、陈新、张光祖、萧道宗、张炳云、童焯。

试题汇录

〇大埔县试三复题：拟睿亲王多尔衮致史可法书书后；问：中国赔款浩繁，财政匮乏，有谓仿照西法制造钞票，以资周转，而裕财用，其说果可行否？试详言之。

兴宁县试初七日二复题："子贡问曰：有一言而可以终身行之者乎"一章义。

十二日发榜，十三日三复题为："半部论语治天下"论；"汉高祖入关约法三章"论。已于十六日发榜，十八日四复云。

嘉应斗案之一宗

〇石扇萧、曾二姓，聚族邻居，风俗强悍，素不相能。日昨因口角起衅械斗，两家排列队伍，狙伏河岸，以火枪遥击。鏖战良久，曾姓一人中枪殒命，因控诸官。十三日，秦牧伯已亲往勘验矣。

大清光绪三十年甲辰四月廿五日　公历一千九百零四年六月八号

嘉应弊政之一斑

○梅州弊政，指不胜屈，前报已屡纪之。近更有骇人听闻者。凡公呈存案之类，衙门中必需戳银二元，否则不收，收亦不准。而房科所送票稿，由刑席核定，每延至月余犹不发房，如何姓命案尚然，其余可知。故近来每多催发票之呈，实为昔时所未有。

大清光绪三十年甲辰四月廿六日　公历一千九百零四年六月九号

梅州舆颂

○州署受贿搁票之弊政，已纪昨报。兹闻皆表老爷与门阍范秀廷为之，目下舆论哗然。有作四绝句以刺之者，其一云：票搁久不发，千家眼欲穿；寄言兴讼者，鬻产积金钱。其二云：炙手势可热，门阍范秀廷；可怜孙辑五，绝似偶人形。其三云：相倚如狼狈，官亲表老爷；咄哉秦牧伯，狐鼠共为家。其四云：万姓同声哭，天高哭不闻；谁施霹雳手，片刻扫妖氛。

好　雨

○梅江自孟夏上旬以来，天气炎酷，不让三伏，农田亦待泽孔殷。迨十四，好雨连日不止，高下沾足，然微寒，人皆挟纩。古诗云，既热犹寒四月天。斯之谓欤。

大清光绪三十年甲辰四月廿七日　公历一千九百零四年六月十号

野蛮被控

○嘉应畬坑刘姓，上年曾以店基卖于陈某，陈转售于黄姓。近因地皮有价，大悔从前贱售之失计，欲向黄姓赎回，黄不可。刘因讼诸官，又不得直，遂愤激不平。日前，黄姓将地基兴筑。刘姓纠众持械，毁其墙垣，乘机掠其木料等物。黄姓叠控于州。秦牧伯大怒，现拟会营协勇往拿云。

大清光绪三十年甲辰四月廿八日　公历一千九百零四年六月十一号

大埔县试终复榜

〇大埔县试已经终复，于二十日发大榜。兹录其前列十名如下：张致尧、萧均、陈大猷、邝逢甲、陈新、张光祖、萧道宗、童焯、彭年、蓝培源。

埔邑大水又闻

〇埔邑自本月十三晚阴雨连绵，河流骤涨至二丈四五尺，城内外恍如泽国。且数日中，涨落无常，迁避者不堪奔波之苦。直至十七日，天气晴朗，各人家店铺始有来往交易者。亦可谓巨患矣。

拿获巨盗

〇高陂市场，为埔属一巨镇。四方杂处，人物混淆。而绿林豪客，往往乘机行其劫掠主义。故贸易中人，咸有戒心。日前有罗江船三支，附近该处停泊。众以其形迹可疑，即饬人到船查缉，果有匪徒数十人，军械枪炮极其锋利，当场拿获三人，直认不讳，遂送于本处司讯。近闻已解县严办，未悉查大令如何究办也。

〇又闻二月间，劫渡头袁姓及各乡，即是此股匪徒，惜未能悉数擒获。然地方官于送贼者，必索银百数十元，始行收押，则擒之益受其累矣。

兴宁函述

〇罗岗地方日前演戏，人山人海，备极热闹。忽有匪徒数十，声称乘机报复，一时人心为之骚然。因去年六月间刘茂兰、刘坤兰、王长寿等，纠党抢夺赖瑞泉。十二月振武军擒拿王长寿未获，以为赖姓购线，故有此风声鹤唳云。

〇潭坑钟某有伐陈某树木者，因而涉讼，从中处判，几解释矣。忽有

陈所经投某，抵触局绅，绅怒，指禀陈为匪。陈因此破费田产数百元，恨钟甚，钟亦颇悔，愿为赔补多少，几释矣。而局绅复梗之，故陈至今仍在押，未出云。

大清光绪三十年甲辰四月三十日　公历一千九百零四年六月十三号

兴长会匪之暴掠

○兴宁、长宁交界地方，为匪所啸聚。近闻该处李毛九家被抢，杀害李家人口二名，财物一空。盖李某家颇富，屡为匪所垂涎，李某防患甚周。辛壬之间，尝击毙抢匪多名。此次或挟前仇，亦未可知。

大清光绪三十年甲辰五月初一日　公历一千九百零四年六月十四号

花会果不可禁乎

○大埔花会为害，迭纪前报。兹悉大麻甲弓州开设花会一厂，已经三载。始在山尾开设，犹不敢大张旗鼓。自去年经各处绅耆禀官严拿，而札派员役受贿庇纵，此等赌徒遂以孔方兄为护符，肆无忌惮。近时竟移出于河口纲山地方，每日计收三百余金。被其害者，难以枚举。该处绅耆现欲禀请县主严禁查拿，但恐为衙蠹作生涯，非徒无益而害加甚，故尚在拟议未决云。按大埔花会公然开设于乡村市镇，且几于无处无之。其明目张胆，实为向来所未有。民受其害，不问可知。而地方官绝不留意，真可怪也。

大清光绪三十年甲辰五月初二日　公历一千九百零四年六月十五号

同文学堂咨请给地

○岭东同文学堂现因地址不敷，由温总理咨请学务处，给予该学堂前之官荒海坦，并价买广州会馆海坦一段，以便添建学舍，并另筑操场之用。

嘉应试期又改

〇嘉应州试已改期，四月廿八日开考。兹闻秦牧伯因节近端阳，恐各士子不能齐集，又拟改期本月十二日开考。

兴宁县清理街道章程

〇一、鼠疫传染，多由不洁。无论城内外街道，凡有堆积，先行彻底扫除。

一、每街店铺民房，清晨扫除，必有一定时刻；安放不洁，必有一定所在，以便所雇夫役。

一、总扫除。其有店铺民房扫除不洁，不照定所安放，指出即罚以一日总扫除之役。

一、寻城外隙地，安放总扫除之不洁。

一、设扫除夫役无定名，案店铺民房多少，给其工银。夫役每晨，必有一定时刻。

一、总扫除不洁，安放城外地隙地少有存积，罚扣一日工银。

一、既为夫役，除该街道各店铺民房清晨自己扫除外，见有不洁必扫除之，尚有遗忘之处，即扣除该处店铺民房每日应出之工银。

一、设巡丁四名，城外二名，城内二名。每日巡视，不论时刻，一有不洁，即令夫役扫除之。

一、夫役巡丁，更设一董事，以督责之。

一、清除街道，各店铺民房责也。现治安局先由公款以为之倡，此后洗沟铺街，该店铺民房认之。

大清光绪三十年甲辰五月初四日　公历一千九百零四年六月十七号

官场发财之手段

〇大埔大麻甲银溪房姓，日前因争坟山讼于公庭，经县札某巡检查勘禀复。闻两造俱托绅士与巡检关说，竞以黄白进。某巡检反左右为难，因两受之，谓不日当京自到县面禀云云。现此案尚未了结，而某巡检则贪囊已饱矣。独惜贫而有事者，不知吃亏几许耳。

兴事函述

○兴宁函云，去岁东厢山居之陈某家三四人，夜有叩门者，入则尽缚而索其室，掠其十三四岁之媳而去，至今查无踪迹。近日团勇执有吴某，陈谓即此人，郭大令方细心研讯云。

○龙田毛某由石马回家，带有数十元，匪三人知之，尾其后。至三眼桥，毛急匿道旁谢姓屋，投其银于溺器中。匪竟冲入，执而搜之无有，乃舍之。匪亦横矣哉。

○龙田近市某姓屋有夜归者，月色朦胧，瞥一虎卧道左，惊甚，幸酣睡未醒，得轻步趋至家。自后对人言之，尚色变云。

○邑东高陂头等处，迤北江广大道白水寨等处，甚多牛瘟。

○李君晋蕃，儒而商者也，以廪贡捐知县，同乡多道其轻财好义。闻近欲倡捐巨款，以兴兴宁山利，盖其素志也。邑人咸拭目俟之。

大清光绪三十年甲辰五月初五日　公历一千九百零四年六月十八号

改革惠潮嘉军制之电谕

○潮州镇成镇军，于本月初一日接奉督抚两院宪电谕：内开潮州镇转南澳镇黄冈协海门营、澄海营、饶平营、潮阳营、惠来营、兴宁营、平镇营、达濠营、广东绿营官兵，业经奏明，自本年六月初一日起，悉数裁撤。制兵内有精壮者，由各州县挑募作为用勇。现定惠潮嘉三属募勇名数，归善、海阳、潮阳各募八十名，博罗、海丰、陆丰、揭阳、饶平、澄海、嘉应各募六十名，长宁、永安、龙川、连平、河源、和平、丰顺、惠来、大埔、普宁、南澳、兴宁、长乐、平远、镇平均各募四十名，归各厅州县自带，每勇月饷三两六钱。选派千把总一员为巡长，管八十人者，月薪十八两；管六十人者，月薪十六两；管四十人者，月薪十四两。各属接电后，先就制兵内豫先挑选，以年力壮健、不吸洋烟者为合格。挑不足数，再募土著。统于六月初一日，成军起饷。各属原有营兵若干，原解绿营银米若干，向收二成缉捕规费若干，即速查明，限十日内详细禀报。各营经管柜项、汛地、炮位、船只，以及营中军火、关防、文卷，统于六月初一日造册，移交各厅州县接收。一面详细报查未交，以前仍有经管，责成不得推诿贻误。裁减撤兵丁，饷米领至本年五月底止。仍发两个月饷银作为恩饷，由各营公柜内支给。倘柜项不敷，准向各厅州县借领具报。已招用勇者，不给恩饷。有挂欠柜项者，扣除大小官弁俸薪，截止【至】本月底止。其未报带常备、续备军营者，于交代清楚后，一律赴省报名，听候考验。委用各该文武，接电后即飞饬所属州县营汛，一体遵照，妥速办理，云云。

同文学堂考课

〇岭东同文学堂学生八十余人，开学以来，颇加意振作。堂中分国文、历史、地理、算学、东文、体操各科，每逢休息前一日，小课一次，休息日则由教习、学生登堂演说。现届节假，期于前月廿九三十等日分科试验，初一日大考。其东文一科，则定于节假后初九日再行试验云。

埔邑斗案述闻

〇阴那坑有涧乡罗姓聚族而居，不过数十烟户耳。毗连数十里许，有黎姓者，烟户数百家，丁口二千余人，洵所谓强宗大族者。日前两家因雀口微嫌，遽尔称戈比干。黎复恃其族大人众，公然持械鸣枪，招摇过市，以示威武。罗以居于肘腋之下，屡遭斥辱，非藉官法不足以折其气而销其焰，遂拿获二人，由绅士具禀送县，并将随身器械缴县严办云。

大清光绪三十年甲辰五月十一日　公历一千九百零四年六月廿四号

会党拜盟之近耗

〇埔邑来函云，石上甲土名橹箕窝，地极险要，且深林密箐，人迹罕至，向来会匪多巢穴于此。日前有松原三点匪首陈某，在该处招集多人，拜盟结党，乘机抢掠。邻近各乡一闻此耗，咸有戒心，而地方绝不在意。若不从严究办，恐将来为患，有不堪设想者矣。

大清光绪三十年甲辰五月十二日　公历一千九百零四年六月廿五号

禀陈潮州三大害

〇闻有潮州志士近联名上禀岑大帅，痛陈潮州三大害，曰劣绅，曰蠹

胥，曰赌匪。本恭桑敬梓之情，为祛莠诛稂之计，事皆撼实，语极诚挚。岑帅不久即行属严办。果尔，诚潮人之福也。

禀控巡检之劣迹

〇长乐县绅陈斌纶等罗列巡司劣迹，具禀督辕。即奉云帅批示谓，据禀安流巡检吴云鹏私用门阍，纵容书差借案苛索，并粘抄讼费等情，查巡典各署，例不准理词讼，各属门阍久经通饬禁革。该巡检何得抗不遵办，如果尽实，即应从严参处。仰嘉应州转饬长乐县按照控开各款，先行确查禀复，听候核办。该县勿得以失察在先，一味徇庇，并干重咎云。

高陂多盗

〇埔邑高陂濒临大河，为水陆交通一大市场。近数年多富商巨贾谋生于此，市面益形繁盛，遂为盗贼所注意，往往有盗船数只游弋其中，日则散布侦探，夜则肆行抢劫。日前经乡人奋勇搜获劫盗三名，交由文武司汛解县究办。旋为营勇卖放一名，该二名抵县。查大令坐堂严鞫，直认行劫渡头袁家及各案不讳，并供出党羽多名，不知若何捕办。而该处盗风，未尝稍息。近日各商民，大有寝不安席之象。有地方责者，能辞其咎耶？

大清光绪三十年甲辰五月十四日 公历一千九百零四年六月廿七号

门阍司差之恶状

〇嘉应南口堡郭某者，因爱妾而嫁其妻。已得身价后，复向妻弟罗某讹索，不遂所欲，反诬罗某以谋买其妻控于州。经州宪批准，饬差传讯，罗某亦赴州诉呈。郭恐其得直也，遂贿通太平司门阍王某，带同蠹役王、邱、李等数名直至州署，将罗某捉去，酷禁数日，始行申详。幸州宪不甚糊涂，即将罗某交保候讯。然如郭某之狡诈，已属可恶。而太平司之门阍差役公然受贿虐民，尤为可恶。不知州宪何以治之也。

大清光绪三十年甲辰五月十五日　公历一千九百零四年六月廿八号

兴宁县试大榜

○兴宁县试终复榜，于本月初七日揭晓，兹录其前列十名于下：何琼林、饶衍丰、陈懋勋、王之民、李宗翰、刘瑱、罗士蕉、彭占梅、曾阁勳、赖新。

大清光绪三十年甲辰五月十六日　公历一千九百零四年六月廿九号

纪嘉应传呈之弊政

○州署传呈之弊，甲于各属。自本年奉札申禁，秦牧伯亦即设立禁碑，竖之头门。州人以为有弊绝风清之望，其实弊窦丛生，较前益甚，尝纪于报。兹闻近月以来，如叶、李、饶、谢、蔡、萧、曾、胡、朱、刘、黄、何、林各姓，传呈禀报命、盗各案，不下数十起，均被门阍孙辑五勒索规费三十元至十余元不等。其余小案件，尚指不胜屈。愤怨之声，洋溢城市，而秦牧伯充耳不闻云。

嘉应盗匪之猖獗

○州东饶塘麻子坝有著匪细罗子、邱阿广，近聚党百余人，往来龙牙、松口间，以打家劫舍为事。兼有饶塘赌商张某明目张胆，窝匪聚赌。致令松口、饶塘一带居民，大不堪其扰。有缉捕之责者，不知有所闻焉否也。

黄沙牛瘟

○与嘉应桃源相邻之黄沙地方，近来牛疫盛行，不可救治。阖境牛只，几无遗类云。

赌博之害及生命财产

○埔邑吴某工计然术，年方弱冠，佣工于某纸行，极为东人所爱重。唯有盘龙癖，将父兄所遗家产悉数输之博场，遂致妙手空空，室人交谪。

因此丧心病狂，散服药饵无效，竟于日前自行投水，以毕其生命。家人闻声往救，已无及矣。赌之为毒如此。

大清光绪三十年甲辰五月十七日　公历一千九百零四年六月三十号

嘉应州署被盗述闻

○州宪秦牧伯素以仁慈为怀，于盗贼之类，每姑息之。而捕役承其意旨，亦任盗殃民，并不过问。故州中盗风，因之甚炽。近闻署中，亦有被窃者。值堂范某于某夜被盗，阑人房内仅失去枕箱一只，计藏银物千有余金。及范觉，饬役搜捕，殊无踪影。噫，堂堂官署尚受盗扰，署以外之民，不问可知矣。

大清光绪三十年甲辰五月十九日　公历一千九百零四年七月二号

会匪猖獗汇闻

○兴宁来函云，江广交界处有开饭店者，父子四人。一日有人投该店饱食，讫店主计值索赏，似即拂其意，挥刀杀死店主。其子往救，亦杀之。又一子往，又杀之。其一子见势不佳，急走，仅以身免。近罗冈之黄渡水有伙店，略有蓄积，为匪党侦知，是夜即劫掠一空。细凹子地方，近风闻有积匪千余人，约时举事。兴宁毗连之境，威怀危惧。兴宁某从江西办川土十担，经过安远地方，有匪多人伺之，幸绕道得脱。东厢菜歪朱屋某新粜米，得银五六百元，是夜即有匪纠众劫屋，全数取去，幸不曾伤害人命，已经报官矣。武仙岩背有廖姓妇某氏，在此采樵，猝有匪抢夺其手所带之银圈，争持许久，卒以石椎妇头并足，流血被体，倒卧山间，亦惨矣。闻廖姓越日赴县署请验，门役百端勒索，卒不能达。离城七八里许会众岭，比屋鳞峋，往来之人如织。某日天甫明，人迹尚稀，有一担物出城者，即被匪抢去。乡有某乙者，曾邀党劫某屋，久未发觉，近始为人识破。闻乙亦在家织布者，古者寓兵于农，今寓盗于工矣，可胜慨哉。风闻近有匪自外归者，同党在某墟共买小刀数十张，不知其意何居也。又近日上罗冈墟之十二经岭有龙田袁某脚夫四人，带银五六十元，过其处被匪八人抢夺而去。邑中治安局因现在地方骚动，筵邀局绅会议，拟请潮勇，以资巡防。每间当店月捐四两，以供兵费。当店约有二十间，而各布行亦甚乐捐输云。

潮嘉农况

○嘉应各属近来雨水应时，田禾畅茂，丰年之庆，颇可预卜。但据老农言，当午禾花亦不时遇风，尚有秀而不实之虑。

女尼之护身符

○友函云，潮州女尼大半借庵寺以卖淫业，并诱骗妇女作种种不经事，大为风俗人心之害。大埔一邑，此风颇炽。经邱当陈各县宪严禁，驱逐后渐行敛迹。闻近日故态复萌，较前愈甚。日前有邹某、饶某及各姓绅耆，以邑东北龙泉寺之妖尼不法事，呈禀查大令乞查封，驱逐以靖地方。查大令因幕友外出，经谕饬三河司张巡检批，谓僧尼为世外之身，如能清修梵行，抑亦与人无扰。

○卷查前任历次办理在城尼庵各案，无不情法，兼尽权衡，致当据呈各情，应准出示严禁云云。各奸尼得此消息，纷纷以番佛进献，自此遂串同朱门房私自卖批，代为解脱。遇有各绅禀请剪除，或提庙产以助学费各节，均遭批驳。现在各奸尼益肆行无忌，盖广大神通已得衙门为之护身符矣。记者曰，提庙产以充学费，已奉上宪明文。且埔邑小学堂现因经费支绌，行将解散。与其刑求讼民，而经费无着，曷若变卖寺产，为一举而数善兼备。乃禀请者，动遭批驳。诚不知其何心，其为私利蒙蔽欤，抑别有权衡至当之道欤？

坊石压人

○嘉应黎屋巷有一牌坊，巍然耸立。初八晚为州试发榜之期，有黄沙钟某看榜经其旁，牌坊石块忽从空飞坠，脑破臂折，血流满地，登时气绝。有人奔告其友，始救醒抬归寓中，然恐不免有性命之虞。闻是时天静无风，又无人在坊上观榜，而石忽飞坠，亦一异事也。

大清光绪三十年甲辰五月廿一日　公历一千九百零四年七月四号

照给同文学堂海坦

○岭东同文学堂地址不敷，由温总理咨请学务处给地，已纪报。顷探

悉学务处据情转详督抚宪，已奉批准，如详办理，业经学务处照会温总理查照施行矣。兹录其照会于下：为照会事，案照敝处具详，准贵总理咨请，给予同文学堂前之官荒海坦，并承买广州会馆前海坦一段，以便添建堂舍，另筑操场。据情转详核示一案，兹岭东同文学堂已因地址不敷，请给予学堂前之官荒海坦，并价买广州会馆前之海坦一段，添建堂舍，另筑操场，为扩充学务起见，准即如详办理。候札清佃局转谨澄海县会同委员复勘给照，并札鉴运司谨小江场将晒户广州会馆每年应纳鉴课税银，归该学堂完纳，以清转辖。仰即遵照办理，仍候抚部院批示缴。又于是月廿八日奉广东巡抚部院张批同前，由奉批据详已悉，及图折均悉，仰候督部堂批示，遵照此缴，图折存各等因，奉此相应照会。为此，照会贵总理，请烦查照施行，须至移者。

女中鲁连

○嘉应某甲者，因事到上市铸锅巷口，猝遇一人飞奔而来，与之相撞。甲手中金指圈因之坠地，忽失所在。甲怒甚，立将其人扭住，争论不已，几至用武。有一佣工某妇适经其地，目观其状，顿起婆心，代为搜寻，竟于水沟中得之，交还原主，飘然而去。观者感叹不已，以为女中鲁连云。

大清光绪三十年甲辰五月廿二日 公历一千九百零四年七月五号

嘉应州试四复榜

○嘉应州试，十四日发四复榜前列十名：黄震欧、李凤年、黄际泰、李光济、黎自华、郑作横、李植、叶占魁、古仲威、谢纶恩。十六日复试题："生财有大道。"一节义。

委员勘案

○嘉应隆文堡镇钟温氏，于五月初七日呈报伊男华昌三被卢某刺毙。州宪即于初八日委吏目，前往勘验云。

保卫地方之聚议

○兴宁近来多有会匪劫掠，地方骚动，已纪昨报。兹闻各处绅耆，皆纷纷提议此事。有一老学究为未雨绸缪之计，谓变生则团练为要，销萌则保甲为先。县官按月稽查，族长藉兹约束，亦可消患未萌。至于有事团练，筹款益见艰难矣。一绅曰：县官不加意于此，言之何益？况保甲之事极繁，亦未易办得周到，只有责成绅耆约束子弟。倘有匪类不交，唯该绅耆是问，方是执简驭繁之法。老学究曰：亦当于无事时急行之，若至有事，绅耆将避匪之不暇，而暇约束乎？闻者终以其为老学究也，一笑置之。又某乡父老有言地方不靖，终于不靖而已。或闻其故，则曰：官不办理，绅畏报复。今乡中有一绅耆可以约束不肖者，彼不肖者必仇之，是以不可为也。或谓亦视绅耆之果正大否耳。如果正大，为一乡所信服者，则必尽其义务，担其责任，有不肖者约束之不听，则捆送于官。如此见仇于不肖，则一乡合力保护之，地方庶可以稍靖乎云云。

〇按：乡团族团，俱为保卫桑梓之要着。以兴宁聚族而居者之多，则族团为尤要。以县城为中枢，南曰南壇陈，曰罗坝黄，郑冈曾，鸭妈垅范，官被岭萧，汤湖王，水口刘，东山陈；北上龙田曰袁、罗、廖，曰合水曾，潭坑陈，白水寨刘，罗冈陈、袁，冈背钟，黄陂叶、石；西曰新陂李，矮冈陈；东曰枫树岭李，皆聚族而居，多者数千人，少者亦不下千余人。前年团练，偶过郑冈，执械应名者二千有奇焉。呜乎，有如此之众，情也使之暌，势也使之散。本是同根，视如秦越。顾乃皇皇然曰有匪，不曰调外兵，则曰急走避，何其怪哉。

教习逝世

〇大埔涂茂才珊史，极热心教育。今年兴宁兴民学堂聘为算学教习，年方二十四，温然善人，开导后学，日起有功。竟以五月十日猝病而没，闻者多惜之。

大清光绪三十年甲辰五月廿三日　公历一千九百零四年七月六号

同文学堂暑假

〇岭东同文学堂已放暑假，各教习学生，均纷纷旋梓。大约一月后，始行回堂云。

兴宁县选派之练习员

○学务处开设之练习所，各州县均陆续派人前往练习，曾纪报内。兹悉兴宁县选送二人，为张孝廉易畴，王明经灵岐。又有自备资斧者一人，为李茂才杖勋。均于日昨前赴五羊矣。

嘉应州催考各属

○嘉应本州岁试，行将竣事。现秦牧伯催考，兴长平镇四属行知公文，络绎于道。兴宁县郭大令奉催二次，已牌示二十日运送县试卷。赴州邑人士之应州试者，又纷纷恐后矣。

兴宁县试余谈

○各府州县试毕，其拔取前列者，应循例谢考。兴宁县试前十名，日前衣冠手版，往行谢考礼。而县号房索赏见仪三十余元，始为引见。往复争论，不能减少。十人者，遂废然而返。

嘉应州署之小押

○私开小押，本干例禁。而嘉应禁纲疏阔，故无赖辈无所畏忌，胆敢于头仪二门内大开小押。每月均有三四墩犯，公然摆卖盗赃，人不敢诘。夜间则串通看役，虽深夜亦可进班馆，当赎各物。遂至城厢内外，盗风日炽，追缉无踪。虽经绅士禀官，稍为敛迹。不数日，又复依然。盖捕快看役及署内丁胥，均视此为特别利益，朋比为奸，故若辈有所恃而不恐。人皆谓州署为小押店云。

兴宁植果之利

○兴邑农业生果，亦为一大宗。所出产，尤以桃李为多。春初花放，夏季果熟，乡人于此取收期，盼望极切，防护亦倍严。巡逻击柝之声，通宵达旦，不绝于耳。业此者，以东北厢民居其多数云。

医学须知

○疫症发生，有起核者，有吐泻者，有晕眩者，皆不及救治。闻兴宁城厢一带，多死于核。昨有寺僧染疫而亡者，其臂上生核大如瓜，约二寸许，人甚异之。顷有自江西吉安来者云，吉安等处亦有是症染者，头上必生红毛数根，人亦以为异。据医学家言，生红毛者，谓之羊毛瘟。于发现时拔去红毛，然后用药，可以保全生命，否则药亦不效云。

大清光绪三十年甲辰五月廿四日　公历一千九百零四年七月七号

兴事杂述

○兴宁来函云：邑中学校，其为八股功臣无论矣。即知地球大势者，言外交，言内治，亦侃侃而谈。但以短衣窄袖为用夏变夷，以体操为不宜过重，以词章为不宜过轻，则龈龈而未有已。

○龙田廖姓，聚族而居。向年积有家塾考课之款，近以此购阅报章，族人知识赖以暂闻。今者兴民学堂中，廖姓肄业者济济焉。兴邑文明，廖姓将占一席矣。

○天锡围王某，以本族抗赎之故，前经结讼。郭大令以案牍劳神，未暇及之。近者竟斗伤数人，其一至不可救云。南厢刘某以匿名逃匿，有叔将伊家产业变卖，以抵花红款项。某遂扬言，以某日定行报复。叔防之颇密，届期先以刃刺毙之，某兄弟亦遂刃毙其叔云。

大清光绪三十年甲辰五月廿八日　公历一千九百零四年七月十一号

嘉应州试五复榜

○嘉应州试第五场榜，于廿一揭晓。其前列十名：李光济、李植、黄震欧、黎自华、黄际泰、叶占魁、谢纶恩、郑作衡、梁维嵩、李凤年。廿二日六复题：议院利弊论。

长乐县选派练习员

○长乐县李吉庵君师贞、古芸史君绍光，顷由县公派其前赴学务处练习，以资兴学。已于昨日来汕候轮前往矣。

潮嘉会党之猖獗

○三点会党蔓延，潮嘉各属肆行骚扰，叠志前报。兹探得潮属与海丰接壤之间，如百麟、乌石山、斗田、伯公凹等处，多有会党游弋，迫人拜

盟入会，不从者即行劫掠。居民惴惴，大不堪其扰云。

○又闻匪首何彪山在嘉属镇平三圳墟近处拜台结党，聚有数百人，横行村落。本月某夜，某家被劫，连房屋亦被毁为平地。

考童与练勇之活剧

○嘉应刘某者，现充嘉字营练勇，与妯娌姊妹同居一室。邻近试馆多考童，麋聚其中。廿日，有佻达者于其门外，往来调笑，丑态可掬。刘见之大怒，骂考童，不服，遂致挥拳相击，刘不胜受伤而归。现在赴州署鸣冤，请验云。

大清光绪三十年甲辰六月初三日　公历一千九百零四年七月十五号

府试饶平大埔榜

○潮州府试饶大两县，正场已经揭榜，录其前列十名于下：

饶平：詹登第、詹方略、黄振江、詹有源、陈善、蔡煜煌、吕廷勋、吴兆桐、张景丹、詹联辉。

大埔：萧均、陈新、张致尧、杨毓焜、曾展魁、杨用璋、饶燿烸、林培基、陈培林、陈大猷。

五月廿七日初复海阳、惠来、丰顺题："见龙在田，德施普也"义；"养则致其乐"论；"潜龙勿用，阳在下也"义；"祭则致其严"论；"飞龙在天，大人造也"义；"居则致其敬"论。

大清光绪三十年甲辰六月初六日　公历一千九百零四年七月十八号

州试终复榜

○嘉应州试已经终复，其大榜于前月廿六日揭晓。兹录前列十名于下：黄震欧、李植、李光济、李凤年、谢纶恩、黄际泰、黎自华、潘锡鉴、吴作新、郑作衡。

州试平镇二县题

○前月二十五日，嘉应州考试平远、镇平二县文童，其题为："圣人人伦之至也"义，"由仁义行非行仁义也"义。通场次题："能自得师者王"义。

会匪又行劫

○近闻兴邑匪首何裕古已潜还家，又复结党横行泥陂。某当店于某日被劫，失赃甚巨，由县报州。廿四日，杜游戎已带练勇，由南口西上矣。又云该县署传供孙某与匪有隙，匪党遂往劫其家，家人十余口皆被捆缚，置诸一室，任其搜括而去。县主来文报州，故游戎带勇往捕云，未知孰是。

嘉应农况

○州中因本年雨旸时，若黄豆一种收成甚丰。业农者皆喜出望外，谓为数十年来所未有，甚至有下种三升而获豆三石者。然市价则甚贵，每石尚需银五两三钱，人殊不解其故云。

○近来雨泽霑足，上田之禾有高至六七尺者，颖粟垂垂，已成大有之象。

大清光绪三十年甲辰六月初七日　公历一千九百零四年七月十九号

官场之大怪相

○友函云，嘉属某县署幕友某，性放荡无行，日以渔猎女色为事。有某甲妇者，受其蛊惑最深，往来甚密，甲知之而不敢发也。日前又约妇至署，甲愤甚，乃邀同孔武有力者十余人，驰往拿获，双双捆缚，将牵出署。为某大令所闻，以为大肆野蛮，目无官长，即饬差勇拿十余人去，驱之入狱。而某幕友与该妇，因得解脱。或云某引该妇入署不止一次，即堂堂大令亦曾使之侑酒。故此次破获，大令袒之甚力云。怪哉，此何事乃出现于正人心端、风化之官场。嗟，我支那乌得不亡？

大清光绪三十年甲辰六月初八日　公历一千九百零四年七月二十号

潮州大水

○潮州自月初迄今，连日大雨，各处河流为之陡涨。幸三阳一带早造

已经取成，不致伤害。惟大埔现值登场之候，大半为水所淹，农家者流不堪其苦。而米市受此影响，恐亦不免因之涨价云。

大清光绪三十年甲辰六月十一日　公历一千九百零四年七月廿三号

潮嘉试榜汇录

○潮州府复试，海阳各县已经揭榜。兹汇录于下：

海阳县前十名：吴至德、张云瑞、吴玉田、吴焕南、翁娃、陈述尧、庄镇圭、蔡嘉祥、谢洛书、苏洞湖。

潮阳前十名：马兆龙、张杰、郭育仁、萧光兰、庄恺、陈开文、姚冠伦、欧阳史、杨垂青、姚任尧。

揭阳前十名：陈西庚、邱淞华、刘渊源、孙国佐、陈存仁、姚若愚、陈先进、林秉谦、黄柏森、郑鼎新。

澄海前十名：许芳评、林恩湛、林炳灵、陈景湘、李向高、曾学经、张梦兰、王桂芬、王秀灵、林春城。

惠来前十名：胡承泽、林望苏、吴麟祥、苏杰、黄继尧、林济、郑丹书、许应瑞、林有金、林兆鳌。

嘉应州试平镇二县正场，于初三日揭榜。

平远前十名：钟应棠、凌中模、谢瓒华、赖恩培、黎炜瑛、赖凤池、黄云烂、马玉堂、谢廷文、王休扬。

镇平前十名：林祖烈、江铅渊、邓觉先、赖勋、黄甲、罗五臣、黄炜、陈昶莹、徐纶焕、赖祖培。

试题汇录

○潮州府复试饶平、大埔、普宁三县题："坤厚载物"义，"退思补过"论；"履霜坚冰"义，"将顺其美匡救其恶"论；"万物资生"义，"进思尽忠"论。

再复海、潮、揭、惠四县题："所谓诚其意者，毋自欺也"义，"性焉安焉之谓圣"论；"此谓诚于中形于外"义，"复焉执焉之谓贤"论；"十目所视，十手所指"义，"寂然不动者诚也"论；"富润屋德润身心广体胖"义，"感而遂通者神也"论。

嘉应州初二日考试兴宁县题："宽则得众信则民任焉"义。又考长乐县题："不戒视成谓之暴"义。通场次题："君子以厚德载物"义。

大清光绪三十年甲辰六月十三日　公历一千九百零四年七月廿五号

禀收发甚于门阍之弊

〇各州县所用门阍，业经岑制府革除，改用收发。现嘉应州绅士李镜蓉等以此事反滋流弊，具禀督院。旋奉云帅批示谓，据禀该州本有传呈，每呈十四员。自改门签为收发，反增至十八元。又有茶礼卖票等弊种害民，言之可恨。本部堂以收发易门签，本以革除弊政，若如所禀，是变本加厉，尚复成何事体，即非该州纵容，亦属形同聋聩。查各属绅民，近多酌定书差各项定费，禀请立案，不准例外多取。叠经本部堂批司核准在案，该州属可就地体察情形，会同绅董筹议。果能革去暗中需索，尽可酌中定拟，以资办公。仰广东按察司转饬嘉应州督饬各属援案办理，禀候定夺。至传呈、茶礼、卖票三项，当立即严革，并查明前此讹案等情，择尤禀办一二，以示惩警。勿得徇庇护、前干咎云。

大清光绪三十年甲辰六月十四日　公历一千九百零四年七月廿六号

长乐患疫述闻

〇近闻长乐一邑，亦有疫气流行。间有一家伤亡十余口者，幸传染不至太甚云。

大清光绪三十年甲辰六月十五日　公历一千九百零四年七月廿七号

亦算好官

〇嘉应州署后堂，与煤山相连。日前有窃盗之流，由煤山闯入内署，方欲探囊发箧，忽为家丁所觉，拿去见官。秦牧伯并不究问，但令暂行收押。人谓秦牧伯向来待盗贼之宽仁大度，为今日官场中不可多见云。

283

大清光绪三十年甲辰六月十六日　公历一千九百零四年七月廿八号

嘉应州之吏治

○州署政事，久成弊丛。闻近来秦牧伯似存五日京兆之见，尤其疏忽。所有讼案待结者延至数日，或十余日，并不一提讯，因此大受拖累。至于破家者，不知凡几。或谓搁讯之权，皆值堂门阍操之。非以值堂，两造贫苦，堂礼不厚，即门阍受逃讯者之贿为之压，抑秦牧伯漫无觉察，然乎否乎？夫地方官吏已不能使民无讼，又不勤为听断，致小民受无穷之累，奚可哉？

大清光绪三十年甲辰六月十七日　公历一千九百零四年七月廿九号

府试二复榜续录

○潮州府复试，澄海等县文童昨已揭榜，续录于下：

澄海县前十名：许芳评、陈景湘、王桂芬、王秀灵、林炳灵、李向高、蔡占梅、黄国樑、陈祖诒、林恩湛。

饶平县前十名：张镇圭、陈振声、吴祖雍、詹方略、林毓辉、詹联辉、郑章纶、何含章、张寅臣、许文田。

大埔县前十名：陈新、曾展魁、杨佐宾、杨用璋、陈培林、张致尧、杨绍杰、谢致宽、萧均、饶尚彬。

惠来县前十名：苏杰、胡承泽、林望苏、方卓裁、朱崇文、黄继尧、林乔松、林熏、卓尔、翁应祥。

普宁县前十名：方毓龙、陈彝、张伊蔚、陈端冕、方梦周、方瑞麟、陈祖勋、许龙驹、黄绪虞、许植棠。

丰顺县前十名：徐呈祥、吴鸿裁、吴春荣、李济时、罗鸿飞、朱道源、李国昌、罗致道、李庚飚、张炜南。

十三日，复九县文童通场题："变法以得人为先"论；"讲求富强之术，当以何者为先"策。

大清光绪三十年甲辰六月廿一日 公历一千九百零四年八月二号

潮州府试三复榜汇录

〇惠太守三复九县文童，昨已发榜。汇录其前列十名于下：

海阳：庄镇圭、林凤笙、萧勖刚、蔡嘉祥、李东阳、黄祖香、沈越南、柯城、翁娃、伍赞虞。

潮阳：陈乾、郑明新、林国扬、姚冠伦、郭纶、陈钤韬、郑濂、郑树楠、郭育仁、庄有临。

揭阳：孙国佐、陈存仁、姚若愚、林秉谦、周履泰、周焯、林浩然、林士、郑鼎新、刘凤翔。

澄海：王秀灵、蔡钟英、张梦兰、许鸣鸢、许芳评、林炳灵、李向高、林恩湛、蔡凤云、陈景湘。

饶平：张镇圭、陈振声、许文田、许夺锦、吴祖雍、张金福、李之芳、张登云、郑章纶、何含章。

大埔：杨佐宾、张致尧、杨绍杰、杨基虞、谢庆云、张晋琪、叶苣、饶尚彬、邱滨、何荆。

惠来：苏杰、胡承泽、方卓裁、朱崇文、林熏、林兆鳌、林春荣、黄继尧、卓尔、陈锡侯。

普宁：陈端冕、方梦周、方瑞麟、方敷诰、杨杰、张伊蔚、许龙驹、许植棠、陈彝、陈祖勋。

丰顺：吴春荣、李庚飏、徐呈祥、吴鸿裁、李国昌、罗致通、李寿昌、朱之鉴、李济时、罗雄飞。

十七日，四复九县通场题："人之患在好为人师"义。

纵匪之土豪差役

〇嘉应松口黄沙乡著匪廖某勾结党羽，扰害乡间被控之案，指不胜屈。日前忽有皂役数人持票往捕，适□□□□□□无不鼓掌称快。讵该匪党羽闻之，即麇集僻处，各醵数金，合有百余元。运动土豪某甲乙，恳其向皂役等缓颊【押】。皂役等利其多金，竟纵之使去。吁，钱神之势力如此。

285

大清光绪三十年甲辰六月廿二日　公历一千九百零四年八月三号

嘉应州试榜汇录

○秦牧伯考试兴、长二县文童，正场已于初九日发榜。

兴宁县前十名：饶衍丰、李宗翰、何琼林、陈懋勋、刘瑱、王之民、曾阁勋、曾可铭、张其锷、刘诋棠。

长乐县前十名：张伯玙、古应棠、张深、张树勋、周淑濂、高杞、何客瀛、陈培琪、张际清、何应达。

复试四县文童榜，于十三日发出。其前列十名如下：

平远：刘荫甲、张枝华、张辛、李重光、刘河清、王继昭、黎炜瑛、王镐、王师吉、凌颎。

镇平：黄炜、汤铭新、林祖烈、李颂清、邓觉先、黄家槐、黄裕基、罗五臣、黄甲、陈宏度。

兴宁：饶衍丰、何琼林、刘瑱、李宗翰、陈懋勋、刘诋棠、余重远、张其远、罗心源、曾可铭。

长乐：张伯玙、高杞、古应唐、周淑濂、张际清、古际唐、张深、何应达、李哲光、何客瀛。

○又初复兴长二邑文童，题为："泰西诸国教育宗旨，各有偏重。中国今日急兴教育，当以何国为法，何国为不宜法，能斟酌其异同得失而详言之欤"策。

潮嘉水灾续志

○丰顺属之站头沙田墟等处水灾，已纪昨报。兹闻嘉应丙村堡之东溪湖等处，亦于十六日大雨，山水暴涨，冲坏田园屋宇甚多。有近年新造坚固之楼屋，亦被水冲塌。惟人民遭淹溺者，幸不甚多。此次之水，闻系潮嘉交界之奇孤嶂，忽然水从嶂顶涌出，平地水深数丈。环嶂各乡数十里内，所有屋宇人民俱被淹没。大埔属之银溪，亦同时遭祸云。

会匪之蠢动

○潮嘉各属会匪，多有蠢动之象。近闻丰顺属之某营弁，已为会匪所戕，势殊猖獗。嘉应畲市东面与之相邻，人心大为惶惑。杜游戎闻警，立即统带练勇数十名，已于十一日往畬驻扎，以靖风鹤云。

嘉应米市之近情

○州中早造收成甚丰，上中之田得谷有至加二者，而下田亦有十成。惟近来连日骤雨，谷不可曝，上市之米遂寥寥无几。米价亦因而略涨，每元上米仅买斗三七云。

大清光绪三十年甲辰六月廿三日　公历一千九百零四年八月四号

渡船覆没

○嘉应畬市横水渡，日前棹至中流，忽遇狂风骤雨，进退两难。竟被风力掀覆，计搭客十余人，并载谷十余担，均沉没于是。

大清光绪三十年甲辰六月廿四日　公历一千九百零四年八月五号

287

潮州府试正案大榜

○惠太守考试九县文童，已经完场，昨将正案大榜发出。录其前列十名如下：

海阳：庄镇圭、林凤笙、萧勖刚、黄祖香、柯城、李开荣、李之藩、戴祺孙、谢恩、沈越南。

潮阳：林国扬、郭伦、陈钤韬、郑濂、林祖壬、姚仕尧、郑增福、陈乾、郑明新、姚冠伦。

揭阳：孙国佐、陈存仁、周焯、郑鼎新、池钓鳌、姚若愚、林秉谦、周履泰、王化明、刘渊源。

澄海：王秀灵、蔡钟英、林炳灵、李向高、陈景湘、许芳评、林恩湛、蔡凤云、吴学谨、蔡纪云。

饶平：许文田、许夺锦、张登云、刘学修、李之芳、吴椿森、陈振声、张金福、郑章纶、张寅臣。

大埔：杨佐宾、杨绍杰、叶苣、饶尚彬、邱滨、陈培林、李衍滨、何展鹏、陈昌言、谢庆云。

惠来：苏杰、胡承泽、朱崇文、林熏、卓尔、方卓裁、陈培元、胡兆龙、林鹤年、林兆鳌。

普宁：陈端冕、方瑞麟、方敷诰、许龙驹、许植棠、方梦周、杨杰、张伊蔚、陈彝、方毓龙。

丰顺：李庚飚、罗致通、吴鸿裁、李国昌、李寿昌、徐呈祥、朱之镕、吴春荣、罗雄飞、吴炳元。

大清光绪三十年甲辰六月廿五日　公历一千九百零四年八月六号

嘉应州试末复榜

○秦牧伯末复兴、长、平、镇四县文童，昨已揭榜。录其前十名于下：

兴宁：何琼林、李宗翰、饶衍丰、罗心源、刘志棠、余重远、杨缵清、李汝端、曾可铭、刘瑱。

长乐：张伯玙、张际清、古应唐、李杞芳、高杞、周淑濂、何客瀛、李哲光、张深、陈培琪。

平远：张枝华、刘荫甲、王镐、张辛、刘河清、郭文熙、黎炜英、凌颛、王师吉、李重光。

镇平：李颂清、林祖烈、黄炜、汤铭新、邓觉先、黄家槐、陈树湖、钟之藻、罗五臣、黄裕基。

大清光绪三十年甲辰六月廿九日　公历一千九百零四年八月十号

州试四县正案大榜

○嘉应州试兴、长、平、镇四县文童，已于十九日将正案大榜发出。录前十名于下：

兴宁：饶衍丰、何琼林、李宗翰、陈懋勋、刘瑱、刘志挺、刘铦棠、王之民、郭墉、余重远。

长乐：张伯玙、何客瀛、古应唐、张际清、何应达、李哲光、李杞方、陈培琪、张深、高杞。

平远：张枝华、张辛、刘荫甲、郭文熙、刘河清、凌颛、李重光、黎炜瑛、王师吉、王继昭。

镇平：黄炜、林祖烈、陈树瑚、邓觉先、钟之藻、黄家槐、汤铭新、林祖浩、罗五臣。

大清光绪三十年甲辰七月初一日　公历一千九百零四年八月十一号

嘉应卫生会之发起

〇自鸦片烟流入中国，贻害无穷，虽经有心人百端禁戒，卒未拔其毒，诚为中国积弱之一大原因。嘉应黄绅腾章、张绅资度，近联合绅耆倡立一卫生会，以劝戒未吸烟者永不吸烟为宗旨。已拟就说略一通，章程十八条，禀请秦州牧出示晓谕，暂借兴文祠为会所。本拟定本月十六日为开会之期，适是日大水，然远近老少前往，与会者已不下百数十人。而德国二教士、一医生，加拿大一教士，亦与焉。现改期于七月二十日开会演说，自后每届二十即为会期云。兹将秦牧伯告示，附录于下：

为出示晓谕事，现据蓝翎五品衔前署永春州吏目黄腾章，附贡生张资度、陈其宗、廪生黄志伊，蓝翎五品衔前署畲坑汛张长奎，廪生杨家甤，附生杨侃，童生梁寅恩，监生梁询、黄桓，童生李守清、张式金等禀称，窃职等近阅报章，谂悉督宪岑有发给丸药，令官场戒烟，以为民倡之举。披读之下，如闻警钟，急起而推广之，以为上行下效，理有宜然。爰拟就说略一通，章程十八条，其宗旨则专劝未吸烟者，使其永远勿吸，以清其源。现不期而会者将近百人，已经商就，暂借兴文祠为会所。特以力微德薄，未足以化人，又恐事属创始，人怀观望。联恳宪台立案出示，俾周知此举意在指迷。现正值宪台考试，士子云集。拟急行开办，以广劝导。所有各缘由，理合禀请批示只遵，实为公便等情，到州。据此当批，察阅所著卫生会说略，具见苦心苦口，发人猛省。如能互相劝戒，广为传播，咸知鸦片为有损无益之物，已吸者力思戒除，未吸者力禁沾染，自不至永堕迷途，贻消外人。所议章程，亦不失劝勉警惕，宗旨平易近人，均属可行。准如请立案，并出示晓谕，以广劝导而勉【免】疑议可也。说略及章程一本附。在禀除揭示外，合行出示晓谕。为此示谕：州属士绅军民人等知悉，尔等须知吸食鸦片，为害不可胜言。现据该绅等具禀，创设卫生会，力戒沾染。查阅所拟说略章程，洵足发人猛省，免入迷途。自示之后，如有愿与斯会者，务须遵守会章，广劝同人，共登觉路。并不准无知

之徒妄生訾议，致碍善举。各宜禀遵，毋违特示。

光绪三十年六月初三日

查封盗屋

○嘉应牛角塘惯盗邹阿岳，日前纠匪十余人，往劫邹福家，恣意搜括。及邹之媳脱身奔告族人，该盗已挟赃而逸。嗣因分赃不均，为其党所发觉，邹福遂投局禀官。岳闻之，即逃往外洋。秦牧伯乃饬差将其房屋查封云。

大清光绪三十年甲辰七月初三日　公历一千九百零四年八月十三号

大埔县署之亲兵

○埔邑有曾某者，素不安分，以善于钻营，得充县署亲兵。自此恃其为衙门中人，横行无忌，尤惯作挟邪游。凡署中人有花柳癖者，悉倚曾为左右手。日前因挟妓失同辈欢，一时大闹。嗣为查大令询悉底蕴，即重赏五百板，并革去亲兵名额，巡街示警。

大清光绪三十年甲辰七月初五日　公历一千九百零四年八月十五号

控差之遗魁

○闻嘉应州有差名李亮者，恣行不法，每有命案，李亮必钻谋而列入差单。一经到乡，骚扰非常，讹索不遂，往往捏词诬陷，州民之受其害者，不一而足。然该差性颇狡猾，平时于地方绅士深相结托，故绅士多庇护之。迩者州绅杨寿等上控各差，独李亮竟不为列入。舆论莫不以此为该绅等咎云。

贼肆有由

○嘉应州为江广福三省毗连之地，匪类引以为遁逃。数年前惠属永安会匪蠢动，每与兴宁等会匪勾结，频为地方患。及大兵一到，散无踪迹，而首领更难缉获。近闻州属地方又有匪党结盟拜会，肆行无忌，以为到处皆有窝主可恃，纵被告发，无不可以贿免，以致盗案丛叠。居民苦之，然控官无益，不若不控，可免后祸，故乡人皆隐忍不敢发云。据此情形，则日久或生不测，未可知也。官斯士者，其知之。

大清光绪三十年甲辰七月初七日　公历一千九百零四年八月十七号

又被夜劫

○大埔恭州上村刘春荣家，去年被劫，刃伤妇人，几被丧命，报官不能捉贼，曾纪之矣。前廿六晚，闻又被劫一空。据郭应春曾到其家勘验矣，不知有报官否也。

大清光绪三十年甲辰七月初八日　公历一千九百零四年八月十八号

函述花会惨状汇闻

○茶阳函云，大埔花会连年累月，目下各乡计共有十余家，少则日收百余千，多则日收四五百千。业此者，恃为一生利捷径矣。近闻同仁甲已开四五厂，汛主坐地分肥。崧里庆丰亭为往来大道，每日各会匪大张旗鼓，旁若无人。劣绅暗中得规，彼辈遂肆无忌惮，即有差勇往捕，亦惟用钱为消弭术。附近乡里被其害者，惨不可言云。

宫前河之险

○大埔来函云，宫前地虽邻河，而商务甚大。永定各乡所用各货，均由此去给。河道险恶，偶一不慎，即有倾覆之虞。日前闻有一米船满载数十石，将往宫前出售者。又一纸船因满载包纸，运往潮城交收者，乃相隔仅二日之久，叠被覆溺。幸得救护，有人不致忤命之惨。中有一客，匣中藏有洋蚨五六百元，业已将箱子寄放渡户。后忽被人识破，竟将银物抢尽，糜有孑遗云。

大清光绪三十年甲辰七月十四日　公历一千九百零四年八月廿四号

京卿对付学务之演说

〇上月廿三日午后，嘉应黄京卿与各议员会于学务所，到坐者十余人。京卿当众演说曰：目下教育急务，惟多设学堂哉。然学堂之设，必以蒙学为始基。登高自卑，行远自迩，不易之理也。然蒙学易设，师范难求，有蒙学而无师范，谬种流传，难期效果。不敏本年派数人到东洋学速成师范，正虑此也。迨明年后，师范生回来，东山改造之学堂亦已竣工，从此先开师范学堂，可容百余师范学生。迨年半后，则师范济济，吾梅五属不患无师范，而蒙学可多设矣。但教科书之善本，则尚费搜寻耳。众皆拍掌。

梅江苦热

〇梅州自六月以来，雨多晴少，故经三伏而凉快异常。不意七月出伏后，初旬四五日，天时晴霁，火炽高张，炎蒸上迫，行人皆流汗喘息，即燕居者，亦挥扇不停。

大清光绪三十年甲辰七月十五日　公历一千九百零四年八月廿五号

查大令毁万寿宫之偶像

〇埔邑万寿牌位，向来安放于宫之后堂。其中堂罗列者，惭愧祖师、观音大士也。迄因后堂栋宇风雨剥蚀，颓坏不堪，遂将万寿牌移之中堂，与低眉菩萨共列一处。前月廿八日万寿圣诞，查大令与满城文武各官齐集寺内，观此情形，立命差役人等将诸神偶像悉行毁去，以肃观瞻，以崇体制云。

大清光绪三十年甲辰七月十九日　公历一千九百零四年八月廿九号

同文学堂送考

〇前者本报登有学堂不准送考一则。该因潮嘉院试伊迄同文学堂副办诸君，发电至惠州询问是否准送。经得永安县训导饶广文宝畴复电，言惠州学堂俱准送考。若此，则潮嘉亦可照例。惠州试事本月内完竣，计期八月初旬学宪行旌可抵嘉应。堂中副办廖君雨初，业经于十七日遄返梅州，准备誊册申送矣。

查办控案之委员

○嘉应州绅士日前上控差役一案，经道宪委员到州查办。闻该委员至州后，绝不提问，日在署中不出。不知所为何事云。

松江渡夫之怠玩

○嘉应松口溪南渡，水势湍急，渡河不慎，往往遭患。本月十二早，值河流盛涨，一渡船驶至南岸，尚未泊定，上落者争先恐后，致渡船倾侧，溺于水者十余人。虽互相救援，多不能活。闻此处渡船有六，向来一往一返，颇资便利。现在渡夫极其玩忽，唤渡者立满南岸，而北岸尚未动棹。所以一船桅岸，即拥挤不堪，人甚苦之。有心地方者，急宜整顿之也。

大清光绪三十年甲辰七月二十日　公历一千九百零四年八月三十号

同文学堂大考积分榜

○岭东同文学堂第一期大考积分案已经揭榜，录其前列如下：

土音高等学生前列十名：杨锡华、高勉、陈列、吴让周、李廷珍、蔡宗濂、吴采烈、沈建中、方景珩、吴之俊。

客音高等学生前列十名：林钟鑛、童述曾、袁世恩、叶友梅、梁有济、袁震、蓝鉴、蔡鉴光、陈文焕、杨景成。

土音小学各生前列三名：赖述颜、陈淑光、张国华。

客音小学各生前列三名：吴汝俊、李英、黄敬。

大清光绪三十年甲辰七月廿七日　公历一千九百零四年九月六号

函述龙田乡之某茂才

○友人函云，贵报纪吓诈乡愚一则，言龙田乡某茂才新入汕头日本教堂，

充当宣讲员，其族内子弟遂借势凌人。查某茂才不在讲员之列，实在汕训蒙，回家时少。虽族内子弟，难保其必无生事，而某茂才则并无庇纵之云。

大清光绪三十年甲辰七月廿八日　公历一千九百零四年九月七号

天降之罚

○嘉应有林某者，家小康而无赖，平素私一邻妇，即纳之为妾，以致争讼，家中落。迨后，妾生一子，二人视若掌珠。然林因嗜赌，日益贫，无计可施。日阴将妾、子背卖于人，妾知之，亦无可如何，愤恨日积，遂发狂疾。林又将妾卖与媒婆，邻里咸责其负心无良。本月初旬，在上市赌场战胜归，欲市酒肉饮啖，不片刻，竟暴毙。人以为天降之罚云。

大清光绪三十年甲辰七月三十日　公历一千九百零四年九月九号

纪南靖县邱大令之被灾

○大埔邱吉阶大令听鼓闽江，现握漳州南靖县篆。月之十五六，该县大水堤决，全城被灾。据漳州来函有大令眷口全没之说。兹有自该署回者，据云黎明堤决后，大令始得地保禀报，而水已灌城，忙怀印挈眷避于署之仙爷楼。旋楼亦倾塌，大令仅偕一倅、一倅媳昏卧楼板，随流飘出，幸遇救获醒。尚有一胞弟攀援最高树，赖以生全。其余眷属十余口，均遭淹没。其幕友，亦有全家遭难者。城中人民被灾惨状，更目不忍睹，耳不忍闻云。吁，天然淘汰，至于此极，可谓惨矣。

情殊可悯

○嘉应松口小黄沙，日前有一老妪牵牛而过溪者，年已七十余。时适大风，溪流徒涨。至中流，牛忽惊跃，反将老妪牵落水中，随流而去。时有村妇二人避雨败厕中者，遥望见之，急走报其家。然尸已不知何往矣。

盗鱼逞凶

○又松口黄沙乡赖某，以佃塘养鱼为生涯。前数晚，忽有该乡恶少廖某等，盗网其鱼至数十斤。赖某于黑甜中闻犬声惊觉，急起奔视。自忖力不能敌，乃以婉言劝阻。讵廖某等竟揭石而投中其胸际，受创颇甚。翌日，赖某即负伤投廖族老成，人拟禀官究治。经和事老从中调停，议罚金赔偿以寝其事云。

大清光绪三十年甲辰八月初一日　公历一千九百零四年九月十号

妖言惑众之可恶

○距松口南岸二十里之羌坑里，有自称仙姑某氏者，名噪一时。室中侍奉木偶一具，雕状狞恶，名曰四天王爷。专借此以售其术，愚夫妇极迷信之。凡往其室闹神捣鬼者，几于户限为穿，以故该氏坐享膏腴，虽小康家不啻也。近因丙村之东溪湖等处水祸，该氏遽生一种特别思想，向众诳言，昨奉四天王爷示梦，谓距此十里内之某山中有蛟龙二头，修炼已满，不日又将裂洞而去，恐沿溪一带人家复如东溪湖等处云云。众闻之，相顾失色，急叩该氏有无祈禳之术。该氏答以须祷于四天王爷方知，遂俯首案上良久，口喃喃如中风状，众俱不知所语云何，惟闻须银米若干，购办冥费祷诸玉皇大帝，可获无恙数语，则了了可辨。已而众皆匍匐叩首，曰请如神命。于是各醵数金，共有百余元，又白米数石，以授该氏。而该氏意犹未足，现复以前言，沿门诳骗，计每日所获银米颇觉不赀云。

大清光绪三十年甲辰八月初三日　公历一千九百零四年九月十二号

兴民学堂大考积分榜

○兴宁兴民学堂于前学期大考各科，积分已经揭榜。照录于下：

全班修身科：彭凤焘、李耀寰、吴毓畴、袁宝鸢、廖锦康、陈金文、罗辅仁、朱翙声、罗伟唐、林国治。

全班国文科：陈慕周、罗燮元、朱翙声、罗腾藻、罗辅仁、吴毓畴、朱柽荣、罗樾文、林国治、罗翰藻。

乙班历史科：陈应青、陈欣文、朱翙声、李耀寰、陈元禄、罗佐经、罗樾文、罗燮元、林国治、罗腾藻。

丙班历史科：罗华彬、罗泮藻、陈绍贤、巫宗盛、李鸿谟、何耀翔、廖定麟、刘宝廉、刘宝澄、陈桂剑。

乙班地理科：朱翙声、罗佐经、李耀寰、罗辅仁、罗茂明、彭凤焘、朱桎荣、李炳辉、吴毓畴、罗腾藻。

丙班地理科：罗泮藻、罗华彬、李宝麟、李兆焜、刘宝枢、刘宝澄、刘宝濂、何耀翔、罗秉权、巫荣清。

甲班算学科：罗茂明、罗脯仁、罗佐经、朱翙声、罗应銮、李文彬。

乙班算学科：曾广熙、朱桎荣、廖龄昌、吴毓畴、罗燹元。

丙班算学科：罗华彬、李鸿谟、李兆焜、罗国权、曾桂芳。

全班东文科：朱翙声、李兆煌、罗辅仁、吴毓畴、吴汉燊、罗佐经、曾广熙、廖龄昌、朱桎荣、罗燹元。

全班体操科：罗佐经、朱桎荣、罗樾文、何荣辉、罗辅仁、罗应銮、曾广熙、罗慰堂、罗淇华。

大清光绪三十年甲辰八月初五日　公历一千九百零四年九月十四号

要犯遁去

○前月兴宁帮被匪劫去洋银一案，已由两海会馆禀官追究，一面悬红购缉。昨有线人在某处拿获要匪一名，该事主闻觉，嘱案差押解。乃该案差漠不经意，竟于初一下午行至公婆树地方，被该匪跃入水中，差役呆然，但遥望其从隔岸飞渡而已。现在侦骑四出，黄鹤无踪。未知该案差将何以饰卸也。

控告命案不准

○日前有小立堡人廖某赴州呈控，伊父因四月间被其族人打伤，随经族绅处息，因医治不效，延至本月某日身死云云。秦牧伯因查其父年逾六旬，受伤先未请验，且在三月之后，未便准理，已严行查究此案之讼棍云。

秧种涨价

○前月洪水为灾，田园淹没，其在高原者则秧针毓秀，相率踵门求购。于是农人高抬其价，计向时每亩值银一元有奇者，现已涨价至二十八龙元。据农家者言，价为近百年来所未有云。又有某乡某甲向某乙购买秧种，某乙未之许，甲乃于黑夜间窃其秧种以遁云。

同族相残之习恶

〇兴宁冈背钟姓，族大人众，素有好斗之习。近日钟某欲于某处造当铺，适当其族人祖坟之前，以为有碍风水，致涉讼公庭，相持不决。遂出以强硬手段，于前月十四五出械拆墙，彼此互斗，致伤毙二人。两家到县禀报，郭大令于十六日亲往弹压。闻大令未到之前，尚再互斗，其有无伤毙人命，未经探悉。夫迷信风水既属不经，因风水之故屡致自相残杀，愚莫愚于此矣。

妖言惑众又闻

〇近年兴宁因地方多故，人心惶惑，造作妖言以惑众，听者颇多。七月间，有乩仙在神光山石古大王处，乩云本月廿八日此处当出蛟，水平山顶，人民死者甚多。无知愚民致自相疑濹，有多买索麻，预备造筏，以为避水之用者，极形忙碌。似此妖言惑众，不知地方官绅何以不严办之也。

大清光绪三十年甲辰八月初六日　公历一千九百零四年九月十五号

隐患宜防

〇嘉应有候补官之子刘某，沦落州城，充当勇丁，多有不法，已经革去名粮。闻近来无所事事，仍寓培风书院，日招邀兴长匪徒练习拳棒，且借拳馆名目横行街市，近处居民无不受害者。刘某又交结孙门上为之庇护，以此恃以无恐，而人亦莫敢过问云。果尔，官斯土者，不可不严禁之，为杜渐防微之举也。

大清光绪三十年甲辰八月初七日　公历一千九百零四年九月十六号

梅江大风

〇七月晦日下午，州中炎热异常。晚间狂风徒发，雷雨交作，屋瓦皆

飞，几有排山倒海之势。行者戒途，居者闭户，幸不久风雨即止。闻街市中店铺房屋，已多被损坏云。

溉釜致溺

〇前月廿九夜间鱼更初跃，有艄工麦鼎之妇舣舟坝尾嘴，晚炊于黑暗中，挈釜溉诸河。不意流水狂急，支持不住，与釜俱溺。迨伊父麦鼎举火奔拯，将挠钩遍捞，已杳不可得矣。

大清光绪三十年甲辰八月初十日　公历一千九百零四年九月十九号

招考武备学生

〇省垣武备学堂以学生至本年六月底卒业，七月初间考，送出洋游学及分派各营差遣。此次毕业后，应按属考选新生六十名入堂肄业，已札行各府厅直隶州出示招考。每属取送数人，以年在十六以上，二十以下，必须实在年岁，性情质朴，体干强实，身家清白者为合格。文字只求明顺，无取浮夸，尤以访其行检，取具殷实铺店保结为要义。定于八月底一律送省，后再由该堂详细考验，分别去留。新生定期三年卒业，另订功课，分班教授，届期卒业再行招补云云。潮州府惠太守奉札后，已一再出示晓谕，定期于本月初八日招考。现计海阳应考者六十五人，潮阳二人，揭阳二人，澄海一十五人，饶平一十二人，大埔一十五人，惠来三人，普宁一人，丰顺一十三人，共有一百二十八人云。

大清光绪三十年甲辰八月十一日　公历一千九百零四年九月二十号

同文学堂月考积分榜

〇岭东同文学堂月考，潮学生暑假后积分，昨经教习榜示。其前列二十名：吴让周、高勉、周新、杨继元、蔡宗濂、方景珩、杨锡华、陈列、林作新、黄日升、陈素芳、翁尚强、吴之杰、翁尚武、吴之俊、陈魁铭、蔡澍云、马有毅、吴采烈、李廷珍。

行查贡生之执照

○定例各省乡试，年老诸生由该监临查年岁合例者，奏交礼部复核。其年例相符，奏请恩赏癸卯恩科乡试。广东监临将年老诸生奏交到部，除年例相符者奏请恩赏外，尚多无学册执照可查，无从复核者。

野蛮至此

○埔邑南山乡张甲以赌为业，恃系强房，素惯鱼肉良弱。前月廿三日，无故在弱房某乙祖坟背层葬，经公亲劝，某乙出银息事。不意某甲见乙出银慷慨，又与其叔某丙合谋，欲骗多金。于廿六日，又在某乙祖母坟顶开沟。再索不遂，竟施其野蛮手段，统率数十人执械冲门抄杀，将乙屋宇人口拆毁打伤。闻被伤者颇重，恐不免性命之忧。现乙即报案，闻查大令委捕衙诣乡查勘，未知将来如何判断。噫，某甲之野蛮至于极点，有地方责者宜关心焉。

大清光绪三十年甲辰八月十二日　公历一千九百零四年九月廿一号

院试嘉应场期

○朱学宪于本月初五日按临嘉应，定期初六日考生员首场，初七考嘉应首场，初九考生员二场，初十考兴宁、镇平首场，十二考嘉应二场，十三考长乐、平远首场，十四考兴宁、镇平二场，十五考长乐、平远二场。大约二十前后，学宪即可按临潮州矣。

纪褚观察抵汕之缘由

○褚观察初九日来汕，已纪昨报。兹闻此行，为德国般鸟新轮在汕放验时，有所龃龉。经德领事至郡面告观察，故观察亲自来汕办理。此外尚有要公，探详再报。

○又据本埠友人函告云，洋务委员方子衡司马，已由观察撤差。其详情系由月前查验德国美最时洋行新开北般鸟招工轮船，见有一百余客环跪呼救，司马因与德领事争论，即将该客留起。似以此事拂德领事意，故致有此。观察亦即因此事而来云云。

纪招考武备学生事

○潮州府惠太守于初八日在府署考选武备新班学生，试以论一篇，题为：有文事者，必有武备。闻应考者，初甚踊跃。至是日点名时，惠太守问各生愿考与否，已应考武备不准再应院试，至送省考验川资，亦须自备云云。各生因此散去大半，实在与考者仅三四十人云。

大清光绪三十年甲辰八月十三日　公历一千九百零四年九月廿二号

考送武备学生榜

○初八日惠太守试验武备学生，已于初九日发榜，计正取十二名：谢延芳（澄海）、黄雄（海阳）、陈振动（海阳）、陈鸿逵（海阳）、陈武略（海阳）、邱滨（大埔）、陈荣（丰顺）、李应霖（海阳）、陈青年（海阳）、陆维（海阳）、杨一梅（海阳）、黄勇（海阳）。

又备取五名：钟日新（海阳）、谢英武（海阳）、翁勃励（海阳）、唐勋（海阳）、钟毅（海阳）。

○是日又奉府宪牌示，大略云正取十二名，仅四名有行店担保，其余八名着于初十日带同保家来辕具结。若无保家，即以备取拔补云。

流民惨状

○昨有客民百余，携男挈女，流落潮阳，依栖于东山各神庙。敝衣垢面，其憔悴之容，目不忍睹。闻均系罹水灾者，家业荡然，遂致流离失所。呜呼，民也，何辜遭此惨厄。想善人君子，必有以安集之矣。

命案何多

○兴宁县郭大令自前月杪至今，迭次下乡相验命案，几无宁晷。现城北污池村有吴某者，夙以事系狱，去岁有某绅保之，遂得释。其怨家控诸上司，官府复至，吴某老且病，复因此事病势益剧。日前郭大令方勒保交人，而吴某已死矣。其家迫于公差，遂以丧告郭大令，恐其伪，尚亲往相验。又邑北之龙田墟居民最繁盛，近墟有袁某，昨以因奸致命，事控廖姓。其事之虚实，未得其详。经郭大令亲往相验，以袁氏妇死得不明，自当提取一干人证，彻底研究，以振颓风云。

大清光绪三十年甲辰八月十四日　公历一千九百零四年九月廿三号

朱文宗来潮之消息

〇日昨朱古眉文宗行文交到潮，定期十八日在嘉应州簪花，即刻启节，计程廿一二日可以抵郡。惠太尊已示谕九属生童，务于十九日齐集，听候按临考试矣。

武备学生之观望

〇潮州府惠太尊前日考送武备学生，正取十二名，备取五名，已录昨报。兹确探仅正取陆维、黄雄、陈鸿逵、陈荣及备取唐勋等数人，有志习武，余均以院试在即，观望不前。现太尊已电禀省宪，可否于院试十日后送省考验，并询明川资，由官给发，抑由自费云。

大清光绪三十年甲辰八月十五日　公历一千九百零四年九月廿四号

嘉应试题汇录

〇朱学宪巡试嘉应，详纪昨报。兹将试题汇录于下，以供众览。

初六日考州五属生员头场题："小人之中庸也"二句义；"靡有旅力以念穹苍"义。

初七日考本州文童头场题："存乎人者莫良于眸子"三句义；"如彼泉流无沦胥以败"义。

初八日考五属生员二场题："宝建德若从凌敬言取怀洲河阳入上党趣，莆津则郑围果否自解"论；"日本大宝学令自唐代国子监制度而来，试考其源流"策。

初九日考本州文童二场题："安刘非曲逆本谋"论；"德人那特硁谓国多平野者易中央集权，富山岳者易地方自治，试以五洲地理历史辩证其说"策。

初十日考兴宁、镇平首场题："沈同以其私问曰"一节义；兴宁，"燕人畔王曰，吾甚惭于孟子"义；镇平通场次题："至敬不坛"义。

余俟续录。

试榜汇录

○朱学宪考取嘉应州学生员一等前十名：郭海涛、罗锡朋、梁佩恩、萧启冈、萧斞裔、李畲经、张资治、温焚干、张凤诏、谢旋枢。

兴宁县学一等前十名：张祖桢、刘宗浩、陈天基、张锡藩、汪学沅、刘载燔、胡瑞琳、陈慕龄、刘慕陶、欧阳琪。

长乐县学一等前十名：钟仪、何应奎、钟毓元、曾文煜、李柱纶、陈秉钧、张师舜、廖鉴清、叶公度、钟作谋。

镇平县学一等十名：陈瑞荫、邱瑞甲、管文谟、钟会英、陈炳纬、谢翘鸿、王文谦、钟世禧、陈上芬、汤以成。

平远县学一等八名：凌上梅、饶士芳、萧绍模、陈彬、谢庚梅、赖炳、钟兆江、谢澍培。

○又朱学宪于初九早贴出蓝榜约二百余名，不准再进二场，皆以违规被斥云。

大清光绪三十年甲辰八月十八日 公历一千九百零四年九月廿七号

嘉应黉宫题名

○朱学使岁试嘉应州属文童，于十二日提复，题为："有盛馔"二句义；"迅雷风烈必变"义。

○是晚发榜，取进黉宫四十八名，兹录于下：

黄震欧、刘家驹、廖词崇、古树华、林蔚渠、陈兆枢、梁容镜、宋时亮、黄纪观、刘荣椿、杨家植、刘声、蔡聘欧、张光邦、周时俊、李杜声、王馨一、何耀焱、江济安、张延甲、张文焕、蓝玉树、廖敦大、黄维敝、李康祖、侯膺、黄树藩、梁龙、潘锡均、温龙藩、叶占魁、黄际泰、叶宝晖、高重岩、陈淑润、黎自华、张润荃、谢冠曹、黄通礼、李曜煊、陈景耀、邹祖尧、李魁、钟树人、李丹仁、温大猷、熊国英、谢科盛。

大清光绪三十年甲辰八月十九日　公历一千九百零四年九月廿八号

迷信风水之恶果

〇兴宁岗背钟姓某茂才因竖造质库，有碍其族人祖坟，二家互殴，茂才处被毙一命，已登前报。闻该姓族大，二家又势力惟均。经郭大令相验后，遂互张旗鼓，于初二三四等日各率子弟鸣枪互斗，炮声隆隆，行人避道。幸两家均无损伤，而各处绅耆又复力行劝阻，故两家暂释军械。然究未知遂能了结否也。

腹中儿语之传疑

〇传闻嘉应南口某姓妇，怀孕十月不产，颇以为累。一日，适妇夫家之姊妹远来至家，日午辞去。忽闻腹中儿呼曰：姑远来，何不留他午饭。室人大骇。后数日，儿又呼曰：八月初一日，家家宜寒食，举火者不利。其言流传至州城，至有深信不疑者。城中道前街林姓，至初一日果炊烟悉断焉。其愚如此。

大清光绪三十年甲辰八月二十日　公历一千九百零四年九月廿九号

讹索知惩

〇洋门李朱氏，素行不谨。一日托言归宁，实赴私约。数日不归，夫家遣人往探外氏，遂至奸状败露。妇急归家，恐受谴责，自缢而死。因报外家，迁延不至，殓而埋之。外氏生员朱某者出首控诸官，秦牧伯亲往勘之，两家遂递结剖验。迨验之，实系自尽。朱生不服，复上控。道宪委州复讯，秦牧伯诘其上控状。朱生大言曰：仵作得钱埋冤，生何得不上控。秦牧伯怒曰：仵作得钱，本州亦得钱乎？因将朱生押诸候审所。

303

大清光绪三十年甲辰八月廿二日　公历一千九百零四年十月一号

调查兴邑疫数

○兴邑频年遇疫，今岁尤甚。入秋以来，此患稍息。留心民事者致函患疫之区，调查丧亡之数。据其报告云，本年邑民之死于疫者，约有三千之数。五里亭王姓约五十余人，管岭赖姓约三十余人，马路下王姓约五十余人，土围赖姓约二十余人，郑岗曾姓约二百余人，高陂罗姓约一百三十余人，东山陈姓、汤湖王姓约二百余人，龙田袁姓约四十余人，东兴围罗姓约三十余人，高岭陈姓、华姓约四十余人，灌水塘江、朱、杨三姓约三十余人，何塘岭刁姓约三十余人，小洋堡曾姓约四十余人，高陂陈姓约十余人，兵营罗姓、孙姓约三十余人，石人宫彭姓约十余人，毛公寨下李姓约十余人。此外或三四人，或五六人者，指不胜屈。夫蚩蚩者氓，平日不知卫生，灶下阶前，堆积污秽，毒气薰蒸，酿兹大患。至于死丧频仍犹不知，反以为神降之罚，巫祝纷陈，悬于门者莫非朱篆也，系于襟者莫非灵符也。吁，愚甚矣。

大清光绪三十年甲辰八月廿四日　公历一千九百零四年十月三号

学宪按临潮郡牌示汇录

○牌示云，生童现既改为头二两场考试，其一等生员复试，文童提复，仍照旧办理。特示。

○又生童既有两场，其团案所发坐号，以头场为准。特示。

○又现奉礼部新章，论策改为二场，与头场经义合校，以定去取。其无志进取，不入二场者听。各生员如二场不到，不列一等。文童不到，断不取进。特示。

○又二场照章考试，论策如有报考算学者，仍须作论一篇，免其对策。特示。

○又提调及各教官知悉，现奉新章，凡生童试卷合较两场，以定去取。所有头、二场编列字号，一律办理，业经通行在案。现在按临考试生童头、二场编列字号，每场另造册一本，同试卷缴进。特示。

○又本月廿二日考海、潮、揭各县文童首场。廿四日考澄、饶、惠三县各文童首场。

○廿六日考大、普、丰三县各文童首场。

朱学使考取兴长平镇四县新案题名

○兴宁：潘在人、陈立权、饶衍丰、袁震、黄其藻、何琼林、何瀛海、陈懋勋、罗云英、曾阁勋、陈应璜、王灵彦、幸光益、张冕、余重远、钟光海、陈谋、黄燮鼎、刘会绅、李宗翰、刘谦、郭埔、张绅培、何葆銮、罗慕尧、曾庆樑、张其锷、刘瑱、朱学镰、黄屏翰、陈梅、张其镰。

○长乐：曾汉璜、张伯玙、古焕兰、古乙桐、陈培琪、卓泰锷、张我权、古应唐、张钦宪、古敬熙、朱伯鸾、徐致明、李贵、张淑陶、邓熙载、李道贞、缪渭封、李哲光、张应图、张际清、何客瀛、李云昇、陈倬云、江树棠、吉云孙、李文培、赵德辉、李锡蕃、李荫桃、陈龚。

○平远：张华、姚万熙、郭文熙、张枝华、杨遵龢、李绍兰、邱耀铨、姚鸿颖、王师吉、凌中模、林万青、易绍周、刘荫甲、林翔翼、林庶蕃、凌拔龙、林颖翼、凌颔、颜家骏、王镐、张龙珍、张钦明。

○镇平：黄炜、林祖烈、邓亮垣、吴锡璠、陈树瑚、赖祖培、李颂清、陈青林、黄甲、陈象义、邓觉先、钟上炎、林靖寰、吴虞庚、汤宗甲、黄鸣谦、邱不坠、林祖浩、陈卓鸿。

大清光绪三十年甲辰八月廿五日　公历一千九百零四年十月四号

牌催应贡各生

○朱学使牌示潮属廪生云，廪生考贡，以食饩年深为序，定列綦严，不容积压。其应贡各生，业经牌行，严催在案，乃各生仍复任意恋栈，实属有违功令。所有二十八年以前应贡各生，着先行停保。如牌示后一月内不起文报考，一概降为废廪，即以下首之生考充，毋违。特示。计开：

潮府学：邱世清二十五年岁贡，赵唯诚二十六年恩贡，陈景熙二十六年岁贡，邱其桢二十七年岁贡，陈九经二十八年岁贡。

揭阳学：林锡圭二十四年岁贡，张锡圭二十六年恩贡，黄琦藻二十六

年岁贡，廖廷圭二十八年岁贡。

斥革廪生

○廿二日朱学使牌示云：本日考试海阳文童，当堂拿获枪替一名魏韩，供认大埔黄名顶名进场，作枪不讳。认保庄宗昌并不指出，着即斥革，永不开复。该革生保下文童，如有录取招复者，即另觅廪生充当认保。仰该学遵照注册，毋违。特示。

场期牌示

○朱学使廿二日牌示云：廿七日，海阳、潮阳、揭阳、饶平四县各文童二场。

○廿八日，澄海、大埔、惠来、普宁、丰顺五县各文童二场。廿三日牌示云：廿六日，考南澳厅文童首场。廿八日，考南澳厅文童二场。

大清光绪三十年甲辰八月廿七日　公历一千九百零四年十月六号

廿四日朱学使揭晓潮属生员一等榜

○府学：王师愈、陈侃、钟宝善、涂并育、刘时中、李沅、黄经邦、何其烈、陈寿清、吴恩荣、张步云、刘藻华、潘玙、温延旭、吴俊英、曾文祥、孙寅清、徐葆文、杨夒扬。

海阳：谢建中、陈宪章、蔡大□、萧曹、杨柳、黄有芳、陈梦龄、谢旭升、黄鸾镰、许光墀、谢兰芳、陈浚、谢鸾翔、柯榕、刘沅、王仁杰、魏琦、戴可庄、黄益智。

潮阳：刘世藩、郑元烈、周壬、郑泽霖、郑藻翔、马福文、马晋蕃、林挺芝、林钟英、姚述先、萧应科。

普宁：方平、方宗勋、方国华、郑梦龙、黄景崧、黄庆升、吴国祥。

丰顺：王家骐、王惠和、陈晋祺、李景嵩、朱锡纶、吴昌国、李国光。

饶平：郑之惠、朱壁辉、林国英、余鸿儒、詹树声、廖鹤州、吴占元、洪开文、沈森然。

澄海：周缵汤、周之相、黄高飞、李鼎芬、吴琛、张祖辕、陈锡鸿、林一鸣、王锡侯、李菜、李世钟、蔡郁文、黄鸣琴、陈锡桐、陈俊。

揭阳：洪济川、方抢魁、刘宗尧、杨开学、周士、周文、方遴魁、陈之华、郑秉枢、黄琦藻、姚为相、吴沛霖、谢天垣、蔡汉清。

大埔：饶荣宗、曾炳忠、张庭辉、杨培萱、卢应康、饶鼎华、张梨云、涂葆莹、林元藻　萧尔嘉、罗兆榴、何捷梯。

惠来：吴宝典、吴衍銮、方汝汉、张荣、吴宝瑚、吴宝瑜、林乃棠、方兆熹、卓麟魁。

捐生须知

○广东海防兼善后局，于初二日札汕头劝办委员萧参军鸿逵云，案照两粤赈捐一案，前经派委各州县员绅劝办，系发空白，实收按月将所收捐生履历随同捐款，造册缴局，汇案请奖。嗣奉准户部国子监颁发空白执照来粤，当因奉发执照无多，劝办员绅不能一律发给执照，是以与实收并行，只备捐生，将原领实收赴局换照。如填给执照，则以照根随册请奖；如填给实收，则以副实收随册请奖，分别另本订装，以清眉目。自应通行知照，此后如捐生将原领渐字四成，实收到局换照捐案。尚未达部者，仍准换给外，其劝办员绅倘能将原发捐生实收，自行收回，缴局换照；如案未达部，亦准换给。倘只册报到局，未将捐生原领实收缴换，虽捐案尚未汇册请奖，亦不准发照。应俟详咨核准换给，以清界限而免紊乱，合就札饬。札到，该员即便遵照办理，毋违。此札。

大清光绪三十年甲辰八月廿八日　公历一千九百零四年十月七号

院试题汇登

○廿五日复潮属生员全场题："夫仁政必自经界始"义。

○廿六日考大、普、丰三县文童题：（大埔）"夫颛臾昔者先王以为东蒙主"义。（普宁）"固而近于费"义。（丰顺）"吾恐季氏之忧不在颛臾，而在萧墙之内也"义。

通场次题："瞻言百里"义。

选录武备生

○月之二十日，嘉应秦牧伯招考广东武备学堂生，赴考者百有余人。

牧伯照章挑取武备生十名送省考验，定期于廿五日一齐晋省。姓名依此开列：张我权、曾能、卢俊、杨刚、何天俊、吴维纲、黄任寰、侯天瑞、李超、卢任贵。

大清光绪三十年甲辰八月廿九日　公历一千九百零四年十月八号

迷信可笑

〇嘉应下市萧甲，素奉吕祖教，盖奉吕洞宾为先师者也。本月忽倡议于东山阁设盂兰会，发簿募化，敛集多金。遂于廿一日起坛，招会友三四十人，所念之经谓之皇经，鸣钟击鼓，观者如云。拟至廿四晚，分衣施食，始行歇坛。吁，愚甚矣。

大清光绪三十年甲辰九月初二日　公历一千九百零四年十月十号

朱学使牌示汇登

〇廿八日牌示：尔等招复儒童，均系本部院秉公校阅，凭文甄录。幕友只共襄校，不能干预去取。至于家丁、书吏，本部院尤严加防范，从不假以事权。如有场前受人撞骗者，许尔等出首，仍又酌量录取。倘甘心隐忍，用财酬谢，一经察出，与受同科并有不遵填册等及白卷应复者，除将该童扣除另拔外，该廪保亦即严行革究，均毋有违。

〇廿七日悬牌帖出，普、丰、大三县文童不准入二场，名号计普宁十八名，丰顺六十名，大埔六十名。

〇廿八日出海阳、揭阳、潮阳、饶平、南澳五县提复文童牌，计：海阳五十二名，潮阳四十一名，揭阳四十一名，饶平三十四名，南澳四名，限廿九日辰刻复试。

朱学使试题汇登

〇廿八日试澄、惠、普、大、丰五县二场题："宋太祖欲尽令武臣读书"论；"英兵入藏，其关系与日俄战，于奉天孰为缓急"策。

算学：今有上小下大长方窖一所，深不及下阔二尺，多于上阔四尺，上长不及深二尺，不及下长八尺，只云满中共容米二千四百七十六石八斗，求上下长阔及深各若干。

○廿九日复海、潮、揭、饶、南题："鲁人为长府"义，"门人不敬子路"义。

算题：有股三百六十四，勾弦较一百九十六，问勾弦若干。

大清光绪三十年甲辰九月初四日　公历一千九百零四年十月十二号

大惠普丰南五属新进文童团案补登

○大埔：邱士璧、陈新、张致尧、杨树琪、陈昌言、郭光朝、张兆青、黄知耻、何述、杨佐宾、杨建同、谢庆云、唐梦琦、杨绍杰、何展鹏、童焯、陈大猷、张文思、钟向荣、范挺芳。

拨府：徐冠才、刘乙光、刘织超、邱文澜、饶海平、罗光祖、杨炜、刘镛、饶仲生、范鼎铭、范乃成、邹葆忠、戴希曾。

惠来：林鹤年、方卓裁、林檩、苏杰、方耀燊、胡承泽、张浩元、方冠英、詹耿中、方耀奎、陈汝楫、林仁。

拨府：朱绍文、吴宝琭、曾九龄、张棨、陈梗、方耀墀。

普宁：方桢、许龙驹、方毓龙、陈抡魁、唐勋、黄维中、陈端冕、张崇道、方景珩、方瑞麟、黄绪虞、许植棠、卢陵、杨杰、张伊蔚。

丰顺：李赓扬、李宾王、吴鸿裁、陈林炼、吴祖芬、吴仲华、吴炳元、李国昌、罗致通、罗雄飞、李寿昌、郑甲才、吴春荣、朱兆郊。

南澳：黄绍基、陈时光、黄学瀛。

大清光绪三十年甲辰九月初六日　公历一千九百零四年十月十四号

秦州牧戒犯

○嘉应州署门阍范秀亭、值堂何仲孚录供，黄用初与带防勇之刘碧珊、拐匪罗善祥均为人所控。督宪岑云帅委黄大令前往密查确实，即札道宪行文提讯。秦牧伯已于前月廿五日亲提范、何、刘、罗四犯押解至潮。其黄用初一名，则在州署永远监禁云。

镇平劫案

〇镇邑新墟于前月廿五夜，忽来贼匪二十余人，面涂红黑，撞门行劫。有江西、松口二处商人被劫去千余金，现已报县查缉云。

商民之震慑贼威

〇兴宁某甲商于龙川之背岭墟，近日有枭匪某突至，其肆索贿。适为巡勇所见，捆送龙川官署。贼党大愤，声言不放其魁，将为一墟祸。商人恐，谋释之。而有司以此匪情罪重大，不准保释。某甲无如何，乃将银钱货物搬回本邑以避之。贼势之盛如此，不知守土官吏能剿捕匪党而安商民否也。

大清光绪三十年甲辰九月十二日　公历一千九百零四年十月二十号

铁路局海阳购地之价值

〇花翎四品衔调署海阳县事，特授增城县正堂胡，为出示晓谕事。现奉惠潮嘉道褚札开：光绪三十年七月二十四日，准潮汕铁路公司四品京堂张函开，日前为铁路经过各处基址酌拟价值一节，蒙饬属谕绅详查。近闻七都总局各绅董业经禀复在案，第思地方有肥瘠价，亦因之有高下，统而查之，地肥者其价之高不一，瘠者其价之低不齐，断难执一而定，必须先议一得中定章为之准绳。至临时按亩估价之际，通融办理，上上者酌增之，下下者减之，乃定通行无弊，或可洽服舆情。管见所及尊意，谅亦如是。现在敝处所定四等价数，皆系案定时值，不即不离，各绅士亦谓如此办理，甚属公允。尚希卓识察核施行，并恳饬属出示晓谕，俾众周知，庶得早日开办等由，到道准此。查此事，先于本年五月间，准铁路公司张京堂咨开铁路应用地段，现将田亩分出一、二、三、四等价值，以定购买，计顶上之价，每亩银一百四十元，次每亩银一百元，又次每亩银七十元，下等每亩银五十元，所议各价请分饬海阳、揭阳、澄海各县出示晓谕等由。因查来文，现定四等亩价，与潮属时价是否相同，有无参差，当经分札各县督绅确查禀复。嗣接函催，又经札催去后，兹据该县申称谕，据七都局绅李森然等以各乡地有肥瘠，价有低昂，依张京堂所定价值而论，过者有之，不及者亦有之，将来应请通融措置，因地酌裁，去有余以补不足，不至亏损于民，亦不致高抬其价，庶乎其可等情。禀复前来，正在核办间，适接张京堂函称地价高低不齐，上上酌增，下下减之等由。核与海阳县申复各绅所议办法均相符合，应饬各县出示晓谕，俾众周知。除函复及分札饬遵外，合就札饬札县，即便遵照，指饬情节，明白声叙。刻日出示晓谕，毋稍递延。仍将办理情形禀复，等因到县，奉此合行，出示晓谕。为此示谕，县署绅民业户人等知悉，尔等须知潮汕铁路公司原定地价已较粤汉铁路购地章程有盈无绌，并准张京堂函称地价高低不齐，允予酌量增减，通融办理，格外从优。自示之后，尔等毋得婪索，抬价争执滋事，致干重究。各宜禀遵，毋违。特示。

光绪三十年□月日□示

纪武备卒业学生

○省城武备学堂第一次速成卒业，已经督抚宪会同该堂总理、总教习认真考验，计考取一、二、三等，共一百一十名。潮嘉在堂学生，前有杨君志澄、黄君福选送练兵处，派遣出洋学习。此次惟澄海陈君宏尊，考列一等第三十名。闻此次卒业学生，抚宪拟分别资遣出洋学习，并选派若干赴广西随营习练云。

平远县请领枪械

○嘉应平远县河头乡团绅与九乡各团绅，以该处地方与江西省长宁县界毗连，外匪时常窥伺滋扰，现备价到省，请领枪械，并由县主转禀各大宪。未知能否准领也。

平远会匪溃散

○平远下坝墟会匪树旗聚党，已纪昨报。兹闻已经数处官兵合剿，擒获匪党七八名，余皆溃散逃匿。现在官兵尚行搜捕，其详悉情形探确再登。

水灾之影响于盗贼

○丰顺占头、沙田沿岸，居者六十余里，凡万余家，田园七千余顷，叠遭六七月两次水灾，居民逃避不及，被压死者数十人，产业扫荡过半。沙田一墟，冲击成潭，尤为惨烈，曾纪前报。兹闻悉水势即退，沙石堆积，弥望数十里若筑坝。然小民无业，多相率为盗。近复有外匪李凤山乘机勾结，潜谋不轨，于附近大塘村卢家祠联盟拜会，劫掠之案，层见迭

出。若非速筹善法，后患不堪设想。虽经邑侯万大令及流隍司丁二尹募款，亲行赈恤。又经省宪拨款二千两，委宋大令亲诣勘验筹赈。然杯水车薪，无济于事云。呜呼，吾民何辜？不死于水灾，则死于饿殍。不死于饿殍，则死于强盗乎？

大清光绪三十年甲辰九月十七日　公历一千九百零四年十月廿五号

挽温太史

○潮州中学堂总教习温慕柳太史逝世，已纪前报。兹有友人述黄公度京卿挽以联云：

少年同辈卅载，故交寥落数晨星，伤哉梁木才颓，又弱一个；旧学商量新知，培养评论公月旦，算到松江名德，犹胜二何。

○又同文学堂分教习温丹铭上舍联云：

名师赵天水，硕学郑康成，问海滨乐育几人同，那堪北斗空瞻，银汉苍茫成永诀；

五载景韩楼，两年同文校，算门下受恩惟我最，太息西州重过，金山咫尺有余哀。

东文教习日本熊泽纯君联云：

硕德归道山，名世无惭真汉学；国殇忆辽海，秋风同苦太和魂。

分教习邱少白上舍联云：

殿本朝经师后劲，开岭东新学先声，道艺贯中西，听乡闾月旦评衡，惇史倘重编，委屈儒林应续传；

忆金山三载从游，忝同文分门助教，追随疑昨梦，望天末风云惨淡，哲人真委化，感怀身世不胜悲。

巨商倒闭

○嘉应某杂货店，为有名巨商，因欠账过多，于初三日倒闭。闻者皆为诧异，洋客闻之，更有痛哭者。闻洋客信银汇票有四万之数，现纷至其家索偿，几于户限为穿。某商不堪其扰，已举家迁避云。

大清光绪三十年甲辰九月十九日　公历一千九百零四年十月廿七号

嘉应庄倒闭之关系

〇羊城报云，佛山近日倒塌一嘉应庄某号，共欠账二十余万。凡佛山银号三万余，绸绫绒线号四万余，此外十余万则省港两埠为多。似此一倒数十万，于佛山商务，不免稍有牵动云。

大清光绪三十年甲辰九月廿六日　公历一千九百零四年十一月三号

官场消息

〇新选长乐县王大令景沂，于廿日在省禀辞赴任。

大清光绪三十年甲辰十月初二日　公历一千九百零四年十一月八号

上控长乐县令之禀词

〇目前长乐县绅李树勋等罗列该县赵大令劣款，具禀督宪。奉批饬嘉应州查复，已录前报。兹将其禀词照登于后：为纵阍诈赃，玩命酿斗，借捐苛敛，借学吞款，联名叩恳逐款彻究事。窃州县为亲民之官，国家欲变法图强，必自澄叙官方整饬吏治始。粤省官场之积锢，吏治之窳敝，谅经宪鉴于此，而欲起锢救敝，必自严惩一二阘茸无能、贪劣不职之州县始。迺自帅节遒临，风行雷厉，实心实政，钦感莫名。长乐县处偏隅，逖听之余，士民忭舞。然而阖泽未尽，流民隐未尽达者，则现署县赵令子援支离颟顸为之也。该令自去年三月代篆长乐，专任门丁把持词讼。嗣奉宪台严禁门丁谕饬，而该门丁杨梓香、阙玉初擅权如故。婪赃如故，计长乐每月传呈约十余起，至二三十起不等，命盗大案例不需费，该阍以七元二毫为额规，且有勒增至八十元不止者，是曰传费；被告诉呈，皆视其事之重轻与其人之贫富而浮，勒之十元八元不等，是曰诉费；两造提讯，必预缴门

签规礼四元八毫，而后牌示，是曰讯费；案经由绅处息，递其息词，必缴规七元二毫，而后收受，是曰息费。他若陈浩与陈奎香屋场案，受赃四百元；教生严寅亮经手杨、李两姓田土案，得赃一百二十元；生员张国谋经手似此因案诈赃者，指不胜屈。以案关两造，无容渎陈。至于每一堂讯，若值堂钱、公礼钱、勇壮亲兵钱，动视向章倍蓰，则已琐琐不足数矣。最足骇异者，邑绅禀禁妇女妆饰，经派局勇巡查照办，该门丁私受各银匠规礼一百两，反饬亲兵阻挠。去年冬征，勒令编粮房书二十余人，各缴私规十元，加二随封。有未缴如张吉祥者，至本年三月，乃勒去一百二十元而后无事。粮书周允升尝言之凿凿，谓该衙门赃款官六阍四，杨门上入手，大约不过四千元左右。迨至举邑哗噪，势将禀控，乃始于四月中旬归家，而授权于其三小子周亚泰，名曰司收发，实则拒虎进狼，贪赃枉法，视前益肆此。该令纵阍诈赃实据，宪台关心民瘼，无难檄委一查。

（未完）

银溪绅民上三河司主书

○大埔赌盗风行，民害已极，加以六七月两次水灾，各处人民无以聊生，而官吏绝不为意，尝纪前报。昨得友人函寄银溪绅民上三河司主一书，其中情节虽未详尽，然民情亦大可见矣。其书云：枚生父台大人阁下，迳启者，因敝处今年水灾之事，得晤台端。领诲之余，且喜且惧，何则银溪奇劫，开辟罕闻，县宪委公勘验，民皆以手加额，谓为父母孔迩矣。不谓公未辱临，而县差黄阿日、江阿监，贵差叶阿炳等相率先至，大索夫马之费，强取火足之资。某始闻而骇之，然犹疑差之假传公命也。迨届期，而公果至矣。公坐四轿由溪口而入，铜锣惊天，呼声震地，随行仆从，倚势作威，而供亿烦苛，日不暇给。哀此茕独，抑何不幸？始被厄于水，继受虐于公也。况经勘之地，公俱以"无要紧"三字了之。殊不知沿溪居民，田园屋飘荡无遗，或寄食于他乡，或栖身于破庙，甚且露宿山上，日则以茅草架树，遮蔽风雨；夜则以茅草铺地，借作床席，悲号啼哭，到处不绝。公非木石，岂真无闻无见也者？何勘复后，竟无一善后之策耶？所幸大宪明见，万里发委查勘。公乃瞿然而惊，思为己谋并为县宪谋，遂乘委员未到之先，亲诣敝处，贿买难民，妄报七月之水始为民害，颠倒月日，借此为脱身之计。曾亦思六月水灾，道府宪业既申详，邻县宪又经通禀乎？弥缝虽巧，其如虚实难诬，何是误吾民者县宪，而误县宪者实公也。花会之害人，等诸洪水，名曰"全家赌"。三河银溪相距仅一十里，而花会开设三厂，公居何职，匪惟不思缉捕，反借以肥私囊，竟向厂中每取银一百元者抽规礼银七元，通计每日可抽银二三十元不等。以致民穷财尽，盗贼蜂起。其为男人害者勿论，已即以妇女言之。小留乡郭鸿祥之妻因此而发癫狂，石背坑苏阿秀之媳由兹而投缳死，种种祸患，难以枚举。是公但知花会之有利于己，而不计其贻害于人也。吾社风俗醇厚，素称仁里。迩来拘讼之事层见叠出，皆由公为之鼓噪把持。公以典史兼刑名，与查县主、朱门上朋比为奸，外则为讼家做呈包案，内则为查令断案，批呈变乱是非，上下其手。凡遇坟山、田土之事，查令必委公勘验，一造私馈则偏详，两造送礼则面禀，通同舞弊。民间有一衙三县官之谣，敝处遭此奇灾，未始非公等上下相蒙，冤抑之气所积而致。虽狡买本地劣绅，私送匾伞，无益也。易曰：恶不积，不足以灭身。询公近年之内，妻死于前，子殇于后。读《聊斋志异·梅女传》，能无毛骨俱悚也耶？虽明免天诛，难逃鬼责。自今以后，惟望洗心涤虑，少得一分恶钱，即免积一分罪孽，公其鉴之，公其惕之。某与公有觌面之雅，故敢布其区区。尚此，顺候勋安！诸希朗照不宣。银溪绅民房、邱、余、廖同顿首拜上。

大清光绪三十年甲辰十月初三日　公历一千九百零四年十一月九号

上控长乐县令之禀词（续昨稿）

○长乐数十年来，械斗之风久息。赵令莅后，凡有命案，尸亲求验不得，已验而求办不得。如岐岭马黄之案，呈报月余不验，反经龙川县移尸，嗣经宪委详审，始得确情；罗经坝张、刘之案已经验确，尸亲迭叩缉凶抵办，该令置不为理；车前寨陈汤之案，尸妻陈胡氏与其兄胡亚二报案请验，该令反将胡亚二重笞拘禁。乡愚何知见官不为伸雪，即自行仇杀，亦谁咎之由？自赵令署任已来，械斗之风煽动。全县如下阳邹姓与登云温姓之斗，杀毙人命九十余人，已报者三十六人，未报者五十六人，伤者八十余人。车前寨陈姓与汤姓之斗，杀毙共十五人，已报者七人，未报者八人，掳去八人。罗经坝张姓与刘姓之斗，杀毙十二人，伤者三十余人。平安镇谢姓与陈姓之斗，杀毙八人，掳禁十余人，已报未报尚有调查、未确之数。其始皆由于小衅，控县不理，酿为命案，命案不办，积为斗杀。每一开仗，动毙数十命。十二都寨垒相望，旗帜如林，枪弹如雨，捕掳卡杀，时有所闻。居民避逃，商旅梗塞，地方糜烂至斯极矣。该令尚逍遥，衙署不禀报，不弹压。来报者，反公然纵令杀

抵。毋再报官，以为独一无二上策。现在七畲径等处抢掠日肆，三点匪徒蠢蠢欲动。职等逼近乡里，祸延眉睫。万一乘机窃发，如咸丰四年间，因械斗而酿成杀官陷城之祸，彼时大局，更何堪设想。此职等不敢不罗举其玩命酿斗之由，而痛哭陈之也。

（仍未完）

大清光绪三十年甲辰十月初四日　公历一千九百零四年十一月十号

上控长乐县令之禀词（再续昨稿）

○长乐地瘠民穷，庚辛已来，房捐、亩捐、酒捐、缉捕经费，逐款举办，民力已竭。然使涓滴归公，章程画一，则民亦何辞。无如名为国家办捐，实为该令添无数金穴。房捐一宗，善后局定章皆二十取一，长乐前县陈收条可据。赵令抵任，乃勒取十之一，而且加一补水，零五补平。长乐地丁，向章每原米一石，内统丁本折正耗平羡，共银四两四钱零九厘。内计有丁正银一两七钱七分二厘，本正米二斗三升三合二勺七抄二撮，折正米二斗三升五合六勺一抄，丁耗银二钱九分九厘四毫六丝八忽，本耗米三升七合三勺二撮三抄五圭，折耗米三升七合六勺九撮七抄六圭，丁平羡银一两一钱零三厘七毫，本平羡银一钱二分一厘二毫，折平羡银一钱零九厘六毫，共计合成四两四钱零九厘之数。职等细绎省颁亩捐定章，每丁正银一两加银三钱，本正米一石加银三钱，折正米一石加银三钱。今赵令所收则统按每原米一石，即加本米三钱，折米三钱。夫原米一石之中，内容本米不过三斗三升三合二撮二抄，折米不过二斗三升五合一勺六抄，而胆混以一石加收，民易虐，天可欺乎？不但此也，每粮票一张向章收银一厘，自赵令始加征银九分一厘，有不遵者即以抗粮论，严拘酷押。长乐粮票，自蒋前令鸣庆起票旁加盖戳记，注用原米数目，以便核算，以杜浮短。赵令莅后，职等投柜所领粮票米数，皆与从前旁加戳记之数不符，不胜诧异。嗣于五月二十日，编粮房书二十余人到团练局设席报诉，始悉赵令饬粮书短割粮串，许以上下分润，名曰摊平。嗣又变计勒各粮书，将摊平各款尽数缴入，故各粮书皆愤不能平，几至哄堂滋闹。长乐土产，以荔花烧酒为大宗，通县约计有六百甑。该令禀报，仅一百四十甑。去年七月初一开办设局，钟家祠以门丁杨梓香驻局，每月甑户牌费不过一元，而该丁私规一元随封二毫。日派差勇入乡骚扰，其有自蒸自饮者，概勒承捐。

倘肯私纳规礼，则姑免领牌。故水寨、河口至繁盛之区，而认酒捐者不过七甄。倘或私规未缴，则有若甄户晋祥隆，业已倒闭。款已缴足，尚派差勇查封。陈同泰已经领牌，私规未缴，复派差勇讹索，讹索不遂，乃逞凶打破糟瓮二十余只。伏查长乐酒甄十九在民家制造，或造一月二月，或旋造旋歇不等。该丁必限以一年或半年为期，逾限或不及期则不给牌，亦不收牌。民趋便利，乃不得不出于缴纳私规之一途，此该令所极为得计者也。嗟思各项苛细杂捐，在朝廷属万不得已之举。岂知此辈奉行不善，肥己殃民，一至此哉。

（仍未完）

大清光绪三十年甲辰十月初五日　公历一千九百零四年十一月十一号

官场消息

○新任大埔县胡大令良铨，已于日前由汕赴任。
○长乐县王大令景沂，于昨日由省抵汕，即赴长乐履新。

上控长乐县令之禀词（三续昨稿）

○长乐兴办学堂，本有金山书院、禅定寺两处，宏壮宽敞可为学舍，有宾兴膏伙庙产数千两可充学费。该令便已徇私，坚持择地另筑，以张大其词，希图借建设学堂之名为支销款项之计，假经手未清之件为久署斯任之图，其外观可采，其内容实可诛也。兴学为当今第一急务，其必豫定章程办法，慎选员绅，讲求规制，宽筹款项，官绅一气，切实磋商，或庶几有完全成立之一日。该令于绅民已形隔阂，于事体亦全不通晓。自去年开办至今，毫无头绪，止晓以捐廉二百元妄自禀报，侥幸以博一"能兴学，肯办事"殊堪嘉尚之名。然始犹以为有心兴学，未可厚非也，庸岂知其为长乐学界之蟊贼乎？学堂工程现用不过一千三百元，而书院膏伙提入兴办者实数一千七百两，除支销外，存项仍近千元。询之当商，云已缴县，收条可据。询之县署，云已支完。呜呼！是欲以一千三百元之用，为千七百两之开销也。此项无著而工程乃日以支绌，所靠者捐款耳。五月抄曾琼记汇缴捐款一千元，已交县署，近日学务绅董三人到署讨发，该令反称伊已挪填私空。呜呼！是欲以捐款数千元饱该令之私囊也！尤可异者，该令与训导陈应僖扶同借名兴学，勒捐廪生钟作谋、李远芳等十余人款项七百二

十元，由县署收讫。去年经廪贡生李琼瑛等控，奉督宪台批拨为兴办学堂之用，该令乃抹煞一切，蒙混禀复，私将该款分肥。复擅受陈训导茶仪五百元，为之公然袒护。其尤出人情之外，显而易查者，莫如派送练习员一节。除李师贞以丁扰具送尚无关大体外，若古绍光一名年已六十矣，学册可据其为人也。才具学问姑不具论，就年岁一节已与练习章程不符，然该令所以资送之故，则以该古绍光曾经贿托舅老爷极力保荐，及见其人之谨愿易与也，又足以为他日吞蚀公款之地步。呜呼！此何等事，而丧心病狂乃一至此极乎？以上各情，皆职等目所亲见，耳所亲闻，并无一语含糊。用敢联名呈叩，俯准彻究质讯，无任感激，待命之至。切呈。

（完）

纪潮嘉缉捕经费总局

○驻汕潮嘉缉捕经费总局宏富公司原是陈、王两商合承充办，近闻王商退股，统归陈商一手承办，省城缉捕总局已经允准云。

大清光绪三十年甲辰十月初六日　公历一千九百零四年十一月十二号

兴宁县演戏聚赌之禁令

○兴邑演戏赌博，习而成俗。前数年因校场演戏，讹传匪警，一城皆惊，自相纷扰。后经局绅禀请县主，特严此禁，城内外异常安谧。现年永和、泥陂、叶塘墟演戏，已经郭大令饬勇毁诉，示禁在案。乃前月间，忽有赌商欲借此牟利，运动屠捐局邓委员廷桢向郭大令关说，暂弛禁令。郭大令竟准其请，在城内后街衙背等处，集梨园开演。届期赌馆如林，极形热闹。局绅等恐贻地方累，力请大令毁拆。邓委员闻之，又向大令乞情。以顾其脸面为辞，大令乃俟委员去后，始饬勇前往拆毁。一时台上台下之人，颇为狼狈云。

纪贼店谋客事

○兴宁来函。云上月中旬，客有自龙川回者，道经兴长交界之中道亭左近，时当日暮途远，惴惴前行。忽见迎面一大汉袒胸露臂，现至可怖畏之状，拦住去路，客毛发俱竖，反身狂奔。该汉已从后追赶，急遽中闻一响声，如倒巨木，疑该汉颠而仆，客亦不敢回顾，疾驰至中道亭客店。店主见其仓皇形状，急问故，客以情告。店主曰：得无相斗乎？客曰：未也。店主乃安置客，一面使人往探，则跌伤一汉于道，果为追客者。逾时，忽有数人持械入店，举动异常，所言悉会匪口号，客大骇。然更阑人静，无可如何，惟有静坐帏中，以觇其变。未几又有十数人先后入店，问投来雀子安在，剥之也未？店主曰：需时需人耳。客至此目不敢交睫，但闻杀雀、杀雀之声震于耳膜，非常恐怖，自忖所以对待之策。俄而，有喧嚷下手者，有曰请先生来者。于是有呪笔作书声，书竟朗诵。比送书人返，而所称先生者亦偕来矣。似有十数人，状尤凶猛，聚议如何泡制之法。时已十余人围满卧榻，客自分万无生理。最先一人牵帏视客，客方欲致其哀辞，瞥见一面善之人，熟视之为陈某，曾在客染房佣工者。遽起握手，相与道故。陈某见是旧主人，恻然动念，遂代为解围。客又倾囊沽酒饮，诸匪有不肯罢手者，陈某力为解说，并给以银，始怏怏散去。散后，犹有数匪吸烟谈笑。客知其尚欲谋己，陈某亦悉，其隐去时嘱客勿熄灯寝。客遂掩门静坐，视房中遗有军器，心胆颇壮，即在房中练习技击。时觉数匪或伺于窗前，或跃于瓦上，作种种可怖之声响，久之始寂。而东方已白，店外行人亦络绎不绝矣，客匆匆离店至家。后为人略述如此。按客遇贼之地，离城不过十余里。贼匪肆行无忌，将来扰害地方，不堪设想矣。

大清光绪三十年甲辰十月初九日　公历一千九百零四年十一月十五号

饬查长乐县令之劣款

○长乐县绅罗列该县赵前令劣款具禀督宪，已将禀批登之前报。兹又奉抚宪批示如下：廖慎猷等呈批，如果长乐县赵令贪婪不职，该管上司当有闻见。据呈所指该令各项劣迹，究竟有无砌耸控关官吏赃私虚实，均应彻究。仰布政司会同按察司即饬嘉应州秉公详查，据实禀复察夺，毋稍徇隐。粘件保领并发。

兴宁之匪徒漏网

○兴宁与龙川交界地方有曾、杨二姓，同里而居，曾于七月廿七日被龙川匪徒吴南长七率党劫去曾姓幼男二人，杨姓牛十余头。经罗冈局绅袁耀前往围，拿获之送案。近日忽有罗浮绅士赖某赴县保领，郭大令允将吴

匪解回龙川。该匪党闻知此事，又率党报复，掳去曾姓幼女一人。曾姓于九月下旬向郭大令鸣冤，请将该匪惩办，勿解回龙川以致漏网。闻郭大令竟未允所请。曾杨二姓族小力微，无可如何，惟有向人哭诉其苦云。

○昨报潮阳监场晒丁姚阿阵强横无比一节，兹又据友函云，该晒丁是姚日源，非姚阿阵云。

大清光绪三十年甲辰十月初十日 公历一千九百零四年十一月十六号

函述兴宁匪情

○嘉应函云，兴宁地方，近来甚不平靖。由兴通江西道路，尤时有劫掠，商民为之裹足。现闻吴镇军祥达拨勇一百名来嘉属防剿，已由东江行抵长乐。兴邑绅民拟请先往罗浮司一带搜捕，使匪无所潜匿，然后扼要防剿。又云前月，有悍匪数十人在龙川界细凹墟，枪毙饭店中夫妇二人。该乡鸣锣集众，奋勇围捕，斩获甚多，逃去者仅十有余人。闻此匪欲回兴邑，约同土匪以图举事者，溃败于此，遂不克逞云。

兴宁晚造歉收

○兴宁现年早造稍丰，米价大减，每银一元可买米二斗五升。而晚造取成，仅有五六成可望。询之农民，大率如此。目下米价因之复涨，上米卖一斗五六升，其次者亦不过一斗八九升云。

大清光绪三十年甲辰十月十三日 公历一千九百零四年十一月十九号

官场消息

○新任长乐县王义门大令景沂初四日抵汕后，晋郡谒道府宪。昨日返汕，拟取道揭阳至嘉应，谒秦牧伯后，即赴长乐履新。

兴宁恶棍之横行

○兴宁西厢叶塘墟刘某奸拐黎姓妇女，被黎姓捉获，不敢治以罪，请其族绅领回约束。而刘姓棍徒遂挟此恨，背签各绅名字诬告黎姓为会匪，被郭县宪严斥。计不得遂，又勾通悍差王桂松假票到黎家勒索百端，黎姓无知之何，乃投诉叶塘局绅请为调处。局绅罗某为函，恳刘姓各绅具禀不认，经绅允许。该棍徒现又捏造纵匪等事，控告局绅罗某云。

巫觋之骗术

○松口各乡近来牛瘟颇盛，愚妇女争以银米邀巫觋至家，书符念咒为之保护。业是术者，借此诬骗获利无算。每日东奔西逐，几有应接不暇之势，其所卖符有"玉帝敕令""此牛不卖"字样，荒诞如此。而畜牧之家极信之，真可怪也。

大清光绪三十年甲辰十月十五日　公历一千九百零四年十一月廿一号

不遵弹压

○长乐上山与龙川交界地，闻得陈、汤两姓启衅械斗，各筑土城。由地方官通禀上宪，由吴镇军特派熊都戎应朝率勇二哨驰往弹压。闻日来斗氛颇恶，有拒官军弹压之举。

321

大清光绪三十年甲辰十月十六日　公历一千九百零四年十一月廿二号

神泉函述窜匪消息

○前报神泉港有窜匪多名，以船为窟穴一节。当数日前汕商多接神泉商号信，前阻行货。近日又叠接信云，匪踪远徙，不知所之，寄语汕商该所定货须源源接济云。此亦商务中一要闻也。

大清光绪三十年甲辰十月十七日　公历一千九百零四年十一月廿三号

花会匪有恃无恐

○潮州花会之害，以大埔为最甚。前经邑绅禀由督宪批饬府县，从严

查禁。谓如有一处私开□行举发，即惟该县是问，府县各官业已奉行在案。而花会匪徒，犹异常猖獗。现在附近县城之三层岭、延田、保安甲及百侯、南山、枫朗、湖寮墟、高圳、莒村、双坑、磜头缺、黄坑、南坑、三河、白沙坑、余梁坑、大麻、高陂、三洲坑、坪沙与松口交界之黄沙坑等处，仍有无数匪徒违禁开设，及在乡沿门收带批票。各乡受其扰害不堪言状，甚至良善乡里几化为盗窟。现届收成，农家晚稻到处被窃，有劳力经年一无所收者。花会之害，至斯已极。闻该匪徒皆有恃无恐，地方官若不密拿严办，不知其害伊于胡底矣。

嘉应火警

○嘉应上市巫清盛纸货店初八晚失慎，店后楼全成灰烬，烧去纸料颇多。秦牧伯闻警，亲临督救，幸免延烧。

大清光绪三十年甲辰十月二十日　公历一千九百零四年十一月廿六号

官场消息

○新任兴宁县藤大令桂森已于十二日履新，闻十六日接篆视事。

差役受贿之妄行

○嘉应差役横行，屡登于报。闻有大富仞某甲者，其父因与同族争卖屋基契价，被殴至毙。案经上控，由上宪行文饬州，比差拘主使凶犯。该票差唐福、刘洪公然受凶犯重贿，不拘之到案，反将尸亲拘去。州人为之哗然。

大清光绪三十年甲辰十月廿二日　公历一千九百零四年十一月廿八号

倡办家族学堂之章程

○兴宁罗族绅士议在城内祖祠设一小学堂，以教育族中子弟，现已拟定章程并启。兹录于后：

一国之强弱，以学之多寡为比例差；一族之文野，亦视学之多寡为比例差。自环球种族之界，兴人各竞其种，各竞其族，务为强者优者争生存于天演之场。学堂者，为保国保种之一大建筑物。而家族学堂者，感情易，爱力深，尤易唤起文明，为进种改良之要点。吾族左右两房，颇不乏聪颖子弟，兹议于城内本祠，先设一蒙小学堂，以谋教育之普及，为各学之始基。特开办伊始，需费孔繁，所望我同族热心提倡，竭力经营。深维泰西义务教育，乡之士夫，族之尊长，各有教子弟、负兴学之责之意，庶几目的达。由家族主义进而为社会，由社会主义进而为世界，将不独一族一姓求强之希望已矣。发端似微，收效甚大，诸同族其亦有乐于此钦。

（主义）此次议办蒙小学堂，是遵去年京师大学堂改良章程，声明各地学堂应从蒙小学堂着手。案蒙学为各学根本，今拟就族中子弟年六岁以上十四岁以下者挑选入学，分班肆习，以期培养儿童为后来入中学、大学养成远到之基础。

（额数年限）学生额数约以八十名为度，少亦需六十名。卒业期限，按照嘉应兴学会议，合蒙学小学通作五年。

（学费）征收学费约分二等：六岁至十岁，酌收学费四元；十一岁至十四岁，酌收学费六元；其十五岁至二十岁内，有志向学者亦分别班次，概予延纳，酌收学费八元。

（教习）教习之数，视学生之多寡而定，大约学生二十名，须聘教习一名。若以六十名计，须聘教习三名。年中薪俸，约共三百元。度以生徒六十名学费平均计之，亦约得三百元度，恰可抵聘教育之费。

（未完）

秦州牧留任述闻

○嘉应秦牧伯早届署任满期，闻初旬得有省中消息，有留任一年之说。衙门中人，皆于是夜大张筵宴，交相庆贺云。

追缴醮捐

○兴宁县举行醮捐以充学费，已登前报。现闻八月底城内宝成寺建醮，捐款业已照缴。而前月泥陂鲤子湖踵行醮事，竟将醮捐匿延。经学堂董事禀明，郭大令已于十三日饬差追缴矣。

大清光绪三十年甲辰十月廿三日　公历一千九百零四年十一月廿九号

倡办家族学堂之章程（续昨）

○（筹款）开办经费、常年经费划为两截。开办之始，购书借备桌椅及教科各器具，约费二百余元；常年经费，堂中一切杂用及司理、伙夫、祠租等项应筹津贴，每年约二百余元。筹款之法，一在绅富捐题，二在地方公款，三为寺庙公产，四为祖尝学谷学租。查本祠既无公款可题，又无寺庙公产可拨，惟有分别殷实捐题与各房祖尝捐题之二法。今拟殷实捐题上一百元者，送子弟一名入学，免收学费二年（若能全数现缴黜免全限）；祖尝捐题上一百元者，送子弟二名入学，免收学费一年（倘尝下来学人数过名，则以考试合格者为定）；捐题上五十元者，送子弟一名入学，免收学费一年。以示特别所捐之数，现缴四成，余皆按定多少分年认缴。除现派捐后，如有热心兴学，输助田种店业为学堂中生息者，必禀请立案以垂久远。其陆续捐定银数，待一律缴齐，亦勒石祠内，以志不没。

（功课）一、蒙学课程门目表：修身第一，字课第二，习字第三，读经第四，史学第五，舆地第六，算学第七，体操第八（务使儿童健全无病，俾易于发荣滋长）。一、小学课程门目表：修身第一，伦理第二，国文第三，算术第四，历史第五，舆地第六，理科第七，体操第八。以上教科当视学生程度随时改良，其详细课目，后当另列一表。

（学期）每年以正月二十日开学，至小暑节散学为第一学期。立秋后五日开学，至十二月十五日散学，为第二学期。

（规则）学生住堂伙食或由自办，或由堂中合办，或由附近店中备办，均听其便。惟用膳时刻，必与堂中一律。蒙学之年，养重于教，凡孩童劳逸之节以及房舍、衣服、饮食、盥浴等项，在堂执事人等俱宜随时体察，不得稍涉忽略，有碍卫生。开办伊始，款项维艰，在堂人员概从节省。拟暂设管理一名，常川驻堂担任监督查察等事。此外凡各学生父兄，皆可随时到堂帮同办理。选聘教习，须择各祠品学兼优、通达时务者充之，不得就本祠徇情滥用。

（完）

兴宁著匪之就擒

○兴邑会匪罗吊滑古罗双龙，三点会中之著名者也。辛丑八月攻扑县城，败逃香港，挟资二千余元。资既罄，复潜行回邑，聚徒劫掠。本年八月间各处土匪多有潜回者，吊滑古遂匿处家中，昼伏夜动。族人虑其再蹈前辙，密报治安局董饬勇围拿。该勇于月之初八夜四鼓前往，该匪猝不及防，遂被该勇擒获送案。查吊滑古前经州宪出赏格银二百四十元，又经县宪出赏格银二百元。今始就擒，亦可谓罪恶贯盈矣。

道途稍静

○兴宁自六七月间，刘金鸡、何裕古诸匪党在渡田河解虎冈等处拦途抢劫，往来江西商民甚患苦之。至九月间，相戒毋出其途。近查悉该处土匪以掠无所得，附近乡民亦自行团练，防卫甚严，遂别营巢窟。闻多窜往黄乡公平等处，而江广交通之路稍见平静云。

大清光绪三十年甲辰十月廿四日　公历一千九百零四年十一月三十号

咄咄怪事

○埔友来函云，本月初八九日，于县属之阴那坑地面发见一怪物，则徐宅于正月失去之玉生博士也。当时褴褛之状，几至不可辨认。业经发现人刘医生子祥雇舟送回伊家，闻而往候者络绎不绝。观其形状，额突而深矍，赤灼宛然。言语间似稍清晰，亦未尽了了。询其前事，则目瞪仰视，不置一答，似深有隐痛者。然唯经此重创，再不敢作汗漫想矣云云。

大清光绪三十年甲辰十月廿五日　公历一千九百零四年十二月一号

兴宁开矿之龃龉

○商民黎八姐等拟开采兴宁属煤矿，当经地方官勘明，与田园庐墓无碍，讵甫经开办，辄启讼端。兹又据该处民妇袁巫氏以受贿纵挖事，上赴抚辕禀控。张中丞批示云，此案前据该署县郭令具禀，以勘明黎八姐等所

开煤矿与该氏祖坟无碍，袁贵元等主使捏控等情，当经批饬讯断在案，现呈辄以受贿纵挖为词，难保非砌捏耸听。仰按察司会同善后局即饬新任兴宁县腾令勒集两造质讯，明确秉公断结具报。至所控得贿一节，指出经手之人及牵涉县幕官亲，究竟是实是虚，并饬腾令确切查明，禀复查夺。

大清光绪三十年甲辰十月廿七日　公历一千九百零四年十二月三号

茶阳米价稍涨

○埔邑产米甚少，向由饶平、和平各处贩运接济。现届晚造登场，因两次水灾，收成颇歉，而来源又甚稀少，是以目下米价较前稍涨。

大清光绪三十年甲辰十月三十日　公历一千九百零四年十二月六号

斋庵遭劫

○嘉应州西车子排瑶琼庵住有斋妇七八人，颇安逸度日。近因收获晚稻并雇有妇女十余人代其作苦，初七夜方将寝息，突遭贼匪数十人持械围劫，所有银物搜括一空。虽油米等项粗重之物，亦肩挑背负而去，且掳去少年斋妇一人。此妇颇有姿首，入贼巨眼，不能脱身。众斋妇仓皇骇愕，无所为计，急托一姓蔡者跟踪追缉，给以路费数十元。蔡固著匪，曾经悬赏购之者。蔡去后，杳如黄鹤，方悔失计。同时邻近一斋庵亦被劫，均不敢报官，恐花钱报官，官不缉贼，反启贼仇视之心，其祸愈烈，不如含忍，以保全身命云。

查拿花会

○嘉应公塘墟有无赖私开花会，贻害甚众。近经绅士具禀州宪，廿日秦牧伯乃命太平司亲往查拿。

梅江米又涨价

○嘉应州属近以晚造收成颇歉，米价又涨价，每银一两仅买米斗一二升云。

大清光绪三十年甲辰十一月初一日　公历一千九百零四年十二月七号

误命索偿

○嘉应州差役蓝逢、古升在上中馆同居。蓝生孩，方二日，有热疾，向古乞熊丸甚急。古仓促间误以洋烟灰丸与之，蓝孩因以殒命。蓝因向古索偿，纷诉四邻，谓古故毒其子，誓不干休。有和事老出而调处，命古偿银数十元，始得无事云。

大清光绪三十年甲辰十一月初三日　公历一千九百零四年十二月九号

牛瘟为害

○嘉应畲市下至水车一带，亢旱已久，热伏于地，近来发为牛瘟，传染甚众。自前月中旬以来，损害牛只不计其数。墟场牛肉价值，因之极贱。无知愚民争往购买，然食者辄病。夫外国市场禁卖宿肉，傍晚市官必令宿肉弃诸海中，违者有罚。病肉更无论已。我中国市官久缺，又不讲卫生之道，而蚩蚩者流，遂至有贪口腹而致伤生者，亦可悯已。

大清光绪三十年甲辰十一月初六日　公历一千九百零四年十二月十二号

兴邑侯来潮

○兴宁县腾大令于前月十六日接篆视事，廿五日起程来潮谒见道宪，闻禀商一切公事后，即行返署。

失慎两志

○嘉应下市黄某住屋日前亦不戒于火，烧去房屋一间，即行救灭。

大清光绪三十年甲辰十一月初九日　公历一千九百零四年十二月十五号

司差拐妓被控

○昨有丰顺县民刘亦请赴澄海县，呈称伊有侄女某名因家世寒微，流落至县属樟林埠当妓度日，被樟林司差某名拐匿，不知去向，叩请饬拘起出领回等语。杜明府据情，即饬差前往樟林，拘该司差审讯云。

大清光绪三十年甲辰十一月十三日　公历一千九百零四年十二月十九号

禀控州官庇吏

○嘉应州侯耿荣等以州署户书稔恶被控，州官置而不问等情具禀督辕。随奉批云：户书吴荣辉控者累累，前饬该州查禀，迄未复到。此等奸书滑吏，蠹政害民，怨狱繁兴，仍置不问，岂真受人蒙蔽？仰广东布政司饬嘉应州即日确查提究，并据实禀复察核，毋再徇庇，切切。

兴宁屠捐近情

○兴宁县属屠捐前据县委会禀，以该屠行每年仅认饷银一千二百元，周殿扬认缴三千四百元，经承嘉应州全属屠捐和成公司批与周殿扬承办在案。乃该屠行不允，甚至改业要挟。现由周殿扬招商设铺屠宰，该屠行值事陈继善又具禀善后局，请自承回，仍只认饷银一千六百元。昨经局宪批，以所认尚不及周商之半，断难照准。该屠行果愿本行承回，应照周商切实加足饷数，自赴县委禀商办理云。

大清光绪三十年甲辰十一月十五日　公历一千九百零四年十二月廿一号

州牧勘案

○嘉应员畲罗姓新造一屋，邻居李姓以为有碍风水，纠众暴拆，罗姓控诸官。初五日由秦牧伯亲往勘验，初六晚回署。

要匪正法

〇兴宁三点匪首罗蕙香于前月弋获，审得确供，适因县令新旧瓜代，未即正法。现腾大令已于初五晚由潮郡返署，即将该犯押赴校场枭首矣。

大清光绪三十年甲辰十一月十六日　公历一千九百零四年十二月廿二号

请办会匪之电禀

〇兴宁县弋获三点会匪罗蕙香，已经腾大令自潮郡返署后，即将该匪正法，纪于昨日报。兹将惠潮嘉道褚观察日前电陈抚宪张安帅禀录后。据兴宁县腾令禀缴供折，缉获著匪罗蕙香即吊滑古，讯认竖旗、拜会、攻城，并伙同打单伙劫，实属罪大恶极，已录供，通禀恐驿递迟延。现值冬防吃紧，稽诛虑有疏误，适该令因公来潮，面禀电请宪示，职道查是实情，该县匪党甚悍，攻城有案，可否电饬正法，以昭炯戒。

丰顺贼匪之猖獗

〇丰顺来函云，北胜地方自遭水灾后，多有三点会匪乘机煽动乡愚结盟拜会。闻河东之大胜、潭江与龙溪一社，几乎人尽为匪，故近来劫案四起。十月中旬，三坑村李洋小店，黑夜被贼七八人抢掠一空。又三甲水李某店，黄昏时候亦被贼八九人以寄食为言，欲行劫掠。幸李某窥觉，款待时甚殷，密招巡守田禾者从中防备，贼乃乘夜遁去。前卅夜，小胜屠户李晋丰到朱坑村宰猪返行，经箭江塘凹，突被贼匪拦抢肉担而逸。现在行踪诡异之人到处皆有，居民甚滋疑虑。李茂才唐已联合伊乡及黄花村、箭坪、茜坑、南溪等乡，拟行清查保甲之法，以资捍卫云。

兴宁县之舆论

〇卸兴宁县郭大令于本月初三日起程回省，县绅商祖饯甚盛。闻邑人咸谓大令在兴一年有余，清静无为，一切利弊无所兴革，民间讼事亦少所断决。盖操守有余，而干事不足。然民皆知其居心厚，御众宽，于无事之时，亦不失为贤令尹云。

冬旱可虑

〇兴宁自九月初旬至今，连月不雨。乡间畲地皆成焦土，凡豆麦一切，多不得下种。兴民又少一宗出产矣。

耕牛与生命之关系

〇松口黄沙廖某甲，于初六晚被匪盗去耕牛二头，痛不欲生，因吞阿芙蓉膏以毕其生命，幸其妻知觉，灌救始苏。盖甲年六十余，仅夫妇二人，赖该牛代人耕作，以资生活。今忽被匪盗去，无以谋生，故寻此短见云。其状虽愚，其情亦可悯已。

大清光绪三十年甲辰十一月十八日　公历一千九百零四年十二月廿四号

赵大令捐廉之牌伞

〇近日地方官无论贤否，必送以万民伞、德政牌，官亦非此不荣也者。卸任长乐县赵大令，以民间颂声不作，虑出境时无以为荣，乃捐廉三十金，命劣绅某为其作万民伞、德政牌，届期迎送。某承旨办就，有乘夜糊其牌面，大书捐廉牌伞字样者，可谓求荣反辱矣。

长乐之盗风

〇长乐县近月以来，抢掠之风时有所闻。长安墟、铁场一带，竟至白日戒严。前月杪岐岭街经纶杂货店，有匪数十人明火夜劫，幸该店伙防御甚严，得以无恙。

亲兵为盗

〇嘉应水南圻林，于本月初三日夜获盗三名。闻其中一名为州署亲兵，因之扭送堂讯时，秦牧伯不敢认，然亦不将该盗加刑，人皆谓明知故纵。噫！亲兵亦为盗，吾州盗风将伊于胡底耶？

大清光绪三十年甲辰十一月二十日　公历一千九百零四年十二月廿六号

丰顺之匪势

○丰顺来函云，近有三点会匪曾某、丁某等自称为王，到处诱民入会，并交结横坑邹某多人为之臂助。邹固巨族，素强暴，该匪如虎添翼，不数日即迫胁各小姓以及山僻愚民在凳子地山中拜盟。一次入会者，纳银一元七式、米一升，否则身家不保。以故牛屎湖山村黎姓被邹某统带会匪劫掠一空，后赂邹姓绅耆至百余金，始准原物赎回。现入其会者，已有二千余人之多。居民大不堪其扰，不知地方官何以消其患也。

处决盗犯

○初十日嘉应秦牧伯将拿获劫盗余、张二犯，绑赴法场斩决，并命林城守亲往监斩。

大清光绪三十年甲辰十一月廿二日　公历一千九百零四年十二月廿八号

天降之罚

○嘉应蠹役唐某平日颠倒是非，无恶不作，五十尚无子。近买一同族子为嗣，年甫六岁，夫妇珍如掌珠。前月树湖演戏，人海人山，唐妻携儿往观，转瞬间，儿已不知何往。悬赏追寻，踏破铁鞋并无觅处，人咸谓唐积恶已极，故天降之罚，然欤否欤。

大清光绪三十年甲辰十一月廿三日　公历一千九百零四年十二月廿九号

汕埠米市行情

○近日嘉应大埔各处因晚造歉收，来汕采米者甚多。本埠来源不敷，接济一时，价为之涨。昨由芜湖运到米七千余包，不数刻，即行售罄。外

客多有欲买未得者。

大清光绪三十年甲辰十一月廿四日　公历一千九百零四年十二月三十号

官场纪事

○卸长乐县赵大令子援日昨抵汕，候轮晋省。汕头洋务局新委员翁别驾诒孙于廿二日坐海龙轮船抵汕，即日接事，廿三日即拜华洋官绅。

差役之势焰

○嘉应水南堡侯某与其祖叔婶争产，被控于州。差奉票到门，狐假虎威，大张声势，侯急避匿。侯有过房胞弟，见差不法状，乃谓差曰：此争产事，并非人命重案，何得如此骚扰。差扭侯弟，欲捉将官里去。侯族不平，与之理论，差始释手而去。以抗殴禀官，诬及富室某店。秦牧伯大怒，立命会营往拿。幸侯姓绅士与保安局绅面禀情节，始免骚扰。然已花去数百元云。

大清光绪三十年甲辰十二月初一日　公历一千九百零五年一月六号

捕厅纵役讹案

○得友人函，云埔邑自九月至今，盗贼如毛。业经县宪札委捕厅加意查缉，而某捕厅于捕务漠不关心，但纵民壮曹某、郑某等七八人，肆出骚扰。日前在渔船上索诈不遂，即指为盗窝，肆行驱逐。然前此捕厅有在渔船请吃花酒之举，后又有受渔船贿赂之说，讹诈一不遂便目为盗。邑人为之哗然云。

盗劫汇闻

○兴宁北厢以上，刻下匪党又复掳劫。上月初旬，铁山嶂下双坑口王姓，被贼劫掠一空，并殴伤事主二人。又鸦坑里李姓，亦被劫掠。至江广通衢蟹湖冈等处，抢掠行李者，日有所闻。滕县宪既亲饬各乡局董认真团练，并将从前漏匪严密搜拿，以靖地方云。

大清光绪三十年甲辰十二月初二日　公历一千九百零五年一月七号

长乐请示改妆

○长乐妇女妆饰夸多，门靡动费数十金，海淫海盗，为害不浅。前经邑绅李经培等请官禁革在案，嗣以此举大不利于银匠，多方煽惑，迄未实行。现王大令新莅斯邑，各绅士复禀请出示严禁，通饬改良，以正风俗而厚民生矣。

大清光绪三十年甲辰十二月初四日　公历一千九百零五年一月九号

长乐学堂工程之腐败

○嘉应长乐县小学堂拟办有日，而建造倘【尚】未竣工，缘工程事权均操于匠人之手。日前学务公所人员清算木料数目，计开工以来，失去大木三百余枝。其由采办处舞弊，抑由学务公所失去，无从稽查。噫！督理工程者何在，漠不关心是耶？

金作赎刑之妖见

○嘉应房阿三，以巫术惑人，并筑坛于松口老虎塘，窝藏匪类，接受赃物，迭经绅者呈控在案。近日秦牧伯特札丰顺司拘究，并饬将该妖坛查封。当由司主饬差拿获严讯，重笞数百，立拟解州惩办。闻其妾氏急以巨金运动土豪，向司主关说，兼献金为寿，竟得保释。现该绅者恐如此宽纵贻害更甚，已联名禀请州宪饬差提究矣。

大清光绪三十年甲辰十二月初五日　公历一千九百零五年一月十号

镇平公差被劫

○粤中盗匪滋炽，行路艰难。惠州各县属，为尤甚极。至官差投递公

文，亦遭截掠，商民可知矣。兹闻嘉属之镇平县有差役，携带公件行至惠州河源县属地方，被劫一空，已报县饬缉云。

大清光绪三十年甲辰十二月初九日　公历一千九百零五年一月十四号

盗贼何多

○潮嘉二属，近来抢劫频闻，已汇纪前报。嘉应松口之紫莲塘，地甚荒僻。有余甲者，昔年携其梅鹤往该处耕田种山，储蓄颇裕。近为匪徒侦知，遂勾结七八辈，于上月廿五日黄昏时候，群伏丛林中，欲俟夜间行劫，以一人巡逻，伪为迷道者。适甲妻自田间归，忽闻林内人语嘈杂，知系绿林豪客，急奔告其夫。甲乃集家人操戈直前，匪即迎面相拒，格斗良久，一匪中伤仆地，蹒跚逸去，余亦负伤纷纷逃窜。盖甲膂力过人，精习拳棒，其家人辈悉有所传授云。

○嘉应之西洋一堡，向称安靖。自前月十九夜有强盗数十人，明火执仗，攻劫赛粮坑李某之宅。廿一夜又劫白宫市背之钟姓宅，二十四夜劫官坡角李姓宅，廿六夜劫白宫市背何姓宅。是处居民，无一夕安。三十晚，杜游戎闻觉，带嘉字营勇百余，四处缉捕，由西洋起程到宫市，未见一贼。而西洋黄姓宅旁之秆棚，又为贼匪纵火焚去数处。盗贼猖獗如是，为民上者袖如充耳，竟欲卧而治之。无怪道路喧传，有为贼父母之颂云。

癫亦可怜

○松口昨有某甲，年三十余，沿途跳舞，歌哭无常。前数日，朔风凛冽，甲犹裸体狂歌，直上流河畔，入水凫浴浴，已毫无寒冻之色。好事者以破袄衣之，甲立委于地而去。旋有悉其底蕴者，谓甲向以训蒙为业，存蓄百余金为结婚计，忽被匪徒陡篋而去，遂致积愤成疾，如狂如痴云。

斋妇之惑众

○松口甘露亭，祀偶像数尊。近有持斋之妇厕身其中，煽惑妇人，香火甚盛。前月某日托名完福之期，各乡妇女争敛银米，前往亭中焚香拜祷，叩头如捣蒜者数百辈。而斋妇则击木鱼，敲法鼓，唱焚咒，清音宛转，殊堪动听，观者挤拥，几无立足地。阶下堆积冥镪，高与檐齐。有纸制金银树两大株，高八尺有奇，人物花鸟，精巧无比。烧化时烟炎冲天，经时始散，计其值约数百金。噫！藉端惑众，掷黄金于虚牝，其罪可胜诛耶。

大清光绪三十年甲辰十二月十五日　公历一千九百零五年一月二十号

是否密查劣款

〇前月十三日，有一少年至长乐，寓居禅定寺，以削发出家为词，盘桓十余日，至月杪始去。闻将行时，自言朱姓名振扬，字赫若，曾统带熙字营勇，其父亦候补道。此次来此，系奉岑帅札委，密查长乐县赵令被控之劣款云云。并将岑帅札文逢人宣示，不知确系委密查否也。

大清光绪三十年甲辰十二月十八日　公历一千九百零五年一月廿三号

嘉应防盗之计划

〇嘉应近来盗风日炽，动辄千百成群，昼伏夜动，四出抢劫，人民大不堪其扰。西阳墟一带，尤不时有劫匪数十人往来窥伺。居民往诉绅局，绅置之不理；乃会议自后店捐，不复输局，将此举办团防，以资捍卫。现在将情形具禀秦牧伯，已拨常备军五六十名，分札西阳白宫市二处。能否镇慑，未可知也。闻贼匪多系兴宁余匪，及丰顺、沙田各灾民无家可归者，从事剿洗防御而不求安插之方，恐亦无济耳。

〇芙贵堡现议联群弭盗，已由泰安公局集众，公拟章程十条，容日录登。夜劫未成。

〇嘉应申坑饶某家临河而居，初八夜突来劫匪数十人，持械撞门，室人呼救，迄无应者，急鸣锣传警。隔岸梁姓闻之，亦鸣锣集众三四十人，以洋枪遥击。贼始凫水逃去。

大清光绪三十年甲辰十二月十九日　公历一千九百零五年一月廿四号

气候与人物之关系

〇岭东近数月来天气亢旱，故现届大寒时候，倘【尚】如夏令。十七

晚雷雨微作，始有寒意。闻前数日有挑夫由汕至澄海南门外，忽然倒地。抬至家中，竟至毙命。城内某店，亦有伙伴数人患此症者。咸以为天气不调所致云。

○嘉应苦旱殊甚，初十日小雨，虽未满三农之望，于蔬麦亦不无小补云。

大清光绪三十年甲辰十二月廿一日　公历一千九百零五年一月廿六号

私卖盗赃被控

○上月杪松口李某甲生子弥月，设筵宴客，堂中铺陈华丽。是晚忽被匪徒盗去顾绣缎屏一幅，价值数十金。当时悬赏购缉，无影响。前日有甲之戚好某乙在州城，瞥见妖觋房阿三手持此物往某肆求售。当即向之诘问，房阿三支吾无以对，乃引某乙于僻处，贿以十金，恳其勿泄。乙弗许，竟亲诣甲家报知，现甲乙将此情赴州控告矣。

客家学研究丛书

第五辑

《岭东日报·潮嘉新闻》
梅州史料选编

下册

肖文评　等　编著

暨南大學出版社

JINAN UNIVERSITY PRESS

中国·广州

图书在版编目（CIP）数据

《岭东日报·潮嘉新闻》梅州史料选编/肖文评等编著.—广州：暨南大学出版社，2021.10

（客家学研究丛书.第五辑）

ISBN 978 - 7 - 5668 - 3006 - 7

Ⅰ.①岭… Ⅱ.①肖… Ⅲ.①梅州—地方史—史料—1902 - 1911
Ⅳ.K296.53

中国版本图书馆 CIP 数据核字（2020）第 203299 号

《岭东日报·潮嘉新闻》梅州史料选编（下册）

《LINGDONG RIBAO·CHAOJIA XINWEN》MEIZHOU SHILIAO XUANBIAN（XIACE）

编著者：肖文评　等

- -

出 版 人：张晋升
策划编辑：杜小陆
责任编辑：黄志波　刘宇韬
责任校对：林　琼　黄晓佳　孙劭贤
责任印制：周一丹　郑玉婷

出版发行：暨南大学出版社（510630）
电　　话：总编室（8620）85221601
　　　　　营销部（8620）85225284　85228291　85228292　85226712
传　　真：（8620）85221583（办公室）　85223774（营销部）
网　　址：http://www.jnupress.com
排　　版：广州市天河星辰文化发展部照排中心
印　　刷：佛山市浩文彩色印刷有限公司
开　　本：787mm×960mm　1/16
印　　张：42.25
字　　数：750 千
版　　次：2021 年 10 月第 1 版
印　　次：2021 年 10 月第 1 次
定　　价：168.00 元（上下册）

（暨大版图书如有印装质量问题，请与出版社总编室联系调换）

下　册

058

059

五、光绪三十二年

075

六、光绪三十三年

077

七、光绪三十四年　　　　　　　　　　　　　　　　　　　　　/514

八、宣统元年

四、光绪三十一年

大清光绪三十一年乙巳正月初五日　公历一千九百零五年二月八号

梅州农话

〇梅属农家所种大麦，因去冬苦旱，多形枯搞。十二月十七八日，连宵骤雨，麦苗复秀。惟天气异常温暖，农家者流，多以生虫为忧。

大清光绪三十一年乙巳正月初八日　公历一千九百零五年二月十一号

负债远遁

〇有刘某者，系客籍人，向办武平赤纸来潮发售，寄寓某纸行中。刘素嗜赌，兼之去年纸市滞销，十分亏累，乘间远遁。计负欠各行货账三万元有奇，中有某号大受其牵动云。

〇同时有布客周某，亦因好赌之故，负欠人数千金，竟步刘某后尘，而踪如黄鹤云。

大清光绪三十一年乙巳正月初十日　公历一千九百零五年二月十三号

嘉应务本学堂甲辰冬季大考榜

〇中学甲班前列十名：吴骏声、吴颂声、黎启明、黄新国、宋时亮、陈绍渊、黎启睿、陈国用、吴尚志、邱棣华。

乙班前列十名：黄耀能、吴凤声、萧作栋、黄绍祺、陈义安、萧有衡、黄树发、吴展声、郑天福、黄震新。

○附属小学同时大考榜：

高等前列：张玉衡、杨向英、邱舫如、谢铮舜、邱昌文、吴清桐、杨信樾、何润龙、张有恒、何保衡。

初级前列：林赓元、黄懋祥、卢湘元、邱溥如、黎权昌、吴端兴、张运生、陈绍桓、房泮宝、黄展生。

大清光绪三十一年乙巳正月十五日　公历一千九百零五年二月十八号

惩责营勇之讹索

○嘉应大岭仞曾某，日前因宰病牛，有嘉字营勇前往讹索，谓私宰耕牛有干例禁。曾被恐喝不已，予以银六元，二人乃欣然而去。旋为杜游戎闻觉大怒，立传该勇，责军棍数百，令将金交还曾某。人咸服杜游戎之不容纵云。

○常备军驻扎培风书院，日前有勇丁私往杨姓屋内砍竹一竿。管带熊杰臣千戎，以其扰民将治以军法，亲往杨家询知该勇以钱买竹，实非强夺，方免议罪。

长乐劫案又闻

○长乐邻近兴宁、龙川，该地会匪甚为猖獗，四出抢劫。去腊十九夜，有匪徒数十人行劫新桥之天池寺，所有财物席卷一空，既经报案追缉。至廿五夜，青溪烟土店，亦被匪打抢。鸣锣号救，匪始散去，计失去银数百元云。

兴宁获匪正法

○兴宁县去岁拿获会匪邓某等两名，经滕大令审实，于腊月廿七日二点钟，会同武营兵弁押赴邑西校场正法。闻该匪上年犯案，悬有重赏购拿，此次潜回在家就擒，人甚快之。

白日被盗

○嘉应上市十字街廖仁茂纸料店，于元旦上午锁店回家，追下午返店，忽失去货物二百余金。店东骇然，询问店邻。谓有熟人身穿蓝绸长袍，红宁绸马褂，头戴红呢风帽，鱼贯而来，开锁进店，逾刻而出，疑为店伙，故未之察云。噫，盗诚多术，防不胜防矣。

悍妇借姑图赖

○嘉应白沙邹某妇，泼悍异常。日前与同室斗殴微伤，将讼诸官，经族老调处乃已。迨后数日，妇之姑病殁，姑外氏唆妇诬控室人殴毙。州尊委员堪验无伤，实系病故，面斥其诬，事乃寝。而室人被诬者，因张挪堪费，家业已荡然矣。

兴宁路虎之害

○兴宁近有一种赌徒，三五成群，到处设局诱赌，为害甚烈，人目之为路虎。其赌法用小木桌一张，纸牌数块，骗人猜买。而开牌之徒，手法甚捷，与之赌者，囊无不罄。一处人散，又易一处，愚夫、童子多堕其术。去腊除夕有一乡人赴市购米，过其场，该赌徒即挽之猜买，囊中数金悉被骗去，家人望米为炊，访寻至市，知银被骗，痛哭而返。有地方之责者，宜早为禁绝之也。

大清光绪三十一年乙巳正月十八日　公历一千九百零五年二月廿一号

经费局之维持饷项

○潮嘉缉捕经费，前由商人陈永华认饷承办，嗣经岑督宪饬缴预饷借款，亦由该商遵缴在案。闻各处分商尚有怀疑观望，匿饷不缴者，该商等以此与饷源大有关碍，禀请总局示禁。现由总局出示晓谕，各分商务须照常缴饷，毋得误听谣言，意存观望云。

窃盗待查

○嘉应西门街海和春酱园店，于初二日，被盗窃去货物二百余金。经责备州差查缉，该差置之度外。闻该店东现已探悉窃盗踪迹，惟未获脏【赃】据，尚待确查云。

大清光绪三十一年乙巳正月廿二日　公历一千九百零五年二月廿五号

会匪逃逸

○大埔近年来劫案叠出，无一破获。去冬中兰刘信记家被劫一案，业经胡大令拿获附近大士堂拜会之邹满一名解县。闻于月之初二夜，不知何故，竟被逃逸，胡大令亦不追究。现闻该处居民以该匪与劫案颇有关系，一旦听其脱逃而去，恐将来地方上益不安靖云。

大清光绪三十一年乙巳正月廿五日　公历一千九百零五年二月廿八号

揭阳大埔科试期

○揭阳县郑大令接篆后，即悬牌示，定于本月廿七日考试合邑文童。
○大埔今年科试，闻胡大令示期二月初一日开考。

大清光绪三十一年乙巳正月廿六日　公历一千九百零五年二月廿九号

大埔三河兴学

○三河陈寿人拔萃以埔属各处，鲜知兴学，因发热心，极力提倡。现在三河创办初级小学堂一所，其开办经费，由陈君担任，常年经费拟就三河屠捐项下提充，并酌收学费。其不敷者，以戴欣然观察前尝认捐该处学堂经费五千元，请其交出。刻已延聘饶君崇汉、会君梦星、饶君渭滨为教员，借某家祠开办，学生暂以三十人为度，俟经费有着，再行迁地扩充。开办伊始，在堂办事及教员，均愿担任义务。闻拟定一切章程，亦极完善，将来必为大埔学界放一大光明矣。

嘉应示期举行科试

○州属今年科试，业经奏牧伯于本月十九日示期举行。示略谓，奉朱学院宪牌开，于广府属试竣后，即按临潮嘉等处考试，为此示谕，合属廪保及各童生知悉。限于二月初十日务宜齐集州城，二十二日开考；至考试章程，概遵岁试云云。

官兵贪酷之一斑

○潮汕铁路闹事，早有官兵往扎澄海交界之赐茶地方。闻日前在庵埠拿获乡民数名，中有二名发交该处官兵看守。讵官兵视为鱼肉，苛勒不遂，即将衣服剥夺殆尽，后纳银六元，始许给禾草一把，以为衾褥。适数日天气寒冷，二人竟至冻毙。噫，官兵之无人心如此。

大埔纸商之近况

○埠邑各行所卖之纸，均由福建金峰下洋肩挑而至。近因各家多用洋纸，本地土货绝少过问，纸价因之锐减。计邑中大小各号廿余家，通盘计算，亏去本银不下二三万元，即各行生理受其影响者，亦复不少云。

嘉应山利之效果

○嘉应州属，自黄钧选观察刊布兴山利说贴，广为劝导，各处人民始知山林有莫大之利源。于是已种植者，极力栽培保护；未种植者，亦设法联乡试办。近年州中建屋日多，销木愈广，且去冬松柴昂贵，凡有林木者，均得巨利云。

大清光绪三十一年乙巳正月廿七日 公历一千九百零五年三月二号

无意识之斗讼

○嘉应荷田堡许、蔡二姓，因新年鸣锣击鼓，互相争胜，大生龃龉，竟致操戈相向，当场有受重伤者，抬至州署，传呈请验。闻经秦牧伯验确批示，饬差拘传两造人等到案讯究。

大清光绪三十一年乙巳正月廿八日　公历一千九百零五年三月三号

嘉应讼事之破费

○州中前半月内，禀请验伤之案，已有数起。大都因细故，至于同室操戈。至十七日，又有东厢堡民妇余江氏告余阿鼎逞凶殴伤，传呈请验，用去传呈银十八元。十八日，龙文堡民□汗仕捉奸送官，亦用去传呈银三十元。噫！尚未开印，即纷纷传呈。谚云：乡人不发癫，衙门无火烟。殆是之谓欤。

大埔耕牛冻毙

○埔邑自去腊至今，阴雨连绵，天气异常寒冷。种植各物，发生伊始，感受寒气，大半损害。而农家所蓄耕牛，冻毙甚多。现在农事将兴，资此耕种者，颇以为苦云。

产猪志异

○嘉应刑书黄某家，畜一猪母，日前产小猪二头，猪身而猴头，啼声甚异。州人闻而往观者，咸称异事。黄某家人以为不祥，弃之河中。噫！妖由人与传言之矣，不祥之兆，其亦有由致乎。

大清光绪三十一年乙巳正月廿九日　公历一千九百零五年三月四号

对待堪舆家之妙语

○嘉应松口赖伯纯茂才，素不喜谈风水，恶堪舆家如仇，常谓若辈煽惑世人，贻害非浅，以故族中受其感悟者颇多。日前有中表某乙往访，乙盖堪舆家者流，素自命为明师者也，寒暄数语，乙遽言曰：适踵府时，道经乃祖坟茔，恐多罹不吉，宜早掘发，免被其祸。茂才曰：何谓也。乙曰：以山向测之，该坟在乃巳方，巳属蛇，其中必有蛇盘踞。茂才微笑曰：诚如君言，巳属蛇其地方有蛇，然则辰属龙，寅属虎，其地必有龙虎在，吾今正欲得此二物，君其为我寻一辰寅方向吉穴焉。乙语塞，瞠目相视，良久，乃托故辞去。

大清光绪三十一年乙巳正月三十日　公历一千九百零五年三月五号

潮汕铁路闹事犯正法

○铁路闹事一案，前拿获乡民十余名，解郡审讯，中有杨姓、陈姓二名，供认系下手刺死日人。昨日两点钟，省委及地方文武各官，将二犯解至葫头市闹事地方正法。闻温钦甫观察拟于办凶后，必得日本领事认明了事实据，始为该公司禀请开工，一面晋郡办理铁路善后事宜云。

同文学堂开学期

○汕头岭东同文学堂，定于二月初八日开学。闻惠潮嘉道褚观察已委督办屠捐兼办报效委员徐太守届期到堂，行开学礼。又该学堂现年聘定教员，已纪前报。刻又聘定大埔邱少白上舍，普宁郑翰臣拔萃，为经史科教习。现计教员已有六人，尚拟添聘博物、理化科教员，未得其人云。

丙村小学堂之组织

○嘉应丙村三堡小学堂，前由练习员江君秉乾禀请督宪给发护照至外洋劝捐，以资兴办。闻合巴城、星架坡等埠，共捐有四五千金。现在自购回图书仪器甚多，拟借丙市育婴堂并八字碑寺为开学之所，已于堂内布置一切。刻报名学生有三四十人，聘定两广师范毕业生黄君慎权及温茂才枚、邱明经亮邦分任各科教员。江君秉乾为校长，另请温上舍任、邱柳宾等为管理财政各员。一切章程，颇为完密云。

长乐拟抽捐助学

○长乐开办学堂，经费难筹。近闻各绅董拟于河口设立一卡，将出口物产，如陶瓷、铁器、米、谷、猪、酒、木排、山炭等类，按值抽捐，以助学费，不知是否可行也。

长乐借端抄抢之骇闻

○长乐柯树坑陈姓，一族百余人，与龙川葛州钟姓，相距一里许。闻前月初十日，因钟姓一无赖，抱病往陈家乞食，回家后二日卒。钟姓以此

归罪于陈，向陈理论，经绅耆处令陈姓出银埋葬。而钟姓不肯干休，旋纠众数百人，拥至该乡，肆行抢劫。乡人如逢大盗，奔避不迭，所有房屋悉被蹂躏，惟三四贫苦者仅存，其余猪、牛、米、谷等物，均被搬运一空。县主王大令闻报，翼日轻骑简从，前往弹压。钟姓犹复鸣锣放炮，以示威武。一时有风传县主被围之说。现不知作何办法。

大清光绪三十一年乙巳二月初三日 公历一千九百零五年三月八号

丰顺司官庇匪

〇嘉应松口著匪李亚坤，屡犯盗案，逍遥法外。去冬有余某亲属，以余某窝藏该匪案情，首告于丰顺司，证据确凿。竟有劣绅，为之斡旋，纳贿了事。原案置之不问，众情甚为愤激。近有某君，将此弊政揭帖通衢。闻该司官反利用此以恫吓原告，目为造言惑众。司署差役，尤狐假虎威，欲将原告捉将官里去云。

长乐赌法之翻新

〇长乐县赌风向不甚炽，其赌法止有番摊宝斗一种。近年以来，始有所谓马高牌者，一时盛行无比。无论诸色人等，大小赢输，皆以此决胜负。而摊宝反形零落，几致无人过问。揆厥所由，实因赌马高牌者，头家可免缴经费，而赌者亦省出抽水，故趋之若鹜。然其为害，固不让番摊宝斗云。

大清光绪三十一年乙巳二月初六日 公历一千九百零五年三月十一号

大埔要犯脱逃之原因

〇大埔匪首邹满，聚党数百人，在中兰乡口之大士堂开台拜会。去冬因中兰劫案，经胡大令差拘监禁，忽于日前逃脱各节，曾纪前报。兹查悉其脱逃原因，系胡大令于元旦日，特命禁卒等将各名重犯悉数开锁，藉施格外之恩，乃查察不周。该匪遂乘夜兔脱而去，同时并逃去重犯一名，系麻甲郭姓命案凶首郭阿衡。闻均由城之女墙系一麻绳，缒地而逃，犯诚狡矣。此则非胡大令之所及料也。

大埔河流新涨

○埔邑地居低下，每当春夏之交，一遇大雨，河流骤涨，往往平地水深一二丈。近因元旦以来，阴雨连绵。至廿一晚，河水陡涨至一丈数尺，城外福缘墩至高坝、神泉等街，均水深三四尺，至八九尺不等。据土人云，正值新年，即逢大水，亦罕见也。

嘉应川土滞销

○嘉应商务，川土居一大宗。调查癸卯年销数有一千余担，至去岁销数约仅五百余担，逐年减色，出人意表。若本年加以膏捐，则川土价昂，其减色必日益加甚。刻下各土商忧形于色，俱有急图改业之意云。

大清光绪三十一年乙巳二月初八日　公历一千九百零五年三月十三号

海阳大埔县试之改期

○海阳县试，胡大令改期于十三日举行。
○大埔县试，胡大令改期于初四日举行。

大埔虎患

○闻埔邑崧里等乡，近有猛虎四出为患，伤害人家、畜牧无算。且于通衢大道，出没无常。行路之人，咸有戒心云。

大清光绪三十一年乙巳二月十一日　公历一千九百零五年三月十六号

潮嘉劫盗汇志

○兴宁东厢离城三十里许地，名曰蕉坑，为往来石马之孔道。上月廿五日，适有石马墟贩陈某，携银到县买货，道经此地，突有匪六人，持刀强抢。陈某以众寡不敌，任其劫掠，劫去银八十余元，另零星物件，约值十余元。临去时，将陈某额角斫伤一刀，用绳缚住手足，抬往山谷幽僻中。后遇樵采者，呼救始得解脱。当即赴县呈控，后经失主探确，

拿获林姓数人送案。该匪到堂，直供不讳，尚搜出银卅元。但不知如何惩办耳。

〇又嘉应张牛记古凤合二号，于上月廿七夜，被盗窃去货物约值一百余金。闻是夜，因树湖天后宫烧放烟景，店伙往观，空虚无人，盗故得乘机而遂其欲云。

兴宁凶徒之举动

〇兴宁泥陂地方，俗尚强悍。无赖之徒创设一小刀会，一言不合，动辄行凶，年来此风甚盛云。

大清光绪三十一年乙巳二月十二日　公历一千九百零五年三月十七号

长乐县示期科考

〇长乐县王义门大令，近日出示，定于二月十二日开考，科试文童首场，决不改期云。

兴宁恶少之可恶

〇兴宁新陂乡刘、李两姓，聚族而居。前月有刘姓妇携香楮果品，往近处观音宫烧香，祀神将毕，突有乡邻近三四恶少，乘机调戏，并夺果品而去，妇归述其夫。夫使翌日再往，阴使数人伏寺旁待之。次日妇进寺，则恶少数辈先奉调戏如前，瞰伺者怒跃而出，即挥以拳。格斗移时，各一人受伤。闻刘姓一人伤重而毙，已报官验究矣。

叔侄互控

〇嘉应东厢堡有余姓者，叔侄二人积不相能。昨偶有违言，因而相殴致伤。其叔母子赴州请验，牧伯因其以侄殴叔，大干法纪，批饬差拘究。而其侄窥批严紧，随即托孔方兄传呈，亦得批示拘究。噫！财神势大，亦足畏矣。

大清光绪三十一年乙巳二月十三日　公历一千九百零五年三月十八号

长乐城市被劫

○正月廿九夜十打钟，有匪徒数十人，操龙川土音，用肉棹撞开附城天后街万合店、文华店二间，将店内货物、银两席卷一空。隔店有开门出视者，贼即用洋枪轰之。栅夫蔡九满闻警，狂奔至县署告变。王大令率勇往救，贼始散去。计文华店失赃千余元，被贼击伤一人；万合店失赃二千余元。现王大令已悬重赏，务缉获赃盗究办。惟长乐店家全数家产在于一店，一旦被抢，其状殊可悯矣。

大埔鱼货滞销

○埔邑各店家去腊杪所办鱼货，因来源价高，销流不畅。然各种鱼货，色味易变，实难久存，现已减价出售。据个中人言，通计此货，每百元约须亏去本银数十元云。

赌场滋事

○大埔三河某甲、乙在赌场滋事，乙遽用利刃格斗，伤甲头面深入数寸，一时血流遍体，千条烦恼丝亦被割断。现闻甲妻已赴县喊冤请验矣。

大清光绪三十一年乙巳二月十六日　公历一千九百零五年三月廿一号

兴宁县试示期

○兴宁滕大令出示，定期于二月二十日开考县试。

大清光绪三十一年乙巳二月十七日　公历一千九百零五年三月廿二号

重请改妆示禁

○兴宁妇女用花钏银鈮，奢靡无度，前经该县士绅呈请县宪，勒石示

禁，俱改新妆矣。讵今年正月间，打首饰银铺复煽惑妇女，扬言驰禁。无知妇女，信为实然，复改用旧妆式。现闻副贡生陈渊等复联名呈请滕大令，再出示禁矣。

永和墟米店被劫

○兴宁自去冬以来，距城六七十里解湖江等处，抢劫捉人，时有所闻，被劫者以离城较远，又恐报复，多不敢报案。近闻邑东厢永和墟义和米店，前数夜突被匪四五人撞门而入，各持短枪指吓，该店司事不敢出声，任其掠取银物而去。

假单被获

○兴宁某甲，去年曾在嘉应邓通旺香店雇工，因事辞出。二月初五夜，某甲到州，竟伪造通旺银单，向黄谦益号取银。幸店主察觉，即将此人扭送署收押云。

普同塔传奇之将出现

○大埔天末散人讷庵氏，近著一普同塔传奇，纪国初大兵屠潮州，西湖僧瘗群尸筑塔之事。闻已将脱稿，本馆先得其提纲"满江红"一阕云：

惨惨湖山，是当日埋，尸冢共。问何罪小民愚忄，生教断送，揭领悲风运穗石，朱明末运同炎宋，莽唆都旧事，忍重看，心悲恸。

将军井、英魂恫、美人驿、题诗诵，望中原，气消龙虎，驾虚鸾凤，四海歌呼迎异姓，一家血战摧同种，笑与朝耿尚，两藩王，究何用？

苍凉感慨，已足窥豹一斑。想此编一出，当必为读者所欢迎也。

大清光绪三十一年乙巳二月十八日　公历一千九百零五年三月廿三号

欠债被拿

○嘉应城西古某甲，在赣州经商多年，家资颇厚。近因生理亏累，店号倒闭，债主某乙到州禀控。牧伯于初五夜，密派嘉字营勇到其家围击，获其子一名，钱价细故，几如命盗大案。不知将来如何办法。

大埔僧尼之可恶

○埔邑西门外南华寺，前数年来一僧人，投居其中，年可二十许，美姿容，工煽惑，该寺香火因而颇盛。而该僧挥霍殊甚，无恶不作。去年借修砌寺前石坎为名，募题数百金，略为修补，开销巨款。本年元月间，因赌去数百金，向借烧香妇女百余金，某甲数十金，谓后数天寺中建生醮，得银可以填偿。孰料骗既到手，席卷而逃，寺中仅存谷六七石而已。菩萨低眉，金刚怒目，无边佛法，其如此，妖僧何？

○又闻龙泉庵住持妖尼，近日勾引远近无数妇女，于庵中设坛做生斋。每人令醵金一元，以为普度之费。附近狗沙及轻薄少年闻而往观，渔色为乐，等无遮之大会，结欢喜之因缘。闻其所费不下数百金，是诚掷黄金于虚牝也。记者曰，中国寺院，实为诸无赖之逋逃薮。近日闻粤垣恶僧，有违旨毁学之事。安得有心世道者，奏请沙汰，廓而清之，免为社会之矛贼也。

大清光绪三十一年乙巳二月二十日　公历一千九百零五年三月廿五号

嘉应州试改期

○秦牧伯示期本月二十二日开考，既登前报。兹本秦牧再出示改期，其示云：本州业经出示，定期二十二日开考科试。查远近士子，因就馆游学，一时恐难应期。今特行再示，改期三月初三日考试，以示体恤，届期切勿迟误云。

梅州著匪之添翼

○嘉应桃源堡著匪张阿冉与细罗子，屡在闽粤交界之永定、峰市等处劫掠。去年闽省曾有移文来州缉拿，尚未弋获。近闻又得著匪邱阿广以为羽翼，益肆猖獗。梅州从此，又多一患矣。

大清光绪三十一年乙巳二月廿二日　公历一千九百零五年三月廿七号

大埔县试正场榜

○大埔县试正场初十日出榜，兹将前列十名照录如下：饶景涛、廖赞动、饶树德、邝逢甲、蓝宝桢、杨文明、杨□□、黄炳辉、杨丙奎、苏作舟。

试题汇录

○海阳首复题："己欲立而立人，己欲达而达人"义。次题："移风易俗莫善于乐"义。

澄海首复题，澄邑侯于昨十九日首复科试文童。内场首题："泰西银纸偏行内地华人信用不疑，若中国自造钞票能否各省通行，有无流弊。试详言之"策。通场二三题："教民亲爱莫善于孝论，文所以载道也"论。

前日正考文童七百余，因发榜太缓多个回家，是日复试进场仅四百余名云。

大埔首复题："潮汕铁路善后"策；"唐之府兵与今之常备军孰善"论。

潮阳补考题："务民之义敬鬼神而远之"义。五经题："野无遗贤"义。

揭阳县试三复题："滇西南北三路边防考禹治天下与算学有关"说。

大清光绪三十一年乙巳二月廿六日　公历一千九百零五年三月卅一号

异哉州署亦开饷押耶

○嘉应州署监卒在头门摊卖衣物当票，几如市肆。月之某日，有张氏妇经过其地，见所卖耳环，是伊失物，欲向买回，议价不定，互相争论。有过者询具情节，据监卒云：我是承饷来的，何得轻卖。问何饷，答云：宅门内逐日要二元，宅门外逐日要一元五毫，独非饷乎？又细询左右，答曰：摊卖头门者，犹小物耳，班馆内贵重之物，指不胜屈。随引其人入看，见服物堆积，银玉、钗钏无数。噫！此物从何来？盗窃赃物而可押于班馆，无怪群盗之肆无忌惮矣！

嘉应虎役之恶状

○狐假虎威，差役之常态也。而嘉应之悍役刘旺为尤甚，奸险狡诈，罕有其匹，举州目为牛阎王。凡其所承行之票，无论案情大小，鞋礼饭食，极少亦须百金。稍不遂意，即借端陷害，多金馈送，则虽火签，亦为搁置。即如前二年松口堡古毙叶命一案，迄今骨既枯烂，而凶手犹未被拘。虽叠经州宪之添差派勇，而旺谲诈多术，差勇无不受其牢笼。闻旺自承行此案以来，入其囊橐者，既不下二千五百余金矣。命案重大，而竟为悍役包纵，藐官玩法，其罪尚可逭乎？为民父母者，亦竟置之不闻，是何说也。

大清光绪三十一年乙巳二月廿九日　公历一千九百零五年四月三号

各县试榜汇志

○大埔科试初复榜前列十名：饶景陶、杨丙奎、范之镇、廖赞勋、张光祖、何乙清、蓝葆桢、刘步瀛、郭毓英。温泮萍。

试题汇志

○潮阳县试终复题：内场四书义题："赐也达"义。外场四书义题："求也艺"义。通场策题："问古今社会之进化，莫不由图腾社会，而宗法社会，而军国社会。中国现在进至何级，后日变迁何？如试详论之"策。

澄海县次复题："唐高祖诏州县皆置学有明一经以上者，咸以名闻"论；"裴行俭知人"论。

大埔县试二复题："为治不在多言"论；"张香涛宫保建置存古学堂"论。

长乐县试首场题："孟子曰：不信仁贤，则国空虚；无礼义，则上下乱；无政事，则财用不足义，重斗击柝以待暴客盖取诸豫"义。

○闻此次长乐应考童生仅五百人，比从前已减三分之二云。

大清光绪三十一年乙巳二月三十日　公历一千九百零五年四月四号

鸡卵孕蛇之奇闻

○近闻兴宁石子岭李氏妇，蓄一母鸡，生一卵，剖而思烹之，则一白蛇，长两寸许，破壳而出。岂非怪事，试质之世之谈物理学者。

砍木兴讼

○嘉应浊水村，日前杨姓砍伐郭姓祖屋封围树木，妇孺遇之，夺其斧

索，遂致口角滋闹，图赖赶殴。郭姓赴州署传控，杨亦即诉呈，现不知州县如何办理云。

就义捐生

○嘉应优贡张缙良，博学能文，前月逝世。而其妾敏娘者，本青楼中人，自从良后，颇勤慎。缙良病，日夜侍奉汤药，经年不懈，诚为难得。及缙良没，敏娘呼天抢地，痛不欲生，丧事甫完，即潜服信石。告其主母曰：屋事毕矣，当从主人于地下，倘许附主人而葬，则死且不朽，遂从容含笑而逝。其就义捐生，当与盼盼争烈矣。

大清光绪三十一年乙巳三月初一日　公历一千九百零五年四月五号

试榜汇志

○大埔县试二复榜前列十名：张光祖、饶景陶、范之镇、杨丙奎、饶镕、何起南、何乙清、蓝葆桢、邝逢甲、萧道宗。

秦牧伯怒杖蠹役

○嘉应蠹役刘洪、唐福二人，奉票讹索，受贿卖放，无恶不作，乡民被其害者不鲜。上年吴阿性等毁掠务本学堂校物，该差屡奉拘拿，不惟无拘，且受贿庇纵。忽料近月上宪严札秦牧惩办阿性等，并另赔偿校具，以重学务。日昨秦牧坐堂，赫然震怒，将刘、唐二役重杖数百、勒限拘吴阿性等到处案究办。二役惧获重谴，始仓皇奉票而去。未知仍敢蹈前辙，视为具文否？

祝融为灾

○嘉应南门外张锦盛，于二月廿二晚，因司事在床燃灯看书，不觉睡去，书被火焚，延烧蚊帐及身衣。该司事始惊醒呼救，而火势上腾，不可扑灭。店邻惶恐，幸城守带勇往救，逾时始熄。仅焚锦盛一间，未殃及邻店云。

藉端勒索者看

○埔邑屠捐县城开办，已经数月，每店按月供纳五元缴局。有邓某者借充局中司事，勒令各屠户按月出银三毫为局费，各店不允。邓遂带同局勇，白日捉人。各屠户一见□□，愤怒异常，□□□□□□□□，□□□号日前因屠捐事，与邓角口。是日遂乘众怒，召集各屠户少年子弟，将邓某甲缚系树上，用竹筒盛粪灌入甲口，金汁淋漓，遍身挥洒。见者无不称快云。

大清光绪三十一年乙巳三月初三日　公历一千九百零五年四月七号

试榜汇志

○长乐县试首场榜前列十名：温荫槐、刘肇华、温郁彬、李琼芳、刁庆祥、钟伟英、吉诒孙、廖钰莹、陈福圻、朱国勋。

兴宁县试首场题目

○滕大令于本月廿二日开考县试，首场题目照录于下："民日迁善而不知为之者"义；"辟四门明四目达四聪"义。

兴宁县某大令之判案

○兴宁北厢水陂朱桂秀，悬赏著匪也。伊族朱才旭，颇丰于资。日前土匪蠢动时，被该匪打单勒索银数百元，屡控前宪捕拿未获。嗣有长乐某商，发货至龙川境，其字号适与伊族朱某同。该匪疑为即朱某物也，杀其人，掠其货。乡人闻知，即行鸣锣呼抢，捆获该匪送县，转移兴宁。某商旋控诸县，并控诸上宪，年余于兹矣。近日某大令传齐两造讯究，未知何处神通，竟将朱才旭及其指证之房族，横加杖责，勒令认诬。嘻！良莠颠倒。兴宁土匪，无敛迹之日矣。

偏断酿祸

○嘉应石坑堡李、刘两姓，因争空地，互控州署。前日堂讯，李获全胜。殊李乘势横占，刘不甘，以致斗殴。刘、李又互相传呈请勘，三呈而后批准。现牧伯已亲往查勘。闻两造均已用去白镪甚多，即李姓亦有怨牧伯当日之偏断太过，致酿成今日之讼累云。

异哉州差之议官长

○嘉应州署差役，日昨在大街酒楼聚饮，怒骂牧伯老憨。旁观诘其故，差役云：自开印以来，各案尚未发票，本日忽叫坐堂，比差催案。及

出坐堂，四班总役上堂回明。牧伯始知各票尚未发出，嘿然而退云。噫！此中怪象，其为收发处之搁票耶？抑承行各房之疲玩耶？虽然为民上者，苟有振作，何致着中上下人等之敢藐视也。

大清光绪三十一年乙巳三月初四日　公历一千九百零五年四月八号

长乐县考二场题

○长乐县王大令二月十九日揭晓首场榜，二月廿一日复试各童生，前列五百名，入考棚作文。又于入场时，王大令面谕各童生，前列自第一名至二十名，入内堂各厅内面试；第二十一名至五十名，入内堂大堂内面试。余悉归散棚。封门后，命题两道如下："故栽者培之，倾者覆之"义；"禁于未发之谓豫，当其可之谓时，不陵节而施之谓孙，相观而善之谓摩"义。

州署办案之近状

○向例命案，一经呈报，即往相验，以示慎重人命，恐有事久生变之意。前月二十日，有嘉应州民妇杨陈氏，赴州署呈报其女被其夫族张阿通殴伤毙命一案，直至二十二日尚未批示。噫！命案如此，其他可知矣。

大清光绪三十一年乙巳三月初七日　公历一千九百零五年四月十一号

大埔县试正案榜

○大埔县试，前月廿六日终复题一道："内省不疚，夫何忧何惧"义。廿七日发大案榜，前列十名照登如下：饶景陶、张光祖、杨丙奎、饶镕、何乙清、何起南、蓝葆桢、邝逢甲、孔宪熊、范之镇。

长乐县试初复榜前列十名

○魏麟圣、张佐邦、温阴槐、吉诒孙、陈炳勋、温郁彬、陈福圻、刘肇华、古际辰、李琼芳。

长乐县试二复题

○商鞅论；外国人物论；华盛顿论。

长乐劫匪被获

○长乐葛州有程某甲者，家资富厚。上年父子相继逝世，仅遗姑媳及幼儿数人。上月廿五夜，被匪众数十人破门而入，遍搜银钱不获，将其媳钟氏缚住，以刀加颈，问银藏何处。氏初不肯言，贼即将刀割其一耳，氏惧，乃言之。匪遂掘地取银，并衣服器用，搜劫殆尽。时适有族人走报下村钟姓，呼百余人，各执枪械追赶。匪既远出，尾追及之，相敌时许，擒获匪党四人。于廿六傍晚时送到县署，县令即为收押，尚未过堂。不知如何惩治，探确续报。

兴宁办案纪闻

○兴宁东厢走马冈罗某甲，日前奸通伊邻王乙之孕妇，欲娶而不得，遂拐匿于私室者数旬。罗惧事泄，贿串王姓无赖及其外氏，背卖于石马墟，而转买以为妾。时伊夫商江西，及回来，侦知其事，愤甚，每出入，怀刃以从，不得遇。因控诸前县郭，存案不理，乃忍辱而走。今春正罗某偕该妇抱孩归，中途遇着王乙之兄嫂，其兄嫂登时叫族人扭回家，随控于滕大令，罗亦呈诉焉。滕令怒，押于差，越旬始集讯。不知何处神通，滕令竟将王乙之族老杖责数百，该族老耐刑不住，曲听遵依，而滕令遂将该妇断归罗甲。数日其夫得信归，愤甚，复控。滕大令掷其词于地，且杖数百焉。噫！天下多美妇人，以罗之丰于财，何必是。兴宁多资本家，以滕之敏于才，更何必是。君子曰：官绅交征，兴宁其危矣。

大埔花会之猖獗

○埔邑花会复开，已志前报。推其原因，系地方官虽申禁令，而所派差勇，奉票拿匪，不过借为发财地步耳，故赌匪毫无忌惮。近闻同仁甲罗金昭、罗觉开等，在太平墟招集匪徒，大张旗鼓，竟公然标贴长红，四方布告，于某月某日开厂。而崧里何某甲等，复于石垄巢伙开一厂，搜刮人财，贻害乡村，莫如此甚。官斯土者，慎勿等闲视也。

大清光绪三十一年乙巳三月初八日　公历一千九百零五年四月十二号

秦牧伯往乡验尸

○嘉应南福村黄姓殴毙叶姓一命，经公亲调处和息。而黄姓烂辈遂放串

炮，夸耀乡里曰：毙一命不过花费数百金，何害于事，不妨再毙。叶姓闻之愤甚，即反和息字，誓于众曰：千万金不愿和息矣。故尸亲于二月廿五日报案，而秦牧即于廿七日亲往堪验。闻黄姓供夫马房差堪费，已用千余金云。

同文学堂二月课榜

○中史前列十名：刘崇、姚宇龙、张席珍、赖淑鲁、廖毓桓、黄作霖、梁冠英、钟郁文、李惠生、孙振新。

西史前列十二名：姚宇龙、古锡龄、陈文焕、林颖翼、赖淑鲁、钟郁文、蔡应龙、韩柳文、蔡澍云、廖道元、张文纬、吴之杰。

东文前列七名：（甲班）吴汝嵩、林钟璜，（乙班）廖毓桓、陈文焕、钟郁文、韩柳文、方从贤。

算学前列九名：（甲班）林钟璜、吴汝嵩、赖淑鲁、吴之杰，（乙班）陈文焕、钟郁文、韩柳文，（丙班）吴展翼、姚启新。

全堂二月份各科学总积分表前列二十四名：钟郁文、廖毓桓、陈文焕、蔡澍云、韩柳文、梁冠英、吴之杰、林钟璜、姚宇龙、□□、吴汝嵩、□国嵩、廖毓华、□颖翼、方从贤、黄作霖、方景珩、孙振新、赖淑琦、刘崇、陈兆棠、廖道元、曾焕章、周缵尧。

大清光绪三十一年乙巳三月初九日　公历一千九百零五年四月十三号

长乐盗匪之猖獗

○长乐自去冬以来，抢劫之案，层出不穷。前月附城万合、文华二店被抢后，匪势尤为猖獗。近日高坑、孔目洞、新桥洞、磨墩上等处，迭被抢劫。甚或宣传某日匪由某处经过，某日匪在某处歇宿，以致附城及西河一带，商民不获安寝。近来报抢之案二十余宗，虽悬赏缉拿，而终无一破案。邑号长乐，而民至无一夕之安，诚不知后患将何如也。

命案诉呈之被押

○大埔大麻甲房、黄二姓因迎神滋闹，两家恶少互相格斗，均有受伤。房姓人误被旁人以石击伤，黄殴打毙命，经胡大令委三河司张代验。黄姓请出伊族某生代为排解，已断定一百元为收埋之费。奈某绅仅付二十元，余款悉被干没。房姓不服，遂请三河司张详禀。闻黄之父诣县呈诉，已被收押羁所云。

大清光绪三十一年乙巳三月初十日　公历一千九百零五年四月十四号

试题汇志

○嘉应秦牧伯三月初三日开考州试，首场题目录下："已冠，子夏为莒父宰问政一章"义。"未冠，不患人之不己知，患其不能也"义。

通场次题："慎乃俭德惟怀永图"义。

长乐县三复题

○长乐考试王大令极为认真，恐有枪替传题飞卷之弊，乃以三复封门后，先命一题："中国铸金币得失"论。移时另换一题："宗教哲理消长关系"论。次题：权利义务释义。

长乐县试二复榜，前列十名：张佐邦、温荫槐、朱国勋、廖钰莹、吉诒孙、陈福圻、李诵芳、李琼芳、甘日新、李济东。

大清光绪三十一年乙巳三月十一日　公历一千九百零五年四月十五号

兴宁县试三场合榜前列十名

○萧赞勋、陈煊藻、刘奉璋、刘志梃、陈阁麟、罗心源、罗□□、胡敏崧、赖新、罗商铭。

兴宁三复试题

○"拿破伦雄视五洲"论；"汉高祖与光武孰优"论。

大清光绪三十一年乙巳三月十四日　公历一千九百零五年四月十八号

佛何咎一钟

○兴宁某学堂欲借一寺钟为传号，特命工人到某荒寺取钟。工人有难

色，然不敢不去。归复命，则仓皇失色曰：不敢抬，不敢抬。询其故，曰：抬钟时忽头痛，故释去。堂中人知其伪也。次日复择一强有力者去取钟，报命复如前。不得已亲到寺监视，是否能头痛。至则举重若轻，而钟已离寺矣。噫！施舍本我佛之心，果如有灵，亦何吝一钟？迷信神权，可胜浩叹。

蕉坑劫案续闻

〇兴宁蕉坑匪劫石马墟脚一事，略志前报。兹探悉墟脚陈锦生，带有石马、同孚等号付邑办货银三百一十四元，又付交兴民学堂学生陈少彬收铺盖一付，并衣服、枕箱、书籍等件被抢一空。后经拿获数匪送县，堂讯时该匪直认不讳，并供称身上仍有三十五元二毛，系被局勇廖兆云搜去。殊廖兆云匿不缴案，仅将当票数张、双刀两张交出。闻失主再三追究，至今许久，仍匿不交。夫廖兆云乃系局勇，拿匪而匿匪脏，任追不缴，藐玩已极。或谓有龙蟠局绅某从中把持，唆不缴案，意图瓜分，未识确否？然官斯土者，亦当一为严究也。

丰顺万大令考取师范生榜

〇李秉康、吴祖芬、徐伟坤、李景嵩、李光熙、古梅、邱炯章、李仲璜、李佐平、张祖培、张之纪、吴求可、张文瀚、陈寅亮、彭百川、关延芳、王百桐、张赓云、朱耀辰、徐呈祥、王景新、李藩、吴国梁、张心源、黄其昌、罗廷珪、郑济时、彭步成、朱百龄、黄毓馨、饶炳尧、杨卓云、彭颖、郑溥、罗英杰、吴昌澄、丁培恩、朱锡畴、邱鸿勋、廖拔、陈林鸿、谢裕光。

大清光绪三十一年乙巳三月十六日 公历一千九百零五年四月二十号

州试首场挑牌

〇三月初八午，秦牧伯将首场考试文童卷，选取一百五十名，悬牌头门。初九日进场后，点名提入内堂面试。兹将前十名列左（下）：罗冠华、刘永清、吴宾旧、余鹏振、黄后苏、陈葵景、李瑾、林继张、谢朝恩、黄瀛士。

又闻首场秦牧伯羁押文童数人，经禀保等禀请保释，仅放二人。其邹、叶三人仍在押，不准保释云。

禀请山场充学堂经费之批词

○镇平县监生汤宜受赴省具禀，蒙抚宪批云，此案生员汤以成系翻控首名之人，迭经差传，匿不赴案，请将所争山场拨充桂岭学堂经费等情，业经批司核明，饬遵具报。现在尚未据，复道据呈前情。抑布政司查案核明，转饬镇平县遵照具报。粘抄，保领并发。

大清光绪三十一年乙巳三月十七日　公历一千九百零五年四月廿一号

丰顺万大令考取练习生榜

○张草书、张树标、陈一新、徐重熙、张腾汉、李春魁、吴世麟、张载源、罗曜奎、王树榕、张羲琴、郑甲材、吴祖诰、李应昌、张鸿文、詹奭、李际云、朱作藩、张文轩、朱兆坤、廖邦佐、罗奎光、徐国光、吴展云、王家祥、朱锡年、李祥光、杨作辛、朱江、谢炳文、吴祖康、冯健骅、王铭章、李宾璜、陈林壬、洪寿祺、朱锡爵、陈登瀛、朱之哲、林宗源、潭百史、杨梦花、吴显清、朱步程、张箸生、朱锡南、丁培蓁、罗光表、杨百川、张景桐、张长庚、刘明顺、郑□荣、邱宗璜、冯尧典、李梦庚、饶炯光、郑祖昆、吴鸿遇、何桐对、罗崇德、吴云龙、李灼华、洪图、郑仲华、陈廷魁、陈伯纯、郑德高、洪恩、郑寿南、王家璧、罗步云、杨郁青、王嘉言、吴树荣。

大清光绪三十一年乙巳三月十八日　公历一千九百零五年四月廿二号

太尊留意潮音

○李太尊下车以来，查访地方利弊。又以未识土音为憾，拟令绅士将口音译为潮音，以便稽考。然潮州土话有音无义者甚多，恐难副太尊之望也。

大清光绪三十一年乙巳三月二十日　公历一千九百零五年四月廿四号

缉捕经费仍归旧商

○潮嘉缉捕经费批期已满。虽有人在省争承，而宏富公司旧商陈君实甫，亦晋省禀请接办。现已换批，仍旧承办，于日昨偕督办委员熊太尊回汕矣。

○又闻澄海七都经费，亦仍归蔡绅钧溪等领办，以资熟手云。

嘉应务本学堂二月积分表

○中学级前列十名：吴颂声、邱孔新、黄新国、廖璧、吴尚志、张鼎南、张国纲、陈国用、陈世英、温松。

小学级前列五名：张有恒、邱昌文、张玉衡、吴达声、吴瑞兴。

大清光绪三十一年乙巳三月廿一日　公历一千九百零五年四月廿五号

洪水又涨

○入春以来，淫雨霏霏，以故韩江之水骤涨数次，刻又上水、下水、竹木、东门均已关闭。下游田园，遭其淹溺无数。庵埠等处，水深数尺，往来皆用小艇云。

○又兴宁南厢一带，地势低洼，屡受水患。前邑令张琮有《兴宁杂咏》中有二句云：十雨偶愆田变石，三篙骤涨屋成舟。亦纪实之词也。今春雨水太多，河堤崩溃者四五处。近日水又大涨，一片汪洋，乡镇都成泽国矣。

大清光绪三十一年乙巳三月廿四日　公历一千九百零五年四月廿八号

试榜汇志

○嘉应州试连考三场，始于三月十八日发榜，前列十名照登如下：林作模、潘世芬、何瀛洲、房定洲、管瀚文、梁充海、梁隆栋、卢运球、谢纶恩、李植。

○长乐县考五场榜初九日揭晓：吴家骥、吉诒孙、高杞、张鼎新、朱国勋、古际辰、刘肇华、温荫槐、魏麟圣、陈福圻。

长乐县考正案榜十二日揭晓：吴家骥、吉诒孙、古际辰、温荫槐、陈福圻、魏麟圣、李琼芳、刘肇华、朱国勋、古保华。

又此次长乐县考正案榜共九百余人，前报云五百余人系误闻，特为更正。

长乐试题汇志

○第五场试题

大堂上题：克雷飞论。如不知出处，即作东三省建设行省私议。

大堂次题："民可使由之，不可使知之"义。

内堂上题：爹亚论。如不知出处，即作卫文公论。

内堂次题："故为政者每人而悦之，日亦不足矣"义。

散棚上题：许行论。

散棚次题："故为政者每人而悦之，日亦不足矣"义。

○末复通场试题：其进锐者其退速；去关市之征；为力不同科；举贤才；当务之为急；入曰伯夷叔齐何人也；尊德而道问学；堂堂乎张也。

王大令朱批云：以上八题，每题作经义一小段。最少以五十字为限，不得再短。依次抄写，勿遗勿错。

○又王大令此次考试，场规严肃，弊绝风清，邑人稍颂。其末复八题，隐寓"速去科举，急入学堂"八字，亦可想见其为人矣。

大清光绪三十一年乙巳三月廿七日　公历一千九百零五年五月一号

商人脱险

○兴宁刘某甲，向贸易江西。前月间偕七八人自赣回兴，行至龙川黄田地方，突遇匪徒数十人，各持短枪，拦截归路，刘某甲等惊惧失色。适路旁有一大石崖，急入避焉，各执担竿以待。匪党开枪遥击，屡发不中，少顷弹尽。刘某甲率同伴数人，出匪不意，一跃而出，击伤匪徒二人，余皆狼狈而去，亦幸矣哉。

大清光绪三十一年乙巳三月廿八日　公历一千九百零五年五月二号

四妇投水之续闻

○前报纪嘉应四妇投水。兹探确系因四妇寅夜偕亡，置服物于沙畔，人遂疑为投水。近该四妇，竟在某寺寻获云。

是何怪物

○兴宁宾坜王姓屋，靠山而居。月之某夕八下钟，未就寝，突有声，如驰风骤雨。一物自空而下，一室皆惊，举火烛之，忽失所在。益大骇，乃传集十余人遍索，又不获。至天明，则有物蹲伏堂隅。谛视之，似猴非猴，高尺许，遍体皆黑毛。以绳缚束之，驯伏无少异。喂以食，弗食，数日而毙。噫！此殆山精木怪欤，而何以术恐吓人，一试而立败也，真有不可思议者矣。

大清光绪三十一年乙巳四月初一日　公历一千九百零五年五月四号

嘉应卫生会之发达

○嘉应卫生会于去年发起，以戒食洋烟为宗旨，不特为已食者劝，且联合英俊少年，并为未食者，预防失足，立意甚觉深远。当开会时，在嘉应之外国医生亦来赴会。近闻德国维医生前月往上海，会集各省洋医师，将会内戒烟宗旨申明。各医师均极嘉奖，拟取章程百十本，分给各处，以便仿行云。似此机关，亦可为中国卫生前途一贺云。

神权亦有益于学务耶

○镇平县绅耆兴办学堂，而经费苦无所出。既经集议，禀请方大令将三八呈期加抽戳资，为学堂经费矣。近又闻某绅倡议，设坛建醮，捐题巨款，将醮费余剩之资，拟为学堂之费。而又以己非信神者，恐无人信，特请某绅（素崇吕祖，为邑人士所敬信者）出而主其事，以筹学费，不惮委曲求成，是亦一特别之思想耳。

请看邪巫黄兆荣之运动

○距兴宁城二十里许，曰下桥，有黄兆荣者，邪巫也。向在该处创设妖坛，自言有天师护身，常服巾帼衣，往来龙田叶塘间，煽惑妇女。该巫自知不为众所容，乃贿托某绅，谎禀前郭大令出示保护，而邪焰遂张。嗣经叶塘萧整文茂才禀请滕大令查拿，乃拆毁妖坛。大令拟治以左道惑人之罪。黄百计运动，贿嘱族叔某背金多名，禀请摘释。近闻故态复明【萌】，日益加甚云。

大清光绪三十一年乙巳四月初三日　公历一千九百零五年五月六号

兴宁社会之旧相

○兴邑民族迁自中原，故风俗与中原相近。士尚廉介，而少豪侠，农务勤劳而安故陋，商工心计而乏信义，工守矩矱而少变通，大抵皆保守主义也。若易保守为进取，必自兴学始。

防疫示文

○嘉应秦牧伯近日出防疫告示一道，照录如下，其示云：

为出示晓谕事，现据德济医院韦嵩山禀称，近年天灾流行，症由鼠疫，后传染于人身。西医用显明镜考察人身发核之处，内有微生物，与鼠疫之症相同。此症先发在省城、香港、汕头、潮州各处，后沿及长乐、兴宁。本年上市蓝屋此症，先死鼠，后才及于人。请饬差每日轮流桶担灰水，于近城各街，凡见死鼠，收在灰水桶内，即行埋去。并清洁街道，净除地屑，此思患预防。俾斯民共登仁寿之域等情，并附送防疫良法一纸前来。查阅所论防疫之法，系为卫生起见，洵属可行。除签差传谕各地约扫除街道秽物，并备灰水桶收检死鼠，及将防疫之法发交保安局刊布外，合行出示晓谕。为此示谕各处诸色人等知悉，尔等务宜各将所在住房屋、店铺，以及门前街道，随时洒扫洁净。遇有死鼠，即用石灰和水约浸一刻，埋于地下，深约三尺，毋得乱掷。起居服食，均宜谨慎。以尽卫生之道，免为疬疫所侵。其各遵照毋违，特示。

○按嘉应近日，仅蓝姓病殁数人，此示乃思患预防之意，况节交夏令，洁净街衢，诚卫生之要务也。

妖巫为害

〇梅州雁洋堡河珠陇有房姓兄弟数人，设巫坛一所，煽惑妇女，窝藏匪类，无恶不作。房三向分设一坛在松口溪南，去年因窝匪被控，经秦牧伯饬丰顺司严拿在案。雁洋一坛，因远隔人屋，房姓兄弟仍不知敛迹，乡邻受害不浅。或谓其依某甲为护府，故敢肆无忌惮，未识确否。然该乡绅耆老何竟任其扰害，而不思有以除之也。

大清光绪三十一年乙巳四月初五日　公历一千九百零五年五月八号

势成械斗

〇兴宁城西三里许，曰葛岭，陈姓聚族而居者千余人，地处下流，几成泽国。近拟开一暗沟，放水出河。甫开工，讵近处罗姓出而阻挠。陈姓人愤甚，乃遍邀绅耆堪断。是日到者数十人，均以两姓相距里许，开沟放水，陈姓固有利，而罗姓亦无害。无如罗姓人抵死不肯，近日两姓人积愤达极点，恐势成斗械云。

大清光绪三十一年乙巳四月初六日　公历一千九百零五年五月九号

长乐匪党之声势

〇长乐王大令前月到州贺寿，闻报县署库房被劫，匆促回署。兹接该县署来函云，衅因日前获押匪四名，其匪党窥县主赴州，公然在城扬声抢监，故署中惶惧，着急促赶王大令回县，实则并未行抢云。

会匪伏法

〇兴宁会匪卢某、罗贤伯，前经治安局勇拿获送县。昨滕大令自州回署，即提该匪二人讯取确供，就地正法。

大清光绪三十一年乙巳四月初七日　公历一千九百零五年五月十号

县官亦庇窝乎

○友函云，埔属同仁甲有著名窝家黄某，素以窝盗受赃为事。去岁窝赃某茂才耕牛，踪悉后，报由汛弁及地保亲往起赃，具禀到县。经查前令饬差严拘未获。及胡大令莅任后，该窝家不知如何运动，竟得逍遥法外。闻日前某茂才赴县禀究，反将某茂才交学，闻者骇然。

大清光绪三十一年乙巳四月初八日　公历一千九百零五年五月十一号

船户串吞之伎俩

○嘉应上市某号，日前在汕买米一百五十一包，值银八百余元，雇船载运。至蓬辣河，忽报称全船失水。旋由某号查得，该船户串通同行货船，先将米搬空，沿途枭卖，然后将船破坏，报称损失，实为船户惯伎。立将串通各船夫一一留住，禀官究办矣。

户房吏改充

○嘉应州署户房典吏，昨因公辞退，经秦牧伯牌示以邹汝钦补充其缺。闻此缺甚优，承充者多得巨利。近自保安局厘订定章完粮，陋规稍减。而邹某此次承充，犹花费千七八金云。

悍勇伤人

○嘉应常备军勇，初二日在东桥剧场，与黄某口角，即逞凶殴打，经投明管带熊千戎惩责。是夜该勇复纠集多人，要黄某于路，痛殴几毙。同行一人，亦受重伤。翌日抬赴州署验明，想必拘凶惩办矣。

长乐樟村学堂近述

○樟村教民开设初等小学，已登前报。兹探悉该学堂系该处绅民合办，不独教会中人。现改为民立速成普通学堂，堂中教员四人，高等学生

365

三十余人，初等学生十余人。每星期登堂演说，以爱国合群为宗旨，乡民往听者甚众。堂中规模，颇为完备。现由总办钟君毓元，张君鸣清，赴县禀请立案矣。

机工之便利

○埔属崧里乡何绅瑞史，以近日机工胜于人力，悉心考求。自于临溪店内创一机器，经以木为之，楼上下均安机轮，贯以直柱，下引水力运动一机，上面各机悉自转动，运用极其灵便。以此研磨米麦各粉及制造各物，日可抵数人之力。又造一榨房，榨取桐、茶各油，均用活机，不假人力。较旧日油房水车，功用数倍云。

大清光绪三十一年乙巳四月初十日　公历一千九百零五年五月十三号

兴民学堂设教员会议所

○兴宁兴民学堂，去年开办，颇有成效。今年两等学生多至二百余人，各科教员十有四人。近由校长董事等，就校内设一教员会议所，以讲求教育之原理，及整齐划一之法则。分定时会议、临时会议，每会以二点钟为度。已议定章程十余条，不日当实行云。

州试兴镇二县文童交□

○嘉应州试已于初一日毕场，秦牧伯初二日开考兴宁镇平□□□□□□二县文童。

是日题目："行之而不着焉，习之而不察焉，终身由之而不知其道者，众也"义；"天之所助者，顺也；人之所助者，言也"义。

大埔花会猖獗之故

○埔邑花会猖獗，迭志前报。兹闻又有罗高嵩、罗恩向等，在湖市后街公然开设。张某在南山开设，其石隆寨一厂，日前经差勇往捕，已移在附近高道庵地方开设，为害乡曲，较前益烈。其故由于营汛衙役，通同作弊，得贿即纵，故此拿彼开，毫无忌惮。闻湖市有某汛弁，每月受贿七元，高陂有某差役受贿百元，皆为包庇。地方官若不将贿纵者，尽法惩治，终无以拔其根株也。

大埔又有劫案

○平沙甲长公坑李益三，向以经商起家，薄有蓄积。前月廿二晚，被强盗多人破门搜劫，财物一空。闻劫盗均用墨涂面，口音杂乱。已由事主赴县报案，未识能否破获也。

大清光绪三十一年乙巳四月十二日　公历一千九百零五年五月十五号

纸船覆没

○大埔宫前一带，河流险恶。前月廿八日，在该处覆没纸船二艘，渡船、空船各一艘，所有货物全行漂没。闻因是日山水暴发，势甚汹涌，河中船只下椗不及，互相撞碰，以致失事。其篙工、搭客，幸由他船赴救，得免于难云。

大清光绪三十一年乙巳四月十三日　公历一千九百零五年五月十六号

请办妖巫之批词

○兴宁邪巫黄绍龙，前背列绅名，谎禀摘释各节，已志前报。闻现经叶塘局绅联名呈请滕大令拘办。随奉大令批示云：禀悉。据称黄绍龙在李田堡下桥地方，私筑坛所，假神惑众，敛财渔色。此等妖巫，大为地方之害，言之实堪痛恨。该叔黄涛不为约束，尚敢背列绅名，代为诉冤，恳求摘除，朦胧邀准，纵容包庇，咎实难辞。候即饬差拘获黄绍龙，一面勒令该叔捆送，讯明惩办，并将该淫坛毁拆，暨出示严禁，以儆妖邪而安善良。

大埔旱烟歉收

○埔邑各处旱烟，往年至四月间，便已上市发售。刻因春季连月阴雨，烟叶大受损害，所收无几。因此影响，目下烟价，每百斤遂涨多十余元。据个中人言，本季旱烟较上年收成，不过三分之一云。

大清光绪三十一年乙巳四月十五日　公历一千九百零五年五月十八号

府试九属文童场期

○潮州府李太尊示期五月初二日开考九属文童，已登昨报。兹闻其编定场期，初二日考海阳，初六日考潮阳、丰顺，初十日考揭阳、澄海，十四日考饶平、惠来，十八日考普宁、大埔云。

大埔劫案之牵累

○埔属中兰刘家去岁被劫一案，迭纪前报。兹闻经事主陆续指名禀控，前拿获会匪邹满一名，由胡大令讯无确供，在逃未获。后又指控张梓垣等十数名，亦问无实据。旋由胡大令确查张系一家三代，俱属安分守法之人，因争讼情事，挟嫌报复，当张投案待讯时，该事主又抗不赴质。现胡大令以所控不实，未便延累，当将张梓垣等取具的保，并将情形通禀上宪，请将控案注销。而逃犯邹满及本案正贼，再行访缉务获云。

大清光绪三十一年乙巳四月十六日　公历一千九百零五年五月十九号

赌匪会匪相因而发

○大埔县自邑绅杨典谟以花会贻害具禀督辕后，稍稍敛迹。今复遍地开设，文武弁、劣绅、蠹役借为利薮，而绌民则贫不聊生，以致拜盟结党，日有所闻。劫案亦数见不鲜，被劫之家至以报案破财为戒，吞声饮泣，不敢呈报云。

嘉应又酿命案

○嘉应向称良善，惟畲坑一带人多凶暴，动辄斗殴。上月黄、廖、赖、罗各姓，曾酿命案。近日水车墟黄、吴二姓，因锥刀之争，又各械斗，闻死者六七人，伤者不计其数。已由秦牧伯会同杜游戎，前往弹压验办矣。

大清光绪三十一年乙巳四月十七日　公历一千九百零五年五月二十号

丰顺劫案叠见

○丰邑北边，近月以来盗贼如毛，中人之家不遑宁居。闻魏乡彭姓家颇富厚，被匪数十人乘夜放火，劫掠一空。旋劫深坑庐吴姓，并伤毙事主，后认识该匪拿获在案。又连劫龙溪商人朱某及丹竹坑陈姓，且有淫辱妇女之事。朱坑陈、石狗村蓝、自生塘廖等姓，均先后被劫，失赃无算。闻此股匪徒，大半匪首邱义山之党羽，经万大令悬赏购缉，该匪公然率党数人，到沙田市揭去赏格，无敢捕之者。将来为患，恐不堪设想矣。

兴宁拿获劫匪

○兴宁石马大坑山内有某姓，傍山而居。本月初旬，突有匪数人冲门而入，将居人缚住，任意搜刮。讵料匪类中有一素业抬轿者，为该屋某甲所素识，然惧祸及，佯为不知，听其饱掠而去。至次日，乃率十余人到某轿馆，拿获此匪，送交石马局。闻已由局送县惩办矣。

长乐劫匪待决

○长乐县抢劫葛州程姓之匪，已拿获四人解县刑讯。内有二匪，供认旧岁抢劫清溪何姓杂货店及此次伙劫程姓不讳，并供匪伙二三十名，余二匪尚茹刑不吐。前月初间，匪党复扬言到县抢犯，经州尊拨驻防兵百名到县，民情始安。现闻县主欲使该匪犯并将附城，万合、文华被抢之案一并招供，是以日久未决云。

大清光绪三十一年乙巳四月二十日　公历一千九百零五年五月廿三号

嘉应命案已结

○嘉应水车墟黄、吴二姓，初旬互斗，杀毙数命，已纪昨报。现闻秦州牧带同文武营兵往验后，以死伤之数，黄多而吴少，断令吴姓出数百金

赔偿黄姓，以了此案。

妖妇果能治病耶

○嘉应油岩有斋妇自称包爷者，能以术治病。假此奔走缙绅先生家，妖名藉甚。近闻走至大埔，大献其惑众手段。日前某显宦之妻患病，亦往祈祷，该妇即为之设坛，披发仗剑，口喃喃不知作何语，旋取法水饮病者，数日渐愈。某显宦偕仆往九莲庵致谢，殊料该妇已先一日逃遁。噫！一斋妇耳，能令人迷惑若是，其妖术可谓大矣。不知某显宦欣然命驾之意，其将惩之乎，抑敬而畏之耶。

大清光绪三十一年乙巳四月廿一日　公历一千九百零五年五月廿四号

孕育奇闻

○大埔三河某姓有一少妇，怀妊十有三月，腹甚膨胀，尚不分娩，人咸怪之。忽一日与娣姒往山采樵，腹忽绞痛异常，产下一孩，视之遍体皆毛，状如猴。妇骇绝，急以草覆之，因下山麓洗濯。其娣见之，向前问得其故，因扶妇家，急着人往视，则山上向覆之孩，已化为乌有，众惊愕。妇言生产时，只有某农人相离不远，疑其取去，往问之。农人力白其无。又闻为人取去，卖与某村。现其家悬重赏，四处购寻。盖俗谓生产异物，覆以衣服，即化为人，其长成后非常贵富，故其家必欲寻获云。

州考长平二县文童二场榜

○秦州牧初复长乐、平远二县文童，已于十四日发榜，前列十名如下：

长乐县：温荫槐、吉诒孙、陈福圻、吴家骥、李琼芳、李资深、黄道纯、蔡坚光、钟箕畴、朱紫华。

平远县：谢达文、马玉堂、李重光、邱宝璜、姚万衍、姚际唐、姚鸿泽、韩逢时、刘仰程、凌炯。

十五日再复平远、长乐二县文童题：中兴名将优劣论。

大清光绪三十一年乙巳四月廿二日　公历一千九百零五年五月廿五号

兴学者亦迷信风水乎

〇潮阳贡生陈魁梅、陈鸿书等拟兴建族学堂一所，以经费难筹，集该族绅衿公同酌议，借建祠为名，一切经费即由牌位捐出，业有成议，即在北门外购地兴筑。闻惑于堪舆家言，事遂中止。现又在东门外附近东山学堂，另购地一区，极为适宜。而堪舆家为相度地势，力谓风水不佳，该族绅衿甚迷信之，又须另行择地云。

秦州牧断结一案矣

〇嘉应自秦州牧莅任，讼案日多，皆讯而不结。近日复讯李刘争讼一案，大肆威断，不遵者发押，两造畏威，遂皆遵结。州牧莅任数年，始结一案。州人谓秦州牧先宽后猛，前后如出两人。此后讼者或少受延累，未可知也。

371

大清光绪三十一年乙巳四月廿四日　公历一千九百零五年五月廿七号

学堂禀批两志

〇嘉应大沙吴明经应鉴等今春倡办吴族小学堂，既纪前报。现禀请州牧，转禀学务处存案给戳。奉秦州牧批示，据禀及清折均悉，究竟该副贡现办该学是否实心教育，所订章程是否悉臻完善，候谕学务公所饬派练习员绅前往调查考验禀复到日，再行禀请学务处宪立案给戳，以昭慎重。仍着将一切办法与该练习员悉心商酌，分别改良，另列清折。及将学堂校舍、绘具图说并缴核办，可也。折存。

〇嘉应举人杨瑛等具禀州牧，在大觉寺开设小学堂，请出示保护等情。旋蒙批示，据禀及章程图册均悉，候出示保护，俾资开办而育人材。粘件附。

货船必须互保

〇嘉应船户由潮汕载运货物，常在中途私行盗卖，到州伪报失水，不

止一次，实为商家大害。现因曾、陈、魏、廖各船户，串吞瑞成昌记米石一百五十余包。虽经官押追，而米市已受其阻碍，各州商拟此后运载货物，必须五船互保，方准领载。并拟呈官立案，以杜弊端而维商家业云。

纳金赎罪述闻

○长乐郑某甲，前被人控告谋害人命，经官拘禁多年，因讯无证据，尚未定罪。而郑家则以其人实系出洋，每逢新旧任交卸，必具词申诉，并愿纳若干金，希图开脱。闻前数任皆以原告屡次呈催，未便为之开脱。近日忽经县主释放，逍遥事外。论者谓郑费去数百金，未知确否。

大清光绪三十一年乙巳四月廿六日　公历一千九百零五年五月廿九号

禀办龙田公小学堂之批词

○兴宁县附贡生罗振勋等以开办龙田公小学堂，禀请学务处立案，并请给钤记。奉批云，禀粘及清册图式均悉。该绅等开办龙田公小学堂，将文祠地方改为学堂永远地址，并将猪条、乳猪两项规费拨作常年学费，既据禀县出示，应即照办，准予立案。察阅章程，大致尚属完备。惟办法第九节，有学生在堂，自办伙食一条，殊属不宜。堂内既设厨役，寄宿之学生自应出膳费。若归自办，校舍既不能清洁，且恐有碍功课，应即改正。图式地址，尚足敷用。惟缺一会食厅，应在厨房附近之厅房，改设一会食厅，方便管理。后进之寄宿区，与厕所相连，有碍卫生。该堂旁多有空地，应将厕所设法另迁。第一年经费预筹表尚属明晰，惟教员每年薪水仅四十三两五钱，殊觉大菲。学堂之有无成效，全视教员之能否得人，倘仍取从前训蒙之学究，滥竽其间，岂非虚糜款项，辜负该绅提倡之初心乎？师范之难，随处皆然。该堂系初等小学，教员延聘四人，却不为少。究竟各教员能否胜任，各科如何分认，应由县饬绅查明具复。至请拨钤记一节，俟编号刊就札发，由县转给。仰兴宁县传谕该绅等知照。禀抄发，粘抄图表章程均附。

镇平县兼理平远

○平远县黄大令，前月杪因病开缺，现由嘉应秦州牧檄委镇平县方大令前往兼理。大令已于十一日到任视事云。

兴宁河防之提议

〇兴宁沿河，旧有水车百余座，后为邑前令仲振履将水车一律撤去，以致沙石填积，河道日浅，历年筑堤障水，高出地面丈余。向日水由地中行者，今则改从地面矣。故一遇骤雨，河堤横决，淹没屋宇田园无算。闻前数年，邑绅李君锡纶，倡办浚河，因事中止。近该邑绅者，又提议此事，妥筹补救之法。然兹事体大，非一朝一夕所能竟其功云。按兴宁西北多山，向少种植，地脉不能蓄水，岗陵崩溃，上流即挟沙石俱下。以故河道淤浅，一遇大雨，报告溃堤者，以数十计。今日欲弭水患，盖先设立种植，会以兴山利乎。

州考兴长平镇四县文童三场榜

〇秦州牧二复兴宁、长乐、平远、镇平四县文童，已于十六日发榜。兹将前十名录后：

兴宁县：刘奉璋、王培中、萧赞勋、李燨熙、陈凤书、王之民、陈泮藻、罗心源、叶应唐、陈献扬。

长乐县：吉诒孙、李缵清、朱国勋、吴家骥、陈福圻、温荫槐、李杞良、何良骥、张鼎新、刘肇华。

平远县：李重光、刘传和、韩达明、余良用、林德辉、邱宝璜、刘展涛、姚庆华、姚聚棠、陈元震。

镇平县：温宗峤、谢宝辉、陈卓英、曾援群、谢昌龄、林光标、林源清、陈奉璋、邱兆甲、吴志慈。

〇十八日复四县文童题：保孔教论。是日预末复饮宴者，兴宁六十人，长乐、平远、镇平三县，各四十人云。

大清光绪三十一年乙巳四月廿八日　公历一千九百零五年五月卅一号

大埔盗患汇闻

〇埔属黄坑口，日前泊有岐岭盗船两只，船中共有四十余人。日间上岸游行，形迹诡异。闻有数人入袁姓家，称为兄弟，索取银米，袁与之，始欣然去。该船一只停泊一日，一只停泊四日。附近人家，甚为惶恐，吹角鸣钲，彻夜戒备。后数日下坑某甲家，失去牛猪各一头。某乙谓盗船复

来，愿代往向赎，果以数元赎回，人疑某乙所为。

○大麻十八晚有盗匪行劫当铺，被众知觉，大呼追逐，始四散逸去。

○又邑城外神泉街，前数晚有盗行窃某杂货店，被更夫撞见，大呼捉贼，该盗敢将更夫头颅击破。各商家因此咸怀戒心，近夜轮派人丁巡逻。城内文武各官，亦派勇训缉，以资捍卫。

大埔花会之恶现状

○大埔花会之害，以清远一都为最甚。虽经官查拿，无奈劣弁蠹役，内外贿纵，害不稍息。近日胡大令饬差至湖市查拿，闻罗某等每人纳贿七元，公然开设，差不过问。嗣有好事者，怒官差贿纵，欲纠众捣其巢穴。某等惧，乃不敢大张旗鼓，私约批脚到某处交批，开字后哄然而散，中彩若干。至明日始悉，猜买者受其愚骗不少。闻有某氏妇因中彩之数被改多作少，愤不欲生，遂投河毕命，幸遇人拦救，得以不死。地方官若不严行责成，务获究办，恐不堪设想矣。

妄报抢杀被斥

○嘉应近有某甲因殴打、徵嫌、捏控、抢杀，经州牧察确，批斥如下：李甲批，尔子因调戏妇女，被殴微伤，辄敢妄报抢杀，险诈已极。案经勘验明确，应候拘案讯明究诬，以警刁告。词不遵示亲递，违令。并斥。

兴宁学界之舆论

○兴宁函云：自开办兴民学堂，谤牍繁兴。近来此风稍息，乃自改官立之札下，士论沸腾，有喜者、惧者、不平者、解嘲者；又有不喜不怒者、不忧不惧者、调停两可者。百喙异声，喧彻耳鼓。派别之，可分为七。其喜者，为著名八股家，欲谋一席教员而不能得，一闻官立，鼓掌称快，是曰嫉妒派。惧者，知公立、官立之利弊，而又慑官威，不敢与争，是曰畏葸派。不平者，愤学务之将倾，哀时事之多艰，追效贾生，痛哭流涕，是曰伤时派。解嘲者，逆知势难争回，而强为镇静，自命解人，是曰东晋派。不忧不惧者，则查据钦定新章，无改公立为官立之明文，而自信必能争回者也，是曰倔强派。不喜不怒者，则并不知官立、公立之名词，与学堂之形式，而毫无感觉者也，是曰混沌派。异乎此六派，而别有一持调和主义者，是又为平和派。彼知官场无收回成命之理，欲择一附城稍近，如新陂公小学堂，规模宏整，禀请改为官立，以全官场面目，否则宁忍毋争，致触官怒，以取罪戾，则又可笑之尤者矣。记者据此而断之曰：诚如是，学界前途不可问矣。寄语办学诸公毋相竞以意气，毋猎取乎浮名，毋畏乎艰危，更坚持此毅力，以支撑此学界之前途，其庶有希望乎。

大清光绪三十一年乙巳四月廿九日　公历一千九百零五年六月一号

兴宁鼠疫又见

○兴宁近又发生核疫，城内十字街某铺，及城外西南厢某姓屋，传染此症，毙者十余人。闻此症初起，头痛起核，两肋起红线蛇形，大如指，直透腹中，杀人甚速云。按兴宁时疫之症，迄今三载，杀人不少。宁人以媚神求佛为唯一之上策，不知秽气熏蒸，由鼠及人，发为毒核。去年滕大令到任后，饬捕厅徐二尹督理洁净街道，莫不称善。今街衢巷侧，又积秽盈尺矣。盖移媚神求佛之费，进而讲求卫生之术乎。

大清光绪三十一年乙巳四月三十日　公历一千九百零五年六月二号

长乐抢劫之多

○长乐近来抢劫之风，日甚一日。本月初十日北田坝钟家被抢，十二日鲁蓝许家又被抢。十三日又抢岐岭邓和胜福家，幸邓竭力抵御，得以无失。然人民颇不安生矣。

澄海三联契纸之畅行

○澄署三联契纸，极见畅销。惟领到无多，新旧不相接续，各业户往购者，多无以应。闻其故，因库房至省领此契纸，八成折算，每次须银一千九左右。近来库款尽为大令提去，故不能周转云。

管理员干涉斗案被掳

○ 长乐函云：练习员古君绍光，卒业回来后，即在本县小学堂充当管理，支应职员。先是长乐登云乡温姓与下阳坝邹姓械斗，已经数年，屡结屡翻。去年古君曾办理其事，近日二姓又复结寨树栅，扬旗鏖战。古君固

素持非攻主义者，复贸贸然往劝二家和释。讵行至下阳村，邹姓父老谓古君语气袒庇温家，遽令子弟以继缧从事。近闻古君之子，已赴县呈请吊放，县主如何办法，尚未闻知。噫！安定学斋，原不遑以治事，而鲁连排难，竟入系于南冠。夫亦可为教员，而干涉词讼者鉴矣。

州考兴长平镇大案榜

〇嘉应秦州牧考试兴、长、平、镇四县，已经毕场，于二十一日发出大案榜。录其前列十名如下：

兴宁：刘奉璋、王培中、陈泮藻、萧赞勋、李燮熙、罗心源、陈凤书、罗商铭、冯德祥、曾慕藩。

长乐：温荫槐、吉诒孙、张鼎新、吴家骥、李诵芳、蔡坚光、刘肇华、吉寅鹄、古际辰、李惠风。

平远：谢达文、邱宝璜、姚庆华、刘展涛、陈元震、凌炯、姚宗尧、刘仰程、李重光、韩逢时。

镇平：温宗峤、曾拔群、谢宝辉、林光标、陈卓英、林源清、陈奉璋、黄铭心、曾孟璜、谢昌龄。

大清光绪三十一年乙巳五月初一日　公历一千九百零五年六月三号

会匪之猖獗

〇匪首邱乂山，即兴宁漏匪邱一顺。近年匿迹于丰顺之潭江、沙田一带，聚党千余人，横行嘉应、大埔、丰顺三属间，以打家劫舍为事，经官搜捕未获。闻近日该匪党严某等，又敢白日到黄花村，强抢李姓甲、乙二人之妻，用船载至潮城藏匿，踪迹不得。现在埔属银江，丰属北胜等处，皆集资设局，举行团练保甲，以期自卫。

赏给寿民建坊银两

〇嘉应州寿民黎兴淑，现年一百一岁，亲见七代，五世同堂。前经抚院题旌，现准礼部咨行，赏给该寿民建坊银两矣。

邑宰贪暴之政声

〇闻嘉属某邑令，有钱癖，政以贿成，有事者由绅士或由收发委员关说。虽二三十金，灵应如响。每期坐堂收呈，惟控告隐匿税契者，稍假以辞色，委曲听断。其余不问曲直，动责千数百板。虽报命盗各案，亦不能免。若有自称生监者，尤触其怒，或打或枷，必加人一等。宁俗好讼，每期呈词，至少有百数十张。现以此故，已减至廿余张矣。不知果有是事否也。

大清光绪三十一年乙巳五月初四日　公历一千九百零五年六月六号

嘉应命案二则

○嘉应隆文堡李姓，日前有□弟杀兄一事，尸亲凶父一齐报案，竟不请验。秦州牧以人命重大，未饬草率从事，乃自备夫马委邓埔厅前往相验。临行时且严嘱差役，不准需索云。

○嘉应东厢堡横坑一乡数姓，以种山为业。日前有九里亭古姓妇女数人，往该处樵采，为曹姓者侦知，将妇女樵具毁坏，因而争殴。有樵妇二人，愤不欲生，服毒到曹姓家毙命，当经曹姓救活一妇，其一妇已死。古姓绅耆遂以殴毙控于州，经秦州牧带同差勇到乡检验，不知如何判断。

大清光绪三十一年乙巳五月初十日　公历一千九百零五年六月十二号

严查私押军火

○近来各属小押，往往私押军火，迭经惩办严禁在案。现闻兴宁县属地方，多有奸商私设小押及私押军械，现被上宪查悉，立即札行，饬令严行查禁。现兴宁县滕大令，已将该县属所有私押尽行禁止，并派拨差勇严查，以期弊绝风清云。

府试潮阳丰顺文童题

○李太守初六日考试潮阳、丰顺两县文童。

潮阳题："子曰：无为其所，不为无欲，其所不欲，如此而已矣"一章义；"尔毋忿疾于顽，无求备于一人，必有忍其乃有济，有容德乃大"义。

丰顺题："子曰：三军可夺帅也，匹夫不可夺志"三章义；"伯兮竭兮

邦之杰兮，伯也执殳，局王前驱，自伯之东，首如飞蓬，岂无膏沐，谁适
为容"义。

大清光绪三十一年乙巳五月十一日 公历一千九百零五年六月十三号

大埔亦有械斗

○高陂之古野乡王、赵两姓，素有嫌怨。此次因端阳竞渡，两姓儿童滋闹，竟尔会众互斩，刀枪并举，甚为猛烈。闻王姓死而伤者数人。现绅士出为调停，不知能否息事。

大清光绪三十一年乙巳五月十二日 公历一千九百零五年六月十四号

长乐审判命案之详情

○前月报所纪长乐郑某，因命案系狱，审无证据，经县主省释一节，兹得当日判语云：本案讼延八载，郑炳发久系囹圄，而原告竟始终抗传不到，实滋疑窦，应即准保释放。一面禀销控案，以清积牍，结两纸附。

○查此案原告为孀妇郑邓氏，于光绪廿四年，呈报伊男郑绍特被人杀毙，携同证人某某，指控郑虚光二为凶手。吏捕虚光二不得，捕其父，即炳发也。炳发到官，羁押责比，迫交其子，终不得。一系八年，中间屡传原告及证人与炳发对簿，迄不至。现王大令莅任后，亦催传两次不到，遂于日前准保释放。该妇旋具投到状请质，词中涉及差役得贿卖放情事。时王大令适公出，嗣严批令即日携同原证到案，以备传回郑炳发环质。至今将及一月，又依然杳如黄鹤云。

大清光绪三十一年乙巳五月十三日 公历一千九百零五年六月十五号

拿获会匪

○丰顺县单大令，日前亲往龙溪谭江一带，查办会匪。到该处后，即令乡绅具结，并详绘地图，督造户口册籍，以便清查。闻在潭江驻办三日，经拿获会匪二名及拐匪一名，带回审办。

是否挟嫌诬控

〇嘉应秦州牧前据龙文堡黎姓呈控比邻黄姓劫抢其家，当即批饬派差移营，前往查拿。旋据黄姓诉称，与黎家系至亲甥舅，因挟去年讼嫌，乘间横诬等情。未识如何办理。

兴宁令勘办水沟案

〇兴宁西城外陈、罗两姓，因开沟泄水一事，几酿械斗，已志前报。现闻两姓绅耆，禀请滕大令勘办。业经大令亲往查勘，并传两造质讯，以陈姓开沟泄水，以避淹浸，有利无害，断令开筑，毋得生事。闻两姓均愿遵办矣。

大清光绪三十一年乙巳五月十四日　公历一千九百零五年六月十六号

纵勇行凶者看

〇长乐水手陈某，正月间为汕头炮台勇目萧某殴毙，迭纪前报。此案前经尸亲控诉，前任道褚观察及澄海县杜大令俱置之不理，冤无可伸。此次沈观察履任，风行雷厉，即严饬萧管带交凶惩办。闻萧管带犹多遁辞，观察震怒，遂将萧管带收押。想必严行究办，以警凶顽矣。

大埔劫盗猖獗

〇前月杪，离三河五里许之棉打窝范阿威家被劫。闻强盗七八人，俱用墨涂面，所有妇女首饰及猪牛等物，悉被劫去。范之母并被盗刀伤七八处，惨不可言。

〇又县南二十余里之知止亭，为往来孔道，亭内住有人家贩卖食物者，亦于前月杪被盗夜劫，搜掠一空。最可恶者，有妇女数人俱被强行淫辱，内有一妇因归宁投宿者，至无颜归家，几欲自尽。

〇又本月初八晚，三河坝三甲峰严坑，有强盗十余人连劫吴姓二家，用刀砍伤一老妇，劫去财物甚多，已由事主赴三河司报案。

〇又有载运米石之五肚船，亦于日前在袁坑口被劫。大埔自去年至

今，抢劫之案不知凡几。其故由于地方官吏不认真究缉，被劫之家至以破费无益为戒，相率不敢报案。而盗贼益横，大有天荆地棘之势。

大清光绪三十一年乙巳五月十五日 公历一千九百零五年六月十七号

同文学堂暑假大考

○汕头岭东同文学堂，十三、四等日举行大考。定期本月廿四日，给放暑假。

大清光绪三十一年乙巳五月十七日 公历一千九百零五年六月十九号

兴宁大风

○月之三日两下钟，忽发狂风，屋瓦皆飞，四乡竹木吹折无算。某厢永福寺前有古榕一株，大可十圈，亦为拔起。又有西厢大塘肚李姓某甲，于前一夕被雷击毙，闻甲年已七十余矣。

府试潮阳丰顺揭阳澄海四县文童首场榜

○李太守初六日考试潮阳、丰顺，初十日考试揭阳、澄海，均已发榜。前列十名如下：

潮阳：林祖壬、林国成、陈步云、郑岳、郑垚、陈泽霖、陈四教、吴昌期、黄镜清、林士衡。

丰顺：陈宝书、彭百朋、张长庚、徐国光、朱锡爵、黄河清、黄孔昭、朱森华、廖邦佐、吴学震。

揭阳：刘宗海、郑兆龙、洪滨、杨汝成、吴邦毅、张浩、萧曹华、黄景汀、陈彝年、刘瓒尧。

澄海：蔡耀墀、王震、陈洪猷、陈銮坡、黄云章、黄沛霖、陈汉章、许乃慈、王鸣皋、余祖贤。

大清光绪三十一年乙巳五月十八日　公历一千九百零五年六月二十号

兴宁富户之可怜

○兴宁自土匪蠢动后，打单掳人，所在多有。山僻之区，离城较远，官威不及，受害尤甚。近自龙川土匪侵入县境，凡毗连之地，靡不受其劫掠。以故山僻富人，一出入，必衣破衣、戴破笠，装束如乞儿状，以冀免祸。而匪徒则服饰美丽，趾高气扬，俨然一大资本家。地方有司，若不认真剿除，真成一贼匪世界矣。噫！

大清光绪三十一年乙巳五月十九日　公历一千九百零五年六月廿一号

学徒刺伤毙命

○嘉应上市学徒许某，日前与同学李某口角，许怒，即将手持铁钉刺破李腹，旋即因伤毙命。经其父兄禀官莅验，未识如何治罪。

诬控劫案注销

○嘉应龙文堡黎姓诬控黄姓纠劫一案，已纪前报。兹悉经秦州牧传讯，黎姓自知情虚，不敢到案。单提黄姓，讯得实情，吩咐先将控案注销，候拘黎姓唆讼之人惩办。以为诬控者戒。

大清光绪三十一年乙巳五月二十日　公历一千九百零五年六月廿二号

请承甲子盐埠

○嘉应州属之甲子埠，将届满期。昨有该州职商杨应麟具禀运辕，请承接办该埠务，兼报效学费银两。恩都转据禀，以该职商所请，热心兴学，甚为嘉许。惟可否更换之处，已批饬潮桥官运局员查明禀复核办矣。

修复鼓楼

〇嘉应州署东鼓楼，本月初九日忽然倾塌，幸未伤人。秦州牧当召工匠赶紧修复，已兴土木矣。

蓼塘虎患

〇兴宁大龙滕附近曰蓼塘，有罗姓聚族而居者数百人。近有猛虎出噬民畜，初不之觉，比见血肉狼藉，始为戒备。某夜虎复至，乡民急鸣锣放枪，虎始逸去。

大清光绪三十一年乙巳五月廿一日　公历一千九百零五年六月廿三号

府试大埔普宁文童题

〇十八日，李太守考试大埔、普宁二县文童题目：

大埔："子曰，作者七人矣"三章义；"临财毋苟，得临难毋苟免，狠，毋求胜贫，毋求多"义。

普宁："子曰，直哉史鱼"三章义；"功崇惟志，业广惟勤"义。

大清光绪三十一年乙巳五月廿四日　公历一千九百零五年六月廿六号

官场以酷勒税契为能事

〇兴宁滕大令自去岁到任后，以税契改用新章，恐民多隐匿，出示招告。自是三八卯期，以匿白禀揭者，不知凡几。土豪劣棍，复借此以鱼肉乡民，稍不如意，即以匿白呈控。大令漫不加察，凡被控者，无论是否匿白，辄以刑求，不认不止。邑中无辜破产者，不下数十家。闻近日有富商张姓被人告发，本无匿白，滕大令利□□□□□□□□□其得释放。闻大宪以大令办事能干，特予嘉奖云。

秦州牧加赏购匪

〇嘉应秦州牧十五日出示，加赏购缉劫匪。略谓案据武平县客民曾□富等称，去岁在州境洋门彷被劫洋土一案。经前示购缉，迄今日久未见拿获，除比差外，合行再示加赏花红购缉。如有军民人等知悉拿获者，即照后开花红银两封库发给云云。兹将加赏花红列后：拿获首名匪者，赏花红一百五十元；知引协同差勇拿获者，赏银六十元；拿获从犯窝藏者，赏银七十元；知引协同勇拿获者，赏银四十元。又松口廖联昌店被劫一案，经州牧勘明，悬赏购缉，引拿获贼者，赏给花红八十元；报信者，赏给四十元云。

大清光绪三十一年乙巳五月廿五日　公历一千九百零五年六月廿七号

府试大普二县文童首场榜

〇李太守十八日考试大埔、普宁二县文童，日昨发榜。前列十名如下：

大埔：饶景陶、杨晋璋、刘藻翔、萧均、杨时敏、邱道安、张光驹、张建周、饶晋恭、徐家鹗。

普宁：黄作霖、黄熙、张伊嵩、陈登洲、方敷诰、方廷佐、陈敬、洪维新、刘文铨、陈沅。

大清光绪三十一年乙巳五月廿七日　公历一千九百零五年六月廿九号

局长借端吓诈

〇丰顺县单大令莅任后，即亲往沙田、潭江两处，查拿贼匪，并取具无藏匿匪类切结。近闻大令又派兵科吴庆芳、张谅带同差勇八九人至产溪金市，谕令一社三十六村一律具结。乃金市局长某某等竟借谕吓诈，到处勒派使费银，或十元八元，且谓"差权至重，银钱不送，难免究办"等语。村民为其所恐，无不任其鱼肉云。

真匪未获

〇嘉应逃匪细罗，四处抢劫，已登前报。近有线人探得匪踪，报知杜游戎。游戎即于本月十四日率勇多名到白渡蔡姓炭山搜捕，全无踪影。只拿获打炭工人一名，闻系长乐县人，尚在讯问，未知能得其实情否也。

长乐械斗之惨闻

○长乐登云温姓与下阳坝邹姓械斗，日益剧烈。王大令统带常备军前往，两姓俱不遵弹压。本月初九日，温姓率大队驾舟直抵下阳，将以掩击。适河畔有邹氏妇女浣衣，奔告其家，邹姓族长亦纠合壮丁，整队拒敌。是役温家死者九人，邹家死者五人，伤者不计其数，各自抬回料理，并不报验。现两家正扬旌击鼓，尚无了期。闻王大令办理此事，颇为棘手，现拟禀请州牧调兵助办。

兴宁劫案

○兴邑永和墟一带，盗风颇炽。近闻有何姓家仅小康，亦被盗匪数十人劫掠一空。附近人心，颇为惶惑。

货船沉没

○月之某日，有一货船，载兴宁某号洋纱廿箱，洋靛若干桶，行抵该邑，寄泊西门浮桥侧，尚未起货。次早该船忽穿一孔，水随涌入。时适河流暴涨，比惊觉，则水已盈舱，势不可救，即行沉没。后经该号觅善凫水者将货捞起，闻仅失去洋纱二箱。

大清光绪三十一年乙巳五月廿八日 公历一千九百零五年六月三十号

嘉应屠捐减色

○嘉应屠捐，自旧岁开办，至今几近一年。长、平、镇三县，招商承办，尚为得手。惟兴邑屠商，争持颇久，然亦就绪矣。现据局中人云，年岁荒歉，各屠户所宰猪只，较往岁极见减少。故计正月至今，进支款项，尚不敷缴用云。

府试大惠普三县文童初复题

○李太守廿五日初复大埔、惠来、普宁三县文童，题目如下：

大埔县："吏不廉平则治道衰，今小吏皆勤事而俸禄薄，欲无侵渔百姓，难矣！"论（汉宣帝益吏俸诏）。"克雷飞以商局书记招同志募印兵割据印度，以商局而扩为商国"论。

大清光绪三十一年乙巳六月初一日　公历一千九百零五年七月三号

长乐盗犯正法

○前月廿二日，王大令将审实劫盗刘玉高及陈阿宗、刘金洪三名，绑赴市曹斩首示众。是日观者如堵，无不称快。

大清光绪三十一年乙巳六月初二日　公历一千九百零五年七月四号

大埔拿获巨盗

○酸枣陈者，著名巨盗也。自恃拳勇，虽有数十人，莫敢撄其锋。日前因县差之子吴某犯鸡奸幼童案，胡大令饬差往捕。吴恃陈为护符，及差至其处，已闻风先遁，独陈尚据床酣睡。见群差至，陈即手执利刃欲为拒捕之计，差遽前擒获送案。经胡大令严刑讯问，陈直认不讳，并供认前时用刀斫伤屠户萧瑾记及盗陈源欲等案，并供出党伙多人。现胡大令已按名拿获，照案究办矣。又长公坑李益三家，前被强盗大肆劫掠，经事主报案后，胡大令即悬红缉拿。前月中旬，宫前演戏，县差购线往缉，有江盛发者，平日专与强盗为伍，借以密通消息。闻已拿获送县究办，并将去年逸犯邹满等同获解案，经胡大令刑讯，想必从重惩办矣。

高陂屠捐之难行

○大埔高陂自碗捐滋事后，民情大为浮动。日前屠捐商人亲诣该墟，张贴告示，傅【传】令各屠户领牌开办，各屠户置若罔闻。旋请出各姓绅士与承办商人再三磋商，始终不肯认办。商人睹此情形，恐酿事端，只得暂且罢议云。

丰顺会匪抢劫伤人

○前月廿六日，乃潭江墟期。至黄昏时候，突有会匪邱义山统带数十人，由墟尾直上，喝令商家闭店，直至经费局，用刀伤李阿丰，炮伤李阿尾，并用刀斫伤十余处，旋即毙命。随抢劫李同兴顺记，计失现银二百余

元，钱数千十，货物不计其数。就近禀报司汛各官。至次日下午，始各派一二名差勇查勘。该匪等遂得从容逃逸云。

禀控屠户私抽批词汇录

○嘉应松口李撰铨与学务公所温士璠等以屠户借名私抽，请提充学费等情，先后赴州具禀。该屠户李德昌等，亦具词赴诉。各经秦州牧据禀批示。兹将批词汇录于后：

李撰铨禀批。此事前据屠户李德昌具禀请示，当以此项屠捐准照所抽之数，酌加肉价。曾奉大宪出示晓谕，如果变通办理，一半抽之牧户，一半加诸肉价，诚恐奸商朦混取利，致牧户、食户均受其害。业经明白批示在案。据禀前情，如果该堡屠户借办屠捐，私抽肥己，情殊可恶。惟察阅现禀，该生等仅将抽诸牧户之一半，粘有单据，未将加诸肉价者究有若干，切实指明。现无每只抽数逾于三毫确凭，即不能实其私抽肥己之罪。其开办迄今，已九阅月，如果众情不服，何以合堡绅民从前竟无一人呈控。既未控告于前，辄请追罚于后，办理亦失平允，不足以昭折服，应候出示严禁。嗣后所抽捐数，只准酌加肉价，不得借以高抬，更不得私抽牧户，以昭画一而杜弊混。倘各屠户再敢违禁抽收，一经告发得实，即予拘案究罚可也，粘并字。

松口学务公所温士璠等禀批。昨据附生李撰铨等，以该堡屠户巧立名目、私抽肥己等情，赴辕具禀，当经批准出示严禁。现禀核与李撰铨等所禀，如出一手。查办理屠捐，每宰大猪一只，缴银一毫，准其加诸肉价。曾奉大宪明白示谕，该堡屠捐应变通办理，一半抽之牧户，一半加诸肉价，虽与定章微有不符，究未额外浮收，不得谓为巧立名目。至称三毫之数，已多数取偿肉价，既无确切凭据，复无他人告发，何能信以为实。且开办学堂，不得于已捐之款重复加抽，致滋苛扰。经奉谕旨转行钦遵查禁在案，况前据该公所练习员梁鑫禀，已据屠行各店认捐该堡学堂常年经费银一百二十元，请予立案前来，尤不应为此无厌之求。所请勒令屠户缴出私抽牧户一半之款以充学费，不特无据折服，兼恐邻于苛扰，未便准行，仍候分别示禁可也。

李德昌禀批。案据附生李撰铨等与公所温士璠等先后具禀，请提尔等私抽牧户之款以充学费，均经明晰批示在词。现禀各节，未据将单缴验，亦恐有不实不尽。总之此事，当日如遵宪示办理，不另抽之牧户，何致与人訾议之端，授人以挟持之柄。平情而论，亦尔等自取其咎，应着遵照将牧户一款赶紧停收，并不得把持行市，将肉价格外高抬，务各公平交易，以息群言而安商业可也。

府试九属文童初复榜

○大埔：杨孙贻、蓝有容、郭拯清、萧济清、罗逢时、徐家骥、张发潜、饶耀枢、饶景陶、陈菁。

丰顺：陈宝书、张心源、阙廷芳、李式仪、彭百川、王树榕、冯文祥、陈一新、陈藻芬、邱名勋。

大清光绪三十一年乙巳六月初三日　公历一千九百零五年七月五号

不法之营勇正法

○嘉应嘉字营系刘弁碧山管带，有一勇李稍古系兴邑著匪，曾悬红二百五十元购拿者也。自当勇后，横行如故，莫敢谁何。五月初四因抢掠白渡蔡姓炭垅，后为杜游戎责斥，仍交刘看管。刘以为有干己也，纵之逸。途中复敢拐带南口刘千盛之妻，行至兴境坡蓬乡，为该局丁撞见，认系著匪，即捆送县，当堂直认不讳。县宪知为刘之勇也，乃于前月十七并妇解州讯确，于廿四日就地正法矣。

湿病向多

○兴宁春季多雨，入夏至今，人多沾染脚气病，腹痛病者甚多。闻习岐黄术者，皆奔走不遑云。

愚妇轻生

○宁邑东厢某姓屋有一妇人，年约五十余。一日与人口角，愤不欲生，忽于是夜潜赴水国，而人莫知也。次早始见该妇直立水中，死而不僵，岂非怪事？

大清光绪三十一年乙巳六月初五日　公历一千九百零五年七月七号

嘉应营勇为盗

○嘉应州五月廿五夜，泗都上塘徐姓被劫。廿六夜，泗都枫树塘管

姓洋客之家被劫，失去赃物甚巨。随呼健者尾其踪，至太平寺，有二盗至赖家藏匿，登令其留住。而管姓追者亦至，遂捆送太平局，转解至州保安局，而局董不收，继送秦州牧，而州牧又不收。通州哗然，谓此劫贼当场缚送，尚且不收，何用官为？后经街众各商联盖图章，谓官再不收，即解府送道。时杜游戎闻之，始劝秦州牧收问，登时审讯。两贼供认，一系嘉字营刘碧山所带之什长陈贵标，一系该营伙夫叶福。营勇为盗，管带刘碧山，其明知而故纵乎？抑不知而失察乎？然均不得辞其咎矣。

府试九属文童二复题

〇问：古者家有塾党有庠，今各国初级学堂多者至十七万余所，少亦不下数万所。吾中国地大物博，号称人文渊薮，乃海内合计蒙小学不及他人少数之半，欲民智开通团结自强，岂易得哉？顾兴学有四难，曰：经费莫出也；教习之乏员也；中外书籍浩如烟海，穷年莫究，毕世莫殚，课本难定也；士习虚文，终鲜实济，无专门之长以自养也。今欲广开学校，多聘教员，精定课本，人兼专业，毋迂陋守旧，毋嚣张骛新，合中外而执中，导学术于有用，其道何由？又中西各书，某最精要，某宜缓置，能一一列举欤？或谓学堂以育才俊，工艺以教贫氓，庶民鲜惰顽，富强较易。然乎潮属苟欲开办工艺，其款当如何筹集，其艺术宜制造何项，其销场约悬拟何所能，因地制宜，详晰筹策为梓里谋久远欤？其各熟思以对，毋泛毋隐。

〇问：算学为中国六艺之一，后世浸失其传。今西人算法日造精深，凡诸工艺无不以算学为根本。中国讲求算法几三十年，卒未闻以工艺名者，岂习焉不精，抑徒探其理未达其用欤？或谓算学自乘积以上，其理愈深，其用愈晦。然则求其能适于用，足为制造权与者，当从事何等，皆籍庶几功不妄费，试详陈之。闻西算日出日精，不但中国旧日算书瞠乎其后，即前十余年所译西算各种术，亦较近迁迟，能将其近出各书及捷便款要一一罗陈欤。中国学者亦有《探赜索隐》《提要钩元》所著算书，几欲突过西学，为外人所叹服者，能知其人，举其书欤。诸生有志实学，当以算法为根据，愿闻其说，以觇致用之实焉。

大清光绪三十一年乙巳六月初六日　公历一千九百零五年七月八号

嘉应营勇为盗续述

○昨报嘉字营勇为盗一则，续闻陈贵标、叶福二名，系与五月廿四正法之营勇李稍古共棚者。此次被管姓拿获，押解至州，秦州牧并无严办之意。于是绅商大动公愤，除荷田、泗都二堡绅耆联名具禀外，近城商民亦为不平。故于前月二十八晚，各铺户集议，联盖图章，停缴月捐勇饷，另创立商会举办商团，以资保卫地方。已于三十日，三十六堡绅士及阖州商民同具公启，张贴五城门，洋洋数千言，陈痛其中利弊得失。秦州牧睹此情形，知难庇纵，乃于二十九特委陈二尹幼樵查勘，未据禀复。三十早，复命驾亲往查勘明确，以凭核办。按刘碧山所带嘉字营勇，其经费系抽自铺捐，原为捕盗卫民起见，不意捕盗反为盗，卫民反害民。夫营勇为盗，州民早已宣播，然未有实据。今则层见叠出，供认不讳。刘弁虽善为钻营，亦恐难逃彻究矣。

镇平劫盗日多

○镇平县龙潭村，迩来抢劫日甚。五月初三夜，赤竹岌赖空坑黄姓被劫，已经报县。十一夜，大畲里背大山里谢、李二姓又被劫。李姓系石匠，有名阿三者，夫妇共寝，被劫时为洋铳所伤，当即毙命，已经报县验明。现在大畲里张林张屋内，拿获劫匪一名，经县刑讯，尚未供认。二十一夜，羊牯坑内赍甲坑，拿获匪二名。二十二日，在大地村又拿获匪一名，闻系张阿官云。

大清光绪三十一年乙巳六月初八日　公历一千九百零五年七月十号

大埔缉拿花会

○埔邑赌棍，在乡村市镇开设花会。前经胡大令饬差查拿，无如差役受贿庇纵。又有恶劣之司汛官弁及绅士得规包庇，故各赌棍恃以无恐，依旧到处开设，现经某绅联名具禀胡大令严办。闻胡大令谕饬各地方绅士捆

389

送，并会营严拘，务获惩办云。

奸拐案

○埔邑大麻郭姓妇被张某奸拐而逃，并将其幼子及银物约值千余元一并携去。闻早经事主赴县控告，迄今未蒙追究云。

府试九属文童二复榜

○大埔：杨孙贻、孔宪熊、张光大、张建周、饶景陶、吴国泰、张兆丹、何起南、杨时敏、饶晋恭。

丰顺：张羲琴、吴雁秋、吴学震、陈一新、陈宝书、吴求可、王树榕、李式仪、陈廷魁、张文瀚。

大清光绪三十一年乙巳六月初九日　公历一千九百零五年七月十一号

请看营勇为盗之公愤

○嘉应绅商因刘碧山所带嘉字营勇行劫管姓一案，大动公愤，议停缴勇饷，自谋保卫，特于四城门遍贴公启，已纪前报。兹将其公启，录供众览。

窃闻筹饷养兵，所以除民害也。现我州嘉字营勇，半多刘宝昆（即刘碧山）招集兴宁流亡，借充兵额。推原官绅初意，本欲因匪制匪，缉捕较易得力。众街商亦遂踊跃乐输，以资饷项。罔料日久弊生，复萌故智，名虽为勇，实则有甚于匪，试为约略言之。吾梅民风扑【朴】古，虽有尤长、兴、龙土匪，连年蠢动，亦止扰及毗连邻境。自有兴匪充勇以来，盗杀劫夺重案，层见叠出，几于无乡无之，大有令人不可解讯者。姑勿论其远也，即就离城咫尺之地，如下市薛姓被劫，其赃物则认自南门楼；上市钟姓被劫，其伤人则确是毛瑟枪。蔡子坪吴姓被劫，其贼踪则不入山而入市；他如洋门、扶贵、书坑等处，被劫之案尤为指不胜屈，皆不出十里以外，人言啧啧，实启群疑。但未经拿获，指证无由。我街坊捐项，只得隐忍曲从，刻苦缴纳。孰意罪恶贯盈，天网不漏。五月二十五日，州宪正法之劫掠民财、奸拐妇女者，即嘉字营之先锋李稍古也。法场之铁血未干，而泗都管姓解州讯确之明火劫夜者，又是嘉字营之勇目陈桂标、水夫叶福也。嗟嗟。观今之匪，已出于勇，则前此之匪亦定是勇可知。观管姓拿解之二人是勇，则同劫之十二人尽皆是勇可知。伏读岑帅新颁军律十四条，训示周详，煌煌具在。想州宪关心民瘼，其如何办法，自有权衡。惟养勇反以养匪，卫民转为害民，各乡堡受惨之人俱致函我街商，以为不知受何愚弄，肯掷此艰苦脂膏，竟等养蛇食鸡。兹特布告大众，请将各月捐，暂行自存，留作各段街坊自办巡警之用，较为要着。其办理章程，亦容日可刊就矣，谨此通闻。

光绪三十一年六月，嘉应州绅商公启

大埔议浚沟洫

○邑城东门外，有蓄水古沟一道，延长数十丈，通至西门，用以灌溉田园，防备火灾，利赖甚广。旧有城洫费，以备常年修浚。现因淤积日久，邑中某绅等拟鸠工兴修。闻不日即当动工云。

早稻丰收

○潮嘉各属早稻，现届登场之候，咸庆丰收。唯闻澄海、大埔两处，间有因雨水浸淫稍受损害者，然收成亦可得七八成云。

长乐又得疫症

○长乐桂子岭等处，近日又发生核疫，居民日有死亡，惟不及去年之甚。除该村外，他处尚无传染。

府试九属文童三复题

○问：各处三点会匪日渐滋蔓，民被诱胁，纷纷入会，虽甘心为匪者初不过百之一二，不得已者十恒五六。但既列徒党，即为盗耳目，匿匪窝赃，皆属万不能免之事。以故匪踪诡秘，缉捕日难，诛之不可胜诛，不诛则效尤日众，隐患方深。果何术而歼厥渠魁，使胁从永革心欤？或谓王文成十家牌法足以弭盗，似也。然而奉行不善，则吏役需索，牌长株累，适成苛扰，毫无实济。而况告发而不胜，则立受其祸；告发而幸胜，则徐受其害。谁肯以他日不可必之连坐，博目前不可解之深怨乎？今欲简易保甲神而明之，使奸宄得名而闾阎不扰，能详陈其策欤？潮俗民情，乐于械斗，强房凌弱，大村暴小，睚眦之忿，户婚田土之细，动辄结姓连庄，纠械互杀，不惜身命。迨经官府弹压，或交匪，或缴费，无一能幸免者，其为自残不已甚乎？欲息其弊，厥道何由？而尤有为治术一大窒碍者，则官不习土语，民不操官音，上下情谊，隔阂难通。咨询于人，莫施其口耳；

访查之员，罕达其言词。欲治理裕如，难哉！夫丰顺、大埔能习正音，七邑人士，胡为独否？改良何术？不能不询诸群谋矣。以上各条，悉陈毋隐，毋率尔操觚，贻挂漏之讥焉。

大清光绪三十一年乙巳六月初十日　公历一千九百零五年七月十二号

大埔又获劫盗

〇埔邑近来劫盗日多，胡大令一味姑息。日前三河甲拿获劫盗陈某二名送案，胡大令坐堂讯问，迄无供词。闻此等劫盗，大半系兴宁产，日则借卖笔墨为生涯，到处侦探虚实，夜则勾结多人，肆行抢掠。地方官若不尽法惩办，俾若辈有所畏惧，将来为害，有不堪设想者矣。

秦州牧不喜局绅禀报劫案

〇嘉应近日劫盗横行，民不聊生。即四都一堡，前月廿一徐姓被劫，伤毙事主；廿四余姓又一连被数家；廿五管姓又被劫，拿获者竟为营勇。该堡局绅具禀州牧，有云"数里之中，五日之内，受劫者三姓十余家，毙命者一人，受伤者不计，报案者影响毫无，拿解者竟是勇"等语。秦州牧以情词激切，大不合意，即传太平、南口两堡局绅申饬。太平局绅周某，因刘碧山暗中运动，更为州牧所不喜云。

营勇为盗决不究问

〇嘉字营勇，乘夜行劫，经事主管姓捕获送案，已纪前报。兹闻牧伯提讯两堂，绝不研讯劫盗。惟提跟踪追捕之管桂香究问，谕令供称误拿。管桂香不肯，谓此二盗确系香追踪拿获，且有刘氏、张氏二妇指证认确，砍首饰者陈桂标，掠服物者叶福。州牧怒，即将管桂香收押。合州喧传，诧为奇闻，且欲停缴月捐，以免养勇为盗之害。州牧闻而欲释之。讵管桂香捕盗后，而勇党宣言俟其出而暗袭之，桂香因此不肯出，谓不如在押，犹可保全生命云。营勇为匪，猖獗如此，而州牧必欲庇盗而陷民，是诚何心？无怪舆论沸腾，街市有贴贼夫青天四字之颂矣。

大清光绪三十一年乙巳六月十一日　公历一千九百零五年七月十三号

大埔之三点会党

○埔属高陂等处，近来三点会匪甚伙，闻皆邱义山等一党，到处结盟拜会，打家劫舍，散布党羽，不下七千余人。前胡大令访闻，派差缉捕。经捕获一名解县，余皆四散逃避。

大清光绪三十一年乙巳六月十二日　公历一千九百零五年七月十四号

嘉应禳疫

○嘉应近因天气炎热，连日病没者数人。群惊为时疫，人心颇为惶惑。上市黄姓，有纷纷迁避者。而城内愚民，于是倡办太平清福，在城隍庙结坛，请所谓五显大帝、天地父母、吕帝、玄天上帝、玉皇大帝诸绅祈祷，并定期初九日奉迎出游，以金狮锣鼓随之，每套给洋银二毫。附城居民门首，更于本月初六日一律张贴红联，夜点灯笼，如过新年气象。民愚如此，殊可笑可叹。

府试九属文童三复榜

○李太守初十日发出九属文童三复榜，前列如下：

大埔：杨孙贻、饶景陶、孔宪熊、张光大、张建周、何起南、杨时敏、郭罗俊、饶晋恭、邱其骏。

丰顺：张羲琴、张心源、李式仪、陈寅亮、张之筹、吴可求、吴学震、陈一新、陈宝书、陈伯纯。

大清光绪三十一年乙巳六月十三日　公历一千九百零五年七月十五号

大埔三河开办团练

○埔邑近因抢劫之案层见叠出，胡大令谕饬各甲绅士举办团练，以资

393

捍卫。三河甲各族绅现已设局开办，闻共招有丁壮数百名，日夕教练。开办之日，胡大令带亲兵数十名亲往阅视，旌旗耀日，鼓角喧大，声势颇壮。

示谕赶办团防保甲

〇嘉应秦州牧近以州属劫案迭出，非举办团防，清查保甲，不足以靖内攘外。又奉督抚宪电谕，准江西抚部院电称，赣南一带，会匪繁多，抢劫频仍，匪目吴亚暄、何仙姑等，囤聚岑冈营者七八百人，尤以粤东三点会之潘富山、叶青山等为最，其党聚散无常，势甚猖獗。咨请会缉前来，饬即严饬交界地方文武，督率乡团，认真防堵截击，以杜窜扰等因。特分谕各堡局绅严密筹防，并出示晓谕，务将团保事宜认真整顿，以期足御外患而靖内讧云。

兴宁经营改习洋操

〇绿营操法废弛，不独兴宁为然。近闻兴宁白都戎，自九月十八日，将绿营兵勇一律改习洋操。每早晨五点半钟起操，至六点半止。届时各兵伍站立大堂下，由白都戎发口号、王城守为检查，轮流教练。虽步伐尚欠齐整，若能删汰老弱，认真训练，必可观也。

长乐令批驳郭廷吉呈办团练章程

〇据呈粘章并悉，详细查核，殊堪诧异。初呈系钟藻章首名，公举郭廷吉等七人为董理。此呈又以郭廷吉等，联举钟藻章为监督。无论监督名目，总非团局所应有，似此互相标榜，已滋疑窦，且乡局集团，只为防盗卫良起见。前议章程十五条，大致略备，果能实力奉行，即为无负厥职。乃现据补议章程七条，意在表彰董局别有权利，与局外人不同，已属非是。又所谓自治规则者，贪用新名词，而不知多所误会。其首列余款积谷一条，其事之不属自治范围，尽人皆知。目前团费短绌，尚未知能否足用，岂有余力办他事。且一事有一事之界限，断不能指甲混乙，致启影射侵越之渐。自外更有侵及词讼权限各条，尤为不合。兹将章程详晰批示，涂销八条，改正七条发还，着缮正另呈核明，示谕遵守。至请用戳记一节，应俟办有成效，再行核给。团防之设，即古人守望相助之义，自宜□体此意，勿存私见，勿尚虚文，有厚望焉。原章发还。

大清光绪三十一年乙巳六月十五日　公历一千九百零五年七月十七号

张怪物来汕头欲何为

○天师张元旭日前到粤，为省中当道所拒，限令即日出境，不得献其惑众手段。乃径来潮州，已于十三日挈眷乘轮抵汕，寓广泰来客栈。闻此来尚欲假神权以诈骗钱财，招买符箓以外，又巧立城隍土地捐各种名目，谓死后欲为某处城隍土地者，向其报捐，可如愿以偿。不意此等欺民惑众之诡术，尚思行之于今日开通光明世界，张怪物亦太不知自谅【量】矣。岂被斥逐于省城，犹将冀受欢迎于潮州乎？记者将有以观潮州之官绅商民。

纪乐群学堂总办出洋劝捐与海外绅商助学之踊跃

○大埔乐群学堂总办张君六士，去冬由学务处请岑督发给护照，往南洋各埠劝捐学费。张君所到各埠，凡大埔绅商，皆踊跃捐题，计集款有二万八千元之谱。其中有非本邑绅商，如闽人胡君子春，亦慨捐巨款，尤为难得。虽由张君之热心大力，为海内外人士所钦仰，易于集事，而各绅商之急公好义，于此可见矣。现张君已于十三日抵汕，拟回邑后即鸠工建筑乐群学堂校舍，以便足容多生，广及教育。其经费，即由南洋捐款陆续汇回接济云。

○又闻大埔巨商戴欣然观察，此次仅捐款二千元，该邑人士颇滋疑讶。缘戴观察前曾认捐十万元为大埔学堂经费，至今实分文不交，而其热心助学之名已传遍海内外。说者谓观察未必以此事为儿戏，兹所捐二千元，或者为十万元之息，否则必是于十万元外加二千元，未可知也。

大清光绪三十一年乙巳六月十六日　公历一千九百零五年七月十八号

兴宁学堂近事

○前月廿四日，由兴民学堂发传单，订期廿五日，集各学堂生合演体操。届期各处学生先后到堂，约计三百人。钟五下，各生以次排队出，

至城北布坪操场上，统由体操教习陈君发号，先摆作一字队，后化排为二，复变为四行，开演柔软体操。毕，习行步。学生中幼稚者，则另编一队，演游戏体操。操至一点钟，乃毕。后齐唱从军歌。是时来观者约数千人，滕大令与邑绅十余人先后至，莫不赞学生操法大有进步云。

府试九属文童正案榜

○李太守考试九属文童，于十一日毕场，十三日发出正案榜。兹录前列十名于下：

大埔：杨孙贻、饶景陶、孔宪熊、张光大、张建周、何起南、杨时敏、郭罗俊、饶晋恭、吴燮光。

丰顺：张羲琴、陈宝书、吴学震、陈寅亮、李式仪、吴求可、张之筹、张心源、陈一新、陈伯纯。

大清光绪三十一年乙巳六月十七日　公历一千九百零五年七月十九号

纪学堂生应考省垣各学

○近日省垣招考高等学堂及陆军中学□学，游学预备各学生，潮嘉人士，应考者颇不乏人。现长乐练习员张君幼文，因学堂暑假，乘便赴学务处面禀学堂筹款事宜，并率学生十余人，前往报考各学堂，其中愿入陆军中学者尤多。日昨来汕，候轮晋省。

○大埔学堂学生，亦有十余人赴考各学堂，经于日前搭轮抵省。

嘻嘻嘻张怪物怕虫豸

○张天师俗称能驱邪逐怪，符箓一贴，百煞潜藏。近日到汕，寓广泰来公栈，越宿即迁往广泰来之正铺。问其迁居之由，则曰公栈多虫豸骚扰，寝食不安。吁！此真怪事矣。凡属妖魔，俱畏天师，何物虫豸，猖獗乃尔，不惧天师之符箓，反逼天师之走避耶。或曰，天师符箓，本甚灵验，自去冬到浙娶一妾后，神魂颠倒，而符箓自是不灵。兵家云：女子在军，兵气不扬，其殆类是。天师之不以符箓施诸虫豸，而避其骚扰者，职此之故。或又曰，吾尝见乡邑中无识之辈，有用黄纸朱书"张天师到此"五字贴于门楣上，诘其故，则曰可以辟邪。而何以张天师亲临，反为虫豸滋扰？种种诬妄，不攻自破。而天师乃仍欲以张道陵之第几十世孙，夸张幻术，施其惑众手段，是真所谓不识羞耻者矣。

大埔赌博之大害

○埔邑自缉捕经费开办，各赌商争相承充。凡城镇及乡僻小区，悉百计搜罗，以供欲壑。迄今数年输出之款，无虑巨万。而各处农工商业，异常困惫。加之花会为害，盗贼迭出，大有民不聊生之象。

捕厅不管不慎

○大埔长治甲邓明经某，与其族人因山肇衅，互控公堂。日前胡大令坐堂讯得情由，将某明经之子交韩捕厅看管，听候判断。乃韩捕厅看管不周，竟被逸去。韩捕厅恐遭严谴，请托某绅向邓明经代为缓颊，邓明经坚不承许，不知如何了事。

嘉应林城守借事需索

○嘉应城守林绍彬，因其族人在潮郡开有茂利店生理，向嘉应刘某讨债。林城守即着人语刘某云：能出私礼百元，债可随便了事。旋因在潮公亲处办，茂利以原情减收，城守仍索私礼甚急。刘某忖钱出无因，不肯出分文，城守即捏林绍棻名禀控刘某。刘某愈不服，亦即具呈指控城守需索。闻秦州牧及杜游戎，以林不守官箴，深滋不悦。

兴宁谋害行客案

○兴宁近大龙田某堡有陈姓某甲，向贸易江西。一日偕邻人某乙自江西回家，行至邑境老鸦嘴地方，忽被人谋害。越数日始有人报知其家，往视果然。唯被何人所害，尚未得确证，现已报县查验。闻滕大令即日亲往相验矣。

传染疫症近述

○兴宁自四五月以来，中鼠疫而毙者，屡有所闻。近日离城里许之朝天围饶姓屋，因染疫死者十余人。大龙田罗、廖两姓，亦有十余人死于此症。然询确，多系妇女小孩云。

大清光绪三十一年乙巳六月十八日　公历一千九百零五年七月二十号

乐于私斗

○兴宁西厢山下朱姓屋与刘姓屋比邻而居，素不相能。一日忽因某姓恶少调戏妇女事，两姓始而口角，继之以斗。闻刘某受伤三人，次日复斗，又受伤七八人。后两家到县控告，俱被县大令押差候讯，尚未知如何判断云。

大清光绪三十一年乙巳六月十九日　公历一千九百零五年七月廿一号

营勇为盗理应究办

○嘉应嘉字营勇二人，行劫管姓被获送案后，秦州牧以为该勇系杜游戎所总管，未便重惩，反将失主管某收押。及杜游戎由郡返州，面晤秦州牧二时之久。后到保安局与各绅坐谈，颇不以州牧瞻狗为然。且云勇非我子，安能保其无过，理应拘究该勇，以便惩办云。

兴宁盗风不靖

○兴宁邑北罗浮司，与龙川、平远、长源接壤之解湖江、虾蟇石、七条松等处，抢劫时闻。四月底，长安局董刘某于礤黄拿获抢匪二名，又于七条松拿获抢匪二名，立即解县。闻系罗浮司著匪刘运福、刘务姐等。前经乡绅捆送在案，因郭前任放虎还山，至今故恶复萌，招集各处匪徒，隐藏山谷，择肥而噬。现商旅裹足，路绝行人，不知地方官何以处之也。

大清光绪三十一年乙巳六月二十日　公历一千九百零五年七月廿二号

畲市局绅拿获劫匪

○嘉应柴黄堡涌泉寺于本月十二夜被贼行劫，猪鸡什物搜掠一空。该寺僧知势不敌，潜由后门逃出，窥贼携赃下船，即奔报畲市局绅。不意是夜局中，仅有刘茂才达夫一人住宿，而局丁亦只一人。刘茂才乃另选子弟二人，带同寺僧局丁，雇一渡船顺流跟追。天将明，始将贼船追及，窥船中十余人，方虎踞狼飧，刘茂才即跃过贼船，捉获一人，用洋枪指胸，大呼同伴协拿。当下被脱逃外，仍捉贼匪四人、贼妇一人，于十四日送官审办矣。

松口局绅互讦

○嘉应松口设立团局以来，各绅互相攻讦，已登前报。兹闻某绅诡计百出，背签该堡局绅名字，谎禀州牧，希图抵制。现经局绅谢廷南等禀明背签缘由，蒙秦州牧批谓，查该堡开局一事，互有攻讦，均经明白批示。据该禀前情，如果该职等之名，系被背签，应准摘除可也。

大清光绪三十一年乙巳六月廿四日　公历一千九百零五年七月廿六号

派员调查土匪消息

○前闻闽属上杭武平与粤之嘉应交界一带，土匪蠢动，已登前报。近悉闽中大宪探悉萑苻不静，特委卸署云霄厅杨问渠司马，驰往侦探匪踪。杨司马，粤人也，筮仕闽省有年，历任各缺，皆有政声，此次亲往查探，必得该匪踪迹。闽省自当先事预筹防捕。未知吾粤有地方责者，其有所闻否？幸勿养匪，致成后患也。

嘉应讼累

○嘉应讼案，凡惰于民事之官长，每以饬差谕局查复为惯技，然二者均为扰民病源。缘差查徒事吓诈，而谕局则讼情颠倒也。本月十五六两日，秦州牧连讯三案，一为梁姓互控，一为余姓互控，一为邱李互控，牧伯不问是非，不断曲直，统以谕保安局查复为退堂计。讼累贫民，怒骂不已。

劫匪供词

○嘉应畲市柴黄堡涌泉寺被劫，经局绅刘达夫拿获贼匪四人、贼妇一人解州，既纪前报。兹闻十五下午过堂，秦牧伯提堂研讯该贼等，有已供

认为盗者，有供认为船户者，而该少妇则认奸而不认盗云。

谕饬议办温邹斗案

○长乐邹、温两姓械斗，日久不解。日前王大令会营往办，特谕两姓绅耆，妥议办法，以凭断结。其谕略云：尔等邹、温两姓械斗一案，屡息屡翻，仇杀牵缠，冤深祸结，死伤枕藉，两无怨悔。虽由凶横蛮恶子弟构成惨剧，亦恐各有衅因，两不相下，以致势成骑虎，欲罢不能。若仅弹压止斗，不克斩决祸根，官兵一去，故态复萌。再复数年，即□国法不加以刑诛，而丁壮死亡，田林荒废，恐两姓灭族之祸亦将不远。人皆以尔等为凶残不法，本县尤以尔等□愚冈可怜。现奉大宪严批，饬即火速会营，彻底办结，并谓如再抗违，即当特派大员督兵剿洗等语。接奉前因，深为悚惧。本县职膺抚字，若不能先事尽心，保全民命，一旦重兵云集，执法骈诛，虽尔等伊戚自贻，问心实有所抱憾。前次谕饬古绅绍光周历两姓村墟，将本县苦心剀切劝导。闻尔等均有悔祸听从之意。兹本县即日会同营员，亲临驻办。查本案起衅，互争地址，必以划清界限为首义。互斗以来，损伤人命财产，有无偏枯，亦宜查明办理，以及善后一切，究应如何归结，始为永断葛藤。头绪繁多，情事曲折，长官虽肯耐烦，必不如乡邻之能尽词达意。若得公正明达之绅士，分往两造妥议办法，然后本县为之折衷，或者滔天巨祸，得有一线转机，实深翘盼。除分谕公绅外，合行谕饬。谕到该绅耆，即便遵照，听候各公绅赍谕到日，将尔等起衅始末及如何议结之法，详告妥商，务求平允，议有头绪，由绅禀复本县，以凭办理云云。

答生员

○兴宁县滕大令，自到任以来，喜用鞭挞。闻近有生员刁某，因建造房屋一案，于本月某日，两造质讯，未曾辨【辩】论，大令着差役笞生二百。人以为斯文扫地，但未知其有无别案否也。

大清光绪三十一年乙巳六月廿五日　公历一千九百零五年七月廿七号

阋墙恶剧

○嘉应大立堡温某甲与弟乙不睦，横加凌虐，不止一次，乙皆忍受之。本十二晚，甲复放火焚乙学堂。幸有人急救，未成灰烬。某乙恐祸及身，遂于十六日呈控州牧，未悉如何办理。

大清光绪三十一年乙巳六月廿六日　公历一千九百零五年七月廿八号

禀革上控诸生不准

〇长乐廪贡生廖慎猷等，联控赵前令子瑷贪劣一案，委员柳大令鏊，奉各大宪札委会同嘉应州秦，县令王详查。嗣据禀称，查明所控尽虚，长乐士风刁玩【顽】，请将该廪贡生等衣顶先行斥革等情，业纪前报。现闻已奉督宪批谓赵令被控各节，已有数起密查得实者，据禀请将该生衣顶斥革，未便照准。抚宪批谓赵令居官行事，实有不能服民之处，应否将该生等衣顶斥革，仰两司核饬遵照云云。

长乐盗劫汇志

〇上月之杪，上山七畲径地方邮政信差被劫，内有法教士董中和银票千余元。又水寨李意兴首饰店被劫，失赃值六七百元。又本月初旬，岐岭曾姓被劫，失赃值三四百元。又县城某布号之布，由岐岭运往老隆被劫，遇救夺回布疋，而担夫被伤甚重，不免有性命之虞。

催缴屠捐

〇嘉应屠捐减色，已登前报。本十八日秦州牧特出示晓谕，催各屠户速缴屠捐，不得借端延缴，致碍饷源。如敢故违，任从屠捐总局指名禀明拘究重罚。倘有知某屠户匿缴屠捐，私行宰猪，来局报知，即由该屠捐局赏给花红十大元。并不准另宰无疾耕牛，致碍功令，以干例禁云。

大清光绪三十一年乙巳六月廿九日　公历一千九百零五年七月卅一号

学务处批嘉应州学务员绅黄应均等禀书院变价建筑中学堂由

〇据禀缴培风书院变价章程及图均悉。查该书院地基直量十四丈，横量九丈，实不敷改建中学之用。既学务员绅，议定变价章程，妥速举办。

仰嘉应州转饬遵照，并督饬认真办理。章程图存。

○又批嘉应州桥村小学堂刘书年等禀由，此案该生等控，奉督宪批示，饬州勒追欠饷，并饬另筹学费，业准缉捕经费局移知，转饬遵照在案，毋庸哓哓辩渎。仰即完欠饷，另筹学费。至商人承饷起止，自有定章，应由州查明，划一办理。仰嘉应州遵照办理，并谕生等知之。

秦牧伯以一轿夫脱勇罪

○嘉应秦牧伯庇勇一节，已迭志前报。本月二十一日，忽由统带杜游戎带到龙川轿夫一名，以是为行劫真盗，移过州署。于是牧伯坐大堂而讯问，游戎在后堂而听供，州人观者环集，轿夫绝无忧色。经牧伯一讯，该轿夫直认在场行劫共十一人，内有禀控营勇之太平局绅周某之亲属周某一名，余俱兴宁人民等供。及诘其劫赃多少、行劫情形，无一符合。四围观者，哗然一笑。牧伯不顾，以为有可抵塞，立提在押之贼勇二名释放，并将此轿夫交游戎带回武衙，称是可用为线工。而杜游戎旋即派勇十余人，往拘轿夫所供周局绅之亲属。州民大骇，以是为买顶仇供，行迹显然。至贼勇二名，则管姓力而拘诸原，牧伯逸而免诸国云。

大清光绪三十一年乙巳七月初一日　公历一千九百零五年八月一号

嘉应州牧庇勇殃民详纪

○嘉应营勇为盗，迭见前报。秦州牧以嘉字营勇系刘弁碧山招来，刘弁系自己聘请，一经败露，牵扯实多，于是一味优容，始终庇护。最不可解者，莫如前月管姓拿解明火夜劫之陈桂标、叶福二勇一案，明明讯证明确，陈、叶亦俯首无词，而秦州牧反劝管桂香自认误拿，具结了案，不从则收押。太平守助两局代禀请究，则严传面饬，以妄肆干预之咎。当管姓拿解陈、叶至州时，全营持械谋夺，经街坊怒喝始止。嗣因闻管姓控奉道宪批行严提讯究，始将管桂香释放。该勇得庇，益肆猖獗。十五日黄昏时候，即有匪徒多名，拦途捕殴帮同拿解之团丁管凤仙，几致毙命。十九夜又有匪徒多人入管桂香家。幸桂香预防远宿，仅将衣服手饰劫夺而去。廿日该营伪称在迳心拿获一匪，即平日在街市补鞋匠幸阿六送案。秦州牧自莅任讯案，从未一坐大堂，是午特坐大堂提讯，不用刑不多问，幸阿六即直供管天宜家，是伊抢劫不讳，素不识陈、叶二人，只供一周阿广同伙。

而周阿广者，即系捆送陈、叶时，在伊店取索故也。当令幸阿六印过掌模，随提出陈、叶二勇释放，并未穷究一言。而该勇数十人，蜂拥带回，大放炮竹，以志庆幸。当时观者，莫不称咄咄怪事。殊陈、叶二勇得脱漏网，于廿二日即统勇五六十人往捕周阿广，大肆骚扰，以逞报复。途遇管桂香并伊妻子，复肆搜劫，并即掳管到州，带回营内，毒打几毙，然后送案。经州牧验明伤重，并不在意，仍复将管羁押，拟办以误拿之罪，并究问把持主使之人。街众闻之，十分不平。似此营勇，有甚于匪，而又得官庇纵，惨无天日，州民将大不堪其害矣。

大清光绪三十一年乙巳七月初三日　公历一千九百零五年八月三号

大埔盗劫茶亭

○同仁甲莒村梯子岭，为往来百侯孔道。该处设有茶亭一所，招人管理，并贩卖零星食品，备行人果腹。日前，竟被强盗多人劫掠一空。

再志嘉应州牧庇勇事

○嘉字营勇行劫管姓一案，秦州牧昨经拿得补鞋匠幸阿六一名，买顶仇供，以脱勇罪。州人哗然，怨声载道。秦州牧羞怒交加，又令杜游府更送出罗大只一名，系由兴宁属地带来，在游府署教供一夜，明日始送过州署。牧伯提讯，供词参差，大都从旁勇丁授语令供，以图符合幸阿六供词。闻牧伯吩示曰：尔已直供，候即交回游府作线工赎罪云。

大清光绪三十一年乙巳七月初四日　公历一千九百零五年八月四号

驱逐神棍

○近日有江西人抬神像一尊，状甚恶，在嘉应州沿门敛财。每至一家，必勒提若干银始肯抬去，殊属扰害地方。闻学务公所议员蓝君君五知之，立即驱逐出境。

兴宁拐卖妇女事

○兴邑石马小水堡何某，一女适温姓为室。二月间有拐匪张二细之党

陈福二、福三，系长乐人，到该堡狮子寨脚开火炭厂，拐妇逃走。何某以女不见，将以虐杀灭尸等词控温。温家大恐，侦骑四出，一面将陈福二、福三捆送县官究治，并赴长乐县告状。旋踪悉该妇下落，已卖与人贩，备价赎回，立即发卖。闻女家尚不罢休，卒要索若干金，其事始了。

鼠疫犹盛

○近来宁邑城内外，颇多此症。城内西门街、新街、后街，染疫而毙者不下数十人。闻此症杀人最速。近日各街坊，又以建醮迎神为除疫善法。而卫生一道，绝不讲求，至今死鼠弃地，秽气熏蒸。宁江士绅，绝不设一洁净局，检查地方，以为弭疫之计，岂非怪事。

大清光绪三十一年乙巳七月初五日　公历一千九百零五年八月五号

嘉许戒烟会之批词

○嘉应黄腾章等，昨以卫生戒烟会成立，将劝戒章程说略，具禀督辕，并请发戒烟药方。旋奉制府批示，谓吸食鸦片，为害甚巨，该绅等设会广为劝戒，呈阅说略章程，亦极透辟详明，颇堪嘉许。另单请发戒烟药方，查前据明善堂绅董邓伯庸呈缴戒烟药散并方单，即经照制，遍行发给完竣。该绅如拟照方配制，即来署抄录原方可也。说略并单均发。

平远贼匪猖獗

○六月十七夜，有县属边境大信乡陈姓，三更时，被土匪纠械明火围劫，烧去房屋二座，并杀毙事主二命，家物器具一扫而空。经报宜明府，亲往勘验，不知能为破获否？

大埔高陂会匪敛迹

○高陂地方与黄坑毗连，素称良善之区。自癸卯年碗捐滋事后，民情浮动，三点会盛行。黄坑匪首萧阿石、陈阿章，高陂匪党吴燕山、黄阿福、李振伋等，羽翼成群，煽惑良民，不从拜会者，即劫其家。前月经胡大令认真究办，拿获萧阿石、陈阿章二名，李振伋闻风，登即逃往外洋。黄、吴等现皆潜伏不敢动，地方稍形安谧。

大埔屠捐难办

○埔属屠捐，自商人承办以来，急欲抽收。无奈各处商民交困，碍难一律遵行。兹闻该商人等，近日禀请胡大令到高陂，设局开抽，意在必行。该处人民，大为不服，谣言四布，有群起与官商为难之势。

大清光绪三十一年乙巳七月初七日　公历一千九百零五年八月七号

平远差役卖犯

○近由嘉应解到一犯，饬县转解至江西，宜明府接篆，即饬差起解。岂料至长宁城内，忽被逃脱，不知去向。现将沿途逢着同行人张姓者，亦拘押究。闻实由解役得该犯若干金，纵之去云。

平远班房倾圮

○马快班房，年久失修。前月十八日，忽然倾圮，其中人犯悉被压伤，幸未致命。

大清光绪三十一年乙巳七月初八日　公历一千九百零五年八月八号

官运局门阍挟私拦禀

○嘉应某盐埠同伙甲、乙，因埠内纠葛，在官运局互控。闻本月初，甲以乙串同姻亲钟某，即该局门阍，蛊弄谋夺，据情禀诉。其禀已迭送承发房挂号盖戳，殊交至门上，该门阍竟敢掷还不收。甲无奈，含忍而去。门阍把持如此，未识谢总办有无察觉也。

大清光绪三十一年乙巳七月初九日　公历一千九百零五年八月九号

农民望雨

○潮嘉各属，早造收成甚丰。惟近因雨水稀少，所种杂粮，多形萎

405

毙。现届插莳晚稻之候，农田待泽尤殷。而日来赤日当空，有如烈焰，农家者流，甚为焦灼。

嘉应三堡学堂第一学期试验各科学总积分榜

○高等班前列：陈汉铭、谢炳发、邱福肇、邱□谦、谢崇和。
初等甲班前列：江璇英、温才清、陈毓艮、邱振源、金克晋。
初等乙班前列：李菊祥、谢应钧、温严生、梁粲曾、李兴银。

大清光绪三十一年乙巳七月初十日　公历一千九百零五年八月十号

牌示革逐户吏

○嘉应州张文华上控户吏吴荣辉浮收匿册一案，经督宪派委到州查办，略纪前报。兹探得李委员会同秦州牧牌示云：照得本委员奉委，会同本州查讯张文华上控户吏吴荣辉即余三，浮取匿册等情一案，饬传日久，张文华等匿不赴质，是否情虚？调核征册，该典吏尚无浮收实据。其蓝皮大册，讯自兵燹以后，册底无存，历届俱未造送，亦非该吏有心隐匿，自难科以重罪。惟吴荣辉充当户典，吴余三在房帮理，屡次被人指控，其不理于众口可知，应即一并革逐，以释群疑而免借口。除判示并勒限两个月，令将蓝皮大册补造送印，及将讯办情形会禀各宪察核外，合行牌示。为此牌仰该典吏，即便遵照赶紧依限将蓝皮大册补造完竣，送印存查。一俟该册造齐，即行退役出房，不得再图盘踞，致干重究。

大清光绪三十一年乙巳七月十二日　公历一千九百零五年八月十二号

大埔起解盗犯

○埔邑酸枣陈，为著名巨盗。邑中商民被其害者，不可胜数。日前拿获在案，由胡大令审讯，直认为盗不讳，并供出窃掠八九家，得赃十余次，前后盗过耕牛二三十头，均卖与大靖某甲屠宰。现胡大令以此惯盗，所犯非轻，应解交上宪，复讯拟罪，已饬房书人等将原供缮就，备文起解矣。

高陂又有贼匪抢劫

○大埔高陂市镇，忽于月之初三晚，有贼匪廿余人，俱红头红腰，亦有用墨涂面者，各执器械铳炮，由河唇直至福地街，行劫刘家房舍，所有银物搜劫一空。旁住有南词班，正在弹唱，贼复往劫，一班男女，噤不敢声，任其搜掠净尽，并被打伤一人，从容携赃而去。而是处司汛各官，置之不问。

屠捐遵办

○陂市屠捐，初议缴饷二百八十元，因舆情不服，刻已减至二百二十四元。各屠户业已遵办，屠捐商人邓某，昨已来陂开办矣。

大清光绪三十一年乙巳七月十四日　公历一千九百零五年八月十四号

呈请封禁石山

○嘉应州锦屏堡，有猫头石山，山石最宜烧灰。近年石灰腾贵，有附近居民叶姓，贿通当局绅衿，私行盗挖，获利无算。甚至山颓圳塞，壅坏田亩颇多。经该堡绅耆，呈请州牧封禁，以免贻害。日久未准所请云。

命案不准牵累多人

○兴宁滕大令以宁俗一遇命案，控告牵累多人，最为恶俗。近有罗、李两姓，因抢劫互斗，李姓打伤罗姓妇女一人，后因伤毙命，罗姓控告李姓族人多名。闻滕大令以牵累多人，四名以下，概行圈除，以免贻累无辜云。

嘉应愚民求神治疫

○近届天气炎热，加以街道不洁，积秽冲发，多生疠疫。州中愚民，以为非神莫治，乃迎请阴那山祖师，结坛拜祷。逐日祀神者、买符者、求法水者、拜解厄拜大悲咒者，攘往熙来，无日无夜。闻符价每大张四元三角，中张一元。拜大悲每套需二十余元，拜解厄每次十元或八元。至近日，化去纸灰亦可沽银七八十两矣。如此妄费，岂不可笑？

大清光绪三十一年乙巳七月十五日　公历一千九百零五年八月十五号

申复潮汕铁路办法

○潮绅朱乃霖等，日前赴督辕禀控潮汕铁路公司集股包工大犯定章等情。当奉云帅批揭，并照会该公司总办张京卿，按照所禀违章各节，逐一详晰见复，以凭分别办理。闻经张京卿详细申复，现云帅以现办潮汕铁路既经查明，并无投入洋股。及包修司机暂用洋人，将来仍可将洋人减去。均载在重订合同之内，并不侵夺公司主权，是办理尚无违碍。已据情咨呈商部察照，并札惠潮嘉道移行所属各地方文武，一体认真保护该路矣。

大清光绪三十一年乙巳七月十七日　公历一千九百零五年八月十七号

饬查假冒都司案

○嘉应州钟某上控白渡堡曹某，假冒蓝翎都司一案，曾登前报。兹钟某因督宪批行日久，未见查办，又赴辕督禀控，奉批谓：查假冒职官，律有治罪专条。前据该生来辕禀控，业已批局饬州，确查禀核。乃时阅一年，并未遵查具复，殊属玩泄。究竟曹龙章是否顶冒，只须调查奖札，考核年岁，真伪无难立判。据禀前情，仰广东营务处会同按察司，即饬嘉应州遵照先令批行，立传曹龙章到案，吊札查验，研讯明确详办，毋任滥冒名器，恃符狡展为要云。

禀请开采大埔煤矿

○埔属银溪桑公坑等处，煤产极富。前年嘉应温某，曾禀请县主给示开采。查前令以本地绅士，无人与闻，恐阻挠生事，遂作罢论。近闻本处绅士廖省樵、张云涛等，已购定地方，集股开采，禀请胡大令给示保护。并托某绅与胡大令面商，如开办得法，常年愿缴学堂经费数百元。似此一举，于商界辟一利源，于学堂加一的款，洵为公私两益也。

高陂劫案又闻

○大埔高陂之长龙地方，离市廿里。本月初八夜，有廖枫家被盗七八人，抢劫一空。是夜适有戚属妇女二人到其家者，首饰银器，亦被剥去。闻该盗俱用墨涂面，并知廖家有卖猪及嫁女所得银两，一二指索，其非外盗可知。当经失主报知百侯司及蒲田汛，不知能否认真查缉也。

劫盗亦有情面

○长乐岐岭黄亚金，本年二月间被著匪刘亚养、刘亚此纠党劫杀，失赃二百余元，黄亚金惨遭重伤，当报讯局拿获刘亚此解县讯确。讵该匪之母为署中太太浣衣，其兄又在县当差，从中乞情，竟未究办。现闻黄亚金已赴州控告，未知确否。

大清光绪三十一年乙巳七月十八日　公历一千九百零五年八月十八号

丰顺拿获会匪

○丰顺本山僻小邑，近为外来三点会匪，到处煽惑乡愚，大为患害。单大令莅任后，亲自履乡清查，经拿获丁灵山等数匪，并搜获旗印等物，解案究办。嗣复饬练勇星夜围捕著匪曾万春等十余名，而各匪已闻风远遁。

兴宁滕令之运动

○自岑督整顿吏治，贪污之流，稍知自爱，然习惯性成，终不能革面洗心，以负国民之望也。兴宁滕大令，以三联税契苛办虐民，纳贿妄为，阻挠学务各节，迭登前报。前者上峰以滕大令办三联契起色，奏请嘉奖，调补顺德。闻滕得斯优缺，忧喜交集。以己之劣迹，恐达上闻，且虑蹈河源姚令之后尘，乃阴使劣绅李□□，冒列绅耆多名，粉饰铺张，呈诸大吏，希图混听，冀宽其应得之咎云。

州民被勇劫杀之冤状

○嘉应小乍堡管姓被嘉字营勇劫杀一案，迭纪前报。兹事主管钟氏，沥具冤状，刊贴各处。据状略谓，祸因夫侄管天宜家五月廿五夜被劫，氏男桂香身充团丁，捕匪应尽义务。闻呼不避艰险，追踪获匪陈、叶二名解案。州宪堂讯，俱系嘉字营勇，该营哨弁人等，不知如何弄弊，州宪竟将氏男收押。殊营勇恃所庇纵，时来氏家寻杀报复。六月十五夜，胆在梅子岗捕杀管凤仙，几乎不测。氏男前幸在押，窃谓性命可保。旋因局绅屡劝，保释出押，依然诚惶诚恐，不敢回家。孰料六月二十日早，

果有匪类数人到家寻杀，幸氏男未回，仅将氏媳侯氏手钏抢掠而去。族人惧撄祸及，呼救无人。氏媳侯氏奔州报知，氏男即于廿三日偕妻携带幼子，归家查看。讵路经八仙下棋地方，撞见陈桂标、张俊堂等十余人，狭路相逢，退避不及。该勇等竟将氏男团殴，并将氏媳手抱九月幼子丢掷坑下，张俊堂又按媳在地，搜掠花边十余元。幸媳拼命争夺，始行掷回。追脱身后，寻觅幼子，不知失落何方。氏男即被扭赴游府署内，群相聚殴，重伤失气，旋送州宪验确，蒙押候审所调理。惟现氏男食不下咽，性命难保。然以其死于捕杀之手，不若死于候审所，犹为厚幸也。独氏年老无靠，而夫侄又被劫一空，族人连被滋扰，风闻该勇聚谋，必图灭氏族，合乡宗族，四散逃避，逼氏全家啖饭无所，将见同死于是矣。嗟嗟，氏男桂香，承祀三祧，漂泊一身，惨被该营弁为幻诪张，规避处分，竟至大冤覆盆，暗无天日。彼苍彼苍，惨何以极云云。

嘉应命案

○嘉应四洋邱姓，与比邻陈姓有隙。近因陈姓妇不知为何自缢而死，陈家指为邱姓因奸致命，报官勘验。闻邱姓已以此倾家荡产，而案情如何尚未明白云。

大清光绪三十一年乙巳七月十九日　公历一千九百零五年八月十九号

看看秦州牧庇勇吓民之批词

○嘉应管姓被勇劫杀一案，秦州牧始终庇勇，欲将管姓坐罪各情，详志报端。兹管侯氏呈奉州牧批云，氏夫管桂香，闻盗追捕，误拿营勇，已属不合。迨将该勇送案，复听奸徒主使，一味狡供，甚至串同管刘氏等，当堂诬执，必欲置该勇于死地，诚不解其何心。案经迭讯三堂，氏夫供各异词，显露破绽。带候复讯，并非系之囹圄，乃竟妄造蜚语，标贴长红，借图蛊众抗捐。为挟制计，甚敢捏砌重情，饰词越控，实属目无法纪。现已饬据差勇拿获止盗，并无供及陈桂标、叶福之名，氏夫又将何辞以辩？乃现呈不惟不知悔过，复敢逞刁，并闻该氏等拦街鸣冤，敛钱上控，鬼蜮伎俩，岂遂足以挟制地方官耶？福祸无门，惟人自召。倘再不知改悔，惟有照例反坐，并追究主唆之人，一并惩处。不能为刁棍莠民，曲予恩施也。其熟思之，毋贻后悔云云。

大清光绪三十一年乙巳七月廿二日　公历一千九百零五年八月廿二号

大埔九龙亭劫案

○埔属九龙亭，离百侯四五里，为客商往来孔道，有店铺数间。十二日之夜，某店被盗。七八人伪为买物者，赚开店门，一拥而入，店中夫妇二人，俱被缚置一隅，复加刃其颈，禁勿扬声，尽情搜括，罄其所有而去。闻失赃约数百金。

坟山案之堂判

○大埔三河甲民妇陈黄氏盗葬刘姓粮山一案，因听某绅主使，涉讼三年，两造破费数百金，案悬未结。日前胡大令堂讯得实，始为判断，并拟将某绅详革拿办。闻某绅愿罚学堂经费数百金以了此事。兹将其前后堂判录后。集讯。据刘用璋等呈验粮山契据赁字，载有下至山脚田面为界字样，则黄氏所葬伊子坟地，当在刘姓山界之内。如果是陈姓己业，何以无一字据呈验，其为盗葬显然，自应照例断令起迁，并着刘姓稍贴迁费，已属格外施仁。乃陈黄氏坚执不遵，若非有人从中主摆，何至以一农家女流如此藐抗？则刘姓指控陈源涎吉布摆，不为无因。候一面先将陈源详革拿办，一面饬传立赁字陈吾才等到案，复讯究断。供录。又判云，复讯，据陈黄氏愿遵前断，姑念无力迁葬，着刘姓帮贴迁费□十元，先由本县当堂垫给陈黄氏手领，限十日内，将伊子尸棺起迁别葬，毋许故延，致干重咎。至刘姓保墓界碑，着刘姓协同原差前去自行竖回，以杜后衅。各取遵结完案。供录，结附。

匿报宰猪受罚

○嘉应下市屠店张添合，七月十三日宰猪二只，仅报一只，为屠捐局侦知，拨勇往查，反恃众将该勇殴伤。随由局禀报州牧，即出火签拘张某究办。张某惧获重咎，乃托某绅为之调停，罚二十余金了事。

迷信鬼神之害

○嘉应每逢中元节，人家争购香烛、纸宝、小颗河沙衣等焚烧，以求神佑。三坑约邓某家，本月十日因此失慎。迨经多人赴救，有二间房舍已成灰烬，约焚去什物约值百数十金，家人号泣呼天，虽悔无及。夫鬼神无

灵，求福得祸，往往如此，无如愚民之不悟也。

大清光绪三十一年乙巳七月廿三日 公历一千九百零五年八月廿三号

土匪大劫老隆埠情形续述

〇本月十二日辰刻，兴宁各号接老隆警报，云前日早晨五点钟，突有土匪数百人，假作营勇，各持快枪，突进隆埠，先至分司汛地署，破扉而入，枪毙司官吴某、汛弁陈某，随劫抢横街商铺。是时各商铺纠集团勇与匪巷战，历六七时之久，众寡不敌，勇被匪打毙数人。而匪遂恣意搜掠，搬运货件约计六十余担，概由陆运呼啸而去。闻此次遭劫，多系广府及大埔商家，兴宁商受害者三家。伤毙多少人数，容探确续报。

〇又闻兴宁筠竹等处，与龙川相毗连，有一刘姓屋，仅住十余人，亦于前数日入夜十一点钟候，突有匪十余人，以五彩涂面，闯入该屋，肆意劫抢，损失约计百余金。幸邻近闻觉，鸣金呼救，匪始散去。

兴宁兵勇捕匪不获

〇闻前数日滕大令派兵勇三十余人到官田等处捕匪，讵意兵勇未到该处而匪已远扬，累兵勇空跑一遭，颇觉失意。

兴宁倡设种植会

〇兴宁童山遍地，所谓十年树木者，寥寥无几，故生计界日见支绌。现闻石马小学堂，就近倡设种植会，俟办有成效，然后逐渐推广，以期遍兴其利。

情节可疑

〇嘉应隆文堡李姓某甲，于五月十八日被其邻曾姓某乙致伤身死。直至七月十一日，始行报官请验。秦州牧以事隔日久，情节可疑，候饬差查明核办。

大清光绪三十一年乙巳七月廿四日　公历一千九百零五年八月廿四号

嘉应实行土膏捐

○嘉应秦州牧奉到两广总督岑、广东巡抚张、八省土膏统捐总办柯，札文并告示，于本月十五日，即由办理兴宁、平远土膏捐卡委员出示晓谕，谓各土商人等，自后无论何处贩到之川土南土，均应一律到卡报明，每净土百斤照章完纳税捐银一百两，粘贴印花，任其行销。倘有未经粘贴印花之土，即系私货，无论何项人等缉获，照章将私土变价，每百斤赏给三百两。缉获饼数多少不等，均照斤数计算。嗣后凡买土熬膏各商户人等，如查无粘贴两广印花之土，切勿轻买，免致受累。现在人人皆可缉私，重赏之下，见利必趋，尔土商人等，均以血本营生，凡贩到之土，务宜遵章报税，慎勿希冀偷漏，甘于行险，自贻伊戚。本委员亦为恤商起见，因不惮谆谆告戒云。

巨盗与刘碧山之关系

○嘉应巨盗细罗子，积案如山，累次经官悬赏购捕，均不能获。去年因秦牧伯之义子刘碧山犯罪，道宪提刘究问，交押海阳。不旬日而刘所带之嘉字营勇，以拿获细罗子告，刘得以将功赎罪，脱身无事。未几细罗子越狱逃去，又屡捕不获。近因嘉字营勇，行劫管姓一案，经事主及州绅士上控，刘思藉事脱罪，而细罗子乃得就擒。现闻州绅以此奸猾巨盗，难保不再逃，签请立予正法，州牧不准。现将细罗子三日一拷问，责令供党，平日与该盗略有仇隙者，皆被供为贼党。闻所供不下数十名，无辜之民，恐有不堪株累者矣。

大埔万寿宫等于神庙

○埔邑万寿宫后堂，向来崇奉观音偶像，香火极盛，已为各处万寿所无。近因年久剥蚀，栋宇欲倾，有饶姓某绅妇，乃假借神权之力，敛钱修复，从前佛像，焕然一新，更加塑十八罗汉罗列两旁，极其壮观。计所费之款，不下千余金。且闻官绅与有力焉，可怪。

大埔暴雨

○中元节日，大雨倾盆，埔属百侯地方，山水暴发，冲坏田园不少。

低洼之屋，有受巨浸者。有一延长水圳，无数田亩资以灌溉，亦被冲崩七八处，急流横溢，损害尤多。

兴宁兴民学堂第一学期大考积分榜

○高等小学甲班前列十九名：罗华彬、廖定粦、罗泮藻、李韶钦、何耀翔、朱翔声、罗国权、廖作新、彭凤畴、罗际如、廖凌欧、吴毓畴、罗樾文、罗应銎、罗茂钊、罗全斌、罗佑经、罗翰藻、陈肇贤、罗锡銮。

初等小学甲班前列二十名：李伴奎、何荣辉、李伴昆、陈宝翰、刘幼昭、何福连、李伴球、朱丙文、胡耀荣、饶馨宝、云祥、何伟英、徐胜唐、廖自强、萧兆祥、袁国泰、刘宝贤、萧志扬、刘宝翔。

大清光绪三十一年乙巳七月廿五日　公历一千九百零五年八月廿五号

兴宁考补营兵

○兴宁白都戎如镜，自去冬抵任以来，营务颇为整顿，兵弁有不安分或被人告发者，立即分别责革，彻底究查。现以营兵缺额数名，十一日亲出西教场考试枪炮，拔尤补足。

嘉应西阳学堂第一学期试验各科学总积分榜

○甲班前列八名：黎启豪、黄坤元、黄仲春、邱添华、黎锦标、钟荣坤、黄英先、黄添喜。

乙班前列十名：黄选章、朱汝炽、黎初兴、林赓元、邱盛粦、林诗绮、李京书、陈杞华、林捷盛、卢有浩。

丙班前列十名：何荣昌、温季昌、郑云芳、黄仲昭、李赞书、黄展昌、杨文常、林木生、朱天喜、黎显名。

初等五名：黄銮章、黄敬先、黄宏昌、黎显朝、何天星。

大清光绪三十一年乙巳七月廿六日　公历一千九百零五年八月廿六号

大埔查当之扰害

○埔邑捕厅韩某贪劣素著，纵其家丁吴某遇事勒索，受其害者，不知凡几。日前胡大令奉上宪饬查各当店有无私押军械，吴某即托人遍搜洋枪，暗中遣人到各当预为押起，以为讹索之据。迨奉谕后，即带堂差六名，逐店稽查，见有一废枪，即指为私当军械，强索洋银三四十元。闻某典号因往查时，手忙脚乱，损失物件颇多。将来必以重价赔人，始免吵闹，可谓无妄之灾。而若辈扰害商民之法，亦愈出愈奇矣。

大埔县署闹鬼

〇县署每逢七月中旬，合署房差人等，必醮金施孤，延僧礼忏，结一盂兰胜会。今岁因大雨倾盆，所施冥衣斋席，草草了事。好事者流因之谣言四起，谓署中时闻鬼哭，必阴魂未散。复煽动各人，科派数十金，择日再为延僧超渡。闻胡大令亦捐廉□余元，合署中上下人等，大为普渡。夫若辈无知无识，大约以所得孽钱，应如此破费，何堂堂邑令，亦随流迷信之甚也。

秦州牧与局绅商举营弁之言

〇嘉应嘉字营弁刘碧山，因纵勇为盗被控，经道宪札州撤差，另委人接管。秦州牧不忍割爱，而又迫于上宪之命，只得嘱刘弁自举接代。商定后，即请保安局黄绅等决议。因问曰：另举管带，诸人意中有妥人乎？廖绅答曰：若仍是嘉字营勇，则难其人。秦牧曰：嘉字营勇，深知贼情，无容更动，所欲与诸绅商者管带耳。现碧山荐一刘达夫，诸绅知其人乎？廖绅答曰：是殆碧山之拜把兄弟乎？秦牧曰：然。尹公之他端人也，其取友必端矣。廖绅答曰：达夫有才，恐怕大刚一些。秦牧亦曰：我亦恐其大刚也。有某绅故为应曰：碧山可者，则可之耳。秦牧伯悟，遂不复言。

秦州牧捏禀之死盗复生

〇嘉应巨盗细罗，前本与蓝犯割去监仓屋角，乘夜同逃。闻秦州牧通禀，谓蓝犯系因雨多监墙倒塌被逃，细罗系由拘锁病毙。殊细罗脱逃后，大肆劫掠。现复行拿获在案，累得秦牧伯大有为难。将欲照办，则前已禀称病毙，今又如何通禀？将不照办，则又何以处置？求其免咎，其费踌躇云。

斋庵遭劫

〇嘉应西厢堡大径鲤仔湖之仁寿寺，住斋妇十余口，富有田产，香火甚盛。兹届早季收获之际，积谷颇多，尤为盗贼所垂涎。突于本月十七夜

三四更时，被盗多人劫去寺内银器米谷等物，约值二三百元。又闻东厢堡大东岩庵，亦于十二夜被贼劫去什物，约值百余元。一班长斋妇，徒叫苦而已。

大清光绪三十一年乙巳八月初九日　公历一千九百零五年九月七号

自地建屋须另税契

○澄海县任大令昨接奉省城税契总局公文，谕令嗣后业户购买地基自建房屋，须另买契纸书写投税等因，即于日昨出示晓谕。其略曰：

为出示晓谕事。现奉广东全省税契总局宪札开，奉署理两广总督部堂岑批据本局具详，业户购买地基自建房屋，另立三联契纸，照地价加两倍纳税一案缘由。奉批：民间自建房屋，向无纳税明文。惟现值整顿税契之时，若自建房屋，概行免税，业主仅凭地契管业，所执之据与所管之业两不相符，且恐将来买屋者效尤，亦可影射取巧，自应如议另刊自建房屋三联契纸颁发填写，照地价加两倍纳税。自出示日起，限四个月内投税，违者议罚。仰即通饬遵照。又奉广东抚部院张批同前由奉批如详办理等因，札县即便遵照，现札粘抄事理。凡业户购买田塘地基，已税契后，加建上盖房屋者，均限令四个月内买契纸，填写照地价加两倍纳税，每两征收税银六分。其余一切章程，均令照卖契一律办理。如业户逾限不买纸投税者，即照章究罚等，到县奉此，合行出示晓谕。为此示，仰属内绅商军民人等知悉云云。

大清光绪三十一年乙巳八月初十日　公历一千九百零五年九月八号

加饷承充潮嘉缉捕经费

○潮嘉缉捕经费，去年陈商以廿八万元承充。现陈商辞退，接充者闻即去年与陈商合办之王某，另招集股本，照陈商加饷一万元承充，善后局已挂牌批准矣。闻陈商已经赔累，今新商再加饷项，不知将来如何也。

大清光绪三十一年乙巳八月十四日　公历一千九百零五年九月十二号

邱查学尚未抵州

○潮嘉查学员邱仙根工部，前月在郡办理韩山师范就绪后，即买舟白渡，由陆路抵镇邑。拟于邑中料理稍清，即束装来州，以便办理东山师范及松、丙、西阳各学堂与内外界纠葛案，旋往兴、长二邑查学。现邱工部在里患病，未大痊愈，迄今尚未抵州。闻州人士望之甚急云。

嘉应办团保之批词

○嘉应李森林等，前因团保事宜，呈请伊十约分办，恳出示谕。旋蒙秦牧批云：团练保甲，系禁暴除奸良法，只问办理之是否得力，原不在乎分办合办。据禀前情，如果该堡团保事宜，众议十约分办较善，合办为难，自应会订分办联络妥善章程，禀缴察核，以凭饬遵。乃现禀既无办法章程，亦仅一社之人出禀，率请示谕，难保非存私见。仍着会集合堡绅耆，妥定章程禀夺。所请未便率准。

小学生剪辫

○长乐觉民学堂幼班学，因听星期演说，述外人恒以我国民辫子为侮笑之具，即变羞成愤。于月之下旬，阴约幼班学生，自八九岁至十二岁者九人，慨然将辫发剪去。及教习闻知，速往解救，见垂背者已靡有孑遗矣。

大清光绪三十一年乙巳八月十七日　公历一千九百零五年九月十五号

续纪大埔会匪滋蔓事

○昨报纪大埔会匪蔓延一则。兹探悉有三点会匪首邱义山，由丰顺窜至埔属，伏匿石门山中，分遣党羽，到处煽动。入会者纳银一元有奇，给以凭据。痞棍不法之徒，藉此横行，从之者甚众，并公然在湖乡穿垄剿、崩山下、锦田等处开台拜会。经绅士会同汛弁前往解散，反被恐吓，噤不

敢声。近夜该匪党即行劫下坜蓝姓屋，邻人知觉，鸣锣通众，匪始散去。又复散布谣言，欲劫某处番客。崧里一乡，亦有一夜连盗三处之事。以故乡村富户良民为身家计，亦多挂名会籍，以图安宁。高陂一带，甚至营汛□自亦有入其会者。似此匪势，患伊胡底，不知地方官何以处之。

平远县民患官患盗

○平远县宜大令莅任数月，积案如山，并未提讯一案。尤奇者，无论呈报人命贼抢，悉令由门房将呈稿先行送阅，方许盖戳进呈，不准者不可枚举。人民冤抑，无可告诉。甚至七日间该县大信地方，白日被劫，人民被盗伤死者五六人。南扒地方有造锅炉厂一所，亦白日被劫，衣物银钱抢掠一空，约数千余两，地方官亦不在意。该邑之民，已苦于官，又苦于盗云。

是学界之蠹乎

○嘉应畲市局绅某上舍，拟在畲市开设一新民学堂。因不谙学务，未克开办，惟自刊一学堂匾额，悬于祖祠门首。惠潮嘉道沈观察日前往老隆剿匪，道经畲市，见有学堂，遽下轿直入，迨登其堂，阒无人焉，并学生及书籍器用皆无有。沈观察大出意外，即传董事某上舍诘问情形。上舍答以无款，沈观察甚怒，面斥上舍曰：学堂原期名实相符，兹汝未办学堂而悬匾额，殆欲藉学牟利，为学界之蠹也。欲带上舍往老隆候办，后经上舍再三恳求，始蒙免究。

救火丧命

○嘉应西厢堡五里亭张姓某甲家，积稻蒿甚多。日前因某乙妇焚烧纸锭失慎，燃及稻蒿，某乙妇急进该房扑救。时火势甚盛，甲妇等以与乙妇有隙，袖手旁观，不肯助力救护，某乙妇竟致焚身丧命。后乙妇外氏吴姓闻之，拟禀官究治。经公亲调停，为某乙妇立嗣，并罚酒席了事。

收埋尸骸之不善

○嘉应近年来，掩埋老幼尸骸，多在教场及北冈等地。往往扛夫不挖泥土，随意掩埋。迨数日后，牛马践踏，家犬□而攫噬，每致朽尸暴露，秽气熏蒸，行人为之掩鼻。旁舍居民，更为不堪。发生疾疫，多由于此。殊于地方卫生，大有妨碍也。

男巫伪术破露

○嘉应州境于六月间发生鼠疫，居民惶恐，日以祷神拜佛为事。僧道巫觋之流，乘此大献其诬民惑世之手段。上市五显老庙，亦延男巫刘某安龙，耗费不资。事毕之日，又劝董事须再捐金钱，藉上刀山勒符，方保平安。董事从之，即于是日在树湖立定刀梯，上下□次，聚观者人山人海。毕后，有数少年见梯上各刀极钝，而该巫上得苦态难勘，心窃疑之，即就刀梯连上数次，毫不吃苦。该巫尚谓"赖我有封刀符也"，该少年即将其刀上各符扯去，而上落依然。有一兴邑竹篾匠，足踏手攀，尤为矫捷。众以此识破巫术之伪。该巫在刀山上勒过之符，遂无人过问焉。

大清光绪三十一年乙巳八月廿三日　公历一千九百零五年九月廿一号

学生留心教育

○嘉应黄某生氏，美国旧金山维新会倡设尚武学堂之学生，今夏返国。抵里后，即到州属各学堂，考察内容。昨连日复到务本学堂，演说中国大势，并看大小学生体操，以觇教法。

大清光绪三十一年乙巳八月廿五日　公历一千九百零五年九月廿三号

书贾叫苦

○粤中书贾于学堂应用图籍不甚购置，唯科举必需之籍则广为定购。此殆由学堂未盛，有以致之。今年科试，应按试潮州，各书贾多捆载书籍前来赶考。因朱文宗告病，试事稽迟。数月以来，生意冷淡，费用虚糜，已不胜苦。今科举即行停止，其吃亏必大矣。

大清光绪三十一年乙巳八月廿九日　公历一千九百零五年九月廿七号

湖乡山居遭劫

〇大埔湖乡长坑地方有一张姓，家居山中，绝无邻舍。本月十九晚二更时候，突被贼匪十余人冲开门户，明火行劫，搜括【刮】一空。所畜猪牛等物，亦被掳掠而去。

大清光绪三十一年乙巳十月初五日　公历一千九百零五年十一月一号

嘉应商伙互控案

〇嘉应古田宋某，前招林、梁、徐、赖四人凑股，在丰顺县汤坑市伙开和隆昌字号生理，公举宋某坐店为总司事。闻去年该店做有二万余金生意，仍亏本□百余两，被各股东察觉，勒宋核算数目。殊宋不惟不算，反私收□□□□□□□□□□□□□□□□□逃，情同拐骗等情，具禀秦州牧。宋某亦即以朋谋逼拆，横被股东夺去银物为词，在州呈控。奉秦州牧批云：同日据梁科龙等以宋阿日背主卷逃具控，核与所呈大相径庭。如果该店尔有股份，梁金等何致因扯用些须银钱，即欲逼令退股，据呈被夺行李，内有金洋现银为数不少，尔已有此项，尽可即时填还，以杜其口，何以计不出此而欲旋里投论？词殊矛盾。即和合生理，应有合约执据，词内亦未声明有无，似此含糊，尤觉饰抵。应候饬差拘集讯明究追。失单显系虚捏，应即掷还。

大清光绪三十一年乙巳十月初七日　公历一千九百零五年十一月三号

嘉应州牧接任消息

〇新任嘉应州陈直牧棕万，闻既于上月杪在省禀辞，取道东江赴任。大约本月初十前后，即可到州接任，以期赴政旺征。

大清光绪三十一年乙巳十月十一日　公历一千九百零五年十一月七号

旅客路毙

〇有大埔船户至汕云,丰顺、大埔交界之童子拜地方河干路旁,有不识姓名之尸身一具,尸旁有"顺风得利"灯笼一只,似夜行旅客被人谋毙者。该处距大埔、丰顺二县城各一二百里之遥,既无地保报官,亦无人敢为之收埋云。

大清光绪三十一年乙巳十月十三日　公历一千九百零五年十一月九号

守提刘宾昆并案讯办

〇嘉应嘉字营管带刘宾昆纵勇行劫各案,迭被控告,节经督宪饬道查办。日前梁国樑等又复具控。督宪据禀各节,有无砌耸别情,已仰营务处移惠潮嘉道并案确查,务得实情,分别办理禀报。闻道台已派委员到州,守提刘宾昆及管姓劫案内一干人犯确讯。

大清光绪三十一年乙巳十月十四日　公历一千九百零五年十一月十号

土匪窜匿嘉应

〇江西边境自三省合剿土匪以来,多有著名匪首逃匿嘉应之折山一带。近因州城赛神演戏,闹热非常,匪类尤多混迹,甚至游行街市。州人有认识者,畏其势大,不敢禀究。各营勇惟事朋赌伙饮,绝不经心访察。诚为地方之隐患也。

嘉应捕获猾贼

〇猾贼邓水长者,兴宁县粉仔岗人也。近年以来,屡在州城为患,所犯盗窃等案,不下十余起,久未破获。本月初六夜二更时候,该贼赴树湖

戏场趁会，至十字街，突被捕役何福、陈洪等拿获，当即送官究治。

大清光绪三十一年乙巳十月十七日 公历一千九百零五年十一月十三号

大埔庵僧不法事

○三河甲冬瓜窝有静谷庵一所，原系黄姓山寮，地极幽僻。十数年前，有南华寺僧机梅，因犯规被逐，逃居其中，借神惑众，名为庵场，实则勾引妇女，窝藏盗匪，无所不至。上年嘉应举人杨某，曾带子弟到庵缉拿，当被逃脱。自后该僧肆行种种不法事，益无忌惮。前月底三河绅士奉县宪谕，严查山僻寺院，以该处多人面生疏之辈，出没无常，特饬局丁往查。当在庵内搜获妇女裙衫甚多，以此大犯众怒，将行驱逐。该僧见恶迹败露，计无所出，竟将该庵自行焚毁，到县谎控三河副贡生饶某抢劫焚庵等语。饶现年已八十余岁，以此控饶，足见其妄。此等恶劣庵僧，想地方官必查封拘案，尽法惩治，为社会除害也。

大清光绪三十一年乙巳十月十八日 公历一千九百零五年十一月十四号

潮州中学汇纪

○大埔某君与普宁某君于近日由汕诣郡，本拟合同志请于李太守，将金山赢余存款津贴游学。至郡后，晤中学堂董事及教习某某二孝廉，言及李太守欲将考院改为中学堂，实力整顿。某君等以款已有着，故将禀请津贴游学之事暂作罢论。某君并以现在各处兴学，师范乏材，因劝某孝廉言于李太守，先将考院所改学堂，办师范一二年，以谋普及救急之方，然后改为中学。未知能用其议否。

○黄孝廉翌丞，以今夏荐为潮州中学教习，适夏教习与学生冲突辞去，堂中仅余算学教习陈君及孝廉二人。孝廉因请于李太守，往省选聘教习，于近日回堂。聘到教习三人，一廖教习，教数学、图画，云系旧日水师学堂卒业生；一郭教习，教英文、地理；一某教习，云系武备学堂出身，监学兼教体操。孝廉自认教国文及官音，而陈君则改授经学及历史。因孝廉嫌其算学太旧也，陈君以孝廉更置之不留余地，颇形愤激。十一日，廖、郭二教习试验数学、英文。监学带领学生上堂，到堂时大喝一声，如挥兵卒，在监学或以军容部勒学生，亦未可知。而学生则极为不悦，谓待之如奴隶云。是日李太守亦至堂，在瑞公祠与孝廉晤谈，廖、郭二教习俱来见。监学穿短服窄袴，欲前与李太守为礼，李太守以手挥之云："不行不行"。监学渐恶退去。孝廉因代说云：渠系武备学生出身，故被服如此。李太守云：就是武备学生，来此学堂，亦不可如此装束。学生在旁观者，皆掩口而笑。又闻孝廉与李太守商议，欲再招新生六十名来此学堂，亦不可。而旧日学生以前学科不备，亦须与新生一例，从明年算起，四年后方为卒业。而旧学生则甚为不服，以在堂已及三年，学科不备，实当事者有以误之。如今欲改良整顿，则尽可令我辈补习。苟与新学生一例再待四年，复依新章，令缴膳费，则中多贫者，惟有告退一策耳。按：新旧学生一例，事属不平，无怪学生之滋议。且旧学生学科虽属不备，然三年功课，亦未可尽付之流水。分别补习，从速卒业，固属因时制宜之策。以记者所见，则择旧学生之年岁已长程度较高者，改充师范；其年岁幼而程度低者，则与新班学生合一；或于其中更分班次，尤为尽善。特未知当事者以为如何。近日中国办事，多因循腐败，惮于改更。其有欲谋整顿者，则又不计事之宜否，一力扫除前人之经营，以自显其能。窃以为二者皆过也。

嘉应种植会之萌芽

○嘉应田少山多，不讲种植，濯濯之形，举目皆是。近闻杨孝廉亮生，邀集同人，筹谋种植，拟于州城之西大径一带之山，先行试办，设立种植公司，名之曰自西。果能实力讲求，嘉应山利之兴，其以此为起点乎？

函述缉匪善法

○嘉应友人函云：罗塘下坝地方，为江、广、福三省要冲，迩年三点会匪充斥，民不聊生。近闻赣南道颇有权谋，先遣五十人，布散其地，假卖什物，暗入会籍，得悉其情，遂移兵三百名，按籍搜捕。现围拿百余人，俱皆真匪，无一误者。想其地指日可平云。

○又道台以赌为盗媒，随处示禁，一经拿获开赌之人，则将其家产充出六成，其余赌徒则将其家产充出四成，为兴学费用。一时赌匪敛迹，学界得以扩充，亦地方之幸福也。

大清光绪三十一年乙巳十月十九日　公历一千九百零五年十一月十五号

嘉应种植会试办章程

○杨孝廉亮生，集股设立自西公司，试办种植，已纪昨报。兹将其章程录后：

第一条，在城西设立自西公司，暂借忠孝里曾公庙为会所，专会同志商榷种植事宜。无常员，俟有成效再议。

第二条，筹集资本拟五百股，远近平均。每股津银一元，股票编列字号。其银限三期分缴，第一期缴银四角，本年底截止。以后分两期缴清，不全缴者充为公份。

第三条，在本山建筑山寮，为看山人住宿。即雇工种植桐、杉、竹、茶、桑、棉、果、木等，日给工价，核实毋滥。

第四条，豫筹所需若干，不得浮滥，每年集众□□两次，务求公益，不得徇私。如有利益，按股均分。

第五条，此系试办，俟有成效，再将册结通筹，推广办理，及酌拨诸义举。

第六条，暂公举总办一人，襄办六人，以后再行投签公举，以昭公允。

大清光绪三十一年乙巳十月廿四日　公历一千九百零五年十一月二十号

陈州牧到任之期

○前报新任嘉应州陈直牧宗万，初十前后可以到任。兹探悉陈州牧于前月廿六日在省启程，取道东江，顺至惠潮嘉道行营，谒见道宪，约二十二三，乃能到州接篆。而州署差役人等，日前已到前途迎接矣。

大清光绪三十一年乙巳十月廿五日　公历一千九百零五年十一月廿一号

大埔收发委员解郡

○大埔县收发委员方某，闻有包案勒索情事，现被人控发。十九日府宪李太守，特派委员到埔，提解至郡。闻胡大令亦与偕来，欲代为缓颊。因李太守在汕办公，暂将方委员交押海阳县，候太守回署发落。

嘉应失火

○嘉应树湖侧，十八夜八句钟时，因义泰号钟某住眷屋内灯火失慎，旁有积火水油处，延烧爆裂，火光烛天，势不可灭。有一八岁女童，不及救出，竟以焚毙。毗连之长兴堂、元发祥、裕隆泰等店，均被殃及。随由杜游戎、陈城守各员弁率同勇丁及各商民极力灌救，火势始息。

兴宁赌商之更动

○向来缉捕经费，由商人泰安公司承办。去年冬，因汕厂中变，宁邑缉捕经费又改易他商接办，名曰集益公司。闻近日不知何故，复改归旧公司承办，更名曰复安公司。

兴宁鼠疫未平

○城厢内外，尚有死鼠，染疫而毙者，数见不鲜。闻多系结核症云。

大清光绪三十一年乙巳十月廿六日　公历一千九百零五年十一月廿二号

旧商又欲承办潮嘉赌饷

○潮嘉缉捕经费总商王某，前此晋省禀求减饷，被善后局扣留。潮嘉总局现无商人承办，暂由委员熊太守代收子厂饷银。闻上年旧商陈某甲等近又晋省运动，欲再行承办云。

劫及寺僧

○大埔属大靖连云寺，地极幽静，为人迹罕到之所，寺内仅住持僧一

人，颇饶蓄积。本月十八晚，突有强盗数人破门直入，将寺僧围困。寺僧恃其拳勇，极力抵御，无奈众寡不敌，任其席卷而去。

大清光绪三十一年乙巳十月廿八日　公历一千九百零五年十一月廿四号

陈州牧到任

○嘉应新任陈州牧，因近日天气亢旱，岐市河水甚浅，改由陆路至长乐，由长乐至兴宁。二十一晚宿兴邑，二十二晚宿径心墟，二十三午后抵州，暂寓公学院。定于二十五日未刻接篆视事。

大清光绪三十一年乙巳十一月初二日　公历一千九百零五年十一月廿八号

兴宁县逸去监犯五名

○兴宁县前月廿二晚二更时候，夜色昏黑，有定罪监犯五名乘机逸去，现四处缉拿，尚无踪迹。

私开小押被封

○长乐陈某甲，在附城水巷街私开小押一间，冒名代当，实现扣加一利钱，期限一月断赎。开张数月，获利不赀。近日被人控发。王大令以私押违例，即行查封，并拘陈某讯究，罚令缴充学费银四百两，缴饷银二百两，准予揭封。闻陈某已愿遵罚了案。

大清光绪三十一年乙巳十一月初三日　公历一千九百零五年十一月廿九号

平远设立种植公益会章程

○平远某君，近倡设一种植公益会，拟联合一乡同志，讲求树艺之方，无使货弃于地，以兴利源而谋公益。所有章程，为录于后：

一、吾乡山阻闭塞，俗尚游闲，农业不兴，工艺不讲，民贫士陋，职此之由。兹爰集同人博采众论，欲谋衣食之源，必求当务之急，惟有广兴种植为第一要义，因名种植公益社会。

一、此举原为同谋公益，维持乡井起见，人人有应尽之义务。不得横生梗阻，破坏公益。

一、凡兴利必先除弊，弊不除则利无由兴。如有不法之徒，损害种植，一经查确，即投明董理集众会议。不得徇情姑纵，轻则议罚，重责禀官拘究。所有用费，均由会内支出，不干事主之事。

一、题款以一元者为一份，半元者作半份，三毫者作会底，不入份数。会内公益，则一体均沾，如有仗义多题者，俱以类推作份数。但所有题数，不许写祖先名氏，以免一人而赅多人。不乐题者听，并无勉强。惟会内之公益，不得混沾，日后亦不许复入，以清界限。

一、会内须择公正之人、众望素孚者，为管理一切事宜，然后人皆乐从，易以集事。兹经众人议准，萧君少弼，总理财政；张君碧初，掌管□□□□□□监督，其银钱生息置产，并事务之合宜□□□□□众会议，以昭大公。

一、吾乡地方辽阔，各占一区，以八尺墟为众总汇之所，兹假墟内文祠为公所，以便会议一切事宜。

一、现择各社各村公正之人领簿捐题，限半月汇齐各部查核，看捐数多寡，再行酌议办法。

一、汇簿之日，宜详立善后章程。诸君如有特识广见，不妨缮具说帖，交公所核议，择善而从，以匡不逮。

一、开办后宜禀明县宪立案，出示晓谕，严禁盗窃，以资保护。

一、所有未尽事宜，及一切妥善章程，详议酌核，再行布告。

大清光绪三十一年乙巳十一月初四日　公历一千九百零五年十一月三十号

驻嘉应续备军熊管带辞差

〇熊杰臣都戎应朝，管带续备军一营，去岁奉调驻扎嘉应。闻因劳瘁多病，迭次告退，并保举伊族侄熊子勋，人地相宜，堪以承乏。闻孙军门已允准，札委熊子勋为该营管带，不日前往接管矣。

大清光绪三十一年乙巳十一月初五日　公历一千九百零五年十二月一号

谕发学堂关防钤记

〇应州牧日前奉到两广学务处督办札发关防二颗、钤记四颗，经分别转发各该学堂公所收领启用，以资信守。并谕查照札饬各节，分别办理。仍将启用日期具报，以凭通报查考。计发官立学堂木质关防一颗，礼字第一百号，文曰"嘉应州初级师范学堂之关防"。学务公所木质关防一颗，射字第二十五号，文曰"嘉应州学务公所之关防"。民立学堂木质钤记四颗，书字第九号，文曰"嘉应州务本学堂之钤记"；第二十三号，文曰"嘉应州金盘锦洲雁洋三堡两等小学之钤记"；第一百二十号，文曰"嘉应州西阳堡高等小学堂之钤记"；第一百二十一号，"文曰嘉应松口堡李氏家族两等小学堂之钤记"。

嘉应禀办学堂批词汇录

〇嘉应书乡约保卫局江茂春等，在州禀请将乡内塘汛改设学堂，并请谕生员邓实泉等董办其事。奉批云：查兴学为人人应尽之义务。如果该堡绅士欲设小学，尽可公举一二谙明学务、乡望素孚之人，主持其事，何必先请给谕，殊不可解。且请借塘汛兴设学堂，究竟该汛何名，曾否含混，应着另议详细章程禀核，再行分别示谕遵照可也。粘单附。

〇扶贵堡陈明经湘等禀请设立两等小学堂，奉批据禀及章程均悉，应先准予立案，俟明岁开学后，委员调查，再行转禀学务处宪察核可也。章程附。

〇又林承鸿等请设城西公立养忠两等小学堂，奉批据禀已悉，如请准予立案，并出示保护可也。章程表式附。

〇附生张史铭请销办理丙市三堡学堂兼充教习差，赴学务公所办事，以尽义务由。奉批如禀准予销差，仍谕学务公所知照可也。

控官案拟请究坐

〇长乐县廪生廖慎猷等上控前县赵大令，纵阍诈赃，苛敛吞款一案，先经委员柳鳌前往查明，并无实据，照例究坐。拟请将廪贡生廖慎猷、陈培琛，廪生张如川，先行斥革讯究云云。

大清光绪三十一年乙巳十一月初六日 公历一千九百零五年十二月二号

嘉应开办习艺所之禀报

○兴办习艺所及修改监羁各事，迭奉大部饬催各省迅速开办奏报，经大宪接到咨文后，已迭催各属禀报开办。兹据嘉应州秦前牧已禀报遵饬筹款，勘修监羁，改建内、外习艺两所，经由该牧捐廉二百两以为之倡。另发印部一本，交保安局绅董黄遵谟等，分向属内殷户洋商，酌量劝捐，务使款归有着。并经择期开工，年内定可告成。现拟将监羁先行修改，并将监内余地，改建内外习艺所，分收监墩各犯，入所习艺。惟一切费用及常年经费需款甚繁，劝捐数目能有若干，一时本难预料。况嘉应一州，地瘠民贫，筹捐不易，仍应酌拨公款，方有凭藉等情，禀候大宪批示只遵矣。

嘉应商会准予立案

○嘉应州属商董陈丰兴等，赴督辕禀称开办商会等情。旋奉岑宫保批：粤省商情涣散，商业日衰，以视泰西各国，商战角胜，优劣悬殊。自非联络商情，请求整顿，不足以维商务而挽利权。本部堂前饬开设商务局，谕据各绅董先在省城设立总商会，倡率各埠，原欲于商界上起衰救弊，共维公益。今该商董等在嘉应州城择地开办商会公所，如果众志齐一，提倡得宜，将来设商报，开商学、工艺厂，创陈列馆，皆可研究扩充，日新月异，自应由官保护维持。查核章程，与省城总商会前拟定章，大致相同，尚属妥协，似可准予立案。仰广东商务局核饬遵办并行，嘉应州遵照云云。

嘉应官场近事汇纪

○嘉应陈州牧接印后，即将旧任秦牧被控之家人带候若干名，并将管带嘉字营勇之刘碧山交捕厅看守。其部下匪勇叶、陈二名，闻已远扬矣。又闻秦前牧拟由东江晋省，顺道至惠州谒见沈道宪。又闻省委往嘉应暗访员魏大令，前月到州，住金泉庵，遍访秦牧、刘碧山劣迹。及新任陈牧到后，即搬往州署。俟日间催齐控刘碧山一干人证，即提到惠州听道宪审办云。

大埔县照会戴绅缴款助学文

○大埔县正堂胡为照会事。现据学务公所副所长兼理高等官小学堂校

长、在籍候选直隶州判邱光涛禀称：窃自练习回籍以来，荷蒙宪台不弃，照会办理学务公所，并一再责成办理官学。唯是县属贫瘠，经费难筹。奉命以来，深惧以筹划无方，致负宪台厚望。顷者初等官小学，已于本年七月开堂；高等官小学，亦酌于本十月开校。所以开办经费，一切既由宪台督所一面妥筹，其常年经费若干，自应由所调查陆续禀请拨入。窃念县属永兴甲二品封典在籍候选道戴绅春荣，于光绪二十七年曾捐题有茶阳学堂经费二万元，又在城甲学堂经费五千元，均经声明补息款五厘。查在城甲学堂经费，年息一百八十一两二钱五分。经查前县暨罗绅变塈等，函请该绅自二十九年起，按年缴县作为官小学堂常年经费。该绅当即如函照缴，由县转发该堂。本年六月间，该堂停办，当荷宪台面谕光涛，赶紧遵照钦章，分别两等小学，妥筹办法。光涛遵即酌定，先办初等官小学，次办高等官小学。当以初等官小学常年经费，至节亦须三百余两，业无的款可拨。窃计该堂校地，设于城内。此次招考入格之儿童，在城甲内十居八九，名为初等官小学，实则无异在城甲自设。若以戴绅所捐在城甲学堂经费息款一百八十一两二钱五分，拨为初等官小学堂常年经费，此外不敷年款一百余两，再行由县督所筹足，似属允妥。当面禀宪台，即蒙面谕照议办理。该堂业于七月二十一日遵章开学，所有学科程度一切遵照钦章办理。近今城内稍有知识士绅，靡不钦佩宪台俯从末议，实能通融办理。而戴绅所以嘉惠在城甲子弟者，至是为已至。

（未完）

嘉属留省学会将出现

〇科举废后，各府州县学界同人留居省城者日多一日。非设学会，无以组织团体，图谋公益。嘉应志士李君凤耀、卜君日新、李君国章、邓君觉先、黄君鹗、张君我权等有见及此，联合同志，发起嘉应五属留省总学会，定初七日在五仙门外嘉属会馆，集议开办事宜。闻该学会拟即设于嘉属会馆云。

嘉应禀办学堂批词续录

〇嘉应蓝上舍耿光等请将学院考棚改建官立学堂，具禀前任秦州牧。蒙批云：据禀拟将学院考棚改建官立学堂，需款无多，集事较易，本属可行。惟该考棚地基不大，是否足敷中学堂之用，应俟邱主政查学到日，会同勘议，再行分别谕饬筹办可也。

〇石扇永安局萧万杰等请酌抽石扇杷樟等处醮资拨助学费。奉批云：

禀悉。应着先将办学事宜公举员绅，择定地方妥议章程，禀候核明立案，再行出示筹款可也。

〇大立堡吴事忠等请设安和岗吴氏家族初等小学堂，禀奉【请】前州牧，批云：据禀，该生等拟借鼎新书屋开办安和吴氏初级小学堂，教育族中子弟，并拟定简明章程粘缴前来。应准出示晓谕，俾资提倡可也。章程附。

〇松口堡梁应棠请筹拨尝款，设立梁氏家族初等小学堂，并公举练习员梁鑫为董办。即奉批云：着将拨款筹设，详细章程，妥议缴核，再行分别立案饬遵。

禀请禁绝山票

〇嘉应赌商李某在州运动开办山票，屡经前州牧批斥。现复运动丙市劣绅赌棍，拟在丙市先行试办。闻该堡局董林义根等，昨已具禀新任陈州牧，恳谓永远示禁，以除民害矣。

大清光绪三十一年乙巳十一月初八日　公历一千九百零五年十二月四号

431

大埔县照会戴绅缴款助学文（续初六日）

〇现今初等官小学筹划粗妥，高等官小学开办在即。经费一项，急宜筹措，县属容有别项，堪以充拨。而创办伊始，河清难俟。前经在学务公所集绅筹议，金称戴绅前捐助学堂经费，合属在城，分别题定。今城内已被，而合属独无，办学士绅，实难辞咎。是宜急请戴绅，恳其将所捐茶阳学堂经费年息按年缴县，由县拨入高等官小学支发，允足以使合属子弟，均沾利益。如县属别有款项，即不妨从后陆续拨入等因。查戴绅所捐茶阳学堂经费二万元，系专为嘉惠全属学生而捐助，今请以年息七百二十五两，按年缴入高等官小学堂为常年经费，实属可行。想戴绅急公好义，热心兴学，当无不允之理。缘奉面谕，责成兼办官学，除将所有各因函致戴绅外，理合禀请宪台察核批示。如蒙允准，恳即照禀知照戴绅，恳将所捐茶阳学堂经费年息按年缴县，由县按月发过高等官小学堂，以备常年一切支用，实为公便。再现今科举既停，学堂广设，非造就速成师范多人，仍恐有障普及之义。窃念戴绅所捐学堂各项俱经声明，自癸卯年起，常年补五厘。是否可将所捐茶阳学堂经费癸卯以后息款，缴回开办师范学堂之处，统恳由宪台知照该绅，听其自便等情到县。据此，当批所议甚属公妥，候照会戴□□□□□□□□□□□□□□□□□□□□□□□□□查邑属学堂经费支绌，仰借贵绅捐送息资，嘉惠梓里士林，实深且远。现据所长所禀，敝县查核情节，更为教育普及，自应照请贵绅，如数缴汇，以充学费，相应照会。为此照会贵绅，请烦查照，希照来文事理，分别照办见复，实深盼望，须至照会者。

（完）

嘉应师范学堂收纳报名填册费

○嘉应东山师范学堂，经学务公所议禀请州尊示期招考。其报名填册者，照黄京卿原定章程，收册费银一元。闻州人士以各处学堂报名招考无此办法，而寒士更不易为力，一时为之哗然。近日各城门遍贴揭帖，咸集矢于学务公所。闻该公所员绅，则以前此到所报名，照缴册费者，已逾百人，今再行核减，转觉参差不齐。且学堂已免收学费，酌纳册费，正所以坚向学之心，决议仍照旧章收费一元。已将此意宣布，不知能息士论否也。

大埔失火

○大埔县城外某街，前月廿六午十二打钟，因某号失慎，延烧店铺五间，俱成灰烬。

大清光绪三十一年乙巳十一月初九日　公历一千九百零五年十二月五号

大埔学务公所禀请查提公款

○学务公所副所长邱直判光涛，以公所第一期预备学务事件，非财莫办，拟照章程实行查提。昨经具禀胡大令，略谓：伏查本属境内所有学界内款项，如潮郡茶阳书院，城内启元书院，以及先年各义绅所捐助茶阳宾兴、科场卷费各款，近年戴绅所捐助茶阳学堂印金、宾兴、游学各项，俱系学界内公共固有之款。此外亦有学界固有之物。唯必须代为区别者，如印金局之印金费，长治甲之书院文会款项，在城甲之义学款，以及各乡族之文会款项，或系数十族公产，或系一乡公产，亦宜酌为分别，以孚众议。至其启元书院之项，前经禀请准予拨入学务公所，以资办学。现今修建官学校舍，经将该书院产业，所存息款，由所查提充为修建之费。其印金局印金费一款，常年息款约数百金。近由公所集绅一再筹议，酌将常年息款，设立高等小学一区，即遵官学章程，禀请出示招考学生。惟声明必须曾捐印金各绅之后裔，方准与考。至录入学额之柄，则仍出自宪裁，容由光涛等妥议章程，禀请核办。其戴绅捐题茶阳学堂经费一项，经禀请知照该绅，分别将各年息款缴为高等官小学堂及开办师范学堂经费。以上二项学界内公共之款，及一项学界内须区别之款，已经分别禀请宪台，先后提充。其仍余茶阳书院等项，如何拨充之处，统恳出自宪裁。其余非学界内固有之物，而地方绅民，多数自行筹议，愿以此种经费，补助入各本地方各项学堂及摊派入官立各项学堂者，如银溪乡在郡所设立银江馆之抽派竹木积款，平沙、永清两甲之牵夫盐款，均经该乡绅士多人到所，请为转禀宪台批示，准予查提。声明愿以几成归入官学，其余即概入该乡民学，按之所章，实属符合。自应据情转禀，乞恩批准查提。一面饬下公所，派员彻查提充，一面谕饬该乡绅士知照，以便酌成分别助入官民各学充用，云云。当奉胡大令批示，禀开各款，除启元书院款、印金款、戴绅捐款，均已定议免赘外，其茶阳书院等项作何筹拨，应俟酌度陆续施行。至于银溪馆之抽派竹木积款，平沙、永清两甲之牵夫盐款，既经彼乡人士到所请转禀批准查提，愿拨数成归官学，余充乡学等情。究竟此数款若何抽积，向章如何，数有若干，能以几成归入官学，候照请公所派员分诣彻查见复核夺，再行批准及谕绅遵照，以期补助，均有裨益，仰即传谕知照。

长乐巡检交南海县看管

○嘉应州长乐县十二都司巡检吴云鹏，前月率行赴藩宪递折呈辨，长乐县王令心怀疑惧，诬禀该巡检擅受民词，纵役强割田禾押索等款。当奉藩宪批，仰广州府即将该巡检吴云鹏传案讯明扣留，禀候核办。闻广州府会发审局宪提讯该巡检取供，发南海县看管。

嘉属兴学两志

○兴宁石马墟张绅录华等，以倡设家族两等小学堂等情，禀奉滕大令批云：据禀已悉。石马墟张姓，族大人多，子弟应就学者众，筹办族立学堂，诚不容缓。该绅张录华等邀集父老，倡办两等族立小学，培植族中子弟，具见热心兴学，深堪嘉尚。择定陶背乡祖祠为校舍，道里适中，便以往来，自系因地制宜之举。开办费由绅富垫出，常年费指拨祖尝昨费。以浮溢之资，供兴学之用，尤属名正言顺。察核所议章程，尚称妥适。该绅

等素孚众望，所聘主持学务之张庆成，亦能研究教育之人，应准如禀允行立案。一面谕饬该族绅耆等，一体遵照，协力劝办，以重学务。粘抄章程附。

〇松口梁、温、沈、徐、黄等姓，近合办一两等小学，命名鸣群，学生以百人为度。其校地拟借育婴堂为之，开办费则由各姓富绅捐题，常年费则按照各姓人数多寡分别认定外，兼收学费。闻各姓绅民，异常踊跃，拟于明年开办。

潮属会匪之披猖

〇潮属三点会匪蔓延饶平、大埔、丰顺各县，日形披猖。大埔银溪地方，被扰尤甚。开台拜会、拐带妇女等事，日有所闻。近日又有匪党陈日华、邱水生、贺阿升等数人，至圣笔石何姓番客家，相逼入会。该处不答，以好言慰之，乃相率悻悻而去，云"数日后看尔身家可保否"。又前月间于高陂等处遍贴"三川公启"字样，约期抢店。适是日高陂演戏，举行团练，以资捍卫，日夕二百余人，巡防颇密，得以无事。近日又在各处凉亭张贴"约期抢掠"之字，人心大为不靖。

大清光绪三十一年乙巳十一月初十日　公历一千九百零五年十二月六号

师范生禀请自费游学

〇嘉应州两广师范毕业生梁钰，在学务处禀请自备资斧出洋游学。奉批云：该生已往星架坡各埠考察工商一切实业，足征有志向学。虽在义务限内，目前已无所事事，应准自费前往。仰即来处面见，考询一切，再予详给咨照可也。相片存。

嘉应犯弁刘宝昆竟免解案

〇嘉字营勇管带刘宝昆，因案奉大宪札道提解行营审办，迭经登报。兹闻卸任秦州牧与杜游府恐解案审实，均有不便，力向新任关说，业经陈州牧答应，准予销差，免解道辕。并蒙陈牧面谕该弁，此后如无人告尔，自可无事；如有人再告尔，只可求清楚，不可再决裂云云。闻该营勇销差时，又敢掳去城西杨姓四岁幼女一口，州人大形怨愤。不知庇勇殃民者，又何辞以解也。

陈州牧催缴勇饷之示谕

○嘉应陈州牧于本月初三日，出示略谓：查嘉字营勇，迄今三年，杀擒著匪百余人，州境赖以安谧，成效颇著。兹值冬防吃紧，万难裁撤。现会同杜游戎汰弱留强，改换管带，督率认真训练，藉资缉捕。至各铺户向认养勇月捐，务宜照章缴收。如有欠缴铺户，亦宜作速补缴。倘有顽抗不缴者，定必拘究，云云。

大清光绪三十一年乙巳十一月十一日　公历一千九百零五年十二月七号

潮汕铁路将开行

○潮汕铁路自汕头至庵埠三十里工程，现将告竣，大约本年内可以开行。由庵至潮郡七十里，尚在赶紧兴筑。开行之期，当在来年春夏间云。

兴宁学堂奉到钤记

○兴宁县奉到学务处札发兴民两等学堂钤记，及龙田小学堂钤记各一颗。昨经该学堂董事到县，只领启用。

兴宁官立学堂义捐之踊跃

○滕大令倡设官立师范学堂，先谕令各绅富认捐，以充经费。昨有邑绅刘某，认捐学费一千两。闻拟捐一千元者，尚有四五人。兴宁绅商之热心兴学，于此可见一斑。

大埔劣绅蠹役包庇花会

○埔属花会盛行，为祸最烈，而流毒最广，前经邑绅禀奉岑大帅饬县查禁究办。其司汛吏役以及劣绅痞棍，如有得贿包庇，亦应分别撤参拿究，宪示至为严切。同仁花会匪某乙等，经三河、同仁各绅先后禀奉胡大令饬差拘拿，并谕同仁局绅捆送交案。乃某劣绅等奉谕得贿，并不捆交，且为辩护禀保。复据某绅联名以该匪挥金贿托，恃护抗开。禀奉胡大令批斥该局绅何得代为具保，仍移会文武营严行缉拿。又有劣绅某出首，背签原禀各绅名字禀保，请为宽免。近由各绅查悉，实系棍徒贿串某劣绅出首冒保，据实禀请胡大令签差将某棍徒拘案澈【彻】究。查

五六月间，胡大令曾签干差多名，拘拿同仁各花会匪。乃各差藉签索贿，不惟不拿，反当场眼同开字。此番各差奉签后，又向各绅需索路费，并受某棍徒贿托，以奉查某棍平日并无包揽武断等情，禀复胡大令，请为免究。想胡大令不致受其所欺蒙，为恶劣差绅开辟利薮，而使埔民永受无穷之害也。

嘉应邻境土匪既靖

○嘉应邻境江西地界之罗塘、筠岭等处，近年土匪猖獗，嘉商颇为所害。现赣南道奉命剿办，既于十月二十三日拿获匪首数名正法，其余赌棍各匪，于罗塘罚款约有六千金，筠岭罚款共有五千金，概拨为该地小学堂经费。现下地方颇为平靖。

续志大埔失火

○昨报大埔城外某街失火。兹探悉，系桥关内同春斋左片一连五间。

大清光绪三十一年乙巳十一月十二日 公历一千九百零五年十二月八号

纪乡民拦阻路线事

○潮汕铁路所经之月浦乡，有余姓老祖坟一穴。以路线有伤其坟胁，昨初四日，余族出百余人，悻悻然前往向阻。铁路护勇叶管带闻知，于是晚率勇驰往弹压，极力开导，以路线已定，万不可移，只得将路旁水沟缩细。叶管带熟悉潮音，善于排解，得以彼此相安无事。

铁路购地移局

○铁路购地局，原设庵埠华美乡。闻该处已购清楚，帖统带于昨日已移局彩塘市，购买上游地段。

邱工部辞查学差

○学务处派潮嘉查学专员邱仙根工部，返里后抱病数旬，渐次就瘥。既拟启行，往嘉应一属查办学务。兹闻前月中旬复患疟疾，反复不常，以故嘉应之行尚不能定。昨已函达学务处辞差矣。

嘉应州积压之案件

○嘉应新任陈州牧，初二日开期放告。州民呈控案件，不下三百余宗。自午刻升堂缴呈，至酉乃毕。仍有路远后到者十余人，不及投递。闻大半旧案未蒙审办者，足见前牧积压之多矣。

嘉应商会将开办

○嘉应商会，经禀奉省宪批准开办，迭登前报。日昨陈丰兴等号，已联盖图章，具禀陈州牧请示开办。闻其章程，系仿江门商会办理，每份津银五元为会底，其余概遵商务总局章程办理。另由商董公请张明经苇村为商会董理云。

抽收醮捐为学堂经费

○兴邑兴民学堂，去年抽收醮捐以为经费。捐法以七厘计算，前通禀各大宪在案。今年各乡纷纷办学，佥议以所提七厘之数，拨归四成入乡学。现滕大令已出示晓谕照办矣。

崧里何氏创办家族学堂

○大埔崧里何氏，族大人多，前数年即经何士果大令提倡兴学，因限于款项，仅就各学塾改良教法。现经士绅议办两等家族小学堂一区，既由各殷户认捐开办经费。其常年经费，酌收学费外，就祖尝及各项公款提充，不足者另行劝捐。拟暂以武庙为校舍，俟筹有的款再行择地，或将该庙改建。其各科教习，由留学日本师范毕业生何君枚士暨何君晓楼、何君次咸、何君心涛担任义务。刻已区画一切，并拟具章程，禀官立案，准于明春开办云。

镇平县奉到学堂钤记

○镇平县奉学务处札，发邱氏员山、城东创兆两学堂钤记二颗。业转发该学堂只领启用，以昭信守。

高陂镇安公局之设施

○大埔高陂镇安公局，由各商家认捐经费，每月每间出一毫至一元等，共约五十余元。设局丁六人、救护一人，局绅各姓一人，按月轮流驻局办事。闻开办以来，拿匪查窝，颇资得力。

大清光绪三十一年乙巳十一月十三日　公历一千九百零五年十二月九号

大埔学务公所函知应行调查干预事件

○学务公所长，昨致函县属各甲绅士。略谓：本所现奉管学官胡照会开，现奉学务处宪批开，公所章程内第一期应行调查及干预之事，务即迅速实行，随时具报等因到县。奉此，除原批附卷外，相应照会公所，请烦查照遵批速办等因到所。案查本所第一期章程内，应行调查事件凡八，另行表式，派员查填。其应行干预事件凡三：一为境内学界内款项（如书院、义学、文会等款是也，现科举既停，各族印金科费，亦属此项）。二为境内非学界内款项（如义仓、团练、息款以及各项善举、醮会、演戏，一切无益之公费是也）。三为私塾（应遵照奏定小学章程各科目分别教授，不准仍以旧学教课误人子弟）。现已奉准学务处宪批饬，务即迅速实行。本所自应遵批速办，以维学务。相应函请贵绅，希为查照。并恳一律知照甲内绅耆，实深盼望，云云。又云，高等小学开办经费一项，前经管学官胡，迭次谕饬催缴在案。现仅据在城、平沙两甲士绅，各筹缴四十元到县。余尚未据筹缴。本所有调查干预境内办学经费之权责，自应函请各绅从速筹缴，以应开办急需。查贵甲有款项堪以酌提，相应函请贵绅，希为查照，即于该项内筹借四十元，从速缴县转发。如该项管理人或有阻挠延宕等情，请于函到三日内，即行指名复所，请县追究，幸勿有延。是所盼望，再启。

松口学堂之兴盛

○嘉应松口堡，风气素开。自李姓开办两等小学堂，颇著成效。一时兴办学堂者，接踵而起。如邱姓在溪南与下店二处，各设两等小学堂一区。李姓则在一经分居与洋坑二处，各添设两等小学堂一区。梁姓则在大塘唇设一校，车田与仙口各设一校。古姓、谢姓、廖姓、陈姓、吴姓，亦各设家族学堂。其无力自设家族学堂者，则合数姓共设，俱准于明年开办。现该处士绅以教员乏才，拟将合堡所建之高等小学，先办师范传习所，以资分任教务，不日即当开办。

竟有藉学以阻挠学务者

○嘉应扶贵堡倡办两等公小学堂，公举陈明经清时为校长。经陈明经湘禀奉前秦州牧批准立案，已登前报。兹闻有林某者，人颇顽固，自以为乡绅，妄自尊大。当倡办学堂时，即与其兄弟放言阻挠，经众责劝乃已。现复借另办学堂为名，具呈陈州牧，请提局款，并即向团局存银店号支取。因该店不肯承认，与陈明经大生龃龉，不知是何居心也。

大清光绪三十一年乙巳十一月十五日　公历一千九百零五年十二月十一号

嘉应州禀将考棚改习艺所

○罪犯习艺所，迭经刑部咨催饬属赶紧妥筹办理。兹闻嘉应州禀折，拟将考棚空间改为罪犯习艺所，扩充办理，并将所织布样呈缴察验。已奉大宪批示。略谓：该县民间多以织布为业，能就本地土产，制成熟货，多一件是一件，君子劳心，小人劳力，庶所谓以实心行实政乎。缴来布样，质美工精，颇合于用。从兹逐渐扩充，不第罪犯习艺有得，抑亦实业改良之一端。幸弗始勤终怠，是为至要。科举已废，考棚空间所请改为罪犯习艺所，应即照行，仰嘉应州转饬遵照。至习艺所画一章程，现已由司议定，俟奉大宪批示，即行知遵办。仍应严催未办各属，一体认真兴办。如再置若罔闻，本司惟有详撤示惩，勿谓言之不预云。

丙市学堂经费无着

○嘉应丙市三堡小学堂，前奉学务处宪札行秦前牧，将丙市团防经费以六成分拨学费。该学堂董事等即照章饬丁向收，商人等借词抗阻，以致学费无着。闻该学堂董事等，昨已禀请陈州牧办理矣。

嘉应绅商热心助学

○嘉应水南两等公小学堂，由该堡绅商吴子安等，倡捐开办费二百元，已登前报。兹闻该堡刘君竹君，以学堂仅有此款，难资开办。除前捐助一百元外，再加捐一百元，以助开办经费。

大清光绪三十一年乙巳十一月十六日　公历一千九百零五年十二月十二号

嘉应禀准将考棚改建中学堂

○嘉应学务公所，昨以筹办官立中学堂，呈请察核转详等情，禀奉州牧批云：停止科举，已奉明文。州属官立中学，自应及早筹办，刻期开学，方足以振士气而育人才。据禀拟将学院考棚改建中学堂，并仿照广州府开办中学之例，初年开设为中学预备科，一年之后，即改充中学，自系简易速成办法，应准照行。仰即赶紧筹款兴修，并候汇禀各宪察核立案可也。

嘉应师范学堂将示期招考

○嘉应东山师范学堂，业经董事杨惟徽、黄之骏等缮具章程，并绘具学堂图式，具禀秦前州牧转禀立案。奉批已将缮具章程及缩绘学堂平面图，转缴学务处察核立案矣。嗣又经学务公所禀奉州牧批云，据禀及章程图式均悉，仰即从速定期招考，禀候出示晓谕。一面将筹拨经费数目，及拟考选师范生名数、开学日期，通禀各宪察核，批示立案云云。现闻学务公所已禀请核定日期，会同邱主政考选师范生。昨蒙陈州牧批示，候示期考选，并照会邱主政会同办理，仰即知照。粘抄招考规则附。

大清光绪三十一年乙巳十一月十八日　公历一千九百零五年十二月十四号

禀复象村请拨汛地基址改建学堂事

○嘉应象村绅耆等前请以该乡汛地基址改建学堂，禀奉秦前州牧批候派员查复，既志前报。兹闻经学务公所董事、练习员李倬均查勘禀复，旋蒙批云：禀悉。既经该员前往勘明该乡旧营汛，基址模糊，且属湫隘尘器，不及大溪坝地旷爽，建筑校舍，较适于用，自应设法购就改筑，以期支配合宜。至议每社各举一二谙明学务、乡望素孚之人，公同办理，所见亦是。仰即传谕该乡绅耆，遵照可也。

大清光绪三十一年乙巳十一月十九日　公历一千九百零五年十二月十五号

同文学堂请准奖励捐款助学者

○汕头岭东同文学堂陈、廖两副办，于八月间将数年来各官绅士庶所有捐款，申请两广学务处宪详请分别奖励。近日接处宪批回云：据申已悉。各官绅士庶捐助岭东同文学堂经费，均属好义急公，自应分别奖励。已移惠潮嘉道督同潮州府，复加查核。将捐银一千元以上者，查照赈捐外办章程，详请具奏建坊，给予匾额。其在一千元以下者，由道府酌核，拟移处详办，以资激劝，仰即知照云云。

嘉应学堂开特别运动会

○嘉应各学堂于本十三日，开第一次特别运动会。是日务本中学堂、丙市三堡小学堂、西阳高等小学堂、桂里小学堂，各教习学生共有二百余人，齐集东校场。惟松口李氏小学堂，以路远期促，仅田、李教习带同学生数人到场参观。先由务本学堂演兵式枪操；次桂里、西阳、三堡各学堂相继演柔软体操；次为越脊、竞走、盘杠、三五百步竞走、跳高、跳远、唱歌、掷球、记忆竞走各种运动。自上午十点钟至下午三点钟毕，观者万余人。陈州牧特派常备军熊管带到场弹压。演毕，各学堂全体学生，复排队到州署谒陈州牧，行三举手军礼始散。陈州牧大为嘉许。

嘉应提拨局款补助学费

○嘉应保安局，每年抽收各商捐款，不下数千金。闻局中人预算，除局费外，存款不少，以之拨助州城各学堂常年经费，足资完备。前月，该局董已具禀前秦牧，将团局余款，自丙午年起，每岁拨师范学堂五百元，城内、城东、城西三学堂各一百元，以为各学堂常年经费。即蒙批示，如禀立案照拨。

大清光绪三十一年乙巳十一月二十日　公历一千九百零五年十二月十六号

黄君毁家兴学之可风

○嘉应西阳高等小学堂教员黄君访箕，热心教育。前数年即力劝其族中绅耆开办蒙学，以为培植人材之基，绅耆多非笑之。近以科举已废，舍学堂无出身之路，乃群议兴学。而顽固者犹复把持尝款，从中阻梗。黄君慨然将自己每年所收之膏火、店租、田谷，及一切产业尽数交出，以为学堂常年经费。并议变卖店业，以为开办经费；广禁山林，以为日后建筑扩充之费。该族学堂赖以有成。黄君此举，可谓为人所难。而坐拥厚资及一班把持公款者，亦可以兴矣。

续备军往办大埔会匪

○大埔地方，近因三点会匪到处逼勒入会，并散布谣言，约期掳抢，民心大为不靖。现闻吴镇军已于日昨派方哨弁率勇一哨，前往查办。

大清光绪三十一年乙巳十一月廿一日　公历一千九百零五年十二月十七号

嘉应州师范学堂定期招考

○嘉应东山师范学堂，业经陈牧伯于本月十三日出示招考。略谓：准于十一月二十八日，会同邱主政在学院考试，额取一百二十名。自示之后，合属士子如有自忖合格，务宜早日到学务公所报名，毋稍观延致误，云云。

丙市山票禀准严禁

○嘉应丙市局董林义根等，具禀陈州牧请禁丙市山票，已纪前报。兹蒙批云：查州属山票，前据商人李树芬等禀请开办，业经秦前州援案批饬不准开办在案。据禀丙市三堡地方，向无开设山票，自应照案严禁，以安民生，候即出示晓谕可也。

大埔伪委员之败露

〇埔属黄坑有傅姓者，近娶一妇。闻该妇曾许嫁会党陈某，后知为匪类，遂改适傅姓。而陈某因此怀恨，约同匪徒三四十人，携带枪炮，于本月初五日掩至黄坑劫杀傅家。适有一自称道委邱德升者，亦至黄坑某甲家，谓来此查拿匪党，并带有兵勇二百名在船等语。该乡挂名会籍者甚多，闻此大生惶恐，陈某等匪众亦惊而散去。次日，某甲请团练局长某茂才至家，与邱委员关说，邱云"与我三十金，即代为具保禀复，不然将有巨祸"。言次，并出札文以为凭证。某茂才见札文宪印煌煌，其大几印满半纸，知系假冒，即令人捆起。不料该委员行走如飞，竟被脱身逸去。该处乡民，现以此益加惶惑云。

长乐嵩头兴办学堂

〇长乐嵩头约，风气未开。今春乃有曾君纪苍等十余人，先后就学师范，以为兴学地步。现约绅曾君纪元、刘君步云、曾君道根等，倡设两等学堂一所，以教育约中子弟。业既购定校舍基址，定于十二月间兴工建筑。复先租定该约新建书室一座，以备明年春间开学云。

大清光绪三十一年乙巳十一月廿二日　公历一千九百零五年十二月十八号

学务处批杨叔颖等禀就地设学由

〇昨据学务公所董事杨瑛，禀请将考棚改建官中学堂，业已批行迅办在案。据禀前情，现在科举已停，中学堂之设尤属刻不容缓。仰嘉应州遵照先令批行，刻日筹办具报。至所长一席，责任甚重，未便久悬。所称杨绅品学俱优，素孚众望，并即由州查明，分别照禀，呈候札委勿延。禀抄发。

〇又批杨英禀创城西两等小学堂，由该举人等会集城西绅商，创立两等小学堂，热忱兴学，至堪嘉尚。黄志伊、蓝耿光两生，经营创始，且复担任教科，尤为殚心学界，力任其难，章程大致妥协。惟经费支绌，一切草创，应赶紧筹措的款，以期经久而图扩充，是为至要。民立学堂，应由地方官核准转报。据称禀州有案。仰嘉应州查案详候核夺，再予立案给发钤记可也。禀抄发。章程、名册、图式存。

大埔研究科学社之发现

〇大埔饶君俊士、范君桢士等，近日联合同人设一研究科学社，以研究各科学。兹将其简明章程列下：

一、开课自本年十二月十六起，至二十六止；明年正月初六起，至二十六止，以一月为期。

一、研究处借定崇圣祠。一开课后每日上课八小时，清晨一小时，上午三小时，下午三小时，晚一小时，均上堂自阅，阅后互相质问演讲。

一、时日无多，专为研究科学起见。内分理科与地、算学三科，外史、体操作随意科，余未及。

一、每日理科三小时，舆地二小时，算学二小时，外史、体操一小时。

一、同人既认入社，自应逐日按时上堂，勿得旷课，于上堂时期，并不可接客，以误功课。

一、各科书籍，均由本社同人备齐。

一、同人名列后：饶俊士、范桢士、张梓杍、张君亮、饶公任、邹海滨、童峙三、黄秋舫、唐梦生、唐志平、邱巨川、饶达人。以后如有愿入本社者，再行附之。

大埔游历绅抵汕

〇大埔县乐群学堂总办张绅龙云，由县选派游历东洋，业于日昨抵汕。本日乘轮晋省，听候学务处派遣东渡。张君抵汕后，曾以诗寄邑中学界同志诸君，兹录于下：

卷地狂飚走怪沙，亚东红满战场花。

魂惊国土沦波印，梦想人豪起孔耶。

群治密关新教育，生机珍重好萌芽。

前途大有光明线，引领神山朗日华。

长沙策治杜陵诗，非复哀吟痛哭时。

落日麾戈犹恨晚，横流衔石浸言痴。

翻轮征命雠大演，誓药同胞铸国医。

福泽精神吉田血，低头东洋拜人师。

寒霄落落隼盘空，放翮频凌百丈风。

冒险质原惭薄植，尤时身敢惜飘蓬。

槎浮博望思前杰，筏引菩提愿大雄。

寄语同群惟努力，加餐无事祝征鸿。

海阳令提讯大埔收发员及刑书舞弊案

〇大埔收发委员方某、刑书张某被人控，奉大宪札提审办，前经府宪派员提解至郡，发押海阳。昨由海阳县顾大令过堂，先提张某研讯。张供称和息案件，向得规银数元。何、廖之案，方某得五十元；张绅经手饶、张之案，方某得二十元；饶绅经手，传呈四元八百，刑钱书房二元二百，又差役禀复三四元，及禀讯堂规内有三四元不等语。供毕，提讯方某。方不认，大令怒欲动刑，方不得已认供得银是实，但俱系自愿馈送，并非勒索等语。大令即令二人当堂具结，候禀请大宪批示办理。张某尚跪求大令释放回署当差，愿即传即到。大令大笑曰：大埔离海阳太远，你脚跟虽健，然跑来跑去，亦太不易，不如在我衙门住住。即将二人发收羁所。又闻该县幕杨某，亦以受贿被人告发，现惧提究，已辞席返省。

陈州牧之设施

〇嘉应陈州牧莅任以来，颇以通达民隐，革除积弊为意。日昨面谕保安局董，传谕三十六保团练局来署，便衣谒见，借通各堡民隐云。

〇又嘉应前秦牧时传呈，虽经上宪示禁，而收发仍索银十余元，莫可如何。今陈州牧莅任，特行申禁。日昨有金盘堡叶姓被谢姓殴伤，及刘来义被凌壬父母殴伤一案，赴署请验，陈牧俱并未索取传呈银两云。

悬赏购匪

〇嘉应陈州牧于本月十一日出示悬赏，购缉著名匪首三名：一潘阿新，二温官福，三何裕古。自示之后，如有军民人等生擒解案，赏给花红银一千元；格杀验确者，赏给花红银五百元；知踪报知协勇引拿者，赏给花红银三百元云。

大清光绪三十一年乙巳十一月廿三日　公历一千九百零五年十二月十九号

府县试前列送入中学堂肄业

〇自科举既废，各府州县考取前列文童，曾纷纷具禀请补行院试，奉批不准，惟准其将前列中择其文理优长者，送入中学堂肄业。李太尊因择

潮郡九属考取前列文童三十名，送入中学堂肄业。现既具禀上峰，略谓：光绪三十一年十一月初一日，奉两广学务处宪台札开，九月二十三日奉宪台督宪批，据潮州府海阳等九县及嘉应州县各榜第一名庄卓颜等，禀请照会补行院试等情，奉批不准。惟该生既系府州县考，列首名。现在科试既停，应否补送入中小学堂，以免向隅，仰即分饬传验补送等因到处，札应即便遵照办理等因，奉此。查卑属童生，于本年六月间府试考竣以后，当将府榜各县前列，择其文理优长，识量宏远，年纪品格确合程度者，统计三十名，送入中学堂肄业，似毋庸再行考验补送。奉行前因，除饬县遵批饬行考送小学堂外，合将卑府前已考取送堂情形，开具名次，列折禀报宪台察核云云。兹将各县童生，挑取入中学堂名次开列如下：

海阳：翁沅、庄卓颜、陈松龄、饶孺雄、伍赞虞、钟员。

潮阳：林祖壬、郑棣唐、陈镇昆。

揭阳：刘宗海、邱淞华、洪滨。

澄海：蔡炜、朱书、王定期。

饶平：张骥、汤新修。

大埔：饶景陶、杨孙贻、孔宪熊、张光大。

惠来：卓应昌、方卓群、林望苏。

普宁：李光远、陈宪章、方立璿。

丰顺：陈宾书、张羲琴、李式仪。

嘉应学堂汇志

○嘉应龙文堡承安局董邹茂才忠相等，日昨具禀陈牧，请设两等小学堂，恳出示拨款提倡由。旋蒙批云：据禀拨该堡内庵寺四座，田谷三十石，为学堂常年经费，究竟该庵寺坐落何处，每年各庵寺可收租谷若干，未据切实声明，无凭查核。姑候谕饬学务公所查明核议禀复，再行饬遵。

○长乐锡坑李姓，丁口不下万余户。迩来该处绅耆集议，设立蒙小两等学堂，以教育子弟。现已集款派人晋省，购买一切图书、仪器，定于明年借地开学云。

○距兴宁县治七十里，曰径心墟，罗姓聚族而居者几千人。近日学务所长罗孝廉翔云，倡办一家族学堂，布置筹划，颇有条理。惟筹款一则，实行强迫教育主义，以达其目的。闻明年春正，定可开学矣。

嘉字营勇之遗害

○嘉字营勇，目无军律，四出抢劫，既为吾粤所共闻。自管姓拿获劫贼陈、叶二勇后，梅州全土，尚称安谧。及新牧抵任后，以刘勇之种种恶劣，开发遣散。殊号衣甫脱，故太【态】复萌，三五成群，奸拐伙劫。除罗宜名拐带温氏案，现既拿获外，其余被拐，尚未获案者，不知凡几。本月某夜，东瓜坑周姓被劫，闻口操兴宁土音。又某夜油岩被劫，天明始走，认确内有系前从当勇时曾到庵勒索者。果若是，不知其患伊于胡底。

岑督对于刘宾昆纵勇为盗之批词

○嘉字营弁刘宾昆纵勇为盗各案，迭经州人士控告，业由督宪札道提至惠州行营讯办，日久未见提案。兹又经陈大同等，禀诸督辕。随奉批示云：管带嘉应嘉字营勇刘宾昆，迭被控告，节经批道查办，迄今未据复到。据禀前情，仰广东营务处移催惠潮嘉道，迅速查明，分别禀复行提讯办，□□□□。保领并发。

咄咄竟有劣绅为恶僧之党羽

○大埔冬瓜窝寺僧机梅不法事，已纪前报。兹闻一经事发，合埔人士怒不可遏，人人皆欲得而诛之。乃有近地劣绅饶某，竟为之唆讼把持，设计谎控。合邑人士，莫不为之骇异云。

阔哉滕四老爷之现状

○兴宁滕大令下车以来，政尚严厉，御下颇严。讵有亲弟四老爷者，即在电白被控之九老爷，裘马翩翩，出入衙署，与杂务门丁某甲受贿包揽，外间啧有烦言。近闻大令察觉，稍为敛迹云。

大清光绪三十一年乙巳十一月廿四日　公历一千九百零五年十二月二十号

咄咄解差竟与要犯同逃

○兴宁王庚生，私贩军火为生，家丰于财。串同伊族弟奸猾著匪王鸡仔、王廷香，吓诈掠骗，无所不至。殊料竟被泥陂局绅、协勇拿获，解州讯实定罪。王庚生于是出其狡狯手段，重赂门阍差役，求前秦牧伯于将去任之前数日，解回兴宁。不料青蚨入篚，而解差与该犯竟同黄鹤，不知所之矣。

447

同文学堂第二学期考验体操榜

○潮嘉岭东同文学堂本月中旬大考体操，特备物品奖赏前列，以资鼓励。兹将前列开列于左：吴汝寯、徐砥中、李时见、廖毓桓、李可芝、姙启新、赖淑琦、何国嵩、叶敬元、陈焕新、高扬、吴让周、叶友梅、马作枚、周颂、张国威、黄日升、孙振新、许廷磷、翁尚强、童述曾、周缵尧、郭瑞华。

大清光绪三十一年乙巳十一月廿五日　公历一千九百零五年十二月廿一号

大埔改良私塾之拟议

○大埔学务公所员绅，近以各乡村学堂，渐次偏兴，拟设初级师范传习所，培成师范，以应各学堂之用。所长张六士广文，以师范之设，固属刻不容缓，但经费甚巨，苦于难筹，能否遽兴，尚未可卜。且虽举办而每岁卒业不过数十人，必须三四年后，始能普及乡井。此数年内，未经传习之塾师，能自变通者必鲜。其所授子弟，皆当两等小学年龄，仍受旧教法之荼毒，不惟绝无进化，且种种弊害，因之愈深。将来此种子弟，即幸能招入各学堂，扞格难通，不待言喻。今欲立除此患，惟有甄别塾师，实行干涉改良之一法。一面筹备传习所经费，一面禀请县宪，于本十二月内示考全境塾师。验其学理之已否明晓，智识之已否开通，取分最优、优、平三等，分别给予文凭，暂准授业，以三年或五年为限。凡思想尚形锢蔽，文义未甚贯通，于教授之法难期领悟者，概不及等，均不准擅收生徒。及受人延聘，仍勒令从速研求学业。俟已合格，再于第二三年甄别时，补给文凭，或收入师范传习所。其已得文凭之塾师，有于数年内自愿入传习所者，一律奖收。至各老朽塾师，有自问不堪，不肯前来应考者，即与考而不得文凭之塾师同一处置。其两等小学教授法及应用各科课本名目，应先期撮录编印，于甄别交卷时，每人各给一份。以后凡准授业者，均应按照改良，甄别已定之后，即于各甲偏行列名榜示，使众咸知。自明年为始，凡乡里间无论学堂私塾，均须造表列明该塾师或教习何人，呈县核查。有无文凭，由学务公所派员往各甲切实调查。如有无凭擅授者，立行驱逐，并传该塾父兄严斥。又已得文凭之塾师，有阳奉阴违，并不实力改良者，立将文凭撤销，将该姓名榜示革除，永不准复授生徒，及入传习所肄业，以绝溷滥。至各乡里新开两等小学堂，多未经著效者，其教习能否合格，尚未可知，亦应与塾师一律甄别，不得借名规避。其名誉已彰，可不与考。如两等小学堂、乐群学堂，及各甲中著有成效之学堂，教习教法之善，已可共信，尚属无多，应由学务公所妥议陈请先期示免，仍视其此后一年中之成绩，分别各给文凭，以昭慎重云云。

按张君所拟办法，既与筹设传习所并行不悖，而为此数年内乡井子弟，立除弊害，关系前途，似非浅勘。闻此议出后，赞成者颇不乏人。嗣因诸人事均过冗，竟未实行。想此后关心学界者，必能力成此举也。

严禁讼棍之播弄是非

○嘉应陈牧伯莅任以来，本初二日开期收呈，共得三百余张。陈牧以州人好讼，皆由讼棍从中唆摆，特于本十五日出示严禁。略谓：自示之后，如有讼棍敢从中播弄是非，贻害生民者，定必严拿究办，决不姑宽云云。

兴宁醮会之递减

○兴宁县去年四厢醮场，不下三十余处。自去年兴民学堂试办醮捐，以为学堂经费之后，各厢多相诫不倡设醮事。闻较之往年，已减去十之六七矣。

争坟屋竟将械斗

○兴宁麻岭刘姓，因筑一室，旁有李姓祖坟一穴，以为有碍，因此构讼日久。近日李姓复率其族中子弟，欲毁刘姓之竹篦木厂。适刘某侦知，先集众防御。是日两姓，一攻一守，炮声隆隆，幸未伤及人命。滕大令闻之，驰往弹压，始得无事云。

拿获拐犯

○嘉应日昨，拿获拐犯罗宜一名。当由陈牧伯坐堂究问，痛责藤鞭二千，收禁候办。

大清光绪三十一年乙巳十一月廿六日　公历一千九百零五年十二月廿二号

嘉应请办小学堂批词汇录

○嘉应城内萧孝廉䔍等，日昨具禀陈牧，为兴办嘉应公立城内两等小

学堂，借地立学，请立案由。蒙批云：据禀，该举人等举办城内公立两等小学堂，拟借学宫内各地为校舍，文北烈公祠为高等学生寄宿舍。粘抄章程、课表、绘图禀请核前来。查阅所开章程，尚属明晰，唯筹款一节，必须切实妥议，庶免抑勒扰累之弊。应候谕学务公所，体察情形。刻日会同妥商，禀复核夺。粘单附。

〇又城西小学堂黄志伊等，请饬迁大觉寺内枢罐，以清校地由。蒙批云：据禀，大觉寺后院，旧多寄放棺枢，停积骸罐，有碍学堂卫生。既经保安总局绅董捐资建筑义冢，收葬骸罐，应准出示晓谕可也。

〇又西阳堡李嘉谟等，具禀请开办家族两等小学堂由。蒙批云：该绅等拟将祖遗拙庵书院，改建龙冈两等小学堂，教育族中儿童，兼附邻近子弟肄业。既经筹有开办的款，不敷之费，自向本族集捐，众情允协，款不外□，自应准予出示保护，以成美举。仍俟校舍成立，规模完备，再行转禀学务处宪察核可也。章程、图表均附。

〇西阳堡邱锡璜等，禀请开办富良邱氏学堂，请出示晓谕由。批云：该生等族内议建初级小学堂，教育族中子弟，既经筹款兴筑，应准如禀，先行出示晓谕。该生等，仍将开办章程及学堂校舍，刻日列表、绘图禀复，以凭核明立案可也。

大清光绪三十一年乙巳十一月廿九日　公历一千九百零五年十二月廿五号

岑督宪札饬办理潮汕铁路迁坟事

〇为饬遵事。光绪三十一年十一月十三日，准商部函开，前奉公函及大咨，于潮汕路线购地等事，饬由惠潮嘉道妥筹办理，具征盖画维持，于路务舆情，胥期周妥，至为敬佩。当经本部一再转饬榕轩京卿，遵照办理，并已咨复台端，计邀察照。兹据榕轩京卿函称，汕局应用轨道现已购齐，各价值概由业户亲领。惟近潮城西门外透至韩江路线，所经地多荒冢，此段并无他支【枝】可绕越，亦经地方官勘准在案。际此秋高土燥，工程司立待开工，兼此地为嘉应商旅通行要途，尤应先为筑造。但迁坟一节，乡民必多藉宕稽碍。经饬公司据情照请道府札县出示晓谕地方人民，遵限迁葬，并请委员办理迁坟事务。适沈道台惩办匪案，移驻惠州，准李太守照复，铁路各事，向系道宪主政，所有出示一节，应归道衙门核办，地方官有弹压顾问之权，无委员督迁之责，所请由府委员之处，未便照办云云。致公司无从举办，各股友不无顾虑等语。查潮州西门外迁坟一事，前准九月十九日大咨称，据沈道传义禀称，工程另议于潮汕路线之末，由城西门外跨过西湖山，间接北堤，以备将来接造轨路，地约三四里而遥，必须迁坟千余穴。此段尚未议妥，业经分饬县委筹商等由，是此事业由沈道分饬县委筹商在案，除饬知榕轩京卿，应静候沈道等筹商办法外，尚祈台端迅将一切筹商情形及若何办理之处，查明见示，以便转饬该公司照办。现在该路只功亏一篑，蒙迭次俯饬地方文武实力保护，并随时遇事维持，始未至于中辍，更愿仰承荩照。俾次第购基铺轨，得以早日观成，兴商便民，同佩公谊等因到本部堂。准此，除札惠潮嘉沈道遵照办理，仍将筹商办理情形禀报察核，以凭咨复转饬办理，札司即便查照云。

批查私控煤矿及私抽饷银

〇学务处据师范简易科附生宋时亮等，禀嘉应州蔡姓私挖煤矿、私抽饷银等情，请追缴拨中学学费由。批：据禀，该生等称该州中学，艰于经费，尚杳无头绪。查有州属白渡堡蔡姓，擅行私挖煤矿，迄今四年，约得值银十五六万元，私抽饷银约四千余两。且有包纵会匪情形，恳请饬州核数追缴，拨充中学经费前来。如果属实，亟应查究，除移会善后局外，仰嘉应州即便按照原禀各节情形，确切查明，禀报核夺，毋得庇延，切切。禀抄发。

兴宁县折列劣绅姓名事迹

〇兴宁县具禀督宪，遵札查明劣绅姓名事迹，据实列折，禀请核示。奉批：禀折均悉。五品蓝翎廪贡生罗自修、附生廖文缵、从九品职衔陈焕勋、已革生员莅瞻淇等，或则行同无赖，有玷胶庠；或则故态复萌，怙恶不悛，均难姑容，应即分别斥革，拘案讯办。仰东按察司会同布政司，特饬遵照，严拘到案讯明，拟议禀办。至罗献修等，谋夺黄姓猪行一案，应饬会同委员查明，秉公究结，另禀办理。一面查明该革绅等入学补廪年分，及报捐事例，补具通详核办。此外如有庇匪包讼，恃势盘踞劣绅，并即随时查访，禀请革究，勿稍瞻徇，此缴。

陈州牧谕缴房捐

〇嘉应陈牧伯据吏目申称，州城房捐，玩□□，即捐缴多有掺杂次钱，抑拖欠数月不交等情。即二十五日出示晓谕，略谓：房捐原还国债款，本为最关紧要。谕示之后，务宜赶紧捐缴。如有拖欠数月之款，又贵

早□□还，并不得掺杂次钱。倘敢故违，定必严拿拘究云云。

大清光绪三十一年乙巳十二月初一日　公历一千九百零五年十二月廿六号

海阳令查勘路线

〇海阳县属割柴乡有某姓老祖坟一穴，潮汕铁路路线即由该处经过。某姓以为有碍，具禀请改路线。闻海阳顾大令，已于十一月廿七日亲诣该乡查勘矣。

续备军分三路至大埔搜拿匪党

〇大埔被三点会匪骚害各情，叠志本报。兹闻吴镇军已于近日派续备军分三路搜剿，一由饶平经枫朗、湖寮直进，一由黄坑口直进，一由罗居黄坭凹直进。三路会齐后，即到老鼠垅围捕云。然该匪聚散靡常，未知确能拿获真匪否。

大清光绪三十一年乙巳十二月初八日　公历一千九百零六年一月二号

西人关心中国学生之体育

〇月初二日，韩山师范学堂学生因举行毕业纪念会，与各校学生会操于郡南关外校场各情，已志本报。兹又闻，是日当国旗飘拂、操号喧吹之际，有英国怀医生者，亲携摄影机器，从旁拍照。见学生体操有不合法者，则为之摇头；其合法者，则为之点首不置云。

汀州留学生至汕

〇日昨有福建汀州康君绍麟、钟君达、杨君仰程、王君运昌、丁君仰皋五人至汕，欲联袂东渡游学。嗣闻留学界有退学风潮，拟日间赴沪详探消息，再定行止云。按汀州风气，近日虽渐开通，而留学外国者甚少。闻此次五君之行，汀州知府张叙墀太守星炳实赞成之，濒行复馈赆祖钱，亲送登舟。太守之热心学务，亦足多矣。

大清光绪三十一年乙巳十二月十一日　公历一千九百零六年一月五号

潮郡各衙之开赌

〇自赌馆抽经费以来，赌风日盛，贻害地方，已属非浅。而潮郡各衙役，每年自十二月以至年终，即在开元前、下水门外、府前街等处大开赌场，名曰咸摊。盖其博弊实多端，非曾深历其境者不知也。故尝有各乡之来郡买卖者，一入其中，非尽罄其囊不止。囊尽且剥其衣服，甚至有因穷无颜，而竟甘自卖出洋以充工役者。呜呼！赌之为祸，如是其烈。有地方之责者，虽不能尽行禁止，而衙役开赌以助其焰，其亦有闻否耶。

惠潮嘉经费合充分办

〇缉捕经费，向年潮嘉归一总商承充，惠州在外。闻此次则惠潮嘉合一总商承办，惟其股内自己另分地界。惠州归省城人某甲，嘉应归梁商子基，潮州归陈商实甫云。

453

五、光绪三十二年

大清光绪三十二年丙午二月初五日　公历一千九百零六年二月廿七号

大埔匪患又将复萌

○大埔县胡大令，政尚宽息，虽获积年盗匪，辄以善言抚慰，不忍加刑。以故匪类无所忌惮，大为民患。去冬举办清乡，稍为敛迹，乡民得度乐岁。闻近日陆续潜回，大有故态复萌之势。不知大令何以治之。

潮嘉学务汇纪

○埔属浒梓村，去岁经士绅范日新、范元等，竭力倡设两等公小学堂，业已禀县立案，准借乡中宝月寺为校舍，劝捐开办费五百余金。现年学生报名者，已有六七十人，聘定正教员林英三君、副教员涂葆琳君、助教兼管理员管云舫君。定期上月廿六日行开学礼。其余各族蒙学，亦遵劝办章程，一律改良教授云。

○丰顺吴氏家族汤田两等小学堂，自去年开办，颇着成效，本年复大加振顿。上月间邀集族众，筹足常年的款，即于二十日开学，学生约有百人。其学科皆由族人担任，闻举定两广师范传习所卒业生吴君祖理授修身、地理，练习员吴君伯谷授格致、体操，中学生吴君云裳授算术、图画，吴明经伯龄授国文，吴茂才世洲授经学、历史，并延师范生吴君珠浦为助教员。又另扩充初等小学二区，各招生七十余名，亦于廿六日开校矣。

○兴宁泥陂开办两等公小学堂，公推黄芷澜、文湘源为正董事，招取学生六十人。其开办章程，拟现年暂不分级数，只分班数，俟开学一年后试验各学生程度，始分作两等办理。现已聘定黄君仁荪、曾君慕常、范君少庚、刘君心梅四人为教习，闻定期本月初六日开学。

454

日日新报出世

〇大埔何君重庐，近在香港创办一报，名曰"日日新"，业于前月十八日出版。内容十余栏，甚有特色。且为提倡民权、开通风气起见，不惜牺牲私利。凡汕头、潮州各内地，报费一律从廉，以期便益社会。想欢迎者必不少矣。

严究假冒学生滋事者

〇大埔同仁甲罗姓，近因蓝某毁屋筑坟，藉端向阻。内有罗某甲，身穿中学堂操衣，领袖某学堂学生字样，最为奋勇，举锄毁土，持械伤人。经事主抬往县署请验，并至该学堂伸【申】诉。乃学生中并无某甲其人，始知假冒。现该堂某教习以有碍学堂名誉，已行查拿惩办，以儆效尤云。

批饬严办奸僧

〇埔属冬瓜窝净水庵住持僧玑梅，藉摸骨相法，煽惑妇女，藏匿匪类，不法已极。去冬经附近绅士集议禀逐，该僧遂藉端捏禀县主，胡大令洞烛其奸，搁置不理。该僧复上控府辕，随奉李太守批示云：查阅粘抄县批，均极明晰，候即饬催比差，勒交当日为首滋事一干人等，分别质讯究办。该僧平日如果不法，即由该县勒令还俗，罚作苦工，寺产归入学堂，佛像移并他庙。所有县属山僻庙宇，亦并严查酌办，毋留此无业游民，佛教败类，徒滋奸数，贻害地方云云。按埔邑类此不法之僧尼寺观，到处皆有。果能一一清查严办，造福地方，诚不浅也。

大清光绪三十二年丙午二月二十日　公历一千九百零六年三月十四号

邱主政请强迫私塾改良

〇潮嘉查学专员邱主政，本月初抵州后，亟图教育普及，尤以私塾改良为最便捷之法。闻既商请陈州牧会衔出示，强迫各处私塾照章改良，以免谬种流传，误人子弟。不日当即见诸实行矣。

学务处批查泥陂小学堂控案

〇兴宁泥陂小学堂冲突一案，现经陈绅德曜禀奉学务处。批云：前据

该监生等禀控局绅陈书云喝殴搜扰一案，嗣经缴校图表册，前既禀县开办有案，何以该县不为转详立案，究竟该学堂既否成立？办理是否得宜？款项有无着落？所争牛款，是否藉学谋利？仰兴宁查照迭次批行，会同邱主政详细查明禀复核夺。禀抄发。校图、名册、表单均存。

大埔何氏家族学堂之建设

○埔邑崧里何族绅士，去冬议分上、中、下村，开设家族初等小学堂三区，中村设高等小学堂一区，以期教育普及。嗣以一时难筹巨款，先设两等小学堂一区，逐渐推广。业经禀报地方官，将武庙改为校舍，招学生八十名，于本月初九日开学。公请留学日本速成师范卒业生何君公麟、何君次咸分任教务，何君次咸兼充校长。并由留学日本清华学校卒业生何君卓麟、潮州中学堂学生何君公麟、何君季威每日到堂助教，各尽义务。又在大宗祠添设初等小学一区，有学生六七十人，公举何君栢君、何君宾臣、何君璧卿充当教习，亦于本月十六日开学。其开办、常年两项经费，除殷户捐助并酌收学费外，不敷尚巨。现提文会、义仓各公款及神会、演戏等无益之费，以资用度。一面发簿外洋，劝捐巨款，为将来建校扩充之费。并拟详定章程，禀官立案，请给钤记，以昭信守。

高陂学堂筹款之风潮

○埔属高陂仰文学堂，自去岁筹办，业于本月初二日开学，惟经费实属不敷。近学界诸人，查悉高陂缉捕经费额饷一千五百元，上年除缴饷外浮收千元有奇。以此浮额酌充学堂堂费，楚弓之东隅，收之桑榆。学界诸人争此浮额，大作反对。经某茂才居间调停，认提学费五百元。忽新商欲得渔人之利，自行抽收，舆论沸腾，风潮益甚。闻办学诸绅已佥禀胡大令，不知大令作何办法。

反对禁止迎神之举动

○埔邑陋俗，每逢科年，必迎文武二帝游乡，以邀科举中幸福。本届丙午，科举虽废，人心犹顾恋不忘。春初绅民会议，择于二月初十，沿例举行。胡大令闻知，出示禁止。略谓：迎神为科举而设，今科举已废，此事宜即停止。现在办公，事事需款，勿以有用之钱，作无益之用等语。讵料埔人迷信，牢不可破。前期一日，旌旗金鼓，已集庙门。胡大令犹传绅耆劝谕，饬差阻止。而驳辩者、诋骂者，正在纷扰。三声炮响，传呼呵殿，已请神出行厂矣。此次因官示禁，人疑为新学界所运动，益极力反对。举凡鼓乐仪仗，铺张供设，莫不格外备办，耗费至六七千金之多。一时人影衣香，溢满街巷，咸诧为向来未有之热闹。且各处接神对联，多以訾议新学为意旨。某街一联云：社会定三年，只旧例相沿，拜偶何伤新学界；风潮平二月，看人心鼓舞，迎神原有自由权。他皆类此。即此亦可见埔人媚神之性质矣，可笑可叹。

大清光绪三十二年丙午三月初三日　公历一千九百零六年三月廿七号

同文学堂设立理化专科学社

〇理化一门，为各学堂切要科学，有志讲习者，每苦无师。现岭东同文学堂理化教习浙江朱泽夫君，科学精深，且热心教育。堂中同人议在附近另赁校舍，设一理化专科学社，专研究物理、化学两门，以造成两等小学教员之资格。暂设学额六十名，招二十岁以上、四十岁以下者到社学习。每名收学费二十五元，住堂者酌添膳费。除星期外，逐日由朱教习按时登堂，授课三点钟，限一年毕业。定期本月二十五日开校，二十日截止报名云。

大埔学务公所所长引退

〇埔邑学务公所长邱直判光涛，被人在学务处控告，经处宪批饬先行引退。闻邱直判业于日前退出公所，并将关防缴案。现由胡大令照会所员饶绅熙，暂理所务，并谕各甲绅士另行公举学行兼优之士充当所长及办事人员。闻各绅士已约期于四月初一日，大集明伦堂选举，以昭公论而重学务。

嘉应招复官立中学堂学生

〇嘉应陈州牧，上月十八日，考试中学预备科学生，业于廿五日揭晓。计嘉应州挑取一百七十名、兴宁挑取三十名、长乐挑取十四名、平远挑取十六名、镇平挑取十名，定于三月初二日复试。

拿获男女盗匪

〇嘉应畲坑一带，盗贼出没。陈牧伯到任后，放线侦探。昨探得一形迹可疑之船，随往掩捕，果在船上拿获男盗三名、女盗一名。各盗随身俱

457

藏有九角钻、牛角筒等利器，解由陈牧伯审讯。据女盗供称，上年系随夫为优伶，在某班当女旦，现在随夫卖药等语。各盗俱无确供，即分别收羁，候再行复讯。

茶阳师范学生榜

○潮郡茶阳书院师范传习所学生，经大埔县胡大令在县考取各节，已登昨报。兹将其榜列姓名录后。正取五十名：杨毓麟、邱振新、杨培萱、杨树琪、黄知耻、温廷旭、杨作成、杨育仁、刘景元、黄其琮、张佐周、杨名金、张颂周、杨士杰、罗英、张振国、郭藻翔、萧兆祥、张建周、陈祥芝、张关时、杨宝莲、张公周、张熙云、杨始荣、杨铭、杨朝珍、罗国瑛、温廷琛、黄卓升、杨傅材、邱春楼、杨尔昌、邱椿荣、张锡钊、杨用康、陈谦亨、杨壹、萧钧、黄毓英、罗瑞云、饶大经、温莹璋、邱逢吉、江文澜、邱逢源、温泮萍、张杰、钟向荣、萧士杰。次取二十名：赖肯构、邱欧、邱天枢、罗步青、杨绍文、邱景泰、林挞万、赖寿琪、赖济英、邱钟麟、萧斯、黄思棠、黄祺椿、林澜、郭范中、郭荣、蔡达寅、罗晋梯、吴树英、吴城。

大清光绪三十二年丙午三月初四日　公历一千九百零六年三月廿八号

在省潮嘉志士拟办师范简易科

○潮嘉志士，近日议在省城设立师范简易科，以广造就。兹将其公启并所拟章程录后：

废科已来，学校遍地。潮嘉素称开化，奋进争先，尤不让美于人。惟设学非难，师资不易。内地师范之传习，因陋就简，既属不敷因应，则有志求学者，除负笈外邦，则惟以本省为中点。但官办学堂，名额有限，长途朴学，去取难知。未来者诸多观望，已来者又进退维谷。欲图发达，不綦难欤。同人有感于此，拟仿广西及广州各县已事，设一潮嘉师范简易科馆，一可免有志进取者之荒学费财，二可为内地师范之豫备。其教习之良窳，校具之完缺，比之内地，尤不可同日语也。谊关梓桑，不揣谫陋，凡我同人，与有责焉。其开办简章列后：

一、定名为潮嘉师范简易科馆，一年毕业。

一、开办费由办事人暂行垫出。

一、除禀请两广学务处，就近直辖外，所有应用一切仪器，均禀请通融藉用。

一、月中试验，由馆长、教员主持。毕业试验，则请两广学务处派员督核，并给予文凭。

一、教员拟聘就近各学堂之华洋教习兼课。

一、每月收学生学费、膳费共十元，按月上期照缴。

一、年在十八岁以上，三十岁以下，绝无嗜好习气，能恪守本堂规则者为及格。

一、报册学生，如潮嘉仍有余额，亦许邻县附入，以宏教育。

一、学生暂定额六十名。如报名人数过多，或有陆续来者，若足一班人数，即行添班，务使教育普及。

一、报名限期，在省者限于三月初五截止，仍在潮嘉者，限于二十截止。

一、校舍择租省垣适宜之地为之。

一、报名处在长塘街凌家祠二堂大埔邹海滨处。

一、以上系开办简章，其详章俟印成册本，再行分发。

总理人：林枚、陈悼云。

赞成员：饶惠萧、方期安、张应暄、方汝舟、丁培珊、吴桂芳、吉逢孙、吴国祥、林祖烈、卜日新、李世钟、陈牧、郭镇章、姚宇龙。

发起人：邹鲁、饶光。

绅士热心助学之可嘉

〇大埔百侯乡萧绅益峰，具有热心，凡一切关于学界中事，无不慨然乐助。本年春百侯萧君某倡设家族两等小学，苦无经费。该绅欣然捐助二百金，为开办费。家族学堂，赖以成立。又合邑士绅拟设师范传习所于潮城茶阳书院，经费缺乏，难于图始。该绅闻之，慨捐三百金，为邑中富绅倡。自是邑人踊跃捐助，而师范传习所以成。如萧绅者，虽不能力任巨款，然较之坐拥厚资一毛不拔者，其热心诚足多矣。

大清光绪三十二年丙午三月初五日　公历一千九百零六年三月廿九号

嘉应旅潮绅商议认粤汉铁路股之踊跃

〇本初三日嘉属在潮绅商，在嘉应会馆开会，议认粤汉铁路股事。到

者咸踊跃争认，连小河盐纲，共认有一万二千余股；未到会者，尚陆续报认。将来认股之多，未可限量。外府之热心路股，可见一斑矣。

嘉应师范学堂拔补缺额

○师范学堂缺额数名，昨经陈州牧拔补。牌示云：照得师范学堂，原定章程，州属各堡应得九十名，四县应得三十名。兹计到堂者，州属各堡八十四名，缺额六名，四县中长乐缺额一名，镇平缺额二名，除前多取三名，已符原定之数。现州中缺额六名，昨长乐正取张钦宪到堂，据称伊母近已病痊，可赶速来堂上课，应准补额，仍缺五名。查备取未挑传习张启文、郑其清、林振垣、刘景湘等，人格甚合，准予拔补。各生务于五日内亲缴志愿书、保证书，对明相片，上课肄业，毋稍迟逾自误。又桃源堡地处偏隅，风气素闭，与考师范，既无其人，欲兴教育，亟待师资。兹该堡学生张思群，情殷肄业，经绅耆公举前来。惟该生未曾与考，自应先行试验。该生务于三日内，携带笔墨亲赴东山师范学堂，由副监督考验。如果能合资格，即准予补充云云。

请提票厂溢利办学仍未得手

○承办嘉应州铺票厂商人陈某甲，每元票价溢收银三分。前经该州学生杨叔颖等，联禀大宪，请提该商数年溢收之款，作办学经费。经大宪札饬该州陈牧查明，禀复核办，经登前报。现闻该商贿串局绅黄某乙代为运动，冀免提拨，故至今仍照旧溢收。该州学界大动公愤，刻拟联禀陈州牧，并到省上控云。

大清光绪三十二年丙午三月初六日　公历一千九百零六年三月三十号

嘉应招复中学生须一律先缴相片

○陈州牧牌示云：照得考校中学堂学生，按照规则，各生于投考时即缴相片一方，存候核对。兹由本州加意体恤，俯准取列诸生，于榜示之后，复试之前，务须缴到相片，已属通融办理。惟诸生相片，若非同一工匠所拍，犹虑参差模糊，不适考验。兹饬由礼房雇备上等工匠，以期所拍大小、色光，均同一律，仍照常取具影费，不得多索。合行示遵。为此牌示各生，即便遵照于榜示之后，复试之前，按依名次各拍一相，务于复试前一律拍齐，缴赴本县，以凭复试时核验取录。如无相片者，不准随场复试。尔诸生慎毋自误，云云。又复试中学生，原定初二日，现改期初三日复试。

谕饬遵办屠捐

○大埔县胡大令据屠捐商人禀称，旧岁开办屠捐，各甲屠户，多有未经认缴等情。即分谕各甲绅士，广为开导，饬令各屠户务要遵章到局，领牌抽收，毋任市侩把持阻挠。此系奏办之事，势在必行。如敢抗违，定必遵照大宪札示，拘传究办云。

嘉应商会筹议抵制杂捐启

○嘉应三十六行商人等，因商人承充各行杂捐，大碍商业，特于初三日，集议抵制之法。前期刊发公启云：窃以欧美强国，全以商战胜人。故其国家，凡有关于商业损益之事，无不维持毕至。中国商务之弱，已臻极点，因向无维持之政策也。迩来朝廷设商部，定商律，并饬各省埠遍设商会，其保护维持，实为数千年来未有之盛举。故各直省大吏，日事讲求，无非谆谆以保护商民，振兴商业，为当今富强之要政。嘉应当闽赣要冲，土瘠民贫，工艺绝少。而商民营生，全在贩运货物为大宗。乃者筹房捐在商，筹团练季捐在商，筹嘉字营月捐又在商，层层抽剥，困苦已极。兼之连年荒歉，时疫流行，客商裹足，贩运艰难。即就去冬上、下市论之，歇业倒闭共二十余家。其困难情形，俱由苛抽所至。讵迩来又有奸商舞弊，始则谋充鸡鸭，继则谋充牛皮、烟皮、木、毛等行，终又谋充纸、蔗、油、柴等行，重抽残剥，有加无已。我三十六行，若不设法自卫，力图挽救，则困难将何底止。且恭读《钦定商会商律章程》有网利病商、藉端垄断者应由商会禀知地方官援例惩治等谕，又查省商务总局章程，有垄断居奇、破坏行市、妨碍商业大局者，禀知本总局查究等语，似此奸商所为，显干例禁。兹牛皮、烟皮、木料、鸡鸭、纸蔗等行，除已经集议抵制苛抽外，我三十六行，亦宜同心合力，始终坚持，以维商业公益，大局幸甚。兹定于三月初一日申刻齐集商会公所，以便筹议，务期踊跃为祷。

嘉应织布公司招股扩充

○嘉应陈君次修、周君辉浦等，去年雇工创造织布机器，仿照东洋形式，所织出之布，颇见畅销。今春特赶造数十架，并迁出北门内陈氏祠，招集男工数十人，从事纺织。现虞资本缺乏，拟招足二千股，以资扩充，每股银五元，命名为"嘉应商办工艺有限公司"。

大清光绪三十二年丙午三月初七日　公历一千九百零六年三月卅一号

邱主政力辞查学事务

〇潮嘉查学员邱主政逢甲，去岁因病迭向学务处辞差，未邀允准。今春病稍就痊，即出驻镇平县城，组织中学。就绪后，随驻嘉应，为东山师范学堂及州中中学规划一切，兼料理各学堂应查事件。初拟各事稍完，即往巡潮州各属。嗣以体未复元，不能过事劳苦，遂再恳切函辞查学事务，以资调养。而嘉应学界中人，皆不愿主政辞差，纷纷具禀学务处挽留，并乞许其专办嘉应学务。随奉处宪牌示云：据嘉应州阖属学堂吴瀚藻等禀留邱主政由，批邱主政学识宏通，究心教育，前照□为潮嘉查学专员。数月以来，迭次因病函辞查学事务，以资调理。经本处再四挽留，未能维系。该董事等所请各节，应毋庸议。又闻惠潮嘉道沈观察，去岁曾电请邱主政，往办惠州学务，适在病中。近又电请兼韩山监督，业已禀准学务处，邱主政亦函辞不就。三属人士，颇为失望。

渡夫凌辱学生竟以查传宕案耶

〇丰顺各学堂学生，去年赴郡中运动会后，买渡回邑。同行三十余人，遭留隍渡夫污辱不堪。当经学界中人，禀奉丰顺县单大令批饬惩究。讵该船户贿托劣绅朱某，串通留隍司为之庇护，不惟不行惩究，反瞒禀县主，加价勒石。邑人以此大动公愤，于前月二十三日，遍发传单，假座师范馆，集众会议。是日学界、商界到者数百人，由学界、商界代表演说事由，听者无不发指眦裂。于是各学堂一律停课，商家亦联盖图章，由教习及保安总局，递禀县主。越数日始奉牌批，查传渡夫云云。夫此中曲直，难逃舆论，已动公愤，必有大过不去之处。为民上者，何得复以查传二字敷衍了事也。

大埔官场纪事

〇大埔县胡大令自往双溪淡坑相验命案后，患足疾月余，不能理事。近日稍愈，已于上月廿八期升堂收呈矣。该县刑席杨某，去岁因与收发委员方某舞弊，被人控发，奉上台提审。杨惧牵涉及己，潜逃回省。胡大令以三河司张少尹承其乏。近日，杨以此案脱然无累，已依旧入幕，三河司亦即回署矣。大埔县典史顾某，因事撤任，另委姚某署理。姚捕厅业于前月廿八日履任，因捕衙倾废，暂寓公儒学署。

严防监犯逃狱

○大埔县胡大令，鉴于各州县监犯近多越狱之事，深虑监狱不牢，在所不免，特饬监卒大加修葺，并于墙上蒙以荆棘。昔之荆棘满地者，今则荆棘满墙云。

大埔家族学堂汇纪

○大埔西河李氏家族两等小学堂，由李明经子尊、李茂才籽朋、李茂才敏臣等倡办，权借大靖李氏祖祠及祠侧梦花书室为校舍，堂宇宽广，极为合度。其经费由祖尝酌量提充外，另向殷户认捐，已筹有千余元，以资开办。公推李君子尊为校长，李君籽朋为监学，李君敏臣为正教员，李芷香友臣二君，为副教员，有学生五十余名，已于二月十八日开学。

○百侯萧氏家族崇德小学堂，有学生三十余人，业于正月二十六日开学。闻近被私塾学究，造谣煽诱，散去者十余人。萧君立丞等，以此风一开，学堂断无成立之日，且误人子弟不少。拟禀请管学官将该私塾查封，以儆其余。

○埔属三家村，僻处一隅，现有吴君雨我、育初，倡议酌提尝款，开办家族小学一所，以兴教育。已将开办一切情形，禀官立案。

丰顺又多一家族学堂

○丰邑环清、建桥两堡，素无教育，动辄械斗。现年经环清堡某学生假回，极力开导，倡建家族学堂，众甚踊跃。现已择定瑞临坝为两等学堂基址，克日兴工建筑，以资开办云。

兴宁县将举行新政

○滕大令因叠奉上宪催办巡警，闻近日已邀各绅商议办法，拟即实力举办。又拟办罪犯工艺厂一所，业已购定县署西偏毗连之刘姓旧宅，不日即兴工改造云。

海外华民惨状之述闻

○嘉应龙文堡黎某甲，近自南斐洲亦士伦敦归。述是处华人，约有百二三十人，大半贸易，作工者甚少。去年民政厅忽下一令，凡居是处者，

皆须到民政厅，脱衣供医生验看有无恶疾，并填明履历、籍贯、年岁。令下，华民哗然，群集会议，电请驻英华领事代为申诉。领事复电，谓查所订条约，实有此例。如果商等不甘受此苛待，惟有不居其地云云。商民接电，无可控诉，乃结一团体，誓不受此苛例。民政厅乃出而调停，谓此例亦非我等所订，不过奉上行公事，应照办理。如果尔等实不甘允，脱衣验看一事，可通融不行。惟填写履历、籍贯、年岁后，亲押指摹一事，则切须赶紧遵办云云。

○又友函云，文岛甲必丹林八记，于二月十六日到星架【新加】坡，赎贩华工一百三十余名，内有嘉应数人、潮州数人，余皆广府人。十七到岛，登陆后，因饮食不给，饥饿难堪。越一日，医生点名上山顶，咸足软而不能步，不愿前行。甲必丹竟敢助和为虐，统众数百，各持枪刀器械，横加殴打。当下毙命者数人，受重伤者数十人，手足折断者亦数人。观者莫不愤恨，而和人更拍掌大笑以为乐云。

劣绅遍地

○岑督前札各州县，将地方劣绅，限一月禀报，以凭拿办。闻兴宁县已禀报劣绅某某等八人，长乐县亦禀报十七人。各绅闻此风声，咸惧辱拿，多以走为上计。

大清光绪三十二年丙午三月初九日　公历一千九百零六年四月二号

鮀浦司将易人

○大埔三河司张枚生少尹，调任鮀浦司。闻于初七日交卸三河司篆务，本月中旬抵汕接篆。

嘉应中学复试之严密

○嘉应中学预备招复学生，间有年龄不合格者。初三日复试点名时，陈牧伯一一详加察核。年貌与册不符者，另行提堂；年貌合格者，则令分坐东、西两棚。命题后，复由陈牧伯与学务公所员绅杨大令沅等，分段监视。故是日场规格外严肃。

兴宁学界两纪

○龙田学堂，去年因活猪行招充一事，大起风潮，已纪前报。去冬滕大令以该董罗某等贪利把持，上禀督宪。闻近日该董已遵批退校，将奉发钤记缴还。

○兴宁石马张族两等孝友学堂，系张君五峰发起，张君录华、其焜等所办。现张君五峰病故，该族即以五峰之长君香农为监学，并襄办学堂事务。聘前广雅院生张君赞庭为校长，两广师范传习所毕业生张君厚予，及张君简望、张君锡三为教习。本年开学，就学者九十余人，其数为兴邑族立学堂之冠云。

烂崽横行

○埔邑城内外烂崽，玩法横行，大为社会之害。近日有邱阿量、邱阿兼等，遇见乡下妇女来城挑物，即率同党类，多方调诱。妇怒斥之，反强将该妇女首饰，抢夺而去。

石匠为害

○埔邑长富甲大水坑，有长乐石匠，在该处山上，开设石厂多年，肆行淫暴，附近乡人，受害不堪。现各乡忍无可忍，会议将该石匠驱逐出境，以除祸害。

465

大清光绪三十二年丙午三月初十日　公历一千九百零六年四月三号

兴宁认铁路股之踊跃

○兴宁函云，此间自得粤汉铁路招股之信，认股者异常踊跃。邑资本家，有认二三千股至数百股不等。下至贩夫走卒，亦乐于认股。将来，不止一万份。现由某布号及邑兴民学堂，极力代招云。

学务处批饬核办觉民学堂控案

○长乐觉民学堂，因教民张鸣清挟私诬蔑教习钟毓麟兄弟，该县留省学界中人，咸抱不平，据情禀请学务处，彻查办诬。奉批长乐县李维新等，控张鸣清挟私诬蔑由，据呈各情，核与张鸣清控词互异。究竟觉民学堂是否张鸣清筹款，抑钟毓麟兄弟之力？如果张鸣清仅属屋东，惟因迁校挟私诬控，殊为胆玩。仰长乐县查明实在情形，秉公核办具报。词粘均抄发，保领附。

学堂注重德育

〇嘉应陈牧伯，昨日奉到学务处札饬各学堂，于各科学外，添设品行一门，一并照章造册汇报。谕饬学务公所，转致州属各学堂遵照。闻现已由公所移知师范学堂及函致各学堂，一体遵照矣。

嘉应巡警定期开办

〇嘉应陈牧伯前奉督宪札饬赶办巡警，现既筹集经费，招募警兵六十名。札委邓捕厅菊溪为警官，李千总梧三为管带，以东街梅溪宫为巡警总局，南门外班公祠、西街五显新宫二处为分局。拟分为四班，每班十五名，每轮四小时。西街十甲，东街五甲，每甲一名。现正清查户口，预备十六日开办。

嘉应收发易人

〇嘉应收发委员，自本年正月陈牧伯即委邓捕厅兼理。现因开办巡警，札委邓捕厅为警官，收发一职，势难兼顾。闻陈牧伯已委孙二尹辑五接办，以资熟手云。

嘉应地震

〇嘉应地方，向少地震。本月初三早五点三十分钟，自东南方震起，声隆隆然，震动颇剧，震至二十五度二分。州人诧以为异。

大清光绪三十二年丙午三月十一日　公历一千九百零六年四月四号

兴宁木行公司禀准专利

〇兴邑木行，共十余家。近年各商入山采买，颇受亏折，且市价不能划一，故获利者寡。近各行集股本二万元，合创木行公司，划分东、西、南、北四厂。前禀县请专利三年，愿报销学务公所经费，每年一千二百元。闻滕大令已批准试办矣。

请劝妇女改妆

〇大埔妇女妆饰，竞尚奢华，伤财害俗。前经绅士请示改良，未见实行。近由萧孝廉傅霖等，禀请胡大令出示劝戒，通县一律改为盘龙髻，以崇节俭而敦风俗。

大清光绪三十二年丙午三月十二日　公历一千九百零六年四月五号

严防时疫传染

〇嘉应迩来偶有时疫，染此毙命者，往往抬至学堂后之东山岌掩埋，于学堂卫生大有妨碍。日昨陈牧伯出示严禁，略谓：近因偶患时疫，宜防传染。师范学堂就近之东山岌，东山阁之老人坛，难保无染疫之人，抬往坛内。既毙之人，抬往掩埋。于学堂卫生，大有妨碍，亟应严行禁止。为此，示谕诸色人等知悉。嗣后如有染疫之人，该亲属务即迁诸辽阔之区，善为医调，不准抬在东山老人坛等处。其既毙者，亦不准抬往掩埋，以免妨碍。该处地保务须随时察查禁止，毋稍疏忽干咎云云。

抽收头发毛鬏办理巡警

〇嘉应毛鬏一项，为湾下乡侯姓之特别手工。前由商人宝兴祥，在省学务处承充牛皮、烟叶、毛鬏三项牙行，报销学费一千。经处宪批，谓该商等承办毛鬏、牛皮、烟叶三宗牙用，每年报效学堂经费银一千元。查核所呈章程，只在州属境内，并不连及州属各县，且系照入行向规抽收，并非另生枝节。如果情实，亦尚无损于商，而有益于学。仰嘉应州查明，分别遵办等语。嗣因本行商人出而承充，除牛皮、烟叶二项，另由商人承充，每年报效学务公所学费银五百元，城西学堂三百元，合共八百元外，毛鬏一项，则由保恒公司禀请承充，每年报效巡警费一千五百元。昨经陈牧伯据禀出示，略云：现据承办州属头发、毛鬏保恒公司，职商侯纬泰、池春生、侯棣荣、侯福祥、侯荣昌禀称，商等采办头发毛以做毛鬏，藉手作工艺以为生涯。而毛鬏销路，悉在香港，香港承买，全靠洋人，洋人不销，无地可售。必洋人畅销，工人斯有起色。近年奸商射利，每致货多载回，售多滞钝。若不设立总办，仿设行规，互相纠察，则精粗混杂，字号淆乱，于商务必有妨碍。际此添设巡警，筹款维艰，商等邀集同志，倾心筹划，情愿呈明报效。自光绪卅二年三月初一日起，承充试办五年，头发毛鬏一行，每年认缴洋边一千五百元，以辅地方设巡警之用。每年按月分缴，销路不畅，措缴不足，即行告退；销路畅达，永久承办。惟商民采办

头发，远在邻境江西，近在州属四县，计兴邑出货为多数。自承办之后，州境牙行及县属牙行，应向公司领牌。州属到牙行买货，应由牙行给单。至散发进口，毛鬃出口，无论来自何处，发自何人，均归公司稽查，由公司抽收。以上各节，有不向领牌，不遵抽收，由公司指名禀罚，将货充公。查毛鬃出口，旺年四百箱，上下中匀二百余箱，淡年常至二百箱不到。今本行酌议，每箱抽报效警费银五元。查散发进口合旺、淡、中、匀而论，每年约进口六万斤之则。合高、低价银而论，每百斤约值银三十两之则。今本行酌议除牙厘外，每两限抽报效经费银三分，卖二分，买一分。本行酌议以出口为报效正款，以进口作公司杂用，遇旺则抽作缴，遇淡则亏累合垫，所望者以旺年有余，补淡年不足，此商等和平酌议，众情允洽。所有公司详细章程，由商等随时禀报。为此禀叩崇阶伏乞申详列大宪，如禀立案，并乞出示晓谕，俾众周知，以凭开办，以便缴银，则商务、军糈，两有裨益，等情到州。据此，除批揭示，并谕饬遵照外，合行出示晓谕。为此，示谕该毛鬃行人等知悉。须知抽收头发毛鬃，原为办理巡警，即以保卫地方起见，尔等务宜遵照领牌抽收。如有抗不遵抽，许该商等指名禀赴本州，以凭从重究罚。其各凛遵，毋违特示。

嘉应城西半日学堂简章

○城西两等学堂，去年开办，颇著成效。兹复在城西老五显宫附设半日学堂，以便就近工商子弟不能全日来学者，俾得就学。兹将其简明章程录下：

一、宗旨：本堂因工商子弟，年龄既大，不能受普通教育，特附设半日学堂一所，其宗旨务在使工商皆知有普通之智识，以为异日扩张实业之基础。

二、择地：本堂择街市适中之地，在城西老五显宫后堂等处，以便工商子弟之讲习。

三、命名：本堂因工商子弟各有职业，不能全日来学者，故名曰"城西附属之半日学堂"。

四、收学：本堂收学不定额，其年龄亦不拘限，惟须在十四岁以上，不能入普通小学者，方得准收。

五、学期：本堂参酌地方情形，以三个月为一学期。一年分为二学期，由三月开学至六月，为第一学期；暑假后开学至九月底，为第二学期。

六、时间：本堂体察商情，其教授时间，每周定为十五点。每日定为二点三十分钟，下午二点半钟上课，至五点止。

七、学金：本堂志在开通工商之智识，其学金务期从廉。每期每人准收学金壹元，然须商家保送，方能准收。

八、职任：本堂职事，一切由城西学堂兼摄，以省经费。其教员视人数之多寡，再行核定。雇用杂役一人，以司洒扫等事。

九、食宿：本堂因创办之初经费未裕，堂中不设食宿，以节费用。

十、学科：本堂参酌商部左丞奏准饬办章程，其学科分算术、簿记、国文、商品四项。拟以后学期添入手工一科，以资学习。

十一、学规：本堂学规，悉遵照钦定实业学堂章程。其放假、休业日期及一切礼仪，亦悉遵照定章办理。

十二、办法：本堂不分区域，不限资格，务取推广为本。俟办有成效，再行设立商业学堂，以广造就。

以上所定章程，不过撮其大要，其详细规则，开学后再行刊布。

大清光绪三十二年丙午三月十三日　公历一千九百零六年四月六号

嘉应学界开欢迎会

〇省垣嘉应学会，于本月初一日欢迎熊君崇志。是日到者七十八人，门首分竖龙旗及欢迎会旗两面。熊君莅会，先谢同仁盛意；随登坛演说，发挥学会发达，为学务发达之基，洋洋数千言。会员雄君略深代致答词，次吴君、缪君、梁君等相继演说毕，偕至阶前摄影纪念云。

嘉应烟叶牛皮禀准承抽

〇烟行商人黄国华等，具禀承抽州属烟皮，每年认缴学费四百元，以二百五十元拨充本州学务公所，以一百五十元拨充城西学堂。奉陈牧伯批：如禀准予承抽州属烟叶经费，每年认缴学费银四百元，候即给发示谕开办。至应拨城西学费数目，候谕学务公所员绅，公同妥商，分别酌拨可也。

〇又牛皮行承充商人侯维章等批：据禀该商等承抽州属牛皮，每年认缴经费四百元以充学费，应如禀准予承充，并给发示谕开办。至拨城西学费数目，候谕饬学务公所员绅，公同妥商，分别酌拨可也。

嘉应商会简章

〇一、本商会遵照钦定商部章程办理，故名"嘉应商务分会"。

二、本商会按期会议，请求开通，总以联商情、协商力、兴商利、除商弊为宗旨。

三、本商会系为众商之代表人，凡有损益于商业之事，必尽力团结，整顿提倡，或诉地方官，或诉省各大宪，或达商部，设法兴除，以副商战主义。

四、本商会会期，以每月初二、十二、廿二等日。凡有事须议者，不用传单，是为寻常会议。如有要紧事件须议者，不限时日，即发传单，是为特别会议。

五、本商会议事情，必要从容谈论，甲事议毕，然后议及乙事，先一人议毕，然后第二人接议。至议不能决，即用投筒之法，取其多数为断。

六、本商会总董权限，凡有益于商业之事，总董有权可以增改章程，但须不背商律，并要各董事过半签允，方能举行。若章程已定，凡商会人俱要遵守。

七、本商会以振兴商业为义务，若商会应为之事，当尽力维持，不得推诿。倘非会内之人，及非关碍商业之事，不便干预。

八、本商会禀办定章，以伍圆为一股。至认股多少，则视生理之大小为衡。远处入股者，须交足伍圆，方给股票。若附城店铺，如愿交足伍圆者，听。不则存回该店。每月每股向收息银五仙，其详细另列。

九、本商会董事、议员，及各行公举代表员，均自尽义务，不受薪金。其会中进支，每月抄挂门首，俾众共览。年终刊征信录，分送各行查阅。

十、凡入会之银，除应支外，现公举振大兴、同益两号存放活息。俟有盈余，即办商学商报，及陈列馆、工艺厂等项公益之事。其得息丰足之日，亦照股份多少均摊，以昭公允。倘有富足荣归，自愿出会，即将该份股票，转售与人均可。

十一、本商会每年将经办之事，汇集成帙，会议刊送。如有要件应布告者，先刊众览。

以上章程，如有增改及未尽事宜，仍当随时会商，以期妥善。

拐卖男女幼孩之可恶

〇兴宁畲坑某姓妇名王三伯者，常往来兴宁城市间，以拐贩男女幼孩为生计。该氏复贿通衙役为之保险，得以安稳无事。闻贩运之法，当昼伏夜行，故人莫之知。有地方之责者，盖思所以惩之。

兴宁烟捐无人承办

〇兴宁县奉到善后局札，招人承办本邑膏捐。宁邑捐数，以千元为度，至今无人承办。闻署中人云，此事将来必归官办云。

时疫又见

〇宁邑近年患疫而毙者，以千数计。近城外黄岭头、义尚围、泥陂等处，又发生此症，传染颇多。

大清光绪三十二年丙午三月十六日　公历一千九百零六年四月九号

潮汕铁路宜招小股

〇潮汕铁路原定每股二百元，集股二百万元。兹该公司因工程增进，有续订添招八十万元章程发现。查此路为潮嘉门户，人人有附股之心。唯限于二百元一股，则中人以下，甚少能出此巨资，不免绝然失望。若能将一股之中分作十则或廿则，每则仅出廿元或十元之间，事轻易为，妇孺皆可附股，则不独利益均沾，众情允洽，即该公司亦更易集事也。

潮属兴学汇志

〇大埔县保安甲，近由范君郁文倡设范氏家族学堂一区。陈君祥芝，及其堂弟谦亨，设育英学堂一区。余君介屏，设余氏家族学堂一区。去年已设之明新学堂，现兼设夜课，以便农工商贾就学，向学者极多，堂舍几为之满。

埔贼猖獗

〇埔邑清远一带，盗贼甚为猖獗。附近百侯之北罗乡，有某君者，来汕膺同文教习，兄弟叔侄俱外出。家中只有老母及妇稚数人。朔月十三夜，突被盗贼缘墙登屋而入，将堂中摆设物件及某君外寝被褥、衣物一掠而空。闻所失不下百金云。噫！潮属正当清乡之际，埔邑盗贼复猖獗至此，亦可谓无忌殚【惮】矣！有地方之责者，尚其留意诸。

大清光绪三十二年丙午三月廿一日　公历一千九百零六年四月十四号

嘉应学务公所之会议

〇学务公所，于十五日遍发传单，集各议员，会议筹款及选举查学员事，到者二十余人。先由所长杨大令提议，以所中向有公款，除拨师范学堂及中学堂外，常年进款，仅存船中捐四百元，崇实书院余款百余元，实不敷办公之用。现由陈牧伯招商承充拨定之款，一为牛皮捐四百元，拨公所二百五十元；一为烟叶捐四百元，拨公所二百五十元；一为木料捐七百二十元。所有前项拨来之款，核之公所常年经费，尚属不敷。究竟此项可否尽数拨归公所？众议员皆极力赞成认可，旋复提议举查学员三人，由三路分查。其选举格式，一须研究学堂管理法者，二须普通学堂教授法者，三须每季周历境内一次，当由众议员投简公举。以萧梧嵇孝廉得票最多，张辉卿上舍、张慎三练习员次之，其余各议员次之。遂定议以萧、张、吴三君分任查学云。

学务公所议设师范传习所

〇嘉应旧岁招考东山师范生，五属人士应考者，甚形踊跃。后经陈牧伯取录正取一百二十名，备取一百二十名。除正取入东山师范学堂肄业外，备取生无从入堂肄业，未免向隅。公所筹办嘉属官立中学堂，拟将备取中挑录五十名，入附设师范传习所肄业。然未挑入者犹多殷殷向学，迭来公所商请设法办理。兹公所查州属师范，尚形缺乏，既据该生多数请为设法办理，即拟多设一公立师范传习所，以城内杨氏家庙为校舍，拟招生八十名，逾额不收。现正筹议章程，准于四月初旬开学云。

何氏家族学堂之近闻

〇大埔崧里何氏明德家族两等小学堂，前月开办，仅有学生六十余人，现已增至一百余人。原聘何君晓楼、何君次咸、何君枚士三人，担任教务外，现添请何君心涛为教习。学科规则，甚为完备。惟校狭费绌，现由校长及各热心绅士，悉心筹措常年经费，以资扩充而维久远。

湖寮将兴械斗

〇大埔湖寮黄姓，昨因祭扫祖墓，以附近罗某在墓下所筑厕所，有碍风水，意欲毁去。讵罗某望见，即纠率数十人，各持刀枪棍棒，前往逞凶。黄姓措不及防，身受重伤者，大不乏人。有一肠肚被刺出者，将有性命之虞。其妇女孩童，被追入山谷，有至晚始觅得者。现黄姓众情汹汹，四处招集亲族，预备报复，大有械斗之势。

讯结借差截留竹货案

○大埔手工所出篾、笪等竹货，向运销潮汕、外洋各处。前有郡商希图网夺全利，与汕头商号争讼，经官断令各路销售两不相涉在案。近年汕头商号运货过郡，又被郡商萧某借办官差为名，串同海阳县差拦河截留不止一次。经汕号叠控县府道，久不得直。嗣沈道台据控，以借差网利，实属蠹政害商，仰府饬县彻讯核办。日前始由海阳县顾大令集讯，判将汕号笪船放行，两不争占，具结完案。汕货甫得运行无碍，然汕埠商号已受累不浅云。

大清光绪三十二年丙午三月廿三日　公历一千九百零六年四月十六号

纪岭东留学生春季之大会

○东京函云：潮嘉留学生，近日开岭东春季恳亲大会，以改选干事，并祝李君景渊入海军。到会者六十余人，何君士果、曾君刚甫，亦到会。经干事许君抢魁布告开会理由，次何君士果祝李君之入海军，略谓：今日世界，海军其最急务。英国固全以海军雄飞者，若德国虽为陆军之国，今亦十分注力于海军。中国适值此盘局，能无所惕？今者李君戒三，经百方经营，以得达其目的，而膺此重任，实吾岭东同人所最钦慕而崇祝者。但欲成一海军人才，并非一蹴可几【及】，而李君又已具完全普通资格，他日之能成一人物，可以预决。李君又素称好学，自今以后，当更能努力向前，克副同人之望云云。黄君任初，亦为文以祝之，洋洋数百言。次李君答词，略谓：当此以强权为公理之世界，可恃者惟铁血而已。我国之弱，既因乏此主义故。则今日之第一着手，当尽人可知。两年以来，陆军上已日加发达，留学此间者，亦数百其数。唯海军则自顷交涉始成，鄙人虽窃抱微志，但才庸质懦，未敢自期。何堪诸君之过望，今后惟有勉竭为之。虽然，国所与立，不但军事而已，其所以制造大好之人才，则仍归功教育。他如政法各科，亦不能缺。此则尤愿在座诸公，各认目的，他日坐言

起行，相与鞅掌国事，则又区区之心也。演罢，举座拍掌。次选举干事：一、会计黄际遇；二、书记何天翰；三、庶务邱心荣；四、招待王伯谟。选毕，畅谈良久，始行散会。

大埔学务公所举定所长及办事员

○大埔学务公所，自所长邱直判光涛引退后，胡大令谕合邑绅士，另行公举。昨十五日在郡学界，齐集茶阳师范学校，开会选举。当众举定饶绅熙为所长，饶绅荣宗、张绅步云，为内董事，邝绅黻廷、戴绅希曾为外董事，何绅展鹏、罗绅以孚为文案员，范绅元、罗绅燮塈为会计员，并举查学员萧君之桢、杨君夔扬等十余人，名誉员廿余人。公派涂君云史回邑，商请各绅士定夺。即具禀胡大令，转请学务处札派矣。

茶阳师范学堂开校

○潮郡茶阳师范学校，本拟十五日开校，因修整尚未竣工，展期二十二日行开学礼。其中学生除在县考选正、备取各名额外，现来郡就学者尚多。十四日由章教习补考三十名，另赁曾家祠横屋，为备取生及补考各生之寄宿舍。堂中一切，由萧君干臣、蓝君雪桥等，悉心规画，颇称完善。

长乐令设立研究自治各会

○长乐县王义门大令，近拟设立教育研究，及实业研究、地方自治各会，选集县属士绅，每星期开会一次，实行研究，为普兴各学地步。现已妥定章程，不日即行开会云。

岐市学堂因抽捐冲突

○长乐岐市黄君史堂、孔君耀卿等，筹办岐岭两等公学，因捐抽出口酒米以充学费，各商号均不乐从，致起冲突。近日商界、学界均纷纷具禀县署，并请派员查办。现由查学员张君应彬，奉文前往办理矣。

嘉应巡警改期开办

○嘉应巡警，前闻定期本月十六日开办。后因一切尚未停当，故改期本月二十一始行开办云。

嘉应拟办垦牧

○嘉应处五岭之东，山多田少，垦牧一政，实为最要之图。陈牧伯奉上宪催办垦牧，现与保安局绅士商议，拟专函邀集各堡各约各乡绅耆，各举一二代表人到署面商垦牧要政。限二十日前，一律到齐。俟商有成议，即行派员勘丈云。

兴宁棉业可望发达

〇宁邑自去年兴民学堂倡种洋棉，今年种者愈多。业由该学堂派出棉种数十万，分送各处，以期此业发达。将来种有成效，则宁布所需之纱，无须仰给外洋。实挽回利权之一端也。

大清光绪三十二年丙午三月廿四日　公历一千九百零六年四月十七号

陈州牧查办学堂

〇嘉应丙市三堡学堂，迭起风潮，至今未息。现陈牧伯奉学务处宪批行，亲往查办。于十五日下午买舟东下，顺道先到西阳学堂查视，即往三堡学堂办理一切矣。闻西阳学堂，前因白宫市明山宫添设学堂，职员互相攻讦一案，经学务公所所长杨大令亲往调悉，具复州牧。故陈牧伯顺道到该学堂查视，以了此案。

嘉应兴学禀批汇录

〇嘉应熊君仕秀禀藉地倡设两等学堂由，奉陈牧伯批云：据禀，该生等拟借约内三神宫公地为校舍，倡设两等小学堂一区。既经筹备，开办经费不敷之款，拟由各殷户捐题，具见热心兴学。查核所议章程，亦尚妥协，应准先行立案，并出示晓谕，以宏教育。章程、图册附。

〇邹绅琳等请办玉水约学堂，奉批：该局绅等，筹办两等小学堂，并未将教习学生名，切实声明，又无校舍图式呈缴，无凭查核。着即遵照批饬各节，另行明白禀缴核夺。

〇周绅怀琼等请办泗都堡学堂，奉批：如禀，准予出示保护，并候派员复查，再行禀报学务处宪给钤领用。余于职员周维网等禀内批示矣。章程附。

〇李君复光请办金盘堡石峰乡小学堂，奉批：据禀，该生等，筹办本村小学堂，既经修备校舍，应准立案，并候派员复查，再行禀报学务处宪给钤领用。仍着将学生名册呈缴勿延。章程、绘图均附。

○南口潘绅德等请办家族小学堂，奉批：据禀，该职等拟就家塾设立族学，并于祖尝基地，添建学舍。既经各房长允许，别无纠葛，事属可行，即赶紧筹办，将学堂章程、校舍图式，另禀缴呈，再行核夺。

○蔡绅汉良等请办家族学堂，奉批：据禀，该生等筹拨尝款，暂借流芳楼开办家族学堂，校长司事各尽义务，不取薪金，足征热心兴学，殊堪嘉尚。并据声明已经开学，应即准予立案，先行出示保护。仍候派员查复，再行禀报学务处给钤领用可也。章程、名册一本附。

○林君钟镙等请开办族学，批：据禀，该姓族内议借祖尝旧塾，设立家族小学堂，以该生林钟镙为名誉校长，林守和等为义务教习，均愿不受薪金，足征热心兴学，殊堪嘉尚。所有开办及常年经费，既经族众议允，由族内分别捐题，事属可行，应即准予立案，并先出示晓谕。仍着将学堂章程及学生名册，并候派员汇案办理可也。图附。

○侯绅乃辉等请办族学，奉批：筹拨祖尝开办族学，移子孙依赖之食，为族中作育之资，既经集众商妥，并无异议。自可准予立案，并先出示保护。惟查阅章程，所筹常年经费，不敷尚巨，宜如何节省，以期持久，似应先为议及。着即由学堂董事，会同该族绅耆，妥筹办理，随时禀核。仍候派员复查，再行禀报学务处宪给钤领用可也。章程、图册均附。

陈州牧宽纵妖术惑众之匪徒

○嘉应东厢查街勇目，日前在杨桃墩黄生记薙发店，查获匪徒陈阿桂一名，平日专以妖术惑众，当搜得惑人术具，一并缴案。陈州牧升堂研鞫，该匪供认系住清凉山，符术承父所传授，可操人生死祸福等语。并搜出合同一纸，内有俞姓与侯姓有仇，四十九日可使仇家戕命见凶，言定谢金若干字样。州牧审实，仅轻答二百，其宽惠如此。

大清光绪三十二年丙午三月廿五日　公历一千九百零六年四月十八号

示谕筹办巡警之政见

○嘉应州陈牧伯，近日抽收各捐，举办警政，深虑商民未及周知此意，或不遵行，特出示晓谕。略谓：为政之道，首贵自强。自强之基，先资保卫。迩来新政迭举，薄海风行，如开学堂，设巡警，办垦牧，建习艺厂，凡诸地方公益之事，均为目前切要之图。然新政固赖振兴，创办尤资经费。方今库储支绌，难为发棠之请，惟以地方之财，办地方之事。庶几众擎易举，尚易遵行。查州属为岭东重地，从前设有嘉勇以资防卫，嗣因嘉勇迭被控告，不洽舆情。本州抵任后，体察情形，即将嘉勇裁撤，改办巡警。数月以来，议章择地，购械置器，经营布置，现始就绪。拟于本月内赶紧设局，先在城外开办，第次举办巡警。开办及常年经费，需款甚巨，若专恃各铺户月捐银两，断难敷用，不得已在于无关生民日用之毛鬃、纸料等项，酌抽警费，以资挹注。现经约略估计，力求撙节，或可勉敷支应。惟巡警现甫开办，枪码、皮袋等件尚未购办，旗帜、号衣及一切应需各物所费尤多。转瞬城内添设巡警，各处亟图扩充，以及习艺工厂，举办亦不容缓。兹计抽收各款，有已定者，有未定者，有定而未缴者，有缴而未足者，错杂纷岐【歧】，尚难核定。应俟巡警各项开办，稍有成目，而款项已齐，即将所抽各款，禀明各大宪。开支实数，另行详悉榜示，以昭大信而释群疑。合先出示晓谕，为此示谕州属各铺户军民人等知悉，尔等须知酌抽经费，系为地方图谋公益，保卫地方起见。自示之后，凡已议定抽收各款，务须遵照捐缴，毋得藉端阻挠，致干查究。其余未议抽办各条，无论经费如何支绌，本州即不再议抽收，以恤舆情而安商业云云。

不得借办学等项名目争承赌饷

〇大埔县胡大令出示，略云：近奉善后局宪札，谓据承办潮嘉缉捕经费总商司徒绪禀称，各属地方，多借开办学堂各项名目，纷向各子厂酌提经费。因而各属子厂，少人认办，有碍饷源等因。为此示谕各属绅耆，均不得借学堂、巡警、团练、募勇各事争承经费，致碍饷源，如违重究，云云。

雨多有害农业

〇大埔近因雨水太多，河流盛涨，各街店铺，均积水至丈余。近河田园，多被淹没，农人颇形焦灼，咸虑将来麦秋定必歉收云。

大清光绪三十二年丙午三月廿六日　公历一千九百零六年四月十九号

货船失事

〇闻有岐岭货船，由汕至嘉应州者，二十一日行至大埔鸡公髻山地

方，被急浪冲激，全船倾覆。

大清光绪三十二年丙午三月廿七日　公历一千九百零六年四月二十号

嘉属官立中学堂开学展期

○嘉属中学，经陈牧伯示期本月廿一日开学，已纪前报。因近日大雨淋漓，学生未能一律到堂，陈牧伯特牌示展期。略谓：照得中学堂业经示期于本月二十一日开学，兹查各学生已入堂者，仅七十余人。近日天雨淋漓，河水陡涨，道路泥泞，诸多艰阻，诸生中尚有未能依期赶及者，应即展期以示体恤。兹本州改期于本月二十六日开学，合行牌示。为此示谕，各生即便遵照云云。

兴宁蚕业将兴

○兴邑向无蚕桑之利。去岁花螺墩李君际亨、罗君某等，在该乡择地试办。闻所出之丝较顺德钦廉等处，重量有加，色尤洁白。今年各处种桑者，骤增数十处。调查桑田，现有十余石种，桑种数十万株。城东一片，弥望苍深。从此拓而充之，获利之厚，正未可量也。

刘李两姓争牌坊案已结

○兴宁县署司前街某铺，刘姓尝业也。门首向有李姓某世祖牌坊一座，多历年所，巍然独存者，两石柱而已。其左边石柱，向为该铺壁堆砌淹没，而人莫之觉也。今年春李姓族人，始以占筑牌坊之事控刘族某。刘族人积不平，谓该店既买受二百余年，虽有占筑，不自刘某始。两姓人多，势将酿祸。幸滕大令驰往勘断，劝令刘某将店首折入一弓，拆至牌坊柱脚而止。闻两姓亦既【即】遵办，可望和平了结云。

电火伤人

○宁邑近来雨水甚多。前数日午后，天阴晦，疾风过处，屋瓦皆飞。俄而霹雳一声，电光迸裂。闻是时离城东十里，某村老农为电火伤毙。同时某处，有古树一株，亦被风拔起，飞向空中，盘旋良久始下云。

大清光绪三十二年丙午三月廿八日　公历一千九百零六年四月廿一号

教民狂悖

○大埔陈金村有教民邓某甲，生性狂悖。有养母年逾七旬，忽于前日无病而逝，甲竟不讣闻母氏外家，自行殡殓。母族闻知，登投甲族房户，以甲平日子职有亏，佥议鸣官究治。甲惧罪，遂邀集教友官某等多人，到家保护。并将自己辫发剪断，潜行逃匿，令伊妻子持辫至县，诡称甲被人毙灭，当经胡大令批斥。现闻某甲逃至清都各处，逍遥自在云。

续纪陈州牧查办西阳三堡学堂事

○嘉应陈牧伯奉学务处宪札亲往西阳、三堡两学堂查办，略纪前报。兹闻西阳学堂，前经学务公所查明，妥议禀复，陈牧伯即照禀复情形办理。其西阳墟学堂，一仍其旧。白宫市学堂，暂行开办，将闹学之人，罚赔学费。俟宫市学堂落成后，即将西阳学堂迁入合办，各绅耆均愿遵从。丙市三堡学堂，即将江君从前禀筹捐学费，重行厘定。廖君敬亭所办三堡学堂，改名为金盘学堂，以正名称，并筹拨学费一百元，以为常年经费。江、廖二君，亦愿如此办理。闻陈牧伯已照会邱主政、温观察，一俟会商停妥后，即详请学务处宪核定立案云。

陈州牧谕饬选举法政学绅

○陈牧伯现奉督宪电饬保送法政学绅，即谕学务公所员绅，遵照电饬情节，刻日公同选举品学兼优、年龄合格学绅一人，出具切结保送赴州，以凭查验转送。一面由该公所员绅，在于办学公款内，提支银一百二十元，并酌给川资，一并交给该生，自行赴省赍投，毋稍徇滥刻延等因。现闻公所已遍发传单，邀集州绅，于二十四日投筒公举，以凭送州转送云。

丰顺李氏设立半夜学堂

○丰顺黄花村李姓，聚族数百人。近设一家族半夜学堂，专教农工商人等，业已开学。就学者四十余人，分甲、乙二班讲授。其教科分修身、字课、算术、书记四科，教习由李君渭滨、李君子周二人，担任义务。开学之夜，到者百余人。先由练习员李君价丞，登坛演说。大意谓：国民读

书识字之多少，关乎国家之强弱，方今我国推行新政，必使人人通晓时变，方能争存于世云云。继由李君渭滨、李君子周二人，次第演说，众皆鼓掌称善。每夜上课时，尚多老成人到堂旁听云。

嘉应女学之起点

○嘉应叶润生女士，为叶曦初广文之女、李采卿学院之媳，学术甚深，历教授于张、姚诸大绅之家，及前任张游戏之幕。门下女弟子，于普通各科学粗晓门径者颇多。女士念专教一家，殊非教育普及之道。本年特赁定城东杨按察公之遗宅，组织一女学校，分为甲乙两班。其科目凡十一，一修身，二教育（言教授及蒙养之法），三国语，四国文，五数学，六裁缝，七手工，八家事，九习字，十图画，十一诗歌。现报名就学者，约有二十余人。闻士大夫之家，尚多愿入该校学习云。

异哉控债反被刑责

○兴宁阳湖王某，日前到县控罗某倒欠伊银一千余两。闻县令一见王某，即喝掌颊数百。拍案而起，曰：尔胡为越控？王曰：无之。县令甚怒，将商部札掷下，曰：尔看。再喝打数百。凑足一千之数后，将王某交差看管云。

大清光绪三十二年丙午三月三十日　公历一千九百零六年四月廿三号

嘉应中学行落成庆祝礼

○嘉属官立中学，本年先借文庙余地，以为开办预科之用。现既落成，于二十一日延请阖城文武大小各官，并外国教士，州属绅士，举行庆祝礼。观者如堵，无不啧啧称赞。谓三月之内，嘉属官立中学堂突然出现，区划秩然，有条不紊，深得校舍之布置。于此，足见学务公所办事诸员之能力云。

嘉应学界商界互争捐款之意见

○嘉应城西西安局，旧有鸡鸭、烟叶、牛皮等款，初由城西学堂，于去岁秦州牧任内，具禀请拨。嗣务本学堂，亦托商董陈某为之经营，既闻为陈州牧批准，拨为学费及警费，招商杨某等承充。而务本学堂董事黄某

（即充商董者），遂于二月十一日，请以八百元招商争承鸡鸭捐。而陈某等，亦于二月十二日，禀请以三百元争承牛皮捐，报效警费。而城西学堂董事，以本地公款，应拨本地学费，不当认为警费，亦递禀争拨。陈州牧以其纷纷争承争拨，即将牛皮、烟叶两款，以五百元拨为学务公所，以三百元拨为城西学费，其鸡鸭款经分拨已定，亦不准招商争承。而陈某黄某等以争承不得，遂藉抵制抗抽之名，遍发传单，与学界争。此学界与学界之争，成为学界与商界之争也。而商界诸人，又以商会之设，非以争私愤，今商董等之争，皆藉公谋私，吾商人断不认可。亦遂连合三十六行，通盖图章，递禀各宪，请谕正大绅商，分行选举行长及总理协理，以振兴商务。于是学界与商界之争，又成为商界与商界之争矣。近闻陈某甲又极力抵制捐款以鼓动商家，商界诸人亦有为所动摇者。本月廿日，商会开会演说，到者数十人。届时由黄某摇钟集议，陈某甲首先登坛向众演说曰：今日官场以及学务公所，每向商家筹款，君等资本有几，能受之否乎，云云。众曰：若之何。陈甲曰：吾为诸人决之，若不允抽即宜极力抵之。其次登坛演说者，为张某，谓：鄙人愚见，凡大宪已经批准之款，必能体贴商人。即不能体贴商人，亦当和平磋商，暴动万万不可，诸君细思之。况十二商董各皆经营小生意之人，安能受此大任乎？鄙人愚见，和平为第一着。各商人闻之，皆无言。黄某睹此情形，即摇钟散会，复宣言下期再议。

黄罗滋事案勒限交凶

○昨报纪大埔湖寮黄姓，因毁拆祖墓前罗姓所筑厕所，被罗姓统众持械刺伤多人一事，当经赴县禀请勘验。一面邀集各乡同姓，预备械斗，彼此声势汹涌。幸胡大令据禀，即于十七日会同李守戎驰往办理。勒限罗族房户，五日内交出凶手罗娘任、罗庶盛等究办，以儆凶横而息事端，想不致酿成巨衅矣。

大埔赌匪又开设花会

○花会诱赌，累及妇孺，为祸最深，流毒最广，迭经督抚宪通饬渤【勒】石，悬为厉禁，并奉李府宪饬县示禁，严办在案。乃埔邑南山积匪张尔庄、张古松等，近又在南山墟开设花会。百墩各处，均有受厂。同仁湖寮墟后街，亦有罗姓匪徒开设花会。闻各属匪徒，敢于明目张胆，违禁抗开者，缘旧岁同仁各匪，遂经三河绅士禀请胡大令饬差会营拘拿，并谕绅捆送，皆以重赂贿托同仁局绅，为之禀保，均得安然无事。以为绅差均

可贿通，代为包庇，因而有恃无恐。岑督有言，欲整顿地方，必先严办劣绅，诚为洞烛本源之见也。

大清光绪三十二年丙午九月十六日　公历一千九百零六年十一月二号

潮汕铁路定期开车

〇潮汕铁路督办张榕轩京堂，不日返汕，预备行开车礼，已纪昨报。兹闻开车之期，有拟定来月初十之说。

嘉应实业学堂之先声

〇前两广学务所颁学务公所通章，第一期即有实业之预备。盖资遣学生，游学实业，预备毕业回国，即可为实业教员，以宏造就也。无如州县款绌，资遣寥寥，甚为憾事。嘉应松口堡大黄砂廖氏，近立一笃裕学堂。此学堂系两等小学，而附属工艺者。其开办、常年两费，皆廖煜光观察鹏章一人所独任。观察系凤章大令之胞兄，慷慨好施，而雄于财，为南洋巨商。星架坡建设嘉应学堂，曾捐千元为之倡。今夏回里，慨族学未兴，怒焉忧之，因独肩巨款，以成此笃裕学堂。唯观察意在提倡实业，故建设附属工艺。以师资难得，旋由吧城选聪颖子弟，资遣日本，学习织造工艺，手订章程，俟毕业回华，即充当该学堂教习。其尽义务之年，悉准资遣之年以为衡。其给资之法，于神户则托廖君道明，于横滨则托吴君植垣，于东京则托邱君心荣，为之支应。其于各埠保护之法，亦即托三君为监督。闻其资遣子弟三人，一为有德君，一为达政君，一为湘兰君，皆廖氏。其附从东游者二人，一为梁君玉成，一为邱君茂荣。即于九月初十日，由吧城启程，联袂游东，学习工艺。俟章程访得，再行续登。

劝学员调查私塾

〇潮郡劝学员，近来连日亲到城内各私塾，调查其教法，并于详说改设学堂之宗旨，以共收改良教育之效。按私塾欲改为学堂，则教舍宜扩充，校具宜设置，教法宜改良。塾师未受学堂教育，何从改良其教法。而扩充校舍，设置校具，动需经费，又非寒素之士能所担任。且改设学堂之风声，腾播已久。而各塾依然守旧，非老朽即顽固，其抵制力颇坚。似非一经调查，便能收改良教育之效也。

大清光绪三十二年丙午十月廿二日　公历一千九百零六年十二月七号

委勘请建旅安公所地方述略

○日昨潮府李太尊，派委李弼臣少尉会同澄海县薛明府，与金山董事周绅石如，前往复勘嘉属请建平安医所地方。探得印委员绅，会同丈量后，由委员及大令，亲向周绅细问，指明路以内是金山公产，路以外是河干官地，两不相涉。界限截然，周绅认可。大令登命绘图注说，以便申详。

咄咄竟有誓死仇学之蛮人耶

○大埔枫朗黄某，素以顽梗著，其仇视学堂尤甚。日前聚集无赖多人，在安乐宫地方，插【歃】血同盟，誓死阻抗学务。谓临会各人子弟，不得入学堂读书，并不得将祠堂屋宇借为校地，及有分毫捐题学费事。若有学界中人，敢请官力压制者，同盟之人，当出死力抵抗云云。近有黄君子瑜在该乡开办一半夜学堂，借树德堂旧塾为校舍，报名就学者已有数十人，于本月初八晚开学。讵是夕谒圣时，突有黄阿约等，带令子弟持械至堂滋闹，且以危言恫吓，致学生散去大半。夫自去年以来，各处闹学阻学之事，时有所见，未闻有聚众誓死以相扰阻者。此等凶顽之徒，地方官若不尽法惩治，则学界前途，定有不堪设想者矣。

茶阳师范馆改办旅小学堂

○潮郡茶阳师范馆，将届毕业。校长萧君干臣等，现议将该馆改办茶阳旅小学堂，学生定额一百名。凡埔属旅郡绅商子弟，自八岁以上、十五岁以下，均准入学。各属儿童，有愿就学者，亦准附入，以期普及。其常年经费，就茶阳书院旧有年息，禀县拨充。不足者由绅商另行筹措，并按学生年龄酌收学费。教员就本年师范毕业，择最优者三人充任。现已招生，定于明春开办云。

查拿狼狈为奸之劣棍

○大埔太宁甲谢文彬、曹栋魁甥舅，狼狈为奸，专以唆揽词讼、鱼肉乡愚为事。受其冤屈者，不可胜计。现经各甲耆联名禀县拘办。奉胡大

令批谓：谢文彬唆揽词讼，与曹栋魁狼狈为奸，本县业已查悉，正在访拿究办。兹据呈指前情，候札捕衙据实查复，以凭查拿革究。并出示晓谕，免再被其唆弄，云云。

严拘私开山票商人

○嘉应州山票，历经各前州牧示禁有案。日前州商纷纷赴省局承办，又经局宪饬据该州查复，州属向无开设山票，请即严行禁止，照旧不准开设等情，当札饬该州出示严禁在案。现有票商李少达，违禁私开山票，被保安局黄绅遵谟等，禀由陈直刺签拘该商到案讯办矣。兹将签文照录于后：为签传讯问事。现据保安局绅黄遵谟等，禀控票匪李少达，假借铺票开设山票等情，请将票厂查封、拘究前来。查李少达承办铺票，并未奉到局宪文行有案。所禀假借铺票开设山票，如果真实，亟应禁止。合就签饬调据传讯，为此签差本役刻即前往该处，立将开票之李少达一名，并饬将禀准来州开办铺票凭据，及收票章程街招等件，带赴本州，以凭讯明核办。去役毋得玩延索扰干咎，云云。

长乐收成稍丰

○长乐一县，专以农为业。自连年荒歉，每岁少收数万石，人民大受困难。今年收获稍见丰稔，故近日市价，亦渐形低落。大抵每谷一石，仅值银二元五六矣。

大清光绪三十二年丙午十月廿三日　公历一千九百零六年十二月八号

禀控纠殴教员之批词

○嘉应州务本学堂董事吴翰藻等，以挟仇纠抗，殴伤教员，具禀提学司。奉批：昨据静福庵尼仁祥具禀，业已查案批州核办。现禀张云松等，摆串阻抗，并用铁尺殴伤生员吴捴藻脑盖等情，查核情节，殊属支离。庵产报效学堂，既已批州有案，应候官断。张云松等正在该庵滋闹之际，适吴捴藻经该庵，何相值如此之巧？且经止理责，何至铁尺殴伤？其中显有起衅实情，仰嘉应州验伤保辜，传案讯究。其庵报效一案，应遵前批查案办理，均毋徇延。

山票尚敢违例开设耶

〇嘉应州系未有山票处所，商人李少达，违例开设，为陈太尊所签拿，既纪昨报。兹闻十七日，系山票开办之第一期，州中绅士大哄。保安局绅督率练勇，将该山票厂牌件，全行废去。陈太尊亦于是日出火签拘李少达，签尚未出，适李少适入署禀见，陈太尊登即拘留，州人称快。

兴宁擅开墟场禀批

〇兴宁县附生李杖铭等，以擅开抗禁，具禀提学宪。奉批云：查阅粘抄，陈姓私开墟场，既控经该县示禁，何以仍敢抗违？仰兴宁县查案严禁，究办具报。又廪贡生陈德渊等，以纠械阻扰，禀奉提学宪批云：前据李杖铭禀尔陈姓私开墟场，业经批县严禁，现禀以办学筹款为词，是否藉学争利？仰兴宁县遵照先今【令】批行，查明禁究具报。

〇又新陂墟职商罗德纯等，以搀夺抗禁，禀奉商务局批谓：西河背地方，从前向未开设墟场。陈善箴等，果不先行禀报立案，擅自开设齐安墟，殊属玩法。既经赴县控准示禁拘传，仰兴宁县迅即差拘讯明，分别究断云。

大埔县之警察

〇胡大令前奉大宪札催速办警察，因埔地瘠贫，经费难筹，乃自捐廉俸三十金，为开办费。并谕饬保安局绅，于前月暂招警兵八名，每名月薪六元，均由各店家按月认捐，缴局支给。惟开办伊始，所招之兵，多不合格。非力求改良，断无实效也。

烟叶涨价

〇闻上月有日商三井洋行，嘱人之大埔县城附近各村落收买烟叶，运往台湾制造烟卷。因而日来烟叶价值，骤行昂贵，每元不过购叶两斤四五两而已。

张辽轮搭客受伤事已息

〇前报所纪张辽轮船由暹来汕，有丰顺徐姓搭客五人，与该船茶房因争盘碗口角，被茶房用滚水淋伤一事。刻闻被伤之人，已医治痊可。该茶房数名，业经法国领事及太古大班着该船交出，送由鮀浦司惩办，并赔补徐姓医药等费，以了其事。人皆称太古大班办事，最为公允云。

485

示谕改良验疫情由

○改良洪漳山防疫一案，经新嘉坡总领事拟定章程十条，照请英政府改革，旋准英辅政司文开。凡由有疫之埠来船，大舱搭客均不用赤身验体等由，当经孙领事申请粤督札行沿海地方官出示晓谕。现已札行到潮。海阳县奉到札饬，已遵照出示晓谕属内各商民人等，一体知悉矣。

铁路与酒楼之关系

○潮州府李太尊，于郡城严禁妓女，郡城酒楼，生意为之锐减。自潮州铁路开车后，一般旗亭豪饮辈，乃预先折柬，邀饮于汕头。晚五点钟，由郡搭火车联袂来汕，赏花啸月，弦管通宵。及东方已白，复联袂于七点钟，搭早车晋郡，人皆称快。迩来汕头酒楼，每座客满。校书之侑酒者，复疲于奔命。即此一端，既足觇铁路与商务之关系矣。

大清光绪三十二年丙午十月廿六日　公历一千九百零六年十二月十一号

嘉应州牧履任

○新任嘉应州冯牧伯端，于本月二十日上午十句钟，由揭阳取道到嘉应，暂寓公学院署内。择吉二十三日卯时，接任视事。

札饬严拿会匪首要

○大埔县胡大令近奉道宪札饬，略谓：现准署理潮州镇黄函开，据饶平营中军守备李怀远禀称，据守蒲田汛弁李葵禀报，在丰顺县属大胜地方，拿获三点会首陈木华即光史一名，理合禀解讯办等情到镇。当将该犯发交海阳县提讯，据该犯供认，于光绪三十一年八月，听从素职之陈古鳌即永山等，在黄洞窝地方拜会一次，由陈占鳌刻送光史添记木伪印一颗，封伊为白扇军师。本年二月伊又招集三十余人，在老鼠笼地方拜会一次。又于三月招集四十余人，在高道庵地方拜会一次。每人每次收会钱一千一百零八文，均交陈占鳌收存，伊先后共得钱十余千花用不讳。据海阳县录供抄呈核前来，查该犯听从入会，已得伪号，复又两次纠集多人拜会，敛钱得财，实属罪不宽容，法难轻纵。拟会衔电禀督宪，将该犯就地正法，以昭炯戒。除饬该营守备及防营各弁勇，一体严密侦缉。将供开会匪首要陈占鳌即永山等，务获究办外，特抄录该犯供词，先行函送，即祈察核是荷【何】等由，计附供抄一扣到道。准此查陈木华即光史一名，既系会匪，应归入清乡案内办理，由县讯明录供解府，提犯复讯供词无异，方可会电请办。除函复并分行外，合就札饬。札到该县，即便查照粘抄内陈木华供开各犯，会营饬差严密查拿，务获禀办云。

谕饬选送中学预科生

○大埔高等官小学堂邱校长，以县属各区高等小学生，不乏程度稍高之人。若不设法变通教练，则各该青年子弟，以之入高等小学本科已有余，以之入中学本科仍不足，学级已欠相当，教练终多窒碍。现拟就本校先办中学预备科一班，以为年长学生进身之路。其课程一切，均遵照高等小学堂章程第三第四年之课程，酌为变通，加入外国语言一科，分配教授，亦名曰高等官小学选班，拟以年半卒业。其挑取学生之法，分为二种，一请二十区内绅董，各挑送合格子弟二名；一请饬各区高等小学堂校长，各保送学生五名，均到本堂腾册。届期听候管学宫临堂试验，分别正取备取。业已订定章程，牒请胡大令出示招考，并分谕绅董及高等小学堂校长查照选送矣。

嘉应倡设研究地方公益会

○嘉应士绅，近拟设立研究地方公益会，以为地方自治基础。现由保安局董黄太守遵谟，邀集中学堂、师范学堂各职员，公同组织，既择定西门外育婴堂内为会所。每逢星期日，合群会议。闻其办法，范围颇广，内分农务部、工业部、商务部、学务部、词讼部数种，先行调查详悉，实力改良，以期日渐发达，不日即将开办云。其详细章程，俟访得续报。

抗租阻学之愚顽

○丰顺自助学堂禀提新渡戏金，致起风潮，已纪昨报。兹闻该绅商陈瑜璋、陈福合，经单大令传谕后，复煽动乡民敛钱集会，大张揭帖，誓与办学者为难。闻其揭帖有"庙堂之上，朽木为官，草野之间，禽兽食禄，创设新法，征抽民间。若有人能获某某二人之首者，赏银一千两；能获其一者，赏银五百两"等语。呜呼，以地方之公款，不愿助学，而愿滥费，可谓愚顽极矣。

大清光绪三十二年丙午十月廿七日　公历一千九百零六年十二月十二号

州人不公认教育会

○嘉应教育会，立案之初，只系务本学堂董事所私拟，其所举正会长、副会长，亦不知其何日举定。州中学堂九十余所，多未与闻。即初级师范学堂及中学堂，亦未签名其中。州人士闻此消息，为之哗然，颇不公认。

嘉应中学堂添聘体操教员

○中学堂本下学期，添招中学生四百名，其中年龄不合格者，作为师范传习班。本堂不敷分布，乃添赁祠宇，分为成、德、达、材四所，合原有之中、东、西三讲堂，计共七讲堂，分班教授。学生共五百人，郁郁彬彬，于斯为盛。其监学为黎广文全懋，张上舍凤诏，黄孝廉焕亨，李茂才倬銎；其教习为日本弘文卒业生黄君遵庚，清华学校卒业黄君干甫，李上舍梧齐，韩山师范卒业生黄君季良，两广师范传习毕业生杨君叔颖、钟上舍实君、梁上舍伯聪，两广初级师范毕业生李君劲、吴君锷，兼桂里学堂教习李君通、国语教习林君鸿。张、李两监学，尚兼教员之职。闻尚缺体操教习，刻已聘到日本振武学校毕业生浙省邓若愚，以充斯职，与黄君干甫分班。近日教练真枪，颇有军民气象云。

商会已换商董

○嘉应商务分会，发起于黄文彬、陈其宗二人。而所举商董，亦半系二人所私，多不合商董资格。本年学商冲突，争承捐项，迭起风潮，为大宪所严斥，派委查明，或撤或换。刻闻商会中，于某日自行选举，既举定刘振大为正商董，萧华记为副商董云。

挞欠洋款之办法

○兴宁县郑大令业崇，以遵札办理饶子瑶挞欠各洋行银两一案，查封谦益当情形，禀请察核批示只遵等情，具禀督辕。奉批：据禀已悉。仰广东布政司，即饬兴宁县，派差密查饶子瑶，现在有无潜匿回县，务获讯明，勒追清理。至现封谦益当所有赎出本息银钱，应汇齐送交广州英领事查收，转给各洋行，均抵欠款。勿任稽延，致滋藉口等因。已批行藩司，札饬兴宁县遵办云。

大清光绪三十二年丙午十月廿九日 公历一千九百零六年十二月十四号

禀攻学生混考被斥

〇镇平县中学生陈天竞等，以斥退学生改名混考等由，具禀提学宪。奉批：学堂斥退学生，照章本不应更名另考，惟其中情节亦有轻重之别。涂文镇前在镇平县中学堂，究因何事被斥退学。现考法政学堂之徐元镇，是否确系涂文镇更名投考？既称该学堂监督，不久当有禀呈。何庸该生先为禀攻，致开挟嫌攻讦之渐，所请不准。词无保领，不合，并斥。

茶阳师范学校监学对于学生之牌示

〇潮郡茶阳师范学校，日前体操分班一事，学生中顿生意见，几致冲突。当经周教员与王监学牌示开导，其事始寝。兹将监学牌示，照录以下：本校此次体操分班，系周教员亟爱诸君进步，故省节改正时间，为分班教授。复经周教员亲行牌示，再三表明此意。乃乙班学生，以为程度不甚相差，未经与选甲班，终有所慊，足见诸君崇尚名誉。推此以增进人格，造就学问，本监学不胜厚望。此中始末，诸君所以未惬意者，乃对于从前挑选牌示而已。此虽系经班长代表多数人之意见来请，本监学不能体察群情，遽行宣布，自知管理无状，激动风潮，不能不引为深咎。第念诸君系将来国民之表率，应宜激发同情，共赴教育之目的，万不可牺牲自己学问，以图逞一时之忿。当此国家多故，用此竞争思想，益当扩充之外界。若同堂互生意见，团体散沙，持此人才，何以胜天演之惨剧？思量至此，真堪痛心。为此仰诸君仍复如常上课，俾全体受平和之幸福，诸君价值从此日高，则茶阳师范前途，不胜幸甚云云。

又有承办鱼汁者

〇大埔县监生张敬业，以该县咸料豉油之外，以鱼汁为大宗。近年因□龙、湘桥、归埠等处厘卡，重索规费，以致价值昂贵。愿集股承办，每年缴经费一千元。其盈余之款，除支销外，以二分之一，为该县乐群学堂经费，余归各股均派。拟具章程，禀缴到善后局。现局宪以究竟所禀厘卡

索费各节，有无其事？此项鱼汁每年销售若干？该监生所请承办，是否可行？有无垄断罔利情弊？章程是否妥协？候札潮州府督饬大埔县查明，妥议禀复，以凭核夺云。

州绅严禁山票之公启

○嘉应李少达，在城内义肃熊公祠，及城外卢氏祠，设厂私开山票，经保安局绅禀官毁拆，并公启。兹录如下：公启者，山票之害，与小围姓等赌博，同巨同烈，以其随处可投，随人可赌也。迭经公局联合阖州绅者，叠次奉州宪陈出示严禁，并详奉学务处宪批：禀悉该州属内，既向无开设山票，应仍照章查禁，仰即知照，此缴等谕。又详奉善后局宪批：查该州属内，既据查明向来并无开设山票，自应严行禁止，不准开设，以杜流弊，至周所请委员查办之处，应毋庸议。除分别批饬知照外，合行札饬。札到该州即便遵照，迅即出示严禁，毋许再有代收私设，致滋藉口等谕。旋因州中尚有代收山票者，公局再行禀奉州宪陈批：禀悉，候即出示严禁。如有铺户人等再敢私自代收山票，准该局绅等指名控告，以凭查封拘究重惩，仰即知照等谕。似此一禁再禁，自应悉绝根株，当无人敢私设代收，以显干国法矣。讵近日票匪李少达因前谋开山票不遂，竟敢假借铺票名目以开山票。查铺票章程，只有一元及中元卷，并无三毫卷，且各卷分派谢教，并无合派谢教。今李某所设嘉裕嘉丰公司，即前私开山票之嘉裕嘉丰公司。其街招乃有三毫卷，并统十卷一百卷合派谢教，买票之费可以逐减，而获彩可以递增，竟至有一万八千元之多。又以天、地、元、黄编列铺号，且令随处可以代收，即随处可投，随人可赌也。非山票而何，非小围姓而何？名曰铺票，其谁信之！似此心居狡谲，目无法纪，妄作妄为，必欲贻害地方而后快，诚为害民蟊贼。论公理则人皆切齿，论王法则罪不容诛。伏读前督宪岑告示，内开若再有乘间伺隙，假借名目，复开设小围姓等赌博，则是贻害桑梓，罪不容诛。前此奏明严禁有案，如再有禀请开设者，当以违旨论。无论何人，准将其托词禀承之人，扭送地方官，从重究惩。并将其开设此项赌博之房屋拆毁，勿得姑息。本部堂为地方起见，人之欲善，谁不如我，当不致言淳听藐也等因。敬告同乡官绅庶人等，务须父诏其子，兄勉其弟，切勿听其煽诱，以致受害无穷，庶不负各大宪爱民之至意。并宜合群驱逐，以靖地方，而造梓乡之福。公局幸甚，合州幸甚。

大清光绪三十二年丙午十月三十日　公历一千九百零六年十二月十五号

禀控殴辱教员批词汇录

○嘉应务本学堂正音教习吴揆藻，与商会董事李镜湖等，在北门外静福尼庵滋事，被庵邻张姓殴辱互控一案，迭登前报。兹将陈牧伯批示，汇录于后。务本学堂教员刘钟泽等禀批：被殴受伤，即成讼案，无论何人，自应照案办理，不必偏重教员。若专以教员论，恐人谓恃教员为护符，不免有所藉口矣。仰即静候提案集讯，无庸借众晓渎。务本学堂学生温之载、钟权、吴振升、周世泽等禀批：查吴揆藻被殴受伤，系在静福庵内，并非在学堂地方。可见当时人众，庞杂喧嚣，或无从分别其为教员与否。但既经验伤，即成讼案，无论何人自应照案严行查办。该生等又何必以教员被殴全体受辱，张大其词，插讼于中，为推波助澜之地。总之，凡事以理为衡，初不系乎教员与不教员，更不关乎全体与不全体，是即子与氏所谓：自反不足，虽褐宽博吾惴；自反而足，虽千万人吾往之义也。诸生其细思之。尼仁祥呈批：候查明集讯核办，粘抄附。张云松张逢昕呈批：据呈是否属实，应候确切查明，分别办理。

大埔禀办巡警之批示

○大埔县胡大令，日前将督同县绅议办巡警，及筹款章程，禀缴督辕。奉批：禀折均悉。警察为治安要政，必须一律举行。该县拟抽铺租及牛、猪两项捐银元，支警员费。以本地之财，办公益之事，尚无不可。惟所拟章程，是否悉臻妥协，仰广东巡警总局，核明具复饬遵。仍饬率属督绅妥筹办理，务须实事求是，勿稍敷衍搪塞，是为至要。并将开办情形，另行详晰具禀察核。至各乡如何筹办，亦即妥商具报，均毋泄延云云。

谕饬停止设醮

○长乐水寨地方，每于冬间，即有启建太清醮之事。近日预备举行，为王大令访闻，以设坛建醮，系属无益之举，且男女杂沓，贼匪窥伺，于地方治安大有妨碍。即谕饬该绅商值事人等，略谓，醮会酬神，徒费财力，不特风高物噪，火烛可虞。现值冬防届期，防范宜慎。所有本年醮会，即行停止。自谕之后，务即传知各首事一律遵照。如或不能停止，着

即照附城塔冈、城隍二处建醮成例，撙节报缴学费五十元。刻日照数呈缴，以便转发应用。倘敢故事阳奉阴违，查出定予严传究罚，决不姑宽云云。

大清光绪三十二年丙午十一月初二日　公历一千九百零六年十二月十七号

前长乐令请详核移尸案

○前任长乐县赵大令子瑗，到任三年。于去岁十一月，突有兴宁县民马富古，挑货行抵龙川地方，被匪拦抢杀毙，埋尸于长乐界内。赵大令查有移尸事实，即移龙川县会同勘办。龙川县魏大令，以其推诿禀请当道，遂被参革。嗣由赵大令获得黄亚理，供开马富古案，实在龙川失事，移尸埋于长乐等语。赵以无端被革，含冤莫白，刻赴大吏具禀，求详加察核，以彰公道云。

批饬查封店物变抵洋款

○日前兴宁县郑大令具禀督宪，将奉札查封饶子瑶所开谦益当，抵还各洋行欠款各情，经详请前报。现潮州府李太守崇洗，禀呈督宪，将饬查谦益号股东饶子瑶，在潮汕开设致和生店。先将奉文办理情形，及海阳县禀报查封府城致和生店物，照录清折，绘图注说，禀请察核。奉批：据禀清折图说均悉。仰广东布政司即饬该府，速饬海阳、澄海两县，迅将谦益号股东饶子瑶查传到案，讯明实情，勒令作速清理。并饬澄海县刻日查明汕头致和生店，是否饶子瑶所开，分别查封，禀候核办。所有现封府城致和生店物各件，应即变价，将银送交广州英总领事查收，转给各该洋行匀抵欠款，勿任宕延，致为外人藉口等因。批行藩司，札饬潮州府转饬海阳、澄海两县，遵照各节办理矣。

嘉应设立体育会

○嘉应中学堂教员黄君由甫等，邀集同志，倡设体育会。逢星期日会集操演，以为各小学堂教员，有志练习体操，无暇入学堂者，便于演习。现既公请邓君若愚，黄君干甫，担任教练。二君俱愿尽义务，不受薪金。刻与斯会者约有四五十人，已于上星期日开练云。

大清光绪三十二年丙午十一月初三日　公历一千九百零六年十二月十八号

捕厅之劣状

○大埔县某捕厅勒索保费，已登前报。兹又闻该捕厅前奉胡大令札饬，密查县属劣绅九十余名。即将公事，先饬心腹捕役，按名给观。一班自危者，莫不托人或亲到捕署，纳贿关说，恳其善为禀复。其贪劣与海属浮洋司刘某如同一辙，真可谓遥遥相对矣。

谕饬筹办团防

○长乐横陂安全局，近接奉统领东路巡防队第十至十三等营胡，及县正堂王谕，略谓：照得清乡之法，非亟办团不可。前已缕列联团章程，具禀督宪察核。兹准广东水陆巡防营务处兼缉捕厅局移开，奉督宪批：禀及示稿均悉。仰广东缉捕局会同按察司，备移遵照。会同文员督饬绅耆，将联团清乡事宜，切实举办，毋得敷衍了事，此缴等因，准此。查人丁烟户，间属不少，亟宜举办团练，以资缉匪，合就谕饬，谕到该绅耆等。迅即开立团局，筹出常年的款，视款项之多寡，以定团丁之实数。详造团丁清册两份，一呈县存案，一申送本统领备查，以凭点验。此系奉准宪批应办之举，绅民中有敢于推诿阻扰者，许即密禀。本统领即当执法从事，决不宽贷云云。

严拿花会匪徒

○大埔县胡大令，查悉长富甲交界之三层岭广福寺，仍有忠坑胡姓匪徒，开设花会。长治甲交界之清窑，亦有王姓匪徒开设花会。城厢内外人民，溺于其中者不少。特签派差勇，前往该处，将各匪首及带批匪徒，一体缉拿务获，解县惩办。不得受略庇纵，及以空禀销差致干严究云。

丰顺县与新州尊会审匪首

○三点会匪曾蕴山，为该会首领，久为民害，迭经惠潮嘉各地方有司，悬赏购缉在案。前八月间，被驻扎嘉应州常备军熊管带，饬勇搜捕，旋在桃源堡黄寿山地方拿获，解交州署。旋经前任陈牧伯通禀各大宪，随奉大宪札饬邻封官吏会审。上月经委潮属丰顺县单明府前任会审，于廿三

日到州，廿六日会同新任冯直刺提出研讯，审供已确。拟即通禀各大宪，就地正法，以除民害云。

大清光绪三十二年丙午十一月初四日　公历一千九百零六年十二月十九号

大麻社兴办学堂

○大埔大麻一社，地广人众，数年来各处竞兴学堂，而大麻尚未设立。近由郭君德庵会同各绅，妥筹兴办，业已规划一切。将该地福林寺，改为校舍，并函请胡大令谕饬刘绅乙光等，刻日兴修，限于本年内竣工。闻各绅奉谕后，已遵照办理矣。

批饬讯追巨款

○昨有职商惠丰店，具禀藩辕，以嘉应人古月根父子，揭欠洋银八万余两，远扬潜匿，经商禀州严缉究追，为古贿差卧票，以致两载莫结各节。奉批：察阅所控各节，并无确切证据，殊难凭信。唯款逾八万，案悬两载，古月根父子，久未获到。该地方官，并不遵照节次批示，迅速办结，据称贿差卧票各节，恐非无因。仰嘉应州赶紧比差，勒缉古月根父子到案，讯追具报。并古禄元解赣讯办，毋任再延，致滋拖累。

请拨祖尝助学被斥

○嘉应州速成师范生叶金城，具禀提学宪，请拨祖尝助学。奉批：该生在何处速成师范肄业，未据指明何校，殊属含混，禀词模糊，且有别字，可知非力学之士。即使该生实系无力就学，亦应自请家长，会商族众，酌量拨助，何得妄渎。所请不准，特斥。

请究冒名背签

○嘉应丙市因屠宰事，屡起风潮。前据该堡绅耆陈际虞、林义根等，到丰顺司禀控屠夫陈来发种种不法情形。顺丰司随将该屠夫一名，解送州署，请示办理。现陈际虞等，复赴州署禀称，前时禀控，生等实不知情，不知何人冒名背签，请彻查惩办等语。随奉批示：昨据顺丰司将屠夫陈来发一名，申解到州，当经提讯，于堂谕明白判示。据禀该巡司前解陈来发，系据林义根与该生等二人出名具禀，实在并不知情，究系何人冒名背签，候札饬顺丰司确切查明，禀复核夺。

嘉应匿名揭帖之恶俗

○嘉应士习嚣张，迩来尤甚。靡论一二人之私见，动辄以合州合属，或合州学界，或学界全体，公禀交飞，公启遍贴。其实主持其事者，不外一二人，甚且隐匿其名，托为合属公启，不究情实，肆口谩骂，真恶俗也。近日同街大道，遍贴揭帖。有谓与旧任州尊清算数目者，有谓向团局清算公款者，皆约同人假座城内教育会。至日教育会内，仅有二三其人，嘤扰一室。及日中昃，一哄而散。是亦学界之一怪现象也。

大清光绪三十二年丙午十一月十四日　公历一千九百零六年十二月廿九号

饬属保护测勘广厦路线人员

○张弼士太仆奏办广厦铁路，由广州省城东门外起，造至黄埔首段路线，早已测勘完竣。其由黄埔起，经增城东莞之石龙镇，历惠州府属之博罗、归善、海丰、陆丰，潮州府属之惠来、揭阳，折入潮州府城外海阳、饶平等县境，直达福建之厦门。各段路线，现派美国工程师卫林士君，接续勘测。并札委张委员启明同翻绎【译】护勇，沿途照料。经照会惠潮嘉道宪，转饬所属各县查照保护。闻奉派各员，业于初旬由黄埔勘起，不日即可达惠来县境界矣。

乐群学堂教员辞席

○大埔乐群中学堂英文教员曾君启儒，近因丧偶，辞席回港。理化兼体操教员郭君德庵，为广府中学堂邱监督电促就该学堂监学之任，亦于日昨晋省。现体操一科，已另请潮嘉师范卒业生黄君照廷代任云。

嘉应研究地方公益会之简章

○嘉应士绅，倡设研究地方公益会，以为地方自治基础，已略纪前报。兹将其简章照录于后：一立名，地方者人民之生命所附托也，其盛衰利害，皆人民自作之而自受之。故无论官商士庶农工兵医，皆有维持地方之责。本会有取斯义，因名为地方公益研究会。二宗旨，本会图谋公益，以集思广益考察利弊为始基，以协力同情改良社会为目的。三会所，本会

所设北西街堡忠孝里育婴堂。四经费，本会开办费，暂由各同人捐题，以后常年经费，分为常捐、特别捐，由各会员每月捐银几毫，特别捐则另行开会酌题多寡，由各人乐助。五职员，本会设主席一人，综理庶务；干事四人，分任各事。各处代表若干人，调查一切。其主席、干事代表各员，皆由各会员公举，以一年为满期。若有不称职者，亦由各会员会议更换之。六资格，本会敬恭桑梓，冀图治安，入会之人，虽多多益善，但必须品行纯正、素无亏损公德者，方得予以选举职员及被选为职员之权。七义务，本会同人有维持地方之责，故属地方要政，必先详细调查，以为他日实行地步。兹撮其大概如左：（甲）农务调产部，凡山林田，赋税物品，种植畜牧，皆归此部。（乙）工务调查部，凡山林矿产，手工制造，纺织劳役，河道桥梁等，皆归此部。（丙）商务调查部，凡商业市场，货物银钱，商人商会公司等，皆归此部。（丁）学务调查部，凡校舍地段，学生教习人数，及一切筹款教科等事，皆归此部。（戊）警务调查部，凡各乡户口，盗贼词讼，团防等，皆归此部。以上各部，调查既确，一一汇记于薄，其有当与当革者，或禀知地方官，出示举行。其有需款措办者，则由各会员开会酌议，凑集资本以提倡之。八规则：（一）凡我同乡有热心公益，于本会章程，顾表同情者，均可随时入会；（二）凡欲入会者，有会员介绍书，即当延纳；（三）凡入会者，无论先后，即有会内一切之权利；（四）□□□□□□□别会议；（五）会议所议一切是非得失，宜互相发明，折衷至当，不宜当众缄默，退有后言，致碍团体；（六）本会静商事件，凡会外之人，非由本会邀请，不得搀入。

大清光绪三十二年丙午十一月十六日　公历一千九百零六年十二月卅一号

又演竞争学费之恶剧

○嘉应商人刘附基，认缴培风书院□□□□□□□□□乡煤炭，多历年所。自膏伙拨归学费后，该商加认东山师范学堂经费。嗣有邹、邱、叶等姓，藉报效务本学堂学费，出而争承，互禀州署。陈前牧以向归膏伙之款，今虽加缴，亦应归师范学堂，饬令刘商承挖认缴。乃务本学堂，竟于本月十一日，统率学生多人，将刘附基捉送州署，闻并有殴伤及抢剥衣物之事。经冯牧伯提讯后，暂交差带候，未识若何办断。

示办嘉应铺票

〇嘉应铺票,由嘉裕丰公司、新商李荣佑等,承饷开办。因不循旧章,欲仿山票派彩,以期畅旺。又未经地方官出示,致前月十七开票之日,合州哗然。经保安局绅禀官拘究,并将票厂拆毁。兹冯牧伯遵照善后局札行,于初十日出示略云:州属铺票,已经该商承办,不准各奸商混收各属山票,致碍饷项云云。今已示明铺票,想必循旧办理矣。

长乐大嵩之窑业

〇长乐之大嵩地方,出产陶土,色质颇佳。该处土人制造斗盘及大碗,贩运出口销售,每年不下十余万担。惟工艺窳陋,难以获利。若能改良造法,日求进步,其获利当不啻倍蓰云。

六、光绪三十三年

大清光绪三十三年丁未年二月十四日　公历一千九百零七年三月廿七号

茶阳旅小学堂成立

○潮郡茶阳师范馆，改办旅小学堂一节，曾纪前报。该学堂现已成立，就学者五十余人，分为两等，其教员为刘君凤翔，杨君育仁，管君延治。一切经费，经绅商禀由大埔县胡大令示谕设法筹拨。现旅郡各绅商对于此事，甚为踊跃云。

札饬往大埔征兵

○现探闻征兵官王君体端，奉到大宪文谕，以嘉应所征兵数未足，命再在潮属添征。王君先拟往大埔征起，盖以大埔语言，与嘉应相通，且近山之民，朴勇耐劳，较宜于兵也。

竟有包娼之武弁

○嘉应协防营弁周某，嗜利无耻。近日竟在城内住眷室内，招住南词一班，从中取利。浮浪子弟，趋之若鹜。为曾城守闻知，以该弁所为，大属不成事体，已亲率兵丁将该南词驱逐出境矣。

梅州苦旱

○州中自立春以来，天气亢旱。二月初虽下小雨，而农家尚苦不足。田园植物，皆受影响，米价亦因此有日益腾贵之势。

嘉应会劝征兵之示谕

○嘉应州征兵，迭经官绅凯【剀】切劝谕，应征者尚未极踊跃。昨曹牧伯复会同征兵分局出示，略谓：粤省海疆逼处，正当东南之卫，设有不虞，强邻朝发夕至。因此特按照成法，速即举办征兵。而以尔州人文教素兴，必多深明大义，倘能应征踊跃，必易于训练成材。是不但为粤省倡尚武之雄风，亦且为东南立安全之基础。用是凯【剀】切晓谕，设局于斯。所有办理章程，均已遍贴各乡明示矣。乃自经开办期月于兹，虽明义务而就成征者，不无其人，然寥落无多，不能谓为踊跃。即已就征而考取合格者，亦多未能按期书具清结，深似观望迟疑。岂尔州人畏兵役之劳苦，惧他日撄芒刃于沙场之上耶？抑父兄爱怜其子弟，不欲作庭前之暂别耶？又或者以当兵之利益尊贵，不及他谋生业耶？抑以当兵劳苦，不如他事之舒畅行业耶？果尔，则州中人于利益义务，均似有未明。是则本州局本有不能不再为尔众庶缕晰而解决之者。夫兵之于国，所以销强邻野心之发现，而保国家于磐石之安耳。欧西名将有言，兵者所以保世界之和平，非所以破坏世界之和平。试观五洲历史，凡轻兵无备之国，有不内忧未宁，而外患迭起者乎？又试观今日东西各兵盛之国，非反百年或数十年不得一战乎？可知兵力既盛，战争自无。即不幸而有之，敌已能以器械击我，我岂不能以器械杀敌？况乎修短有数，安危自天定之。然则姑无论战场危险，未必有之，即有之亦何足惧哉！父兄于子弟，劬劳抚育，谁不爱怜？第为子孙作久远与发达之计，试问有不别离乡井，稍受折磨，而能上出人头地者？州人离省不及千里，舟车之便，数日可至。在营之内，教育则有官长，疾病则有良医，饮食衣服无不周到。三年之间，转瞬已过，况军中将弁，州人亦多。然则置子弟学习于军营之中，亦何异置子弟于家族学堂之内？以此而论，则今日之庭前暂别，又何足惜耶？现在入营充当模范队兵士，他日学有成效，即分为全军领袖人员。上而擢升队官，月薪五十金。次而排长、司务长，月薪二三十金。进之可以图异日之发达，退之可以计家业之小康。即不然，其再次如正副目者，月饷亦五两有奇。食用之外，尚可仰瞻父母。况家中尚受官长之保护，不受豪霸之欺凌。三年之间，苟无过犯，衣顶荣身，如操左券。异日学堂林立，体操教习，在在需人，学艺已成，又何愁无事？且若能技艺出众，尚可选入陆军小学堂，九年之间，大学毕业，上而拔至统将，亦直指顾间耳。然则利益尊贵，孰有过此者耶！入营之后，与全省之人，同聚一处，各谈风土，各述异闻，合群之乐何如也。散步之时，万众齐集，高唱军歌，声震原野，雄武之乐如何也；演习之时，上登高山，下临穷谷，指点形势，抵掌谈兵，优游之乐何如也。讲堂上课，听受教令，学问进境，日有新的，学术之乐何如也。练习体操，日见壮健，体势舒适，疾病不生，其自然之乐何如也。以此计

之，行乐之美，又孰有过于此者？方今强邻逼处，时事多艰。环顾全球，吾民所当引为鉴诫，而奋起者，触目惊心，在在皆是。谋生于乡，已如此其艰难。觅食外洋，亦在在受外人之凌辱。然则以时事计，尔州人苟为身家性命之图，即裹粮效力，犹将勉力尽之。况事势尚不及此，而国家又予尔辈以种种之利益，及无限之前程耶。本州局诚恐前次所发章程示谕，乡民因限于文义，未及周知；而士人亦或不能踊跃从公，尽其劝导之责，用特再行切实晓谕。仍望绅商学界，抱匹夫有责之义，毋惜唇舌，竭力劝征，使良民勇于前来，以倡粤民爱国之心，而立前程无限之业。切勿再复迟疑观望，致失一时之机会，而误整顿之要公。本州本局有厚望焉，云云。

大清光绪三十三年丁未二月十五日　公历一千九百零七年三月廿八号

禀请实行封禁私塾

○大埔劝学所总董，以学堂未普兴之原因，由于私塾众多。因禀请勒令归并改良，不遵者即行封闭，以期整肃。胡大令据禀，经即出示严禁。并派劝学员绅，分往劝谕。讵各私塾视为具文，群起反抗，尤以在城为甚，劝学员多受窘辱。现经各员绅联禀胡大令，请实行封禁，以免贻误。闻胡大令颇不以为意云。

嘉应结党抗官案将派员查办

○嘉应黎荣光等，以州属商学，被周维纲等结党抗官，乞饬严办事，禀控督辕。奉批：已据该州曹牧，禀请分别斥革。候饬提学司派员查明，秉公讯办，以儆刁健，此批。

禀控羁收学费之批词

○嘉应石坑堡，地处上游，风气闭塞。去岁由李传经等竭力组织，办成两等小学堂一所，经费尚属不敷。现经禀准拨为学费之文课会等公款，复被该族人霸收，经费益形支绌。昨由李传经具禀曹牧伯，奉批谓：据禀学费，概被李佐陶等收去，又复把持滋闹。若果非虚，不仅为该族中败类，直是学界中蟊贼。姑候谕饬速为清理，再抗定行提究。

大清光绪三十三年丁未二月十六日　公历一千九百零七年三月廿九号

汕头欢送征兵

○嘉应征兵一百二十名，昨日由汕启行赴省。绅商学报各界，均制送旗帜。同文、正始两校员生，并排队送至海坪，相对站立，致祝词毕，行礼而退。观者如堵墙，欢声雷动。又征兵昨日所搭财生轮船、怡和洋行，一律减收单价，以示优待军人之意云。

嘉应劝学所开办

○嘉应劝学所总董饶绅集蓉，日前到州，已于十一日开所任事。现将州署各学区，略分为中、东、西、南、北五路，共划为二十区，每区设一劝学员。俟举定区员后，即派往各该学区办事云。

嘉应中学堂取定第三期预科生

○嘉应官立中学堂，于本月初四日，招考第三期预科班。投考者百余人，已由曹牧伯挑选合格者六十余名。榜示如下：

刘枢、曾杰、叶国士、邓铁良、曾雄、钟邦杰、梁延藩、练德球、朱耀球、张延楠、罗雄洲、李干中、王鑫、刘震殴、饶杰奎、廖秦球、廖公群、蓝文光、魏漳、何祖汉、曾贯、王振武、练耀寰、刘通新、刘宗熙、张麟祥、洪震球、张资才、叶身、李德风、罗应同、叶知新、李世豪、刘凤鸣、吴国荣、李世英、邓世基、邱群、黄潘解、张履渊、张延杰、饶匡时、何时俊、朱亨、张文渊、潘鸿淦、洪维桢、邓世振、温作新、李吐芳、谢德崧、黎国筹、朱佐清、陈可权、李邦廖、刘华元、刘敏、邓官献、刘钦章、何亮、练文思、江育銮、张竞文、杨俊馨、钟宝善、杨国仁、钟天瑞、傅衍芬。

嘉应州之命案

○嘉应书坑乡侯、李二姓，屡生衅端，曾酿命案。昨有侯某甲，侦知李某乙奸宿某妇家，前往捉获，将送官惩办。殊李党羽闻悉，拥众往夺，并将侯围住凶殴，刀枪并举。侯某甲登即毙命，其兄亦受重伤。当经曹牧伯验明，并拿获李某乙研讯。李尚坚不承认云。

幸未坠落火坑

○曾梅氏，嘉应长乐县人，年少艾，姿首颇佳，随夫曾锡福来潮州贸易。日前被同居黄某诱拐至港，鬻于香山县城某娼家，迫令当娼。氏誓死不从，窥便私逃，至于河干，欲投水自尽。适为警兵觉察，立前阻止。带案讯明，发香山县备文移解番禺县。昨已发交善堂，递送原籍，查传氏之亲属具领完聚云。

大清光绪三十三年丁未二月十七日　公历一千九百零七年三月三十号

东渡留学

○本馆记者杨君梦得，自费往日本留学法政，已于日昨偕同大埔彭君寿生，鼓轮东渡。又长乐县留东卒业学生张君养淮，于月初启程归国，昨已抵汕。

奸而复拐乎

○日昨澄海县署，由樟林司解到一妇女杨陈氏。闻陈氏系嘉应州杨文芳之妾，文芳向在饶平属海山乡开杂货店，已历二十余年。因无子，数年前，凭媒娶澄海属溪西林甲之媳陈氏为妾，生一子，年才七岁。文芳去年身故，陈氏与邻店东黄乙私通，往来甚密。近日陈氏与黄乙俱搬住东陇。前月杨文芳嫡妻及叔，由家到海山运文枢及带陈氏母子回籍。不料陈氏母子早已被黄乙藏匿，并不见面。而杨叔放线跟踪到东陇，始将陈氏扭获。当即送樟林司，递解澄海县。伊子并赃，不日当可追还云。

大清光绪三十三年丁未二月十九日　公历一千九百零七年四月一号

批饬派员会查嘉应控案

○嘉应州周维纲等，控保安局绅于督院。昨奉批：现值兴商务之时，商会团结不易，亟应实力保护，岂容劣绅徇私破坏？所禀保安局绅黄遵谟，对待商人各节，是否实情？仰广东农工商局，备移惠潮嘉沈道，速派明干之员，前往嘉应州会同曹牧，切实查明，秉公核断，禀报察夺，毋任袒纵，切切。

查案委员到州

○嘉应学商各界控案，迭纪前报。现闻经提学宪札委丰顺县单大令梦祥，前往会州查办。既于十五日午到州，如何情形，容俟探确续报。

嘉应州禁止造谣煽惑征兵之示谕

○为谕禁事：照得此次征兵，系因粤省须练强大军队，需财孔亟，故特先行设立模范队，以便造就陆军人材，为将来全军官长头目之用。上宪为珍重军人起见，特不惜巨款，造高大之营房，以为住址。聘日本高等军官，以为教习。其余又有军医、学堂、卫生队，凡所以为军人利益高贵者，事事无不毕举。本州本局自实行举征后，深恐尔州中风气不开，将必以此创举视为异事，致多疑惑之处，故于张贴督练公所告示外，又复将其中情节，屡次谆谆晓谕，欲使人人皆知应尽之义务，与所得的利益，必能互相劝勉，踊跃应征，以副上宪培植人材保守疆土之至意。计第一期送省部队，凡绅士良家子弟，深明大义，而踊跃前往者，业经百余人矣。乃本州本局访闻有匪徒意图煽惑，妄造谣言，有谓系招人往别处开战者，又有谓模范队刻苦不堪者，荒诞不经，一至于此。将来以讹传讹，为害何堪设想。除严密访拿从重究治外，合行晓谕尔州人等知悉。尔等须知上宪开征于此，无非高视州中人格起见。即本州本局不惜舌敝唇焦者，亦良以不久即须撤局他往，恐此机一失，不易再得耳。嗣后凡有合格子弟，务即早日报名，切毋听信谣言，致返自误，切切特示。

嘉应绅商举办平粜之踊跃

○嘉应米价腾贵，前经本埠延寿善堂致函各埠绅商劝办平粜。张榕轩京卿，已先在汕办米回州。兹谢梦池观察，复在香港与潘君翔初、黎君子和、刘君梅君暨各行绅商酌议，先行买米五百包，运回嘉应、松口分粜。而暹罗、吧城、大北、槟埠各处，尚源源而来，以资接济云。

派员点收潮嘉裁营军装

○粤省绿营员弁兵丁，已实行裁汰，所有裁营军装，自应派员点收，以昭慎重。现省宪已派沈育之直刺来潮嘉两属，点收此项军装。闻沈直刺已于日昨，由省启程来潮矣。

503

府宪批词摘录

○广生隆等号禀批，食米贩运邻封，未便任其遏籴，藉端需索。候移请嘉应州长乐、龙川两县，仍准该职商照旧贩运，俾顺商情而裕民食。至泐石一节，是否可行，一并移请酌核办理可也。

大清光绪三十三年丁未二月廿一日　公历一千九百零七年四月三号

札饬延聘中学师范生充当教员

○潮州府李太尊，昨奉札饬各县。略谓：照得中学堂各生，光绪三十二年三月间，经崔令炳炎切实整理，将甲乙两班，分科试验，择其年龄过长、不合资格者，改为速成师范科，报由本府造册，转禀各宪在案。嗣后崔令在省留办随宦，经代理监督吴宗慈督饬教课，秩然可观。于十二月毕业，届期本府连日会同吴监督分科试验，将其所得全年分数，平均计算。仅【谨】遵奏定章程，按分列等。计共列最优等四名，优等二十七名，中等八名，给发禀照。除造具年岁籍贯清册，并分教数表，呈缴提学宪察核备案外，合就札饬，札县即便遵照，转饬所属县民各学堂。如须延聘此项毕业生，充当教员，即行指名函请。中学堂酌定薪水，派往服务。具报毋违，计粘毕业生名姓及分数表共一纸云云。毕业生名姓照录如下：

最优等四名：徐车熙（丰顺）、何起南（大埔）、罗对文（丰顺）、郭萃群（大埔）。

优等二十七名：于树槐（揭阳）、陈林春（丰顺）、郑经远（朝阳）、谢绍安（潮阳）、欧阳德（潮阳）、林孙诒（大埔）、蔡大枢（大埔）、蓝□芳（海阳）、刘学条（饶平）、许子延（海阳）、郭崇义（大埔）、邱庆时（大埔）、彭□川（丰顺）、徐伟坤（丰顺）、□□杨（海阳）、余□翰（澄海）、郭雄铳（大埔）、廖世康（丰顺）、郑毓亮（饶平）、林鹤□（澄海）、林卓勘（饶平）、张湖（揭阳）、吴秦（大埔）、陈瑛（潮阳）、何如春（大埔）、黄树基（惠来）、徐昌国（海阳）。

中等八名：黄鹤梅（海阳）、陈宝基（海阳）、刘识朝（大埔）、张义琴（丰顺）、郑诵清（潮阳）、余金城（饶平）、郑堂纶（饶平）、余燕谋（饶平）。

大清光绪三十三年丁未二月廿二日　公历一千九百零七年四月四号

大埔勒令妇女改装

○大埔妇女装饰品，以金银为之，动费百数十金，伤财害俗。迭经绅士禀官示谕改良，而各处狃于习俗，遵改者甚少。现闻复经邑人士在省禀请大吏转饬胡大令，严行禁革，一律改仿省装，屏除金簪、银髻等装饰，以敦节俭，而励风俗。其不遵者，则每年每名罚令缴银一元，以助学费。不知能否实行也。

大清光绪三十三年丁未二月廿三日　公历一千九百零七年四月五号

运宪批嘉应州梅南埠商候同兴禀

○此案前经札饬官运局查明讯结，现尚未据禀复。该商既有合伙拆伙，配盐解饷各据，查究侯亚羡等贩私朦运，据禀是否属实？候札官运局迅即彻查讯断，以清讼藤而维盐课，此批。

禀控州官羁辱校长

○嘉应教育会陈实训等，以州官羁辱校长等由，具禀提学宪。奉批：此案昨据该生等先后电禀，当经移请惠潮嘉道，就近委员确查，分别办理在案。兹据禀前情，候并惠潮嘉道确切查复，再行核办。禀粘发。

单委员亲封赌馆

○嘉应西阳学堂校长卢某，包赌抗封，被官拘押一案，已纪前报。兹闻惠潮嘉道宪派委查办此案之单大令梦详，到州查明后，即于十八早亲带仆役往将该赌馆封禁。卢某仍在州吏房看管，如何发落，候探明续报。

戒烟会图说饬发到州

○上海振武宗社所制戒酒釉，及刊发戒烟图说，前禀请商部咨行各省督抚，饬属将发来戒烟图说及仿单，出示晓谕，俾众周知，用广劝戒。嘉

应曹牧伯奉文后，已分别出示晓谕。并谕饬保安局绅，广为传播。俾州属人民，得以戒除痼疾，完全人格云。

大清光绪三十三年丁未二月廿六日　公历一千九百零七年四月八号

咨行教会学生入官学者一律给奖

○周督宪现准学部咨称，准两广总督咨开，德国教士凌高超，在嘉应州设立中西学堂，因学生误会部章，有意退学。旋据汕头、广州两口领事，先后转请立案给铃等情一案。经东提学使，询该州复称，遵往劝导保护。询悉学生因冬至回家祭祖者四十余人，赴省应考者十余人，并非退学，节后回学照常肄业等语。当经派员面告该教士，不便给铃，并饬嘉应州照旧保护去后，现在未据该教士复有后言。惟广东沿海各口岸，开通最早。各国教士所立学堂，不止一处。其所收学生，身家如何，学堂功课如何，官不过问，自毋庸立案给奖。惟已离该学堂后，到省城或各州县官立学堂，取具妥保，考选入堂，谨守堂规，植品励学，一遵奏章，朔望向至圣先师前行礼，似应不分彼此，一体给奖等因，由提学使详请转咨前来。查本部新章，外国人在内地设立学堂，无庸立案给奖等语，盖以教育为国家应尽之义务，非外国人所可代谋，故在外国人设立之学堂，毕业者不予奖励。若既离该学堂，而有妥实保证，考入官立各项学堂，果能恪守规章，砥砺学行，所有应得奖励，自可与同堂诸生，一律办理。相应咨覆查照转行可也，云云。

批查嘉应承垦官荒

○嘉应州职商赖汝光等，赴农工商局，禀请承垦州属官荒等情。奉批：该职商等，现拟承垦嘉应州属尖峰一带官山。如果别无纠葛干碍，自可照准。究竟禀开各该山场，是否确系无主官荒？宽广实有若干亩数？所称裁【栽】种茶棉果木等类，于土性果否相宜？能于几年内升科？仰嘉应州刻日查勘明确，按照垦荒章程，分别妥速办理，议拟禀复核夺。该职商等亦即赴州投候引勘可也。图及保领并发。

嘉应补考中学新班

○嘉应官立中学堂，本年招考第三学期预科生，先经曹牧伯于初四日取定榜示。嗣五属绅士以道远不及投考者，仍纷纷禀请补考，以免向隅。曹牧伯准即再行补考，取定牌示，于本月廿二日，一律送堂肄业。兹将各生姓名录后：李世豪、邱群黄、李世英、李邦彦、邓官猷、陈佐汉、陈汝梅、胡新、刘一群、陈培春、胡卓权、张炳荣。

镇平实业学堂拟改办工艺厂

○镇平实业学堂，原拟借明伦堂开办，并定期正月廿二日考选学生入堂肄习，已见前报。嗣以各乡报名投考者，寥寥无几，遂未举办。现徐大令拟将该款改办工艺厂，以考棚修改为厂地。闻不日即可开办云。

大清光绪三十三年丁未二月廿七日 公历一千九百零七年四月九号

嘉应州禀报学堂包庇欠饷摊馆原文

○敬禀者：州属民情好讼，刁健素著。自上年商界、学界风潮迭起，彼攻此讦，士习愈不堪。知州仰蒙委任，权牧是邦，莅任以来，颇思将学界和平调停，除从前城乡分党之习。商界则拟酌商会中之假托商董，而奸诈好事者，裁汰数人，另选正经股商接充。庶可挽回风气，以期补救于万一。讵知受事甫及四旬，毁票殴差，即经数见。知州自渐德薄，化导无方，而民风刁敝，一至于此，曷胜浩叹。查前禀蒙充商业学堂校长之革衿周维纲，乃此邦讼棍之尤。因藉欢迎刘委员士骥之隙，占住婴堂。前任批饬迁让，知州照案票催，胆敢匿票不还，差亦未能再往。查其敢于恣横若此者，无非恃在素工刀笔，省潮均结有死党，消息灵通，专以联名控官，刊贴飞黄，为挟制惯技。是以历任皆曲予容忍，盖恐为其摇动耳。现闻在外勒盖店章，纠人赴省捏控，跋扈飞扬，骄纵已极。至于此次具禀之西阳堡小学校长卢文铎，藉学抗庇赌馆，既经承办缉捕经费商人，迭送禀控，并奉善后局提学司批饬查究。然尚只封提摊馆，并未干涉学堂。卢文铎乃暗纠学生，殴差阻封，并敢挺身硬抗。知州初犹念系办学之人，传谕速为清理。殊竟一再到署，肆言无忌，甚至称系练习员，原与地方官平等，不应票传等语。狂悖过甚，观瞻所属，不得不暂交吏房看管。

（未完）

农工商局批嘉应商会禀

○商会开办之初，应由地方官体察情形，借给公房一所，以资办公。

部章本有明条，惟该商会借用婴堂为办公之所，词称曾经禀局立案，核卷并无此禀。而赴州具禀，有无奉准，亦未据详晰声叙。究竟该处婴堂，是否果已停废？仰嘉应州迅即查明，禀公妥核办理具报，毋稍偏延，切切。粘抄并发。

兴镇二县姚大令将奉委到任

〇闻实任镇平县郝大令秀南，兴宁县姚大令广誉，均赋闲省垣，况味不堪。昨为周督宪所闻，特传二大令赴辕，面询一切。周督宪察其答述，似不恰意。第观其情状，实属窘苦可怜，因谓二大令，既得补实缺，即着藩司委尔二人到任便是。但莅任办事，务须振刷精神，不可因循贻误。二大令奉谕退出，旋为藩宪传见。藩宪面谕一切，当许悬牌赴任云。

单大令查办嘉应抗庇赌馆案续闻

〇丰顺县单大令梦详，奉委到州查办藉学抗庇赌馆一案，已纪前报。兹闻单大令于十六日到州查卷后，十八早即亲往西阳墟查封赌馆。旋入白宫市查询一切，是晚返州。后传出在押卢文铎，面训一番，即于念一日请曹牧伯释放。是日下午，复传钟焕彬、胡廷嵘、黎启英等，核算抗缴饷项数目。闻俟清算后，即行回潮销差云。

镇平商民请免鸡鸭捐未准

〇善后局为牌示事。案据镇平县商民曾恒德、曾保等禀，以县委出示抽收新铺鸡鸭捐，不知何意。乞援嘉应州鸡鸭免捐例，檄饬示禁等情，当以来禀所称，由司派委查办，究竟有无其事。现在如何办法，移请提学查明录案复局核办去后，兹准移复。镇平县所抽鸡鸭捐，经由司饬据县委查明，系学堂当年经费之大宗，且抽自贩客，与平民无损。应由县与米捐各款，严催遵缴。批行嘉应州饬县遵照办理等由，移复过局。查镇平县鸡鸭，既经提学司查明，核准捐抽，以充学费，系属抽自贩客，与平民无损，自应查照办理。该商等所请示禁，应毋庸议，合行牌示。为此示与该商曾恒德等，即便知照，毋违特示。

镇平麦秋有望

〇镇平农家，皆于冬令种麦，春季收麦，为出产一大宗。去腊天气抗旱，麦苗枯槁，农人大为失望。迨本月初旬，雷雨交作，各处麦苗，复有勃兴之象。将来或有不致失收云。

严惩仙姑惑众

○兴宁近有一王姓妇，自称仙姑，妄言祸福。并煽骗厚资，自建一堂，妇女迷信者极众。现经该处绅董，禀由郑大令，谕派巡长督勇协差，将该堂毁拆，并拘该妇究惩。讵该妇已同其夫闻风先遁，尚未获案云。

兴宁蚕业将兴

○兴宁蚕业，向无人讲求，近年风气稍开，皆知注重实业。始有以种桑育蚕为事者。上月某君由省办回桑秧，各处争相购种。闻去年蚕业家所出，茧丝颇佳，获利亦厚，以故仿办者日见其多云。

派员详查东路防营

○臬宪朱廉访寿镛，查悉东、南、西、北各路巡防等营，多有缺额勇兵，管带官从而侵冒饷项，相率成风。自应札委，前赴各处密查。兹闻东路潮嘉各属防营，已札委刘大令世德，前来详查。并饬该令认真查点，不得稍涉瞻徇云。

镇平学务近情

○镇平近年所设小学堂，多无常款。近又为一般蒙塾师极力煽动，因而解散者不计其数，距城较远之乡尤甚。现学界中人，已拟刊发传单，邀集同人会议，并禀请县主设法整顿云。

大清光绪三十三年丁未二月廿八日　公历一千九百零七年四月十号

续嘉应州禀报学堂包庇欠饷摊馆原文

○仍一面传提欠饷摊馆。而该处学生，以及滥绅，即在学堂鸣鼓摇动，齐出抵拒。尚云与其封摊馆，不如封学堂，声势汹汹。差勇若与争执，必至立酿大祸。只得任其凌辱而回，案悬莫结。且风闻有冒托商会及教育会之一班讼棍，为之声援。散布传单，纠集乡间学堂，亦复联名上控，以为抵制地步。窃思办一欠饷赌馆，尚系遵奉司局批行，该学堂犹敢如此藐抗，其他更可想矣。况经费以及屠捐、房捐等项，皆关奉拨要款。现各处已纷纷效尤，藉学霸抽，控案累积，知州身任地方，责无旁贷。若

509

再一味因循，必至贻误要需，自干咎戾。第权轻力薄，摄服维艰。惟有仰仗德威，恳乞严切批示，俾有遵循。或请作为访闻，饬拿惩办。或请颁发告示严禁。庶末吏下僚，得以有所凭藉，而刁徒劣棍，亦可稍期敛戢矣。

（完）

示谕旅郡埔商捐派学费

○大埔县胡大令出示晓谕，云现据旅郡竹木行董事饶宗瑛、王道平、刘凤翙，柴行董事杨荣光、邓步芳，杂货行董事张维朝、杨邦畿，职员罗保才、张廷辉，暨铁行、铜锡行、淮南行众绅商等禀称，切茶阳合属设书院于郡城，历有年所。一则为兴学计，一则为保商计，法至善也。查潮城土客异音，齐语必求齐传，每年在书院内设蒙塾一所，以便商旅子弟，就近入学。而我埔属商人，有土产来郡销售者，值十派一，以为院费。无土产而在郡业商者，按店派捐。每年在书院内酬神演剧一次，所以联络商情也。当今朝廷迭下明诏，商会学堂，俱为要务。职等履欲奉行，每苦款难筹措。现值师范毕业，校具粗备。萧绅之贞，拟将院中息款，创兴旅学，因学堂不敷，邀集众商酌议，嗣后节省神费，在书院内公立商会分局，即将此款分助学费，使商会学堂，两相难持，以垂久远。然商情虽已允协，窃恐日久弊生，佥请以示晓谕。饬商照旧捐派，一面遵查商会规则，另行禀办外，恳恩准先将具禀各情，移请海阳县主保护。嗣后如有中饱、抗捐等弊，准即指名禀究。庶商会兴，学堂立，一举而二美具焉。商界幸甚，学界幸甚，等情到县。据此，除批揭示，并移海阳县保护外，合行出示晓谕。为此示谕旅郡各绅商人等知悉，尔等务须照旧捐派，毋得顿生异议。倘有违抗，许该董事等前赴海阳县指名具禀，定干严行拘究不贷，各宜凛遵毋违，云云。

攀桂坊又一家族学堂出现

○嘉应东街攀桂坊，黄姓绅耆组织一家族光黄学堂，既于二月初旬开学。日昨禀报州尊，奉曹牧伯批谓：具禀筹设家族小学堂，借桐华书屋为校舍，拟招学生六十名，择日开学等情。洵属热心教育，培植后昆，良堪嘉许。候谕饬劝学所查复，再行立案出示晓谕可也。

畲坑局绅互控吞款

○嘉应畲坑团防局抽收各公款，因未办团防，暂存某当生息。近因数目不符，屡生龃龉，并互相控告。现李椿荣等又禀，奉曹牧伯批谓：尔等既俨然局绅，当应为地方商民排难解纷。似此缠讼不已，何能称职？本应提案一并严予追究，姑宽候札饬捕厅，认真逐款查明，复候核夺。再彼此涉讼，非禀陈公事可比，系须遵式。擅用局戳白禀，特斥。

请颁局戳不准

〇嘉应东厢一堡，原设东屏公局。而所属之书坑，又由李某等设一保卫分局，并在秦前州尊任内，蒙准颁戳。现李因案被逮，匿戳不交。该乡朱锦标等，复具禀请再颁给戳记。随奉曹牧伯批谓：局戳之设，盖以局绅遇有地方公事，须面请地方官核示者，准其用禀加戳递进，以省往返之劳，藉示体恤。州属各堡，皆有公局戳记。至于各堡之约社，如设立保卫分局，以期巡防周密，原无不可。若使各约各社，又复递给戳记，试问成何政体？书坑乡乃东厢堡所属，既有东乡六约东屏局戳，如遇公事，尽可报由东屏局绅转禀，何必另刊一书乡约之戳？非即藉以营私招摇而何？况局绅乃李景春即秀和等数人，其居心更可想见。前州秦任，致被朦领，冯任时虽经饶焕荣等，一再呈请追究，又以到任未久，不及详察，仅只批查。而李景春等，皆身犯重案之人，因是更肆无忌惮。本州正拟密查拿办，并追缴局戳。殊该犯李秀和，现又酿出斗杀重情逮案。讯追局戳，称已遗失。候即谕饬东屏局绅，即将该书乡约保卫分局，酌量撤留。并将李秀和、侯阿福及该贡生之子朱金荣等，互控各案，查明据实禀复核夺，以断讼藤。

禀控渎伦之批词

〇嘉应温春元以渎伦卷逃等情，具控曹牧伯。奉批谓：据控温捷昌与尔媳李氏，奸生一子。查亲属相奸，殊于法纪。惟温捷昌与温李氏，系何服制？至另有温传明通奸，及尔子由洋陆续寄回银元，被伊两人瓜分，有何确据？均未分析声叙，亦属含混。况尔媳与温捷昌等同室居住，平时并不管教，迨因奸生子，方控渎伦，又控席卷。虽非知情故纵，究属疏忽。姑着遵照指饬各节，据实呈复核夺。

大清光绪三十三年丁未二月廿九日　公历一千九百零七年四月十一号

函请州官示谕平籴

〇嘉应旅港绅商，筹款办米回州平籴一节，曾纪前报。兹职商潘承先

等，以议定办法，函请曹牧伯出示晓谕。原函略谓：职商叠接州函报称，天久不雨，旱象已呈，莳插愆期，米价飞涨，兴、长、镇三县闭粜，米源已绝。加以各乡年谷不登，盖藏空虚。平时之所挹注者，专恃潮汕芜湖之米，以为接济。去岁徐淮，灾区甚大，又复禁米出境，是汕米未足为恃。迩者省城四乡旱荒一辙，遂使汕港价益腾贵。各善堂，各行筹款四十余万元，犹恐平粜未足。继以官款。官商分办，运米至省。众议按照市价，不必亏折，但求源源接济，米价自平。不至市面有居奇之虑，复不至商贩思裹足之虞。然其惠不及外府，职商眷怀桑梓，瘠土穷乡，为日久长，隐忧弥切。适谢梦池方伯省亲内渡，向在香港，奉商此事，亦深以荒旱急切，事不容缓。已一面分别飞函驰告南洋富绅张榕轩京堂，张耀轩、姚峻修两观察，梁碧如都转暨吧城商富，肩任救荒。一面由职商急切筹款，在港购米，先行运州，分给松、丙，仿照省章，但求源源接济，米价自平之旨，按照办理。即有亏折，事竣之后，外而南洋，内而香港，由各富绅，共认摊派，以尽义务。粜米之事，由殷实商号，在州则振大、公记、致安堂三号，在松则梁省成号，分头办理。银元亦专责成，商办商捐，出于乐认，不必报销。但刊征信录，分送同志，以省繁冗。惟运米途长，恐不肖船户或有盗窃。州城松丙等地发售，更虑人多拥挤，或致滋事端。务乞公祖大人多派巡警差役，弹压保护。并恳出示晓谕州民，须知运米救荒，出于善举，如兹事端，从重惩办。多缮晓谕，张贴各乡。咸知善举，出自宪恩，实为公便。所有运米回州救灾各缘，专肃具禀，云云。

嘉应侯李命案批词

○嘉应书坑乡侯姓，被李姓纠凶殴毙一案，既登前报。兹将尸亲侯钟氏等禀批，汇录于下：侯钟氏呈批，候照案严缉正凶到案，讯明按办，再延提比。张谢氏呈批，昨据侯钟氏等以伊夫弟侯七，被李秀和即景春，挟恨纠殴毙命，侯四被殴受伤等情呈控。氏夫张阿添，系属被控帮凶。据诉如果情真，一经质讯，虚实立分，何得恃妇出头？据请摘除。此斥。姚德和呈批：查侯阿七尸身，昨经验明，身受九伤；侯四被殴，亦受四伤，非一二人所能致伤。据呈张阿添，被侯阿福挟嫌诬捏，是否属实，应候拘集复讯明确，分别察办。余批张谢氏呈内。粘件附。

点收裁营军装委员到郡

○奉委来潮嘉点收裁营军装之委员沈育之直刺，昨已抵郡，寓于开元寺内巡警总局。

禀请究追山票彩银

〇兴宁县李润璋以买中山票首名，彩银久延不交，恳请究追给领等情，具禀府宪。奉批云：该监生□实买中去年十二月二十六会山票首名，查对号据不错，□□谢教银两，自应由总公司汇交清楚。何至于推延不交，究竟其中有无别项情弊，仰海阳县饬查明确，分别追究给领可也。

七、光绪三十四年

大清光绪三十四年戊申五月十五日　公历一千九百零八年六月十三号

禀控大埔县违谕甄别校员

〇大埔李令考验各学堂校长教习各节，迭志前报。现有该邑举人萧傅霖等，以违谕甄别、变本加厉等由赴学司呈控，奉批据呈悉：传考塾师，经前司通饬各府州县，一律举办。原为整顿私塾起见，至学堂性质，与私塾迥别，其管理教授各员，多出选聘而来。虽未经得有证书，亦应予暂时通融，照常课授，且检定教员一事，未奉定章。岂该令所能仓卒举行。若与传考塾师，并为一事，尤属轻重失宜。据呈各情，仰大埔县迅通饬事宜，妥切办理。将各塾师严加甄别，勿稍瞻徇。其各学堂管理员、教员，除不职及因案随时撤换禀究外，不得擅行传考，致碍教育，切切，呈发保领附。

又大埔县李以各学堂校长，其关系教育，比塾师尤重，似应一律考验，特具禀督院请示办理，张督据禀，当以校长本应慎选于开校之先，即批略谓学堂草创，当时尚少师范毕业人才，滥竽充数者，恐不能免。现在省城师范学堂，已两次毕业，各属亦多先师范讲习所，取才较昔为易。应如何妥定章程，核实整顿，仰广东提学司核议饬遵云。

购拿逆侄

〇埔邑漳溪官晋之□□侄召卿刀伤一案。闻晋之生平正直，乡望素著。本年充当该族广智学堂校员，此次受害，学界大动公愤。集议禀请严办，惟召卿现已在逃，无从拿获。昨特悬重赏缉拿。有报知晋卿下落者赏银二十元；有能捆获者，赏银一百□□元，务获交案惩办，以儆悖恶云。

学堂生插讼之批词

○嘉应州长滩堡，刘芳□之妻刘邱氏，被潘姓殴毙灭匿一案，已登本报。业经邹牧伯复提两造堂讯，廉得潘所供刘族传捉潘□二之□，□种□□抵赖，正在勒潘交尸交凶。讵有□□学堂□邱某，在州□禀插讼奉批，谓：此案提同罗鹏举质讯潘姓，实有领医情事。本州勒令潘錾铭，交尸交凶。自是正当办法，毋庸该学员，代为过虑。

大清光绪三十四年戊申五月廿五日　公历一千九百零八年六月廿三号

城火殃鱼

○松口童子李国荣，前因该处焚毁学堂，误被枪伤，经州验明在案。现职员李巨，以其子受伤危重，赴省呈控。奉提学宪批，查松口高等小学堂被焚一案，经奉督宪特委潮嘉道，亲往督同印委各员，查讯办理在案。该职子李国荣，当时究竟有无在场，附和滋闹。据称受枪伤危重，经州验确，果否属实，仰嘉应州会同委员龙令彻查各情，就近禀明惠潮嘉道，分别拘传讯究，通禀核办，勿稍徇延，切切。状发保领附。

嘉应水南四约弭盗章程（再续）

○一、定号令以昭信守也。四约地方，周围亦有数里，非传锣鸣鼓，不足以通消息。兹议四约中，凡遇有贼盗被盗之家，即鸣乱锣或乱析为号。附近闻者，则相续传锣往捕。其有距离太远，赶赴不及者，即约同壮丁拦截务获，以凭送官究治。如敢拒捕，照例格杀勿论。

一、信赏罚以彰劝惩也。凡人之情，有赏则劝，有罚则惩。凡我四约壮丁，遇有盗贼能出力擒获一名者，由公会给赏花红若干元。获二名三名以至十余名者，照一名数目，以次加赏。被贼伤者，公给药费调治。倘有不测，则由公费赏给恤银若干元。其有事闻警不出，视同膜外者，公议重罚。至于物被夜盗攫去，经众拦住，理合全行交回失主，由公会另行酌赏，不得向失主勒索花红。以杜流弊。

一、选公正以襄办理也。夫事待法而立，法待人而行。办理得人，则事能持久。兹众议公举四约公正二十四人，编定甲乙，每月二人轮管。遇有事故，即知照会友，公词酌议。其有收支各项，事后必开列清单，标明

龙王庙门首，以供众览，并公举管理银钱二人，要期公事公办。人人有经理之责，即人人有监督之权，庶无专制自私之弊。

（完）

大清光绪三十四年戊申五月廿六日　公历一千九百零八年六月廿四号

严查左道惑众

○兴宁郑开府，近因访悉各乡多有棍徒，惑骗妇女，每借斋会为名，设堂聚集，或以神鬼、符术之事引诱人民。种种行为，无非左道骗财之计，扰害治安，莫此为甚。日前派差勇前往各处按乡严查拿办云。

大埔劝学所造报表簿之批词

○大埔劝学所，前造报各种表簿檄县，转申提学司查核，旋奉批回，谓据申已悉，查阅各表簿，尚属明晰。足见该绅董等办理认真。惟学堂一览表，所载监学庶务名目，为小学定章所无，应即通饬各学堂改除。其学籍调查簿，未据呈缴，应转饬该绅董等设法调查，一面由县多方晓谕，督率办理，以为筹设学堂，徐图普及之根据。该所经费报告，并应一律造表转缴呈核勿延。仰即转饬遵照。

札饬禁阻拐卖人口出洋

○嘉应邹直牧昨奉吴观察札云：为札饬事。光绪三十四年四月十六日，奉两广总督部堂张札开，光绪三十四年四月初三日，准民政部咨开，民政司案呈据出使日本国大臣咨称，转据横滨吴总领事仲贤禀称。光绪三十三年十二月初二日，有广东河源县人江桂华到署，禀称被人诱骗下船至此，后乘隙登岸，请咨遣回籍。二十日又有顺天人梁海山到署，禀称为人拐骗经此上岸，恳咨送回籍等语。查此后内地人民，果有为人所骗，希图出洋作工，应请通咨各省，饬所属多方劝论，免致受骗等因。据此查荷属文岛等处，虐待华工，前经本部咨行闽粤督抚查禁在案，兹准前因，再行咨行贵督，转饬各府州县传谕商会善堂，认真劝谕，设法禁阻，以重民生可也，等因到本部堂，准此。查匪徒诱拐人口，转卖出洋，迭经饬行查禁拘究在案。兹准前因，合就札饬，札道即便遵照，督饬所属，并移会该口洋务委员，一体设法认真查禁拿办，仍传谕各商会善堂，随时劝谕禁阻，勿稍惊疎【疏】懈为要，切切等因到道。奉此，除照会汕头洋务委员，认真查禁外，合就札饬，札到该州，即便转行所属，一体设法认真查禁拿办，仍传谕各商会善堂，随时劝谕禁阻。勿稍疎【疏】懈，是为至要。

大埔学事两志

○大埔考试塾师业经揭晓，所有取列优等中等各名，照章准其充当正副教员，已田李大令牌示，着六月二十日来县，听候当堂发给凭照。兹将取定各名，照录如下：

优等八名：饶晋泰、杨光焯、饶轸、罗永桢、饶文光、饶亮臣、黄道开、饶则仪。

中等二十二名：饶蕴辉、张品清、饶梦庚、陈应时、郭祖汾、饶连辉、蔡维新、萧斌、徐洛瑞、吴达时、吴右淇、萧建元、范永桢、郭展南、饶育才、苏驶帆、唐朝龙、饶尊孔、杨尹、曹鸿材、饶铨海、邱功陵。

○又大麻赌捐，由商人何芸晃等承办，计年可得溢利四百余元。近由大麻公学校长曾炳忠，禀请李大令，谕饬该商，将溢利拨充学费。奉批谓大麻赌捐商人何芸晃等，征收赌饷，除缴正饷外，实得溢利四百元有奇。是否除去食用开销，尚有此数。未据声明，候谕饬该商通盘筹划酌量提拨，以维学务，云云。

大清光绪三十四年戊申五月廿七日　公历一千九百零八年六月廿五号

吴观察出巡嘉应情形

○此次惠潮惠道吴观察奉檄出巡嘉应，业经二十一日行抵州城，已志昨报。其随员一为章大令蓬年，一为胡大令廷樟，管带巡防勇者，则为黄朴生贰尹。越日，即悬牌放告，并派章委员收阅呈词。是日至行辕具呈者，极形挤拥，计共收受呈词五十七纸。二十三日，又收受呈词四十四纸。州人好讼，于此可见一班【斑】。兹将连日牌示照录如下：

○为牌示事：照得本道现奉宪檄出巡嘉应，观风察吏。正在此时，全属士庶，本可不拘格式，以期通达民隐。惟此间人情好讼，往往任意诬陷，图告而不图审。自应明定条款，稍示限制。除饬委员遵照外，合行牌示，为此示仰阖属绅民人等知悉。尔等投递呈词，均须照依后开条款，书写状纸，于每日下午三点钟起，五点钟止，赴辕由委员讯明收呈，听候批

示。如不遵依，即行掷还不阅。各咸凛遵，毋违特示。

计开条款：

一、诬告者依律反坐，以赦前事讦告者，即以所告之罪罪之。不由州县告理，及告未审结。妄行越诉者，皆依律治罪。

一、告贪官污吏衙蠹索诈等事，必须开明赃数月日，过付见证。凡非官绅妇女，例不准用抱告者，皆须亲身来辕投递。即照例准用抱告，亦须详知控告情节，方准作抱。以凭委员收呈时，得以查问。

一、不将本案确据实开明，撺拾他事索连首告，并将各衙门批语隐匿不书，及有增减，或隐匿自己姓名、冒写他人名字，或捏造伪名折告者，除不准外，仍提告状人惩处。

一、已结旧案，删抹妆点、妄改年月、希图诳准，或捏称州县不准，及审断未明、不抄本案批谳、图册不准不实者，察出重究。

一、控匪控凶，如有挟嫌诬捏、罗织多人、希图拖累者，除不准外，仍饬地方官查拘原告坐诬。

一、绅衿、妇女、老幼、废疾、无抱告、无歇家、无保家姓名住址以及不开明本人年貌住址者，不准。

一、生监事非切己、辄撺拾地方公事、联名混告者，除不准外，仍照例究惩。

一、不遵本道所定告状时刻，拦舆投递，或词称有案，并不抄粘、或语列副呈不符情节者，概不阅批。

一、委员收呈，不取分文。如有人在外撞骗勒索银钱者，准指名控告，查实按办。

〇又一牌示云：

为牌示事：照得本道出巡嘉应，凡遇控诉案件，一经批准，即派委员提讯，以期从速究结。如何造不到，即属情虚畏审，自当执法以绳，决不稍从宽假。至各造投审之时，凡称诰封职衔贡监，以及学堂毕业生，均须随带凭照，以凭调验。如无凭照，悉属齐民，不得混称各项名目，以杜假冒。合行牌示，为此示仰阖属绅商人等知悉，各宜凛遵云。

留县会审拱案

〇兴宁县郑宗山大令业崇，日昨至州迎接道宪。本拟即行回县，吴观察特留其在州会同州委，审讯案件。现已搬入州署居住矣。

百侯杨氏族学之纠葛

〇大埔百侯杨氏两等小学由杨绅用康等竭力兴办，并请县札派教员课授。乃顽劣绅士杨升期、杨锡文等把持尝款，多方阻挠。近复藉词禀请另举教员续办。奉批谓：禀悉。该族学停办，虽云经费难筹，实则意见不合，以致互相攻讦。现禀杨用康已自辞退，可见益非盘踞。该生等果能另举教员续办，亦可照准。唯校长、教员必须科学明通，宗旨纯正，方为合格。仰即妥慎遴选，查明札派，切实兴办，勿再敷衍塞责，多滋咎戾。切切。

大清光绪三十四年戊申五月廿八日　公历一千九百零八年六月廿六号

主唆拔毁种竹案批候拘究

○埔邑大沙场，兴种竹业。被人拔毁一案，至今尚未拘办。而主谋烂恶饶荣光竟敢借词胁串，一再禀渎。现奉李大令批谓：查乐群学堂禀请收城外沙坝种竹，先奉学宪批准，复由本县出示晓谕在案。如果实有妨碍，何以不先行禀明，乃甫往开种，即有妇女出而拔毁？若无从中唆使，必不敢如此猖獗。迨滋事之后，即据该武生倡率多人，以有碍河流为词，禀请批销。而拔毁一节，意置不理，此中情弊，业已显然。续据彭石生指控该武生主谋庇纵，未始无因。总之有无妨碍，应否裁【栽】种，尚可俯顺舆情，从长计议。惟不先事禀明，听候官断，便即唆使妇人擅行拔毁。似此目无法纪，决难宽恕，应候拘集讯明究办。

兴宁货船覆没

○兴宁近因大雨不止，西城外一带河流，连日盛涨。闻十八有大船一艘，由潮汕载货到兴。货未起完，欲由西岸移船过东，讵被急流冲击。全船覆没，损失货物颇多云。

兴宁戒烟分会开施丸药

○兴宁戒烟分会自设立以来，因筹款为艰，尚未完备，亦未举员办事。惟施送戒烟丸药一项，昨已由该会定期二十日开施。凡有志戒烟者，须先到该会报名，并具店号保单，方准领丸云。

大埔学务杂志

○大埔崧里何氏明德学堂校长曾传经，将该堂报名各表、造册呈县转檄。旋奉学宪批复，谓据申已悉。所填各种表簿，详明无误。惟管理员

表，监学、庶务、会计等员非小学堂所应设。饬遵章改为董事司事，仰即转遵照。此缴，表簿存。

〇埔邑高道学堂开办四年，迄未禀准立案。近由该校长重订章程，并造具表册，禀请转详立案。奉提学宪批谓：禀悉，该堂成立有年，后经该校长蓝绅等，劝导筹集扩充办理，并遵批改去副校长及少年学堂等名目。兴学急公，良堪嘉许。查该校所拟章程，大致尚无不合。惟赏罚规条，应按照定章详细补入。功课考验章程，亦应另立专条，不得附入总则内。应饬该校长等遵照另订。其余均属妥善。如表簿填注，大致详晰。惟生徒太少，每等不足三十名，应设法招添，以图普及。一面准予立案，钤记刊就令发。此缴，章程、表簿存。

大埔县正堂李为谕饬赴领启用事，现奉学宪札开。案查该县岁贡生邱其桢等，创办益智两等小学堂，禀请给发钤记。兹经饬匠刊就，文曰：大埔县银溪乡益智两等小学堂之钤记。除汇案列表钤盖、印花分别详咨外，合就札发。为此札仰该县，即将发去钤记一颗，转发该学堂承领启用具报，设发书字第一千五十号木质钤记一颗等因，到县。奉此，除申复外，合就谕饬，谕到该学堂校长，即便遵照迅速赴领启用。仍将启用日期禀复，以凭察核。毋违特谕。

大清光绪三十四年戊申五月廿九日　公历一千九百零八年六月廿七号

纪会审松口毁学案

〇吴观察于廿四日，札派胡随员廷梓、兴宁县郑大令业崇会同龙委员朝翌、邹直牧增祜，在行辕会审松口毁学案。先传李以衡、梁薪询问，旋提李光敏、李麟七、李阿春、梁麟四、李定初、梁毛二审讯，并提该学堂校长饶真、教员陈肖侨备质。闻供出有焚毁学堂之妇女二口：一为温某之妾某氏，一为梁阿妹之妹李梁氏。而李定初、梁毛二均用刑讯，坚不承认。龙委员等，爰令将李光敏、李麟七、李阿春、梁麟四、李定初、梁毛二六人概行收羁。翌日复讯，拿获梁阿妹一名。据阿妹供系伊鸣锣，其妻妹女均曾到场。因学堂中人毁灭神像，故众皆愤怒。并供出李福嫂一名，词连李光敏。闻官得供后，即诣道宪行辕据实面禀矣。

靛商禀准免重征学费

〇揭邑河婆土产青靛，既在本地抽捐，为兴文两等小学堂常费。突被长乐、兴宁二县重抽，商力不堪。业经商人蔡昌盛等，联叩嘉应州宪。现奉邹牧伯批示：案查该长乐县，先因抽捐永安县过境铁锅学费，奉本道县檄饬，嗣后永安县所出铁锅，即由永安县抽捐，并由该县发给运锅凭照，经过长乐县境，验照放行。其长乐县所抽过境铁锅，应准豁免，以恤商艰等因。业经札饬该县遵照在案。此项揭阳县土产青靛，已于本处缴过学费，事同一律，自应一体豁免。候札兴宁、长乐二县，一体遵照办理可也。粘抄附。

警员辞职

○嘉应巡警局，前由邹直牧札委警察员李君瑞兰，入局襄办事务，并兼任教练所教员，曾纪本报。近闻该局招考巡士，地方青年子弟，愿报名充任者，实属寥寥无几。李君以所招人少，若只就旧有巡士训练，彼等习气太深，恐难收效果。因事关名誉，爰于日昨具禀州主，恳请辞职。未知能否邀准也。

捆送镇平差勇到州

○镇平县曾林氏与曾某氏年前因事涉讼，嗣由族戚处息，呈请销案，未奉该县批准。近有某氏之外氏某甲，复行具呈，该县某令即派差勇拘拿曾林氏，差勇竟将该氏殴伤。有某学堂教员某乙，出而理责，该差又以铁链锁之。因此大动公愤，由其乡众将该差勇十名，概行捆送，廿四晚到州。邹直牧提讯后，将该差六名交差带候，勇四名交勇看守矣。

南口堡学案已结

○南口堡马子湖学堂，与公立两等学堂争款一案，日昨奉道宪派委会州讯结。廿三日堂讯，委员与牧伯判令将所争之款，两学堂均分，两造未遵。嗣于廿五日复讯，再三劝导，均愿具遵了案云。

大清光绪三十四年戊申七月初三日 公历一千九百零八年七月三十号

呈控地基纠葛之批词

○大埔邓黄松与黄以锦及宋某因基地纠葛一案，久未断结。现邓赴省藩臬两司具控，奉藩宪胡批云：查阅粘抄，案经控由惠潮嘉道，批府行县

复讯。据呈前情，候札澄海县，提集两造到案，复讯明确，秉公断结具保。粘抄保领附。又奉臬宪蒋批云：黄以锦售出之地，系在汕头福安街口，土地庙前，是否即该生所指道署前右畔地段，应先勘明，再将契据调核，以分真赝。仰潮州府，即饬澄海县，亲往查勘，传集复讯，核契定断具报，以息争讼。粘抄、保领并发。

大清光绪三十四年戊申七月初四日　公历一千九百零八年七月卅一号

兴宁布商上控主使停染之批示

〇兴宁商董黄彦源，前赴省垣农工商局，具控张象三，主使染工同盟罢业各情。现奉批示：查阅粘抄，县州各批，染工纠众停染，以为胁制之计，皆由讼棍张象三煽惑主使，实属有碍商业，藐法已极。仰兴宁县迅速差拘讼棍张象三到案，提同在押黄成康讯明，从严究办。粘抄、保领并发。

验　伤

〇嘉应东厢堡潮塘乡房姓与叶姓，因争地基起衅。日昨互相殴斗，房某为叶姓殴伤。廿七晚，即以毁炉灭牌控掠等情，呈请邹牧伯验伤，并恳吊放。当经邹牧伯验明伤痕，饬自调医，一面饬差拘讯究办矣。

行革镇平刘庆全札文

〇邹牧伯近奉蒋臬宪文，为饬遵事。光绪三十四年四月十八日，奉两广总督部堂张批，据镇平县申详请将监生刘庆全、刘庆安及徐骏拔、徐朝宝等四名衣顶褫革由，奉批。据详已悉，监生刘庆全即友城，刘庆安即城保，各衣顶均准如详斥革，讯明究办，仰广东按察司会同布政司转饬遵照，并追出监照呈缴送销。至监生徐伯珊即徐骏拔，徐双元即徐朝宝，应候委员查明禀复，再行核办并饬遵照。此缴等因，奉此。并据该县具详到司，除咨藩司一体饬遵外，合就札饬，札到该州，即饬该县遵照，并追出监照缴销。至监生徐伯珊，即徐骏拔，徐双元即徐朝宝，应候委员查明禀复，再行核办，毋违。此札。

高陂窑业近况

〇大埔高陂一带，以窑业为出口大宗。因年来洋货日增，销路阻滞，亏本殆甚。其中惟有改良仿造博古、绿豆青、金边等样，略有起色。闻各窑家，多欲仿照改良，以为挽救地步云。

大清光绪三十四年戊申七月初五日　公历一千九百零八年八月一号

提学宪对于嘉应学案之批词

〇据嘉应州附生张思绾等禀江秉干垄断选举劝学所总董由：批查此案前据江秉干等禀称饶集蓉，决辞不回，请示另行公举劝学所总董等情。当经批州查复在案。现据禀称各节，是否属实，仰嘉应州查明妥定选举章程，并案禀复，以凭核办。仍候督宪牌示。

嘉应州教育会会长卢文骅等禀请给发护照由：批禀悉。该校长谢思诏前往南洋劝募侃毅学堂建筑经费，所请发给护照，向无办过成案，未便照准。仰嘉应州转饬遵照，此檄，禀抄发。

嘉应州教育会员黄槐荫等禀请销去卢文骅不准干预学务字样由：批此案前据该州查明拟议办法通禀，业经奉都宪批行核饬遵照在案。现呈各节，有无饰辩图翻？卢生文骅与黎生元庄因办学争款互控不已，及至派员查办，卢又被控踞钤，屡经批令交出，置若罔闻。本年三月，胡廷荣，忽谓该生辞退董事，时将钤记封存堂中。即使此语果实，学堂钤记，应掌于校长，本于董事无与，何必因辞职自行封存？何以经年秘不一语？此所谓图穷而匕首见也。嗣后争收学费，又复纠众互殴。若谓全曲在黎，言近偏执。卢文骅既辞董事，已无干预学务之心，何必该会员等代为争讼。该州人士，对于卢文骅之状况，附之者半，攻之者亦半。州禀谓卢、黎各有私党，此其明证。案经断定，不容翻异。仰嘉应州转饬遵照可也。禀抄发。

撤任后之镇平县

〇卸镇平县洪太令宣，此次因案撤委，交卸后来潮。闻川资不足，拟令眷口渐留郡垣，伊则先自晋省筹资以便搬眷。兹已于日昨偕其幕友数人抵汕，候有便轮，即行启程云。

府宪牌示照登

〇大埔县江汤氏等批，所呈情节离奇。江新踊坟牌被邹宗祺挖灭，既经其妻江赖氏与族绅江贡桢等迭次赴县呈控，该县尚未讯确，断无凭邹宗

祺一面之词，指为土窖，即饬差往平之理。查阅粘抄，并未将县卷全录。其中显有隐饰，究系如何实情，仰大埔县先行查案禀复。一面饬传两造讯断结报，勿稍偏延。粘抄及县呈保领并发，词无代书戳记，特饬。

道批照登

○兴宁县古树森批，张添妹等果敢挟恨殴掳，殊属不法。被掳之古月龙等既已吊放，并由县移营勒差拘讯。究竟因何起挑衅生事，仰嘉应州即饬兴宁县催营勒差拘传两造人等集讯明确，分别究办具报。粘抄、保领并发。再词讼案件，该生等率用白禀，并不遵用状纸，不合。特饬。

请设发佣公司之批词

○嘉应笃亲公司侯嘉谟等，日前以变□发牙，保商益学，粘缴章程，禀请提学司札州出示晓谕，以资开办等由。现邹牧伯奉到给发，谓前据该□□□兴仁学堂，请提毛鬃捐款，以助学费。当经批饬详察情形，酌核定办，日久未据禀复。现据禀请进口散发，另设牙□，照抽佣银三分，另加卖家牙佣一分，每年可得学费三百元等情。查此项捐款，稍一不慎，即涉苛扰。究竟能否抽收，有无窒碍难行之处，仰嘉应州确切查明，体察情形，禀复核夺。禀粘均抄发。

呈控装伤瞒验批词

○南口堡陈士谦等，以李兆贤装伤瞒验等情，呈奉邹牧伯批谓，昨据李金镛等以伊子兆贤于本月初六日黄昏时候，由书馆回家，被陈阿华□同陈阿进等持械扛殴，呈请验伤前来，业经验明李兆贤伤痕，判候饬传讯办在案。据称李百方等于初六日统率男妇，到山强砍树木，该职等往阻，持械互殴，装伤瞒验等情。既称持械互斗，何以该职等无一人受伤，核词显有不实。余于初七日李金镛呈批示，仰即查照。

大清光绪三十四年戊申七月初七日　公历一千九百零八年八月三号

张督请复设黄冈兴宁两都司折纪要

○潮州黄冈协左右营，原设副将、都司、守备各一员，驻黄冈。其嘉应、兴宁都司、平镇营都司各一员，分驻兴宁、平远。年前绿营裁七留三案内，已裁去黄冈协副将及左营都司。其存留之守备等官，及步守兵一百一十五名，归并饶平营游击管辖。又裁平镇营都司、兴宁营都司，其存留之把总等官，及步守兵查八十四名，归并驻扎嘉应州城之镇标左营游击管辖，均经奏明在案。惟查黄冈逼近海口、当闽粤两省往来冲途，兴宁处镇平、平远等县适中之地，均属扼要。故署潮州总兵黄镇金福，以潮属民气日益浮嚣，党会各匪徒，窥伺煽惑，屡图蠢动。驻防巡缉，虽资防营，然亦不可无绿营官兵，寄作耳目，以为向导侦探之用。上年官缺甫撤，四月即有黄冈之变，寨地不守。借鉴前车，似未便因奏裁在先，废而莫举。详考舆图，审度形势。所有黄冈、兴宁两处，实关紧要。经一再禀请督院，将该两都司缺，一体设回，以专责成而资控制。张督据禀，饬行营务处司道会议，复据详请奏设。张督当即具折，请将黄冈都司、兴宁都司两缺，即行设回。其黄冈都司，拟仍归饶平营游击管辖，并令兼带防营。兴宁都司，仍归镇标左营游击管辖。两都司应支廉俸薪粮草科等银，照旧支给，并谓至如何编配弁兵，即饬由定州镇连同各营，原留三成官兵，通筹酌配，妥为办理云。

报效学费似不应抽及苛细

〇嘉应州务本中学堂监督，前以商人侯秉权请承办毛鬃捐报效学费，禀奉提学司示云：前据职商侯嘉谋，暨兴仁学堂，禀设散发牙行，报效学费，迭经批州查明禀复在案。现据禀称商人侯秉权等，拟承毛鬃捐项，除报效学费一千七百元外，每年报效务本学堂常费三百元。查毛发一项，虽系侯姓一族营业之物，然该族已有数人先后来司争承。且物甚微细，易涉苛扰。即有余利可助学费，亦应先准该族兴仁学堂拨提，始昭平允。究竟此项毛鬃散发，能否抽捐，应归何人承办，仰嘉应州遵照送批，详细查明，体察情形，秉公核饬具复，毋稍偏延，致□纷争。切切。

禀究大沙坝毁坏种竹之府批

〇埔邑大沙坝毁坏种竹一案，由乐群中学绅董据情通禀各大宪严办。现奉府宪批谓：查本案昨据饶荣光等禀道宪批饬查勘，当经转行在案。现呈前情，仰大埔县遵照先今批缴事理，速即查勘明确，秉公办理具报，勿稍泄延。切切。粘抄、保状并发。

督练公所饬追逃兵征费札文

〇嘉应邹直牧近奉两广督练公所文云：为札饬事，光绪三十四年五月

二十日，据学兵营申称，本营辎重队副兵刘锦安假借私行回籍一案，业奉宪批详悉。查该兵刘锦安，假借私行回籍，至七十余日之久。虽非潜逃，亦属咎有应得。今据自首从宽免予监禁，自应递籍追缴征费，以肃军纪。惟远道投首，其情不无可原，姑准取具妥保，勒限五日措交。如果逾期不交，仍即呈明，听候发县递回原籍，勒缴征费，除饬原解排办王汉云押回该营外，仰即传知毋违等因，奉此。管带富即遵照传知，现已逾限，并无妥保，理合派员解送宪处，听候发落等因。据此，查该逃兵刘锦安，于三月内投营，自应照章减等，免予监禁，罚追征费。当经札饬学营勒限具保追缴去后，兹据该营，以无保逾限申送前来，应即递籍追缴，以重军需而符定章。查该兵刘锦安，系嘉应州人，除札饬南海县递解外，合行粘单札饬，札到该州，遵俟递解到州，按照单开银两取保，如数追缴申解归款，毋违。特札。

大清光绪三十四年戊申七月初八日　公历一千九百零八年八月四号

催查僧尼道巫给照领牌

○大埔县正堂李，为札催查复事，案奉□宪札行，饬将县内道巫人等，一律稽查，给照注册，饬缴照费。兴办学校等一案，先经前县分别示谕，札属票差稽查，本县抵任，复经札饬各区劝学员查复在案，迄今日久。□据各区劝学员禀复，合再札催，札到该区劝学员，即便遵照，查明僧道巫觋，共有若干，逐一详细开列姓名住址，禀复赴县。□□核办，毋再迟延，切速特札。

大埔乐群招生

○大埔乐群中学，豫班第一级，已奉学宪批准，考取毕业。兹拟续招新班，以宏造就。其入学章程如左：

一、年龄，十二岁以上，十五岁以下。

二、程度，有初等小学校五年或高等第一年者（由各初等小学选送者），概免考验，予取录。（私塾报考者，须试短论说及简易算题，以定去取）

三、膳费，每月三元，学费免。

四、考期，七月二十日起，二十三日止。

大清光绪三十四年戊申七月初十日　公历一千九百零八年八月六号

大埔县办理大沙坝毁竹案之方针

○大埔大沙坝毁拔竹种一案，经潮州府派委会县查勘，各节已送详前报。兹闻李令办理此案方针，拟将毁抢与栽种分为二层办法：其毁抢一层，即令饶某等，将吴阿杜交出惩办，并酌量赔偿损失；种植一层，应查明该沙坝荒地，有无垦种，学堂经费，有无着落，再行从长议办云。

大清光绪三十四年戊申七月十一日　公历一千九百零八年八月七号

大埔县重申烟禁

○大埔禁烟一事，未见实行。昨李大令再出示复禁云：照得鸦片流毒，为害最烈。迭奉上宪札饬，所有城乡墟市各项开灯烟馆，限于戊申年六月底一律禁止，如违拘案讯究，将铺查封等因。经前县及本县示禁，并札谕札属饬差派差查缉在案。访闻有城乡墟市各开灯烟馆，仍有潜行开设，尚未一律净尽，实属大干例禁。现奉藩宪行，饬再严切示禁，勇役如敢庇纵，定即从重究办等因。奉此，除札巡警局密查外，合再出示严禁。为此示谕合埔诸色人等知悉，尔等须知开灯烟馆，早经出示禁止，如敢私开，铺则查封，人则拘究。办理何等森严，尔等各具资本，各有身家，尽可□营正项生理，何竟甘作不轨，以身试法。自示之后，务实洗心革面，痛改前非。倘再抗违，一经查出，定将该铺查封，拘案究办。各宜凛遵毋违。特示。

悬赏购缉花会

○埔邑花会，久为民害，前由李大令札百侯司及张巡长并移黎家坪汛会拿未获，已志前报，兹据黎家坪汛移复，谓间有四人并非自行关设，已由房户具保，其余抗蛮如故。拟请再派勇会营，严行拿办。一面出示悬赏封禁，并谕绅捆送等情。闻李大令现已出签严拿，一面悬赏购缉，并谕绅捆送云。

遵缴牛皮捐款

○埔邑百侯开设牛皮厂之詹阿集，前因抗捐一事，被张巡长镇邦协差，拿获伊兄詹阿房解案收羁。而詹本饶平籍人，近由饶平劝学员詹培勋出面调处，邀同百侯绅士，劝令将前三个月捐款补缴。嗣后按月缴纳，已立约取结。昨詹培勋至县具保，禀请将詹阿房释放。闻李大令以该商已认遵缴，自应从宽体恤，准予释放云。

其中有无纠葛

○大埔邓景松因地基纠葛一事，缠讼经年，迄未了结。现邓又控奉督宪批云，汕头巡道行署前地段，果系该生税业，契据确凿，黄以锦岂能盗卖。该县又何至以该生之契不足为凭，而勒令将地让与黄姓，其中恐有纠葛别故。查阅粘抄司批，业经饬县复讯。仰广东布政司，即饬澄海县，调契核讯明确，秉公断结具报，勿稍偏延。粘抄、保领并发。

道批汇登

○嘉应廖光嗣批：查阅粘抄，案经批准勘讯，黄镕等何得不候官断，辄将廖姓墙屋拆毁，实属胆玩已极。惟尔廖姓并不遵谕停工，亦有不合。仰嘉应州速往勘明，一面饬差拘传两造人证，调验契据，讯究核断结报，勿任延讼。粘抄、绘图并发。

○大埔张步云批：此案前据武生饶荣光来辕具禀，业经批行查勘，核办在案。据禀该邑城外官荒沙坝，系县禀准拨充学费，由商人彭石生承批种竹，被饶荣光唆使吴阿杜等率令妇女，抢拔一空。砌词妄控，如果不虚，殊为刁狡。查阅粘抄，案经由县拘讯，仰潮州府即饬大埔县，勒差拘传集讯，分别究办具报。粘抄并发。

○兴宁庆祥等批：此案前据该县以该生等事后插讼，藉案讹索等情通禀，是该生等好讼生事，株累无辜，已可概见，自应认真彻究。仰嘉应州即饬兴宁县，勒集案内人证，质讯明确，分别究办。一面催营勒差，严缉本案各逸匪，务获究办，毋稍枉纵泄延。保、状并发。词不遵用，纸式不合，特斥。

○兴宁朱官仁批：据呈情词闪烁，殊欠明晰。查阅粘抄，该民之子朱炽群，业经该县验明，委系受伤后服毒身死，该民何得以罗昭德殴毙混控，实属谎谬。惟朱炽群，因何起衅受伤，服毒身死，自应认真根究。仰嘉应州即饬兴宁县，勒集一干人证质讯实情，分别究办具报，该民不得率请委讯，此斥。粘抄、保领并发。

嘉应州开征屯米示文

〇为开征民屯本折米石事：照得本年应征上下忙地丁折米，业经出示催征完纳在案。所有民屯本折米石，例应按月移解各营，以散给兵粮。现在迭准移催，万难稍事延缓。兹届早稻登场，尤应及早轮纳。本州现择于七月初八日开征，合行出示晓谕. 为此示谕州属民屯垦户人等知悉：尔等即便遵照，速将应纳光绪三十四年分及各年分未完民屯本米，作速完纳，以副文解。如能踊跃急公，首先清完者，本州自当给予奖励。倘敢观望挨延，无论绅士军民，立即差拘比追，决不宽贷。其各凛遵毋违。特示。

嘉应劫案

〇榄潭堡徐仁和，家资殷实，久为贼匪所垂涎。前数年曾被伙劫，失赃甚巨。兹闻月之初四夜，复被强盗多名，涌入行劫。当下事主知觉，开枪抵御，伤贼一名。卒以寡不敌众，反被贼枪伤三人，劫掠财物而去。

商请迁署办公

〇大埔裁决饶平营中军守备署，前由该邑绅士刘家驹等，禀准借为劝学所，并附设教育会之用，已纪前报。嗣因该署尚待修葺，遂为城守邱暂行借住。现初七日教育会开会，各会员拟随后筹款修复，以便劝学所及教育会各员驻所办公。昨已由会长萧之桢，商请邱城守移回城守原署，以便布置一切。闻邱城守颇有恋恋不舍之意，已面请李大令转饬照办云。

不法匪徒准随时禀办

〇嘉应林朝佐等，以匪人调戏妇女、强掠首饰等情，赴州具禀。奉批谓：据禀，梦子坝附近岭下，匪人三五成群，藉管山为名，藏匿山寮，调戏妇女、强掠首饰等情。据如非虚，实属不法已极。应准如禀，随时禀报缉办。至所请由该职等侦缉捆送之处，万一办理不善，难保不别酿事端，该职等其细思之。

批饬查追欠粮

〇兴宁县陈善霖，以陈应姚欠粮等情，赴州呈控。现奉批谓，查阅粘抄县批，因该监生五月续控陈瑞姐匿税呈词，未将二月控呈叙入，朦准差

529

传。批饬将案注销，系为严惩好讼起见，乃该监生并不遵批息讼，辄行来州上控，尤屡刁健。惟词称仓科册单，应姚丁欠粮六年一节，究竟陈兴全户欠粮，实应何人完纳，是否陈应姚名下未完之粮，仰兴宁县即饬该管理承查明的丁名姓，分别究追具报。粘抄、保领并发。

大清光绪三十四年戊申七月十二日　公历一千九百零八年八月八号

兴宁令悬赏购拿张贴匿名揭帖者

〇兴宁郑大令奉饬回阳春县本任，交卸在即。忽近日各街衢中，贴有匿名揭帖，任意毁谤，郑令不胜其愤，特于日前，出示悬赏购拿。略谓：照得西河背私开墟场，案内革生陈善箴捏造哀兴宁文，禀奉大宪悬赏购拿，银封储库；又永和墟毁拆墟亭，张姓棍徒捏造兴宁弊政，均经禀拘。现贴街内，竟有刻木板匿名揭帖，捏造西河背私开墟场及永和墟毁拆墟亭等案，赃款多条，任意毁谤，自系革生陈善箴及永和墟张姓刁棍人等所为，阴险已极。除申报各大宪及签派差勇查拿外，合亟悬赏购拿。为此赏格，仰县属诸色人等知悉：无论何人，如能拿获陈善箴者，赏银三百大元；此次刻板匿名揭帖首谋造意者，赏银二百大元；刻板人、代贴人均赏银五十大元。如系引线差勇往拿到，引线得半，差勇得半。银封储库，犯到讯实即给云。

大埔教育会开会选举总董

〇埔邑教育会初七日开特别会，裁决案件，并选举劝学总董。至者百余人，先将教育会提出议案，先行议决。即请管学官监举劝学总董，并劝学员调查各员。当经举定萧君剑芦为总董。原呈由管学官转详札派，并举定劝学员三人，调查员三人。每人年酬给薪水一百八十元，以专责成，不得兼任他务。兹将是日会议案录左：

（一）会地。已借定守府裁署，如何设法筹款修建，请公定。

（二）会费。开办费如何劝捐，常年费除会员常年捐助会金外，如何设法筹集，请公定（前正月所议各教员以脩金百分之三补助会款，虽由多数认决，按照情形，似属未便照行。各会员于地方公欵有可筹者，请献议）

（三）管务。（甲）教育研究报总纂及分任攥述人，或由选举，或由会员自认，请公定。（乙）宣讲所陈设几处，请公定。（丙）传习所应否举办，请公定。

（四）赋薪。除书记、会计遵章由会长就会员中自行择聘外，其余评议及调查各员，已于第二次会议时，举定存案。但调查员原额十八员，尽给薪水，势有不能，不给薪水，则枵腹办公，实难持久。兹议减为三员，酌定薪水，以专责成。其选举之法，或就原十八员中选举，或合全体会员选举，及薪水应如何酌给，请公定。

（五）宣讲员。或由调查兼充，或由附近学堂之教员管理员兼充，应给薪水与否，请公定。

（六）应议各件。一选举劝学所总董章程，二劝学员职务，三总董劝学员薪水及夫马。

乐群学堂毕业之批词

○埔邑乐群中学，禀请举行预班毕业考试。奉学宪批：禀悉。据称该堂预科甲班生钟振朝、邓芝、杨辉亘、饶汉、谢思五名，于光绪三十年入堂修业。嗣由高等小学班，改入中学预班，计期核算。至今年上学期终，可以毕业等情。查该堂自开办以来，已历数年。从前各学生，或投省城各学堂，或半途退学，纷纷不一。唯钟振朝等五名，始终在堂修业，坚心不懈，诚属难得。所有该学堂中学预科生钟振朝等五名，应予照准毕业，由该县劝学所总董，定期会该堂各员，举行毕业考试，一体升入中学本科肄业，以资深造。唯所请将各该生照高等小学毕业奖励一节，查该堂开办之始，章程尚未画一，课授亦无定本。嗣办中学，虽经增章改订，然以前教授细目及课本，并未呈核，其功课能否完足，不得而知。就现缴第八学期教授细目□详□课□未及仪礼、修身、国文教科书，尚未毕授，地理、历史、格致各书课授，均有欠缺，似与高等小学完全毕业者，不无稍殊。再查中学预科请奖，经前司于直辖嘉应州务本中学堂案内，详咨学部，尚未奉复。该学堂请奖之处，自应候奉到部，复后另案酌核办理。再该预科甲班，历年成绩表，开列亦有参差。行检分数，既遵复新章，并修身合计，即第一学年，亦应照办，方昭一律。高等小学，不必习外国文，去年既未课英文，则前三年所课英文，亦可作为随意科，无庸列在表内。旷课自堂，扣学成绩五分。至劝学如何计分，定章并无明文，似以加入修身科合计为妥，无须另列。且前两年，未计劝学分，后两年忽计劝学分，亦嫌杂乱。各班成绩表，均当照此办理。学务报告各表簿，填注尚明晰，经费报告，照列亦详核，应由县核销。至核校开办经费表，及第一至第七学期常

费表，未据呈核，应即遵式补缴，以便汇核。其本科甲班、预科乙班各教授细目表，另候详核。仰大埔县速行转饬遵照具报，勿延。禀抄发，表簿存。

大清光绪三十四年戊申七月十四日　公历一千九百零八年八月十号

禀摘命案牵累之批示

○兴宁朱官仁，呈报命案，牵扯无辜多名。昨经商会、巡警、劝学所等各绅董，以罗茂古四名，委系无辜波累，恳请摘除。当奉郑大令批谓：该绅等均有保学护商之实，据禀前情，邑俗藉命择噬善良，以致倾家荡产，实堪痛恨。着即传谕罗茂古，另具投保状到堂。传同尸亲讯明，追出讼棍，治以诬告之罪。即以此案永为定章，通禀大宪立案，立碑头门严禁，以保善良而挽恶习可也。

兴宁兴民学堂举行毕业礼

○兴宁兴民学堂，近因奉到提学宪，核准举办毕业，照章奖励。经管学官郑大令亲诣该堂，会同劝学所长暨校员等，带领该生谒圣，行奖励毕业礼。是日绅学各界，赴贺者异常热闹，俱觉尽欢而散云。

大清光绪三十四年戊申七月十五日　公历一千九百零八年八月十一号

嘉应烟馆之闭歇

○嘉应邹牧伯近日对于禁烟一事，不遗余力，密派差勇，查拿开灯供客烟馆。各烟馆之被查封拘究者，时有所闻，故各膏店业主，莫不心怀恐惧，不肯再将铺屋仍行租税。现附城烟馆闭歇者，已不下数十间云。

抢劫赌馆

○嘉应畲坑墟河唇街，赌馆林立。月旬该墟演剧，游人众多，良莠毕集。某夜，竟有匪徒数十人，各持枪械，蜂拥入街，抢去赌馆两间。闻所失甚巨云。

控拐呈批

○嘉应许占元以其子被拐等情，赴州具呈。奉批谓：该监生之子炎秀，出街被拐，既在松口分水寻获，询明卖在玉水乡张姓，是张姓之留养炎秀，系由拐匪卖来。当日张辅裳，勒向该监生交还身价。该监生交十元，余银立单。何以期限未到，而张辅裳遽行纠众，将炎秀抢去。既经邻里周知，何无一人出头向阻。核词恐有不实不尽，究竟其中如何实情，应候饬差查起禀复。一面严拘陈玉五到案，传同张辅裳及该监生等，讯明确情，分别究追给领。粘抄姑附。

批饬逞刁好讼

○兴宁县陈文雁与罗献模等，因争店屋涉讼，日昨陈文雁赴州具呈。奉批卷查本案，先据县禀，该监生僻匿不到，遣抱饬卸等情，现据罗献模等亦以伊祖金淑等于咸丰八年将县城后街店屋，典与陈雨生为业，契载典后五十年收赎。上年三月备价向赎，该监生陈阿桂即文离背抗图夺，不诉不质等情，具控来前。是该监生情虚畏究，图告不审，已可概见，属实逞刁好讼。仰兴宁县迅即勒差传集，两造调契讯明分别核断，毋任讼延。粘抄、保领并发。

大埔县劝学所选举总董章程

○ 第一条 每票只举一人，多举作废。

第二条 凡所投之票，须以本日所发之票为据，否则作废。

第三条 凡被举者须得全体票数之半，方为及格。

第四条 凡被选若无得全体票数之半者，须将前四名再举。惟原选举人不得再举原被选举人。一如甲、乙、丙、丁四名，前举甲者，第二次即不能再举甲，只得举乙丙丁。

第五条 被选人如第一名将及票数之半，而第二名以下，又不及四分之一，即将第一名决议。

第六条 开票后，如第五名与第四名所占之票数同，即与前四名一体再举。以下类推。

第七条 第一名被选举人，如不愿就职，即将第二名被选举人接充。以下类推。

第八条 凡被选举人已到会者，如不愿就职，应即当众声明。未到会者，须由书记函知，俟回信愿就后，即行照会入所。

第九条 凡选举人必亲自到会，而又合后开之资格者：（甲）办学绅董；（乙）各学堂教员管理员；（丙）各区劝学员；（丁）毕业学生。

第十条 凡有选举资格者，无论到会不到会，皆得被选。

第十一条 凡到会者，须到会场招待所，亲自填册领票。

大清光绪三十四年戊申七月十七日　公历一千九百零八年八月十三号

邹直牧示期考选师范生

〇州正堂邹为牌示事：照得东山师范学堂，本年改办完全师范，附设高等小学，迭奉提学宪批行督率认真办理在案。现在暑假，瞬将届满，所有上学期录取入堂肄业学生，亟应早日回堂上课，免至旷废光阴。至上学期缺额甚多，仍拟广招生徒，以宏教育。前张监督禀请下学期办法，业经本州批准，自应一体遵照办理。为此示谕各生等知悉：凡有由各学堂申送愿入该学堂肄业者，该文件迅速缴送该学堂照验，即准报名填册。除上学期师范生暨附属高等小学生，本月十七日，即须一律回堂上课外，所有远乡外县申送学生，本州准于本月二十日亲临考选，届时毋得观望自误。切切，毋违。特示。

盗而且奸耶

〇嘉应黄竹阳彭姓，一屋数人，傍山独居。前夜有匪数十人，蜂拥入室，将男妇人等概行捆禁。首饰银物衣服，搜掠净尽，并将各妇人身穿衫裤，褪至赤身裸体。所有少妇，悉奸污之，然后从容而去。闻该事主，既呈报州署，请缉究追矣。

拿获抗捐烂匪

〇埔邑县城牛只牙用，归商承办，经由县通禀立案。日昨有烂匪谢阿顺、傅天生二人，恃蛮阻挠，抢夺票单，吞收中用。甚且多方煽惑，从旁喝打。巡勇上前干涉，反被扭辱。该商人张某，据情禀请究办，旋由李大令票差拘拿。十二日在该商场，已将傅天生拿获解案，审讯惩办云。

大清光绪三十四年戊申七月十八日　公历一千九百零八年八月十四号

府批照登

〇大埔刘鸿时等批：卷查张孚等讯非此案正盗，已由该前县胡令，交保省释。现在时逾两年，何得复请缉办。仰大埔县移饬兵差，查拿本案真盗，务获究报，无稍玩纵，切切。保领并发。

未毕业学生不准越校

〇嘉应官立中学堂，具禀邹管学谓，现在假期将满，学生应一律回堂上课，不得投考他校。奉邹牧伯批：据禀已悉。未毕业学生，既奉提学宪颁发章程，不准投考他校。所有东山师范学堂，禀请招考中学预科生一节，核与章程不符，应准如禀停止。嗣后在学堂生如有无故退学，或投考他校者，照章程赔偿学费，以示限制。仰即传谕各学生知之。

劫　案

〇嘉应萧炳鼎，日昨以明火强劫事，赴州呈报。现奉批谓：贼匪明火持械，捆禁事主，恃强行劫，实属目无法纪，候即移行饬差查缉。本案真赃正贼，务获讯明究追。失单并保领附。

诬控自应反坐

〇兴宁县罗云章以罗观芳等背尸诬控等情，赴州具呈。现奉批谓：挖他人尸骨，指为罗官福尸骸，诬控该监生等殴毙，亟应从严究诬，以儆刁告而安良善。查阅粘抄，案经该县将罗佛保等收押。仰兴宁县迅即比差勒限，严拘罗观芳到案。传集该监生等提同质讯明确，分别究坐惩办，毋任匿延。粘抄保并领发。

大清光绪三十四年戊申七月十九日　公历一千九百零八年八月十五号

平远县开缺

〇平远县谭和伯大令抵任二载，近因镇平洪令撤任，奉吴观察札委兼

理镇平篆。本月初八日交卸事务，即回平远本任，乃忽染重病，遽于初九夜出缺。邹牧伯日昨接到禀报，当经转禀道宪，请先行委员代理矣。

谣言阻学之可恶

〇大埔在城绅士类皆顽固仇视学界者多，屡次造谣煽惑，冀遂破坏。近因张君六士，奉委出视学务，深恐遇事干涉。近日复造作谣言，谓张君业经撤差，道听途说，几有市虎之概。然此种谣言，究竟于张名誉何损，不过自成为小人已耳。

大埔乡土志将出世

〇大埔乡土历史，前由县谕饬邝君黻廷担任编篆【纂】，近日告成，行将缮备□中缴提学司察核通行。闻其内容，华藻纷技，论者谓恐不合小学之用云。

劫匪正法

〇嘉应墟客钟阿鼎，前在镇平县三圳墟，被匪拦途抢劫一案。嗣由前镇平县，缉获匪徒李亚远一名，讯实取具确供，解州监禁，由州通详大宪核办。兹邹牧伯奉到大宪批回，即于十四日，将劫匪李亚远一名，斩首示众矣。

斋妇被劫

〇大埔平沙甲，有保福堂者，地处幽僻，景致清幽，有斋妇住居其中，供奉佛缘。近有松口某氏妇，至彼修斋，邻近妇女，多为诱惑。遇有会期，至者数百人，以此蓄积颇丰，为匪侦悉。遂于某夜撞门行劫，所有银物，一切均为劫掠，即身上之首饰，亦被剥削尽净。最后因手钏不能脱，竟以刀断其臂取之而去，盖亦忍矣。

验伤汇志

〇泗都堡温某氏，因盖建房屋事，与邻人赖姓纠葛，以致互相殴打。十二日，温某氏即抬至州署验伤。嗣闻赖幸氏、赖阿新、赖阿静，亦于翌日赴州报验。惟闻幸氏伤痕较他为重云。

〇又周塘罗姓与潮碓下陈姓，因妇女口角，日昨大相滋闹。十四日，罗姓则以被陈殴伤，赴州呈验。陈姓则以被罗掳捉，呈请起拘云。

〇又定子桥余子烺，因建造房屋，与其族众迭相殴控，迄未了结。兹于日昨复相斗，其族众被伤者一人，余子烺则一家数人，均受凶伤，两造俱于十四日赴州报验矣。

呈控装伤抢荒之批词

〇嘉应侯李氏，以徐黄氏串卖其夫妾钟氏，复装伤抢荒等情，赴州具呈。现奉批谓：昨据徐黄氏以伊于本月十二日，往新市陈华兴店领银。黄昏时候，路经白渡堡炭山深坑里地方，被古和晶、张阿水持刀赶殴，抢去洋银首饰等情，来州呈请验伤。业经验明伤痕，填单饬医，并饬差传讯在案。词称该氏夫妾钟氏，于本年四月逃走，经张毓山即阿水，探知被徐黄氏即阿满，串同谢阿喜等带往松源嫁卖。经该氏邀同张毓珊、古和昌，与徐黄氏追论，扭住徐黄氏，路过李阿华门首，被李阿华拦阻求处。当请下牛图局绅叶雨庵处办赔偿身价银一百二十，首饰银五十元，酒席银二十元。徐黄氏即交李阿华担保，订限本月十八交银等情。如果徐黄氏实有拐贩钟氏情事，既经绅处赔偿银，胆敢听唆叛处，装伤抢荒，实属恃妇逞刁。惟词出一面，恐有不实不尽，应候催差传集讯明，分别究断。保领附。

大清光绪三十四年戊申七月廿一日　公历一千九百零八年八月十七号

筹学费者须顾商情

〇嘉应商人陈叔盛等认缴学费，具禀农工商局。奉批：查阅粘抄，赤竹凸灰窑前捐办团经费，以七成筹瑶上堡，以三成归南口堡，经该前州关牧批判遵办有案。嗣因瑶上堡公学，请将团经费移作学费。该前州曹牧仍照从前办法，饬该商等分别遵缴，作为瑶上、南口两公学常费，办理不为不是，惟学费固宜措筹，商情亦应体恤。现按呈称，既经认缴东山师范，及马子湖两处学费，而瑶上、南口两堡学堂，能否再抽，仰嘉应州迅即饬传集讯，秉公酌断具报，毋徒延押滋累。

出洋劝捐学费

〇埔邑大麻公立学堂，系郭君镇章等创办。一切经费，至今尚无着落，校长曾上舍炳忠，恐难支持。因自备资斧，前往南洋各埠，向同乡绅商募捐学费，以为常款。闻已于十九日展轮南渡云。

大清光绪三十四年戊申七月廿二日　公历一千九百零八年八月十八号

新任县令到汕消息

○日昨省垣递来官场消息，新任兴宁县茹大令欲可，定期二十由省启程，搭广生轮船抵汕，以便前往任所。潮阳县崔大令炳炎，则定期廿四由港搭海坛轮船来汕，赶即赴新云。

提学宪对于抢拔种竹案之批词

○大埔县乐群中学堂董事张步云等，控抢拔种竹由，奉提学司批：此案前据视学员张龙云电禀，业经王前署司电饬该县，查明惩办在案。察阅粘抄，已由县拘讯。究竟沙坝种竹，是否有碍沙流；潮水暴涨，有无壅遏为害。卷查该学堂具禀，请拨沙坝官荒种竹以裕学费，事历三年。如果有害民居，何以迄无一人禀诉，何至待至吴阿杜纠率妇女拔抢之后，始由饶荣光始行具控，细按不能无疑。总之水塌为民命所关，学费亦教育所系，二者不能稍存偏执。既称已赴督辕暨农工商局、惠潮嘉道具禀，仰潮州府转饬大埔县查勘明确，并将滋事之吴阿杜拘案讯明，拟议办法，通禀察核。禀粘均抄发。

严拿毁谤官绅之揭帖

○兴宁县已革绅士陈善箴，因在县与各绅争墟阻学，经地方官详请斥革缉拿究办。讵该绅潜行来省，遍张揭帖，信口毁官，旋为该邑绅侦知具禀大吏，分饬南、番二县及各段巡官，一体严拿该革绅，务获后解归案讯办。

谕饬学堂毕业文凭由印刷处承印

○嘉应邹牧伯，昨谕饬各学堂云：光绪三十四年六月十四日，奉署广东提学使司王札开，现据学务公所印刷处委员王勋禀称，窃查各学堂毕业文凭定式，现尚未奉学部颁行，而省中各学堂所发毕业文凭，有向商店排印者，有向本处代印者，形式参差，似不足以齐一致。现由本处拟就文凭式样，取坚韧厚洁洋纸，先用点石法三色影印，四团环绕描金云龙，其文内事由、分数等第各项，俟后再用铅字活版套印。意取庄严璀璨，以昭郑重。今将该文凭式样，呈请宪台察核，拟请通札直辖各学堂暨各县，转饬劝学所，如有学堂毕业文凭，均交由本处承印，以归划一。每张拟取回工料银四角，若印多数，量予酌减，是否有当，敬乞批示只遵等情。据此当批：禀悉，所拟文凭式样，尚属妥协合用，仰候札饬各直辖学堂暨各州县。如有学堂毕业文凭，均由该处承印可也。此缴文凭式样存等因在案，合就札饬，札到该州，即便转饬所属劝学所暨各学堂，一体遵照毋达等，到州。奉此，除谕劝学所遵照外，合行谕饬，谕到该学堂，即便一体遵照毋违。特谕。

大清光绪三十四年戊申七月廿三日　公历一千九百零八年八月十九号

铁匠再收羁所之原因

○饶平训勇诬指铁匠陈亚色（即大埔人）私造军器，拿获解县惩办。经单大令提讯不确，交保领释在案，曾纪昨报。兹悉该匠释放后，查失物件甚伙，经即呈请追还。单大令以事属荒谬，其中必有讼棍教唆，另将该铁匠收羁，以儆刁讼云。

呈控毁挖坟骸之不实

○嘉应陈阿圆以毁挖坟骸事，呈奉州尊批云：现据附贡李潞涛、地约李壬记，各以该民等呈控胡锦华等毁挖坟骸一节，当日并无伊等在场目击等情，分禀前来。可知该民等原控情词，诸多不实，案经饬差确查。应候差查禀复到日，再行核明办理。结姑附。

呈控风围树木被盗

○嘉应林文香，以风围树木被盗事，赴州呈控。奉邹牧伯批谓：温铭香果于上年八月，有迭盗该监生等风围树木情事，当时既未呈控有案，显因温铭香呈控林六古形迹可疑，饬词搪抵，殊不足信。且现据邹德尧等，以何铭超等联呈，背列伊等名姓，妄图洗刷等情，具禀前来，可知联呈亦难凭信。仰候催营勒差严缉本案真正赃贼，务获讯究，一面饬传林六古等到案，讯明实情，分别正诬察办。

验　伤

○嘉应大塘面廖、古两姓，比邻而居。本月望日，因细故口角起衅，

竟至纠众互殴，彼此均有受伤。十五夜，古姓，已有三人，抬赴州署请验。十六日，廖姓，亦抬三人赴州报验。均请邹牧伯验明，分别饬差传讯究办矣。

大清光绪三十四年戊申七月廿四日　公历一千九百零八年八月二十号

谕饬填报农田林业表

○日昨嘉应保安局暨中学堂员绅，奉到邹直牧谕云：为谕饬遵照事。光绪三十四年四月初九日，奉农工商总局宪札开。光绪三十四年二月二十日，奉两广总督部堂张牌开。光绪三十四年二月十六日，准农工商部咨。案查上年十月间，本部钦遵懿旨，设立统计处，业经按照职掌事宜，拟定总分各表式，咨送宪政编查馆核复在案，正检查档册卷宗，陆续编填。所有应行编订之件，如农田、林业、丝业、棉业、茶业、畜牧渔业、工艺各事宜，未准各省咨报完备，亟应详晰调查，以便汇编统计各表。现在各省，次第设立调查局，本为举办统计起见，饬即按照本部所订表式，分别填报到部，以凭核办。除分行外，相应刷印表式，咨行贵督查照，饬属办理可也。附表式八件等因到本部堂，准此，合就檄行。为此牌仰该局照依部咨各事宜，即便遵照，并将发来表式八张，立即饬匠照式分别刊刷，移行所属各府厅州县，分别填报，由局汇案详请咨复核办，仍将发来表式八张办毕，缴回备案毋违。计发表式八张等因，奉此。遵即将奉发表式八张，饬匠照式分别刊刷去后。兹据呈缴前来，除分别移行查照填报，由局汇案详请咨覆，及将奉发表式八张，呈缴督宪察收外，合就札饬，札州即便饬属一体遵照札内事理，即将发来表式八张，分别填报禀缴本局，以凭汇案详请咨复核办，仍将奉文日期，先行报查毋违，计发表式八张等因到州。奉此，合就谕饬，谕到该绅等，即便遵照札内事理，即将发来表式一样八张，分别填报禀缴赴州，以凭核办。切切，特谕。

大清光绪三十四年戊申七月廿五日　公历一千九百零八年八月廿一号

饬中学堂填预算表报部备考之谕文

○嘉应州正堂邹，为谕饬事。光绪三十四年六月十四日，奉署广东提学使司王札开；光绪三十四年三月十四日，案奉督部堂札开；光绪三十四年三月十一日，准学部蒸电内开。本部署后，在京师开办优级完全师范学堂，拟考选各处完全中学或完全初等师范以及高等学堂，比照中学各项毕业生，年在二十岁以上，二十八岁以下者，入堂肄业。本堂功课，定为公共科一年，本科三年。贵省现时此项合格学生，能送者若干人，希即于月内电复。其在今年上学期及明年上学期毕业者，即饬提学司分别造册报部备考等由，到本部堂准此。合就札饬札到司该即便遵照，查明本省现时学生能送者若干名，先行详请电复。一面遵电将今明年上学期毕业生，分别造册，详候报部，均毋逾延，切切等因。奉此，当经由司将本省现经开办优级师范公共科所有部开各项毕业生，经已选入肄业，此外无可选送各情，详请电复学部，查照在案。至本年上学期及明年上学期，所有本省中学堂初级完全师范学堂，并比照中学堂之高等预科各项毕业生徒，自应分别查明，列册禀报。惟此项报告，应以各学堂历缴清册为凭。司署现查上项各种学堂学期册报，未能一律齐全，所有各学堂开办时收录之学生，或中途送考他校，或别缘事故出堂，期间随时插班，递年升级，以及陆续新招各生，或则尚未缴报，或则零绩缴呈，不便统计，应即速由各该学堂就现有生徒，计其入学期，将十学期通算。现居何级应至某学毕业，并开明年岁籍属，分别列表。如系中途到校，配入相当学级者，并应详晰叙明。其成立未久之学堂，一时虽尚无毕业生徒，亦应遵造此项预算表册，俾有稽考。现在由司拟定表式一纸，随文印发，转交该堂查照，核实预算，详晰开列。限于文到十日内一律填齐，备文报告到司，以便汇同统计，具册报部查核。合行札饬，札到该州即便转饬所辖中学堂，速照办理，切切勿延。计发表式二纸等因，到州。奉此，合就谕饬，谕到该堂即便速照办理，毋延切切，特谕。计发表式一纸。

大清光绪三十四年戊申七月廿六日　公历一千九百零八年八月廿二号

饬将族立自治钤记一律缴销

〇嘉属州属，各大姓倡立之自治会，经惠潮嘉道电准大吏饬令解散，以免流弊。现李姓绅耆，已将所领之钤记呈官缴销。唯尚多未呈缴者，藩学臬二司即会饬嘉应州查案，将应缴钤记，一律勒缴。并选绅速将地方自治及警察各事，赶紧办理，毋得违延云。

541

集议劝捐赈款

○嘉应广济善堂暨三十六行商，近日发传单云：启者，我粤东此次西北江水灾，自庆肇而下，均遭巨浸。南海、清远、花县三水，受害尤巨，崩坍基围，漂没庐舍，淹毙同胞无数。现灾黎失所，嗷嗷待哺者不下百余万人，闻之实堪酸楚。先由省中各绅商，在广仁善堂设一救灾公所筹助，后由七十二行商九善堂分筹赈济。内地各埠及汕、港、南洋等处，所有同胞，设法协助，热心赈济，救灾恤邻，具有同情。兹三十六行商及本善堂，准于本月二十日三点钟，在广济善堂开会集议，先行公举劝捐人员，分劝富绅股商，仁人善士，题款助赈。凡我同胞，务祈各尽义务，踊跃贲临，到堂会议，无任翘企，谨此布闻。

岂真戒烟不如死耶

○嘉应西街某茂才之子，素吸鸦片。茂才庭调綦严，近来限令其子，将烟戒绝。其子竟于日昨，投上市桥头井内而死。阅二三日，尸浮水面，汲水人见之，惊传远近，而钟茂才始悉。夫朝廷禁烟，故茂才以之禁其子，乃其子以不能戒之故，而以死殉之。于此知烟之毒人深，于此知烟之尤当禁。

刘大令对于劝学总董之批词

○镇平绅士陈新宇等，联控劝学所总董于新任镇平县刘大令。蒙批云：察阅监生等，前经禀控该总董监督钟绅应熙滥开公款，包揽词讼事，以及妇女到所索取嫖债，种种劣迹，对于学界中声名之卑劣，已属不堪言状。况劝学所为一邑学界之机关，本不容腐败者盘踞其间。如该绅果有前项情事，理应自行检举，具禀告退。若俟查实，禀请撤换，恐当局尤不雅观。现在本县下车伊始，于该绅之品行，沿途稍有所闻，复据尔等联名迭禀，是否属实，尚未详查明确，似未便勒令辞退，致坏该绅名誉。应候严密调查，选举得人，再行详请提学宪示饬遵办，以昭公允，着并遵照。

埔邑学务两则

○埔邑郑其桢前在郡经商，负欠张际时二百余元。张迭次向伊追取，终不肯偿，乃将此款交出茶阳旅小学堂，以充学费。经由该堂校员，据情禀请李大令追收。闻近日已将郑其桢差传到案，行将讯办追缴云。

○埔邑劝学所大堂倾斜，决议捐资修建。昨由李大令致函与张绅秩卿，劝令捐助。张绅当即题助洋银二百元，以资建筑。

大清光绪三十四年戊申七月廿八日　公历一千九百零八年八月廿四号

嘉应官场纪事

○代理兴宁县水口分司李甸之巡检，于昨日卸事，廿一日回抵州城，不日即行晋省。嘉应州儒学正堂陈鲲池广文学海，现兼理兴宁县学，既于日昨前赴兴宁接篆。

书役之伎俩

○埔邑各房书差役，往往受人贿托，将案情先行通报。近有小靖张某甲与某乙争讼，批饬拘讯。查房书即乘夜着人往令走避，并令备金托人送与原差，嘱伊勿往云。

竟有恃蛮殴勇之船户

○埔邑青峰下柴商饶某，被船主魏某将柴私卖，既志昨报。兹闻饶某以此事与商务大有关系，谒商会局董，请代为理处。嗣由局内派勇丁四名，由警局派巡勇二名，先往追究，与魏某担保之某船主。讵料该船主恃其横蛮，协同伙伴，将勇丁痛殴。现商会局正拟设法禀究云。

有无奸匪

○嘉应李世国以李振芳控其奸拐，日昨赴州具呈诉辨。现奉批云：昨据李振芳以伊妻叶氏被李阿让奸拐藏匿李玉合店，投论坚匿等情，来州具呈。业批饬差查起传讯在词，核与所诉情节，大相径庭。究竟该职有无藏匿李叶氏情事，应候饬差查明李叶氏下落，起出禀复，一面传讯察究。保领附。

大清光绪三十四年戊申七月廿九日　公历一千九百零八年八月廿五号

查办镇平县劝学总董

○镇平县留学东洋学生邮函大吏云，该县劝学所总董钟应熙，藉学渔

利，干涉讼事，罗织构陷各节。大吏已饬嘉应州即饬镇平县切实查明，另行选举接充，以维学务，并将查办情形，禀复察夺。

镇平商民对于谭故令之感情

○平远谭大令其文奉委兼理镇平，到任未久，政体违和，犹力疾视事。讯释洪令酷押无辜邱贾森、船户张阿八等，并揭拖累所封各店。凡批呈词，悉秉公允。虽莅镇仅廿日，而商民悦服，有口皆碑。闻镇平商会曾制堂额牌缴送往平远，以志爱戴。惜回平远后，遽即逝世。镇民闻之，莫不惋悼云。

禀请拘究假冒官长

○大埔高陂蒲田汛，经奉裁撤。前有土棍邓登瀛，假称该处汛弁吓诈乡愚，经李大令查悉，出示严禁。近复有某甲愍不畏法，假冒汛弁，居然至该汛署视事。往来道路，前呼后拥，声势威吓，见者无不骇异。闻该处仰文学堂校长张绅文华，已联同各绅禀请李大令，批移饶平营查究，并饬差拘案惩办云。

狡哉更有藉学阻学

○大埔百侯杨氏两等小学，其经费系由其历代祖尝提拨，计得常年款三百元，经禀准学宪立案。嗣劣绅杨升朝等，把持不交，互相争控。复由管学官谕饬提交，各节迭纪前报。现杨升朝等忽改其方针，以办学为阻学，集议另办一两等小学，以为抵制。昨禀请管学官，票饬前教员限搬，并交出图书、器具等情。奉批谓：查该族学堂教员，系原由本县札派。现禀称杨朝珍等不由公众聘请，是原禀诸人，不得谓之公众，必该生等始谓之公众也？学堂教员，不准管学官札派，只准该生等聘请也？荒谬已极，其为蔽官踞款，藉学阻学，情节显然。且该生等前禀札派杨培萱为校长，现查册内，忽未列名，更属起灭自由，实于学务前途，大有关碍。应候择尤详革，以示惩儆。无保领戳记，册违式，均掷还。

考选中学堂新生题目

○嘉应邹牧伯，日前牌示，定期本月二十四日，考选各县堡高等小学升送中学新生，曾登本报。是日各县堡升送新生，共六十余名，由该堂出题试验。兹将其题目照录于后：

国文："公德与私德并重"说；

"董仲舒言更化则可善治"论。

历史：问汉族何处迁来，其初栖息何地，战胜何族，外人呼吾族为汉人、唐人，其原因安在？试详述之。

问中国兵制，历代不同，何时为纯用民兵，何时则专用召募，今日改良兵制，当以何者为法？试缕陈之。

地理：问平原宜农，通港宜商，沿海宜渔，高原宜牧，中国四者皆备，而农商渔牧诸实业，皆未臻于极盛，厥故安在？

问赤道之下，雨量极多，沙漠之下，雨量极少，其原因何在？

问亚欧美三洲，皆位于北半球带，然开化迟速，迥然不同，试论其理由。

算术：甲乙相距一千五百丈，设由甲乘车至乙，车轮周七尺五寸，已转一千八百次，距乙处尚有若干？

今欲挑河一段，插桩为记，桩数一千七百五十，每桩相距十五尺，问所挑应长若干？

本日时计针，已指一点十五分，问本年已过若干分钟？

格致：通常寒暑表，共分几种，每种之冰点沸点，定在若干度，试历举之。

空中堕体第一秒，应落四百九十厘，第一秒之半，落至若干？

水含原质几种，每种成分若干？

大清光绪三十四年戊申八月廿四日　公历一千九百零八年九月十九号

岭东商业学堂定开游戏运动会

〇本埠同文学堂，现年奉改中等商业。经崔监督竭力整顿，以旧有之礼堂、讲堂、食厅及操场等，均不适用，筹款改建，规模一新。又添聘通谙学务人员，充任管理、教习等职，内容尤觉完备。现该校员生，定廿七孔子诞日，捐赏备筵，邀请本埠绅商人士暨各学生父兄至堂参观，并开游戏运动会，以为纪念。闻汕商中热心学务者，多备美品物，以为各生奖励，亦得未曾有也。

大清光绪三十四年戊申八月廿六日　公历一千九百零八年九月廿一号

司局处核议兴宁禀办蚕业

〇嘉应兴宁县，拟将裁缺都司衙署公产规费，兴办实业学堂，已迭登前报。议先办蚕业，该堂监督等，赴县缴到各项绘图表册，并附禀请免该附设公司新出之茧、丝绸疋厘税，及札行林把总，不得借事阻挠。该县郑令，据禀当转禀督院请示办理。即奉督院批，饬提学司会同布政司、营务处、农工商局、善后局、关务处，即将所请各节，逐一核明，分别办理。闻司局处现经移请核议矣。

禀请札禁演戏

〇嘉应自治研究会，日昨具禀道辕云：为违章演戏，酿祸病民，叩请照案札州严禁事。窃光绪卅年前督宪岑示禁案内，嗣后遇神诞喜庆，止准演戏三日。如有违抗，由该地方官从严拘究等因，通饬各属一律遵照在案。仰见大宪节糜费以恤物力，合省士民，罔不凛遵。嘉应州城外五显庙，于九月廿九日，为神诞之期，向来演戏十天，糜费之二千余金。去年七月间，州绅钟海瀛等，禀奉宪沈，札州严禁。州主曹虽遵札出示，当时以潮州戏班，已经到州，不得不稍顺商户之请，卒未实行。煌煌列宪前示谕，实为具文，殊堪诧异。现今神诞之期，又将届矣，职等窃念州中连年饥馑，民不聊生。学费警费，抽捐频仍，困敝已极，岂宜又作此无益之举，重困民生乎。况观剧人众，五方毕集，既匪徒涸迹之堪虞，复争斗酿祸之可虑。敝会处研究时代，有开通民智，化除弊俗之责。爰拟贴演说，先期劝告商民，尚觉听从。惟闻有一班赌商，欲藉演戏热闹，希图网利者。复肆行煽惑，倡首举行，拟于下月下潮，订请黎园，仍旧开唱。若不先禀请宪台，札州照案，再行出示严禁，诚恐玩视如故，贻害匪轻。职等为地方利弊起见，用敢据实上陈，伏乞俯赐照准，实为公便云。

大清光绪三十四年戊申九月初九日　公历一千九百零八年十月三号

挟嫌捏诬者看看

○海阳徐大令讯验伪造铜元一案，已纪本报。闻吴观察所接匿名帖，内云兴宁崇发号伪造铜元，常寄郡德记栈内之生利号，转寄交汕头济南银庄使用。如不见信，可向东堤利合碗店询问便详。经观察饬人往询该店，店东谓店伙金洒生便知其详。旋据金指出，以致株连船户。经徐大令开堂讯验，捏诬。随将讯验情形禀复。观察大怒，即将金洒生一名送县究坐。惟金供词狡展，当堂具结崇发号实有伪造铜元情事。徐令将金暂押房，俟查访确实，再行分别究办云。

流氓为患饶平

○饶城近有江西流民百余口，自高陂等处陆续到饶，住宿于南关外宝莲庵内。日昨往城内福寿尼庵，衙前街登记茶铺，道韵新楼乡数处，声称求乞，蜂拥而进，径入房屋搜检。居民奋力阻止。及流氓去后，如新楼乡黄阿满家，登记铺店，及福寿女庵，所存洋银，或数十，或数元，皆不翼而飞。有地方之责者，若不速行驱逐出境，恐居民之被其骚扰者，正无已时也。

大清光绪三十四年戊申九月廿五日　公历一千九百零八年十月十九号

二十日风灾续闻

○潮郡函云：郡东意溪市各杉商，素在上河买办。办足后始将杉枝结成杉排，撑至意溪，停驳溪旁，以待发售。殊近晚风雨大作，水势危急，各杉排竟被冲断，以致材料散失，约值本银二三万元之多。该杉木漂至东关外，前后居民，争往捞取。经海阳县宪及龙坐办，饬带差勇，前往弹压。翼日复谕令杉商等，每杉一枝，与居民赎回，大者银一毫，小者银半毫，该商人幸不至大亏本云。

黄镇军设回黄冈兴宁两都司照会

○嘉应邹牧伯，日昨接到黄和亭镇军照会云：为照会事。本年八月初二日，奉督宪札开，照得本部堂于光绪三十四年四月十六日，会同广东陆路提督奏，附片具奏，请设回黄冈都司兴宁都司两缺缘由。今于七月初九日，差弁赍回原片，奉朱批：着照所请，该部知道，钦此。查片稿先经抄录咨行在案，兹钦奉前因，合就钦录札遵。即便转行钦遵查照，并将两都司缺，如何编配弁兵，连同各营，原留三成官兵，通□酌配，妥为办理。具报察核，毋违等因，到本镇。奉此，合就照会贵州，烦为查照施行，须至照会者。

教育会讵宜禁学界乎

○平镇教育协会，在王提学司时，既经立案，乃镇平县刘令思滥，忽饬解散。学界不平，为发传单。兹为节录其要，登出众览。

九月初九日平镇教育协会会员姚万云、黄河等，具禀刘大令云：为据情谨覆事，本刻奉到宪台手覆，承示本日开平镇教育正式选举会，亦在律应解散禁阻之列，并抄录颁行例册数条，饬务祈解散为要。届期亦不能赴召，以免明知故犯等谕。敝会曾经二月间，禀本学宪批准立案，并饬举定会长，遵章办事。由洪前宪转饬遵照在案，原札抄电。现开正式选举会，系奉学宪遵照部章饬办之事，查读颁例册，并无解散禁阻选举会长之条，且本会亦无妨碍治安之举。现在到会会员，既有百余人，势难中止，理合覆知，谨禀。

当奉刘县主批，禀悉。查来禀，并再饬检县中卷内奉批，系未颁新律以前。查现拟教育协会，俱系学堂内人，而新律学堂教习学生，均不入会。是否可行，候查律条，禀请各大宪示谕，方可照行。现应暂停为幸。粘抄附。

查传单内有王提学批一则，甚为明晰，登出众览。镇平县正堂洪，为谕饬遵照事。现奉提学使司王札开，据该县劝学所总董钟应熙等，禀请联合两邑，设立教育会所，谨缮章程所准立案等情。奉批，该处总董，联合同志，发起平镇两县教育会，遵守部定章程，洵属热心任事，应即照准立案。其会名仍应改称协会，以别于分会，并饬举定会长，遵章办事，仍分禀地方官备案可也。仰镇平县转饬遵照，禀抄发折存等因。奉此，合就谕饬，谕到该总董等即便遵照奉批办理，毋违特示。据此，则知此会之不宜解散矣。刘大令其知有教育，即有教习学生乎哉。

西阳学堂又混争牛屠捐

〇西阳堡宫市学堂，抽收该市牛屠捐，以充学费。业经禀准州署立案，各屠户亦乐于捐输。讵近日有某甲出而争收该款，屠户不从，竟将牛肉夺取而去。该学堂董事等，又于日昨赴州禀控矣。

大清光绪三十四年戊申九月廿六日　公历一千九百零八年十月二十号

寺僧控学堂占园地作操场之批词

〇郡开元寺蔡园，被茶阳旅小学堂借作操场，以致互控。业经列宪暨提学司宪批准，权作操场在案。兹该寺僧古传，赴府呈控。奉批云：本案业据控奉道宪暨吴前府，节次饬县确查办理，迄未禀复。惟该寺园地，权作学堂操场，系经李前府并奉提学使宪核准照行。该僧等皈衣空门，糊口之资，岂仅区区园地，尚期勉图公益，勿再遇事阻难，是所厚望。仰海阳县转饬遵照，仍将查议情形，禀复立案勿延。词发，保领存。

549

大清光绪三十四年戊申九月廿七日　公历一千九百零八年十月廿一号

牙婆可恶事两则

〇某属吴本嫂，以做牙婆为业。日昨由某处出门，失去银物数十元，谓被同舟之张饶氏窃去。张饶氏系某堡人，带有十二三岁之女婢一口出售，吴本嫂即将其女婢夺之而去。张饶氏往报巡警局，任警长即传吴本嫂讯问。两家各执一词。任警长以窃物未有实据，夺女事属显然，将吴本嫂鞭责后，即将该女婢交还饶氏矣。

〇某属吴某甲，有女一口，名唤阿辛，嫁于邻人钟姓为妻。因夫妇反目，钟姓爱就将吴氏出卖于牙婆。讵该牙婆，竟将吴氏带往汕头当娼。吴姓探悉，乃往责钟姓，谓其卖妇当娼。钟姓谓此事实系牙婆，所为，伊等实不知情。现拟将着人赴汕寻回，饬令改嫁云。案牙婆为六婆之一，随处有之。此所记者不过一二，若汕头则尤甚焉。任警长与吴某甲，特未为汕头一调查之耳，当有所以痛惩之。

八、宣统元年

大清宣统元年己酉正月廿一日　公历一千九百零九年二月十一号

教育大会易期

○大埔教育会，原定本正十七日开特别大会，以求整顿。惟元宵初度，远处会友，不能按期赴会，现拟改定本正二十二日开会云。

省视学将往惠州

○惠潮嘉省视学员张君六士，于十二月三十日抵埔。近日接到提学宪札，饬往归善，查办某女学校控案。闻拟于元宵后，先行晋省谒见各宪，随机遵札前往云。

大清宣统元年己酉正月廿六日　公历一千九百零九年二月十六号

晓谕薙发日期

○府宪陈太尊，昨悬牌示云：现奉藩宪效电开，现奉准部电，国制百日期满，定二月朔未刻薙发，军民均照办，希分电所属遵照，并出示晓谕等因。奉此，除分别移行遵照外，合就牌示。为此示，仰阖属绅商学界军民诸色人等知悉，统于二月朔未刻，一律薙发，毋违。特示。

大清宣统元年己酉二月初三日　公历一千九百零九年二月廿二号

官场消息

○实缺丰顺县单大令梦祥，去岁由饶平交卸晋省。未几即奉上宪饬回本任，当因交代未清，故致迟赴任所。兹接省函云，单令现经禀辞，本初旬便即航海来汕，前往履新。又新任澄海县范大令晋蕃，亦定此初间奉檄来汕，以便诹吉接印。

大清宣统元年己酉二月初五日　公历一千九百零九年二月廿四号

坝头司出缺

○平远县坝头司周巡检登庸，俸满调省验看，遗缺。邹牧伯委任在州候补林巡检兆祥署理，不日即将往履任矣。

大清宣统元年己酉二月十五日　公历一千九百零九年三月六号

溺毙藉端之需索

○兴宁东坝朱某乙，昨其媳失足落塘溺毙。外氏萧家闻讣，竟藉端纠同妇女数人，到朱乙家滋闹，声喊报案，不许殓埋。后由绅耆转圜，处还多少白头银与萧家寝事，始全姻谊云。

大清宣统元年己酉二月廿八日　公历一千九百零九年三月十九号

省调查局饬属条陈利弊之示文

○郡宪现奉省城调查局，暨各大宪广采条陈事。张贴示文云：为晓谕

事，照得本局调查范围甚广，业经拟具章程表册，分饬各属，实力调查在案。惟行政上之利弊一条，有知其利而未见其弊者，有见其弊而未能遽革者。方今调局将开，讲求自治，各该士绅有应选之责，其平日关心时事者，当不乏人。亟应将一切行政上之何者利，何者弊，利如何兴，弊如何革，各就所知，条陈核办。其隶外府州县者，就近在地方衙门呈递核转。除分饬各属照会绅者，暨各会员征取条陈外，恐未周知，合亟示谕。为此示仰各色人等知悉，其各遵照，毋隐。

大清宣统元年己酉闰二月初二日　公历一千九百零九年三月廿三号

省委查封私种罂粟田亩

○月之廿八日，省委郭大令桂菜，会同海阳徐大令，诣南桂、登隆、水南各都，严查私种罂粟一事。先至龙湖市，以及独树，是晚驻宿该乡。廿九日由独树查至仙洲乡，已查封私种罂粟田地一片，然后顺抵急水等处查明后，始回县署。闻潮州查毕，即往嘉应。

因控互殴之被责

○兴宁何文耀，与潘道明，呈控抗赎田屋等项，未奉批发。嗣因两造住屋毗连，妇女嘈闹，互相殴伤，昨两造到县转呈喊报。茹大令当即据报提讯，验明伤痕，分别填单。判云：两造已呈控到官，并不听候批示。辄任妇女嘈闹滋事，彼此咎有应得，各笞责二百。听候批示办理云。

大清宣统元年己酉三月初八日　公历一千九百零九年四月廿七号

潮嘉经费又有请归商承办者

○本埠潮嘉缉捕经费，卸丰顺县张大令，省宪拟委接办，早登本报。殊近来有商人邹某等，具禀善后局，请仍批归商办，额饷银三十万元。遵章照缴，并请官为督办，添设一会办以专厥事。将来有无变更，尚未得知。

大清宣统元年己酉三月廿三日　公历一千九百零九年五月十二号

催报学堂财政委员抵县

○谢委员宝华，奉提学宪札，到嘉应催各学堂造报正二两月收支数目，曾纪本报。兹谢委员既于本十七日，由州前赴兴宁，是日既赶到县矣。

奉贴测绘学堂招考告示

○广东测绘学堂，于本年招考丁班学生五十名，定期四月二十日开考。四月初五至十五日，先行报名试验。嘉应邹牧伯，于日昨奉到该学堂告示，登即发贴各处矣。

大清宣统元年己酉三月廿五日　公历一千九百零九年五月十四号

谢委员回抵州署

○嘉应催报各处学堂正、二两月收支数目之谢委员，于十七赴兴宁县，曾纪昨报。兹该委员到县后，于二十晚既回抵州署。

兴宁令禁践踏桑株简明告示

○兴宁茹明府，因蚕业学堂，在附城裁桑甚多。恐牧畜践踏，无知采折，昨特出简明示谕，悬贴城门各处。其文云：蚕业关系利源，迳经出示晓告。所有裁【栽】种桑株，毋得践踏偷盗。牧放牲畜牛马，尤宜小心看照。违者拘案赔罚，其各凛遵为要。

兴宁令奉札会委调查学堂

○兴宁茹明府，奉提学宪札，以县属学堂，无论族立、公立、官立，共有几处，及常用进支的款，与学堂程度若何，逐一详细，会同派委调查列册通报等情。兹悉该委员某，昨十七日抵兴，即往劝学所拜会。随即回往县署，会同明府，遵照札饬办理云。

大清宣统元年己酉三月廿九日 公历一千九百零九年五月十八号

兴宁大雨

〇兴宁月之十七、八、九等日，大雨连宵，河水陡涨。南厢低处，竟成泽国。昨闻北厢九子圣母庙附近河堤，亦被河水冲缺。幸该处村民查觉，登呼村众，担土堵塞，始免决口。凡属低垄田亩，多被水淹。

大清宣统元年乙酉六月十七日 公历一千九百零九年八月二号

兴宁令恭迎喜诏到兴

〇宣统新皇登极恩诏，奉颁到兴。茹大令于本月初十早七点钟，会同文武僚属，率各绅士，特出东廓，在保障关前跪接，恭迎回至万寿宫，行三跪九叩礼。由巡警员张其锷宣读毕，随将恩诏，悬挂县署头门云。

兴宁选举议员当选人之票数

〇兴宁行初选举咨议局议员，业经茹大令示期于本初六日，督同司选管理监察各员，齐集县署大堂开票，已纪前报。兹悉是日，该县署张挂龙旗，结□辉煌，异常热闹。各区绅商，齐赴该署参观。当时茹监督同各员，当堂开票。今将当选人所得票数，照录于左（下），计共九名：

陈慕瀛得票一百零四张；

张易畴得票八十五张；

罗献修得票八十二张；

罗绮文得票七十五张；

□掌铭得票六十九张；

萧整文得票四十五张；

罗鼎金得票三十三张；

何天翰得票三十三张；

王作□得票十九张；

另候补当选人五名：

廖云涛得票二十四张；

曾昭麟得票二十一张；

黄希尧得票二十张；

刘源深得票一十八张；

陈岳衡得票一十五张。

为景帝诞禁止屠宰

○嘉应邹牧伯，于本月十一日悬牌谓，现奉道宪虞电开，奉护督胡鱼电开，准礼部置电。恭照，六月二十八日，德宗景皇帝圣诞，此一日应禁止屠宰，虔诚斋戒，不理刑名，于五月十七日具奏。奉旨：知道了。合先电知，钦遵查照办理等因，到州。奉此，除饬属遵照外，合行牌示。为此示仰阖属官员绅民，及屠户人等一体遵照，毋违。特示。

王委员抵州

○嘉应□槐荫控选举议员一事，前奉道宪派程委员来州查办，曾登本报。兹办宪复派王大令心，来州覆查。王大令既于本月十二日午刻抵州，进寓州署。未知如何办理，俟探悉续登。

555

迷途客商被拿之惨状

○昨有嘉应客船到郡，因韩江下游多抢劫，相率戒夜行，遂停宿湘桥。该船有刘某者，旧商于暹，兹复往，是晚偕同舟友人入城游览。城中因井神诞，各街坊演戏数台，刘等遂往观看。人稠拥挤中，忽俱散失。刘欲回船，已迷故道。踯躅间，见有东洋车，雇之，命往东门。车夫误听客音，拖至西门。刘落车后，见非来时之路，亟登城以觇河流之所在。殊适为防勇撞见，再三盘诘，刘以实告，遂带回营。翼早，有多数勇，以铁锁加刘颈，拥束至所供原船质问。至则各俱惊讶问故，无不力为代白。勇复将舱内各带箱，尽数搜查，见无别物，始免牵累，而仍将刘带回。船户知郡万茂祥号东为刘同族，急往告之。彼号东闻此，遣人往西门楼采看，果有是事，因拟具禀取保。不料再往则云已带回镇署，并谓镇军现已晋省，无敢擅释放。问刘何在，则已镣扣手足，押置羁所，如重要大犯，并不获一面。刻闻惟有候镇军不日回署，再递禀保领。并闻刘被拿时，有一勇探其衣裳，刘携有大小银元数枚，当自取出交该勇收存云。

大清宣统元年乙酉六月十八日　公历一千九百零九年八月三号

批示请开嘉应煤矿

○嘉应州职商房镇澜等拟开煤矿，禀奉劝【道】批示：据禀，该商等集股拟办嘉应州属耀婆山、井头坑、大窝裏等处煤矿，因该处多为房姓坟山，前者两次提议，均被族众阻止。近因风气暂开，该商复集老成族众切实开导，族众均无异议，取具房姓，甘允切结，呈州立案。并议提拨溢息一成，为金盆、培基两等学堂经费等情。具见破除积习，复辟利源，殊堪嘉许。倘各属均能如此化导，矿利何患不兴。察阅所拟集设章程，亦尚妥协，自应准予承办。唯该矿地纵横各若干里，析合若干亩数，四至以何为界，是否悉属官荒，有无别项纠葛，来禀未据叙明。仰嘉应州督同该商等亲诣勘查明确，详绘图说，并所具亲供山邻等结保单，每样二套，由州核明加结粘连钤印，妥议禀复，再行核办。

谕饬选绅入省自治研究所

○嘉应邹牧伯，给谕保安局暨自治研究所，谓：为谕饬选送事。宣统元年六月初九日，奉广东咨议局筹办处宪札开，宣统元年五月十九日奉前两广总督部堂张批，本处呈详奉饬设立广东城自治研究所，移请所长各员，借用法政讲堂，分科研究，拟订简章，列折详请察核示遵由，奉批。详折均悉，地方自治一事，法理绵密，而办理不善，则流弊滋生，自非先事研求不可。该处照章，在于省城设立研究所，通饬各属选送士绅入所肄业，俟毕业之后，再令各回原籍，举办自治，洵得要领，所拟简章，及酌加科学，均甚妥协。既借法政学堂之讲堂，以为讲习之区，应即如议，由该处移请法政学堂监督夏修撰兼充所长，派曾令昭声兼充教务长，其余监学等员，亦即分别酌委延聘，迅速开办具报。仰即遵照，缴简章存等因到处。奉此，除申报及分别移行外，合将省城地方自治研究所简章，札发札州，即便遵照奉批事理，迅即按照本处所订简章第五□第十一条至十四条，各就所辖地方，刻日选送本地士绅来处，考取入所研究。每厅州县，至少须选送士绅二名，愿多送者听。统限七月初二日以前，选送到处，勿稍延误，毋违，切切。计发广东省城地方自治研究所简章四本等因到州，奉此，除谕自治研究所选定外，合行谕饬。谕到，该绅等即便遵照，刻日选定明达士绅，开具履历赴州，以凭转送投考，入所研究，并查明前奉电饬事理，迅速办理，勿稍延误，切速，特谕。

呈控抢夺银物之批词

〇嘉应李运喜，以被抢事，赴州呈控。奉邹牧伯批：据呈该夫妇于四月廿七日将黑夜时候，在平远县土名牛角岌地方，被贼七八人抢夺银饰布袋。五月十七日，在长田墟，见黄十满挑谷布袋，认系该民赃物，内有线缝暗记，询明系向堂弟黄秀三借来。已将黄十满扭赴长田局说明，何以该局不将黄十满扣留送县，任其乘间脱逃，核词情节支离，恐有不实不尽。应候札饬平远县，移营饬差，严缉指控贼匪黄十满、黄秀三，务获讯明尽情，分别按办。该民仍自赴平远县补报可也。失单并保领附。

拘追挟恨殴人者

〇嘉应南口堡刘阿文挑酒赴墟，路经陈姓屋背。陈阿耀等统率多人将刘截杀，几乎毙命。即日抬赴州署报验，经即验明刀伤十余处，棍伤尺伤尤多。堂判云，陈阿耀等恃众挟嫌，持刀截杀，应即拘追讯办。闻刘阿文为命三茂才之弟，命三日前联合多绅禀请州宪示禁歌调妇女，陈姓曾具呈攻讦，以此互生嫌隙，故有此案。

懿德女学堂第二次捐题

〇嘉应懿德女学堂，其首次捐题各款，曾登本报。兹曾办又续题银五十元，集丰公司、和益公司各题十元，张同泰、林存道各题五元，杨家鼐二元，李其源题一元，黄遵谟赠送博物图画三十六幅。

验　伤

〇嘉应荷田堡余姓与巫姓因争田起衅，彼此失和。日昨余某甲担货趁墟，途遇巫某乙等，始而口角，继而用武，余某甲竟被殴伤。既抬赴州署呈请验明矣，未知邹牧伯如何办理也。

省释悔结之凶徒

〇兴宁县民吴日昌，前因不法逞凶，刀砍伤人，经郑前令饬差拘案，收押内羁。日昨茹大令尊奉上宪札行，清理羁犯。卷查该犯，在押日久，特提堂问讯，并据该犯递具日后不敢滋事悔结，即交保约束矣。

557

兴宁青布之滞销

○兴宁家染色布，惟光青、晒乌两款，销路颇广。向均用北流靛染之，洗不退色，久已驰名，贩客云集。近悉布商自改用洋靛染布，贪其价廉色艳，获利颇厚，致染色日形腐劣，购者裹足。近来该布，闻销售日蹙云。

大清宣统元年乙酉六月十九日 公历一千九百零九年八月四号

平远初选之当选人

○平远选举，六月初一日分区投票，初五日开票。计饶君士芳得六十六票，林君商翼、王君龙兆均得三十四票。

不缴粮票之被控

○嘉应余日新以不缴粮票事，赴州呈控。奉邹牧伯批：钱粮为国家维正之供，不容丝毫延欠。据呈该生等溪三图德正户钱粮，壬寅至今，皆由余绍四收纳，本年勒令缴票，余绍四不能缴出。如果属实，殊属蔑法。候即饬房查明，另行核办可也。保状附。

镇平商会禀设包买船盐公所之裁撤

○镇平商会总理坐办买受船户盗盐，事发后，复商诸刘令，请每年报效百元，承包买船户之盐。各盐商以其流弊最深，有碍盐务呈禀官运局。现闻潮桥官运局已移行镇平县，迅将该商会禀设包买船盐公所，先行裁撤。其文略谓：查该水客等，历在艾坝絮盐，发交船户，转运销场，向无花红盐名目。至火食盐一项，近年业已裁改。是盗卖者，颗粒即是饷盐，卖买均应严究。而船户盗卖，积弊虽深，历经水客设法整顿，实力稽查，送案讯办在案，各有权限，毋须商会越俎代谋。是□□□□□□运道大有窒碍，其魏城富窝买是实，厥罪惟均，自应拘究，以儆效尤。据禀前情除批揭示外，合亟备移。为此合移贵县，希为查照，迅将该商会禀设和益公所，先行裁撤。一面拘传魏城富一干人等到案，讯明按律严办，以息讼端，而维盐务，足纫公谊，望速施行云云。

强砍树木之呈批

○嘉应邹腾芳，以强砍树木等情赴州呈控。奉邹牧伯批：昨据范凤魁等以伊子朝史与媳陈氏，于本月初十日，肩挑农具，同往蓝坑里地方犁田，路经该职屋后，被邹阿钦等，各持刀械，将伊子朝史殴伤等情，业批饬差传讯在案。据呈范兴三等纵容子弟范阿史等，复于前月及本月初十日，叠次强砍树木等情。一面之词，不能尽信。应候饬差，速传两造集案讯明，分别核断。

批准保释

○嘉应李文英，以保释事，赴州具呈。奉邹牧伯批：既据遵断，将李苑鸿尸棺迁移他处，应准如呈保释。嗣后如再滋事端，即惟该保人等是问。保状附。

妇人走避毋庸票缉之批示

○兴宁县民傅麟祥，以妻李氏逃走，赴县呈恳票缉等情。兹悉，已奉茹大令批谓：尔妻李氏，既与尔在城同住，其无外遇可知。察阅现呈，难保非因事口角，妇人见小，负气走避，应着商同外氏，悬赏找寻。毋庸遽请票缉，转致收留之人，畏被拖累，不敢报信，仰即知照云。

大清宣统元年乙酉六月二十日 公历一千九百零九年八月五号

邹牧伯确定初选当选人榜示

○嘉应邹牧伯，据初选监督赵文彬禀，略谓：议员按照选举章程第六十四条，当选知照给与后，应将当选人姓名职衔榜示，并申报复选监督，合行榜示。凡当选人，务于七月初五日以前齐集，听候初十日举行复选。兹将各当选人姓名、职衔、住所、资格、票数，开列于左（下）：

黄志伊，廪生，西街堡，曾充城西学堂董事兼教员，六十票。

梁纪恩，廪贡生，西街堡，四十二票。

梁宽，附生，白土堡，四十一票。

陈衍华，廪贡生，水南堡，广东法政学速成科毕业生，四十一票。

李宗海，廪生，松口堡，广东法政速成科毕业生，四十一票。

刘世谦，附生，畲坑堡，四十票。

梁迺诚，松口堡，振兴当一万元田宅共两万元，三十五票。

张经，副贡，太平堡，本堡永平局董事，三十二票。

古树华，附生，松口堡，三十一票。

张思度，附生，东街堡，二十九票。

吴翰藻，附生，水南堡，务本学堂监督，二十九票。

江秉干，锦州堡，三堡小学堂校长，二十六票。

宋淼，附贡生（戊辰岁考台湾粤籍），上半图堡（白渡），二十四票。

示期领取当选执照

〇嘉应邹牧伯，于日昨牌示谓：为牌示定期发给初选当选执照事，先据初选监督赵文彬禀称，按照议员选举章程第六十二条，凡呈明情愿应选者，由初选监督，酌定日期，给与当选执照为凭等语。兹既据各初选当选人呈明情愿应选，自应酌定日期，给与执照，准于十七日，由初选监督处发给当选执照，给行牌示。为此示仰各初选当选人知悉，尔等届期即赴初选监督处领取执照，听候本复选监督，举行复选事宜，万勿迟延自误，切切，特示。

镇平第四区竟无票选举

〇镇平县属广福乡团防保安局董监生钟粹仁等，邮禀臬辕。据称该县初选举，阖邑分为四区，遵于六月初一日举行投票。第四为广福、文福两处，投票所设在罗冈街通善会善堂。至日领票选举者，踊跃到所，静坐以候票领。讵俟至日暮，仍无送瓯至，仍无领票，不知作何情弊，违公法而拂舆情。会区有投票权者，至晚始行四散。生等随以前谕告示，揭粘禀县，未蒙批示。理合抄县告示，粘呈电察。如何之处，伏乞大人训示只遵云。

兴宁选举岂族姓举耶

〇访函云，兴宁初行选举人数，共计有一千三百余名，惟陈、罗、李、张、王、何等大姓居半。此次因选举定章，悉用空白票纸，只许书写被选人名字，不准书选举人姓名。闻该邑大族，乘此未投票以前，欲得选举者，竟运动通族，联络合举某族选举某人，预期人皆得悉。迨经开票，果见某某得占多数入选。邑人颇多滋议，咸谓此次选举人，乃各族所举者云。

兴宁蚕业学堂监督易人

〇兴宁蚕业学堂监督钟绅崇萱，前任福建罗源县，因丁忧回籍，办理蚕业，近已服满，拟赴闽省。早经赴县，禀辞该学堂监督之职。兹悉已奉茹明府批准，闻札委陈绅慕瀛接充该堂监督云。

更正前报

〇五月初五日，本报登有自治之裁判一则。兹据松源屏围局来函云，松源新墟于四月十三日，系因陈、李二姓，在屏围局门首逞凶。李姓持刀砍伤陈姓手部，血流皮破。恐酿祸端，局丁弹压，即将持刀之李某兄弟，拿送分署笞责，以为斗狠者戒。后因陈姓伤痕平复，李某愿罚汤药酒席，向陈姓悔过，分宪遂从轻省释。咸谓无枉无纵，一秉至公。造谣者谓为自治裁判，责令李家罚银一百元。明有日月，幽有鬼神，是可诬也，孰不可诬也。

〇又谓四月初九墟，王姓中人，用石相击，致头部流血，尚无人问，则办自治者，尚存强弱之见云云。不知用石击破头颅者系何阿八，在老墟和安局门首用石击破何石豹之头颅也，今何姓则误为王姓，老墟又误为新墟。据此来函，合行更正。

大清宣统元年乙酉六月廿一日　公历一千九百零九年八月六号

谕遵续拟禁烟办法

〇嘉应邹牧伯给谕各局所，谓：为谕饬事，宣统元年五月十八日，奉广东咨议局筹办处宪札开；宣统元年四月二十九日，奉两广总督部堂张案验；宣统元年四月十二日，准陆军部火票递到禁烟大臣咨；闰二月二十四日，军机大臣钦奉谕旨，恭亲王溥伟等奏，续拟禁烟办法，以期划一，开单呈揽一折；又奏开单饬催各省未到禁烟表册一片，均着依议，钦此。相应恭录谕旨，抄录原奏，咨行贵督，钦遵查照办理可也。计原奏章程一本等因，到本部堂，（中略）等因到州。奉此，除分谕外，合行谕饬。谕到，该局绅董等即便遵照办理，毋违，切切。特谕。计粘抄禁烟办法一纸，摘录原奏续拟禁烟办法二条列左（下）：

一、宪政编查馆咨议局章程议员条内，吸食鸦片者，不得有选举权及被选举权。近闻各省咨议局调查选举资格，其中沾染嗜好者，仍复不少，

调查之始，已多含混。将来咨议局成立，议员之中，亦可概见。嗣后各府厅州县咨议局，如以吸食鸦片之人，滥行与选，或被控告，或经访查，调验得实，即将本人与原选举人及该局长等，分别罚惩。

一、各省府厅州县劝学所咨议局自治会，以及各学堂董事，虽属本地方人，或已任告归，或尚未分发，亦多有职衔，且与地方官时有交涉，即禁烟戒烟，亦俱负责任。官员为卫万民之准，董事尤为一乡之望，苟有嗜好不能为乡民劝，咨议局既定有夺权之条，应由各省通饬所属地方官，不以吸食鸦片之人，充各董事，无论何项公事，不准与闻，使知无一事不严，即知无一人不当禁矣。

王委员调查卷案

○惠潮嘉道吴观察，复委查控选举事之王大令心，于本十二日抵嘉应，曾登本报。兹闻王委员数日间，俱调各项卷宗，悉心详查，迄今（本十六日）尚未查毕。未知将来如何办理也。

禀控无故灭坟之批示

○兴宁胡毓贤，以祖坟黑夜无故被人毁灭，恳叩缉究等情禀县。兹悉日昨已奉茹大令批：现据巡警正局报告，核与现呈情节相符，棍徒无故毁人坟茔，实属藐法，候即票差查缉，并出示严禁可也。

霸开荒田之呈批

○嘉应陈德润以霸开荒田事，赴州呈控。奉邹牧伯批：据呈土名下坑子田亩，果因洪水冲荒，并未垦复，就使李阿林向阙姓买有该处一半之田，定有租数坵数载明契内，何至平空将该职荒田霸开？如谓霸开事真，既投绅士刘仁秋等理论，李阿林之母谢氏愿将下坑子荒田，办价银一百元，归伊承买，何以当时分毫未交，空立欠单付执？且既已立有限交单据，何又听人主唆，至期抗不交银？核词恐有不实不尽，姑候饬差查明，禀复再夺。粘抄、保领并附。

大清宣统元年乙酉六月廿二日　公历一千九百零九年八月七号

卸任镇平县回省

○镇平县刘大令思濂交卸有日，日昨自署抵汕，暂寓行栈，候有便轮，即行晋省。

懿德女学堂立案之批词

○嘉应懿德女学堂，由邹牧伯禀缴章程、校图、员生名册，请准立案给钤。奉提学宪沈批：据禀，缴该州候选训导黎全懋、前任昌化县教谕李倬汉等开办公立懿德女子两等小学章程、图册前来，查阅章程，尚无不合。校图清晰，支配得宜。册报学生，亦有五十余名之多。并延聘品淑学优之女士为师，遵章教授，洵足以开风气而植女教。所请立案，应予照准。钤记刊就，另札发给。仰即转饬遵照。此缴，章、册存。

学官赁定公署

○嘉应州学正吴广文国贤履任，各节曾登本报。原学署既借作中学堂校舍，故须另赁公署。初拟赁城内曾氏宗祠，现既赁定北门城内杨姓养真书室为公署矣。

垦荒应具甘保各结

○嘉应李兆鱼以垦荒事，赴州具呈。奉邹牧伯批：承垦荒坦，照章由承领人出具甘结，备具正绅保结，听候核明办理。现呈请领土名井溪坦荒地，虽据绘图呈缴，并未备具甘保各结，与垦荒章程不合。仰即遵批，出具甘结，备具正绅保结，另行呈候核明批示可也。绘图、保领附。

窃匪送惩

○兴宁衙背郑某乙，素在家操画扇为生。昨初十日，因入内堂午飧，讵窃匪张盛来，窃伊屋下无人看守，竟闯入房间，肆窃衣服。登被拿获，捆送巡警局。由警员派巡土数名，即将该窃插票游街，以示薄惩云。

好雨知时

○嘉应迩来早稻收割后，插莳晚禾者，望雨孔急，而且天热日酷，田土多有旱裂。本月十六、十七、十八连日均得大雨，各乡农人，喜出望外。

大清宣统元年乙酉六月廿四日　公历一千九百零九年八月九号

禀控当选人违章作伪批示

○兴宁武生何经邦以当选人罗绮文违章作伪等情禀控。兹奉茹大令批：据呈已悉。选举为朝廷大典，如果被选人有违章作伪情弊，自应严行查究。惟查选举诉讼章程，必自有选举权，确认当选人内有资格不符、票数不实等项，乃能向该管衙门呈控，非尽人所得干涉也。本案该武生，非具有选举资格之人，照章不应干涉。据呈罗绅绮文所得票，均在中区，各区竟无一票等语，查定章当选之人，以在一选举区统计得票多数为合格，并无限定各投票区，均须有票，或若干投票区以上有票，方为有效明文。纵使罗绅得票均在中区，亦与定章并无违背。查得票计算单，罗绅共得七十五票，计分三区，何得谓各区并无一票耶，实属信口雌黄。至谓贿嘱同族选举写名投票一节，究竟如何用贿，赃私若干，何人过付，至选人并属何名，未据一一指实，尤不足信。又谓选举名册内罗东福、罗显慈两人，资产不足五千元之数，罗绅狡商调查员蒙混开列。果有其事，何以前此宣示选举名册，并无一人举发，更属砌笆。即据称霸夺鱼塘一案，查此案系植基学堂校长罗师扬等，与革生何景潮等控争墟亭地基，窃武生出而插讼，案内虽控有罗绅之名，然因其为学堂董事被连类而及，并非个人私案。且案经前县讯何姓控情不实，并有纠匪抢拆情事，禀奉督宪批准，将何景潮等衣顶褫革，押令交匪赔款，是原案曲在何姓，罗姓并无不合。即与何姓互控之罗师扬，苟无别故，亦不得能停其被选举权。何况罗绅，以此重重虚诬，其为□人主唆，挟嫌控告，可无疑义。本邑初次选举，当选诸人，俱属读书士绅。开票之日，参观者数百人，无不欢声雷动，足见好恶之公，犹在人心；立宪前途，舆论大有可恃，岂容该武生挟嫌私忿，混行攻讦，淆乱是非？非予从严彻究，不足以肃功令而儆刁诬。选举章程第六章罚则内开，以财物利诱选举人，或选受财之利诱者，处六个月之监禁，或二百元之罚金等语。此案所控如实，则罗绅绮文及受贿之选人，均应选章罚究。现控已属子虚一则，该武生自应照例反坐。着将该武生交房看管，俟查明有无主使之人，一并拘案讯究，以为恃符刁告者戒。

谕饬禀复是否吸烟

○嘉应黄槐荫控选举事，经吴观察再派王委员心，到州查办。兹闻黄槐荫冒滥一节，列有吸食鸦片者数人。王委员会同邹牧伯，于日昨谕各人，自行据实禀复，是否吸烟云。

嘉应邹牧伯饬保安局筹办调查户口谕文

○为谕饬筹议禀复事。照得调查户口一事，定章人户总数。自本年起，于第二年十月前，汇报一次，至第三年十月前，一律报齐等因，奉发章程办理在案。兹奉巡警道宪札，限六月十五以前，将调查户口及筹办巡警成绩具报等因，自应提前赶办。查户口章程第二章第六条载调查户口事务，归地方自治董事会或乡长办理，以总董或乡长为调查长，董事或乡董为调查员。其自治职未成立地方，由各该监督，率所属巡警，并派本地方公王绅董会同办理。又第七章第□□□□□□费，一律移作此次调查之用各等语，州属局款，并非全州皆有。且近来兴办学堂，所有旧日局款，亦多提拨无遗。此次调查人户并人口总数，事务繁重，断非朝夕所能蒇事，自非宽筹经费，必难措手。应即查照章程，由各地方自筹，以充调查经费。并由州城保安局，兼设立调查户口总局，派张绅芝田为正调查长，萧绅搴、李绅景旸、廖绅岳云、梁绅国璇为副调查长，杨绅笃经为调查员，以总其成。由该绅等查举各堡公正绅董姓名，单派呈候调查长调查员之任，除分谕各乡局堡外，合行谕饬。谕到，该绅等即便遵照充调查户口总局正调查长，以保安局兼设调查户口总局，会同各乡局堡绅董，议定筹款章程，禀候核明办理。一面按照章程，将人口、人户总数，悉心调查，仍先将人户总数，限七月初一日以前报州，以凭汇报。该绅等速将奉谕筹款，并遵办情形，刻日禀复，勿延，切切，特谕。

邹牧伯勘尸

○嘉应下半图堡汾水乡邹、范二姓，前因争树山涉讼，互殴验伤，日久未结，怨仇益深。日昨邹阿钦与范阿仰等互殴，范众邹寡，不能抵敌，邹阿钦竟被范阿仰殴伤毙命，邹姓赴州呈报。邹牧伯即于本十九日，亲诣勘验矣。

携证质贼之批词

○嘉应廖国昌以家被劫事，再行赴州具呈。奉邹牧伯批：提讯张阿枢，坚不承认行劫该职家内银物情事。既称有杨金水可证，即着携同来案，以凭提同质讯究办。

人命获凶

○兴宁陈春粦，伊弟被陈龙开杀毙，迭经各前县凭赏购缉，未获凶犯。日昨尸亲陈春粦侦悉该凶窜匿处所，密报茹大令，派王巡长督饬差勇围捕，旋获陈龙开解案。当由茹大令提讯，该犯供认致毙陈春粦之弟不讳，当堂将该犯钉上镣扣，收监拟办。

大清宣统元年乙酉六月廿五日　公历一千九百零九年八月十号

长乐控官案之结果

○嘉应州邹牧伯，前奉大吏发审长乐监生周云章等，列控王令遇案苛罚一案，当将审拟情形，具禀督辕。略称：周云章等怀挟私嫌，捏控该管有司，实属胆玩，例应坐诬。惟事犯在恩诏以前，拟请将周云章革去监生，廖慎潜革去廪生，免其治罪，交地方官严加管束。胡护督据禀，以所请应否照准，即批：仰按察司会同布、学二司核明，具复饬遵。现藩、学、臬三司，已会查得此案，监生周云章、廪生廖慎潜等，挟私捏控，希图朦准，照律本应坐诬，惟所控王令各案罚款，实由王令未经逐案禀明，揆情不无可原。且事犯系在恩诏以前，自应准如该牧所请，将周云章等照议惩办，以示儆戒。昨经详复督辕，听候批示，转饬遵照矣。

请观学界败类乃如是

○探闻嘉应州邹牧伯，将平远县启宇学堂教员姚竹英纠党行劫获犯讯供各情，具禀督宪。略云：据州属东厢堡事主钟学球呈报，五月廿七夜被贼行劫，枪子致伤伊叔耿郎毙命一案，先经据报，会营勘验。一面悬赏购缉，旋据兵役缉获钟曾官二一名。讯据供认，听从平远县长田墟人黄双桂纠邀，听从平远县超竹乡启宇学堂教员姚竹英名超雄起意，伙同该学堂读书之嘉应州丙村人佛江并惠州、兴宁人，共伙十一人，行劫钟学球家。姚竹英、黄双桂们进屋，即闻屋内喊拿，外间鸣锣炮响。姚竹英吹箫为号，各人就走。至何人放炮拒伤钟耿郎毙命，要问黄双桂们方知，伊恐事主认识，并未入室等语。当经遵照岑前督匪匿邻境，准其越境相机掩捕，毋得拘执，贻误事机，通札密派差勇前往掩捕未获。嗣闻姚竹英已赴县城投票，又经派拨差勇，并札平远县移营饬差协缉去后。兹据复称，姚竹英已先期往州择配，家中惟有其母，无凭缉获等情。知州伏查姚竹英名超雄，系充平远县超竹乡启宇学堂教员，黄双桂亦平远县教习拳棍之人，佛江系启宇学堂学生。该姚竹英身充学堂教员，胆敢起意纠同学生佛江，并拳棍教师黄双桂等，行劫拒捕，伤毙人命，实属愍不畏法，衣冠败类。嘉应民情浮动，倡言革命之徒，欲以潮嘉为根据地，闻之熟矣。学堂为士子进身之阶，固人人所瞻仰而钦慕者。今该平远县超竹乡启宇学堂教员姚竹英，托名学界，甘心为匪。昨由事主钟学球，呈阅黄双□□□□□□□□□力，势将暴动，请官执法等语。趁此萌芽甫动，稍示整顿，或可及时挽救，不致贻祸无穷，穷知州之愚。拟请将该超竹乡启宇学堂饬县暂行勒禁，查明校长姚万云、教员姚竹英出身履历，详请斥革，永不准干预学务；仍责成姚万云限本月内将教员姚竹英交出，送州归案讯办。一面谕饬该乡公正绅耆，另行选举校长、教员开办，以肃法纪而端士习云云。

大埔教育会约期开会

○刻大埔教育会遍发传单云：本会查照原定章程，应于年暑假开大会二次。兹定于七月初二日开会，届期务望贲临，议决一切，谨此奉布。

拐案耶掳案耶

○兴宁练春榜侄媳日昨被万程章奸拐，早经茹明府票差起拘在案。顷练赴罗冈，撞获拐伙万戊招，捉住回家，因未报官派差提解。讵万姓竟讳原头控案，乃以掳禁等情，歧控十三都司，票饬弓役，将练二妹拘到司署，申解到县，由茹大令提讯。闻责判练姓，无论万戊招是否系万程章拐伙，捉获日久，并不送案，固属不合。至此案两造已经控县，万姓并不到该管衙门续呈，竟讳案捏报掳捉，控告司衙，尤属刁狡。应将两造分别交差取保，仍候派差查起，并拘获万程章，再行讯明按办云。

酿命之原因

○兴宁朝天围饶福生，因郭乃生调戏妇女，彼此斗殴，两姓均已受伤。殊饶竟不提起衅原因，以劫杀重情，将郭送案，由茹大令提验。因郭乃生伤重，气息奄奄，口不能言，大令不胜震怒，当将具报人饶福生重笞三百板，交差带候。至郭乃生饬令伊祖母领回调医，甫经出城，气息已绝。旋郭李氏以因伤毙命报验，大令即据报，带验刑件，亲诣验明，并拘出饶姓房族，押限三日内交凶究办云。

大埔禁烟之示谕

○大埔高坡白堠司禁烟示文云：为严禁开设烟灯，以除民害事。照得洋烟流毒，人尽知之，往往荡产倾家，无所不至。近年朝廷期治孔殷，于各省府州县设立戒烟所，不啻三令五申，励禁在案，功令森严，何敢一息稍懈。近闻高坡市上，尚有不法之徒，公然开灯，日夜招人吸烟。似此藐法已极，实属不成事体，急应出示严禁，限五日禁绝，为此示谕诸色人等知悉。经此次示禁之后，倘敢故违，仍复不知自爱，一经查实，定将该店屋查封充公，并拘店主解县惩办。事在必行，决不姑容，各宜凛【凛】遵毋违。特示。

乃有破坏公益之校长

○嘉应水南、白土两堡自治研究会，为梁毓芳君所发起。办事诸君，悉具□心，因款项未裕，枵腹从公，无一人受薪水者。是以两堡之人，捐资入会，颇极踊跃。梁氏家族贵龙学堂校长梁某甲，非学界中人也，自得铃后，颇思尽占堡内公款。前数月禀请潭公庙、万一寺、白鹤宫三处寺捐，州主以家族学堂，不能提抽公款，叠行批斥。上月复禀请三角地牛屠捐，又遭州尊痛斥。后自治会禀请提拨保和局原日局费，为自治会所经费（牛屠捐亦在内）。梁校长恐牛屠捐归入自治会，乃不顾地方公益，蓄意破坏，遂以背签争款等词，诬控梁毓芳。又恐一禀无效，复摆擎钟树人出头，禀请停办自治会。不知州主如何办理也。

魁一学堂禀请立案之批词

○嘉应西厢堡龙乡村曾族魁一两等小学堂章程图册，蒙邹牧伯禀缴提学宪察核立案给铃由。奉批：禀及章册均悉。该州属西厢堡龙乡村曾族魁一两等小学堂，经该绅曾辨、曾毓彩、曾传经等筹拨鹏博社款项以充学费，热心族学，洵属可嘉。查阅章程，大致尚是，校图亦明晰。一面先予立案，铃记刊就另发，仰即转饬遵照。此缴，章册存。

大清宣统元年乙酉六月廿六日 公历一千九百零九年八月十一号

责罚窝奸妇女者

○兴宁城内梯云里陈某甲，有媳某氏，年几二八，颇有姿色，夫出外洋。曾某乙见之垂涎，日昨因恋情过热，藏匿该妇于西城脚百柏书室，流连数日，并不放回。旋被夫家听得消息，纠统数人，闯入该馆内，将曾与该妇一并拿获，送交巡警。由巡官提讯该犯，重笞一百板，并令罚金十大元，缴充警费，以示惩警。

嫁媳倒回之奇闻

○大埔高陂张某甲与黄郭氏素有私通，本初六日已嫁与张某甲为妾。该妾本初九日已回黄家任事，闻者莫不奇云。

口角滋事

○大埔源高甲九子□陈某甲，沙坪黄阿枚，到该处购物，因口角细故，陈某甲忽出十余猛赶追，黄被失多件。幸黄闻风远扬，尚未受伤。日昨已禀白堠司蒲田汛，即派差追究云。

大清宣统元年乙酉六月廿七日　公历一千九百零九年八月十二号

嘉应派定复选管理监察员

○嘉应复选监督邹牧伯近日分给印谕，派定投票、开票、管理、监察各员。兹将其姓名照录于后：

复选投票管理员：赵文彬、邓溥霖、黎全懋。

监察员：李倬汉、梁国璇。

复选开票管理员：刘孝翼、萧笃材、侯炳炬、张诚、赵文彬、邓溥霖。

监察员：张芝田、李倬汉、张骧、梁国璇。

哨勇吓诈之恶剧

○大埔杨、陈互相劫杀一案，经孙镇军派徐哨官会同胡太令，至沐教陈家办匪，各情已见各报。该哨勇以该处地属山僻，除陈家肆行淫掠外，时到附近各乡，逞其勒索。本月初五日，有哨勇数名，到枫朗墟（离沐教二十里）屠行索得银数元及牛肉一方；又到赌场勒索，该场以曾缴缉捕经费，怒其无理取闹，抗不肯予，□□□□□□□名，徐哨派勇二十名，护送至枫墟，该勇恃其人众，且有解匪公事，复至该赌场勒索。墟众群起诘

责，该勇竟持枪扳机欲开，有罗某披衣当之，旋经什长挚阻，始免于难。墟众见其强横，人情汹汹。该弁勇为之气沮，又见墟长同谢巡长力护二犯，无可借口，乃各扫兴而返，口中尚喃喃怒詈，声言尚欲再来云。

○又枫墟罗阿森，以挑贩盐鱼为生。日前赴饶邑买鱼，途经沐教，有勇强行拦买，不肯与钱，阿森诘责，该勇即怒擒阿森，诉之徐弁。徐弁讯知阿森系枫朗罗姓，即令放回。该勇不服，复将阿森殴打，致受重伤。徐弁亦置不理，仅令将其鱼担交还。阿森乃忍痛匍匐而归云。

开灯烟馆被拿

○嘉应西街水含头江省记，向系开灯烟馆。前经示禁，后既单卖膏，乃日久玩生，近日复开灯供客。本月廿一日，有客二人，在该馆吸烟，被州署差勇看见，将店主及客共三人，一概捉将官里去。又罗屋马头张廷记，亦因开灯供客，同日被差勇拿去云。

是否讹索毁坟

○嘉应吴维善，因被控讹索毁坟，特赴州具呈。奉批：昨据邱兆彬等以伊七世祖福魁，并十三世祖嘉义，十五世祖妣罗氏葬土名岌子上官山，一连三坟。右有该民祖坟一穴，上年六月修整福魁祖坟，被该民吴嵩文等讹索不遂，将坟穴界窨毁平等情具诉前来，业经饬差传讯在案。究竟其中如何实情，应候催差，速传两造集案，讯明确情，分别究断。

大清宣统元年乙酉六月廿八日　公历一千九百零九年八月十三号

邹牧伯谕派复选监察管理员

○嘉应复选管理监察员姓名，既详报端。兹访得复选举监督邹谕文，云：为谕饬知照事。按照宪政编查馆咨议局议员选举章程内载，初选、复选均应设开票管理员、监察员若干名，管理员不拘官绅，均可派充，监察员应以本地绅士为限等因，现复选日期，业经奉文，定于七月初十日举行，亟应派定各员，以重选政而专责成。兹查有该绅堪以派充复选开票所监察员，合行谕饬，谕到该绅即便遵照，务按选举议员章程内开。开票监察员尽心供职，勉副考成，以无负朝廷博采舆论力图治安之至意，本州有厚望焉。

〇又谕派管理员云：（叙文同前，从略）合行谕饬，谕到该绅即便遵照，务按议员选举章程内开，开票管理员职掌尽心供职，勉副考成，并将章程内第四十九条至五十五条，又第五十八条、五十九条，又第七十四条至七十七条录出，张贴开票台侧，俾众周知，以无负朝廷博采舆论力图治安之至意，本州有厚望焉。切切，毋违。特谕。

后 记

本书是我们承担的教育部社会科学司项目"晚清民国时期粤东北客家侨乡民间文献收集整理与研究"（项目批准号：18YJA770017）的阶段性成果，同时也是我们承担的《广东华侨史》编修工程、广东省哲学社会科学"十二五"规划2013年度特别委托项目"梅州客家侨乡研究"（编号：GD13TW01-12）、2016年度中央支持地方高校发展资金专项项目"客家华人华侨（梅州）与海上丝绸之路研究创新团队建设"、2019年度嘉应学院省市共建"冲补强"专项资金建设项目"客家华人华侨（梅州）与21世纪海上丝绸之路研究"和2020年广东省普通高校人文社会科学省市共建重点研究基地嘉应学院客家研究院招标课题"梅州侨乡民间文献整理与研究"（编号：20KYKT15）的阶段性成果。

十八年前，当我还在中山大学求学时，便看到不少师友在利用当时非常罕见的《岭东日报》资料写文章，特别是还听说办报人主要是梅州客家人，因而非常期望能一见真容。后来为写学位论文，特意去了《岭东日报》的主要收藏地——汕头市档案馆，得以查阅《岭东日报》全档。其中《潮嘉新闻》栏目所刊登的地方新闻，详细记录了1902—1909年粤东地区社会的发展与变化，是研究近代粤东社会变迁不可多得的好材料，一直希望有朝一日能将其整理出来。

八年来，我们承担相关课题而得到相应经费资助，因而有机会和条件组织有兴趣的学生和研究助理对《岭东日报》中的《潮嘉新闻》进行录入和整理。先后参与这项工作的同学，有我校历史学专业2011级的黄惠莹、李森楷、郑彦霞，2012级的林婷、魏媚、苏仪、黄颖渝、吴静霞，2013级的陈璇、冯静雯，2015级的邓炜霖、叶发体，2017级的林东峰、陈晓兵，2019级的李万中、陈晓枝，以及我院与南昌大学联合培养的专门史专业客家文化方向硕士研究生田璐、许颖、钟敏丽、宋心梅、徐媛、叶梦楠，其中研究助理邓炜霖、叶发体出力尤多。我们先后录入所找到的《潮嘉新闻》共150多万字，这次选编的只是其中与研究课题关系较密切的部分内容。我们既把这项工作当作研究项目，更把它作为培养学生的工作，训练学生句读、标点、解读等基本功，成效显著。尤其是钟敏丽、宋心梅、徐媛等，利用相关资料完成了自己的学位论文。因此本书的出版，既是项目研究的成果，更是科研与教学紧密结合的教学成果。

　　在本书资料收集与整理过程中，先后得到业师中山大学陈春声教授、刘志伟教授的关心和指导，还得到暨南大学华人华侨研究院张应龙教授，五邑大学中国侨乡研究中心张国雄教授，中山大学亚太研究院袁丁教授，韩山师范学院潮学研究院黄挺教授、陈海忠教授、文学院吴榕青教授，潮汕文化研究中心陈景熙教授等的关心和大力支持。暨南大学出版社的杜小陆等编辑为本书出版付出了辛勤的劳动。汕头市档案馆、广东省立中山图书馆、中山大学历史系图书馆、梅州市剑英图书馆等，为我们收集相关资料提供了便利。广东省普通高校人文社会科学省市共建重点研究基地嘉应学院客家研究院、广东省特色重点学科"客家学"学科建设项目为本书的印刷出版提供了相关费用。在此，谨向以上个人和单位表示衷心感谢！

肖文评
2020 年 2 月 10 日于嘉园

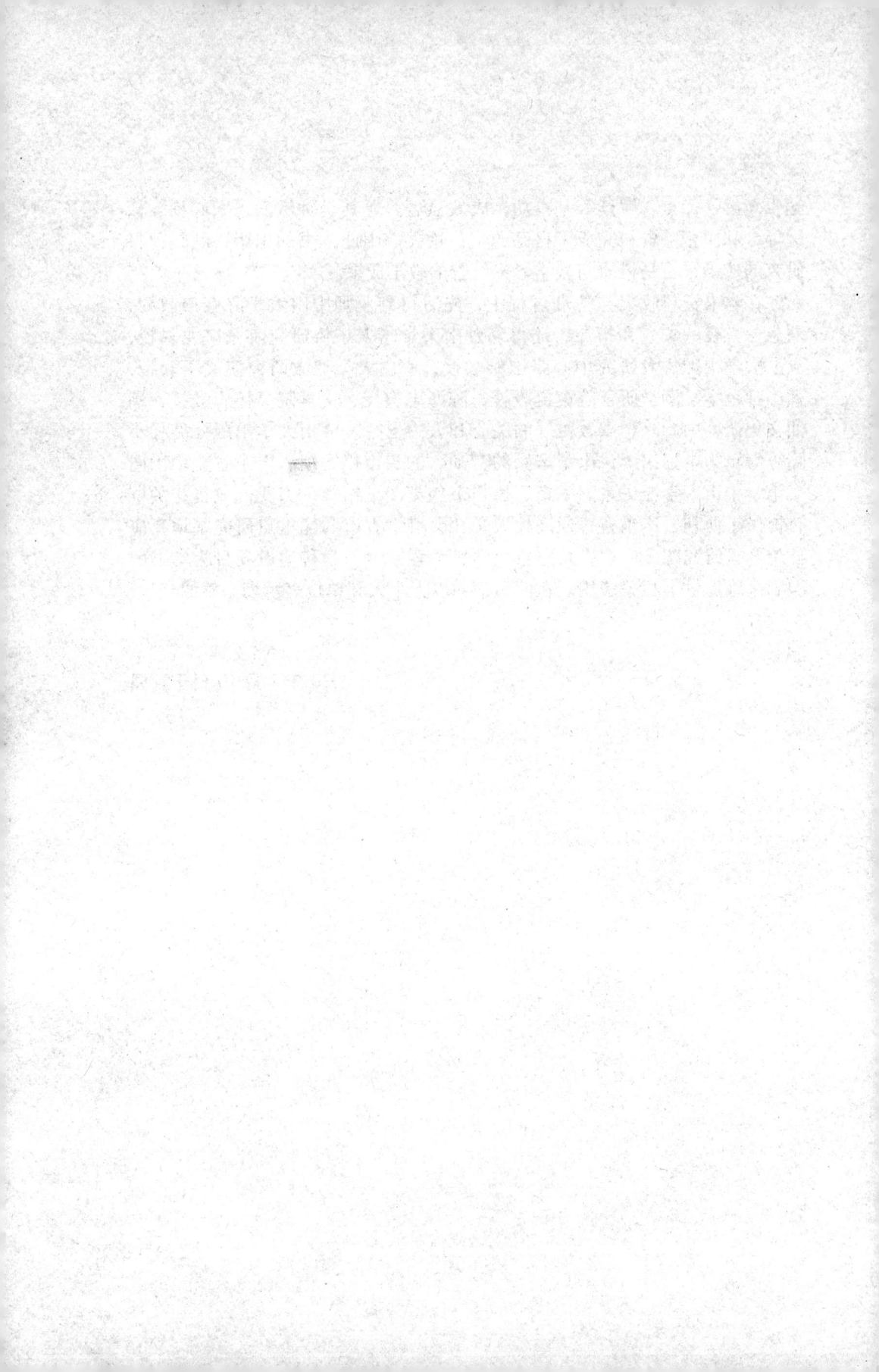